机械工程前沿著作系列
HEP Series in Mechanical Engineering Frontiers
HEP MEF

跨界车 NVH 性能分析

——传动轴－驱动桥的建模、仿真与测试

Analysis about the NVH Performance of Crossover

— Modeling, Simulation and Test of Transmission Shaft and Drive Axle

徐劲力　姚佐平　吴波
冯雪梅　黄丰云　卢杰　主编

高等教育出版社·北京

内容简介

本书主要融合了作者长期以来在跨界车传动轴－驱动桥振动噪声方面的技术研究成果，着重对跨界车传动轴－驱动桥 NVH 性能分析过程及分析案例作了较全面和详细的论述，重点突出了 NVH 性能分析中的建模、仿真、测试以及工程应用。

全书共 7 章，以跨界车传动轴、驱动桥为主线，内容涵盖跨界车 NVH 分析理论基础与分析方法；跨界车传动轴建模及 NVH 仿真分析；准双曲面齿轮系统建模及 NVH 仿真分析；主减速器主动齿轮支承轴承建模及 NVH 仿真分析；差速器建模及 NVH 仿真分析；驱动桥桥壳建模及 NVH 仿真分析；跨界车 NVH 性能测试系统及测试案例等。

本书适合机械工程和汽车工程领域相关专业的工程技术人员、科研人员以及在校研究生阅读和参考，也可以作为教程使用。

图书在版编目（CIP）数据

跨界车 NVH 性能分析：传动轴－驱动桥的建模、仿真与测试 / 徐劲力等主编．－－北京：高等教育出版社，2020.6

ISBN 978-7-04-053773-4

Ⅰ.①跨… Ⅱ.①徐… Ⅲ.①汽车－振动控制②汽车噪声－噪声控制 Ⅳ.①U467.4

中国版本图书馆 CIP 数据核字（2020）第 038313 号

跨界车 NVH 性能分析——传动轴-驱动桥的建模、仿真与测试
Kuajieche NVH Xingneng Fenxi—Chuandongzhou-Qudongqiao de Jianmo Fangzhen yu Ceshi

策划编辑 刘占伟　　责任编辑 刘占伟 任辛欣　　特约编辑 罗春平　　封面设计 杨立新
版式设计 杜微言　　插图绘制 于 博　　责任校对 陈 杨　　责任印制 尤 静

出版发行	高等教育出版社	咨询电话	400-810-0598
社　　址	北京市西城区德外大街4号	网　　址	http://www.hep.edu.cn
邮政编码	100120		http://www.hep.com.cn
印　　刷	涿州市星河印刷有限公司	网上订购	http://www.hepmall.com.cn
开　　本	787mm × 1092mm 1/16		http://www.hepmall.com
印　　张	20.75		http://www.hepmall.cn
字　　数	470 千字	版　　次	2020 年 6 月第 1 版
插　　页	12	印　　次	2020 年 6 月第 1 次印刷
购书热线	010-58581118	定　　价	129.00 元

物 料 号 53773-00

前　言

汽车在给人类带来巨大便利的同时, 也给生态环境造成了严重的影响。随着汽车产能的持续增长, 汽车的排放、振动、噪声等对周围环境的危害越来越显著。为了解决汽车发展带来的不利影响, 一百多年来, 汽车行业的研究者、从业者一直在不懈地努力, 并做出了卓有成绩的贡献。但汽车排放、振动、噪声、NVH (noise, vibration, harshness) 性能等问题一直是学者们研究的焦点。近年来, 世界各国对这些问题的认识已提高到国家发展的战略层面, 中国也制定了一系列严格的关于汽车排放、振动、噪声、NVH 性能等的法规和标准。本书的作者及团队成员也完成了国家级"微车安全标准"等标准的制定工作, 目前正准备推广执行。

针对跨界车的 NVH 性能分析, 特别是汽车传动轴和驱动桥的振动、噪声的理论与实验研究, 本书作者及团队成员做了长达十几年之久的研究工作, 在该领域收获了一定的理论与实验研究成果和经验, 特将研究成果中的建模以及仿真与测试部分收集、整理成一部著作, 希望能对研究者、工程技术人员、研究生和大学本科生的学习有所帮助, 或参考或借鉴。

本书着重对跨界车传动轴–驱动桥 NVH 性能分析过程及分析案例作了较全面、详细的论述, 且重点突出 NVH 性能分析中的建模、仿真、测试以及工程应用。本书以跨界车传动轴、驱动桥为主线, 介绍了跨界车 NVH 分析理论基础与分析方法; 跨界车传动轴建模及 NVH 仿真分析; 准双曲面齿轮系统建模及 NVH 仿真分析; 主减速器主动齿轮支承轴承建模及 NVH 仿真分析; 差速器建模及 NVH 仿真分析; 驱动桥桥壳建模及 NVH 仿真分析; 跨界车 NVH 性能测试系统及测试案例等。

本书由徐劲力、姚佐平、吴波、冯雪梅、黄丰云、卢杰主编。刘晓刚、邹琳、张晓帆参与了书中部分章节的编写; 游鹏超、严婷、魏鹏、卢雷、杨乐、罗文欣、苏星溢、徐维、饶东杰、朱定军、石磊、赵金涛、刘康、张丙伟、何锡进、曾雪宁、李鹏凯、刘虎、祁帆、万尚国、白俊江、肖泽艳、胡乃杰、周子寒、朱建国、夏飞凡、宋鹏程、陈端滢、万磊、徐文涛、彭波、余千、贾冰、陈春晓、刘小磊、牛强强、刘伟腾、胡德龙、罗士君、潘青姑、杜明雅、田亮、金华胜、赵睿、夏德印等科研团队成员参与了部分内容的研究工作和编写以及相关资料的整理与分析工作。在此表示衷心的感谢。

本书主要总结和阐述了作者长期以来在跨界车传动轴–驱动桥振动噪声方面的研究成果, 如能够对读者从事机械工程及汽车工程方面的学习和工作提供帮助, 那就是作者最大的愿望。对于书中存在的不完善及错误之处, 恳请读者批评指正。

编著者

2019 年 9 月

目 录

第 1 章　跨界车 NVH 分析理论基础与分析方法

1.1　机械噪声分析理论基础

机械噪声分析的理论基础是声学理论, 它主要研究声音的发生、传递、接收和效应。当物体振动时, 会引起周围空气的扰动, 这种扰动使空气产生压缩和膨胀, 从而使空气压力发生变化, 带来声波。声音是指人耳听觉所能察觉的空气中传递的振动, 频率为 20~20 000 Hz。人们把使人不愉悦的声音称为噪声。由于噪声具有声音的属性, 因此除了人的主观生理感受外, 它的辐射、传递与接收等一系列物理过程完全遵循声波的规律。而要对机械噪声加以控制, 就必须了解和掌握声波的特性和规律, 运用其规律来控制和减少噪声。因此, 在车辆特性的研究中, 声音传递的研究对于减少交通噪声和车内噪声, 改善乘车舒适性及环境保护具有重要作用。

1.1.1　声学理论基础

声波在空间中的转播可以通过介质汇聚的声压 P、质点速度 V 和密度变化量 ρ' 来描述。建立空间中的 P、V 和 ρ' 等声学量随时间和空间的变化规律以及它们之间的关系就可以研究声波的特性和规律。其数学描述即为声波方程[1,2]。

1. 一维声波方程

设声波仅沿一个方向如 x 方向运动, 其他两个方向 y 和 z 上的声场都是均匀的, 则声压学变量仅是 x 的函数。

1) 动力学方程

如图 1.1 所示, 在声场中取一足够小的体积元, 设这个体积元垂直于 x 轴的面积为 S, 体积为 $S\mathrm{d}x$。由于声波的声压 P 仅随位移 x 的变化而变化, 因此作用在体积元两侧的力不同, 产生的合力导致体积元的质点沿 x 方向运动。当声压 P 通过时, 设体积元左侧面处压强为 P_0+P, 则作用于左侧面的力为 $F_1=(P_0+P)S$, 由于不存在切向力, 内压力总是垂直于所取表面, 因此 F_1 的方向沿 x 轴正方向。设体积元右侧面处的压强为 $P_0+P+\mathrm{d}P$, 其中, $\mathrm{d}P=\dfrac{\partial P}{\partial x}\mathrm{d}x$, $\dfrac{\partial P}{\partial x}$ 为声压在 x 方向的梯度, 于是作用在该体积元右侧面上的力为 $F_2=(P_0+P+\mathrm{d}P)S$, 其方向为沿 x 负方向。因静态压强 P_0 不随 x 变化, 故作用于体积元上沿 x 方向的合力为 $F=F_1-F_2=-S\dfrac{\partial P}{\partial x}\mathrm{d}x$, 体积元质量为 $\rho' S\mathrm{d}x$, 在力 F 的作用下得到沿 x 方向的加速度 $\dfrac{\mathrm{d}V}{\mathrm{d}t}$。

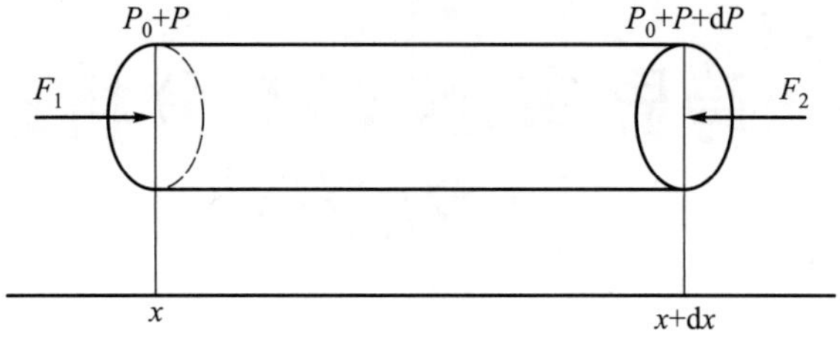

图 1.1 声场体积微元

根据牛顿第二定律有

$$\rho' S\mathrm{d}x\frac{\mathrm{d}V}{\mathrm{d}t} = -\frac{\partial P}{\partial x}S\mathrm{d}x$$

整理得

$$\rho'\frac{\mathrm{d}V}{\mathrm{d}t} = -\frac{\partial P}{\partial x}$$

在此, 保留一阶微量而略去二阶以上微量, 从而得到声波扰动的动力学方程

$$\rho_0\frac{\partial V}{\partial t} = -\frac{\partial P}{\partial x} \tag{1.1}$$

式中, ρ_0 为体积元的初密度。式 (1.1) 描述了声压 P 和质点速度 V 之间的关系。

2) 连续性方程

连续性方程即质量守恒定律, 就是介质中因声波扰动, 单位时间内流入体积元的质量和流出该体积元的质量之差应等于该体积元内质量的增加或减少。仍设想在声场中取一小体积元 $S\mathrm{d}x$, 如在体积元左侧面 x 处, 介质质点的速度为 V_x, 密度为 ρ_x, 而在单位时间流过左侧面而进入该体积元的质量应等于截面积 S、速度为 V_x 的柱体体积内所包含的介质质量, 即 $(\rho V)_x S$。在同一单位时间内从体积元经过右侧面流出的质量为 $-(\rho V)_{x+\mathrm{d}x}S$, 负号表示流出, 因此单位时间流入体积元内的净质量应为

$$(\rho V)_x S - (\rho V)_{x+\mathrm{d}x}S = -\frac{\partial(\rho V)_x}{\partial x}S\mathrm{d}x \tag{1.2}$$

单位时间内质量增加, 表明其密度增大了。因为 ρ 与 V 都只是 x 的函数, 下面将省去该式的 x 下标。设在单位时间内的密度增加量为 $\frac{\mathrm{d}\rho}{\mathrm{d}t}$, 则在单位时间体积元内的质量增加量应为 $\frac{\mathrm{d}\rho}{\mathrm{d}t}S\mathrm{d}x$, 由于体积元内没有产生流体质量的源, 因此按质量守恒定律, 单位时间内体积元的质量增加量必然等于流入体积元内的净质量, 即有

$$-\frac{\partial(\rho V)}{\partial x}S\mathrm{d}x = \frac{\mathrm{d}\rho}{\mathrm{d}t}S\mathrm{d}x \tag{1.3}$$

或

$$-\frac{\partial}{\partial x}(\rho V) = \frac{\mathrm{d}\rho}{\mathrm{d}t} \tag{1.4}$$

类似于上面的关于小振幅声波假定的处理, 可得 $\frac{\partial}{\partial x}(\rho V) \approx \rho_0\frac{\partial V}{\partial x}$, 以及 $\frac{\mathrm{d}\rho}{\mathrm{d}t} \approx \frac{\partial \rho'}{\partial t}$,

因此式 (1.4) 可简化为

$$-\rho_0 \frac{\partial V}{\partial x} = \frac{\partial \rho'}{\partial t} \tag{1.5}$$

这就是有声波扰动时流体介质的连续性方程。它描述了质点速度 V 与密度变化量 ρ' 之间的关系。

3) 物态方程

在没有声波扰动时, 体积元的初始状态可以用静压强 P_0、密度 ρ_0 和绝对温度 T_0 来表征。当声波传过体积元时, 体积元内的压强、密度和温度都会随之发生变化, 且其变化是相互联系的。它们之间的关系可以用物态方程来加以描述。设声波过程是绝热的, 可以认为介质中的压强仅仅是密度的函数, 即 $P = P(\rho)$, 也可用增量形式表示为 $\mathrm{d}P = c^2 \mathrm{d}\rho$, 其中 $c^2 = \dfrac{\partial P}{\partial \rho}$。在小振幅声波前提下, $\mathrm{d}P \approx p$, $\mathrm{d}\rho = \rho'$, 其中 p 为声压变化量; 而 $c^2 = \dfrac{\partial P}{\partial \rho}$ 取其平衡状态 (静态) 的值 $c_0^2 = \dfrac{\partial P}{\partial \rho}$ 为近似, 因此声波过程中的状态方程就可以简化为 $p = c_0^2 \rho'$, 这里 c_0^2 是常数, 决定于介质静态时的状态参数, c_0 实际上表示声波在介质中的传播速度, 即声速。

对于空气, 可用理想气体的物态方程 $PV^\gamma =$ 常数 (该处 V 代表体积) 或 $P\rho^{-\gamma} =$ 常数计算得 $c_0^2 = \dfrac{\gamma P_0}{\rho_0}$。其中, γ 是气体的定压与定容热容量之比, 对于空气, $\gamma = 1.402$。

对于液体, 一般没有类似于气体的状态方程, 但可以通过表征液体的弹性或可压性的一些物理参数来描述, 如可以定义介质的压缩系数 $\beta = -\left(\dfrac{\mathrm{d}V}{V}\right)/\mathrm{d}P$ (该处 V 代表体积), 或其倒数 $K = \dfrac{1}{\beta}$, 称为体压缩模量或体弹性模量, 那么 $c_0^2 = \dfrac{1}{\beta\rho_0} = \dfrac{K}{\rho_0}$。

声波是物质波, 是在弹性介质中传递的压力、应力、质点运动的一种或多种变化。对于一维声波, 其质点的振动和声波传递的方向相同, 设其方向为 x 方向, 则在空间直角坐标系 (x, y, z) 中, 可以得到一维声波方程为 $\dfrac{\partial^2 P}{\partial x^2} = \dfrac{1}{c_0^2}\dfrac{\partial^2 P}{\partial t^2}$。

2. 三维声波方程

实际情形中声波并不会仅在一维方向传播, 因此需要把一维声波方程推广为三维声波方程。通过一维 x 方向运动方程的推导, 可以写出沿 y 和 z 方向的方程, 通过矢量叠加形式表示为

$$-\rho_0 \left[\frac{\partial V_x}{\partial t}\boldsymbol{i} + \frac{\partial V_y}{\partial t}\boldsymbol{j} + \frac{\partial V_z}{\partial t}\boldsymbol{k}\right] = \frac{\partial P}{\partial x}\boldsymbol{i} + \frac{\partial P}{\partial y}\boldsymbol{j} + \frac{\partial P}{\partial z}\boldsymbol{k} \tag{1.6}$$

式中, V_x, V_y, V_z 分别代表质点速度 $\boldsymbol{V}$ 沿 x, y, z 方向的分量; $\boldsymbol{i}$, $\boldsymbol{j}$, $\boldsymbol{k}$ 代表 x, y, z 方向的单位矢量。式 (1.6) 可以表示成如下矢量形式:

$$\rho_0 \frac{\partial \boldsymbol{V}}{\partial t} = -\operatorname{grad} P \tag{1.7}$$

式中, grad 为梯度标符, 它代表 $\dfrac{\partial}{\partial x}\boldsymbol{i}+\dfrac{\partial}{\partial y}\boldsymbol{j}+\dfrac{\partial}{\partial z}\boldsymbol{k}$。类似地, 可以把一维连续性方程推广为如下矢量形式:

$$-\rho_0 \operatorname{div} \boldsymbol{V}=\frac{\partial \rho'}{\partial t} \tag{1.8}$$

式中, div 为散度标符, 它作用于矢量 $\boldsymbol{V}$ 时, 可以表示为

$$\operatorname{div} \boldsymbol{V}=\frac{\partial V_x}{\partial x}+\frac{\partial V_y}{\partial y}+\frac{\partial V_z}{\partial z} \tag{1.9}$$

至于状态方程, 本身就是标量, 形式上仍然为 $p=c_0^2\rho'$, 因此 $p=c_0^2\rho'$、式 (1.7) 和式 (1.8) 就成为三维情形下的 3 个流体介质的基本方程。与推导一维声波方程类似, 将式 (1.8) 两边对 t 求偏导, 得

$$-\rho_0 \operatorname{div}\left(\frac{\partial \boldsymbol{V}}{\partial t}\right)=\frac{\partial^2 \rho'}{\partial t^2} \tag{1.10}$$

再将状态方程两边对 t 取偏导, 同式 (1.7) 一并代入式 (1.10), 同时考虑到矢量关系

$$\operatorname{div}(\operatorname{grad} P)=\nabla^2 P \tag{1.11}$$

即可导出如下三维声波方程:

$$\nabla^2 P=\frac{1}{c_0^2}\frac{\partial^2 P}{\partial t^2} \tag{1.12}$$

式中, ∇^2 为拉普拉斯算子, 它在不同坐标系里具有不同的形式, 在直角坐标系里

$$\nabla^2=\frac{\partial^2}{\partial x^2}+\frac{\partial^2}{\partial y^2}+\frac{\partial^2}{\partial z^2} \tag{1.13}$$

1.1.2 机械噪声类型

机械噪声主要分为稳态机械振动噪声源和暂态机械噪声源两大类。

稳态机械振动噪声是指机械本身因做周期性运动产生周期性作用力, 从而产生稳态的振动而辐射出的噪声, 如汽车零部件中的齿轮、轴承运转中所产生的噪声就属于稳态振动噪声。这类噪声特性主要表现为周期性简谐波噪声或峰值频率噪声。

暂态机械噪声是受瞬态作用力激励而引起的机械噪声, 分为非机械碰撞噪声和机械碰撞噪声。非机械碰撞噪声是指因非机械性直接碰撞的激励引起的暂态噪声, 如汽车发动机的燃烧噪声。机械碰撞噪声是指由机械零部件之间的相互撞击而产生的, 如冲床冲压加工零件所产生的噪声。机械碰撞噪声又分为自鸣噪声和加速度噪声。自鸣噪声是指机械零件在冲击力作用下所辐射的噪声。加速度噪声是机械构件在加速度运动时造成空气媒介质产生压力扰动而辐射的噪声。

1.1.3 机械噪声传递途径

机械噪声的传递途径主要有空气传递和固体传递。空气传递是指声源直接激发空气振动产生声波, 以空气为传递介质传递声音, 如火车、轮船的汽笛声和蒸汽机的排气

管排气声等。固体传递是指声源直接激发机械结构振动产生噪声, 噪声以固体为传递媒介, 如汽车后桥变速箱中的齿轮碰撞造成的噪声。

实际的机械噪声传递途径往往是耦合式的, 既有空气传递, 又有固体传递。例如, 在行驶过程中, 汽车后桥主减速器齿轮啮合产生的振动噪声既通过空气传出, 又通过其结构整体产生的固体振动传出。

1.1.4 机械噪声源

以跨界车为例, 按照汽车结构可以将跨界车的噪声来源分为两大部分: ① 动力传动系统的噪声; ② 车身和整车的噪声。其中, 动力传动系统的噪声又分为发动机及其附件的噪声和动力子系统的噪声。动力传动系统噪声包含进气系统噪声、排气系统噪声和传动轴系噪声。车身和整车的噪声主要包括结构噪声、风激噪声、整车噪声等。

发动机的振动源自气缸内周期变化的气体压力和曲柄机构运动产生的惯性力。当曲柄机构运动时, 其惯性力矩很难做到完全平衡, 再加上其内部曲轴的扭转振动、弯曲振动和阀门的机构振动, 发动机的振动会通过整车结构传递给其他系统, 是汽车最主要的振动和噪声源。

动力传动系统包括动力装置隔振系统、传动轴系、进气系统和排气系统, 是汽车行驶过程中的主要振动噪声源。动力传动轴系由变速器、传动轴、驱动桥、半轴和支承轴承等组成, 由于制造和装配误差的存在, 导致动力传动轴系在汽车行驶过程中产生噪声并最终传递到车体。

车身是噪声的传递通道, 各种噪声都会通过车身传递到车内。例如, 汽车在高速行驶过程中, 车身与空气相互摩擦产生的风激噪声在汽车车身密封性不严时就很容易传递到车内。

1.2 机械振动分析理论基础[3-5]

汽车上几乎每个系统都会涉及振动问题。振动系统可以按不同的方法来分类。按照质量的分布可以分为离散系统和连续系统。按照能否用精确的数学公式来描述, 可以分为确定性振动系统和随机振动系统。按系统的自由度划分, 有如下 3 种: ① 单自由度振动——一个自由度系统的振动; ② 多自由度振动——两个或两个以上自由度系统的振动; ③ 连续系统振动——连续弹性体的振动, 这种系统具有无穷多个自由度。振动系统还可以分成线性系统与非线性系统。

本节主要介绍确定性系统的线性分析, 对于随机振动的非线性分析理论请参阅相关专业文献。

1.2.1 离散系统振动分析

1.2.1.1 单自由度振动系统

单自由度振动系统是最简单、最基础的有限自由度集中参数系统, 是在任意时刻由一个广义坐标完全确定其位置的系统, 是只要一个坐标就能完整描述其运动规律的振动系统。

单自由度振动系统力学模型主要由质量、弹簧、阻尼和激励这 4 个要素组成, 如图 1.2 所示。这 4 个要素是通过对振动系统的简化反映其物理过程的物理量。在力学模型中质量一般被抽象为只有质量的质点, 用 m 表示; 弹簧被抽象为无质量的、只有刚度的物体, 其刚度用 k 表示, 在线性振动范围内, 刚度 k 大小保持不变; 阻尼表示了系统振动中因各种阻力, 如流体、固体的摩擦阻力等产生的机械能耗散机制, 阻尼系数用 c 表示。

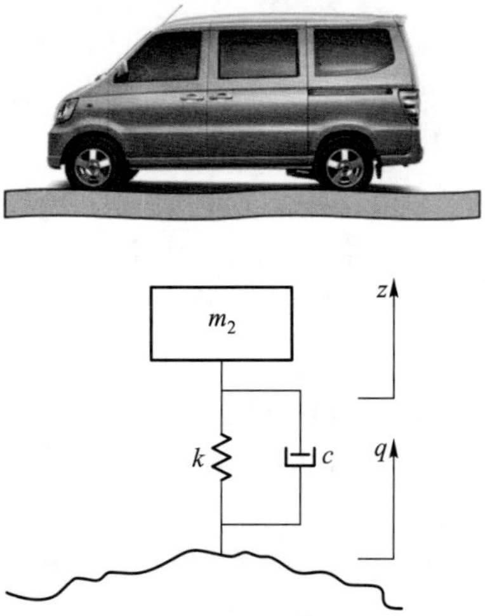

图 1.2 汽车振动系统单自由度模型

图 1.3 所示为几种典型单自由度振动系统。图 1.3(a) 为垂直振动系统模型, 质量 m 只有垂直方向振动, 坐标 $x(t)$ 就可以确定其几何位置; 图 1.3(b) 为扭转摆振系统模型, 坐标 $\psi(t)$ 就可以确定其几何位置; 图 1.3(c) 为单摆系统模型, 其几何位置由 $\theta(t)$ 确定。由此可知, 只要确定了单自由度振动系统的质量、刚度和阻尼参数, 并按照一定的方法就可以研究其在不同激励下的振动规律。

研究单自由度振动系统在不同激励下的振动规律时, 可以建立单自由度振动系统运动的振动微分方程, 并对问题进行求解。

单自由度振动系统运动微分方程一般可通过牛顿第二定律或达朗贝尔原理来建立, 图 1.2 所示的汽车车身单自由度振动系统模型是典型的简谐支承激励单自由度振动系统, 由车身质量为 m (即图 1.2 中 m_2)、弹簧刚度为 k 和减振器阻尼系数为 c 的悬架系统组成。q 是路面不平度输入函数。设车身垂直位移坐标 z 的原点为静力平衡位置,

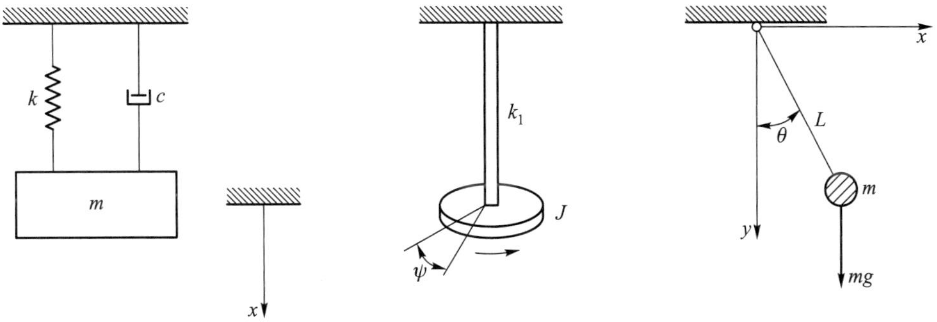

(a) 垂直振动系统模型　　(b) 扭转摆振系统模型　　(c) 单摆系统模型

图 1.3　单自由度振动系统模型

根据牛顿第二定律, 其系统运动微分方程为

$$m\ddot{z} + c(\dot{z} - \dot{q}) + k(z - q) = 0 \tag{1.14}$$

式 (1.14) 中的解由自由振动齐次方程的解与非齐次方程特解之和组成。

汽车车身单自由度振动系统中阻尼比 ζ 的取值通常为 0.25 左右, 属于小阻尼。令 $2n = \dfrac{c}{m}$, $\omega_0 = \sqrt{\dfrac{k}{m}}$ 为系统固有频率, $\zeta = \dfrac{n}{\omega_0} = \dfrac{c}{2\sqrt{mk}}$。此时, 式 (1.14) 中齐次方程的通解为

$$z = A\mathrm{e}^{-nt}\sin(\sqrt{\omega_0^2 - n^2 t} + \varphi) \tag{1.15}$$

式中, A 是由初始条件所决定的常数, $A = \sqrt{\dfrac{z_0^2 + 2\zeta\omega_0\dot{z}_0 z_0 + \omega_0^2 z_0^2}{(1-\zeta^2)\omega_0^2}}$; φ 是由初始条件决定的初相位角, $\varphi = \arctan\dfrac{z_0\sqrt{(1-\zeta^2)}\omega_0}{\dot{z}_0 + \zeta\omega_0 z_0}$, 其中 $z_0 = z\ (t=0)$, $\dot{z}_0 = \dot{z}_0\ (t=0)$。对汽车车身单自由度的有阻尼自由振动, 质量 m 以有阻尼固有频率 $\omega_r = \sqrt{\omega_0^2 - n^2}$ 振动, 其振幅以 e^{-nt} 函数衰减。一般, ζ 越大, ω_r 衰减也越大, 当汽车车身单自由度振动系统阻尼比 ζ 为 0.25 时, ω_r 比 ω_0 衰减较小, 在工程上近似认为 $\omega_r = \omega_0$。

1.2.1.2　二自由度振动系统

在工程应用中, 当振动问题不能简化为单自由度问题时就要进行两个或两个以上的自由度振动问题的研究。我们称两个自由度以上的问题为多自由度问题。二自由度振动系统的状态及研究方法与单自由度系统是不相同的, 而且要复杂很多。而研究二自由度振动系统是研究多自由度振动系统的基础。

二自由度振动系统是指用两个独立坐标来完全描述其质量在空间位置的系统。几种典型的二自由度振动系统如图 1.4 所示。图 1.4(a) 是由两质量两弹簧组成的系统, 质量被限制在铅垂方向移动, 用两个独立坐标 x_1 和 x_2 可以完全描述其空间位置; 图 1.4(b) 是双摆系统, 其两个质量在图示的平面内摆动, 用两个独立坐标 θ_1 和 θ_2 可以完全描述其位置; 图 1.4(c) 为一刚性杆在平面内进行坐标 x 方向平动和坐标 θ 方向转动。

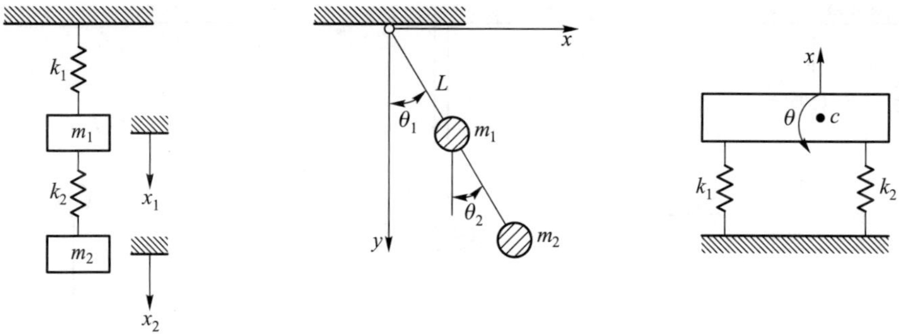

(a) 两质量两弹簧组成的系统　(b) 双摆系统　(c) 刚性杆在平面内的移动和转动系统

图 1.4　二自由度振动系统模型

二自由度振动系统微分方程的一般表达式为[1]

$$[M]\{\ddot{x}\}+[C]\{\dot{x}\}+[K]\{x\}=\{F\} \tag{1.16}$$

式中, $[M]$、$[C]$、$[K]$ 分别为质量矩阵、阻力矩阵和刚度矩阵; $\{F\}$ 是力向量。

二自由度振动系统问题的研究主要包含 4 个方面内容: ① 将实际结构简化成二自由度振动系统模型; ② 建立系统运动微分方程; ③ 求解运动微分方程; ④ 分析响应特性。

1.2.1.3　多自由度振动系统

多自由度振动系统是指通过两个以上独立广义坐标才能描述运动特性规律的系统。在工程上有很多工程振动问题都可以用多自由度动力学模型来描述, 因此多自由度振动系统理论具有广泛的工程应用价值, 如汽车驱动桥中的很多振动问题都可以简化为多自由度振动系统问题。自由度的增加使得相应的描述振动系统微分方程的数量会大大增加。一般对多自由度振动系统振动问题的微分方程采用矩阵来表达。在求解问题时, 一般采用解析法、数值解法和模态分析法直接求解。

图 1.5 所示为典型的三自由度振动系统模型, 需要采用三坐标 x_1、x_2 和 x_3 来描述其系统运动特性。

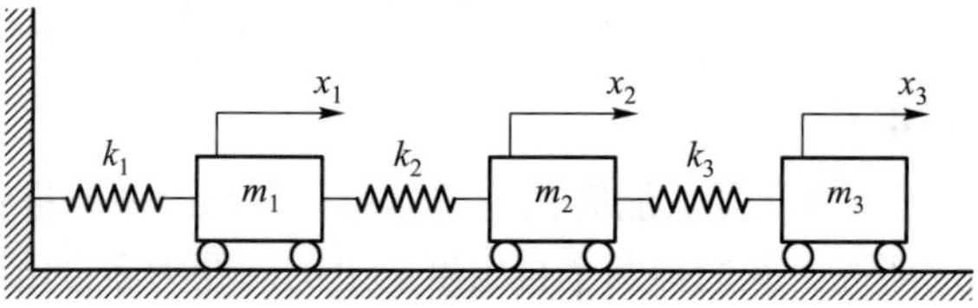

图 1.5　三自由度振动系统模型

多自由度振动系统研究可参照二自由度振动系统的方法进行研究。多自由度振动系统问题研究主要包括 4 个方面的内容: ① 建立多自由度振动系统微分方程; ② 计算固有频率和主振型; ③ 多自由度振动系统模态分析; ④ 多自由度振动系统响应分析。

1.2.2 连续系统振动分析

连续系统是指系统中的质量、弹性和阻尼都呈连续分布, 自由度为无限自由度的振动系统。连续系统的描述主要用时间和空间两坐标, 求解时必须考虑其弹性和支承方式, 因此分析问题的过程和方法复杂, 只有在简单的特殊情况下才能求解。但连续振动系统通过离散化后, 都可转化为较简单的自由度系统进行分析研究。例如, 弦、杆、轴、梁、薄板振动问题属于连续系统振动问题。

连续系统与离散系统具有相同的动力特性。因此, 连续系统的振动理论方法和分析计算过程与离散系统相似。

1.2.2.1 弦的振动

设一根细弦张紧于两固定点之间, 弦长为 L。两固定点连线方向为 x 轴, y 轴与 x 轴垂直。其振动模型如图 1.6 所示。

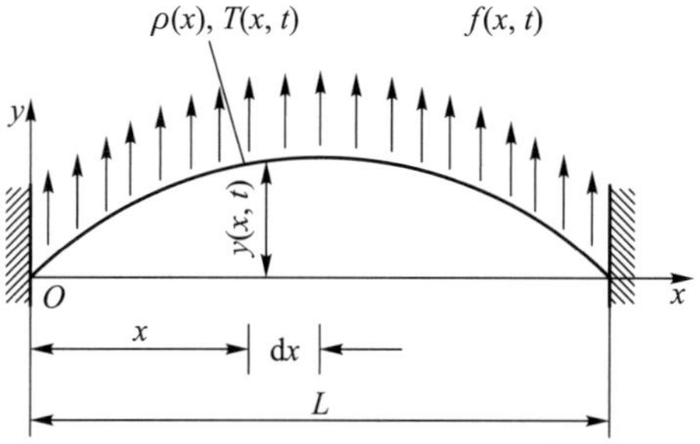

图 1.6 弦的横向振动模型

设弦单位长度质量为 $\rho(x)$, 在横向分布力 $f(x,t)$ 作用下作横向振动, 张力为 $T(x,t)$, 弦在 x 方向的位移函数为 $y=y(x,t)$。

取微弦线单元体 $\mathrm{d}x$ 如图 1.7 所示。假设弦作微小横向振动, 忽略由于横向微变形引起的 T 的变化, 张力 $T(x,t)$ 为常量 T。

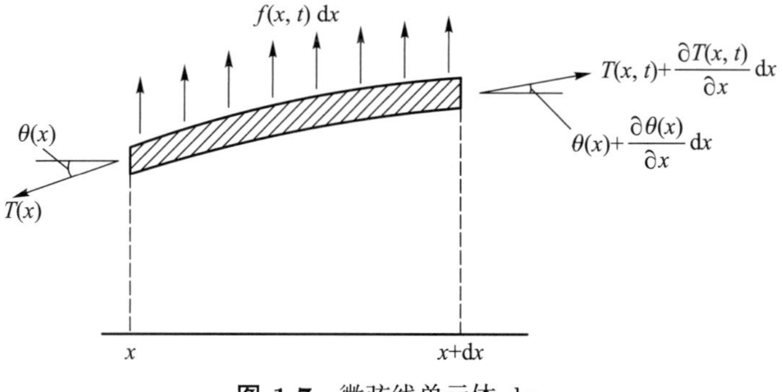

图 1.7 微弦线单元体 $\mathrm{d}x$

取 $\theta\approx\sin\theta\approx\tan\theta=\dfrac{\partial y}{\partial x}$, 则弦的横向振动偏微分方程为

$$\rho\frac{\partial^2 y}{\partial t^2}-T\frac{\partial^2 y}{\partial x^2}=f(x,t) \tag{1.17}$$

由图 1.7 可知, 弦的横向振动边界条件为: 两端固定位移为零, 即

$$y(0,t)=y(L,t)=0$$

从而, 弦横向振动数学模型为

$$\begin{aligned}&\rho\frac{\partial^2 y}{\partial t^2}-T\frac{\partial^2 y}{\partial x^2}=f(x,t)\\&y(0,t)=y(L,t)=0\end{aligned}\tag{1.18}$$

令 $f(x,t)=0$, 则弦的自由振动微分方程变为波动方程, 即

$$\frac{\partial^2 y}{\partial t^2}=a^2\frac{\partial^2 y}{\partial x^2}\tag{1.19}$$

式中, $a=\sqrt{T/\rho}$, 表示弹性波沿弦向的传递速度。

1.2.2.2 杆的振动

图 1.8(a) 所示为一长杆, 令 $u(x,t)$ 为杆的微单元 $\mathrm{d}x$ 的轴向位移, 见图 1.8(b) 所示。

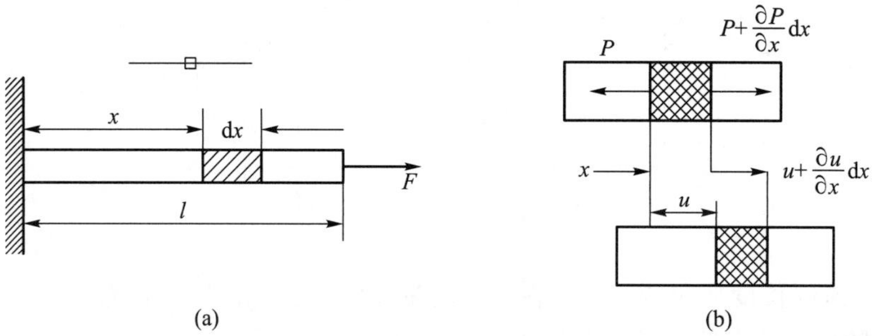

图 1.8 杆的纵向振动

由胡克定理, 其应力–应变关系式为

$$\frac{P}{A}=E\frac{\partial u}{\partial x}\tag{1.20}$$

式中, P 为微元 $\mathrm{d}x$ 处的作用力; A 为杆的横截面面积; E 为弹性模量。

由牛顿第二定律, $\mathrm{d}m=\rho A\mathrm{d}x$ 是微元 $\mathrm{d}x$ 的质量; ρ 为单位体积的质量。联立求解, 并简化得杆纵向振动的运动微分方程

$$\rho A\frac{\partial^2 u}{\partial t^2}=\frac{\partial}{\partial x}\left(AE\frac{\partial u}{\partial x}\right)\tag{1.21}$$

若 A、E 为常数, 则有

$$\frac{\partial^2 u}{\partial t^2}=C^2\frac{\partial^2 u}{\partial x^2}\tag{1.22}$$

式中, $C^2=E/\rho$。

式 (1.22) 为等截面杆纵向自由振动运动微分方程。常数 C 为纵波在杆内的传递速度。杆的纵向振动典型边界条件见表 1.1 所示。

表 1.1 杆的纵向振动典型边界条件[1-4]

端部条件	左边界条件	右边界条件
固结	$u(0,t)=0$	$u(1,t)=0$
自由	$\dfrac{\partial u}{\partial x}=0$	$\dfrac{\partial u}{\partial x}=0$
弹性载荷	$ku=EA\dfrac{\partial u}{\partial x}$	$ku=-EA\dfrac{\partial u}{\partial x}$
惯性载荷	$m\dfrac{\partial^2 u}{\partial t^2}=EA\dfrac{\partial u}{\partial x}$	$m\dfrac{\partial^2 u}{\partial t^2}=-EA\dfrac{\partial u}{\partial x}$

1.2.2.3 梁的振动

细长杆作垂直于轴线方向的振动时, 即为横向振动。梁在平面内的横向振动如图 1.9(a) 所示。

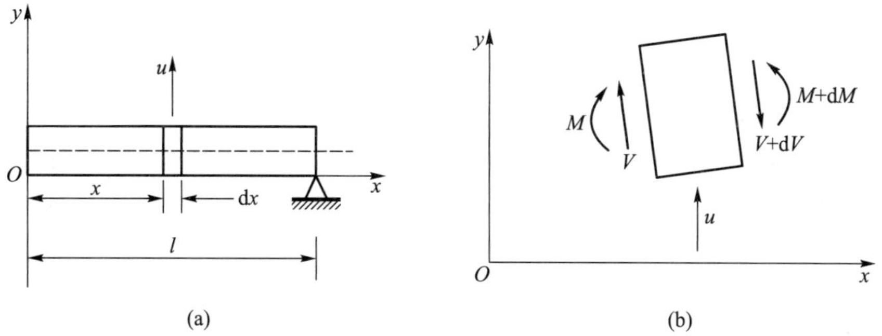

图 1.9 梁的横向振动

在此, 仅讨论由弯矩引起的横向变形 $u(x,t)$ 情况。取梁上的一微元 $\mathrm{d}x$ 的隔离体如图 1.9(b) 所示, 根据牛顿第二定律, 其横向动态力为[1-4]

$$m\frac{\partial^2 u}{\partial t^2}\mathrm{d}x=-\left(V+\frac{\partial V}{\partial x}\mathrm{d}x\right)+V \quad 或 \quad m\frac{\partial^2 u}{\partial t^2}=-\frac{\partial V}{\partial x} \tag{1.23}$$

式中, m 为单位长度的质量; V 为剪力。从而, 微元 $\mathrm{d}x$ 右侧处的总弯矩为

$$\frac{\partial M}{\partial x}\mathrm{d}x-V\mathrm{d}x\approx 0 \quad 或 \quad \frac{\partial M}{\partial x}=V \tag{1.24}$$

由材料力学可以知, 梁的曲率与弯矩的关系为

$$EI\frac{\partial^2 u}{\partial x^2}=M \tag{1.25}$$

式中, EI 为梁的弯曲刚度。联立求解式 (1.23)、式 (1.24) 和式 (1.25) 得梁的横向振动的运动微分方程

$$m\frac{\partial^2 u}{\partial t^2}=-\frac{\partial^2}{\partial x^2}\left(EI\frac{\partial^2 u}{\partial x^2}\right) \tag{1.26}$$

令 EI 为常量, 则上述运动方程式可简化为

$$\frac{\partial^2 u}{\partial t^2}+a^2\frac{\partial^4 u}{\partial x^4}=0 \tag{1.27}$$

式中, $a^2=EI/m$。常见的梁的横向振动边界条件见表 1.2 所示。

表 1.2 常见的梁的横向振动边界条件[1-4]

端部条件	变形 u	转角 $\theta=\dfrac{\partial u}{\partial x}$	弯矩 $M=EI\dfrac{\partial^2 u}{\partial x^2}$	剪力 $V=EI\dfrac{\partial^3 u}{\partial x^3}$
固结	$u=0$	$\theta=0$	—	—
自由	—	—	$M=0$	$V=0$
铰接	$u=0$	—	$M=0$	—
弹性载荷	—	—	$M=-k_t\dfrac{\partial u}{\partial x}$	$V=ku$
惯性载荷	—	—	$M=0$	$V=m\dfrac{\partial^2 u}{\partial x^2}$

1.2.2.4 薄板的振动

薄板是指其厚度比长和宽尺寸小得多的板件。在工程中, 薄板的振动是常见的振动问题。在此, 为了建立薄板的应力、应变和位移之间的关系, 通过薄板上下的对中面, 建立如图 1.10 所示的空间直角坐标系 $Oxyz$。

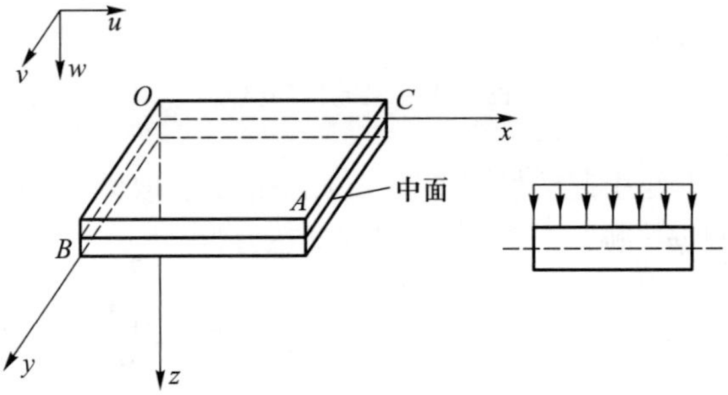

图 1.10 薄板变形前的空间直角坐标

在建立薄板振动的微分方程时, 对薄板进行如下假设: ① 组成薄板的材料各向同性; ② 振动中薄板的挠度比其厚度小; ③ 自由面上的应力为零; ④ 与中面正交的横截面在变形后始终保持正交不变, 即薄板在变形前后中面的法线保持不变。

根据假设前提条件, 在薄板上任意一点 $A(x,y,z)$ 沿 x、y、z 3 个方向的位移分量 u_A、v_A、w_A 分别为

$$u_A=-z\frac{\partial w}{\partial x} \tag{1.28}$$

$$v_A=-z\frac{\partial w}{\partial y} \tag{1.29}$$

$$w_A=w+\cdots \quad (\cdots \text{ 为高阶小量}) \tag{1.30}$$

式中, w 为中面上各点的横向位移。

根据弹性力学中应变和位移的几何关系可以求出各点 3 个主要应变分量, 分别为

$$\varepsilon_x = \frac{\partial u_A}{\partial x} = -z\frac{\partial^2 w}{\partial x^2} \tag{1.31}$$

$$\varepsilon_y = \frac{\partial v_A}{\partial y} = -z\frac{\partial^2 w}{\partial y^2} \tag{1.32}$$

$$\gamma_{xy} = \frac{\partial u_A}{\partial y} + \frac{\partial v_A}{\partial x} = -2z\frac{\partial^2 w}{\partial x \partial y} \tag{1.33}$$

根据胡克定律, 其相对应的 3 个应力分量分别为

$$\sigma_x = \frac{E}{1-\mu^2}(\varepsilon_x + \mu\varepsilon_y) = -\frac{Ez}{1-\mu^2}\left(\frac{\partial^2 w}{\partial x^2} + \mu\frac{\partial^2 w}{\partial y^2}\right) \tag{1.34}$$

$$\sigma_y = \frac{E}{1-\mu^2}(\varepsilon_y + \mu\varepsilon_x) = -\frac{Ez}{1-\mu^2}\left(\frac{\partial^2 w}{\partial y^2} + \mu\frac{\partial^2 w}{\partial x^2}\right) \tag{1.35}$$

$$\tau_{xy} = G\gamma_{xy} = -\frac{Ez}{1+\mu}\frac{\partial^2 w}{\partial x \partial y} \tag{1.36}$$

式中, G 为剪切模量。

薄板的微单元受力图如图 1.11 所示。由图 1.11 中可知, M_x、M_y 是 OB 面、OC 面所受到的单位长度的弯矩; M_{xy}、M_{yx} 是 OB 面、OC 面所受到的单位长度的扭矩; Q_x、Q_y 是 OB 面、OC 面上所受到的单位长度的横剪切力。各弯矩、扭矩、横剪切力沿轴的箭头表示。M_x、M_y 是由正应力 σ_x、σ_y 引起的合力矩, 扭矩是由剪切力 τ_{xy} 引起的合力矩。$P(x,y,t) = P(x,y)f(t)$ 为具有变量分离形式的外载荷集度, 沿 z 轴方向。

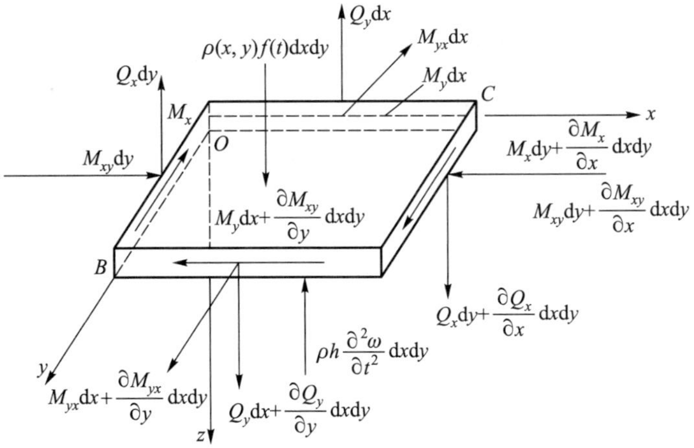

图 1.11 薄板的微单元受力的受力图

根据薄板的微单元受力图 1.11, 并应用受力平衡方程即可推导得到薄板微单元的运动微分方程 (推导过程略)

$$D\left(\frac{\partial^4 w}{\partial x^4} + 2\frac{\partial^4 w}{\partial x^2 \partial y^2} + \frac{\partial^4 w}{\partial y^4}\right) + \rho h\frac{\partial^2 w}{\partial t^2} = P(x,y)f(t) \tag{1.37}$$

1.3 跨界车传动系统 NVH 性能分析方法

车辆的 NVH 性能分析与处理方法有很多种, 本节主要介绍目前常用的几种, 包括测试法、动力学分析法、有限元分析法、边界元法、统计能量分析法、传递路径分析法和模态分析法[5-10]。

1.3.1 测试法

测试法是利用现代测试仪器对机械振动与噪声进行现场测试, 将得到的测量信号进行处理, 从而获得各种工况条件下的机械振动与噪声特性。一般测试法需要通过专用的测试平台进行振动测量, 并通过软件进行信号处理得到其振动数据。在此, 以跨界车后桥测试平台为例介绍测试法原理。

图 1.12 为跨界车后桥测试平台, 测试平台的作用是给所检测的跨界车后桥提供支撑并方便检测测量。跨界车后桥的振动检测平台包含动力装置、加载装置和连接装置等。其原理为利用电机模拟发动机驱动后桥运转, 用磁粉制动器施加负载, 模拟后桥装入整车后后桥的运行情况, 并采用扭矩传感器、振动传感器、噪声传感器测试后桥运行时的机械效率与损失、振动以及噪声情况。当电机停转时, 飞轮拖动后桥转动, 从而模拟汽车滑行时的振动和噪声情况。

对于测试法而言其过程为:

(1) 建立测试平台。如图 1.12 所示, 对跨界车后桥测试平台中的电机类型、扭矩传

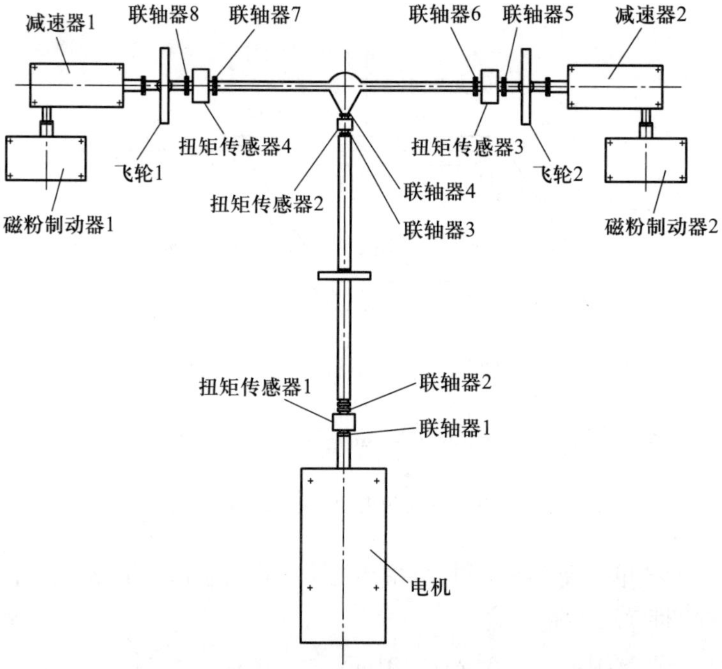

图 1.12 跨界车后桥测试平台

感器、减速器类型、磁粉制动器类型等进行选择, 并对飞轮及其传动轴等结构部件进行设计。

(2) 搭建信号检测系统。信号检测系统包含采集装置、转换装置、放大装置、处理装置、执行装置 5 部分。

(3) 通过信号采集装置采集需要检测的信号, 通过信号转换装置将检测到的信号转换成电信号, 然后通过信号放大装置将信号放大, 再通过信号处理装置将处理后的信号发送给执行装置以执行相应的操作。后桥的振动信号检测装置包含传感器、信号放大器和数据采集卡, 传感器将检测到的振动信号输送给信号放大器, 放大的信号经过滤波后在数据采集卡中进行模数转换。

(4) 振动检测系统将经过处理的振动信号发送到计算机, 由振动控制与分析系统的程序对其进行分析和处理, 并将处理结果在显示器上显示出来, 在储存器上保存。

以上测试过程就构成了一个完整的跨界车后桥振动的测试与分析过程。

1.3.2 动力学分析法

研究物体在力作用下的运动规律和特性的运动系统称为动力学系统。动力学系统的输入和输出随着时间的变化而变化, 并且系统的一些变量的导数或变化值还取决于系统变量的瞬时值。

机械动力学的基本内容包括机械刚体动力学和机械弹性动力学, 刚体动力学包括静力分析和动态静力分析两种, 前者主要应用于低速且忽略惯性力的刚性构件; 后者主要应用于高速且需考虑惯性力的刚性构件。而机械弹性动力分析主要是应用于需考虑惯性力和弹性变形的刚性构件。

1.3.2.1 刚体动力学

在工程中遇到的许多系统, 其动力学特性都可当作刚体的特性处理。如在研究汽车的运动操纵性和稳定性时, 常可忽略其在运动中的形变而将其当作刚体系统或多刚体系统处理。根据经典力学可知: 刚体的所有运动都可分解为刚体质心的位移运动和绕刚体质心的旋转运动, 其动力学方程组为

$$m\frac{\mathrm{d}\boldsymbol{V}}{\mathrm{d}t}=\boldsymbol{F},\quad \frac{\mathrm{d}\boldsymbol{K}}{\mathrm{d}t}=\boldsymbol{M} \tag{1.38}$$

式中, m 为刚体质量; $\boldsymbol{V}$ 为刚体质心的速度矢量; $\boldsymbol{K}$ 为刚体总动量矩; $\boldsymbol{F}$ 为作用于刚体质心的外力; $\boldsymbol{M}$ 为作用于刚体质心的外力矩。

将式 (1.38) 投影到固连于刚体并以质心为原点的物体固连坐标系 $\{O;x_t;y_t;z_t\}$ 上, 得到下列动力学方程组:

$$m\frac{\mathrm{d}\boldsymbol{V}_t}{\mathrm{d}t}=-m\boldsymbol{\omega}\times\boldsymbol{V}_t+\boldsymbol{F}_t \tag{1.39}$$

$$\frac{\mathrm{d}\boldsymbol{K}_t}{\mathrm{d}t}=-\boldsymbol{\omega}\times\boldsymbol{K}_t+\boldsymbol{M}_t \tag{1.40}$$

式中, $\boldsymbol{K}_t=\boldsymbol{I}\boldsymbol{\omega}$; $\times$ 为叉乘; $\boldsymbol{I}$ 为惯量矩阵; $\boldsymbol{\omega}$ 为刚体绕质心的旋转角速度。$\boldsymbol{V}_t$、$\boldsymbol{\omega}$、$\boldsymbol{F}_t$

和 $\boldsymbol{M}_t$ 的矢量表达式以及矩阵 $\boldsymbol{I}$ 的表达式为

$$\begin{aligned}\boldsymbol{V}_t &= [V_{xt}, V_{yt}, V_{zt}]^{\mathrm{T}}\\ \boldsymbol{\omega}_t &= [\omega_x, \omega_y, \omega_z]^{\mathrm{T}}\\ \boldsymbol{F}_t &= [F_{xt}, F_{yt}, F_{zt}]^{\mathrm{T}}\\ \boldsymbol{M}_t &= [M_{xt}, M_{yt}, M_{zt}]^{\mathrm{T}}\\ \boldsymbol{I} &= \begin{bmatrix} I_x & -I_{xy} & -I_{xz}\\ -I_{xy} & I_y & -I_{yz}\\ -I_{xz} & -I_{yz} & I_z\end{bmatrix}\end{aligned} \tag{1.41}$$

式 (1.39) 和式 (1.40) 是刚体动力学系统的一般数学模型, 也是在参数辨别中所用的状态方程组。其中, ω_x、ω_y、ω_z、V_{xt}、V_{yt}、V_{zt} 是刚体动力学系统的状态参数。刚体动力学分析的重点是建立外力 $\boldsymbol{F}_t$ 和外力矩 $\boldsymbol{M}_t$ 的数学模型。

1.3.2.2 弹性体动力学

弹性体动力学系统也是工程中常遇到的动力学系统, 通常称之为结构系统。例如, 飞行器在高速飞行时出现的抖振、颤振以及发射时出现的风激振动都是弹性动力学问题。一般用总质量和绕某点的惯量 (m 和 I) 表示刚体质量和惯性特征, 以质心的平移和绕质心的旋转描述刚体的运动, 因而可将其看成集中参数系统。而弹性体的质量密度和刚度是空间坐标的函数。作用于弹性体上的外力可以是集中力, 也可以是沿表面分布的力, 因此弹性体是分布参数系统。一般以时间和空间为自变量的偏微分方程组来描述弹性体的弯曲、扭转运动。

弹性体结构定义于空间区域 D, 弹性体动力学系统的总动能 T、总势能 V 和非保守虚功 δW_{nc} 分别为

$$T = \frac{1}{2}\int_D m\dot{W}^2 \mathrm{d}D \tag{1.42}$$

$$V = \frac{1}{2}[W, W] \tag{1.43}$$

$$\delta W_{\mathrm{nc}} = \int_D (f - \xi\dot{W})\delta W \mathrm{d}D \tag{1.44}$$

对于该弹性体动力学系统, 其质量密度为 $m(x, y, z)$, 阻尼密度为 $\xi(x, y, z, t)$, 位移函数为 $W(x, y, z, t)$, 能量内积为 $[W, W]$, 外力密度为 $f(x, y, z, t)$。

利用虚功原理, 由式 (1.42)、式 (1.43)、式 (1.44) 可推导出下列描述分布参数结构系统运动的偏微分方程组:

$$m\ddot{W} + \xi\dot{W} + KW = f(x, y, z \in D) \tag{1.45}$$

式中, ξ 是含有阻尼分布的微分算子; K 是位移能量内积的微分算子, 含有刚度分布信息; 对不同问题, 能量内积有不同表达式。

1.3.2.3 动力学微分方程建立方法

机械系统动力学仿真通常是分析机械系统各个刚体的位移、速度、加速度与其所受力或力矩的关系。一般的机械系统主要属于完整约束系统, 可通过牛顿–欧拉法、拉格朗日法和凯恩法等方法来建立运动微分方程。

牛顿–欧拉法主要是考虑作用在所有分析物体上的约束力, 根据作用在每个物体上的力和力矩平衡条件写出系统的运动微分方程。该方法推导过程简单, 但因为将约束反力包含在微分方程中, 使得微分方程数目巨大, 求解微分方程具有一定的难度, 特别是计算大型复杂的多体系统时更是如此。

拉格朗日法主要描述受约束系统的位形, 以及解决建立运动微分方程的一系列根本问题。从实际使用角度看, 拉格朗日方程提供了建立任意完整系统运动微分方程普遍的、规范的方法。其优点是, 它以广义坐标表达系统的运动, 因而方程数目小, 与自由度数目相等, 且约束力不出现在微分方程之中, 使得求解更加方便。缺点是, 要引入系统动力学的动能和势能分量, 并且分别求解其导数, 使得推导过程较为烦琐, 对于解决大型复杂多体系统更是困难。

凯恩法与牛顿–欧拉法相比, 减少了许多不必要的方程。凯恩法主要解决自由度很大的多体系统的动力学问题, 其特点既适用于多体系统又适用于受约束的、时间不相关的完整约束系统。凯恩方程是一阶微分方程, 便于转化为标准形式, 但缺点是引入了“广义速率” 的概念, 其选择存在一定的技巧, 而且求解计算刚体的速度和惯性率工作量也比较大。

下面以质点系为例给出微分方程的建立方法, 对于平面刚体系或质点系与平面刚体组成的混合系同样适用。

1. 虚位移原理

虚位移原理是分析静力学的基本原理, 可以表述为具有完整、定常、理想约束的质点系, 其平衡的充分必要条件是: 在给定的位形上, 作用于该质点系上的所有主动力在任何虚位移上所作的元功之和等于零。用广义力表示的虚位移方程为

$$\sum_{i=1}^{n}\delta A_i=\sum_{i=1}^{n}\boldsymbol{F}_i\cdot\delta\boldsymbol{r}_i\cdot\sum_{i=1}^{n}\boldsymbol{F}_i\cdot\sum_{a=1}^{k}\frac{\partial\boldsymbol{r}_i}{\partial q_a}\delta q_a=\sum_{a=1}^{k}\left(\sum_{i=1}^{n}\boldsymbol{F}_i\cdot\frac{\partial\boldsymbol{r}_i}{\partial q_a}\right)=\sum_{a=1}^{k}Q_a\delta q_a=0 \quad (1.46)$$

式中, δA_i 为各主动力所做的元功; $\boldsymbol{F}_i$ 为各主动力; $\delta\boldsymbol{r}_i$ 为质点任意虚位移; $\boldsymbol{r}_i$ 为质点系各质点的矢径; q_a 为广义坐标; $\sum\limits_{a=1}^{k}\boldsymbol{Q}_a$ 称为广义力。

式 (1.46) 适用于任何质点系, 由它可推导出刚体的平衡条件。

2. 达朗贝尔原理 (动静分析法)

达朗贝尔原理指出, 如果在质点系上除了作用有真实的主动力和约束反力外, 再假想地加上惯性力, 则这些力在形式上组成一平衡力系, 即

$$\sum_{i=1}^{n}\boldsymbol{F}_i+\sum_{i=1}^{n}\boldsymbol{N}_i+\sum_{i=1}^{n}\boldsymbol{F}_{gi}=0 \quad (1.47)$$

式中, $\sum\limits_{i=1}^{n}\boldsymbol{F}_i$ 为主动力; $\sum\limits_{i=1}^{n}\boldsymbol{N}_i$ 为约束反力; $\sum\limits_{i=1}^{n}\boldsymbol{F}_{gi}$ 为惯性力。

若将达朗贝尔原理和虚位移原理综合运用, 可得到动力学普遍方程。

3. 动力学普遍方程

质点系在理想约束下, 将达朗贝尔原理和虚位移原理相结合, 则有

$$\sum_{i=1}^{n}\delta A_F=\sum_{i=1}^{n}(\boldsymbol{F}_i+\boldsymbol{F}_{gi})\delta\boldsymbol{r}_i=0 \tag{1.48}$$

式中, $\boldsymbol{F}_i$ 为主动力; $\boldsymbol{F}_{gi}(\boldsymbol{F}_{gi}=-m_i\boldsymbol{a}_i)$ 为惯性力; $\delta\boldsymbol{r}_i$ 为虚位移。

这是虚功形式的动力学方程, 简称动力学普遍方程, 也称达朗贝尔–拉格朗日方程。此方程含义是: 在具有理想约束的质点系中, 在任意瞬时和位形上, 作用于各质点上的主动力和虚加的惯性力在任一虚位移上所作的元功之和等于零。一般来说, 系统内 $\delta\boldsymbol{r}_i$ 之间并不是独立的, 需与约束方程联立求解。动力学普遍方程是分析力学的普遍原理, 由此可以推导出非自由质点系的全部动力学方程。

4. 拉格朗日方程

1) 第一类拉格朗日方程

第一类拉格朗日方程既可求出系统的运动, 又可求约束力。其缺点是引入了待定乘子, 在运动方程中出现未知理想约束和约束反力, 使得未知量和方程式的数目增加, 因此求解此庞大微分方程组就变得十分困难, 因此第一类拉格朗日方程应用不广。虽然其不能直接求解刚体或刚体系统的运动, 但可以用来求解离散系统的动力学问题。其功能相当于牛顿力学中的牛顿第二定律, 方程形式省略。

2) 第二类拉格朗日方程

由于系统约束的存在, 用动力学普遍方程方法列写运动微分方程时可能要找寻约束关系, 而将动力学方程用独立的广义坐标来表示便是拉格朗日方程方法, 其一般形式是

$$\frac{\mathrm{d}}{\mathrm{d}t}\left(\frac{\partial T}{\partial\dot{q}_j}\right)-\frac{\partial T}{\partial q_j}=Q_j\quad j=1,2,\cdots,k \tag{1.49}$$

式中, $T(q,\dot{q})$ 为系统动能函数; Q_j 为广义力; q_j 为广义坐标; $\dot{q}_j$ 为广义速度。其中, 变量 q_j、$\dot{q}_j$ 为拉格朗日变量。

5. 哈密顿正则方程

1) 保守系统的情形

哈密顿以广义动量 p_j 取代广义速度 $\dot{q}_j$, 以 q_j、p_j、t 为变量, 称为哈密顿变量或正则变量。以哈密顿函数 H 代替拉格朗日函数 L, 用 $2k$ 个关于广义坐标 q_j 和广义动量 p_j 为变量建立对称、整齐的一阶常微分方程组, 即称为哈密顿正则方程或简称正则方程, 用来描述系统的运动。

利用勒让德变换把以 q_j、$\dot{q}_j$、t 为变量的拉格朗日函数 L 变换成以 q_j、p_j、t 为新变量的哈密顿函数 H, 即

$$H=\sum_{j=1}^{k}p_j\dot{q}_j-L \tag{1.50}$$

通过推导可以得到关于变量 q_j、p_j、t 的哈密顿正则方程

$$\begin{cases} \dot{q}_j = \dfrac{\partial H}{\partial p_j} \\ \dot{p}_j = -\dfrac{\partial H}{\partial q_j}, \quad j = 1, \cdots, k \end{cases} \tag{1.51}$$

拉格朗日函数 $L = L(q_j, \dot{q}_j, t)$ 和哈密顿函数 $H = H(q_j, p_j, t)$ 都可看做系统的描述函数。前者包含了位形空间中描述系统运动的全部特征, 后者则包含了相空间中描述系统运动的全部特征。因此, 可以说哈密顿原理、哈密顿正则方程和拉格朗日方程是互为等价的。

2) 非保守系统的情形

通过推导可得到存在非有势力作用时的哈密顿正则方程

$$\begin{cases} \dot{q}_j = \dfrac{\partial H}{\partial p_j} \\ \dot{p}_j = -\dfrac{\partial H}{\partial q_j} + Q'_j, \quad j = 1, \cdots, k \end{cases} \tag{1.52}$$

式中, Q'_j 为系统的非有势力对应于 q_j 的广义力。

由于机械系统动力学方程的复杂性, 在对各种类型的机械系统进行动力学方程的建立和求解时可借助一些分析软件来完成。常用的多体动力学分析软件有 MSC.ADAMS、LMS.DADS 和 SIMPACK 等, 一般是先建立牛顿–欧拉运动方程和拉格朗日运动方程, 然后在给定初值条件下进行数值积分。其他软件有 Pro/MECHANICA 和 Working Model, 而 Working Model 的建模环境更加直观。以上系统具有计算运动过程可视化这一优点。而这与时间历程相比更便于理解。这些工具具有高稳定性的特点, 能够满足用户高级建模或方程直接控制的要求。

1.3.2.4 动力学仿真步骤

机械系统多体动力学仿真是通过数学描述一系列的刚体和柔性体之间的拓扑关系。通过程序可以建立完整的动力学微分方程, 并通过铰链来定义各刚体间的运动关系。

多体系统的正动力学主要用于分析机械系统在力的作用下如何运动; 多体系统逆动力学是已知机械系统运动所需的特定的运动从而求解系统的作用力。逆动力学在机器人动力学分析领域应用广泛, 在该领域中, 需要对系统的力进行精确地控制, 以达到规定的运动状态。

多体动力学仿真的基本流程如图 1.13 所示。

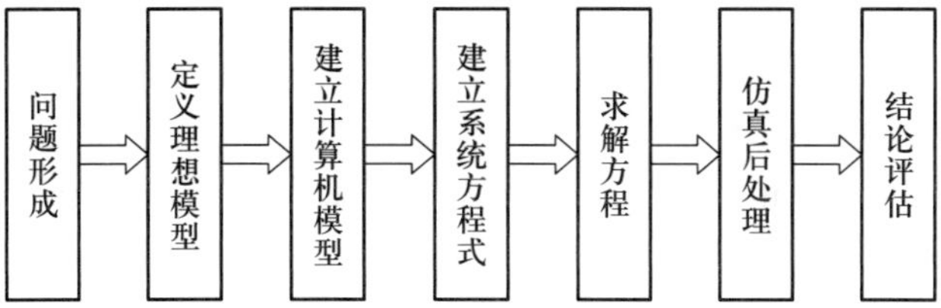

图 1.13 动力学仿真分析流程图

1. 问题形成

问题形成阶段主要是进行边界设置和解决目标问题。合理定义前提条件对于评价结果来说是必不可少的, 因此在仿真程序中需要预先确定不包括物理作用的定义。对于产品功能性能问题的定义, 应该包括使用过程中形成的原始问题的定义, 例如, 显示质量函数或者其他理论和方法。重要的是确定目标数量, 避免误解, 如目标是力、力矩还是速度水平。

2. 定义理想模型

在理解系统组成及相互关系后, 就可以建立物理模型。模型要求足够简单, 且能够描述需要解决的问题。包括的步骤如下: 收集相关系统数据、设置模型参数和选择算法。系统相关数据包括相互关联的部件。模型参数一般包括质量、旋转中心、部件性能, 如阻尼、刚度和存在的系统力。实验的目的在于能够确定系统参数。

算法选择是基于对获得的信息建立的第一次理解, 然后决定可能采用的解决方法。可以在手工计算、用计算机处理方程的产生方法、用实体建模软件建立三维计算机模型的开发方法三者中选择其一进行多体系统分析。在比较分析了初始问题和要求的结果精确水平后, 可以确定最终的解决方法。

3. 建立计算机模型

根据选择的求解方法和目的不同, 创建的计算机模型也各不同。通常更精确的模型采用更不稳定的算法, 但是类似物理设计的模型参数数据更容易确定。当创建更复杂的模型如三维模型时, 通常将动力学系统的定义与计算机辅助设计 (computer aided design, CAD) 手段相结合, CAD 手段可以更容易地定义几何结构, 计算质量、惯性矩、节点和载荷位置等。三维 CAD 模型还适合于过程中后阶段设计的修改和可视化。提高建模质量的有效方法是使用宏和自然的命令顺序使模型自动生成。多体系统的建模方法可以基于有限元, 如重力, 刚体和质点, 弹簧和阻尼, 轴承、节点和支承, 作用力和位置激励。

4. 建立系统方程式

系统方程的形成取决于采用的方法。建立运动微分方程常用的方法有牛顿–欧拉法、拉格朗日法、凯恩法等。很多类型的多体动力学仿真软件, 如 MSC.ADAMS、LMS.DADS 和 SIMPACK, 都会在软件系统中自动产生运动方程, 并依据给定的初始条件进行求解。

5. 求解方程

实际方程的求解可以在不同等级下进行, 商业动力学分析软件包也能够自动实现方程的时域求解, 用户只需很少或者根本不参与其中。通常的输入参数是仿真步长和仿真终止时间。当以直接的方式求解方程时, 在软件工具中, 如在 MATLAB 的帮助下, 可以获得给定的运动方程求解结果。当处理数值积分时可以使用多种方法, 典型的方法有龙格–库塔法 (Rung–Kutta method)和预修正法 (preditor-corrector method, PCM)。

6. 仿真后处理

当动力学建模和计算机分析程序完成后, 正确进行后处理是至关重要的一步。正确使用后处理方法的能力通常依赖于用户以往的经验, 也可以通过大量技术培训来提高其使用后处理的能力。利用商业软件对复杂机械系统进行分析时, 从中选择可能结果的数量非常大。对于含有少量部件的简单系统, 应该对其结果文件进行仔细研究。基本要素如 X、Y、Z 方向的位移、速度、加速度, 力以及扭矩分量等。

这些结果可采取直接测量、图表曲线的不同组合、动画以及互动演示等方法进行有效性评估。最简单的研究方式是查询特定时间下的结果, 如在特定时间范围内的积分结果可以表示成与时间相关的数值, 该结果在图中可以绘制成一条直线或曲线。不同的参数设置产生不同的结果。还可以通过设定过滤器, 并根据图的曲线走势评估参数改变的直接影响。

有效利用仿真结果的原始数据输出分析结果文件可以在后续开发过程中继续得到应用。原始输出数据可以作为其他的仿真过程输入, 如制造设备的控制、多体动力学过程的再设计以及最优算法的输入等。时间历程是描述时间变化的数值, 这个数值可以是位移、速度或加速度。时间历程表征了所要研究的基本动态特性行为。假若出现曲线具有一定的规则, 则系统可能是周期性的, 否则为长周期或无序的。时间历程是一种用来揭示仿真分析结果非常普遍的方法。然而, 假若系统的信号周期长, 系统的动态行为随时间变化较大, 则很难用这种方法进行有效描述。

7. 评估和结论

对结果做出有效性评估是多体动力学仿真分析的最后一步, 一般是在问题的整个过程用公式描述、建模、分析和结果解释完成之后进行。对系统行为的评估经常与问题的实验规范或标准相互进行比较。若这些问题都已解决, 便可进行下一步的开发过程。若问题不满足要求, 则需要找出不满足要求的原因, 这一过程可能还需要再次进行多体动力学程序的仿真工作, 如重新进行建模和分析方法选择等。

1.3.3 有限元分析法

1.3.3.1 有限元法的分析内容

跨界车结构比较复杂、零部件多, 大部分都是不规则形状的零部件, 用解析法一般很难对汽车总体和其大部分零部件的振动和噪声进行分析, 而采用离散的数值模拟方法求解却十分有效。解决汽车振动和噪声问题最常用的数值模拟方法是有限元法。有限元法是用微小的单元将结构弹性域或空气域有限地离散化, 根据其力学方程或声学波动方程, 得到联立代数方程组, 通过求解该代数方程组得到结构弹性体或声传递空气域中的机械振动或噪声特性。

有限元法需要将构件用有限的微小单元离散化, 将构件离散化划分的单元数越多, 自由度越多, 计算精度越高, 计算时间也越长。在有限元的分析中, 一般将节点位移或应力作为基本未知量。构件上的力通过离散化转换为节点力。节点力一般用节点位移的函数来表示。单元特性分析就是研究如何得到节点力和节点位移之间的关系, 是有限元法分析的关键一步。

在跨界车声问题的研究中, 声学有限元法主要用于分析跨界车结构振动引起的车内噪声问题。声学有限元法是用有限的离散化单元将声传递的空气域 (如汽车内部空间离散化) 依据声学波动方程求解空气域中声特性的方法。求解中一般使用结构有限单元将声传递空气域周围的结构振动进行离散化, 同时进行结构振动–声学耦合问题求解, 在求解得到结构振动的同时, 也求解得到空气中的声传递。为了求解结构振动–声学耦合问题, 一般将空气动力方程和空气连续性方程在一定条件下转化为声学波动方程。

声学有限元法一般通过空气单元形函数及声学波动方程导出空腔声学有限元状态方程

$$[M_e^p]\{\ddot{p}_e\}+[C_e^p]\{\dot{p}_e\}+[K_e^P]\{p_e\}+\rho[R_e]^{\mathrm{T}}\{\ddot{U}_e\}=0 \tag{1.53}$$

式中, $[M_e^p]$、$[C_e^p]$、$[K_e^P]$、$\rho[R_e]$ 分别为空气质量矩阵、空气阻尼矩阵、空气刚度矩阵和结构振动–声学耦合质量矩阵; $\{p_e\}$ 为空气单元节点声压向量; $\{U_e\}$ 为节点位移向量。

空腔结构振动状态方程为

$$[M_e]\{\ddot{U}_e\}+[C_e]\{\dot{U}_e\}+[K_e]\{U_e\}=\{F_e\}+\{F_e^{\mathrm{Pr}}\} \tag{1.54}$$

式中, $[M_e]$、$[C_e]$、$[K_e]$、$\{F_e\}$ 分别为结构质量矩阵、结构阻尼矩阵、结构刚度矩阵和结构外激励; $\{F_e^{\mathrm{Pr}}\}$ 为界面声压向量。

将空气和结构两方程联立得结构振动–声学耦合问题的状态方程式。声学有限元法可以根据车内空间声学模型和车身结构模型求得车内声学模态频率及其声模态, 以及车身结构的模态频率及其振动模态。利用这样的模型可以研究车身板件振动对车内声场特性的影响, 以及车身振动模态对车内声场的模态灵敏度等。另外可从实验得到车身激励模型, 计算出车内声场的声压分布和声压的频率响应, 分析强迫振动的辐射板件对车内声场的贡献并找出声学影响系数最大的板件。

1.3.3.2 有限元分析方法的流程与步骤

有限元的基本过程为: 将介质的复杂几何区域离散为具有简单几何形状的单元, 也叫做有限单元, 而单元内的材料性质和控制方程通过单元节点的未知量来表达, 再通过单元集成、外载荷和约束条件的处理得到方程组, 求解该方程组就可以得到该介质行为的近似表达[1]。运用软件来进行有限元分析不仅简单方便, 而且能提高运算效率。有限元分析处理问题的基本流程如图 1.14 所示。

图 1.14 有限元分析流程图

1. 结构离散化

结构离散化是指将结构离散成有限个小的单元体, 并且单元与单元之间、单元与边界之间通过节点相连接。有限元单元法分析的第一步就是结构的离散化, 其关系到计算精度和计算效率, 因此结构离散化是有限单元法的基础步骤。结构离散化包含单元类型选择以及单元划分两个方面内容。

1) 单元类型选择

有限单元法中的单元类型主要包括一维单元、二维单元、三维单元。结构离散化的第一步首先要选定单元类型, 包括单元形状、单元节点数和节点自由度等内容, 基本的单元类型请参见相关文献。

2) 单元划分

(1) 网格的划分。在网格划分时, 网格划分得越精细, 节点数越多, 计算结果就越精确。但网格越精细, 计算时间就越长, 费用也会更高, 并且网格加密到一定程度后计算精度的提高也会不明显, 因此需兼顾机时、费用与效果。对于重点研究的结构部分, 网格可细化; 而对于不是重点研究的部分, 网格单元面积可根据情况取相对较大值。例如, 对于边界曲折处、应力变化大的区域, 应加密网格; 对于集中载荷作用点、分布载荷突变点以及约束支承点等, 都应布置有节点。

(2) 同一单元应由同一种材料构成。

(3) 划分网格时, 网格单元的形状应尽可能是正多边形或正多面体; 若网格单元为矩形, 则矩形单元的各边长之差不宜过大。

(4) 单元的节点应与相邻的单元节点相连接, 不能置于相邻单元边界上。

(5) 网格的划分应尽可能有一定的规律, 以利于计算机自动生成网格。

3) 节点编码

需要对整体节点编码以及单元节点编码。

2. 单元分析

1) 选择位移函数

结构离散化成单元的集合体后, 对于单个的单元, 可遵循某些基本准则, 用一种相对于以整体为对象更为简单的分析方法来设定一个简单的函数, 此函数为位移的近似函数, 即为位移函数。位移函数一般取为多项式形式, 有广义坐标法和插值法两种设定途径, 但这两种方法最终都整理为单元节点位移的插值函数。

2) 单元力学特征分析

(1) 单元应变矩阵 $[B]$: 反映单元节点位移与单元应变之间的转换关系, 由几何学条件导出。

(2) 单元应力矩阵 $[S]$: 反映单元节点位移与单元应力之间的转换关系, 由物理学条件导出。

(3) 单元刚度矩阵 $[K]'$: 反映单元节点位移 $\{\delta\}'$ 与单元节点力 $\{F\}'$ 之间的转换关系, 由平衡条件导出, 所得到的转换关系式 $[K]'\{\delta\}' = \{F\}'$ 成为单元刚度方程。

3. 整体分析

(1) 集成整体节点载荷向量 $\{R\}$。结构离散化后, 单元之间可通过节点传递力, 因此有限单元法在结构中一般只采用节点载荷, 所有作用在单元上的集中力、体积力与表面力都必须静力等效地移置到节点上, 形成等效节点载荷。最后, 将所有节点载荷按照整体节点编码顺序组集成整体节点载荷向量 $\{R\}$。

(2) 集成整体刚度方程 $[K]$。集合所有的单元刚度方程就得到总体刚度方程 $[K]\{\delta\} = \{F\}$。

(3) 引进边界约束条件, 解总体刚度方程, 求出节点位移分量 (位移法有限元分析的基本未知量)。

4. 结果后处理

有限元分析的结果后处理可以分为数值分析和图形处理两类。数值分析是将有限元分析的数值结果转化为工程中常用的形式或设计师熟悉的形式。有时也对计算结果进行再加工, 使之更可信或精度更高。图形处理则是将有限元计算的数值结果用图形直观地表示出来, 使计算结果一目了然。

1.3.4 边界元法

1.3.4.1 基本理论

有限元法主要适合于低频结构振动模拟和分析, 也可以模拟和分析振动与声的耦合, 但对声空间的模拟和分析基本上是采用结构振动的处理方法, 且只限于封闭空间分析。当声空间体积增大, 模态密度会急剧增大, 此时采用有限元方法, 其计算工作量也急剧增大, 在应用上具有极大的局限性。而边界元方法对处理结构的声辐射、声散射和结构声腔问题有很大的优越性。

边界元法在处理问题时必须首先确定系统的边界条件。结构边界条件主要有以下 3 种类型:

(1) 已知结构表面的复声压 (Dirichlet 边界);

(2) 已知结构表面的复振动速度 (Neuman 边界);

(3) 已知结构表面的复阻抗 (混合或 Robin 边界)。

边界元方法一般以结构表面能的复声压或复振动速度量之一作为输入, 然后根据边界条件计算出结构表面另外一个物理量。当确定了结构表面任一点 i 的复声压 p_i 或复振动速度 v_i 后, 采用亥姆霍兹数值积分, 就可以计算声场中任何一点 j 的声压, 即

$$p_j = \sum_{i=1}^{N} G_{ij} p_i + \sum_{i=1}^{N} G'_{ij} v_i \tag{1.55}$$

式中, G_{ij} 为三维自由场格林函数; G'_{ij} 为格林函数的法向导数。

在确定了结构表面任意一点的复声压和复振动速度后, 还可以计算结构面的声强 I 和声功率 W

$$I_i = \frac{1}{2} R_e\{p_i^* v_i\} \tag{1.56}$$

$$W = \sum_{i=1}^{N} I_i \Delta S_i \tag{1.57}$$

式中, p_i^* 为 p_i 的共轭复数; S_i 为对应面积。

结构表面的复声压或复振动速度可以通过实测或计算得到。而结构表面复振动速度的计算通常采用有限元方法进行。

在理论和工程应用中边界元法既可以分析非耦合问题, 也可以分析耦合问题。非耦合问题指结构受到激励作用而产生的振动。结构振动速度一般不受流体 (空气) 压力的影响, 所以结构振动分析和声场分析可以分别进行。结构分析一般采用有限元方法。声

场分析一般依据计算公式来计算声场中任何一点的声压。结构振动同时受到流体压力的影响, 需要同时分析结构振动和声场问题。

1.3.4.2 边界问题的分类

1. 外场问题和内场问题

外场问题是指声场包围振动结构和其他复合边界, 如汽车轮胎结构振动和声辐射对车内造成的噪声问题就是典型的外场问题。内场问题是指结构振动和其他复合边界包围声场, 如车身壁板振动和声辐射造成的车内噪声就是典型的内场问题。无论是外场问题还是内场问题, 可能是非耦合问题, 也可能是耦合问题。

2. 直接边界元和间接边界元法

直接边界元法: 建立边界积分方程, 通过数值离散后直接求解, 给出的变量物理意义明确。间接边界元法: 边界积分方程中的变量物理意义不太清楚, 仍然采用数值离散后求解。

1.3.5 统计能量分析法

统计能量分析 (statistic energy analysis, SEA) 方法始于 20 世纪 60 年代, 由美国 BBN 公司的一个课题组在借用室内声学和热传导来解决航空器发射过程中系统受到随机宽带激励后声和振动响应问题时提出。如图 1.13 所示, 将一个机械系统划分成若干个子系统 (在这个例子中是 6 个子系统) 后, 用统计能量分析其功率流平衡。子系统可以是振动子系统, 如梁状或是板状结构, 也可以是一个声学子系统, 如一个空腔。统计能量分析的基本方程就是建立其功率流平衡。

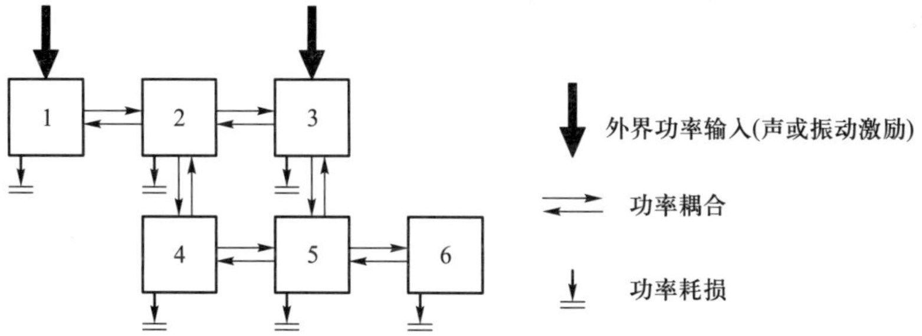

图 1.15 功率流平衡系统分析

对每一个子系统, 列出声学或振动功率流平衡式, 即输出功率等于输入功率加上这个子系统中的功率损耗, 对于由 N 个子系统组成的系统就可以建立 N 个功率流平衡方程。对于图 1.15 所示的系统, 其功率流平衡方程为

子系统 1
$$\prod_1^{\mathrm{in}} + \prod_{21}^{\mathrm{c}} = \prod_{12}^{\mathrm{c}} + \prod_1^{\mathrm{d}} \tag{1.58}$$

子系统 2
$$\prod_{12}^{\mathrm{c}} + \prod_{32}^{\mathrm{c}} + \prod_{42}^{\mathrm{c}} = \prod_{21}^{\mathrm{c}} + \prod_{23}^{\mathrm{c}} + \prod_{24}^{\mathrm{c}} + \prod_2^{\mathrm{d}} \tag{1.59}$$

……

式中, $\prod_1^{in}$ 为子系统 1 的输入功率; $\prod_{21}^{c}$ 为子系统 2 对子系统 1 的耦合功率; $\prod_{12}^{c}$ 为子系统 1 对子系统 2 的耦合功率; $\prod_1^{d}$ 为子系统 1 的功率损耗。

子系统 2 的功率方程与子系统 1 类似, 方程左边是相邻 3 个系统对子系统 2 的耦合功率, 方程右边是子系统 2 对相邻 3 个系统的耦合功率加上子系统 2 自身的功率损耗。

为了将各个功率用实用声学或振动测量值表述出来, 在此, 把功率 $\prod$ 用能量 E 表述出来。对于单自由度系统, 输入功率等于损耗功率, 即等于能量在单位时间内的衰减,

$$\prod = E\omega\eta \tag{1.60}$$

式中, ω 为振动角频率; η 为能量损耗因子; $\omega\eta$ 为单位时间内振动能量的衰减率; E 为振动能量。

将式 (1.60) 广义化, 并引入耦合损耗因子 η_{21} 和 η_{12}, 并应用到式 (1.58) 子系统 1 的耦合功率中, 得到

$$\prod\nolimits_{21}^{c} = E_2\omega\eta_{21} \tag{1.61}$$

$$\prod\nolimits_{12}^{c} = E_1\omega\eta_{12} \tag{1.62}$$

式 (1.62) 从功率平衡式变成了能量平衡式。在图 1.13 的例中, 子系统 1 和子系统 2 的能量平衡式可分别写成

子系统 1
$$E_1\omega\eta_1 + (E_1\omega\eta_{12} - E_2\omega\eta_{21}) = \prod\nolimits_1^{in} \tag{1.63}$$

子系统 2
$$E_2\omega\eta_2 + (E_2\omega\eta_{21} - E_1\omega\eta_{12}) + (E_2\omega\eta_{23} - E_3\omega\eta_{32}) + (E_2\omega\eta_{24} - E_4\omega\eta_{42}) = 0 \tag{1.64}$$

将子系统 1~6 的能量平衡式表示成广义矩阵形式, 并把子系统数目推广到 N, 就得到通用的能量平衡方程

$$\omega\begin{bmatrix} \eta_1 + \sum\limits_{j\neq 1}\eta_{1j} & -\eta_{12} & \cdots & -\eta_{N1} \\ -\eta_{12} & \eta_2 + \sum\limits_{j\neq 2}\eta_{2j} & \cdots & -\eta_{N2} \\ \vdots & \vdots & \ddots & \vdots \\ -\eta_{1N} & \eta_{N2} & \cdots & -\eta_N + \sum\limits_{j\neq N}\eta_{Nj} \end{bmatrix}\begin{Bmatrix} E_1 \\ E_2 \\ \vdots \\ E_N \end{Bmatrix} = \begin{Bmatrix} \prod_1^{in} \\ \prod_2^{in} \\ \vdots \\ \prod_N^{in} \end{Bmatrix} \tag{1.65}$$

至此, 式 (1.65) 的统计能量分析只是能量分析, 未引入统计的概念, 也没有任何假设前提。因此, 式 (1.65) 适用于任何耦合系统、任何频率, 其能量参数可以用实际系统中容易测量的物理参数表示。

对于结构类振动子系统 i, 振动速度是比较容易测量得到的物理参数, 其结构振动模态数目 N_i 一般较大, 结构振动的动能等于结构质量 M_i 乘以结构多点振动速度平方的平均值 $\langle V_i^2\rangle$, 即

$$E_i = M_i\frac{\sum\limits_{j}^{N_i} V_{ij}^2}{N_i} = M_i\langle V_i^2\rangle \tag{1.66}$$

式中, N_i 为需要的测定点的数目。在一个特定频率范围内, 如果结构振动模态数目越多, 则需要的测定点数目就越少。

对于声腔类子系统 i, 声压是比较容易测量得到的物理参数。考虑在某一特定频率范围内, 其声腔模态数目较大, 且声能与声腔间声压平方的平均值 $\langle p_i^2 \rangle$ 成正比。

$$E_i = \frac{\langle p_i^2 \rangle}{\rho c^2} V_i \tag{1.67}$$

式中, V_i 为声腔体积; ρ 为空气密度; c 为声速。

对大容积混响空间, 如声学混响室, 其声腔模态密集, 测量若干个空间点的声压就可以采用式 (1.67) 标定声腔空间的总声能。

把式 (1.66) 和式 (1.67) 代入式 (1.65), 且在已知所有子系统输入功率和损耗因子的情况下, 子系统的振动速度或声压响应就成为唯一的未知量, 求解即可解出特定频率段的响应, 即子系统空间的平均值。

1.3.6 传递路径分析法

传递路径分析法就是对各种振动噪声源激励的传递路径进行预测和分析的方法。在具体分析中通常采用矢量叠加方法, 所以传递路径分析法也称为矢量叠加法。汽车后桥是一个比较复杂的系统, 受到多种振动噪声源的激励, 每种激励都可能通过不同的路径经过衰减传递到多个响应点上。以下是传递路径法的 3 个组成部分。

1. 系统响应

设汽车后桥受 m 个激励力作用, 每一个激励力都存在 x、y、z 3 个方向力的分量, 分别用 $k = 1, 2, 3$ 表示, 每一个激励力分量都对应 n 个特定的传递路径, 那么这个激励力分量和对应的某个传递路径就产生一个系统的响应分量。以汽车后桥噪声的声压作为系统响应, 则其声压分量为

$$P_{mnk} = H_{mnk}(\omega) \cdot F_{nk}(\omega) \tag{1.68}$$

式中, H_{mnk} 为传递函数; F_{nk} 为激励力的频谱。

汽车后桥噪声声压受某个激励力作用, 传递过来的所有声压分量之和为

$$P_m = \sum_{n=1,k=1}^{N,3} p_{mnk} = \sum_{n=1,k=1}^{N,3} H_{mnk}(\omega) \cdot F_{nk}(\omega) \tag{1.69}$$

式中, N 为特定的传递路径数。

汽车后桥噪声受所有激励力作用, 传递过来的所有声压分类之和为

$$P = \sum P_m \tag{1.70}$$

2. 耦合激励力

设系统工作状态一定, 耦合激励力可以通过直接测量或间接测量得到。在工程中, 通常用标定过的弹簧减振器取代力传感器, 此时耦合激励力可用实测的弹簧相对位移 X_{nk} 来表示

$$F_{nk} \approx K \cdot \Delta X_{nk}(\omega) \tag{1.71}$$

式中, K 为事先标定过的弹簧减振器的动态刚度。

3. 传递函数综合

与激励力相对应的传递函数一般通过实验测量或通过数值分析计算得到。根据传递介质的不同, 噪声传递也不同。以下是在不同传递介质中的传递。

1) 结构传播噪声

在此, 以汽车发动机的噪声传递为例加以说明。在结构传递噪声的传递路径上, 发动机产生的振动激励通过发动机悬置的衰减或放大传递到车身连接点上并表现为力激励, 此力再通过车身传递到各处, 使得车身壁板振动, 从而辐射出噪声。一般其结构传递噪声的传递路径与 3 部分结构有关: 发动机悬置、车身连接点的阻抗和车身壁板辐射噪声特性。

发动机悬置一端连接发动机动力总成, 另一端连接车身或底盘。衡量发动机悬置的减振特性时, 在工程上一般用悬置两端的振动加速度大小进行评价。汽车原地不动, 挂空挡, 缓踩加速踏板使发动机逐渐从低速加速到高速, 测量悬置两侧的振动加速度信号, 进行频域分析, 可得到发动机悬置的传递函数, 其数学表达式为

$$H_{i,m} = \frac{a_{i,\mathrm{bs}}}{a_{i,\mathrm{es}}} \tag{1.72}$$

式中, i 为 1~3 悬置点 (x、y、z 3 个方向); $a_{i,\mathrm{bs}}$ 为悬置点车身侧加速度; $a_{i,\mathrm{es}}$ 为悬置发动机侧加速度。

车身的加速度阻抗也称车身的表观质量, 表现为悬置传递到车身的振动加速度作用在车身上所产生的激振力, 其激振力的大小与该悬置在车身上联结处的结构强度有关。求取车身加速度阻抗时, 可用激振器或力锤进行激励。使用激振器可对激振力进行更好的控制, 但激振器需要有适当的安装空间。在车身上悬置处布置加速度传感器时, 力锤直接激励在加速度传感器附近, 记录激振力信号和振动加速度信号以进行分析, 从而可得车身的加速度阻抗。其数学表达式为

$$Z_i = \frac{F_{i,\mathrm{ih}}}{a_{i,\mathrm{bs}}} \tag{1.73}$$

式中, i 为 1~3 悬置点 (x、y、z 3 个方向); $F_{i,\mathrm{ih}}$ 为力锤或激振器作用在悬置车身侧的激振力。

车身壁板辐射噪声特性是当车身上发动机悬置处受到激励作用时, 激振力通过车身向各处传递, 使车身壁板振动并向车内辐射出噪声而得到的力–噪声的关系。其数学表达式为

$$H_{i,\mathrm{b}} = \frac{P_{i,\mathrm{ir}}}{F_{i,\mathrm{ih}}} \tag{1.74}$$

式中, i 为 1~3 悬置点 (x、y、z 3 个方向); $P_{i,\mathrm{ir}}$ 为相应激励在车内参考点 (通常为驾驶员耳旁) 产生的噪声声压。

在测量车身壁板辐射噪声特性时, 可用力锤或激振器在发动机悬置车身侧进行激励, 同时测量车内参考点接收到的噪声信号, 根据式 (1.74) 计算出不同激励点产生的车身壁板辐射噪声特性。

在工程上, 在对其作进一步细致分析时, 车身壁板辐射噪声特性可分解成两部分, 即

$$\frac{P}{F}=\frac{P}{V}\cdot\frac{V}{F} \tag{1.75}$$

式中, V/F 为车身结构振动传递函数; P/V 为车身振动转化成车内参考点处噪声的能力; V 为速度振动量。

综合式 (1.72)~ 式 (1.74), 得车内的结构传递噪声传递函数表达式为

$$H_{i,\mathrm{s}}=\frac{P_{i,\mathrm{e}}}{a_{i,\mathrm{es}}}=\frac{P_{i,\mathrm{e}}}{F_{i,\mathrm{ih}}}\frac{F_{i,\mathrm{ih}}}{a_{i,\mathrm{bs}}}\frac{a_{i,\mathrm{bs}}}{a_{i,\mathrm{es}}} \tag{1.76}$$

式中, $P_{i,\mathrm{e}}$ 为发动机噪声声压。

2) 空气传递噪声

在此, 同样以汽车发动机的噪声传递为例加以说明。发动机舱内从发动机的上、下、左、右、前、后 6 个表面及进气口、排气口辐射出噪声, 这些噪声会入射到车身的各个部位; 一部分噪声反射回去, 一部分噪声被车身和隔层吸收, 还有一部分噪声传递到车身内部, 通过空气传递噪声。车身密封的好坏直接影响到空气传递噪声, 密封不好会造成空气和空气直接耦合。此外, 车身壁板结构和玻璃窗也会影响空气噪声从车外到车内的传递。声传递过程包括车外空气中声波与车身结构耦合、车身结构振动的传递以及车身结构振动与车内声场的耦合。

因此, 空气传递噪声源由于其传递方向不同, 传递路径的结构不同, 其传递到车内的噪声也不相同。与结构传递噪声传递函数类似, 空气传递噪声传递函数表达式为

$$H_{i,\mathrm{a}}=\frac{P_{j,\mathrm{ir}}}{P_{j,\mathrm{s}}} \tag{1.77}$$

式中, $P_{j,\mathrm{s}}$ 为第 j 个噪声源产生的噪声声压; $P_{j,\mathrm{ir}}$ 为相应噪声源传递到车内参考点处所测到的噪声声压。

3) 车内噪声叠加

在得到结构传递噪声和空气传递噪声各路径的传递函数后, 再测出各个噪声源产生的激励, 根据线性系统原理, 得到各条路径传递到车内的噪声信号, 将所有计算结果进行叠加即为车内总噪声, 即

$$P_{\mathrm{ir}}=\sum P_{i,\mathrm{s}}+\sum P_{j,\mathrm{a}}=\sum H_{i,\mathrm{s}}\cdot V_{i,\mathrm{s}}+\sum H_{j,\mathrm{a}}\cdot V_{j,\mathrm{a}} \tag{1.78}$$

式中, $V_{i,\mathrm{s}}$ 为第 i 个结构传递噪声源的激励; $V_{j,\mathrm{a}}$ 为第 j 个空气传递噪声源的激励。

1.3.7 模态分析法

模态是机械结构的固有振动特性, 每一个模态都具有特定的固有频率、阻尼比和模态振型。这些模态参数可以由计算、实验分析获得, 其计算、实验分析过程为模态分析。模态分析法主要有计算模态分析和实验模态分析。计算模态分析可以采用有限元计算的方法获得。而实验模态分析是通过实验采集系统输入与输出信号经过参数识别

获得其模态参数。理论模态分析主要是分析系统物理参数、模态参数和频响函数的关系。模态测试是同时测量结构的输入与输出信号而得到结构频响函数, 以此进一步来识别模态参数和系统参数。

1.3.7.1 理论模态分析

多自由度系统的一般方程为

$$[M]\{\ddot{x}\}+[C]\{\dot{x}\}+[K]\{x\}=\{f\} \tag{1.79}$$

引入 $\{x\}=[\varPhi]\{q\}$, 其中 $[\varPhi]$ 为模态矩阵, $\{q\}$ 为模态坐标, 则上式变换为模态解耦方程

$$\{\ddot{q}\}+\begin{bmatrix} 2\xi\omega_n & \cdots & 0 \\ \vdots & \ddots & \vdots \\ 0 & \cdots & 2\xi\omega_n \end{bmatrix}\{\dot{q}\}+\begin{bmatrix} \omega_n^2 & \cdots & 0 \\ \vdots & \ddots & \vdots \\ 0 & \cdots & \omega_n^2 \end{bmatrix}\{q\}=[\varPhi]^{\mathrm{T}}\{f\} \tag{1.80}$$

其中, 第 r 阶模态方程为

$$(K_r-\omega^2M_r+j\omega C_r)q_r=F_r \tag{1.81}$$

式中, $F_r=\varPhi_r^{\mathrm{T}}\{f\}$; M_r、K_r、C_r 分别为模态质量、刚度和阻尼。由式 (1.81) 得

$$q_r=\frac{F_r}{K_r-\omega^2M_r+j\omega C_r} \tag{1.82}$$

结构上某点 l 的响应为

$$x_l(\omega)=\sum_{r=1}^{N}\varphi_{lr}q_r \tag{1.83}$$

式中, φ_{lr} 为 l 测点的 r 阶模态振型系数; q_r 为 r 阶模态坐标。

假设激励力 $f_p(\omega)$ 位于 p 点, 则模态力为

$$F_r=\varphi_{pr}f_p(\omega) \tag{1.84}$$

将式 (1.84) 代入式 (1.82), 得

$$q_r=\frac{\varphi_{pr}f_p(\omega)}{K_r-\omega^2M_r+j\omega C_r} \tag{1.85}$$

将式 (1.85) 代入式 (1.83), 得

$$x_l(\omega)=\sum_{r=1}^{N}\frac{\varphi_{lr}\varphi_{pr}f_p(\omega)}{K_r-\omega^2M_r+j\omega C_r} \tag{1.86}$$

则点 l 与激励力点 p 之间的频响函数为

$$H_{lp}(\omega)=\frac{x_l(\omega)}{f_p(\omega)}=\sum_{r=1}^{N}\frac{\varphi_{lr}\varphi_{pr}}{K_r-\omega^2M_r+j\omega C_r} \tag{1.87}$$

1.3.7.2 模态测试

模态测试是同时测量结构的输入与输出信号而得到结构的频响函数, 即通过激励和响应, 推知结构的特性。典型的模态分析实验测试系统包含激励系统、传感放大系统、分析仪及计算机。激励系统主要包括信号源、功率放大器和激振器, 常用的激励信号有瞬态冲击、正弦、随机和周期等。常用的激励方法有锤击和激振器激励两种。当用激励器对结构进行激励时, 激励信号经功率放大器放大, 激振器、功率放大器必须与激振器相匹配。传感放大系统包括传感器、放大器及其关联部分。最常用的传感器为压电式传感器。在载荷识别时, 也常用应变片测定应变, 预估载荷。

1.3.7.3 模态参数识别

模态参数识别是从测试得到的数据中确定出振动系统的模态参数。一般是从传递函数与频率的关系曲线中识别出振动系统的模态固有频率、模态阻尼比、模态质量、模态刚度及振型等参数。参数识别有频域法和时域法。

1. 频域法

假设系统的各阶模态分布比较稀疏, 即可认为各阶模态间相互影响不大, 近似地认为在某一阶模态频率处存在一个纯模态。将该阶模态按单自由系统性质识别诸多参数。当系统各阶模态耦合较紧时, 必须采用整体拟合或在某频段内对若干阶模态进行一次性拟合, 求出系统的模态参数。振动模态参数识别的频域法有基于模态稀疏时的单自由度的识别和基于模态耦合较紧时用整体或某频段内的若干个模态做一次性拟合来进行参数识别。

2. 时域法

振动模态参数识别的时域法是将测试所得的响应时间历程信号直接进行识别, 即直接利用响应的时间历程信号或时域信号进行参数识别。

参考文献

[1] 马大猷. 现代声学理论基础 [M]. 北京: 科学出版社, 2004.

[2] 朱海潮. 声学理论与工程应用 [M]. 北京: 科学出版社, 2006.

[3] 赵玫, 周海亭, 陈光冶. 机械振动与噪声学 [M]. 北京: 科学出版社, 2004.

[4] 庞剑, 谌刚, 何华. 汽车噪声与振动——理论与应用 [M]. 北京: 北京理工大学出版社, 2006.

[5] 徐劲力, 姚佐平, 吴波. 汽车后桥振动噪声及案例分析 [M]. 北京: 机械工业出版社, 2017.

[6] 楼京俊, 朱石坚, 丁少春. 振动主动控制系统的统计能量分析 [J]. 振动与冲击, 2010, 29(6): 31-34.

[7] 汽车工程手册编委会.《汽车工程手册——试验篇》[M]. 北京: 人民交通出版社, 2001.

[8] 张超群, 陈文川. 汽车噪声与振动故障的诊断及排除 [M]. 北京: 科学出版社, 2011.

[9] 宫镇, 夏恒, 曾发林, 等. 高速车辆内部气流噪声的统计能量分析 [J]. 农业机械学报, 2003, 34(2): 7-10.

[10] 赵彤航, 卢炳武. 基于传递路径分析的汽车车内噪声控制方法研究 [C]//2010 中国汽车工程学会年会论文集, 2010: 729-733.

第 2 章　跨界车传动轴建模及 NVH 仿真分析

2.1　基于 ADAMS 的传动轴动力学仿真分析

2.1.1　传动轴的结构组成与仿真问题描述

图 2.1 所示为某跨界车球笼式传动轴三维结构模型, 传动轴中间万向节为球笼式, 两端采用的万向节为十字轴式。传动轴从左到右依次为输入节 1、十字节 1、输出节 1、前传动轴、中间支承、钟形壳、球笼万向节、后传动轴、输入节 3、十字节 3 和输出节 3[1,2]。

对于传动轴总成来说, 中间支承振动、传动轴输出转速波动是衡量传动轴总成品质的重要因素[3]。中间支承处的振动会通过汽车底盘的支架传递给整车, 如果中间支承的振动过大会影响整车的 NVH 性能。在传递转矩时, 主传动轴管的弯曲变形会使传动轴产生质量偏移和回转不平衡, 影响传动轴传递的平稳性进而加剧中间支承的振动, 如果弯曲变形量过大会使传动轴管产生疲劳折断。传动轴输出扭矩的波动也会耦合后桥主减速器产生振动与噪声。

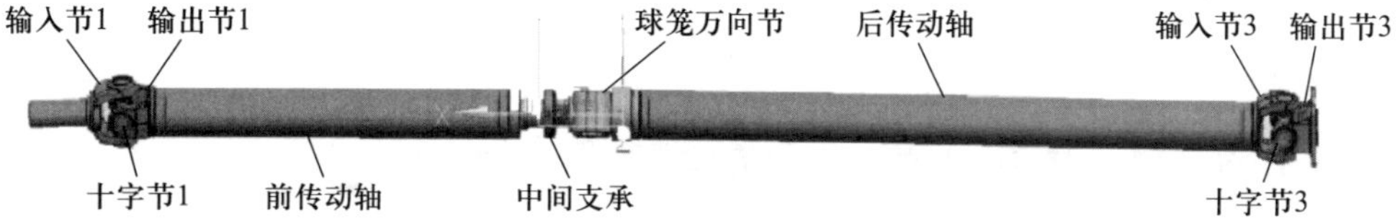

图 2.1　球笼式传动轴结构图 (参见书后彩图)

在此, 依据某跨界车用球笼式传动轴建立模型, 利用时域下的稳态转速进行振动分析, 在转速为 1200~2100 r/min 之间每间隔 100 r/min 取一组数据, 以此分析传动轴动力学特性。在振动噪声分析中, 以发动机的转频为基频 (即第 1 阶), 其倍频分别为第 2 阶、第 3 阶 …… 在直列四缸发动机中, 由于往复惯性力不平衡, 振动和噪声都以第 2 阶为最强[4,5]。在所建模型的中间支承与输出节 3 提取二阶主频对应幅值并拟合成曲线, 以此分析传动轴总成中间支承振动、传动轴输出转速波动特性。

2.1.2 传动轴动力学仿真分析[6,7]

2.1.2.1 建立传动轴 ADAMS 仿真模型[8]

1. 模型的导入

ADMAS 软件与三维实体建模软件 UG 之间有很好的模型数据交换方式, ADAMS 和 UG 的数据交换模式可通过 Parasolid 格式进行。因此, 首先在 UG 建立好球笼式传动轴三维模型, 然后将模型导入 ADMAS 分析软件, 具体操作过程如下。

(1) 打开 UG 模型, 在菜单栏中依次点击 “文件” → “导出” → “Parasolid”, 如图 2.2 所示。

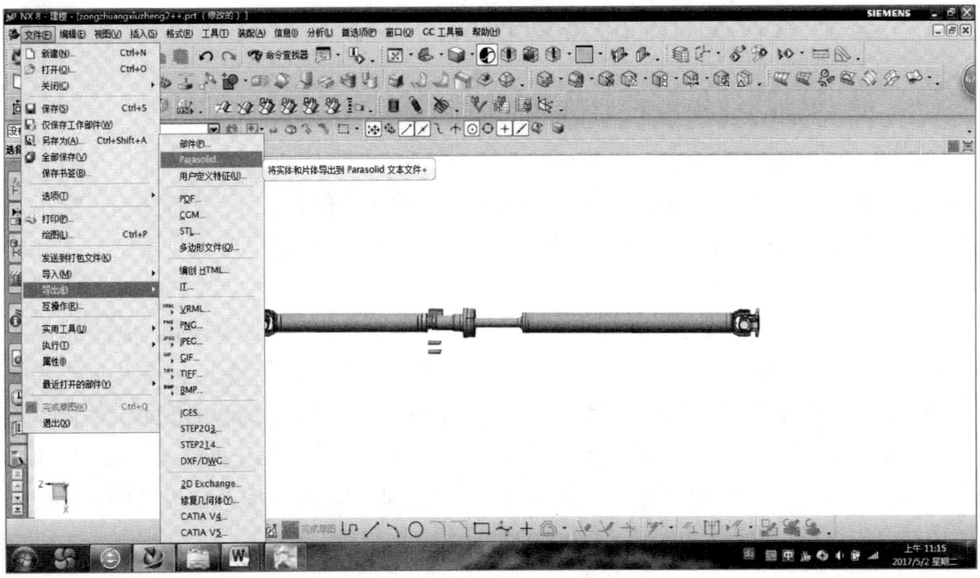

图 2.2 打开 UG 模型

(2) 导出版本选择 “17.0-Nx4.0”, 然后全选模型, 如图 2.3 所示。

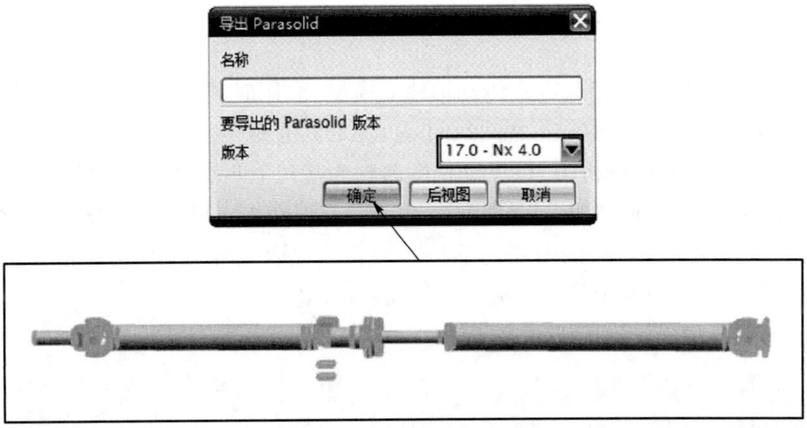

图 2.3 选模型

(3) 单击 “确定” 将导出的模型保存在自定义的文件夹中, 本文为 “zongzhuangxiuzheng2++”, 命名为 “cdz.x_t”, 如图 2.4 所示。

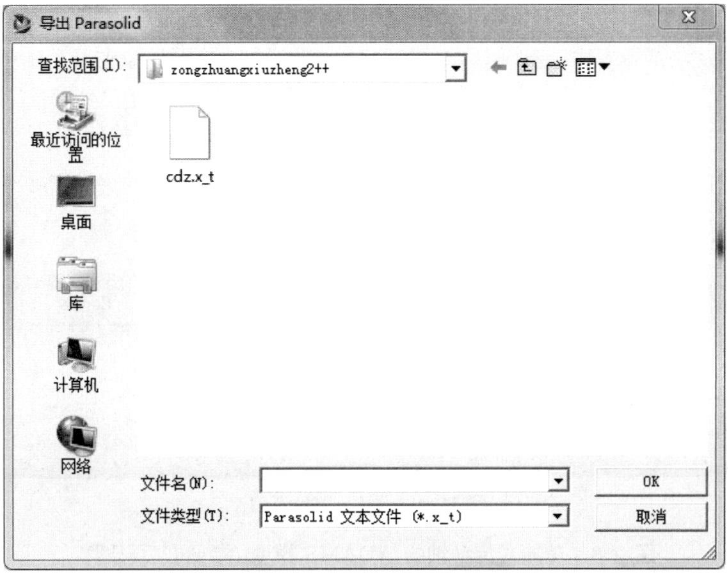

图 2.4 导出的模型

(4) 打开 “ADAMS/View” 软件, 在菜单栏依次单击 “File” → “Import”, 如图 2.5 所示。在弹出的窗口中, “File Type” 项选中 “parasolid”, “File To Read” 项选中右击, 选择 “browse”, 找到步骤 (3) 保存的 “cdz.x_t” 文件, 在此地址为 “F:\parts\zongzhuangxiuzheng2++\cdz.x_t”。Model Name 项设置名称为 “Acdz”, 然后点击 “OK”, 如图 2.6 所示。

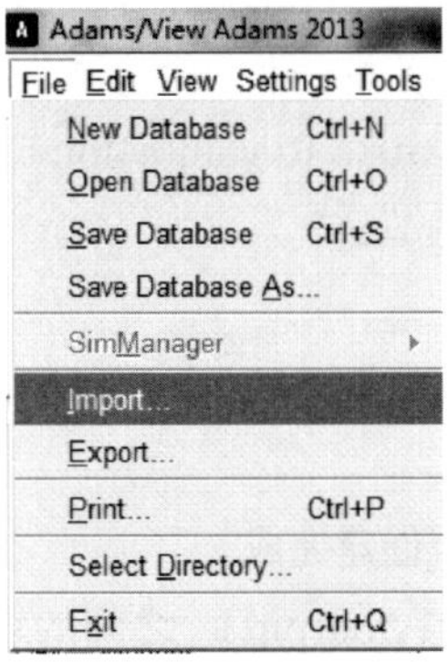

图 2.5 对话框

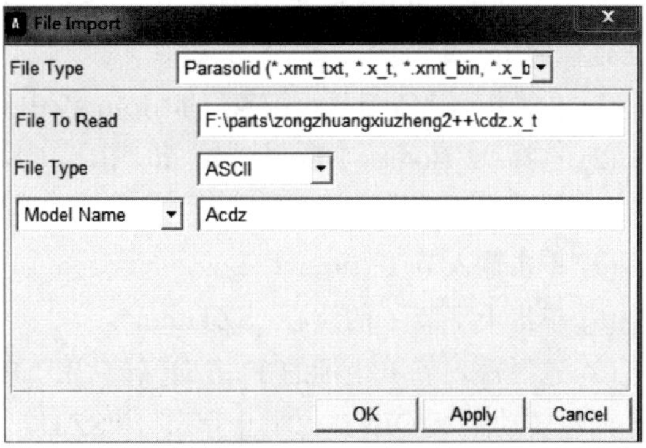

图 2.6 对话框

(5) 在菜单栏依次单击 “View” → “Model”, 在弹出的对话框中选择 “Acsq”, 单击 “OK” 按钮, 如图 2.7 所示。单击右下角的图标, 利用旋转图标、移动图标、缩放图标将模型移到合适视角即可得到球笼式传动轴的 ADAMS 模型, 如图 2.8 所示。

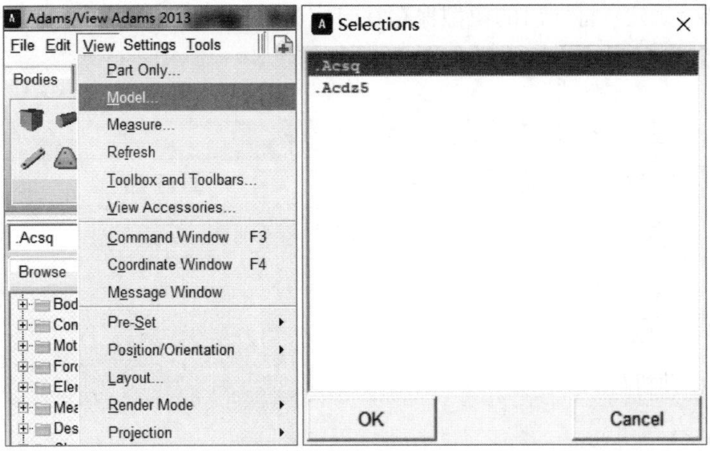

图 2.7 对话框

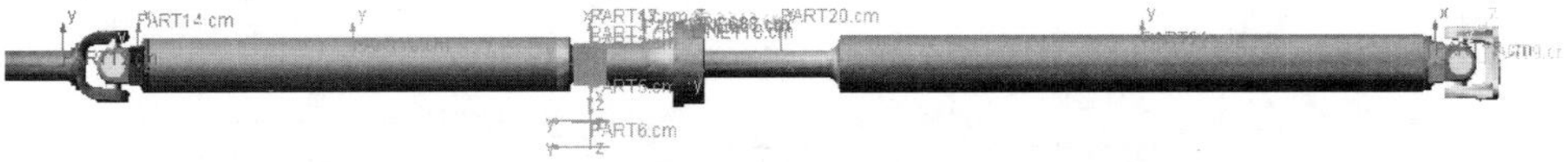

图 2.8 球笼式传动轴的 ADAMS 模型 (参见书后彩图)

2. 创建约束

1) 与变速器连接的十字轴万向节

输入轴叉与输出轴叉分别绕着十字轴两轴线做旋转运动, 同时万向节本身绕自身的轴线做回转运动, 因此在 ADAMS 软件中, 在十字轴中心处定义两个相互垂直的 “Revolute Joint (转动副)” 来连接十字轴叉, 在输入轴叉处建立一个与大地连接的 “Revolute Joint” 旋转运动副。

创建转动副 “JOINT_1”: 十字节 1 “SZJ1” 与输入节 1 “input1” 之间的转动副, 创建过程如图 2.9 所示。

(1) 在操作区 “Connectors” 项的 “Joints” 中, 单击 “Create a Revolute Joint” 图标。

(2) 选择 “2 Bodies-1 Location” 和 “Pick Geometry Feature”。

(3) 单击十字节 1 “SZJ1”。

(4) 单击输入节 1 “input1”。

(5) 单击十字节 1 的质心 “SZJ1.cm”。

(6) 选择输入节 1 坐标的 Y 方向, 转动副 “JOINT_1” 创建完成。

创建转动副 “JOINT_2”: 十字节 1 “SZJ1” 与输出节 1 “output1” 之间的转动副, 创建过程与转动副 “JOINT_1” 的类似。

创建转动副 “JOINT_3”: 输入节 1 “input1” 与大地 “ground” 之间的转动副, 该转动副用于添加驱动, 创建过程如图 2.10 所示。

(1) 在操作区 “Connectors” 项的 “Joints” 中, 单击 “Create a Revolute Joint” 图标。

(2) 选择 “2 Bodies-1 Location” 和 “Pick Geometry Feature”。

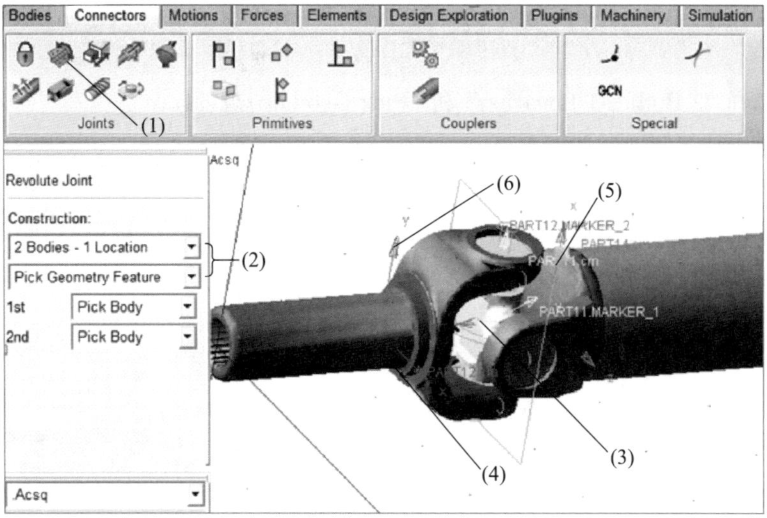

图 2.9 创建转动副 “JOINT_1”

(3) 单击输入节 1 “input1”。

(4) 单击大地 “ground”。

(5) 右击输入轴叉, 在弹出坐标选项中选择输入节 1 的质心 “input1.cm”。

(6) 选择 cm.Z 方向, 转动副 “JOINT_3” 创建完成。

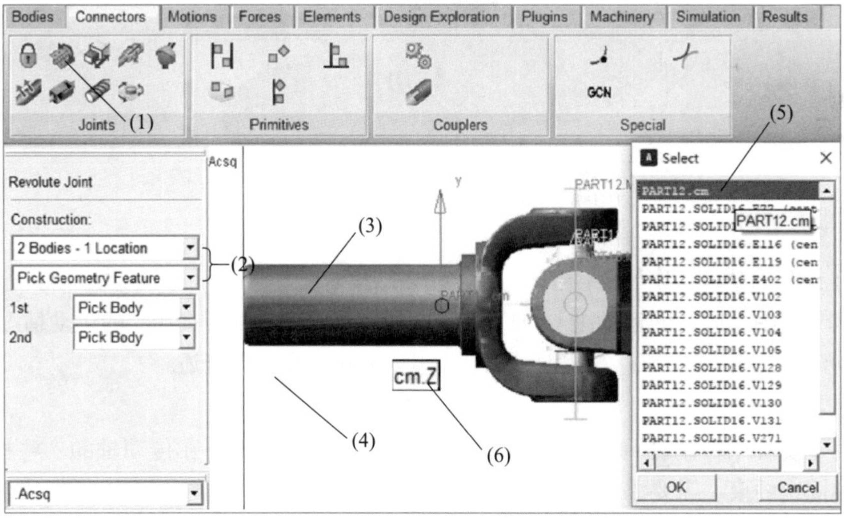

图 2.10 创建转动副 “JOINT_3”

2) 球笼式等速万向节

对于球笼式等速万向节, 输入节 2 的输入角速度与输出节 2 的输出角速度相等, 输出节 2 与球笼节之间存在横向移动, 需要在输出节 2 与钟形壳之间添加一个移动副。

创建运动副 “JOINT_4”: 移动副连接球笼节外环 “outR” 与输出节 2 “output2”, 创建过程如图 2.11 所示。

(1) 在操作区 “Connectors” 项的 “Joints” 中, 单击 “Create a Translational Joint” 图标。

(2) 选择 “2 Bodies-1 Location” 和 “Pick Geometry Feature”。

(3) 单击球笼节外环 “outR”。

(4) 单击输出节 2 “output2”。

(5) 单击输出节 2 “output2” 质心 “output2.cm”。

(6) 选择 cm.Z 方向, 运动副 “JOINT_4” 创建完成。

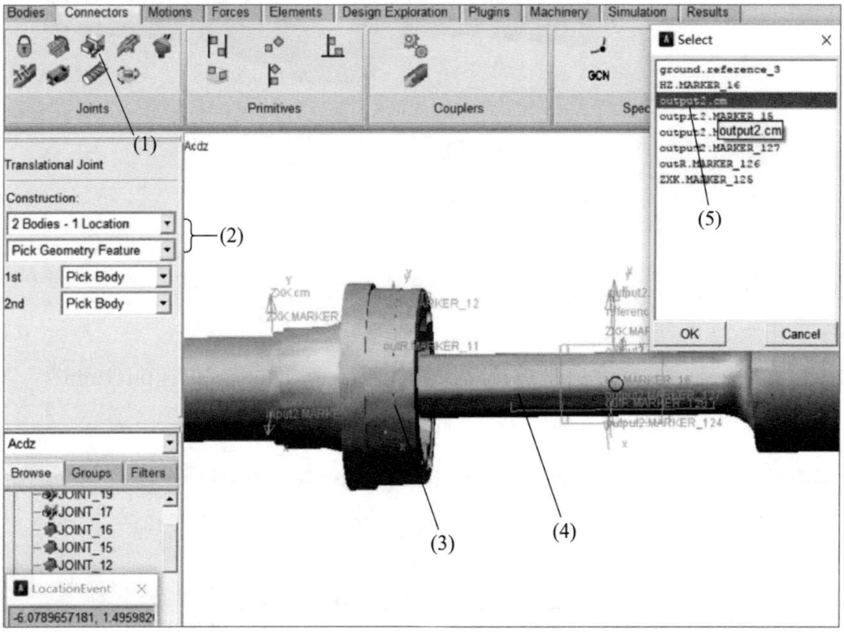

图 2.11 创建运动副 “JOINT_4

3) 连接后桥的十字轴万向节

该十字轴万向节的运动副与 “1) 与变速器连接的十字轴万向节” 的运动情况相同, 分别创建运动副 “JOINT_5” 和 “JOINT_6”, 创建过程不再赘述。

4) 添加固定约束

由于实际中传动轴一些部件之间是固定连接的, 因此需要在传动轴的一些构件之间添加固定约束。需要添加固定约束的构件组有: “输出节 1” 与 “前传动轴”; “前传动轴” 与 “输入节 2”; “输入节 2” 与 “钟形壳”; “钟形壳” 与 “外环”; “内环” 与 “输出节 2”; “后传动轴” 与 “输入节 3”。下面介绍第一组构件之间的固定约束的添加, 其他组可类似操作。

添加 “JOINT_1” 固定约束: “输出节 1” 与 “前传动轴” 之间的固定约束, 具体添加操作过程如图 2.12 所示。

(1) 在操作区 “Connectors” 项的 “Joints” 中, 单击 “Create a Fixed Joint” 图标。

(2) 选择 “2 Bodies-1 Location” 和 “Normal To Grid”。

(3) 单击输出节 1 “input1”。

(4) 单击前轴 “QZ”。

(5) 单击输出节 1 质心 “input.cm”。

(6) 固定约束 “JOINT_1” 创建完成。

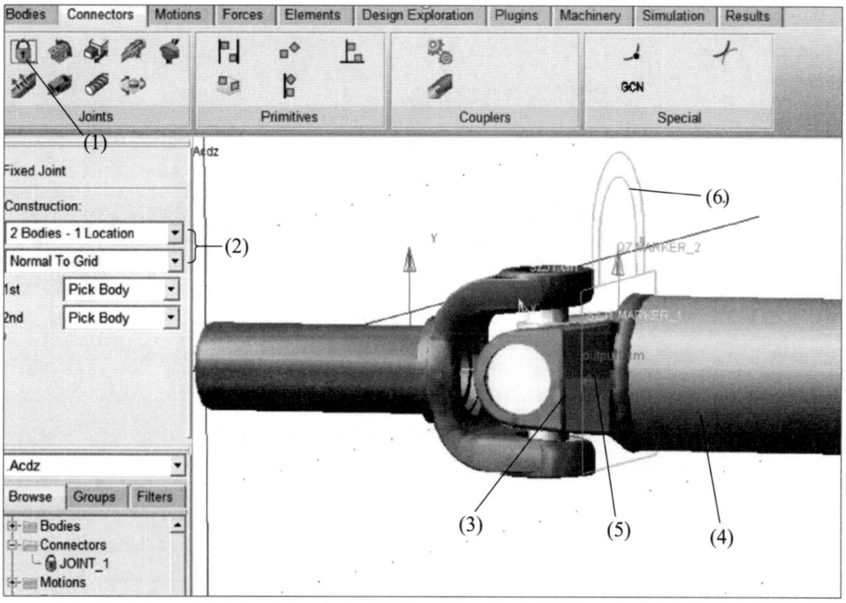

图 2.12　添加固定约束 “JOINT_1”

3. 添加力

对于中间支承, 由于实际支承中有橡胶衬套, 因此在中间支承处添加轴套力, 该轴套力要求轴管径向方向有一定刚度。

添加轴套力 “BUSHING_1”: 中间支承与大地之间的轴套力, 添加过程如图 2.13 所示。

(1) 在操作区 “Force” 项的 “Special Forces” 中, 单击 “Create a Contact” 图标。

(2) 选择 “2Bod-1Loc” 和 “Pick Feature”。

(3) 单击中间支承 “ZJZC”。

(4) 单击大地 “ground”。

(5) 单击 “ZJZC.cm”, 并选择 Y 方向。

(6) 在模型界面下找到 “Forces” 项, 单击 “+”, 在下拉菜单中选中 “BUSHING_1” 并右击, 在弹出的列表中单击 “Modify”, 如图 2.14 所示。

(7) 在上一步弹出的对话框中, “Translational Properties (x, y, z components):” 下的 “Stiffness” 填上 “8.0E-002, 8.0E-002, 0.0”, 即 x、y 方向的支承刚度为 0.08 N/mm。

(8) “Rotational Properties (x, y, z components):” 下的 “Stiffness” 填上 “500.0, 500.0, 500.0”, 即 x、y 方向的阻尼刚度为 500 N/mm, 其他项为 0, 单击 “OK” 即完成 “BUSHING_1” 的添加, 如图 2.15 所示。

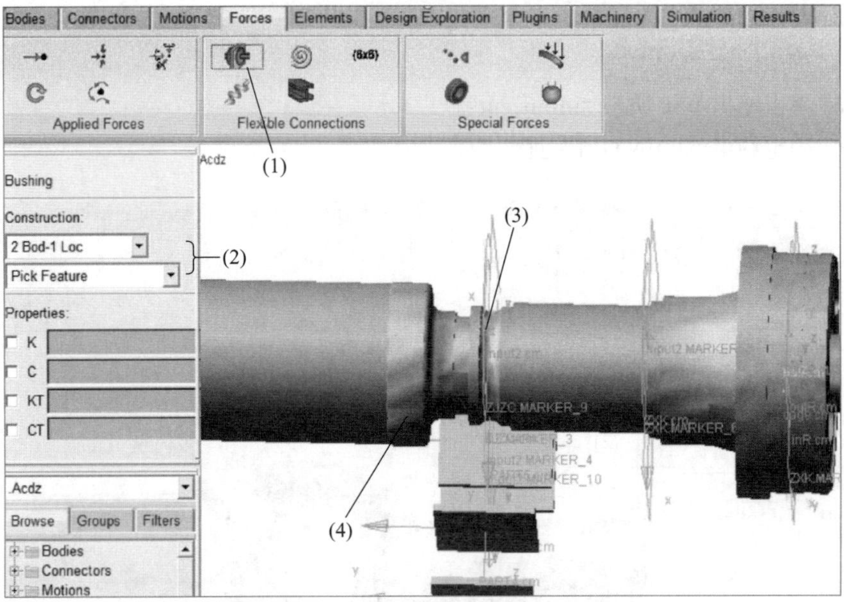

图 2.13　轴套力 “BUSHING_1” 添加

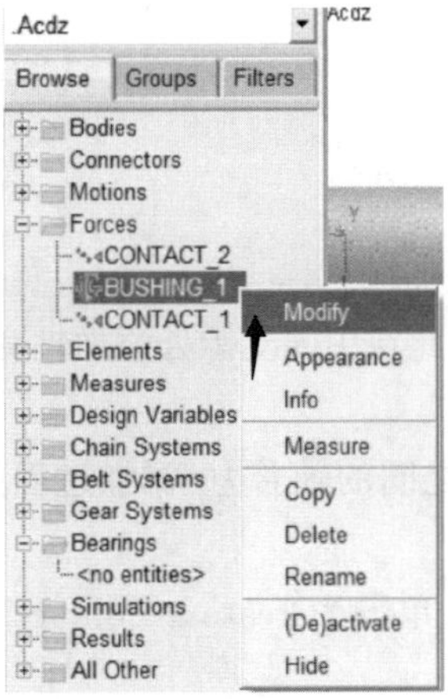

图 2.14　下拉菜单

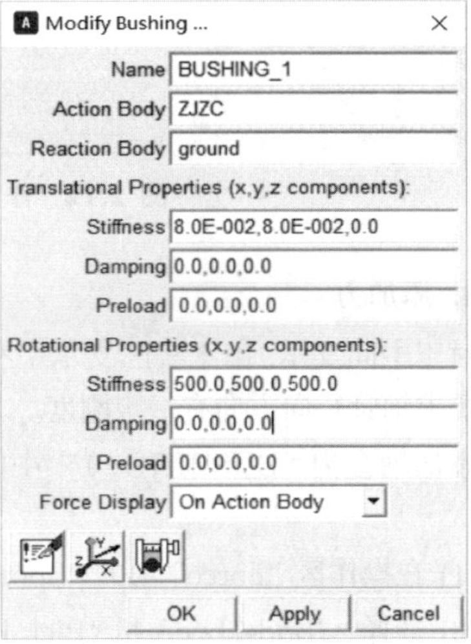

图 2.15　添加 “BUSHING_1” 力界面

(9) 添加完成的 “BUSHING_1” 如图 2.16 所示。

4. 添加驱动和负载

1) 转速输入

要使传动轴可以正确转动, 需要在 “输入节 1” 处添加驱动。仿真取的是 3 挡, 驱动设置为 “step(time,0,0d,1.2,360d×1800/60)”。

以 1 800 r/min 为例, 采用 STEP 函数, 1.2 s 加速至稳定转速 1 800 r/min, 换算成 (°)/s 就是 360 d×1 800/60, 具体步骤如下。

(1) 在操作区 “Motions” 项的 “Joint Motions” 中, 单击 “Rotational Joint Motions”

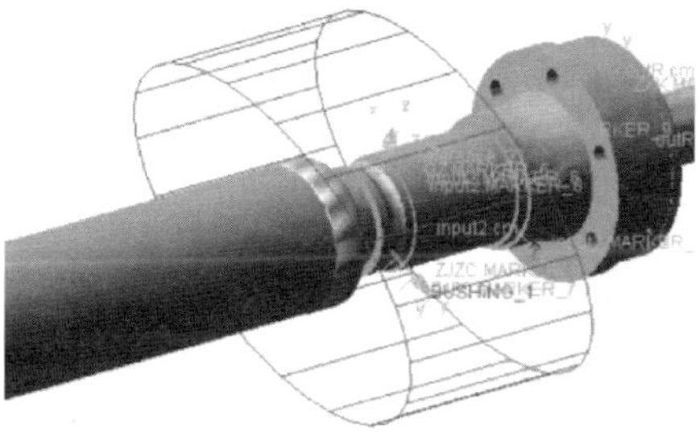

图 2.16 添加完成的 “BUSHING_1”

图标。

(2) 单击 “JOINT_3”。

上述步骤如图 2.17 所示。

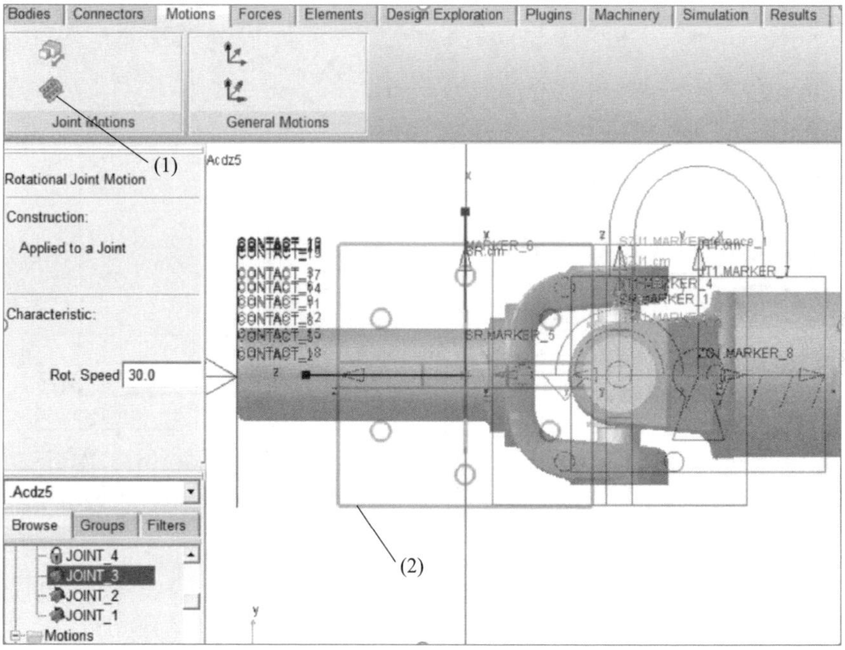

图 2.17 单击 “JOINT_3” 步骤 (1)、(2)

(3) 在模型界面下找到 “Motions” 项, 单击 “+”, 在下拉菜单中选中 “MOTION_1” 并右击, 在弹出的列表中单击 “Modify”, 如图 2.18 所示。

(4) 在弹出的 “Joint Motion” 对话框中, 找到 “Function(time)” 并双击其右边的符号, 如图 2.19 所示。

(5) 在弹出的对话框 “Define a run time function” 灰色区域填上驱动函数: “step(time,0,0d,1.2,360d×1800/60)”。然后一直单击 “OK” 即可完成驱动的设置, 如图 2.20 所示。

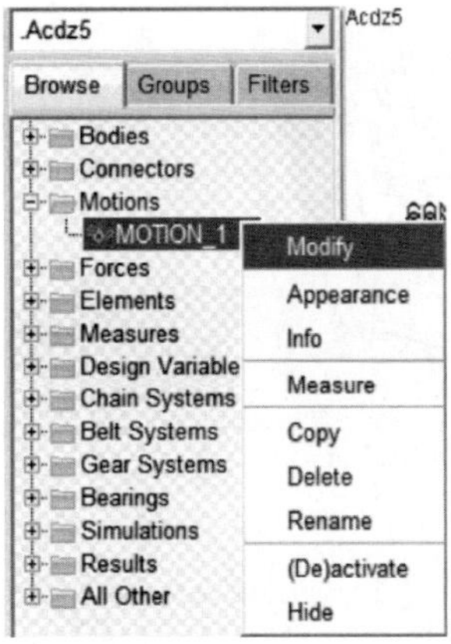

图 2.18　在弹出的列表中单击 “Modify”

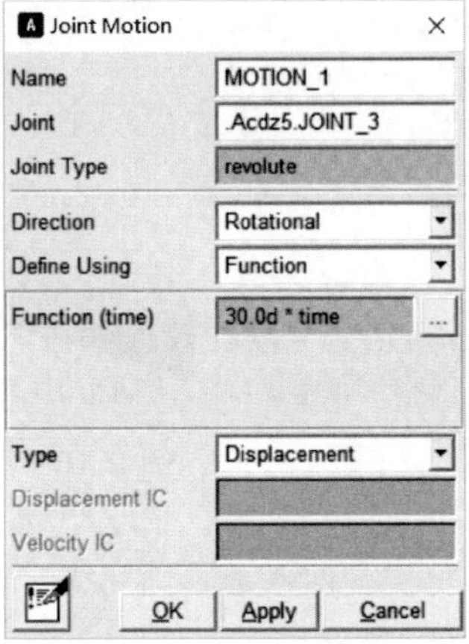

图 2.19　“Joint Motion” 对话框

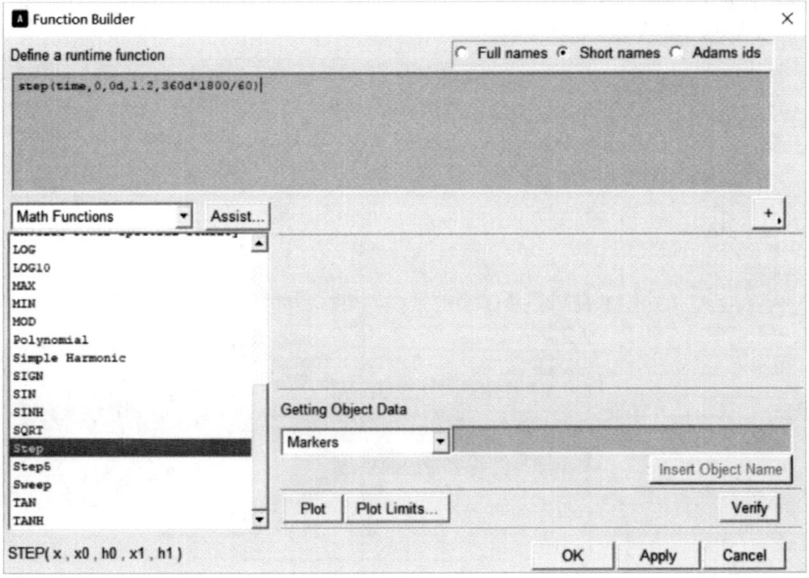

图 2.20　对话框 “Define a run time function”

2) 扭矩输入

$$Step = (time, t_0, T_0, t_{\text{end}}, T_{\text{end}}) = \begin{cases} T, & time \leqslant t_0 \\ h_0 + \dfrac{time - t_0}{t_{\text{end}} - t_0}(T_{\text{end}} - T_0), & t_0 < t_{\text{end}} \\ T_{\text{end}}, & time \geqslant t_{\text{end}} \end{cases} \tag{2.1}$$

式中, $time$ 为系统时间函数; t_0 为驱动力矩开始施加的时刻; t_{end} 为驱动力矩停止变化的时刻; T_0 为 t_0 时刻对应的驱动力矩; T_{end} 为 t_{end} 时刻对应的驱动力矩；Step 函数表示从 t_0 到 t_{end}, 驱动力矩从 t_0 逐渐变化到 T_{end}, 此后驱动力矩维持 T_{end} 不变。设置停止变化时驱动力矩的表达式为

$$T_{\text{end}} = T_s + T_v \sin(2\pi f \cdot time) \tag{2.2}$$

式中, T_s 为驱动力矩停止变化时的恒定部分; T_v 为驱动力矩停止变化时的简谐力矩幅值; f 为简谐力矩频率。

以 150 N·m 常扭矩、25 N·m 波动扭矩为例, 模拟发动机二阶输出, 波动频率对应稳定速度下频率的 2 倍。扭矩输入函数为 "step(time,0,0,1.2,(150000+25000×sin(2×360d×1800/60×time)))"。具体步骤如下。

(1) 在操作区 "Forces" 项的 "Applied Forces" 中单击 "Create a Torque" 图标。

(2) 选择 "Body Fixed" 和 "Pick Feature"。

(3) 单击输入节 1 "input1"。

(4) 在输入节 1 处右击, 在弹出的对话框中选中 "input1.cm", 再单击 "OK"。

(5) 移动鼠标, 选择 "cm.Z" 方向, 即可创建 "SFORCE_1", 如图 2.21 所示。

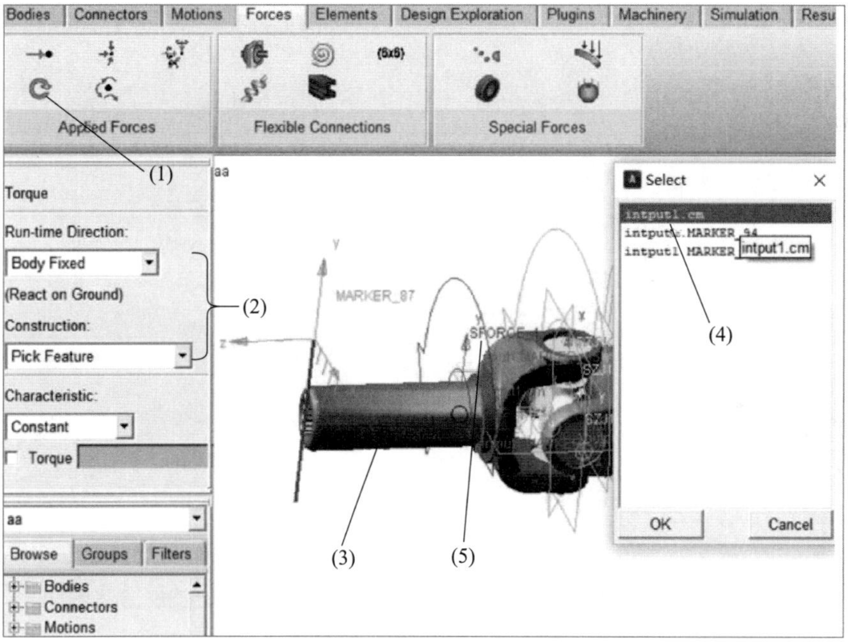

图 2.21 创建 "SFORCE_1"

(6) 在模型界面下找到 "Forces" 项, 单击 "+", 在下拉菜单中选中 "SFORCE_1" 并右击, 在弹出的列表中单击 "Modify", 如图 2.22 所示。

(7) 在弹出的 "Modify Torque" 对话框中找到 "Function" 并单击其右边的符号, 如图 2.23 所示。

(8) 在弹出的对话框 "Define a runtime function" 灰色区域填上驱动函数: "step (time,0,0,1.2,(150000+25000×sin(2×360d×1800/60×time)))", 然后一直单击 "OK" 即可完成扭矩的设置, 如图 2.24 所示。

3) 负载输入

负载的大小和扭矩相同, 除去波动扭矩, 其设置过程和扭矩输入过程基本相同, 只是需要将对象改为 "输出节 3 (output3)", 将函数改为 "step(time,0,0,1.2,-150000)"。具

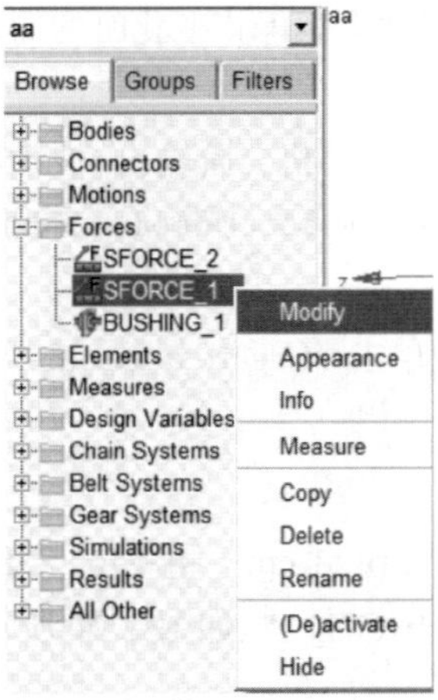

图 2.22　单击 “Modify”

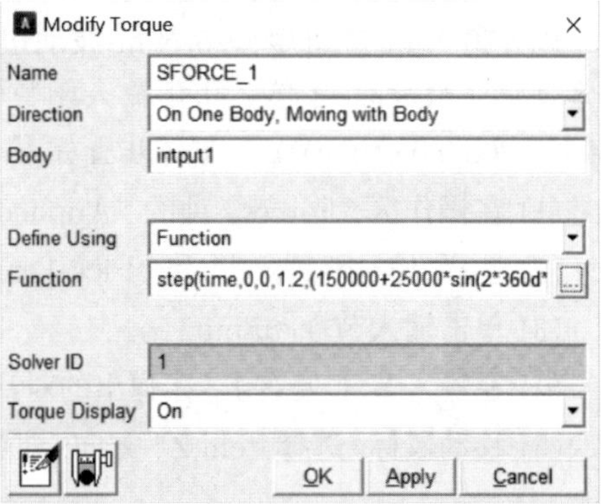

图 2.23　“Modify Torque” 对话框

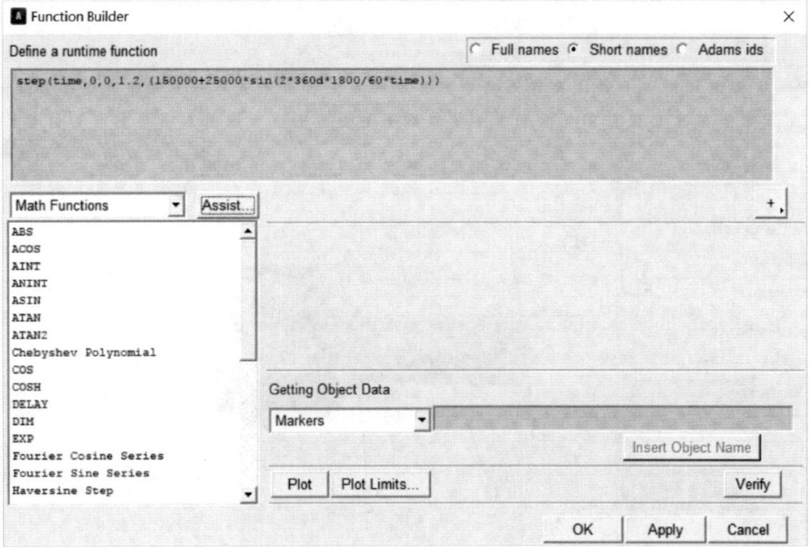

图 2.24　完成扭矩的设置

体步骤不再叙述。

2.1.2.2　ADAMS 仿真设置与仿真过程

1. 设置结束时间与步长

(1) 在操作区 “Simulation” 项的 “Simiulate” 中, 单击 “Run an Interactive Simulation” 图标, 如图 2.25 所示。

(2) 在弹出的对话框中, 第一项点击箭头, 在下拉菜单中选择 “End Time”, 时间设置为 2(s); 第二项选择 “Step Size”, 步长设置为 0.001, 如图 2.26 所示。

(3) 单击如图 2.26 所示的三角形按钮, 仿真即开始。

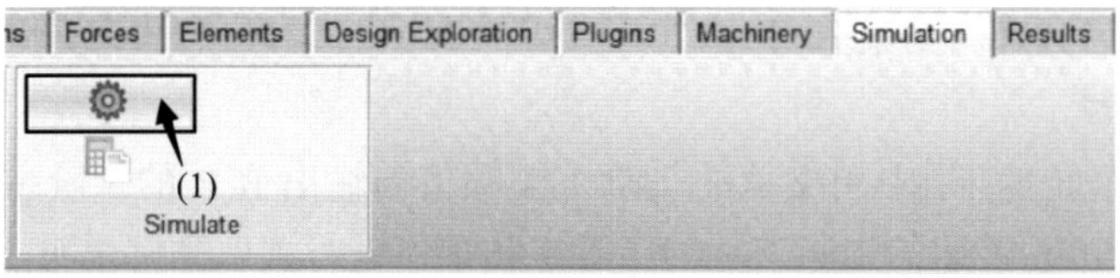

图 2.25　操作区 “Simulation” 项

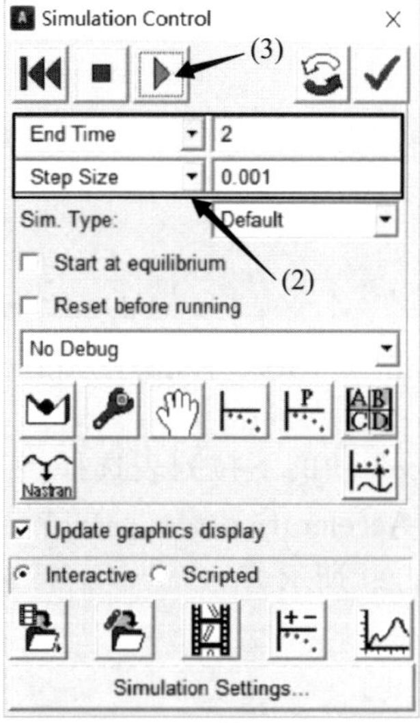

图 2.26　设置结束时间与步长

2. 仿真过程

仿真过程如图 2.27 所示, 在 “Time=” 处可以查看仿真已进行的时间, 图 2.27 中为仿真进行了 0.402 0 s, 在 “Frame=” 处可以查看仿真获得的步数。图 2.27 中步数为 403。当 “Time=2.0000” 时仿真即完成。

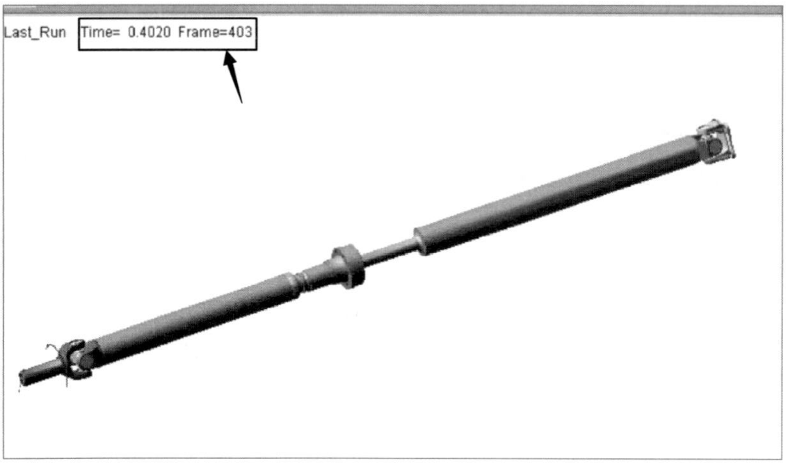

图 2.27　仿真过程

2.1.2.3 仿真后处理与结果分析

1. 读取数据

需要对各个转速下, 中间支承的二阶主频幅值与输出节 3 的二阶主频幅值进行读取。取 1 800 r/min 转速的中间支承的二阶主频幅值进行读取举例说明, 具体步骤如下。

1) 进入后处理界面与绘制曲线

(1) 在操作区 “Results” 中, 单击 “Open ADAMS/Postprocessor” 图标, 如图 2.28 所示。

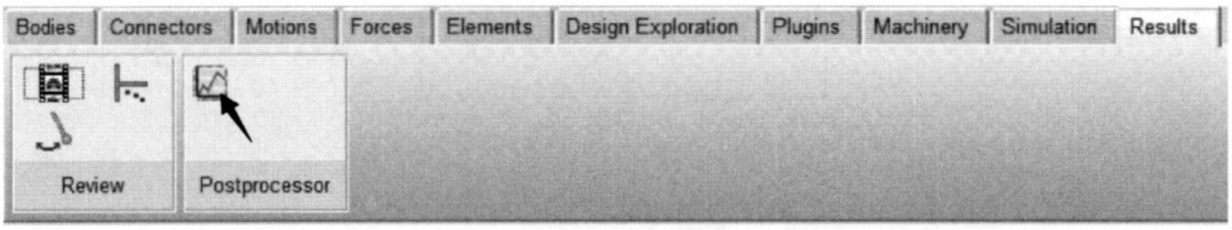

图 2.28 单击 “Open ADAMS/Postprocessor” 图标

(2) 在弹出的窗口 “Source” 项的下拉列表选择 “Object”, 然后选择 “Acdz” → “ZJZC” → “CM_Angular”_“Acceleration” → “Mag” → “Add Curves”, 即可弹出中间支承加速的变化曲线, 如图 2.29 所示。

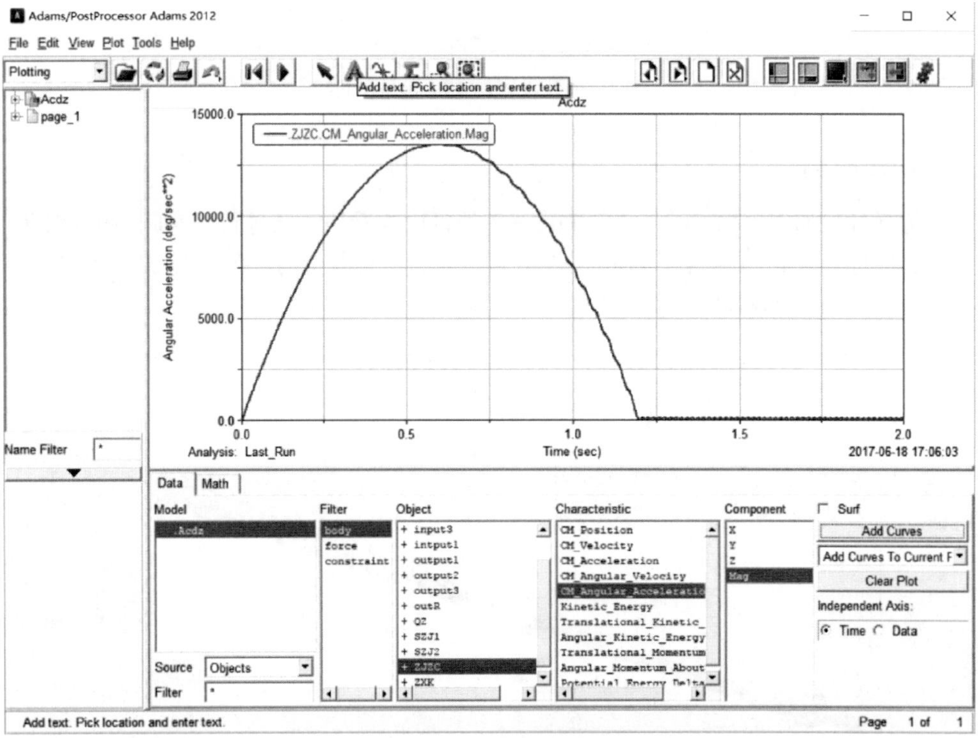

图 2.29 中间支承加速的变化曲线

2) FFT 与数据读取

为便于研究中间支承角加速度的变化规律, 需要对匀速转动阶段的曲线进行快速

傅里叶变换 (fast Fourier transform, FFT)。FFT 后可以观察频率与振幅之间的关系, 具体步骤如下。

(1) 在菜单栏单击 “Plot”, 在弹出的下拉菜单中单击 “FFT”, 如图 2.30 所示。

(2) 在弹出的窗口中, “Start Time” 项的时间改为 1.2 (前 1.2 s 为加速时间, 1.2~2.0 s 为匀速阶段), 单击 “Apply” 即可得到 FFT 曲线, 如图 2.31 所示。

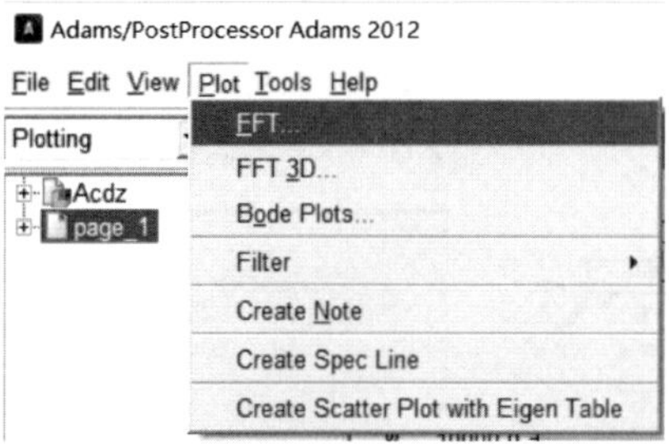

图 2.30 菜单栏单击 “Plot”

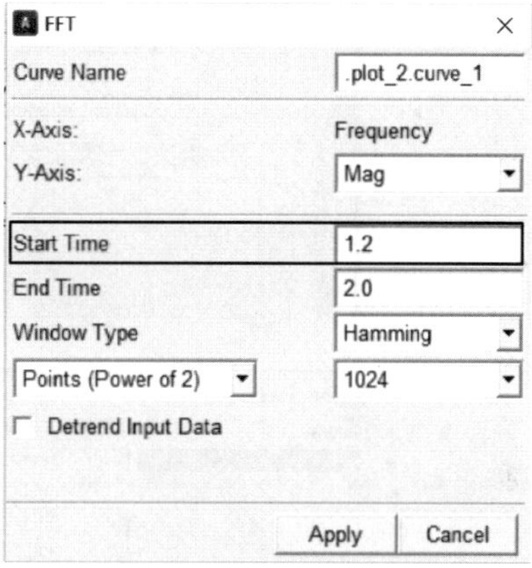

图 2.31 输入时间项

(3) 为便于查看 FFT 曲线, 在 FFT 曲线的空白处右击, 在下拉列表处单击 “Expand View”, 如图 2.32 所示。

(4) FFT 曲线扩展之后即进行读取数据, 如图 2.33 所示。单击 1 处 “Plot Tracking”, 移动鼠标到 2 处, 即第一个波峰处, 3 处显示该点数据, X 为频率, Y 为幅值。将各个转速的频率和幅值读取出来, 幅频值如表 2.1 所示。

表 2.1 各个转速下的二阶频率和幅值

发动机输出 /(r/min)	理论二阶 主频/Hz	中间支承二阶主频幅值		输出节 3 二阶主频幅值	
		频率/Hz	幅值/[(°)/s^2]	频率/Hz	幅值/[(°)/s^2]
1 200	40.00	40.039 1	835.479 1	40.039 1	835.658 6
1 300	43.33	42.968 7	920.155 7	42.968 7	920.370 1
1 400	46.67	46.875	1 115.621 5	46.875	1 115.908
1 500	50.00	49.804 7	1 284.221 1	49.804 7	1 284.482 8
1 600	53.33	53.710 9	1 379.745 4	53.710 9	1 380.136
1 700	56.67	56.640 6	1 879.948 1	56.640 6	1 880.347 6
1 800	60.00	59.570 3	1 712.593	59.570 3	1 712.938
1 900	63.33	63.476 6	2 075.114 3	63.476 6	2 075.114 3
2 000	66.67	66.406 2	2 256.956 9	66.406 2	2 257.428 6
2 100	70.00	70.312 5	2 432.920 3	70.312 5	2 433.466 7

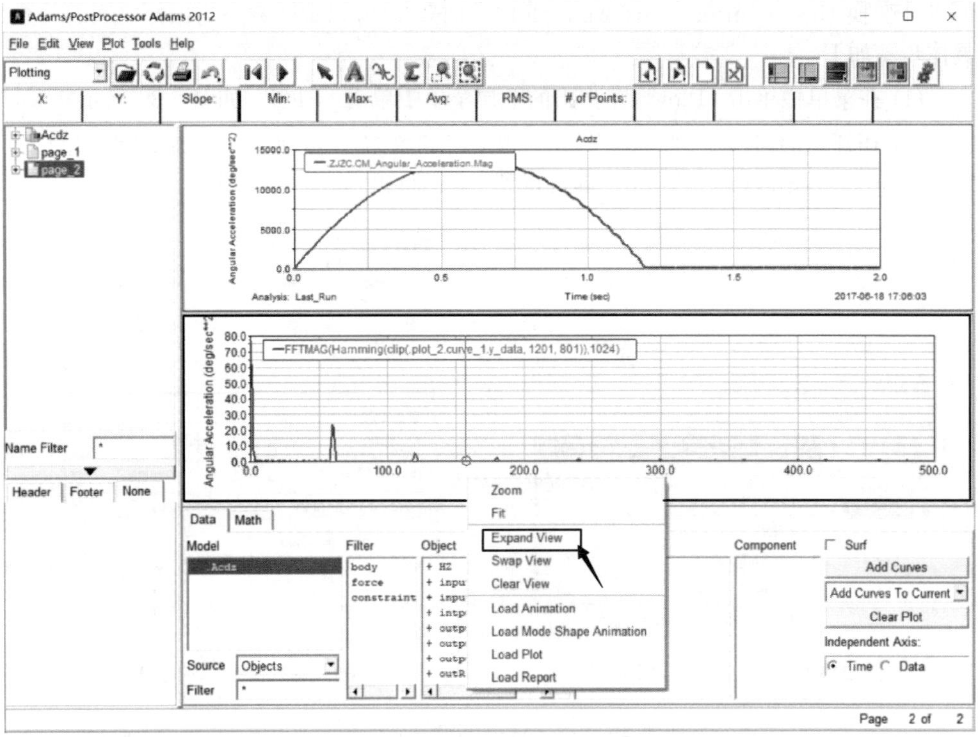

图 2.32 查看 FFT 曲线

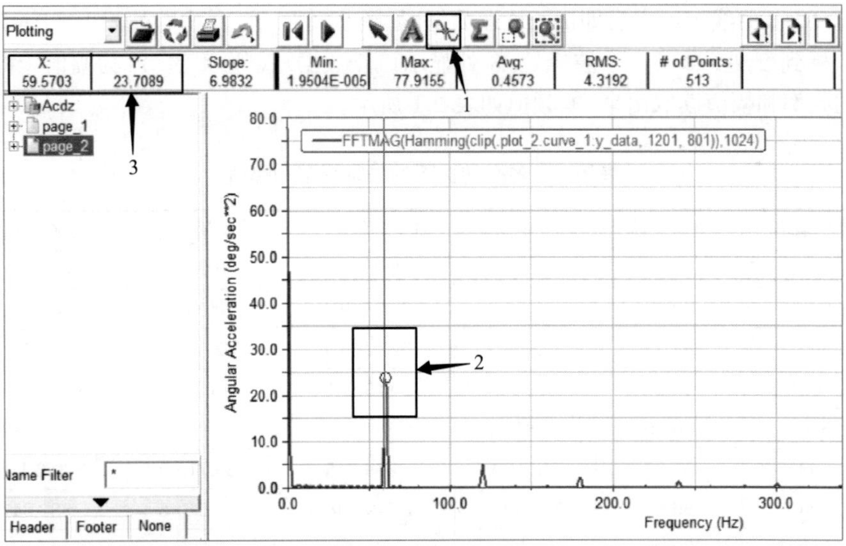

图 2.33 读取数据

2. 数据处理与结果分析

为便于研究，将读取的数值处理成曲线，以二阶主频为横坐标，振动幅值为纵坐标，结果如图 2.34 和图 2.35 所示。

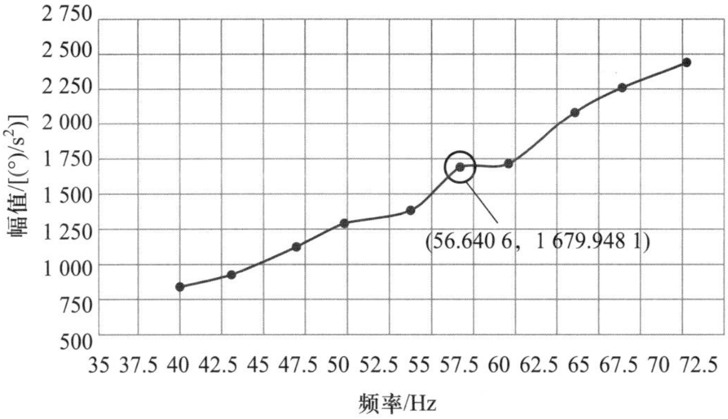

图 2.34 中间支承二阶主频幅值曲线

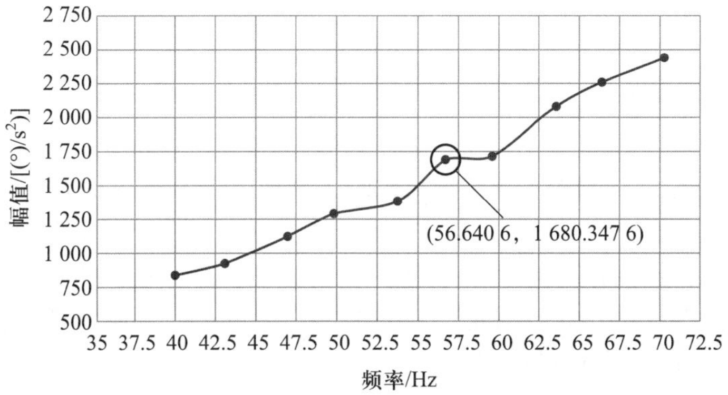

图 2.35 输出节 3 二阶主频幅值曲线

由图 2.34 和图 2.35 可知, 中间支承二阶主频幅值曲线和输出节 3 二阶主频幅值曲线总体走势基本一致; 中间支承二阶主频幅值曲线在 (56.640 6, 1 679.948 1) 位置出现峰值, 输出节 3 二阶主频幅值曲线在 (56.640 6, 1 680.347 6) 位置出现峰值, 所对应的转速均为 1 700 r/min, 这是由于传动轴在 1 700 r/min 转速或附近产生共振, 因此出现波峰。同时还获知, 两条曲线在转速为 1 200~1 600 r/min 的区间, 振动幅值上升较为缓慢; 在转速为 1 800~2 100 r/min 的区间, 振动幅值上升较快。由此可知, 传动轴的中间支承和输出节 3 在 1 200~1 600 r/min 的低转速时振动较小, 在 1 700 r/min 转速时传动轴共振, 振动幅值出现峰值, 在大于 1 800 r/min 转速以后振动较大, 且增大较快。这与汽车车速越大振动越剧烈, 以及会出现振动较为剧烈转速点的实际情况相符。

2.2 十字节万向传动轴中间支承性能仿真与优化设计

2.2.1 十字节万向传动轴结构组成与仿真问题描述

如图 2.36 所示, 某跨界车传动轴前后轴间距离较长, 为了降低传动轴的动不平衡量、增大临界转速和防止共振现象发生, 采用主传动轴、中间传动轴和后轴管三轴通过万向节相连的方式传递, 同时用中间支架支承。

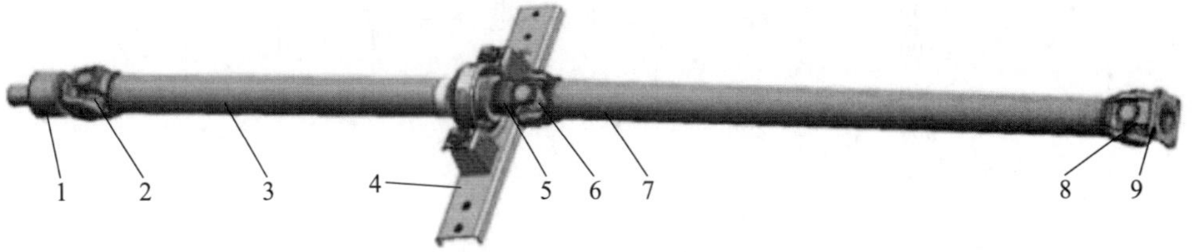

图 2.36　传动轴总成

1—主传动轴 (滑动叉); 2、6、8—十字轴总成; 3—中间传动轴; 4—中间支架总成; 5—连接叉; 7—后轴管; 9—法兰叉

然而, 当十字轴式万向节之间的夹角不等于零时, 其传递的转速波动和转矩会产生传递不平衡的扭矩与力, 从而导致万向节处产生附加弯矩和圆周力, 并且也会在轴管中间支承处产生附加弯矩。这都将导致跨界车的传动轴产生振动和噪声, 进而引起整车传动轴振动与噪声的加剧。因此, 传动轴中间支承的隔振效果对整车舒适性有着重要的影响。

本节分析某跨界车传动轴中间支承性能对振动和噪声的影响。为此, 首先对传动轴中间支承结构进行理论受力分析, 即对传动轴的传递扭矩和中间支承处的附加弯矩和受力进行分析; 在此基础上初步探讨影响传动轴中间支承处振动噪声的主要因素, 即频率、中间支承刚度、阻尼; 最后应用优化设计方法, 以刚度为设计变量, 以传动轴总成中间支承处轴承的振动幅值最小为目标, 分别在转速为 600 r/min、1 200 r/min、1 800 r/min、2 400 r/min 且刚度为 100~1 200 N/mm 时, 对某跨界车传动轴总成中间支承的刚度进行仿真分析与优化设计。

2.2.2　中间支承对传动轴振动的分析

2.2.2.1　传动轴中间支承结构及作用

某跨界车从变速器输出轴到后桥主减速器的输入轴间距离为 2.5 m, 且驱动方式是前置后驱形式, 由于其前后轴间距离长, 为了降低传动轴的动不平衡量、增大临界转速和防止共振现象发生, 将传动轴分成 3 段。由于使用了多个万向节和多根轴管组成的传动轴, 其发动机转速的波动以及汽车悬架因路面激励产生的上下跳动等因素都会导致传动轴振动加剧, 因此为了减小轴间夹角与降低振动噪声, 在中间传动轴的中间安装中间支承[9], 其结构如图 2.37 所示。

图 2.37　传动轴中间支承结构

滚动轴承支承传动轴的轴端，而滚动轴承通过橡胶圈、支承座安装在汽车车架上。传动轴在滚动轴承的内圈中运转并传递动力，而滚动轴承外圈上的橡胶圈，由于具有弹性，可以缓冲因车身变形和汽车底盘抖动而引起的传动轴位置变化的影响，降低因传动轴位置变化而产生的振动和噪声[10]。

传动轴的中间支承可以分成橡胶弹性式和摆臂式中间支承两大类。在跨界车上安装的是橡胶弹性中间支承，其中的橡胶垫可以吸收轴的振动降低噪声。这种中间支承只能承受轴管的偏心、装配偏差和动不平衡量产生的径向力而无法承受轴向力[11]。

传动轴在高速运行过程中，当其转动频率与中间支承橡胶垫的固有频率相近或相等时，传动轴就会发生共振。因此在设计传动轴中间支承时，对于其刚度和阻尼值要合理选定，使其固有频率错开传动轴常用的转速频率值，避免传动轴产生共振。

2.2.2.2 传动轴中间支承处力矩分析

某跨界车力矩分析如图 2.38 所示。

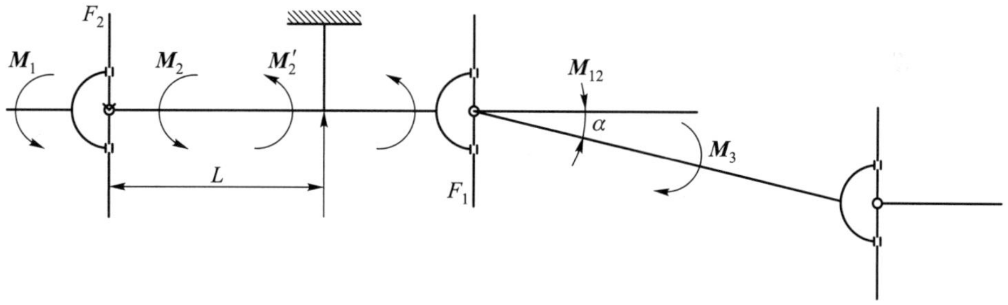

图 2.38 万向节各传递力矩分析图

图 2.38 中，$\boldsymbol{M}_1$、$\boldsymbol{M}_2$、$\boldsymbol{M}_2'$、$\boldsymbol{M}_3$ 分别为输入力矩、中间传动轴上的力矩、中间传动轴上的反作用力矩以及后轴管受到的扭矩；$\boldsymbol{M}_{12}$ 为中间支承处产生的附加弯矩。基于平面矢量矩平衡原则，以图 2.36 中的 "2—十字轴" 为分析对象，得出力矩矢量和

$$\boldsymbol{M}_1 = \boldsymbol{M}_2' + \boldsymbol{M}_2 + \boldsymbol{M}_{12} \tag{2.3}$$

然而中间支承处的附加弯矩是通过其对轴管的作用力 F_1 和 F_2 来平衡的，因此，根据力矩平衡式可得

$$F_1 = F_2 = \frac{M_{12}}{L} \tag{2.4}$$

据上分析可知，由于跨界车传动轴分段安装的误差和传动轴在传递动力时因动不平衡等因素的影响而引起的轴间夹角的变化，从而导致轴上附加弯矩 M_{12} 的产生，其与中间支承对轴管所施加的平行力矩平衡。这些附加弯矩必然引起轴的转矩波动与轴管的扭转振动，进而使后桥主减速器提供动力的输入轴产生振动，最终耦合后桥的振动与噪声。

2.2.2.3 传动轴中间支承受力分析

中间支承主要是由具有刚度和阻尼的弹性元件组成的，通过它将传动轴固定安装在汽车车架上，传动轴通过与安装在中间支承上的滚动轴承进行配合来传递转速和转矩。根据系统振动理论分析可知，传动轴的刚度阻尼值对其振动特点和振动频率有较大影响[12]。在对整车进行减振降噪设计中, 常常将中间支承和传动轴作为一个系统总成来考虑, 此时, 中间支承处的刚度、阻尼值必然会对单个传动轴的振动产生影响。跨界车传动轴是由 3 个万向节组成的传动装置, 由于多种因素的影响, 传动轴在正常转动时, 既可能产生弯振, 也可能产生扭振。由于其他次要因素对分析结果无影响, 在此, 为了分析的方便, 对其振动状态予以简化, 只考虑分析传动轴扭振, 建立简化的传动轴总成的微分方程。传动轴总成的模型简图如图 2.39 所示。

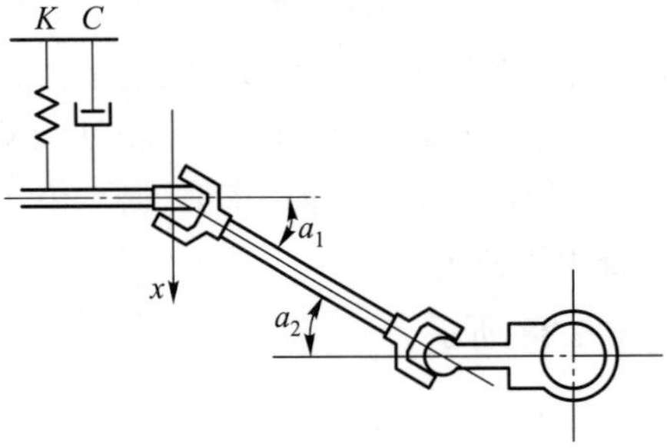

图 2.39 传动轴总成模型简图

将传动轴的中间支承简化成单自由度的弹簧阻尼系统, 以中间支承在垂直方向上的运动位移作为主变量来建立动力学微分方程[13,14]:

$$M\ddot{x} + C\dot{x} + Kx = F_1 \cdot \mathrm{e}^{jwt} + F_2 \cdot \mathrm{e}^{2jwt} \tag{2.5}$$

式中, M 为传动轴等效质量; C 为系统的等效阻尼; K 为系统的等效刚度; $F_1\mathrm{e}^{jwt}$ 为变速箱所受的惯性力; $F_2\mathrm{e}^{2jwt}$ 为后桥主减速器对传动轴阻尼矩引起的惯性力。

在分析中间支承刚度对传动轴振动影响的时候, 可以先不考虑阻尼的影响[15]。由微分方程解的特点可得

$$x = A\mathrm{e}^{jwt} + B\mathrm{e}^{2jwt} \tag{2.6}$$

求一阶、二阶导可得

$$\dot{x} = jwA \cdot \mathrm{e}^{jwt} + 2jwB \cdot \mathrm{e}^{2jwt} \tag{2.7}$$

$$\ddot{x} = -w^2A \cdot \mathrm{e}^{jwt} - 4w^2B \cdot \mathrm{e}^{2jwt} \tag{2.8}$$

将式 (2.6)、式 (2.7)、式 (2.8) 同时代入式 (2.5), 得

$$-MAw^2 \cdot \mathrm{e}^{jwt} - 4MBw^2 \cdot \mathrm{e}^{2jwt} + KA \cdot \mathrm{e}^{jwt} + KB \cdot \mathrm{e}^{2jwt} = F_1 \cdot \mathrm{e}^{jwt} + F_2 \cdot \mathrm{e}^{2jwt} \tag{2.9}$$

将式 (2.9) 等号左右两边系数进行对比可得

$$(K - Mw^2)A = F_1, \quad (K - 4Mw^2)B = F_2$$

因此有

$$A = \frac{F_1}{(K - Mw^2)}; \quad B = \frac{F_2}{(K - 4Mw^2)} \tag{2.10}$$

因此

$$x = A\mathrm{e}^{jwt} + B\mathrm{e}^{2jwt} = \frac{F_1}{(K - Mw^2)}\mathrm{e}^{jwt} + \frac{F_2}{(K - 4Mw^2)}\mathrm{e}^{2jwt} \tag{2.11}$$

根据弹簧受力变形特点, 中间支承处受力的大小 $F=Kx$, 将式 (2.11) 代入此式得

$$\begin{aligned} F &= K\left[\frac{F_1}{(K-Mw^2)}\mathrm{e}^{jwt}+\frac{F_2}{(K-4Mw^2)}\mathrm{e}^{2jwt}\right] \\ &= K\left[\frac{F_1}{\left(K-M\dfrac{\lambda^2K}{M}\right)}\mathrm{e}^{jwt}+\frac{F_2}{\left(K-4M\dfrac{\lambda^2K}{M}\right)}\mathrm{e}^{2jwt}\right] \\ &= \frac{F_1}{(1-\lambda^2)}\mathrm{e}^{jwt}+\frac{F_2}{(1-4\lambda^2)}\mathrm{e}^{2jwt} \end{aligned} \tag{2.12}$$

式中, $\lambda=f/f_0$; $f_0^2=K/M$。

从上述计算式中可知, 影响传动轴中间支承处受力大小的主要因素是 $F_1\cdot\mathrm{e}^{jwt}$、$F_2\cdot\mathrm{e}^{2jwt}$ 以及 λ 的值, 其取决于变速器输出转矩、后桥主减速器对传动轴的反力转矩以及传动轴的固有频率 f_0 的大小情况, 对于前两个影响因素可以通过对传动轴中相关零部件的加工工艺进行优化来提高零件的精度, 以及改善各装配零件的匹配性能来实现减小传动轴振动的目的。本节只研究通过改变传动轴的固有频率 f_0 的方式来改善传动轴中间支承处的受力状态。然而在影响传动轴固有频率的因素中, 系统的质量矩阵 $[M]$ 一般是固定不变的, 只能通过改变传动轴中间支承刚度 k 值来改变传动轴的固有频率, 从而减小中间支承处的受力, 降低传动轴的垂直振动幅值, 使其对后桥主减速器的冲击载荷减小, 因此可以通过改变中间支承处的刚度值 k 来减小传动轴对后桥主减速器振动噪声的影响。

2.2.3 传动轴总成的主要频率计算

某跨界车传动轴总成的结构如图 2.36 所示。其振动信号包含多种频率成分, 主要由以下两种组成。

(1) 传动轴的旋转频率。

某跨界车主传动轴 (输入传动轴滑动叉) 直接连接变速器的输出轴, 其转速即为变速器输出轴的转速。当发动机的转速为 2 000 r/min, 变速器在一挡的挡位工作时, 一挡速比为 3.769, 则滑动叉的转速为 2 000/3.769=530.6 r/min。故其旋转频率为

$$f_1=\frac{n_1}{60}=\frac{530.6}{60}\ \mathrm{Hz}=8.844\ \mathrm{Hz}$$

由实验数据分析可知: 中间花键轴的旋转频率 f_2 为滑动叉旋转频率的 2 倍, 即 $f_2=2f_1=17.688$ Hz。

(2) 中间支承内滚动轴承的频率。

滚动轴承工作时, 其外圈与中间支承固定连接, 内圈与中间花键轴相连接, 并随轴一起转动。滚动体则在轴承内外圈滚道上滚动。滚动体在不同位置时所受力的大小变化以及轴承承载的滚动体的数目变化都会造成承载刚度的变化, 从而引起轴承的振动。当其转速一定时, 振动便具有确定的性质。虽然各因素的激振力都有其周期性, 但实际构成因素非常复杂, 且各因素之间没有特定的关系, 因此轴承含有多种频率成分并具有

较强的随机性。某跨界车传动轴中间支承轴承为深沟球轴承, 其型号为 6206, 其滚动体直径 d 为 9.525 mm, 滚动体个数 z 为 9 个, 轴承节径 D 为 46 mm。

滚动体的公转频率为

$$f_3 = \frac{f_2}{2}\left(1 - \frac{d}{D}\right) = \frac{17.688}{2} \times \left(1 - \frac{9.525}{46}\right) \text{ Hz} = 7.013 \text{ Hz} \tag{2.13}$$

9 个滚动体与外圈上某一固定点接触的频率为

$$f_4 = z \times f_3 = 9 \times 7.013 \text{ Hz} = 63.117 \text{ Hz} \tag{2.14}$$

9 个滚动体与内圈上某一固定点接触的频率为

$$f_5 = z \times (f_2 - f_3) = 9 \times (17.688 - 7.013) \text{ Hz} = 96.075 \text{ Hz} \tag{2.15}$$

滚动体上某一固定点与外圈或内圈接触的频率为

$$f_6 = \frac{D}{2d}\left[1 - \left(\frac{d}{D}\right)^2\right] f_3 = 16.208 \text{ Hz} \tag{2.16}$$

式中, f_4、f_5 和 f_6 分别为外圈、内圈、滚动体的通过频率[16]。

2.2.4 传动轴总成的动力学仿真分析

为了进一步分析刚度阻尼对传动轴总成振动的影响, 采用动力学分析软件 ADAMS 对传动轴总成进行动力学仿真分析, 分析传动轴总成振动的时域图和频域图, 并与理论分析以及测试结果进行对比。由于 ADAMS 中提供的建立实体模型功能比较简单, 不适合复杂零件的构建, 因此使用专业的工程软件 UG 做几何前处理器, 利用 UG 软件建模后, 再将模型导入 ADAMS 软件中进行运动学和动力学分析以及参数的优化设计。

2.2.4.1 传动轴总成三维实体模型的建立

依据某跨界车传动轴总成的图纸要求对传动轴总成的各个零件进行三维实体模型的创建, 主要零件包括: 变速器输出轴、滑动叉、中间花键轴、滚动轴承、连接叉、后轴管、法兰叉以及 3 个十字轴。其中, 十字轴总成模型和滚动轴承模型采用简化建模的方法, 均将其简化为滑动轴承, 使其在以后的动力学分析中方便快捷。

依据传动轴总成图纸的要求对各个零件进行装配, 保证各个零件的相对位置要求, 其中滑动叉和中间花键轴夹角为零, 中间花键轴和后轴管夹角为 6°。装配图效果如图 2.40 所示。

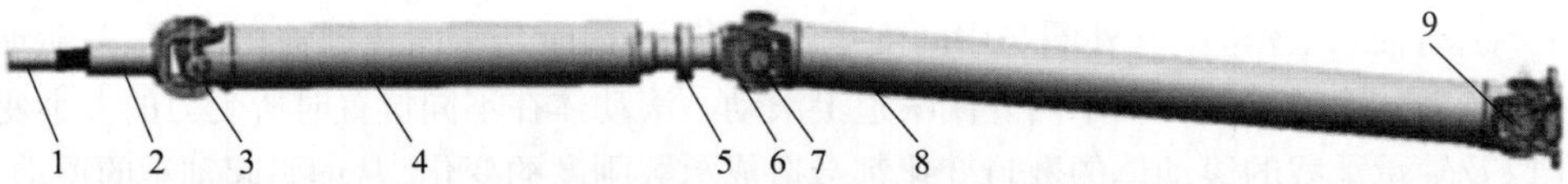

图 2.40 传动轴总成模型

1—主传动轴 (滑动叉); 2、6、8—十字轴总成; 3—中间传动轴; 4—中间支架总成; 5—连接叉; 7—后轴管; 9—法兰叉

对传动轴总成的装配模型进行干涉检查分析，如果装配不合格，可能会发生干涉，一个零件与另一个零件发生相交，在导入 ADAMS 软件中进行分析时，会使动力学分析失效。图 2.41 是传动轴总成的干涉检测分析结果，其结果表明，传动轴总成的检测没有发生干涉，装配正常[17]。

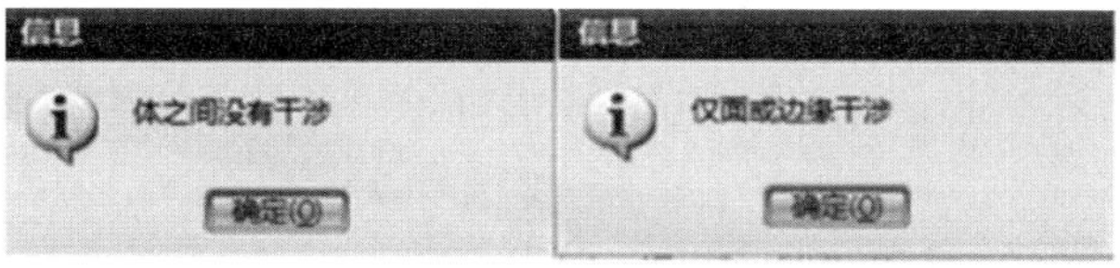

图 2.41　传动轴总成的干涉检测分析结果

2.2.4.2　传动轴总成虚拟样机模型的建立

1. 模型导入

打开传动轴总成模型，在 UG 软件中选择下拉菜单 “文件” → “导出” → “Parasolid” 命令[18]，如图 2.42 所示，选择版本 24.0-NX8.0，然后先框选传动轴总成的所有零件，点击 “确定” 后，选择文件类型 “Parasolid 文本文件 (*.xmt_txt)” 并输入文件名 “cdzzc”，点击 “OK” 即可。

图 2.42　UG 数据输出

启动 ADAMS/View 分析软件，设定重力 (-Y 方向)，单位采用 MMKS 制。选择 “File” → “Import”，在 “FileType” 中选择 “Parasolid”；在 “File To Read” 中双击选择模型文件；在 “ModelName” 中右键点击 “Model” 并点击 “Create”，添加模型名称 “cdzzc”；单击 “OK” 完成动力学模型导入。操作界面如图 2.43、图 2.44 所示。

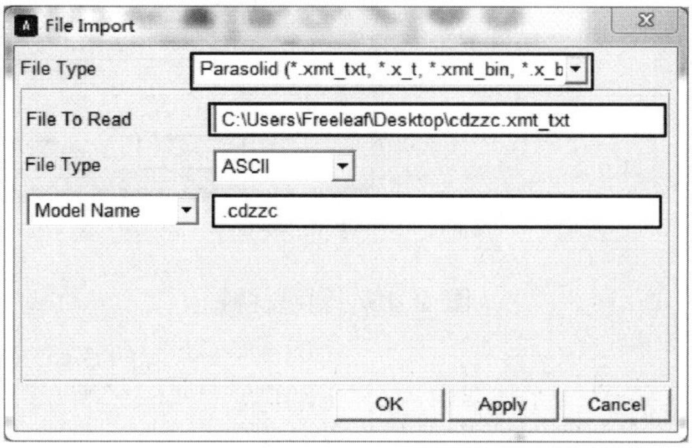

图 2.43　ADAMS 数据导入

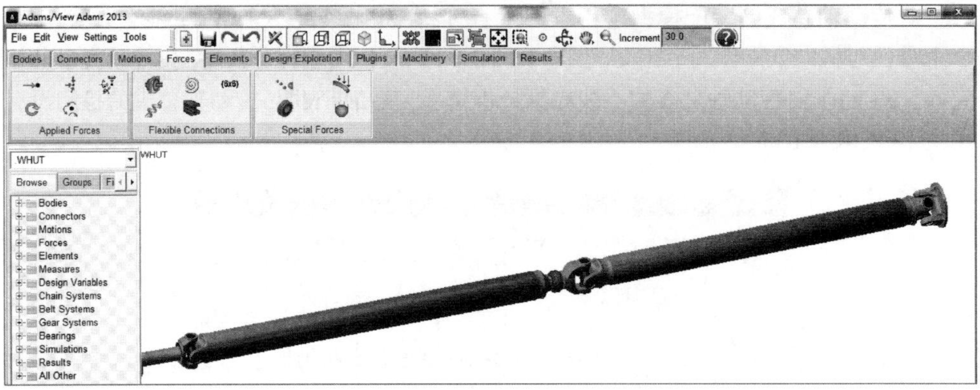

图 2.44 传动轴总成动力学模型

2. 定义材料属性

依据某跨界车传动轴图纸要求定义材料属性, 由于节叉为 40Cr, 而轴管为 SS400, 在建模时需将其作为一体 (即一个零件), 故将带有节叉的零件均定义为 40Cr, 如变速器输出轴、滑动叉、花键轴、连接叉、后轴管。而法兰叉依据图纸定义为 45 钢, 十字轴总成模型的滚针轴承处将其简化为滑动轴承, 其材料定义为 20Cr。通过 “PART” → “Modify”, 选择 “Geometry and Material Type”, 在 “Material Type” 处单击右键选择 “Material” → “Create”, 弹出 “Create Material”, 依次输入相应材料的弹性模量、泊松比及密度来创建以上各种材料, 如图 2.45 所示。在 “Material Type” 处单击右键选择 “Material” → “Browse”, 选择创建的相应材料, 点击 “OK”, 依次定义零件的材料属性, 如图 2.46 所示。

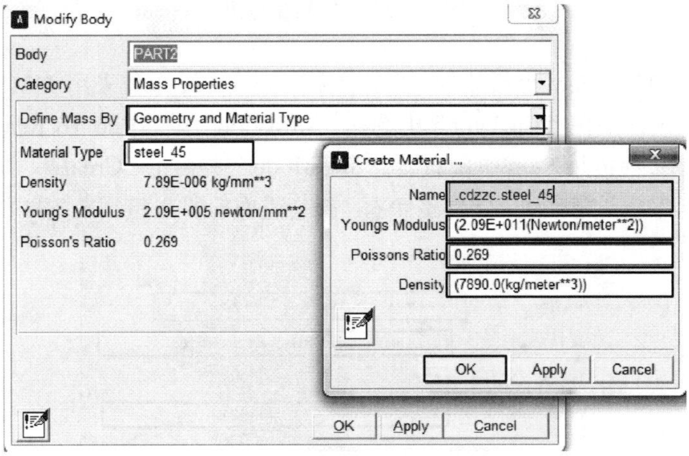

图 2.45 创建材料

3. 施加约束和载荷

一个完整的机构由构件、约束、负载、运动驱动等基本元件组成[19]。根据某跨界车传动轴总成的运动规律, 该仿真模型需要加入如下约束、运动驱动和负载。

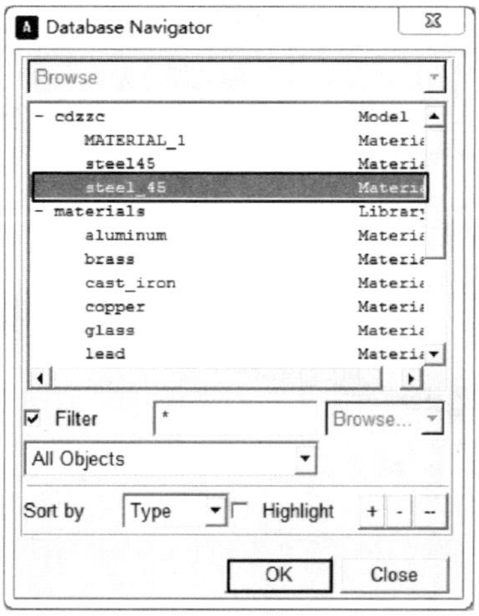

图 2.46 赋予零件材料属性

(1) 变速器输出轴驱动传动轴总成运动, 为传动轴总成模型的输入端, 故此变速器输出轴相对大地有一旋转副。变速器输出轴和滑动叉采用花键连接, 则滑动叉和变速器输出轴间加接触副传递运动和扭矩, 且滑动叉在实际运行中有轴向的窜动, 则滑动叉相对于变速器输出轴应添加滑移副。法兰叉为传动轴总成模型的输出端, 则法兰叉和大地间有一旋转副。旋转副添加过程如图 2.47 所示, 此处要注意第一个 “Body” 和第二个 “Body” 的选择顺序, 其余类同。

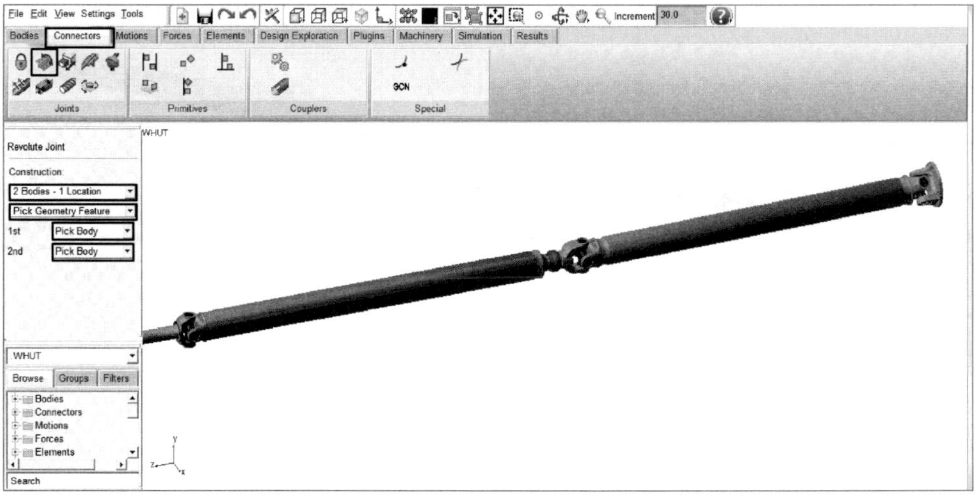

图 2.47 添加转动副

(2) 动力学模型中有 3 处十字轴万向节, 可在每个十字轴万向节处用两个旋转副替代万向传动。滑动叉、连接叉与花键轴、后轴管分别用固定副连接。固定副添加过程如图 2.48 所示, 其余固定副类同。

(3) 中间支承处的滚动轴承由滑动轴承替代, 中间花键轴和连接叉以及中间花键轴和滑动轴承内圈之间分别用一个固定副连接, 轴承内圈和轴承外圈间有一旋转副。中间

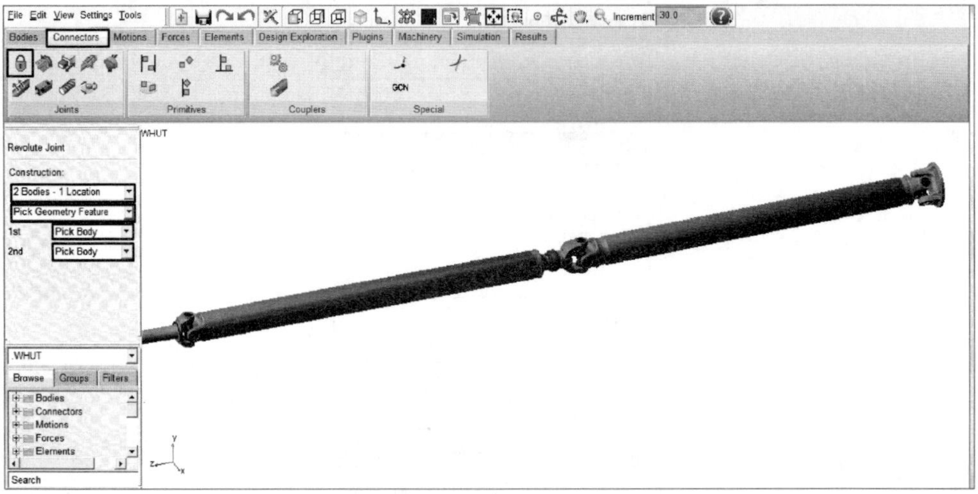

图 2.48　添加固定副

支承用一个垂直方向和一个水平方向的两个弹簧来替代。弹簧约束添加过程如图 2.49 所示, 中间支承简化为弹簧后如图 2.50 所示。

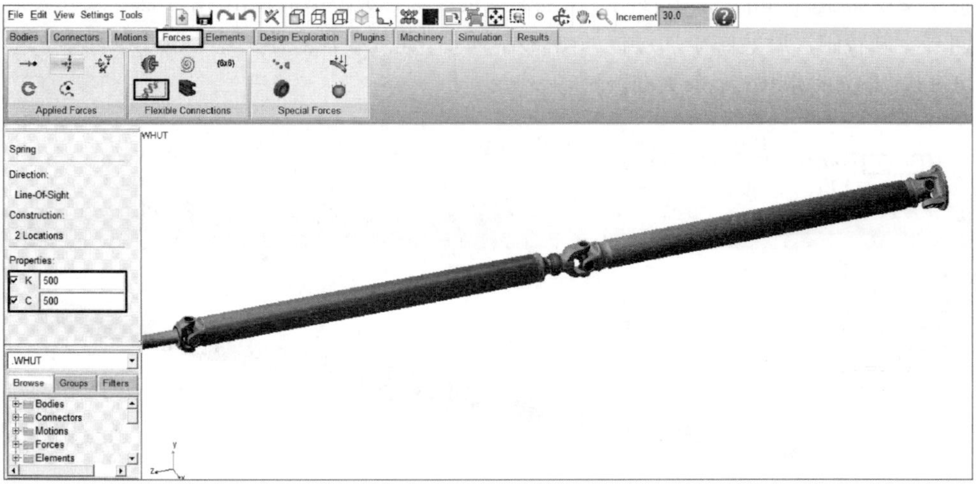

图 2.49　添加弹簧约束

图 2.50　中间支承简化为两个弹簧 (参见书后彩图)

(4) 变速器输出轴处的旋转副应添加一个驱动, 模拟发动机的运转情况。某跨界车的发动机在稳定运转下速度会有不均匀系数, 其不均匀系数设为 0.05。发动机在 2 000 r/min 下经变速后传递到传动轴为 530 r/min, 实际测试时微有波动。为计算方便, 转速驱动设置为: “3600d+90d×sin(24000d×time)”, 如图 2.51 所示。

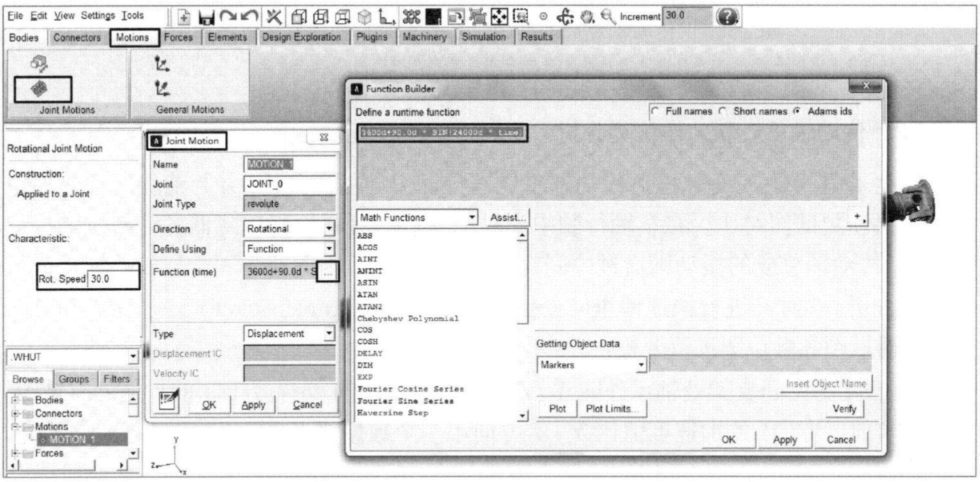

图 2.51 添加变速器输入轴旋转驱动

(5) 法兰叉作为输出端, 与大地间的旋转副应施加一个恒定的单向力矩, 以模拟实验中法兰叉所受的负载。由实验方法可知, 后轮离开地面, 其受负载小, 且很稳定, 则力矩设为 20 000 N·mm, 如图 2.52 所示。

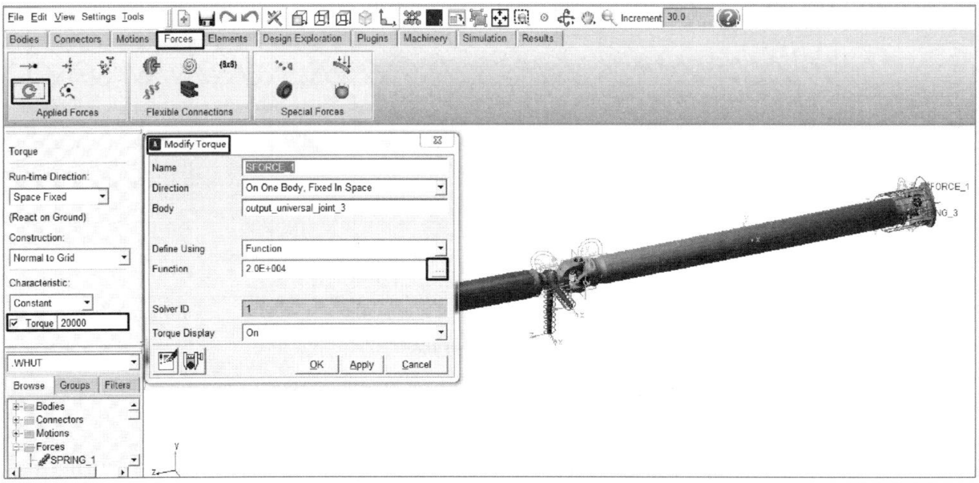

图 2.52 添加法兰叉的负载力矩

建立好的传动轴总成动力学仿真模型如图 2.53 所示，添加完这些约束和驱动后，就可对传动轴总成进行动力学仿真分析。

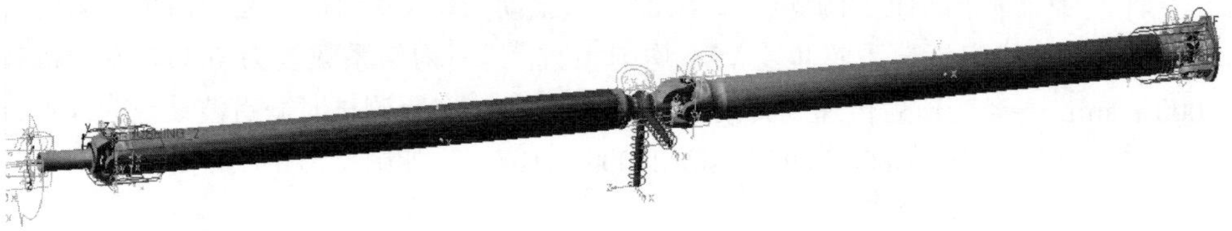

图 2.53 传动轴总成的动力学仿真模型 (参见书后彩图)

2.2.4.3 传动轴总成动力学仿真分析

在此采用 ADAMS 软件对传动轴总成进行动力学仿真分析, 并与前面所述的理论分析和振动测试作对比。在车辆行驶中为提高人们的舒适性则应降低各个部位的振动和噪声, 传动轴总成的振动则通过中间支架传递给车厢, 因此对中间支架处的轴承进行加速度分析, 并对其进行快速傅里叶变换 (fast Fourier transform, FFT) 变换, 并对加速度的时域图和频域图进行分析。

图 2.54 为中间支架处轴承外圈 Y/Z 方向 (垂直方向/左右方向) 的加速度时域图。X 方向 (前后方向) 的加速度值比 Y/Z 方向小一个数量级, 对传动轴总成振动影响小, 故不作研究。起始转速和起始加速度不为零且 Y 方向受重力作用, 仿真时启动阶段会有一个较大的冲击, 故 Y 方向的加速度在起始阶段有一个较大的冲击, 由于阻尼的作用其加速度值逐渐减小并呈现周期性变化, 稳定后的峰值为 756.065 8 $\mathrm{mm/s^2}$。而 Z 方向在起始时不受力, 故没有较大波动, 其加速度值亦呈现周期性变化 715.855 2 $\mathrm{mm/s^2}$。

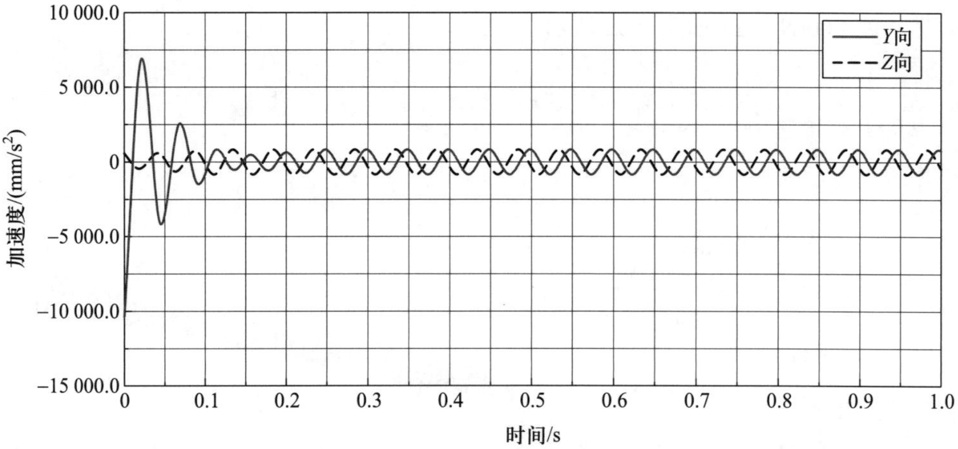

图 2.54 轴承外圈 Y/Z 方向加速度时域图

对加速度时域图进行 FFT 变换得到加速度的频域图, 即 Y/Z 方向的加速度值随频率 f 的变化曲线图, 如图 2.55 和图 2.56 所示。由图可知, Y 方向加速度出现峰值时的频率为 20.856 4 Hz, 最大峰值为 756.065 8 $\mathrm{mm/s^2}$。Z 方向的加速度出现峰值时的频率为 19.863 3 Hz, 最大峰值为 715.855 2 $\mathrm{mm/s^2}$。Y/Z 方向的频率均约为旋转频率的 2 倍, 该频率主要是由传动轴夹角所造成且是不可避免的。

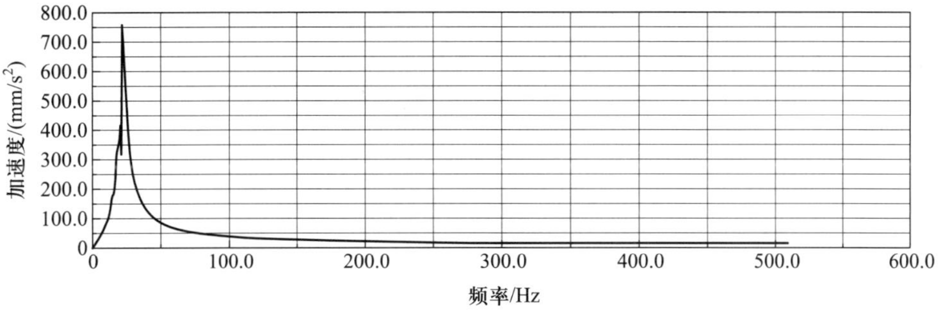

图 2.55 轴承外圈 Y 方向加速度频域图

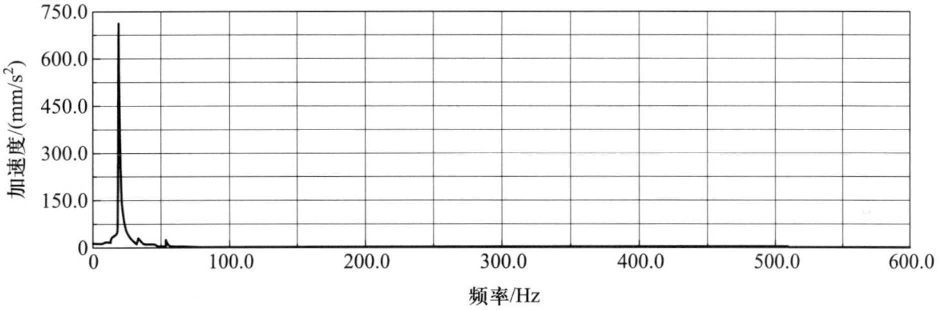

图 2.56 轴承外圈 Z 方向加速度频域图

2.2.5 传动轴中间支承刚度的优化设计

由前一节对某跨界车传动轴的分析可知, 中间支承处的刚度阻尼影响传动轴总成的振动大小, 故本节依据优化设计理论, 在刚度阻尼参数的变化范围内, 求解使传动轴总成振动最小的刚度阻尼参数。

2.2.5.1 传动轴中间支承刚度的优化设计

为了得到最优性能的设计方案, 可将问题转化为求式 (2.17) 数学模型的最优解。

基于 ADAMS 的优化设计是将影响传动轴中间支承刚度的所有变量 $x_1, x_2, \cdots, x_n$ 作为设计变量, 而设计目标 Y 与 $x_1, x_2, \cdots, x_n$ 构成函数关系 $Y = H(x_1, x_2, \cdots, x_n)$, 同时设计变量需要满足一定的约束方程 $f_j\ (x_1, x_2, \cdots, x_n) < 0\ (j = 1, 2, \cdots, m)$, 优化的过程就是设计变量在满足约束方程和取值范围内使目标设计达到最优、最小或最大[20], 即

$$
\begin{aligned}
&\text{Min(Max)}Y = H(x_1, x_2, \cdots, x_n)\\
&\text{s.t.} \begin{cases} f_1(x_1, x_2, \cdots, x_n) \leqslant 0 \\ f_2(x_1, x_2, \cdots, x_n) \leqslant 0 \\ \vdots \\ f_m(x_1, x_2, \cdots, x_n) \leqslant 0 \end{cases}, a_1 \leqslant x_1 \leqslant b_1, a_2 \leqslant x_2 \leqslant b_2, \cdots, a_n \leqslant x_n \leqslant b_n
\end{aligned} \tag{2.17}
$$

针对某跨界车传动轴总成的虚拟样机模型, 在此分别对设计变量、设计目标、约束函数做如下设置。

(1) 设计变量。以传动轴总成中间支承处弹簧的刚度为设计变量, 在一定刚度范围内分析传动轴总成的振动情况。刚度过小, 则弹簧无法支撑起传动轴, 仿真失效; 刚度过大, 则使传动轴的自振频率变大, 不利于提高隔振效果以及增加共振的可能性。故将其刚度约束在 100~1 500 N/mm, 如图 2.57 所示。

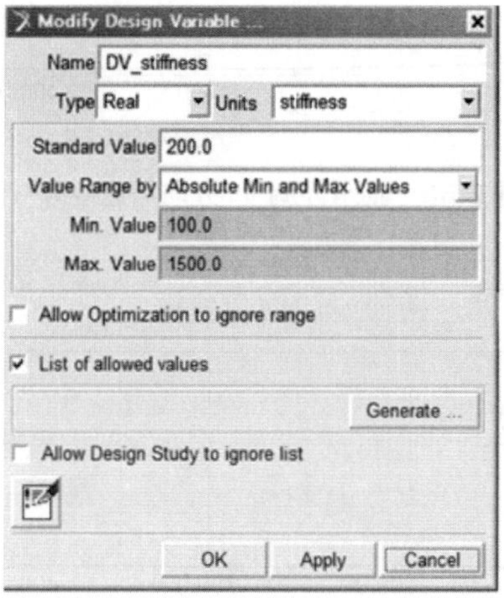

图 2.57 设计变量–刚度约束范围

(2) 目标函数。传动轴总成的振动从中间支承处传递给车厢, 并影响整车运行的舒适性, 故以中间支承处轴承外圈 Y 方向的加速度值为目标函数, 其设置如图 2.58 所示。

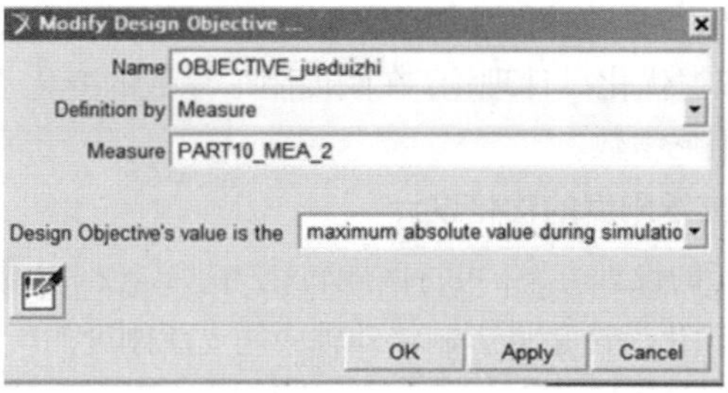

图 2.58 设计目标

(3) 约束函数。约束函数是保证仿真模型接近真实运行情况, 在建模中依据实际的运动情况进行约束、负载、驱动、弹簧的添加, 以保证和实际的运行情况一致。其中, 驱动函数为 3600d+90d×sin(24000d×time), 查阅文献显示, 中间支承橡胶圈为阻尼黏弹材料, 其阻尼值一般为 0.1~10, 据传动轴支承阻尼优化研究发现, 传动轴总成的振动随着阻尼的增大而减少, 但从传动轴的隔振设计出发, 阻尼值的增加会影响隔振效果, 因此阻尼值的选择不应过大, 故此处弹簧阻尼设为 0.2。

则优化仿真中目标函数是以刚度为变量的函数, 故目标函数为一组曲线, 反映刚度对目标函数振动的影响, 如图 2.59, 其中曲线中对应值如表 2.2 所示。

图 2.59 中, 横坐标为刚度, 纵坐标为轴承外圈的加速度值。由图 2.59 可知: 不同刚度对传动轴总成振动有明显的影响。刚度值较小时, 传动轴总成振动比较大; 刚度值

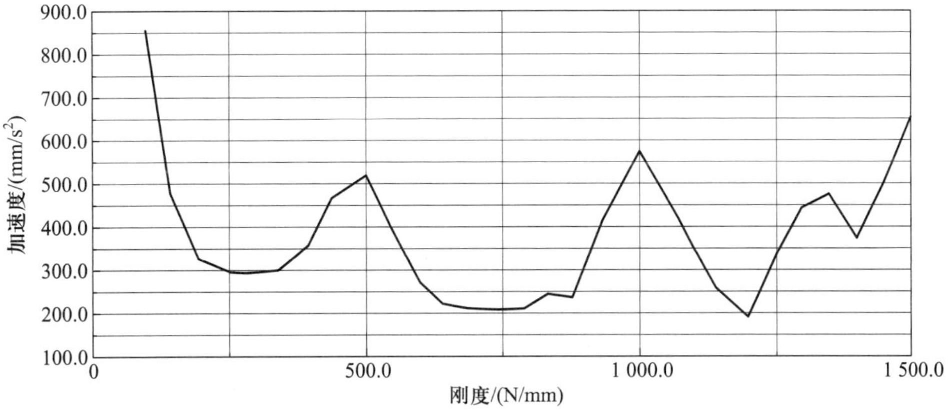

图 2.59 刚度参数优化曲线

较大时, 传动轴总成振动也比较大; 当刚度为 750 N/mm 左右和 1 200 N/mm 时, 传动轴总成振动较小。合理设计中间支承的刚度可改善传动轴总成的振动。

表 2.2 仿真数据表

刚度/(N/mm)	100	150	200	250	300	350
幅值/(mm/s^2)	900.836 3	470.176 3	341.185 9	295.197 6	285.664 7	299.695 7
刚度/(N/mm)	400	450	500	550	600	650
幅值/(mm/s^2)	359.152 1	473.002 4	520.170 5	356.799 9	262.339	223.949 7
刚度/(N/mm)	700	750	800	850	900	950
幅值/(mm/s^2)	211.807 3	210.580 1	218.060 3	243.255 6	299.344	423.123 2
刚度/(N/mm)	1 000	1 050	1 100	1 150	1 200	1 250
幅值/(mm/s^2)	576.861 1	464.624 1	345.954 1	269.944 9	167.618 9	345.469 6
刚度/(N/mm)	1 300	1 350	1 400	1 450	1 500	
幅值/(mm/s^2)	442.556 1	467.680 7	371.909 1	470.027 3	651.916 8	

2.2.5.2 不同转速下对传动轴总成振动的影响

在上述仿真中, 只考虑了输入轴在 2 000 r/min 下, 中间支承刚度对传动轴总成振动的影响, 下面分析不同转速下中间支承刚度对传动轴总成振动的影响。在此, 其转速设置为 1 200 r/min、1 800 r/min、2 400 r/min, 驱动函数分别为 7200d+180d×sin(24000d×time)、10800d+270d×sin(24000d×time)、14400d+360d×sin(24000d×time)。

1. 1 200 r/min 时的优化曲线

驱动函数为 7200d+180d×sin(24000d×time) 时, 其设计变量、目标函数、约束函数均参照前文设置, 其中 Y、Y–RMS、Z、Z–RMS、MAG、MAG–RMS 分别为轴承外圈 Y 方向的加速度值、Y 方向加速度的均方根值、轴承外圈 Z 方向的加速度值、

Z 方向加速度的均方根值、轴承外圈的加速度值以及均方根值。X 方向的加速度值不足 Y、Z 方向加速度值的 1/10, 故不予考虑。均方根值可反映振动强度。

图 2.60 中, 横坐标为刚度值, 纵坐标为不同方向的目标值, 则不同刚度值影响传动轴总成的振动。图 2.60 中各个方向的变化趋势基本一致, 从上至下依次为 MAG、Z 方向、Y 方向、MAG–RMS、Z–RMS 和 Y–RMS。各个方向的目标值大于该方向的均方根值, 且各个方向目标值以及均方根值的变化趋势基本一致。MAG 的加速度值大于 Z 方向的加速度, Z 方向的加速度值大于 Y 方向的加速度值。Y 方向的加速度值及均方根值在刚度值为 100~350 N/mm 时有增大的趋势, 并在 350 N/mm 时取得最大值。在刚度值为 350~1 200 N/mm 时逐渐减小。Z 方向的加速度值及均方根值在刚度值为 100~350 N/mm、650~1 000 N/mm 时有增大的趋势, 在刚度值为 350~650 N/mm、1 000~1 200 N/mm 时逐渐减小。MAG 及 MAG–RMS 的变化规律和 Z 方向的变化规律一致。由上述分析可知, 刚度值为 600~750 N/mm 时其加速值较小。在传动轴转速为 1 200 r/min 时, 传动轴总成中间支承的刚度为 600~750 N/mm 较为合理。

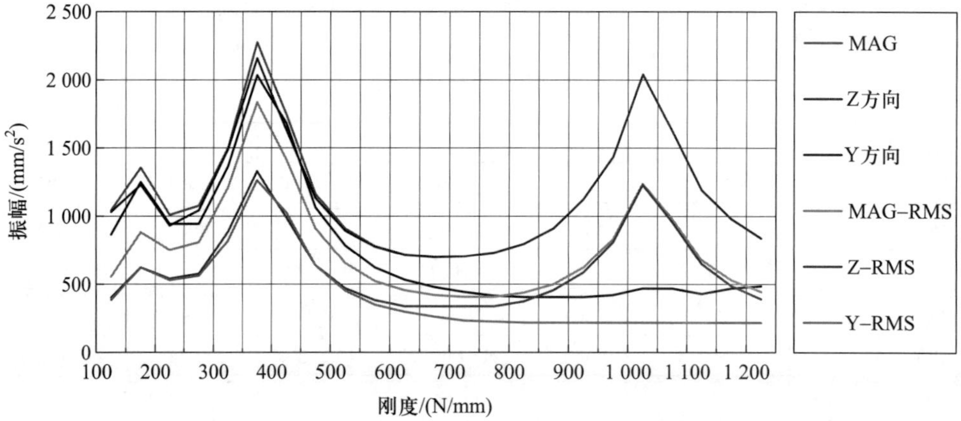

图 2.60 刚度参数优化曲线 (参见书后彩图)

2. 1 800 r/min 时的优化曲线

驱动函数为 10800d+270d×sin(24000d×time) 时, 其设计变量、目标函数、约束函数均参照前文设置, 其中 Y、Y–RMS、Z、Z–RMS、MAG、MAG–RMS 分别为轴承外圈 Y 方向的加速度值、Y 方向加速度的均方根值、轴承外圈 Z 方向的加速度值、Z 方向加速度的均方根值、轴承外圈的加速度值以及均方根值。X 方向的加速度值不足 Y、Z 方向加速度值的 1/10, 故不予考虑。均方根值可反映振动强度。

图 2.61 中, 横坐标为刚度值, 纵坐标为不同方向的目标值, 则不同刚度值影响传动轴总成的振动。图 2.61 中各个方向的变化趋势基本一致, 从上至下依次为 MAG、Z 方向、Y 方向、MAG–RMS、Z–RMS 和 Y–RMS。各个方向的目标值大于该方向的均方根值, 且各个方向目标值及均方根值的变化趋势一致。MAG 的加速度值大于 Z 方向的加速度, Z 方向的加速度值大于 Y 方向的加速度值。在刚度值为 100~850 N/mm 时有增大的趋势, 并在 850 N/mm 时取得最大值。在刚度值为 850~1 200 N/mm 时逐渐减小。由上述分析可知, 刚度值为 100~500 N/mm 时其加速度值较小。在传动轴转

速为 1 800 r/min 时, 传动轴总成中间支承的刚度为 100~500 N/mm 较为合理。

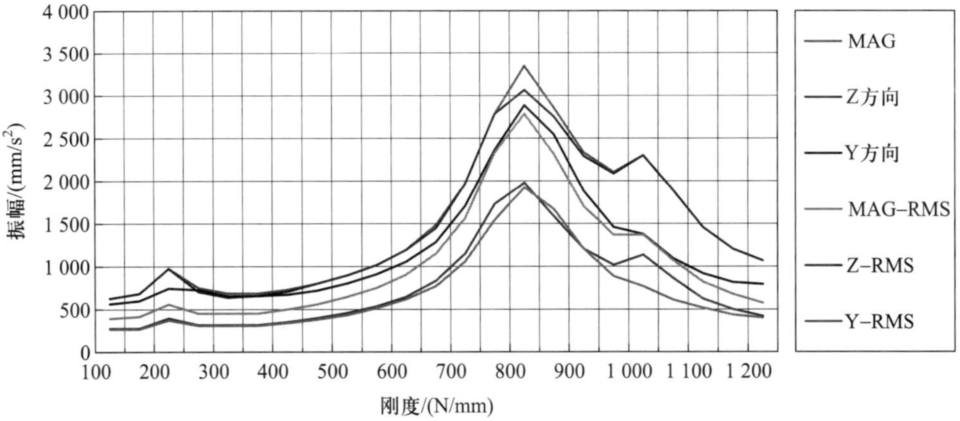

图 2.61 刚度参数优化曲线 (参见书后彩图)

3. 2 400 r/min 时的优化曲线

驱动函数为 14400d+360d×sin(24000d×time) 时, 其设计变量、目标函数、约束函数均参照前文设置。图 2.62 中, 横坐标为刚度值, 纵坐标为不同方向的目标值。由图 2.62 可知, 各个方向的变化趋势基本一致, 从上至下依次为 MAG、Z 方向、Y 方向、MAG–RMS、Z–RMS 和 Y–RMS。各个方向的目标值大于该方向的均方根值, 且各个方向目标值及均方根值的变化趋势一致。MAG 的加速度值大于 Z 方向的加速度, Z 方向的加速度值大于 Y 方向的加速度值。刚度值为 100~350 N/mm 时逐渐增大, 刚度值为 350~650 N/mm 时逐渐减小, 刚度值为 650~1 200 N/mm 时逐渐增大。由上述分析可知, 刚度值为 550~700 N/mm 时其加速度值较小。因此在传动轴转速为 2 400 r/min 时, 传动轴总成中间支承的刚度为 550~700 N/mm 较为合理。

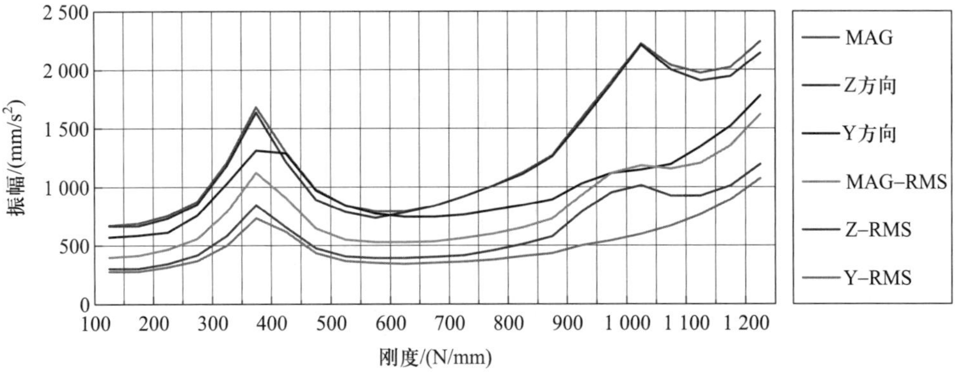

图 2.62 刚度参数优化曲线 (参见书后彩图)

4. 结论

在各个转速下, 优化设计的目标值并不在同一刚度区间内, 故需将各个转速下的优化曲线拟合在一起。由前述分析可知, MAG 的加速度值与 Y、Z 方向的加速度值变化规律一致, 可以很好地反映其振动情况, 故将各个转速下的 MAG 值作为目标值拟合在一起, 如图 2.63 所示。图 2.63 中横坐标为刚度值, 纵坐标为不同方向的目标值。

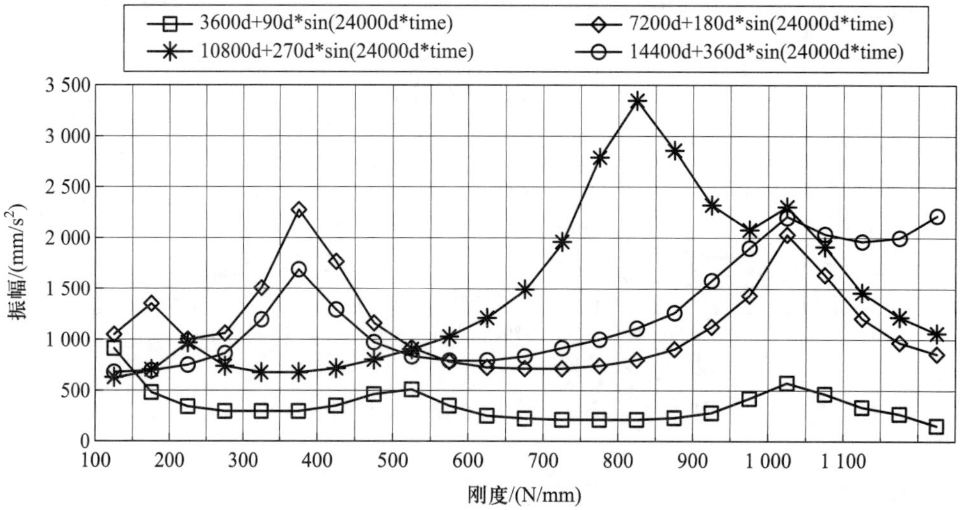

图 2.63 不同转速下的刚度参数优化设计

由图 2.63 可知, 随着转速的增加其振动有增大的趋势, 刚度在 450~600 N/mm 时, 各个转速下的目标值均比较小, 而在其他刚度下均不能保证各个转速下目标值均较小。在各个转速下, 传动轴总成中间支承的刚度设计为 450~600 N/mm 时较为合理。

2.3 传动轴轴管柔性化处理及自由模态、约束模态的提取

2.3.1 传动轴结构组成与仿真问题描述

十字万向传动轴是汽车连接变速器输出端与后桥输入端的关键总成部件[21]。按轴管段数一般分为两段式和三段式。图 2.64 所示为两段式传动轴总成装配图。

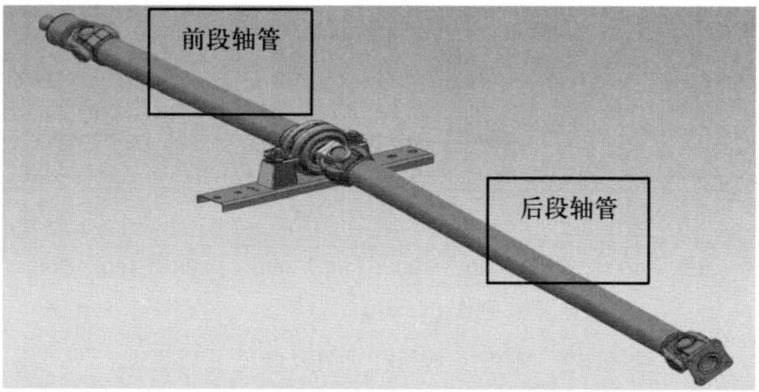

图 2.64 两段式十字节万向传动轴总成

传动轴由低碳钢钢管制成, 厚度较薄、刚度较小。前后轴管通过焊接的方式与刚度比较大的万向节叉相连, 在传动轴总成的实际工作过程中, 轴管会产生明显的变形, 会

影响到传动轴系统的运动学、动力学特性, 考虑到对分析结果的精度要求, 而在默认的情况下, ADAMS 软件会将导入的各个零件视为绝对刚体, 因此必须将轴管处理成实际的可以变形的柔性体[22]。

在 ADAMS 软件中有 3 种方法可以建立柔性体[23]。

(1) 方法 1: 在需要进行柔性化的部件与其他部件连接处创建质心点, 然后将部件离散成若干段刚性构件, 各段之间通过柔性力连接。

(2) 方法 2: 通过 ADAMS/View 模块下的 AutoFlex 模块直接生成柔性体。

(3) 方法 3: 通过有限元软件 (Nastran/ABAQUS/ANSYS 等) 对需柔性化的部件划分网格并建立哑物体 (连接点), 进行模态计算, 将部件转化为柔性体部件, 随后读取至 ADAMS 软件。

在上述方法中, 方法 1 将部件离散为若干段刚性构件, 各段间通过柔性梁连接, 其实际为刚性构件的柔性连接, 不属于真正的柔性体; 方法 2 对应的 AutoFlex 模块功能有限, 稍微复杂的几何体往往难以生成有限元模型, 进而影响计算精度; 方法 3 基于模态理论, 构件产生的变形可看作由构件的模态通过线性叠加得到, 可有效模拟结构在变形过程中的内应力和内应变。故某跨界车传动轴轴管采用方法 3 进行柔性化处理。

解决问题的思路为: 将传动轴轴管 UG 几何模型导入 ANSYS 软件后, 定义 SOLID186 和 MASS21 两种单元类型, 前者用于对轴管进行网格划分, 后者用于在轴管两端面中心处创建哑物体。创建哑物体的原因在于轴管与其他零件的约束的限制条件, 以中间传动轴为例, 轴管两端与输入万向节从动叉及焊接花键轴之间的约束不能直接施加于柔性化后的轴管上, 解决问题的方法是在两端端部中心创建两个质量和惯性矩很小的哑物体, 方便约束条件添加的同时, 避免哑物体对系统产生较大的影响。最后, 建立哑物体与各自端面节点之间的刚性连接区域, 生成模态中性文件 (Modal Neutral File, MNF)。

模态中性文件包含的信息主要有柔性体的几何参数, 包括各节点的位置坐标与连通性、节点的质量与转动惯量、各阶模态、模态广义质量和广义刚度等信息[24]。在此首先拟提取前后轴管的前 20 阶模态值及振型图, 对它们进行比较分析, 为后续分析作准备。

前期准备工作包括:

(1) 建立前后端轴管的三维 CAD 模型, 并转化为 ANSYS 软件可以识别的文件格式;

(2) 明确轴管零件材料的单位属性, 确定单元类型和实常数;

(3) 明确零件在传动轴总成中与其他零件的约束关系, 为后续刚性区域的建立做准备。

另外, 传动轴在实际运转中, 是需要传递扭矩的, 轴管两端要受到约束, 因此为了使分析接近真实的工况, 在模态分析时不采用自由模态分析, 而是在轴管两端 X、Y 方向上添加位移约束, 在 Y 方向上添加位移与旋转约束。通过在 Workbench 完成轴管约束模态分析, 得到其一阶固有频率和振型图, 根据转子系统的一阶临界转速与一阶固有频

率的关系式, 临界转速为

$$n_1 = 60f_1 \tag{2.18}$$

式中, n_1 为一阶临界转速, r/min; f_1 为一阶固有频率, Hz。对于两端万向节的传动轴, 临界转速 n_k 可利用经验公式求得[25]

$$n_k = \frac{1.2 \times 10^8 \sqrt{D^2 + d^2}}{L^2} \tag{2.19}$$

式中, n_k 为理论临界转速, r/min; D 为轴管外径, mm; d 为轴管内径, mm; L 为轴管长度, mm。

通过比较 n_k 和 n_1 的计算结果, 验证仿真计算的正确性。传动轴的参数如表 2.3 所示。

表 2.3 传动轴轴管的参数

分析条件	材料属性	内外径	长度/mm
前段轴管	材料: 低碳钢; 弹性模量: 2.06×10^{11} Pa 泊松比: 0.3; 密度: 7 850 kg/m^3	内半径: 29.95 mm 外半径: 31.75 mm	508
后段轴管			879

2.3.2 建立轴管有限元模型

分析在 Mechanical APDL (ANSYS) 14.0 软件中完成, 需要在 UG 中预先建立前后轴管的三维模型, 分别如图 2.65 和图 2.66 所示。然后, 将三维模型文件转换成 ANSYS 软件能读入的文件格式, 这里分别导出得到 Parasolid 文本文件 (qianduanzhouguan_x_t、houduanzhouguan_x_t), 为在 ANSYS 中建立有限元模型做准备。

图 2.65 前段轴管三维模型

下面以前段轴管为例[26], 进行整体分析操作过程的详细介绍。

(1) 首先启动 Mechanical APDL (ANSYS) 软件, 通过 "File" → "Change Jobname", 打开 "Change Jobname" 对话框, 键入 "qianduanzhouguan" 的工作名。

(2) 导入三维模型, 显示成实体模式, 即 "File" → "mport" → "Parasolid", 打开 "ANSYS Connection for Parasolid" 对话框, 选择文件名为 "qianduanzhouguan" 的 x_t 文件进行导入, 如图 2.67 所示。导入的三维模型默认为线框模型 (如图 2.68 所示),

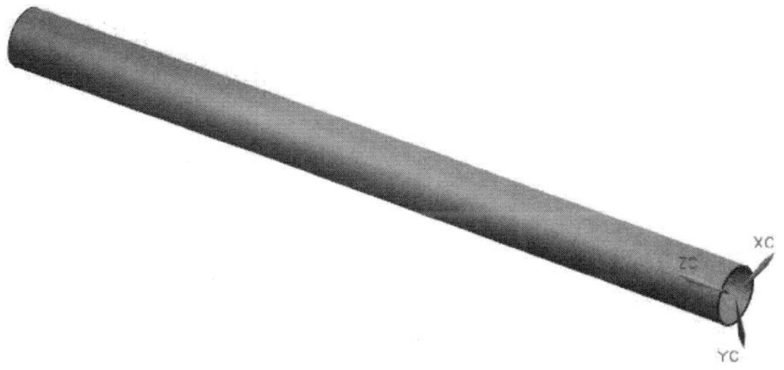

图 2.66　后段轴管三维模型

需将其转换为正常的显示模 (如图 2.69 所示), 具体操作为: “PlotCtrls” → “Style” → “Solid” → “Model” → “Facets”, 打开 “Solid Model Facets” 对话框, 下拉选择 “Normal Faceting”, 点击 “OK” 即可。

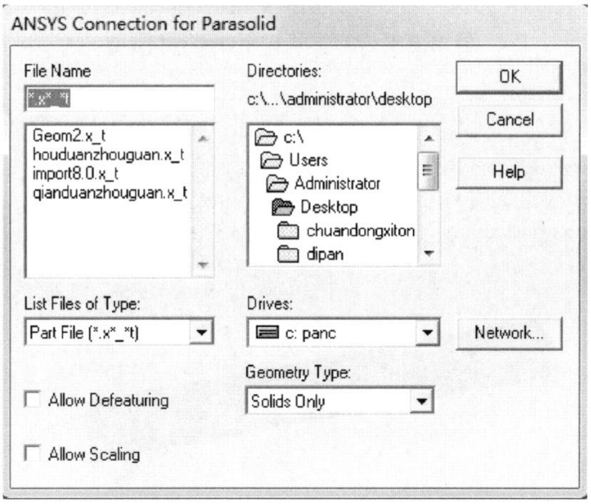

图 2.67　三维模型导入对话框

(3) 设置优选项, 选择案例分析中使用到的有限元方法, 过滤掉不需要的选项, 简化后续的操作选择。本仿真案例中用到的是 “structual (结构的)”, 依次选择 “ANSYS Main menu” → “Preferences” → “Structual”, 点击 “OK” 即可。

(4) 添加单元类型, 这里添加 Solid 186 和 3D Mass 21 两种单元类型备用, 其中 Solid 186 单元为 12 节点六面体非线性单元, 可以较好地模拟轴管的薄壁结构, 而 Mass 21 单元可以用于在轴管两端中心点处建立与 ADAMS 运动副相连的连接点。具体操作为: “ANSYS Main menu” → “Preprocessor” → “Element Type” → “Add/Edit/Delect” → “Add”, 打开 “Library of Element Types” 对话框, 依次下拉菜单选择 “3D Mass 21” 和 “Solid 186” 两种单元类型即可, 如图 2.70 所示。

(5) 设置材料属性, 需要注意的是, ANSYS 软件中采用的是国际单位制 [SI(MKS)], 导入的模型尺寸单位会自动转换, 对应的材料属性单位如下: 弹性模量为 Pa, 密度为 kg/m^3 等。具体操作为: “ANSYS Main menu” → “Preprocessor” → “Material Props” → “Material Models”, 打开 “Define Material Model Behavior” 对话框, 依次选

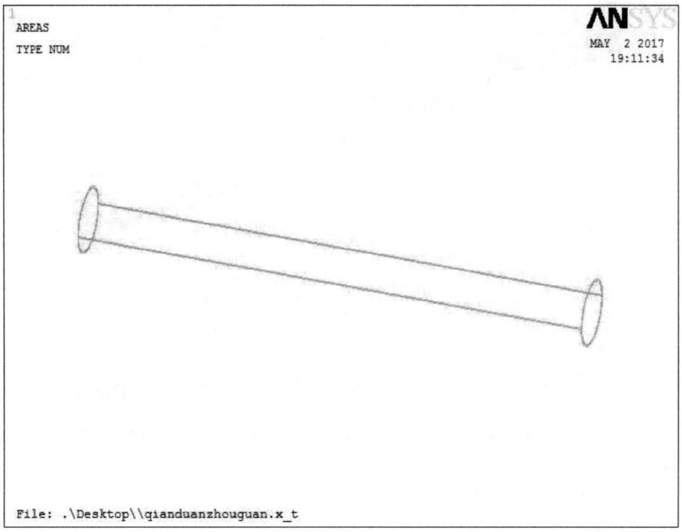

图 2.68　线框模式下的轴管模型

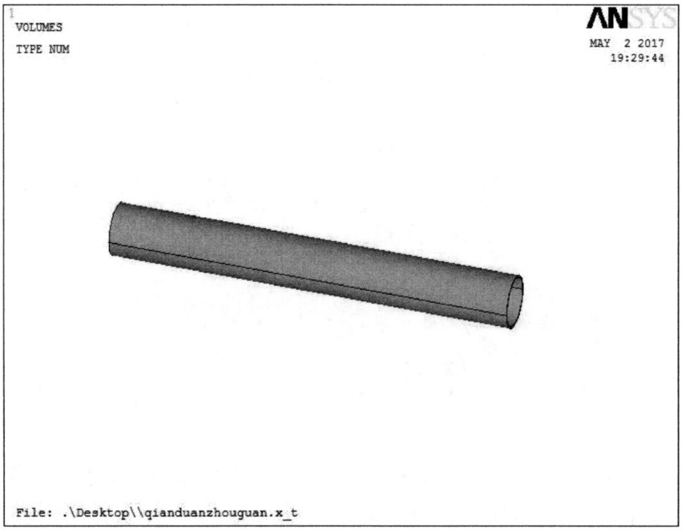

图 2.69　正常面显示下的轴管模型

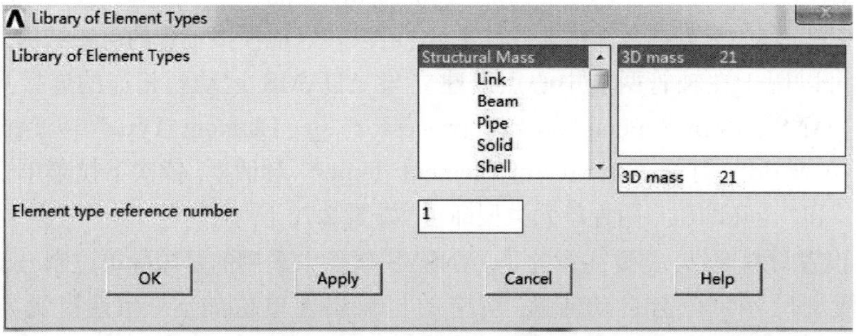

图 2.70　单元类型的添加

择 “Structural” → “Linear” → “Elastic” → “Isostropic”, 打开 “Linear Isostropic Properties for Material Number 1” 对话框, 同样地, 依次选择 “Structural” → “Density”, 打开 “Density for Material Number 1”, 完成如图 2.71 所示的材料属性参数值的输入。输入完成后通过 “Material” → “Exit”, 退出 “Define Material Model Behavior” 对话框即可。

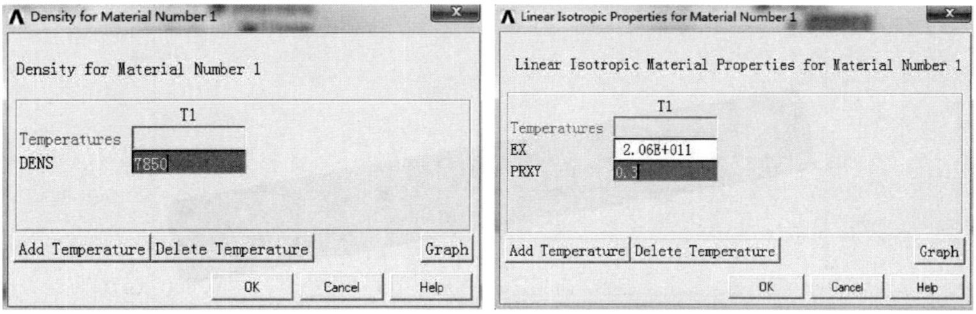

图 2.71 材料属性输入对话框

(6) 轴管网格模型的划分。在此采用六面体网格扫掠的方式完成三维体网格的划分。GUI 操作为: “ANSYS Main Menu” → “Preprocessor” → “Meshing” → “Mesh Tool”, 打开 “MeshTool” 对话框, 如图 2.72 所示, 使用智能网格选项, 选中 “Smart Sizing” 复选框, 将网格精度级别设置为 “6”, 确认网格划分对象为 “Volumes (体)”,

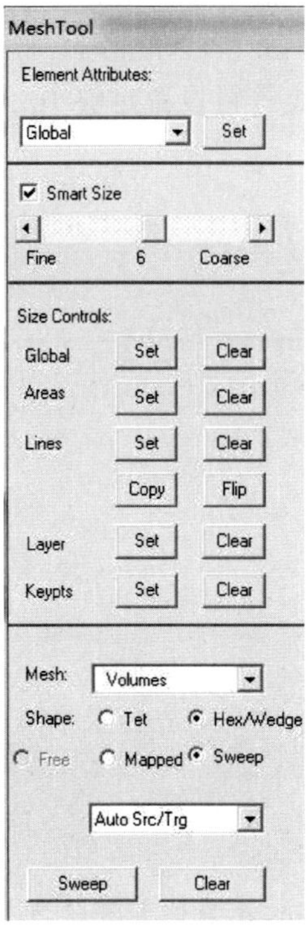

图 2.72 网格工具栏对话框

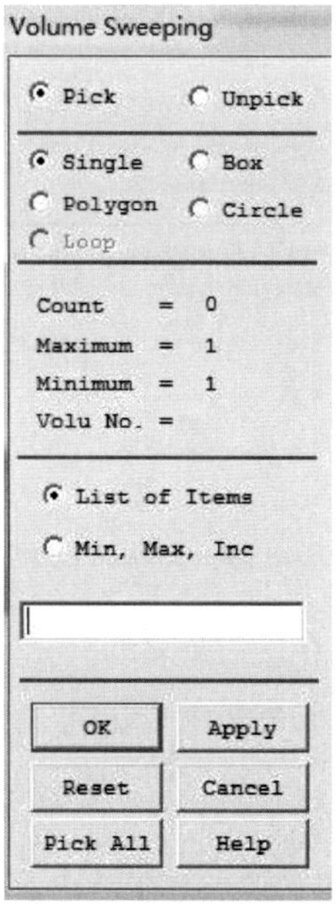

图 2.73 体扫掠拾取对话框

网格类型为 “Hex/Wedge (四面体)”, 自由划分方式为 “Sweep”。单击网格工具中的 “Sweep” 按钮, 弹出拾取对话框, 如图 2.73 所示, 单击拾取对话框中的 “Pick All” 按钮, 完成网格划分并关闭拾取对话框。划分后的网格模型如图 2.74 所示。

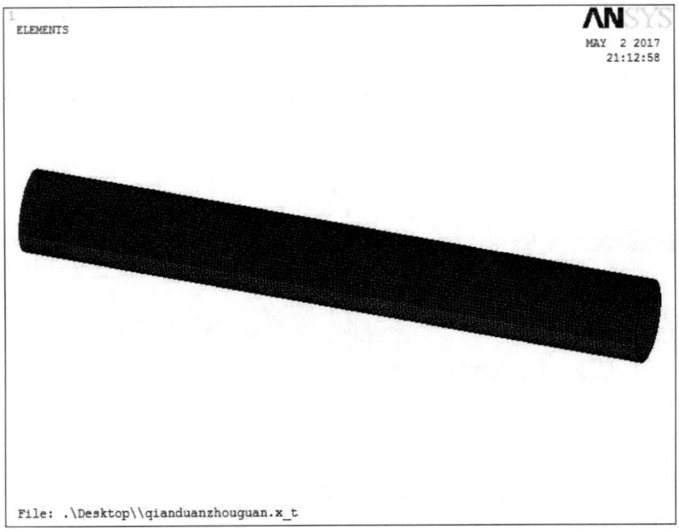

图 2.74 轴管网格模型

(7) 定义用于后续创建的关键点网格划分需要的实参数。具体操作为: “ANSYS Main Menu” → “Preprocessor” → “Real Constants” → “Add/Edit/Delete” → “Add” →“Type 2 MASS21” → “OK”, 打开 “Real constant Set Number1, For MASS21” 对话框, 这里实常数的编号设置为 “3”, 质量和惯性矩等量设置足够小, 设置完单击 “OK” 即可, 如图 2.75 所示。

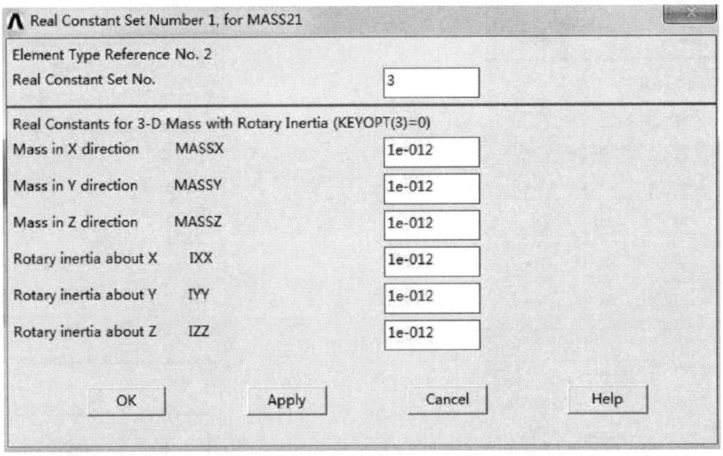

图 2.75 实常数设置对话框

(8) 创建关键点。在两端面已有关键点间填充关键点, 来完成关键点的创建, 因此需要将模型显示为关键点模式, 具体操作为: “Plot” → “Keypoints” → “Keypoints”。创建关键点的具体操作步骤为: “ANSYS Main Menu” → “Preprocessor” → “Modeling” → “Create” → “Keypoints” → “Fill Between KPS”, 弹出 “Fill Between KPs” 对话框, 拾取轴管一端现有的对应轴管内径的两个关键点, 弹出 “Create KP by Filling between KPs” 对话框, 如图 2.76 所示, 这里填充的只有两点之间的中点, 故填充数目填 1, 填入一个未被占有的关键点编号, 这里填 1000, 点击 “Apply” 即完成该关键点的创建。同理, 可以创建轴管另一端编号设为 1001 的中心关键, 创建好的关键点如图 2.77 所示。

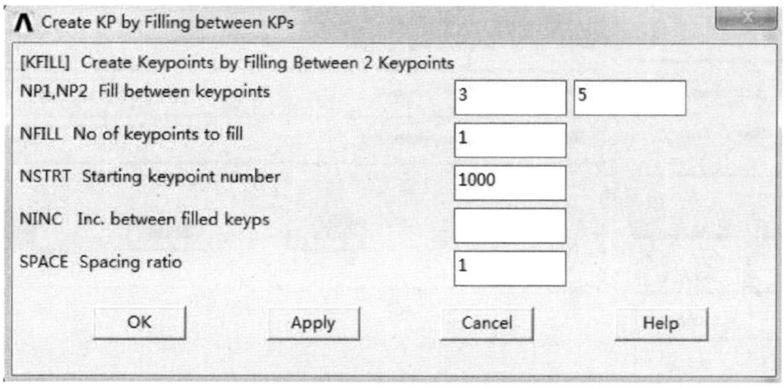

图 2.76 两点间填充创建关键点对话框

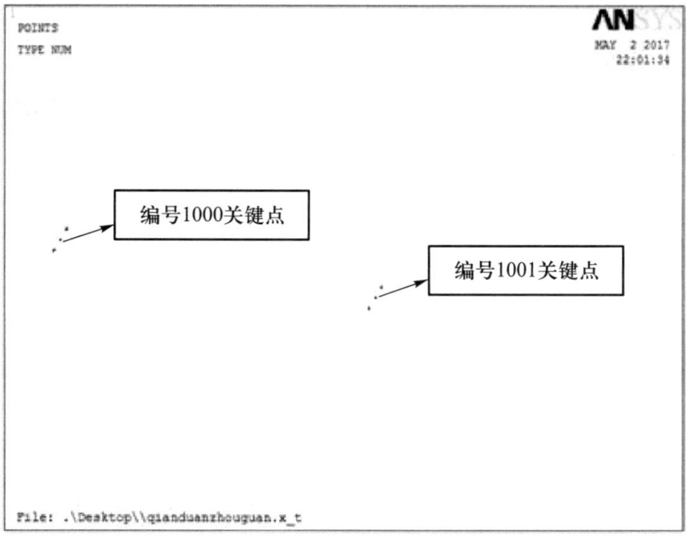

图 2.77 创建完成的关键点

(9) 对关键点 1000 和关键点 1001 材料属性进行分配。单元类型为 MASS21, 选择已经定义好的实常数, 具体操作步骤为: “ANSYS Main Menu” → “Preprocessor” → “Meshing” → “Mesh Attributes” → “Picked KPs”, 弹出 “Keypoint Attributes” 对话框, 键入 1000 编号, 弹出 “Keypoint Attribute” 对话框, 注意选择单元类型为 MASS21, 点击 “OK” 即可完成关键点材料属性的分配, 如图 2.78 所示。对于 1001 编号的关键节点重复上述操作即可。

(10) 对关键点 1000 和 1001 进行网格划分。具体操作步骤与步骤 (5) 基本一致,

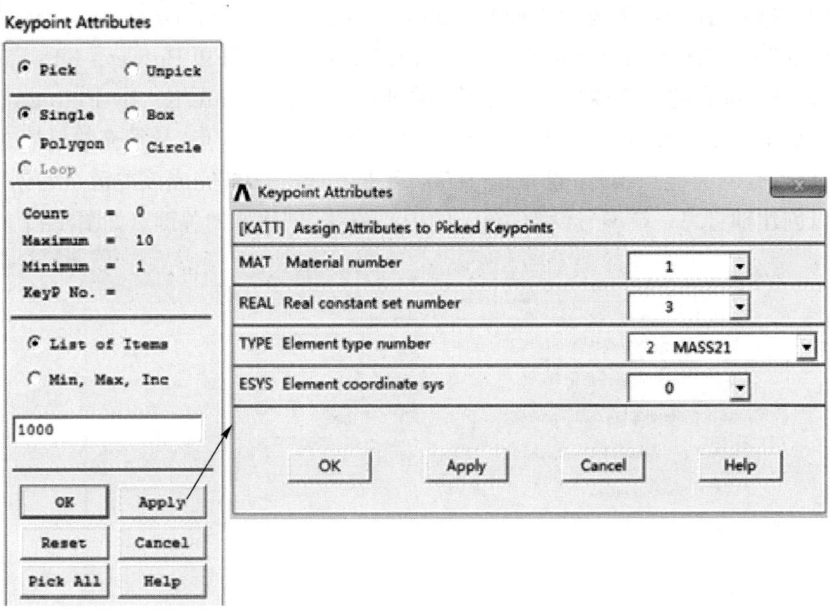

图 2.78 关键点材料属性的分配

只是网格类型选择为 “Keypoints”, 然后点击 “Mesh”, 弹出 “Mesh Keypoints”, 依次键入 1000 和 1001 关键点编号, 点击 “Apply”, 即可完成关键点网格的划分, 关键点 1000 和 1001 关键点将获得如图 2.79 所示的节点编号, 分别为 97378 和 97379, 记下这两个编号以备后面使用。

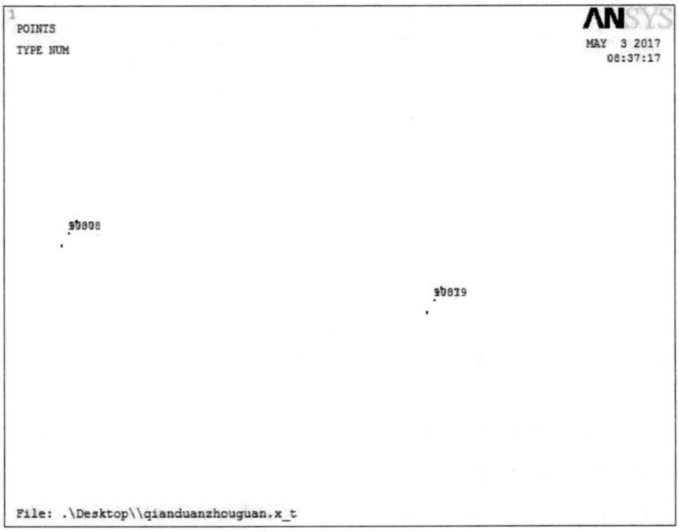

图 2.79 关键点网格划分

(11) 主从节点 Component 建立与组装。在此轴管端面的中心点为主节点, 轴管端面上所有节点为从节点, 组装的方式是同一端面的主从节点进行组装, 方便后面刚性

区域 (在 ADAMS 中作为和外界连接的不变形区域) 的建立。主节点 Component 建立的具体的操作步骤为: “Select” → “Entities”, 弹出 “Select Entities” 对话框, 点击 “Apply”, 弹出 “Select Nodes” 对话框, 输入步骤 (9) 得到的节点编号 “97378”, 点击 “OK” 即可。然后进行如下操作: 对选择的节点创建主节点 Component: “Select” → “Comp/Assembly” → “Create Component”, 弹出 “Create Component” 对话框, 键入 “z1 (主 1)” 作为名称, 点击 “OK” 即可创建完成, 见图 2.80。对编号为 97379 的节点创建名称为 “z2 (主 2)” 的主节点 Component, 其步骤与上述一致。

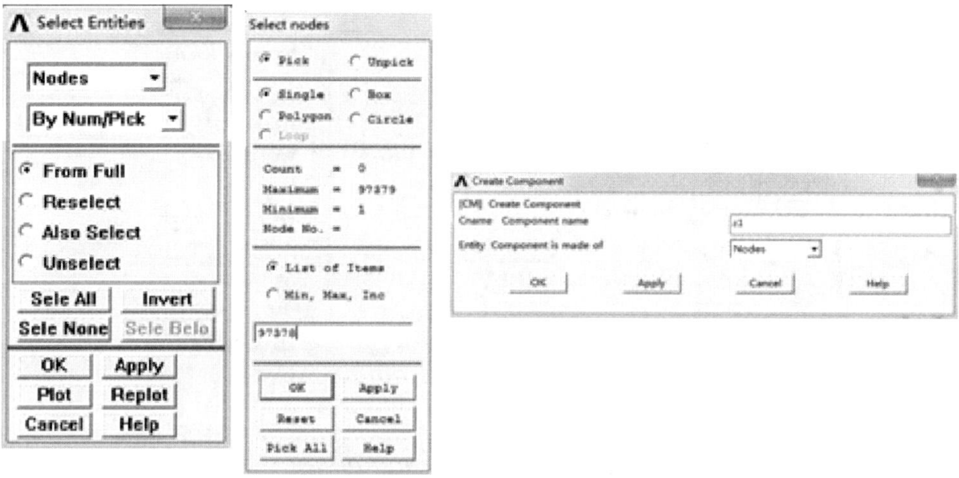

图 2.80 主节点 Component 的创建

创建从节点 Component 的操作步骤为: 首先通过 “Plot” → “Element” 将模型以网格单元的形式显示, 然后通过 “Select” → “Entities” 弹出 “Select Entities” 对话框, 选择的类型选为 “Areas”, 点击 “Apply”, 弹出 “Select Areas” 对话框, 选择与节点 97 378 对应的轴管端面, 点击 “OK” 即可。紧接着, 重复弹出 “Select Entities” 对话框的步骤, 将选择类型设为 “Nodes”, 选择方式为 “Attached to”, 并单选 “Areas, all”, 点击 “OK” 即可。重复上述弹出 “Create Component” 对话框的步骤, 这里将名称改为 “c1 (从 1)”。同理, 可以创建 “c2 (从 2)” 的从节点 Component, 如图 2.81 所示。

创建主从节点的组合体 Assembly, 具体操作步骤为: “Select” → “Comp/Assembly” → “Create Assembly”, 弹出 “Create Assembly” 对话框, 依次选择 “z1、c1” 和 “z2、c2” 作为组合元素进行主装, 得到 “zc1” 和 “zc2” 的组合体, 如图 2.82 所示。得到主从节点组合体后, 我们可以将其以节点形式显示出来, 具体操作为: “Select” → “Comp/Assembly” → “Select All”, 然后 “Polt” → “Nodes”, 得到如图 2.83 所示的主从节点。

(12) 创建刚性区域。具体操作步骤为: “ANSYSMain Menu” → “Preprocessor” → “Coupling/Ceqn” → “Rigid Region”, 弹出 “Constraint Equation For Rig” 对话框, 先选择 “zc1” 中主节点 “z1”, 然后使用框选的模型选择从节点, 需要注意的框选包括主节点 z1, 应通过点选 “Uppick” 和 “Single” 将该主节点剔除, 然后点击 “OK”, 弹出 “Constraint Equation For Rigion” 对话框, 默认缺省设置, 点击 “OK” 即可开始轴管一

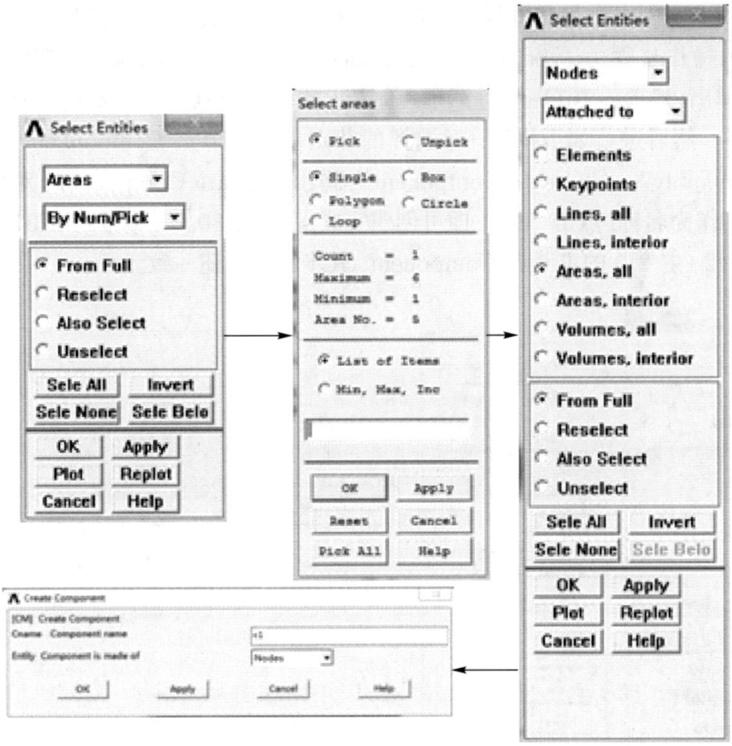

图 2.81 从节点 Component 的创建

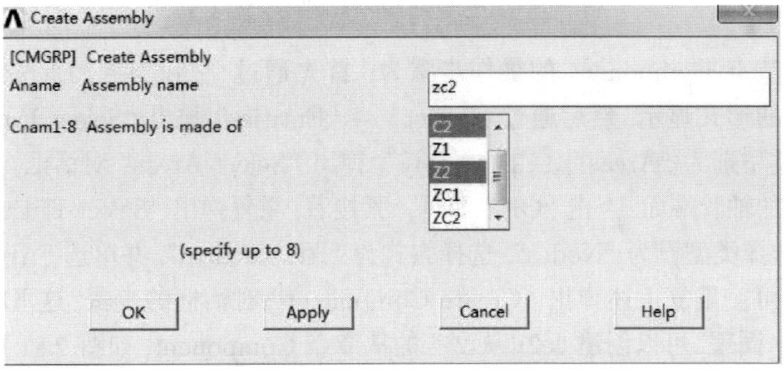

图 2.82 主从节点组合体的创建

端的刚性区域的创建, 如图 2.84 所示。采用同样的方法可以创建轴管另外一端的刚性区域, 得到如图 2.85 所示的刚性区域。

2.3.3 有限元模型的求解

(1) 设置分析类型及抽取模态数。具体操作步骤为: “ANSYS Main Menu” → “Solution” → “Analysis Type” → “New Analysis”, 弹出 “New Analysis” 对话框, 如图 2.86 所示, 选择模态分析为分析类型。

(2) 分析类型参数设置。具体操作为: “ANSYS Main Menu” → “Solution” →

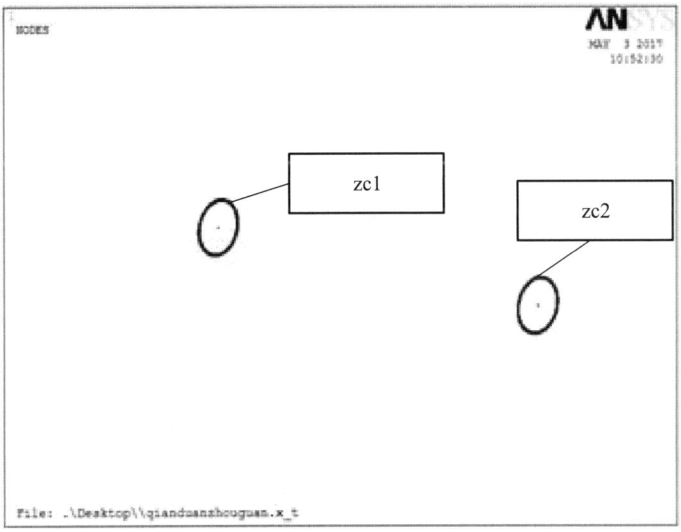

图 2.83　创建的主从节点

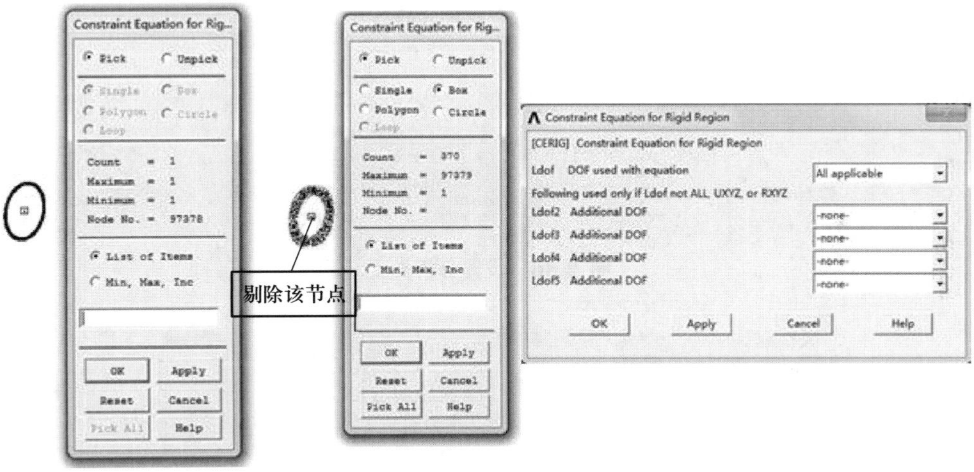

图 2.84　刚性区域的创建

"Analysis Type" → "Analysis Options", 弹出 "Modal Analysis" 对话框, 如图 2.87 所示, 抽取并拓展前 20 阶模态。点击 "OK", 弹出的对话框采用缺省设置即可。

(3) 生成中性文件。具体操作步骤为: "ANSYS Main Menu" → "Solution" → "ADAMS Connection" → "Export to ADAMS", 弹出 "Reselect attchment nodes" 对话框, 选择主节点 97378 和 97379 即得到轴管两端所标记的两个哑物体, 如图 2.88 所示。点击 "OK" 后, 弹出 "Export ADAMS" 对话框, 按图 2.89 所示设置相关输出参数后, 点击 "Solve and Create export file to ADAMS", 待求解完毕后, 即得到中性文件。

(4) 求解。具体操作步骤为: "ANSYS Main Menu" → "Solution" → "Solve" → "Current LS"。耐心等待, 直到计算完成。

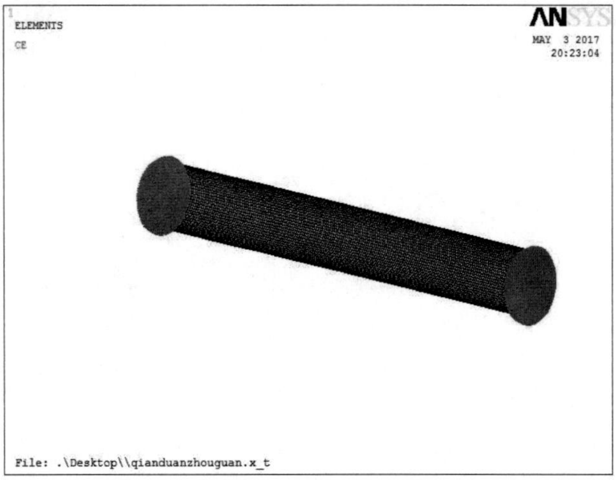

图 2.85　创建的刚性区域

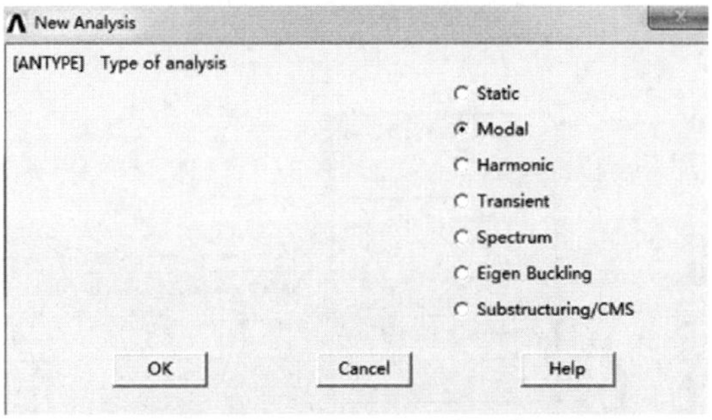

图 2.86　设置分析类型

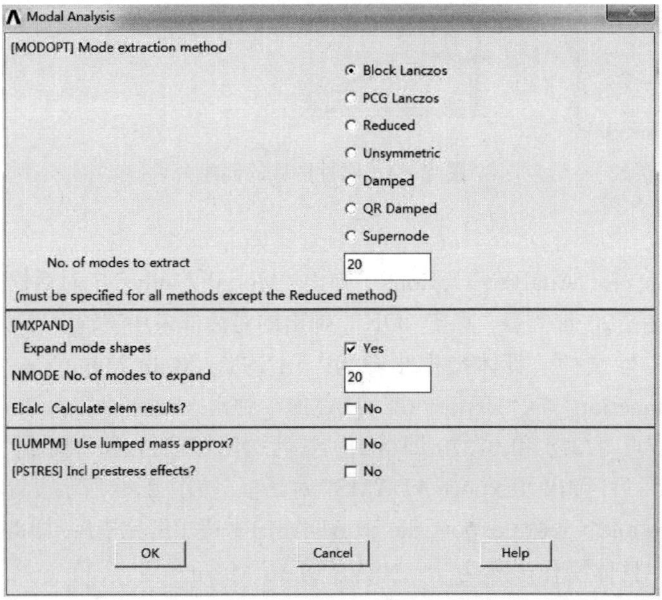

图 2.87　模态分析参数设置

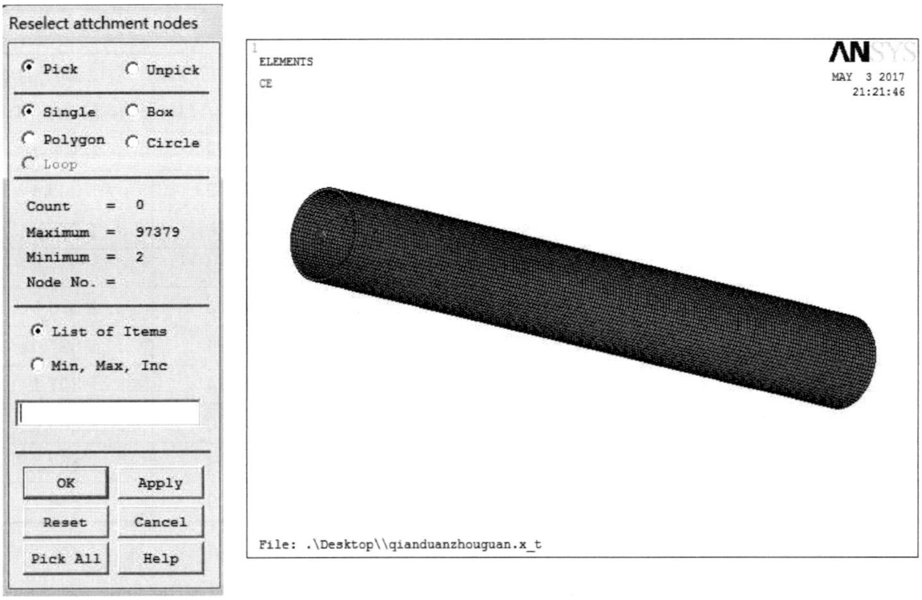

图 2.88 得到有标记的哑物体

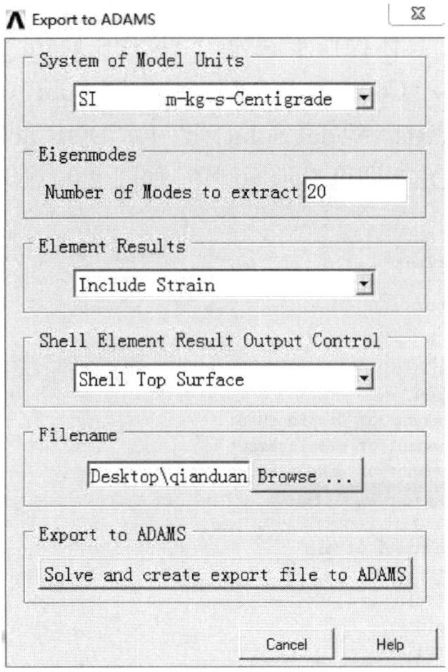

图 2.89 输出中性文件参数设置

2.3.4 结果分析

提取传动轴轴管的前 20 阶自由模态值, 操作步骤为: “ANSYS Main Menu” → “General Postproc” → “Results Summary”, 即可弹出记录前 20 阶模态值的对话框。两段轴管求解后得到的模态见表 2.4 所示。

表 2.4 轴管前 20 阶自由模态提取值

模态阶数	前段轴管对应模态频率/Hz	后段轴管对应模态频率/Hz	模态阶数	前段轴管对应模态频率/Hz	后段轴管对应模态频率/Hz
1	0	0	11	1 773.8	1 300.4
2	0	0.15E–02	12	1 774.2	1 300.4
3	0.13E–02	0.16E–02	13	2 603.9	1 336.8
4	0.34E–02	0.20E–02	14	2 604.2	1 337.5
5	0.37E–02	0.30E–02	15	3 126.9	1 526.5
6	0.68E–02	0.41E–02	16	3 401.4	1 527.0
7	1 344.7	499.38	17	3 401.4	1 807.1
8	1 345.3	499.38	18	3 547.0	1 863.4
9	1 414.9	1 263.9	19	3 548.4	1 863.8
10	1 414.9	1 264.5	20	3 634.9	2 338.7

对两段轴管前 20 阶模态提取值进行比较分析可得: 由于没有添加约束, 模型有 6 个自由度, 故前六阶模态都比较小或者等于零。由于前段轴管长度小于后段轴管长度, 因此总体刚度较大, 体现在模态值上也较大, 符合常理推断。

查看前 20 阶振型图, 具体操作步骤为: “ANSYS Main Menu” → “General Postproc” → “Plot Results” → “Contour Plot” → “Nodal Solu”, 弹出 “Contour Plot Solution Data” 对话框, 依次点击 “Nodal Solution” → “DOF Solution” → “Displacement Vector sum”, 最后点击 “OK” 即可显示振型图, 如图 2.90 所示。

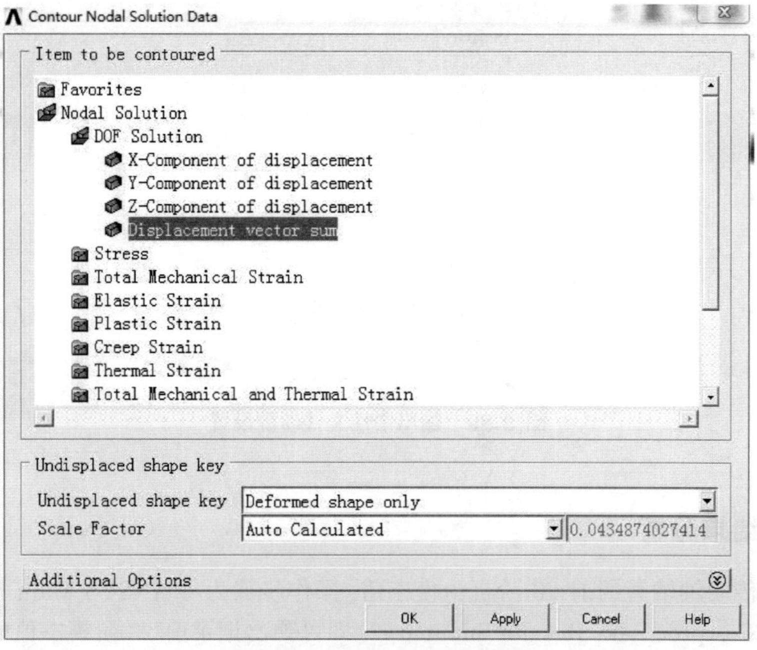

图 2.90 设置云图显示对象

执行操作步骤为: “ANSYS Main Menu” → “General Postproc” → “Read Results” → “Next Set”, 然后执行 “Polt” → “Replot” 即可查看下一阶振型图。将前后端轴具有代表性的振型图提取, 如图 2.91 和图 2.92 所示。

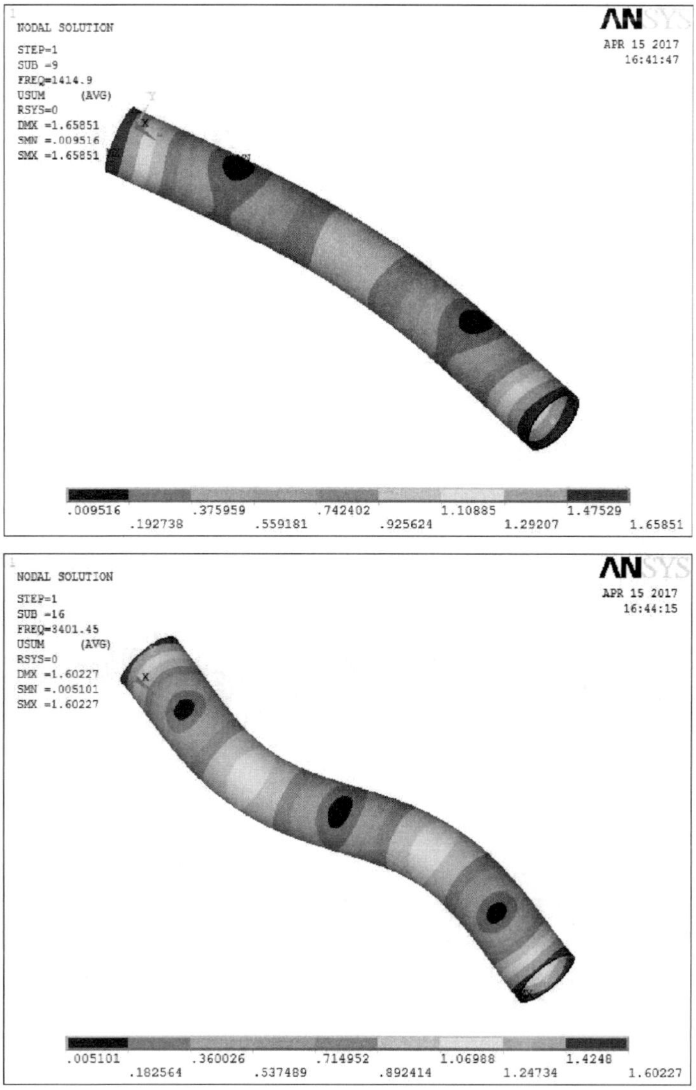

图 2.91 前段轴管第 9 阶及第 16 阶振型图 (参见书后彩图)

从以上提取的具有代表性的振型图来看, 变形情况正常。因此, 可以确定提取的轴管模态信息正常。

2.3.5 轴管的约束模态分析

分析在 Workbench 软件中完成, 整个分析过程主要包括建立项目流程、定义材料参数、建立几何模型、划分网格、添加约束并求解。下面以前段轴管为例进行轴管约

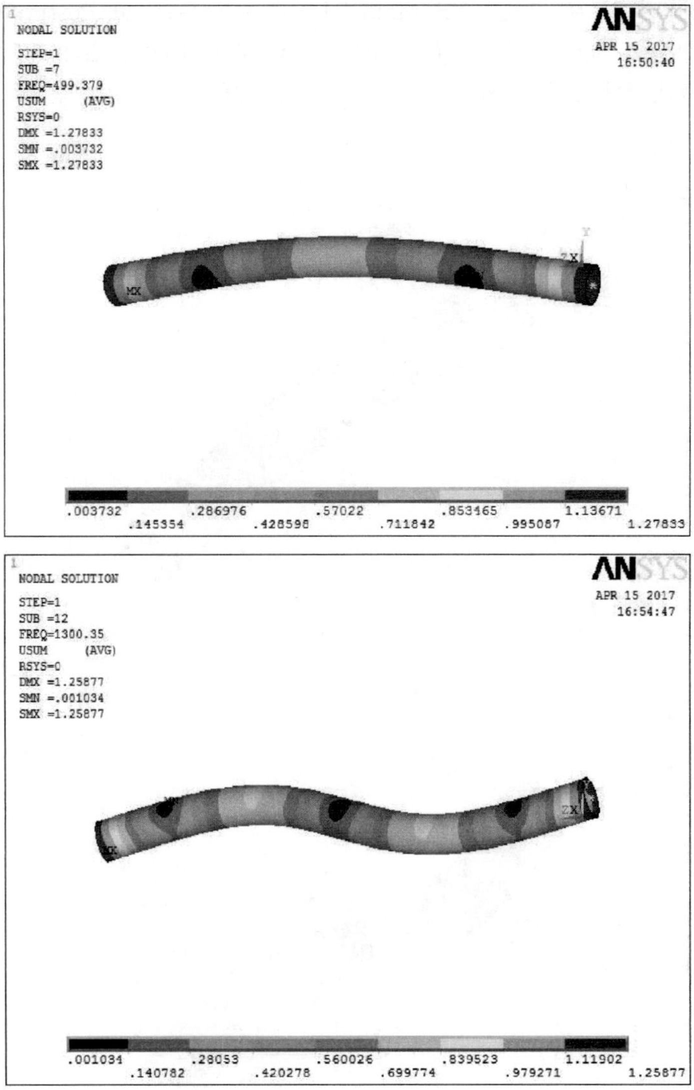

图 2.92 后段轴管第 9 阶及第 16 阶振型图 (参见书后彩图)

束模态分析。

1. 建立项目流程

启动 Workbench 软件, 建立名为 “motaifenxi” 的项目, 从 “Toolbox” → “Analysis Systems” 中选中 “Modal” 模块, 按住鼠标左键, 将该项目拖拽至屏幕右侧方框内, 即可建立该分析项目流程, 如图 2.93 所示。

2. 定义材料参数

双击项目流程中的 “Engineering Data”, 进入材料库编辑界面, 在 “Outline of Schematic A2: Engineering Data” 列表下, 在 A 列末行 “Click here to add a new material” 单元格中键入材料名称 “DTG (低碳钢)”, 在左侧 “Toolbox” 列表下, 分别双击物理特性下的密度和线弹性下的各向同性弹性, 将其添加至 “Properties of Outline

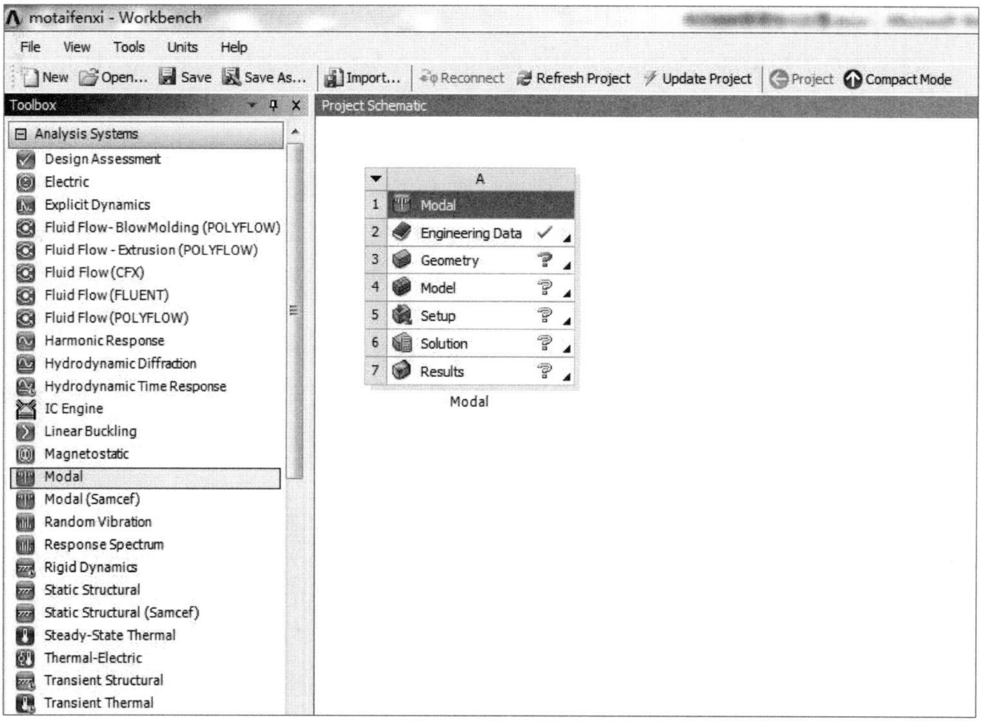

图 2.93　建立模态分析项目流程

Row4: zhutie" 列表下进行编辑, 然后将密度、泊松比和弹性模量键入具体数值即可, 如图 2.94 所示。编辑完成后, 点击上方命令栏的 "Updata project", 单击 "Return to project" 返回项目流程界面。

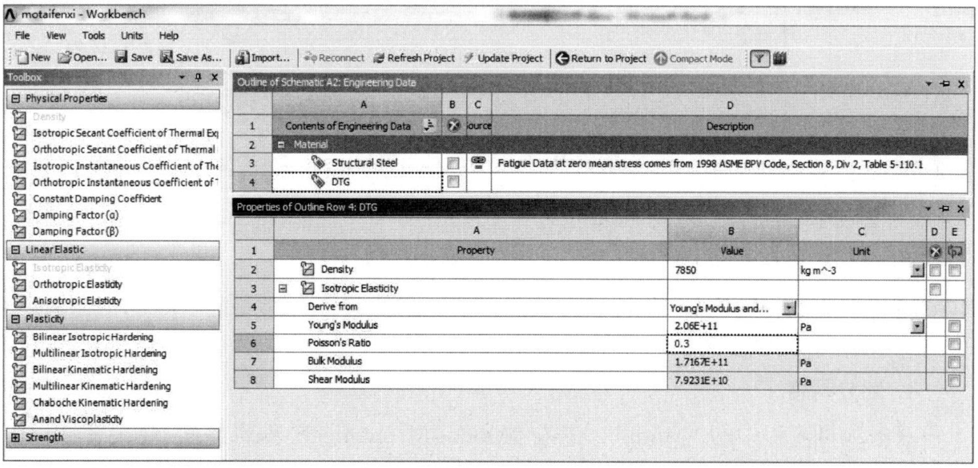

图 2.94　编辑材料属性

3. 建立几何模型

双击双目流程中的 “Geometry”, 选择 “mm” 作为建立模型的长度单位, 打开几何建模界面。下面以前段轴管的建模过程为例进行说明。

(1) 绘制轴管端面草图。在建模界面的左侧项目树中选择 “XY Plane”, 右键选择 “Lookat” 以正视于该平面, 再次在项目树中选择该平面, 在命令行中点击 “New Sketch”, 形成以 “XY Plane” 为基准平面的草图, 在 “XY Plane” 下找到 “Sketch1”, 将其切换成 Sketching 模式, 弹出 “Sketching Toolboxes” 对话框, 选择 “Circle” 作为绘图命令, 如图 2.95 所示, 以坐标原点为圆心, 绘制出两个圆, 然后选择 “Sketching Toolboxes” 列表中的 “Deminsions” 展开, 选择 “Radius” 作为尺寸标注的方法, 在草图界面中依次选择内外圆进行标注, 并且在 “Details View” 对话框窗口将半径 R1 和 R2 修改为 29.95 mm 和 31.75 mm, 如图 2.96 所示。最后, 点击 “Generate” 完成草图绘制。

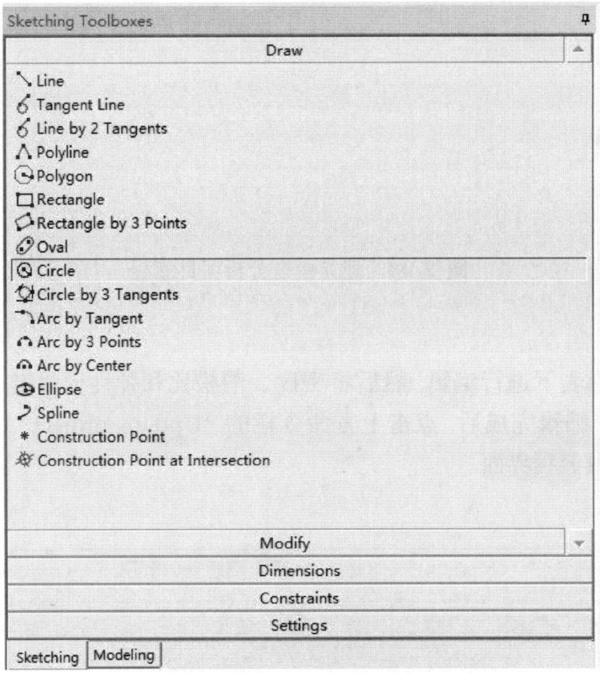

图 2.95 绘图工具箱窗口

(2) 拉伸草图形成轴管模型。点击工具条中的 “Extrude” 命令, 在 “Details View” 对话框中, 为 “Geometry” 选择 “Sketch1”, 将拉伸长度修改为 508 mm, 然后点击 “Generate” 完成轴管的拉伸, 得到的轴管模型如图 2.97 所示。最后, 关闭几何建模界面, 返回项目流程界面。

4. 划分网格

双击项目流程中的 “Modal”, 进入 “Modal-Mechanical” 编辑界面, 主要完成以下工作。

(1) 为实体模型选择材料, 在左侧项目树中, 点击 “+” 展开 “Geometry” 项, 选中实体, 在 “Details of Solid” 对话框中, 点开 “+” 展开 “Material” 项, 在 “Assignment” 右

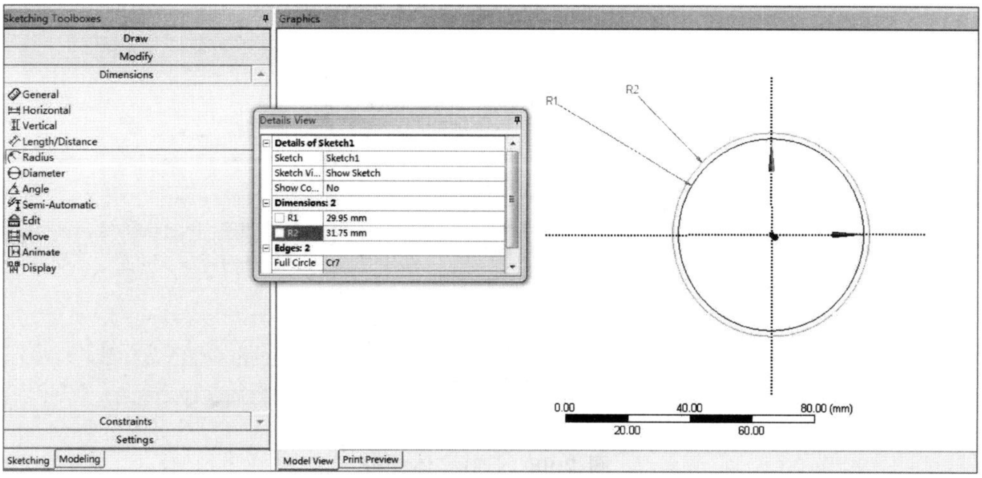

图 2.96　标注草图尺寸

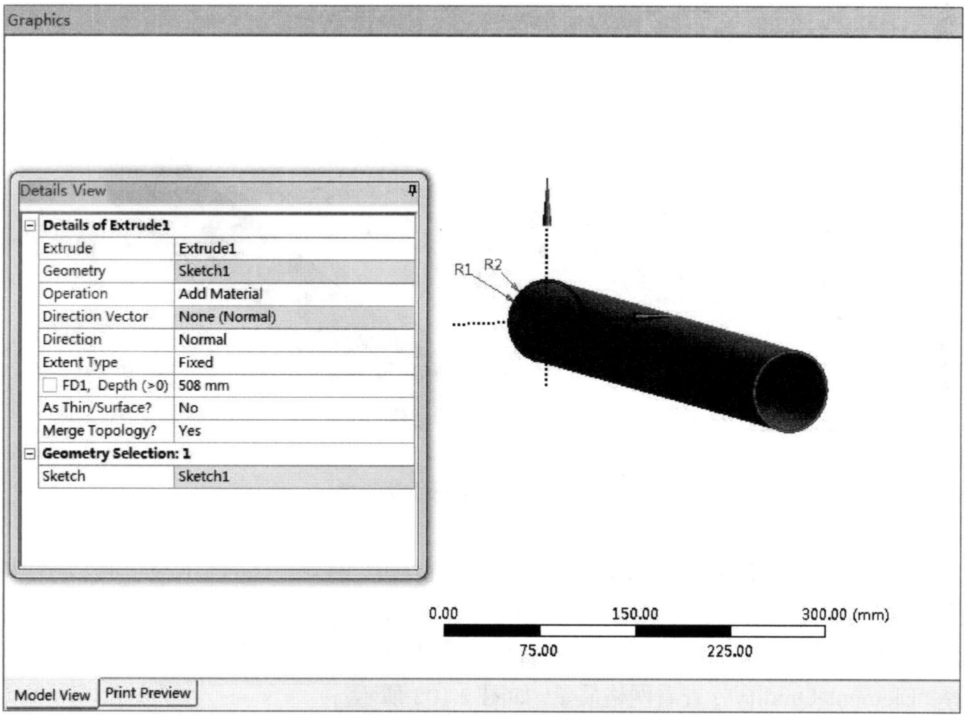

图 2.97　草图拉伸形成轴管模型

侧选择上述建立的材料名称为 “DTG” 的材料, 如图 2.98 所示。

(2) 设置划分网格参数, 在项目树下右击 “Mesh”, 依次选择 “Insert” → “Method”, 在 “Details of “Automatic Method”-Method” 对话框中, 几何体选择为整个轴管, 方法为 “Automatic”, 如图 2.99 所示。

在项目树下右击 “Mesh”, 依次选择 “Insert” → “Sizing”, 在 “Details of “Body Sizing”-Sizing” 对话框中, 设定 “Element Size” 为 5 mm, 如图 2.100 所示。

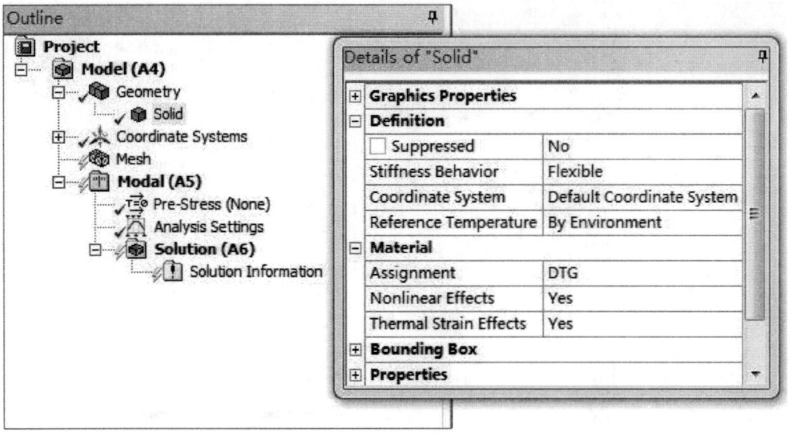

图 2.98　选择实体材料

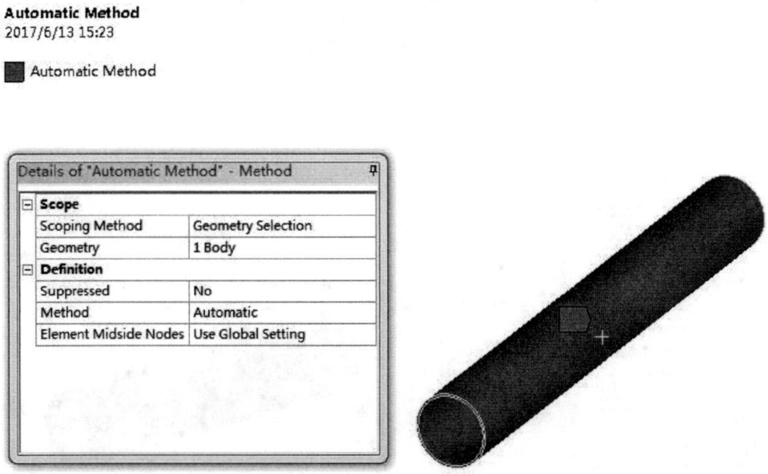

图 2.99　网格划分方法设置

(3) 设置完网格参数后, 在项目树下右击 “Mesh”, 选择 “Generate Mesh”, 等待网格划分完成后, 查看网格相关参数, 如图 2.101 所示, 网格节点数为 112 938, 网格单元数为 16 605, 在 “Details of “Mesh”” 窗口中展开 “Statistics”, 在 “Mesh Metric” 项选择 “Element Quality”, 查看网格质量, 如图 2.102 所示。

5. 添加约束并求解

为轴管两端面添加 X、Y、Z 3 个方向的移动约束和 Z 方向的旋转约束。在右侧项目树中, 选择 “Modal” 右击, 在下拉目录中选择 “Insert”, 在下拉列表中, 选择 “Remote Displacement”, 在 “Details of “Remote Displacement”” 对话框中, 为 “Geometry” 选择一轴管端面, 在 “Definition” 的 “Type” 中, 将 “X Component” “Y Component” “Z Component” 和 “Rotation Z” 赋常值 0, 即约束了该端面在 X、Y、Z 方向的移动和在 Z 方向的转动, 用同样的方法建立轴管另一端面的约束, 约束完成后的模型如图 2.103 所示。

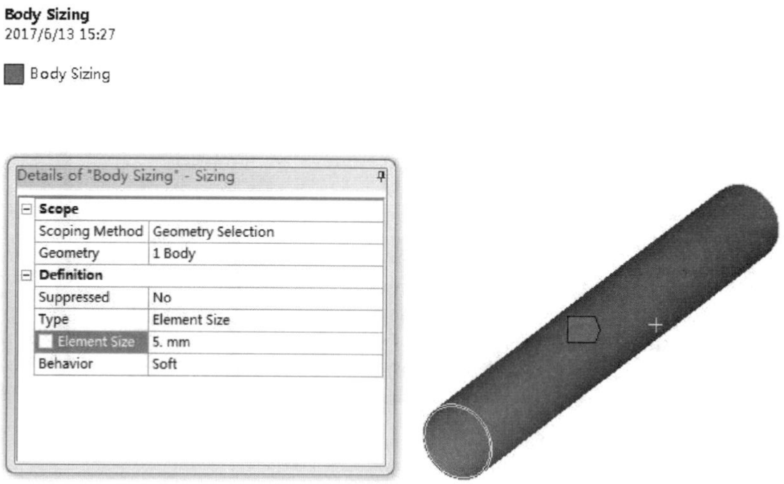

图 2.100　网格划分尺寸设置

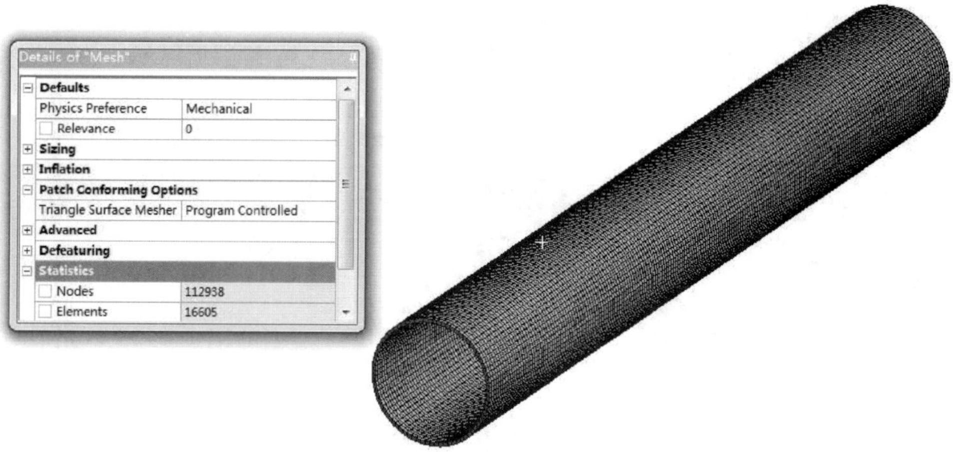

图 2.101　轴管网格模型

添加约束完成后, 选择 "Slution" 右击, 在下拉列表中选择 "Solve" 开始计算, 等待计算完成。

6. 结果分析

求解完成后, 查看模态值, 并生成相应的振型图。首先鼠标选择项目树中 "Solution (A6)", 在界面图表区可以查看前六阶频率图表, 如图 2.104 所示, 其一阶模态值为 641.86 Hz。相应地, 选中 "Tabular Data" 表下的一阶模态对应的行, 右键选择 "Create Mode Shape Results", 于 "Solution (A6)" 目录下生成一阶振型求解项, 右键单击 "Solution (A6)" 选择 "Evaluate All Results", 生成一阶振型图, 如图 2.105 所示。

使用同样的方法对后段轴管完成约束模态求解, 得到的前 6 阶模态图表和一阶振型图分别如图 2.106 和图 2.107 所示。

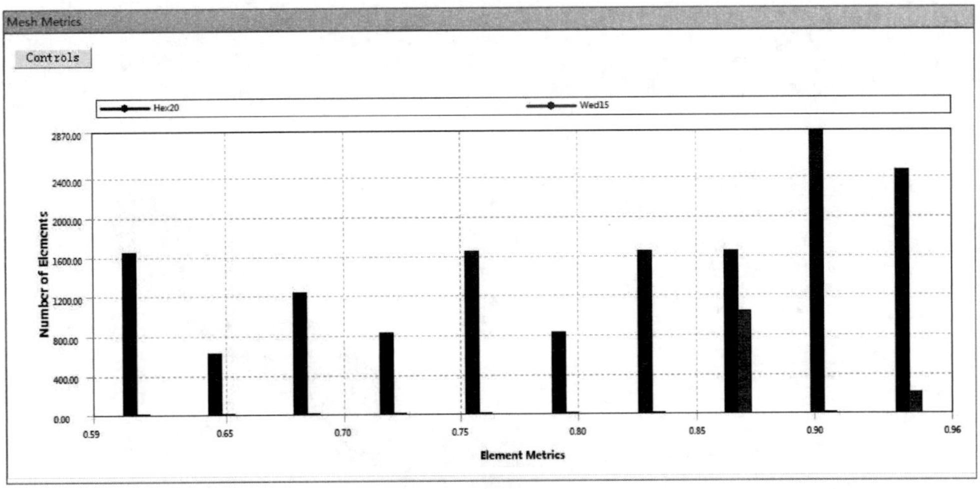

图 2.102　轴管网格质量

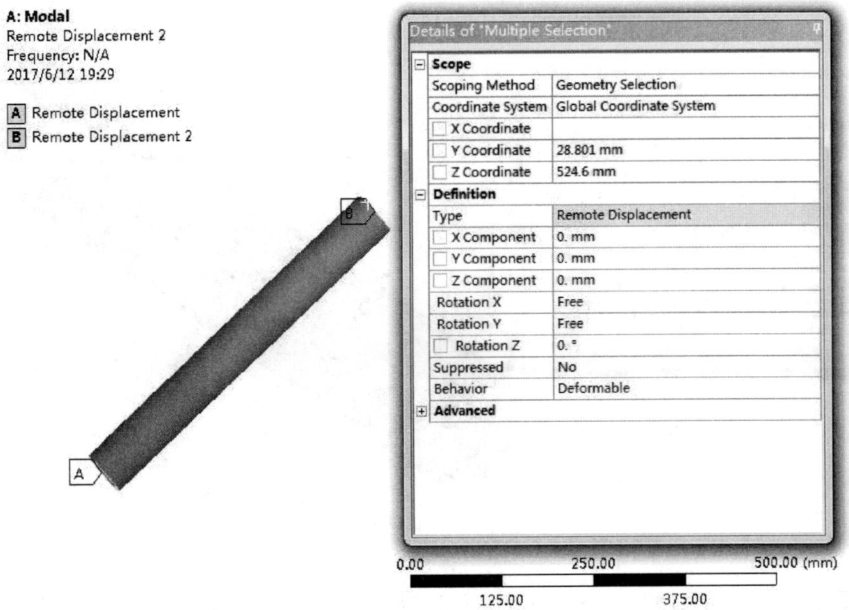

图 2.103　添加约束

从图 2.104 和图 2.106 的模态值可知, 前端轴管的约束模态均大于后段轴管的约束模态。由于前段轴管长度小于后段轴管长度, 因此总体刚度较大, 体现在模态值上也较大, 符合常理推断。计算结果如表 2.5 所示。由计算结果可知, 前后轴管仿真计算的临界转速与理论计算的临界转速的误差分别为 5.12% 和 1.29%, 误差在可接受的范围之内, 故验证了仿真计算的可靠性。

由图 2.105 和图 2.107 所示前、后轴 1 阶振型图可知, 前、后轴管均在 XZ 平面内发生弯曲变形, 最大变形发生在轴管中间位置, 最大变形量分别达到 33.53 mm 和 25.582 mm, 变形量较小, 符合实际工况。

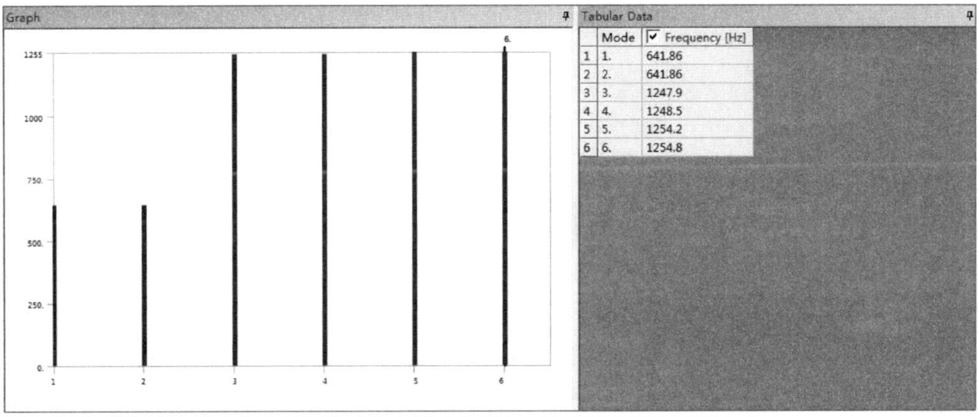

图 2.104　前段轴管前 6 阶模态图表

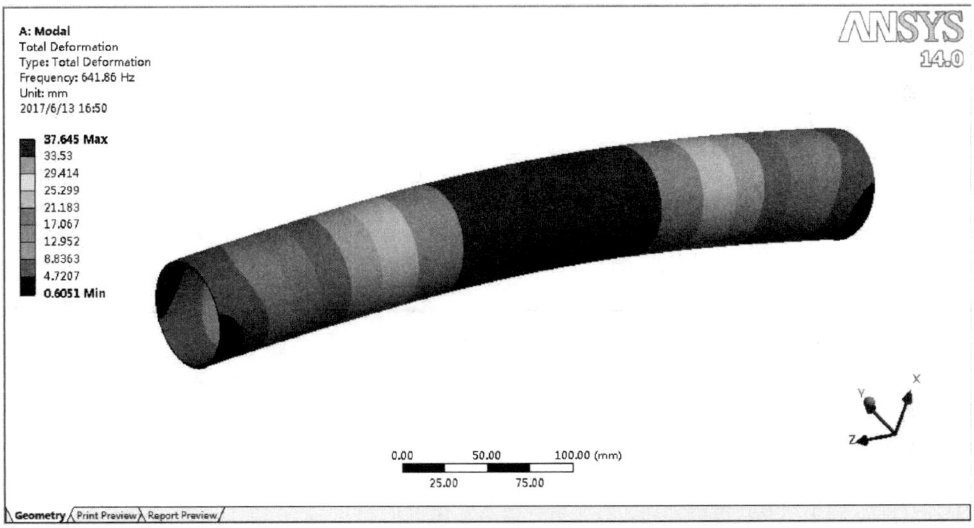

图 2.105　前段轴管 1 阶振型图 (参见书后彩图)

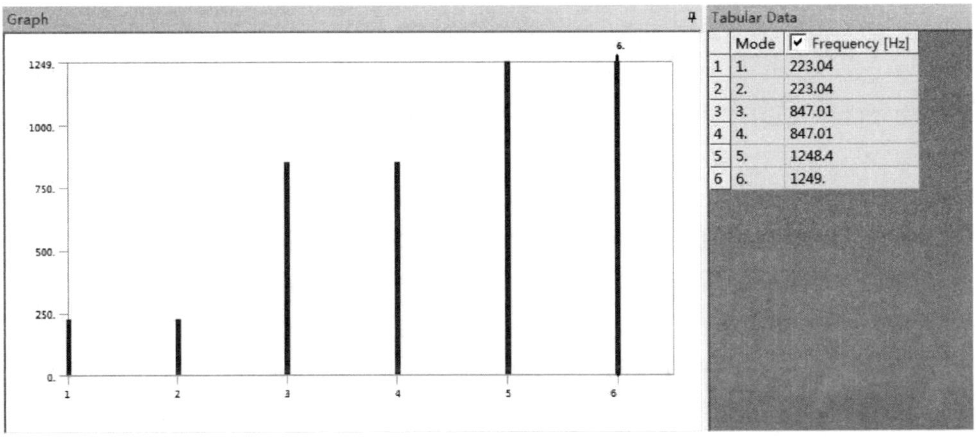

图 2.106　后段轴管前 6 阶模态图表

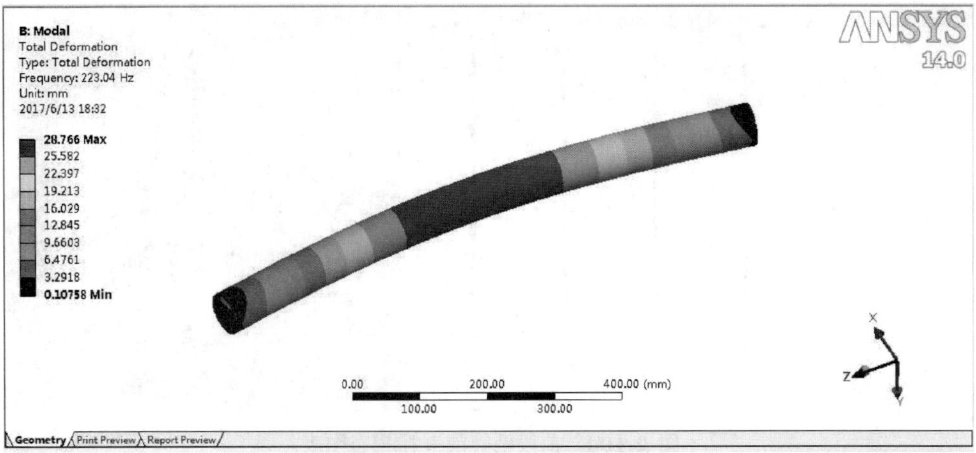

图 2.107 后段轴管 1 阶振型图 (参见书后彩图)

表 2.5 临界转速计算结果

几何体	计算公式	计算结果/(r/min)		误差/%
前段轴管	$n_1 = 60f_1$ $n_k = 1.2 \times 10^8 \times \sqrt{D^2 + d^2}/L^2$	n_1	38 511.6	5.12
		n_k	40 591.8	
后段轴管		n_1	13 382.4	1.29
		n_k	13 557.7	

参考文献

[1] 石磊. 微车球笼式传动轴动力学分析与仿真优化 [D]. 武汉: 武汉理工大学, 2014.

[2] 陈端滢. 基于 NVH 与传动性能提升的某乘用车传动轴改型研究 [D]. 武汉: 武汉理工大学, 2017.

[3] F.Schmelz, 施梅尔茨, 伍德荣. 万向节和传动轴 [M]. 北京: 北京理工大学出版社, 1997.

[4] 余志生. 汽车理论 [M]. 3 版. 北京: 机械工业出版社, 2000.

[5] 刘唯信. 汽车设计 [M]. 北京: 清华大学出版社, 2001: 26-29.

[6] 任少云, 朱正礼. 双十字轴万向节传动力学建模与仿真 [J]. 上海交通大学学报, 2004, 38(11): 1922-1928.

[7] 徐劲力, 黄丰云, 许冠能, 等. 微车传动轴传动效率测试方法: CN104089771A[P]. 2014.

[8] 李增刚. ADAMS 入门详解与实例 [M]. 北京: 国防工业出版社, 2014.

[9] 葛如海, 夏长高, 朱茂桃, 等. 汽车三万向节传动优化设计 [J]. 汽车技术, 1993(12): 1-6.

[10] 王恩伟. 汽车传动轴中间支撑及变速器输出轴受力分析 [J]. 黑龙江科技信息, 2011(8): 74.

[11] 成建强. 后桥减速器噪声振动控制的工艺方法与分析 [J]. 现代零部件, 2011(8): 70-72.

[12] 胡乃杰. 微车用传动轴振动分析与改进设计 [D]. 武汉: 武汉理工大学, 2011: 30-35.

[13] 王燕致. 几类分数阶微分方程的动力学分析 [D]. 哈尔滨: 东北林业大学, 2012.

[14] 王佳威. 船用大型齿轮传动的振动分析和动力学研究 [D]. 武汉: 武汉理工大学, 2012.

[15] 彭波. 可变不连续性传动轴对后桥主减振动噪音特性影响的研究 [D]. 武汉: 武汉理工大学, 2013.

[16] 梅宏斌. 滚动轴承振动监测与诊断 [M]. 北京: 机械工业出版社, 1995.

[17] 胡仁喜, 康士廷, 刘昌丽. UG NX 6.0 中文版从入门到精通 [M]. 北京: 机械工业出版社, 2009.

[18] 丁寿滨, 常宗瑜, 武雅洁, 等. ADAMS 与常用 CAD 软件之间的接口 [J]. 微计算机信息, 2005, 21(30): 202-204.

[19] 李军, 邢俊文, 覃文洁, 等. ADAMS 实例教程 [M]. 北京: 北京理工大学出版社, 2002. 7.

[20] 唐向宏, 李齐良. 时频分析与小波变换 [M]. 北京: 科学出版社, 2008.

[21] 陈家瑞, 马天飞. 汽车构造 [M]. 北京: 人民交通出版社, 2000.

[22] 曹兴盛. 各因素对微车传动轴弯扭振动情况影响的研究 [D]. 武汉: 武汉理工大学, 2012.

[23] 朱建国. 跨界车传动轴的轴管长度与 NVH 性能的匹配性研究 [D]. 武汉: 武汉理工大学, 2016.

[24] 赵丽娟, 马永志. 刚柔耦合系统建模与仿真关键技术研究 [J]. 计算机工程与应用, 2010, 46(2): 243-248.

[25] 谢正超, 唐新蓬, 张彤. 传动轴临界转速的有限元计算及分析 [J]. 机械研究与应用, 2003, 16(1): 34-35.

[26] 李兵, 何正嘉, 陈雪峰. ANSYS Workbench 设计、仿真与优化 [M]. 北京: 清华大学出版社, 2013.

第 3 章　准双曲面齿轮系统建模及 NVH 仿真分析

3.1　准双曲面齿轮动态啮合有限元建模及仿真分析

汽车的噪声、振动、舒适性是衡量汽车制造质量的综合性指标。据统计, 整车约 1/3 的故障与车辆的 NVH 问题有关, 国际上各大汽车公司有近 20% 的研发费用使用在解决车辆的 NVH 问题上。汽车噪声的大小往往作为衡量汽车 NVH 质量水平的重要指标, 而在汽车噪声中, 齿轮噪声是主要噪声来源之一。因此, 跨界车驱动桥主减速器中的准双曲面齿轮 (以下简称准双曲面齿轮) 的啮合与噪声的分析是汽车 NVH 性能分析问题之一[1]。

3.1.1　准双曲面齿轮的结构组成与仿真问题描述

汽车驱动桥总成作为汽车传动系统的关键零部件之一, 具有将万向传动装置传来的发动机转矩传递给驱动车轮的作用, 同时能实现降速以增大转矩的功用, 其对汽车乘坐的舒适性、平顺性等各项性能显示出越来越重要的地位。驱动桥主减速器是汽车传动系统中改变扭矩与转速的重要部件[2]。其中, 采用准双曲面齿轮的主减速器主被动齿轮的质量直接关系到汽车驱动桥的振动响应性能, 因此对汽车驱动桥主减速器主被动齿轮的分析研究一直受到广泛关注。然而, 汽车驱动桥主减速器主被动齿轮的质量标准在国内外都还没有一个规范的标准体系, 大多数汽车制造企业通过样件装车进行道路实验, 利用人工经验对其进行品质判断。主减速器的主被动齿轮啮合位置的选择仅仅是人工按照经验布置, 主齿轮轴承预紧力的大小也是根据人工经验来完成, 这使得驱动桥的装配质量得不到精确的保证。另外, 驱动桥总成质量检测设备的检测状态与整车在实际工况下的状态不一致性使得检测数据与实际工况有较大偏差。其中, 主减速器振动噪声检测、驱动桥安装方式和扭矩传递方式与车辆运行实际工况不相同导致振动噪声数据置信度降低。所以, 相关的实际运用则更加需要理论的引导与支持, 以此来保障生产装配的质量与检测精确度的提高。

基于上述情况, 对汽车驱动桥主减速器主被动齿轮进行动力学建模分析, 特别是在发生弹性变形情况下的运动过程中, 伴随着变形量发生的齿轮系统的振动分析研究, 在模拟其真实的工况下, 汽车驱动桥主减速器中的主被动齿轮在运动中不断地发生着应力的变化, 同时还处于啮合变形状态中。在考虑时变啮合刚度、传动误差和齿侧间隙的非线性动力学特性的同时, 也将对齿轮的弹性变形作进一步的分析与研究。这些工作对于汽车驱动桥主减速器主被动齿轮的动态设计具有重要的实用指导意义。

在此，选用某跨界车主减速器准双曲面齿轮进行仿真分析，其主动锥齿轮和被动锥齿轮采用上偏置格里森制准双曲面齿轮，其结构如图 3.1 所示。由于准双曲面齿轮副两轴线有偏置距的存在，如图 3.2 所示，在保证一定离地间隙的情况下，与之相交传动轴的位置可以相应降低，从而使汽车质心降低，提高了汽车的行驶稳定性，改善通过性。不过准双曲面齿轮副在啮合过程中，除了有沿齿高方向的侧向滑动外，还存在沿齿长方向的纵向滑动，所以在使用中一般采用含防刮伤添加剂的准双曲面齿轮油润滑，以减小摩擦、提高效率。主减速器结构如图 3.3 所示，其主要结构参数见表 3.1 所示。

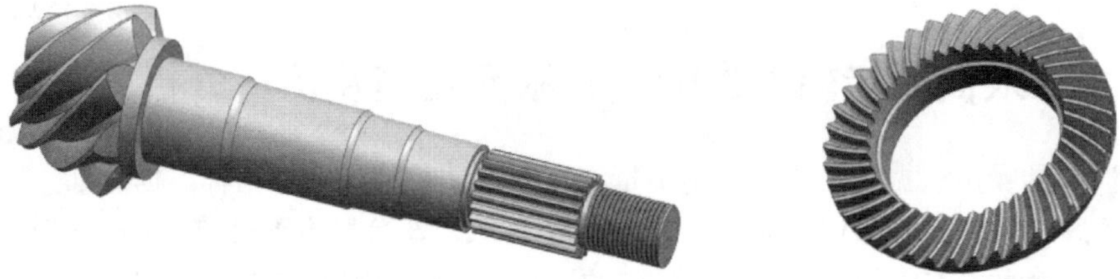

(a) 主动锥齿轮　　(b) 被动锥齿轮

图 3.1　主动锥齿轮和被动锥齿轮三维结构图

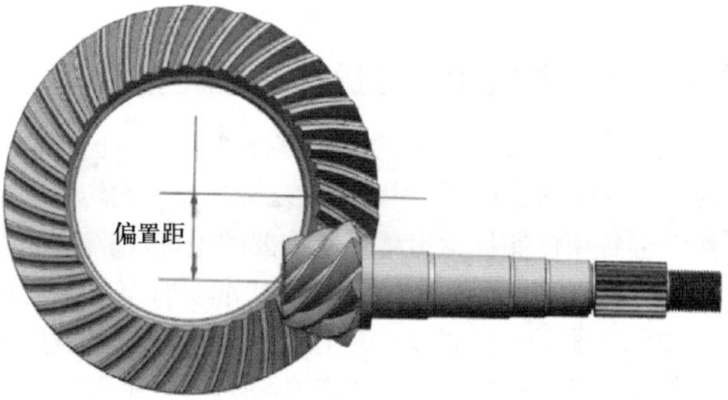

图 3.2　主动锥齿轮和被动锥齿轮偏置安装图

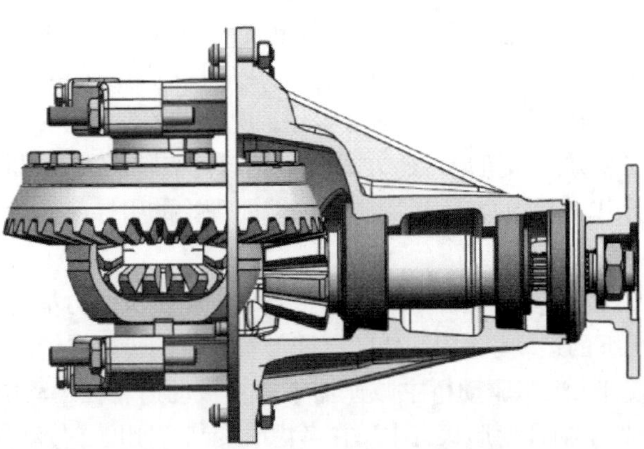

图 3.3　某跨界车的主减速器结构图

表 3.1 某跨界车主减速器主被动准双曲面齿轮的主结构参数

名称及代号	被动齿轮	主动齿轮
齿数 Z	41	8
面锥角 DELTA_A	76°55′40″≈76.93°	18°14′10″≈18.24°
分锥角 DELTA_B	75°55′50″≈75.93°	12°56′ ≈12.93°
根锥角 DELTA_F	70°16′47″≈70.28°	12°2′35″≈12.04°
偏置距	30 mm (下偏)	
平均压力角 ALPHA	21°15′ ≈21.25°	
分度圆直径 D	170.601	无
当量半径 R	73.18 mm	20.5 mm
中点螺旋角 BETA	26°46′25″≈26.77°	49°59′48″≈49.9967°
刀盘直径 BETA_R	152.4 mm	
齿宽 BF	25 mm	33.3 mm
基圆直径 DB	DB=D*COS(ALPHA)	

3.1.2 准双曲面齿轮动态啮合有限元分析模型的建立

在采用三维建模软件建立三维模型并导入动力学分析模块后, 需要对模型进行材料定义。在线性结构分析中, 材料的属性只需要确立材料的类型, 选择各向同性强化或者各向异性强化, 双线性或多线性应力–应变曲线, 也可以定义相关的弹性模量、泊松比等参数。对于柔性体, 非线性材料的定义可以通过金属塑性和超弹性的设置来确定。由于在分析某跨界车主减速器准双曲面齿轮时不存在热载荷等外在热源的作用, 所以对于热膨胀和热传导不予考虑[3]。

在柔体动力学分析中, 部件可以是柔性或者刚性的, 在 “Geometry” 分支中模型的组成部分有 3 种类型实体, 分别为 3D 或 2D 体/面/部件、面组成的面体、线组成的线体。

3.1.2.1 启动 Workbench 并创建分析项目

打开 ANSYS Workbench 软件, 根据 “Toolbox (工具箱)” → “Analysis Systems” → “Transient Structural” 步骤找到 “Transient Structural” 模块, 选中并拖动至 “Project Schematic (项目管理区)” 界面的空白区域, 松开鼠标, 即可创建一个有限元分析项目 A (瞬态动力学分析), 如图 3.4 所示。

3.1.2.2 添加材料库

双击项目 A 中的 “A2: Engineering Data” 项, 进入图 3.5 所示的材料参数设置界面, 在该界面下即可进行材料参数设置。在此分析案例中选择材料为 “Structural Steel (结构钢)”, 无需其他操作。点击工具栏中的 “Project” 按钮, 返回到 Workbench 主界面, 材料添加完毕。

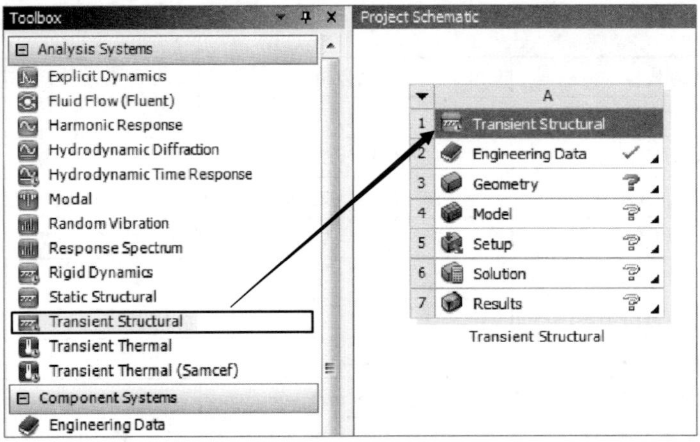

图 3.4　创建分析项目 A

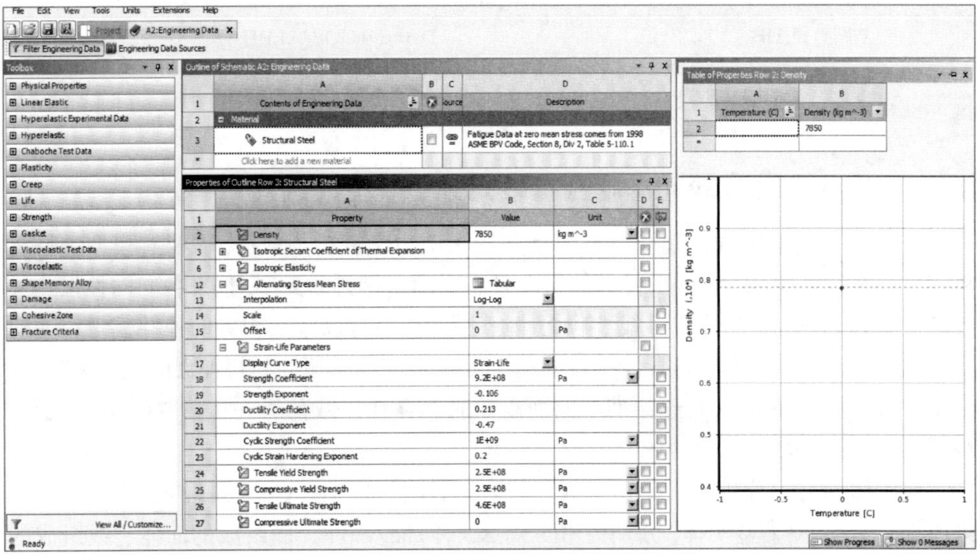

图 3.5　材料设置界面

3.1.2.3　导入创建几何体并添加模型材料属性

右键单击 “A3 Geometry”, 在弹出的快捷菜单中选择 “Import Geometry” → “Browse” 命令, 如图 3.6 所示, 此时会弹出 “打开对话框”。

在弹出的 “打开” 对话框中选择文件路径, 导入 “model.stp” 几何文件, 如图 3.7 所示。此时 “A3 Geometry” 后的 “?” 变为 “√”, 表示实体模型已经存在。

双击项目 A 中的 “A3 Geometry”, 此时会进入到 “DesignModeler” 界面, 此时设计树中 “Import1” 前显示, 表示需要成为几何体, 图形窗口中没有图形显示, 如图 3.8 所示。

单击 “Generate (生成)” 按钮, 即可显示生成的几何体, 如图 3.9 所示。此时可在几何体上进行其他操作。

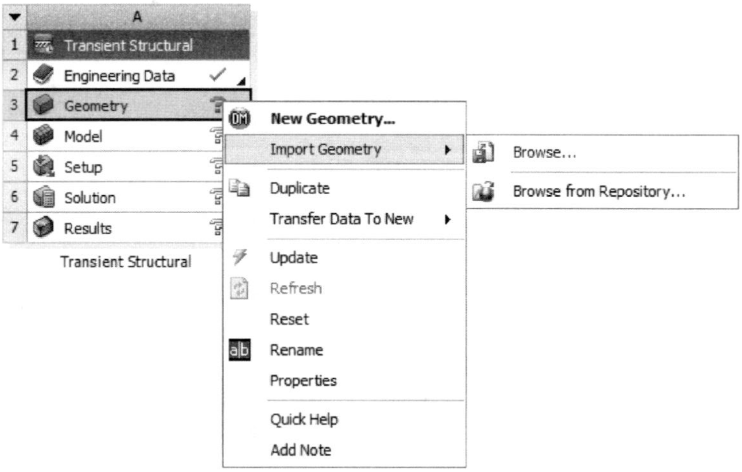

图 3.6 导入几何体

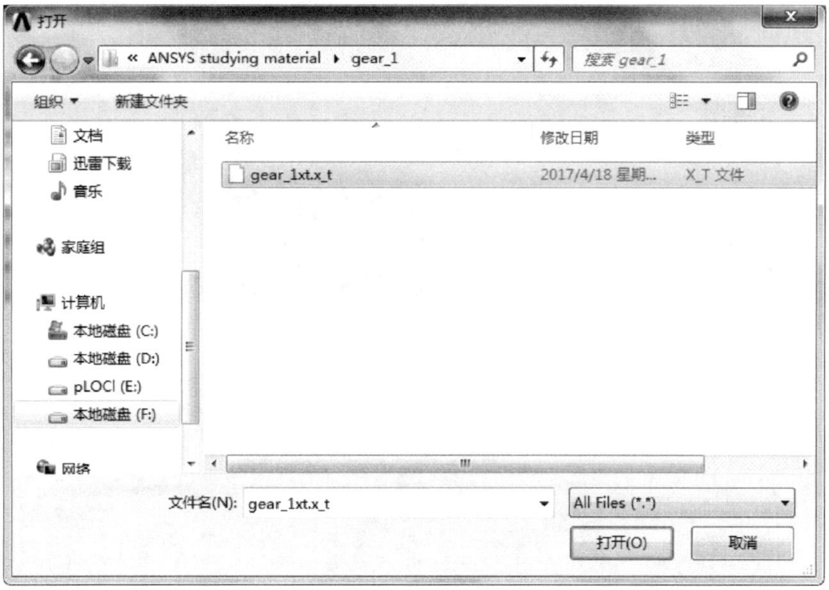

图 3.7 “打开” 对话框

双击主界面项目管理区项目 A 中的 A4 栏 “Model” 项, 进入如图 3.10 所示的 “Mechanical” 界面, 在该界面下即可进行网格划分、分析设置、结果观察等操作。

选择 “Mechanical” 界面左侧 “Outlines (分析树)” 中 “Model” 选项下的 “Geometry”, 此时即可在 “Details of “Solid”” 的 “Material” (参数列表) 中给模型指派 (Assignment) 材料。单击参数列表中的 “Material” 下 “Assignment” 黄色区域后的 “▸”, 此时会出现刚刚添加设置的材料 “Structural Steel”, 选择即可将其添加到模型中去。图 3.11 所示为材料已经修改成功。

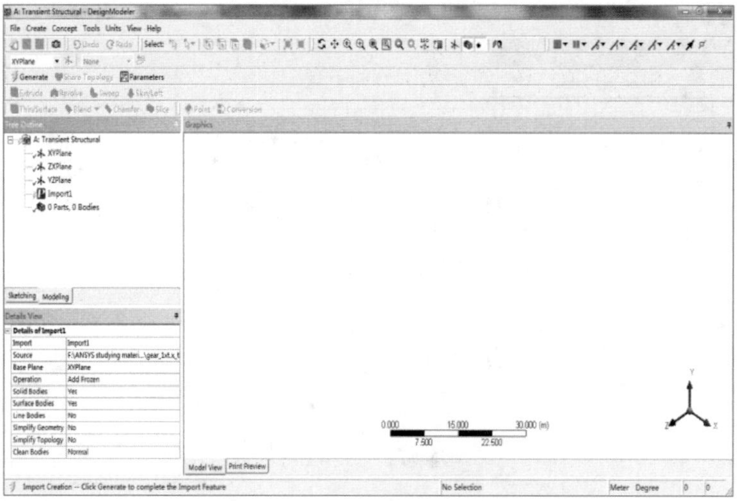

图 3.8 生成前的 DesignModeler 界面

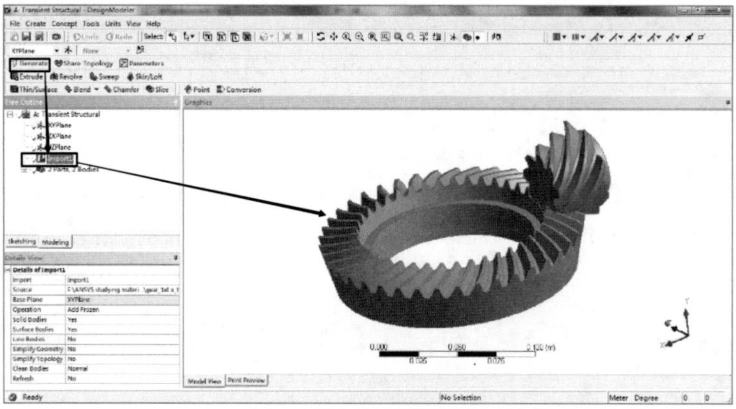

图 3.9 生成后的 DesignModeler 界面

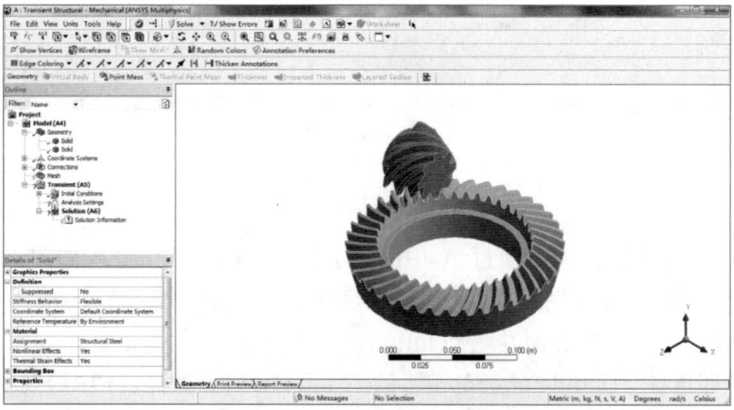

图 3.10 Mechanical 界面

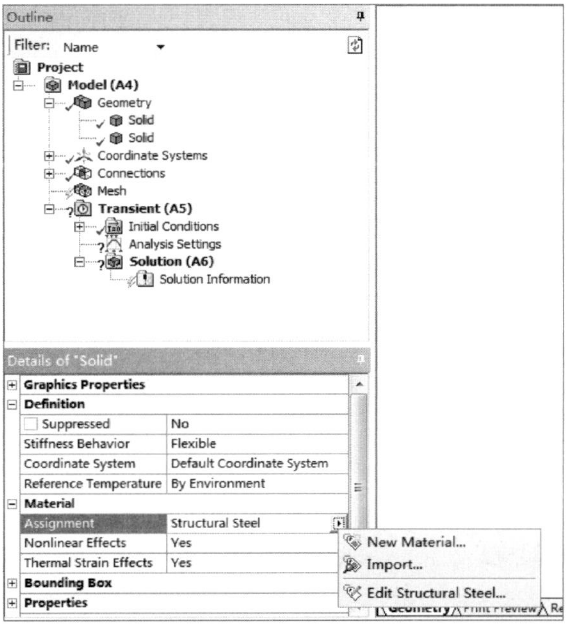

图 3.11　添加材料

3.1.2.4　设置模型接触属性

某跨界车主减速器准双曲面齿轮的齿轮实体模型由 3D 实体来定义, 其接触过程中的运动受力状况需要通过高阶四面体和六面体实体单元划分的网格表现出来, 使之更为准确。在柔体动力学分析中全部定义为柔体, 方便于变形过程的观察与分析, 也更为符合实际条件。

在 “Geometry” 分支中选择 “Solid”, 在 “Detail of “Solid”” 界面将 “Stiffness Behavior” 定义为 “Flexible”, 如图 3.12 所示。之后单击 “Mechanical” 界面右上角的关闭按钮, 退出 “Mechanical” 界面, 返回到 Workbench 软件主界面。

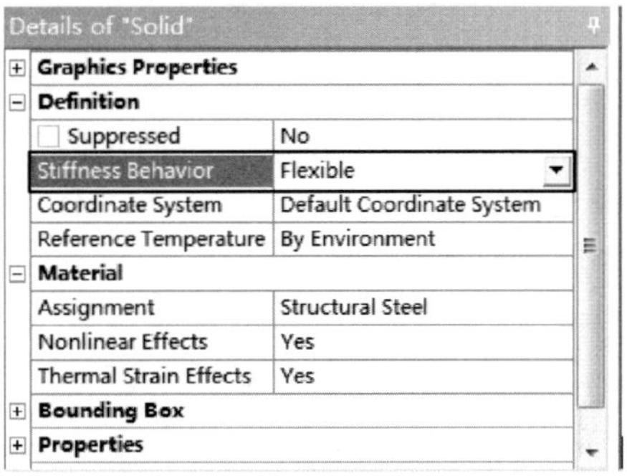

图 3.12　模型实体部件的设定

在同一个模型中, 可以同时存在刚性体和柔性体, 其材料属性需考虑密度、弹性模量、泊松比、塑性或者超弹性等。相关设定通过上述步骤完成。在柔性体中, 网格的密度决定着振动形式的捕捉, 网格足够细密的时候能得到较好的动态响应特征与应力–应变的梯度变化, 网格的划分将在 3.1.2.5 节详细说明。

在柔体动力学分析中, 接触、连接或者弹簧是在 “Connections” 分支下定义的。在接触的定义中, 这些设置只能用于 3D 或者 2D 的柔性体之间。接触是用在部件与部件之间的相互作用关系或者零件之间的摩擦效应的重要情况的体现。而对于非线性接触 (rough, frictionless, frictional), 其只能用在 3D 体的表面之间或者 2D 体的边与边之间的接触。对于连接只能在 3D 刚性体或者柔性体的体表面之间定义。连接可以在两个体之间或者体和地面之间定义, 其含义在于部件之间是相互连接的并且可以发生相对运动的力学建模。

对于弹簧, 只能在 3D 刚性体或者柔性体之间定义。弹簧在指定区域考虑纵向刚度和阻尼, 在于表示没有建模区域的弹簧阻尼效应。在某跨界车主减速器准双曲面齿轮的模型中连接与弹簧都不予应用。

应用相关理论与分析首先确定两齿轮之间的接触面与目标面, 如图 3.13 所示。接触面用红色表示, 而目标面用蓝色表示, 主动锥齿轮表面 17 个目标面的设定与被动锥齿轮 16 面的接触面对应。

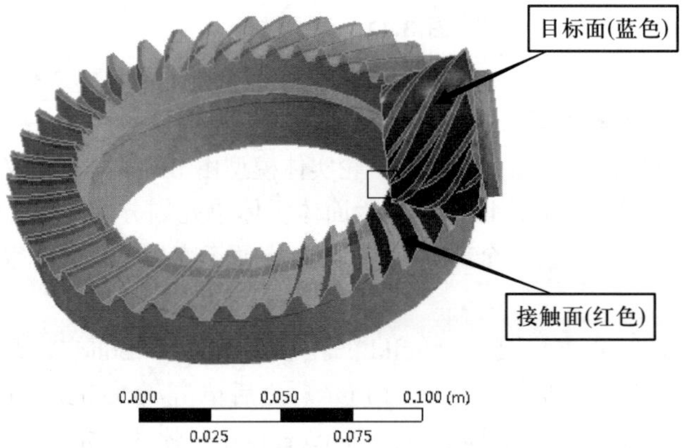

图 3.13 齿轮接触面的设定 (参见书后彩图)

在 “Model” 分支中, “Connections” 定义接触面及各参数。在主动齿轮上选择 “Target Faces”, 在被动齿轮上选择 “Contact Faces”, 并且设置 “Friction Coefficient” 为 4E–2, 其他设置如图 3.14 所示。

在接触力设定的过程中, 摩擦系数需要综合静态系数 μ_s 与动态系数 μ_d 来确定。静态系数 μ_s 是指当接触点滑动速度小于静态滑移速度 v_s 时的摩擦系数, 取值范围为 $\mu_s \geqslant 0$, 通常取值 $\mu_s = 0.08$。动态系数 μ_d 为作用在与相对运动相反方向上的摩擦力与法向作用力的比值, 取值范围为 $0 \leqslant \mu_d \leqslant \mu_s$, 通常取值 $\mu_d = 0.05$。在此, 综合各参数取值, 摩擦系数取为 0.04。如图 3.14 所示, 对于 rough、frictionless 和 frictional 接触, 接触区域不能预先知道, 所以必须进行迭代计算, 其接触算法运用 “Augmented Lagrange” 算法。最后, 根据齿轮运动的方向设定齿轮的两个旋转副。至此, 齿轮接触参数的选定已经完成。

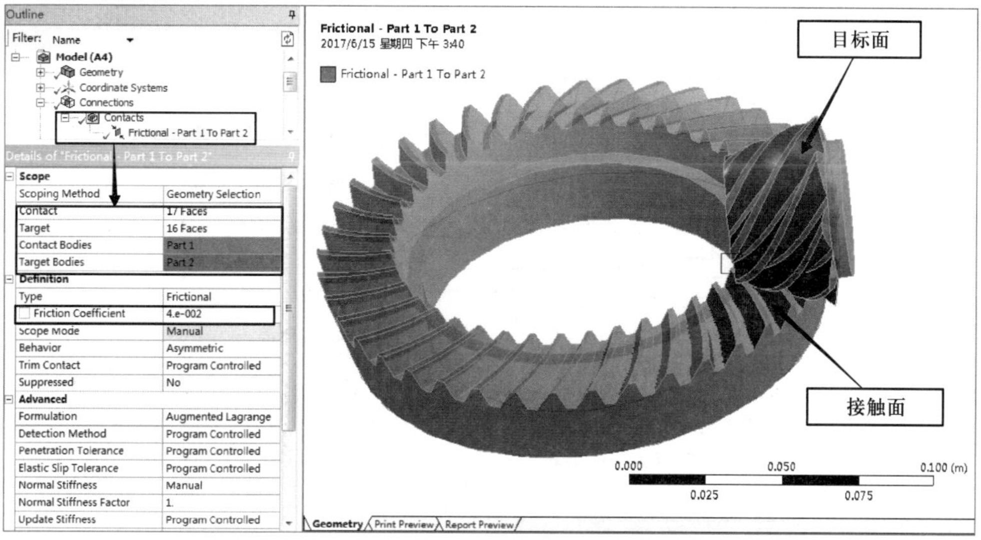

图 3.14　接触各参数的设定

3.1.2.5　划分网格

Workbench 程序中的有限元网格划分采用智能单元的划分方式, 在对所划分对象的属性进行设定后, 程序会自动根据材料的各项特性进行相应网格单元的选取, 在通用部位的网格划分能够满足分析计算的性能要求[4]。

某跨界车主减速器准双曲面啮合齿轮的网格划分流程总体分为物理环境设置、全局网格控制和局部网格控制。首先, 通过设置目标物理环境或结构等自动生成相关物理环境网格; 然后, 设定网格划分方法并定义网格设置尺寸、控制等; 最后, 预览网格并进行必要调整, 生成网格并检查网格质量, 准备进行分析。在物理设置中分析对象为机械结构特征的网格划分, 使用的是高阶单元划分法则, 采用较为粗糙的网格, 其中要保留实体单元中默认的节点, 相关联的缺省值是粗糙设定。平滑网格是通过移动周围节点和单元的节点位置来改进网格质量的, 在此选取中等程度, 并过渡为控制邻近单元的增长比, 便机械系统的设定要达到快速程度。具体设置操作如下。

(1) 选择 “Mechanical” 界面左侧 “Outline (分析树)” 中的 “Mesh” 选项, 此时可在 “Details of “Mesh”” (参数列表) 中修改网格参数, 具体参数如图 3.15 所示。之后右键点击 “Mesh” 选项, 在弹出的快捷菜单中选择 “Generate Mesh” 命令, 如图 3.16 所示。点击后弹出网格划分进度条, 表示网格正在划分, 当网格划分完成之后, 进度条消失。最终的主减速器准双曲面啮合齿轮网格划分效果如图 3.17 所示。

(2) 在 “Details of “Mesh”” (参数列表) 中点击 “Statistics” 来查看网格数据统计, 如图 3.18 所示, 得到划分网格的节点数为 22 420, 单元数为 12 083。

在力学分析中, 对于全局网格的控制采用最小输入的有效方法来解决关键特征值的设置。需要定义或者只接受少数全局网格尺寸的设置缺省值, 用 “Relevance (关联)” 来调整全局的网格质量。为了达到对网格生成的尺寸的设置施加更多的控制, 可以对模型实体的体、面、边和影响球进行单独的尺寸定义。同时, 在必要的区域要对网格进行

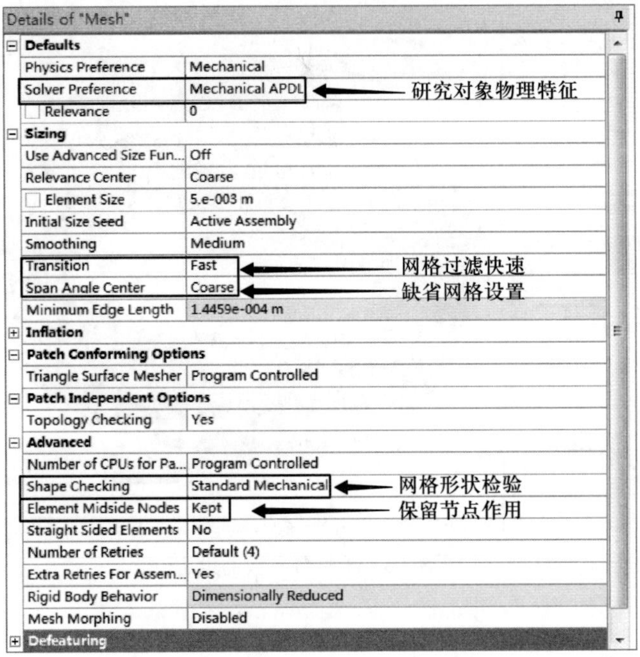

图 3.15　网格划分中物理环境的设定

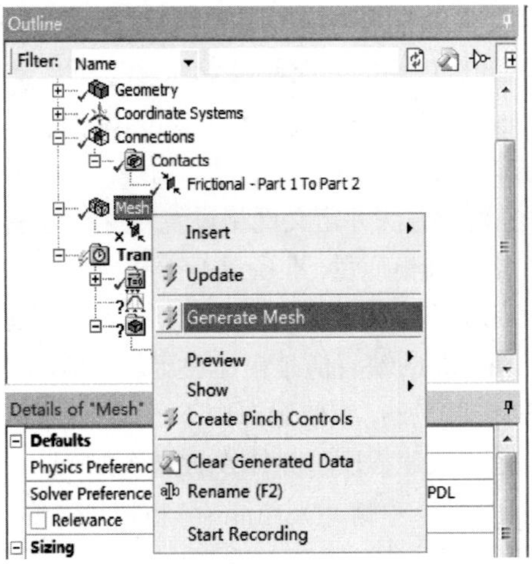

图 3.16　生成网格

细化, 识别模型的最小特征并设置出能有效识别两个齿轮特征的最小尺寸, 防止局部区域过于细化而产生网格划分时的报错, 使用收缩控制除去小边和面, 如准双曲面啮合齿轮边界的倒角等, 确保收缩容差小于局部最小尺寸。

创建网格分如下两步进行。

(1) 右键点击 “Mesh” 选项, 在弹出的快捷菜单中选择 “Insert” → “Contact Sizing” 命令, 来插入接触网格单元, 如图 3.19 所示。

(2) 点击 “Mesh” 下的 “Contact Sizing”, 在 “Details of “Contact Sizing”-Contact

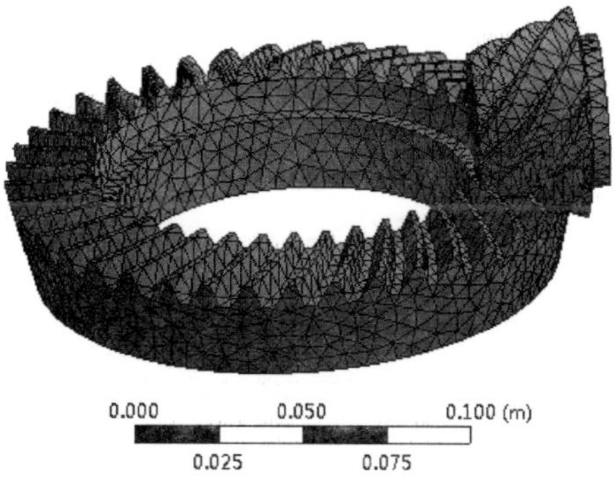

图 3.17 全局网格划分效果

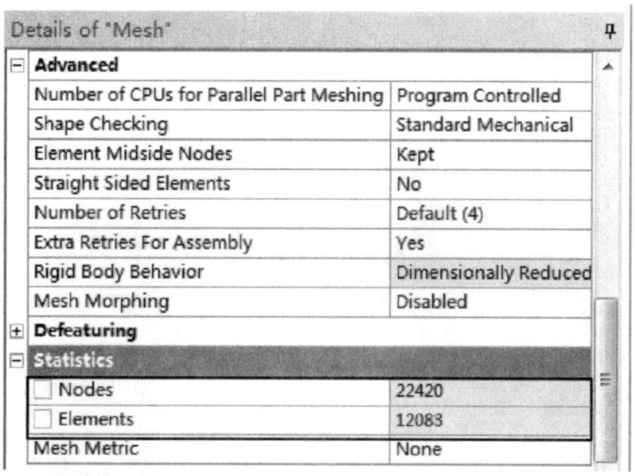

图 3.18 全局网格划分统计

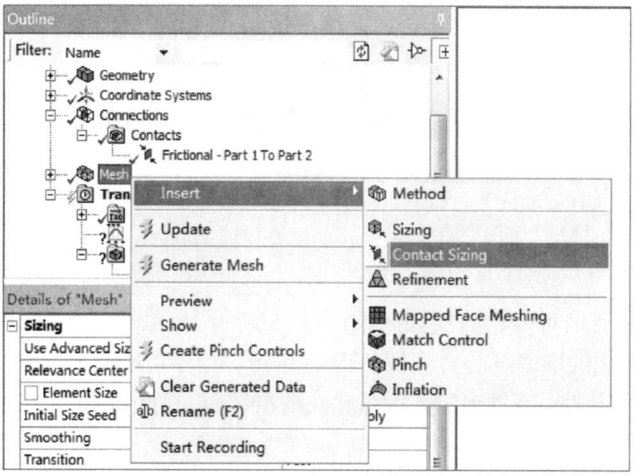

图 3.19 插入接触网格单元

Sizing” 中进行单元大小等设置, 如图 3.20 所示, 设置完后重新右键点击 “Mesh” 选项, 在弹出的快捷菜单中选择 “Update” 命令, 更新网格, 此时弹出网格划分进度条, 表示网格正在划分, 当网格划分完成之后, 进度条消失, 最终的网格划分效果如图 3.21 所示。

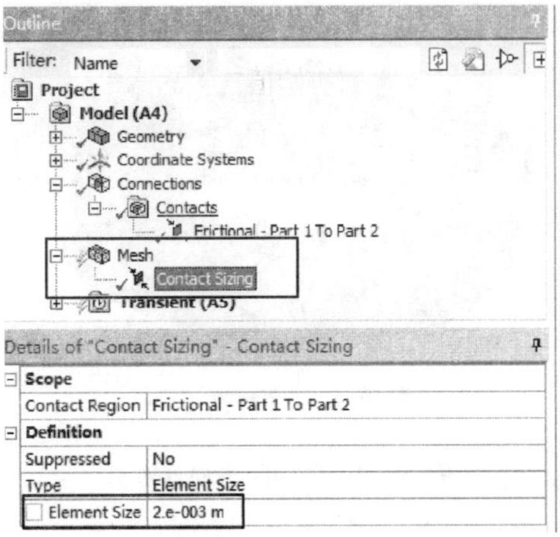

图 3.20　接触网格单元设置

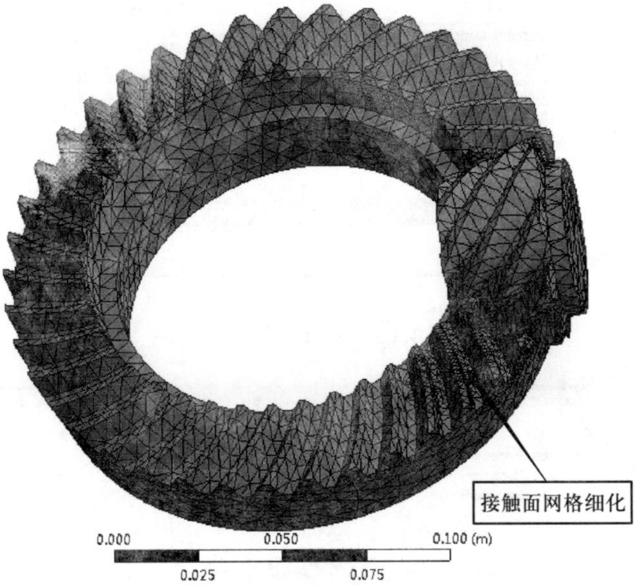

图 3.21　齿轮啮合网格划分

局部网格控制是对齿轮的接触面进行进一步的网格细化, 通过网格划分方法的确定来增强网格细化的准确度与合理性。Workbench 程序中的网格部分插入接触网格单元, 在选择接触范围后, 软件锁定了两齿轮间的接触面, 在此, 设定网格尺寸为 2 mm 的标准划分局部网格。

3.1.2.6　施加驱动

某跨界车所使用发动机为直列四缸式, 排量为 1.2 L, 额定功率为 63 kW, 额定转速为 6 000 r/min, 怠速转速为 700~800 r/min, 正常行驶是 3 500~4 500 r/min。传动比有 4 级: 一挡传动比为 3.8; 二、三挡的传动比为 2 和 1.4; 超速挡为 0.85。在汽车正常行驶下, 发动机输出转速为 2 000~4 000 r/min。将变速器处于二挡结合状态作为驱动参数的初始设定, 对应的驱动桥主减速器输入端的转速为 1 000~2 000 r/min, 在此, 选取 1 200 r/min 作为分析对象设定驱动初始值。

在汽车从静止到正常行驶以及不同挡位的调整的过程, 由于离合器的作用, 发动机输出端存在一个滑动摩擦时间来保证转矩和转速输入到汽车驱动桥产生驱动前行的动力。这个过程使转速有个缓冲状态发生, 它不仅提高了汽车乘坐的舒适性, 同时也减轻了由于突然启动或加速带来零部件之间的撞击对各个系统的损伤。对此, 仿真分析的驱动设置中分为两个阶段来完成, 第一个阶段为滑摩缓冲阶段, 其重要特征为发动机的输出端转速下降和转矩增大, 与此同时, 驱动桥主减速器输入端的转速逐渐增大, 转矩下降; 第二个阶段为同步摩擦阶段, 即发动机输出端与驱动桥主减速器输入端保持同等的转速。

由主减速器准双曲面齿轮传动的啮合原理可知, 主动齿轮与被动齿轮是弧齿锥齿轮多齿啮合传动, 齿轮重合度大约为 2.5 个齿。因此, 在仿真计算时设定为两齿轮啮合 2.5 个齿来完成一对啮合齿轮的完全啮合运动, 那么结束时间 "End Time" 定为 0.02 s。

由于时间步长控制着动力学响应的准确性, 因此柔体动力学分析设置的重要参数就是时间步长。时间步长必须足够小才能正确地描述随时间变化的载荷。时间步长同样控制着非线性系统的准确性和收敛行为, 在柔体动力学分析中的动力学响应计算过程中, 在选取为自动时间步长时, 选择恰当的初始、最小、最大时间步长对于计算结果的准确性非常重要。最大的时间步长根据精度要求确定, 该值可以与初始时间步长一样或者稍大一点。最小的时间步长可以用于防止 Workbench Simulation 程序进行无限次的求解。在柔体动力学中最小时间步长指定为初始时间步长的 1/100 或者 1/1 000。不同于采用显式时间积分的刚体动力学分析, 柔体动力学采用的是隐式时间积分, 因此柔体动力学分析的时间步长通常会较大。在柔体动力学的自动时间步算法取决于初始、最小、最大的时间步长, 但在求解过程中会根据计算的反应频率增大或者减小时间步长的大小。

初始时间步长选择一般采用式 (3.1) 来确定

$$t = \frac{1}{20f_{\mathrm{r}}} \tag{3.1}$$

式中, f_{r} 为分析对象所关心的主动齿轮及被动齿轮在动态响应中对整体结构响应有贡献的最高阶模态的振型频率。根相关参考文献能够对主被动齿轮中的前阶固有频率的值进行确定, 综合所关心的高阶 5、6 阶模态频率值, 在此取 $f_{\mathrm{r}} = 5\ 000$ Hz, 那么初始时间步长为 $\Delta t_1 = 1.0\mathrm{E} - 005$ s。由此, 设定最小时间步长为初始时间步长的 1/100, 即最小的时间步长 $\Delta t_1 = 1.0\mathrm{E} - 007$ s, 最大的时间步长 $\Delta t_2 = 0.001$ s。

选择 "Mechanical" 界面左侧 "Outline (分析树)" 中 "Transient" 下的 "Analysis Settings" 选项, 此时, 可在 "Details of "Analysis Settings" (参数列表)" 中修改 "Step Controls (时间步长控制)", "Number of Step (步数)" 设为 2, 第一步时间设为 0.002 s, 第二步时间设为 0.02 s, 其他具体参数如图 3.22 所示, 设置完成后如图 3.23 所示。

右键点击 "Mechanical" 界面左侧 "Outline (分析树)" 中的 "Transient", 在弹出的快捷菜单中选择 "Insert" → "Rotational Velocity", 添加选择速度驱动, 如图 3.24 所示。

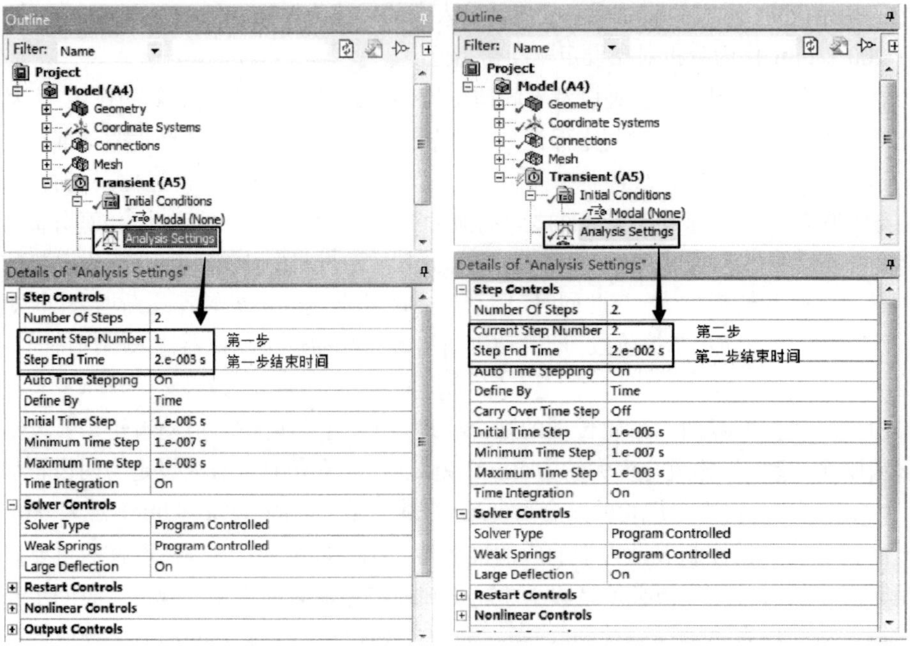

图 3.22　时间步长的设定

Tabular Data

	Steps	End Time [s]
1	1	2.e-003
2	2	2.e-002
*		

图 3.23　时间步长设置完成

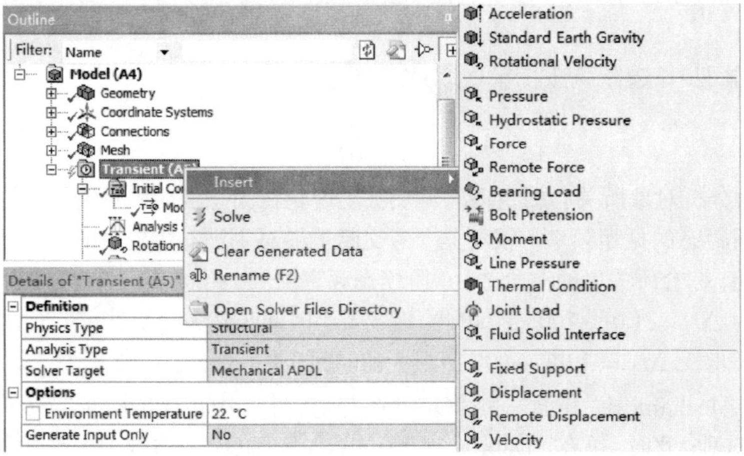

图 3.24　加驱动 Rotational Velocity

在 “Details of “Rotational Velocity” (参数列表)” 中设置相关参数, 单击参数列表中的 “Definition” 下 “Magnitude” 黄色区域后的 “▸”, 选择驱动大小表示类型 “Tubular (Time)”, 如图 3.25 所示。

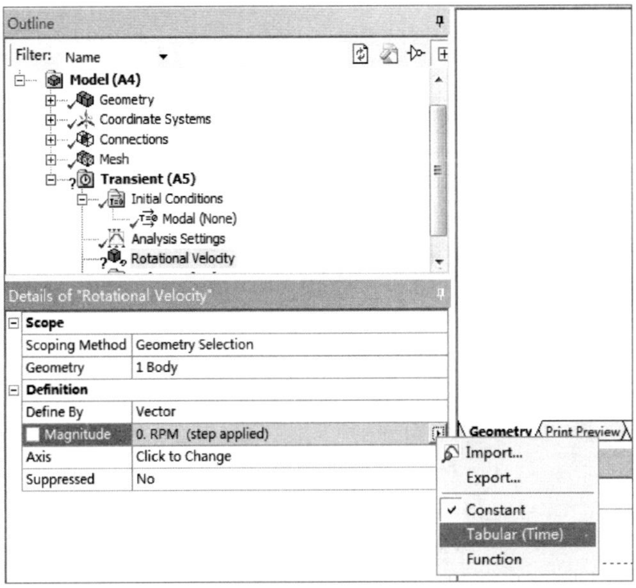

图 3.25 选择驱动大小表示类型 “Tubular (Time)”

点击 “Mechanical” 界面上侧菜单栏中的 “Units”, 将速度范围设置为 “RPM”, 如图 3.26 所示。之后, 进入 “Tubular Data” 界面进行设置, 将速度设为 1 200 r/min, 如图 3.27 所示。设置完之后驱动速度变化曲线如图 3.28 所示。驱动设置完成之后的模型如图 3.29 所示。

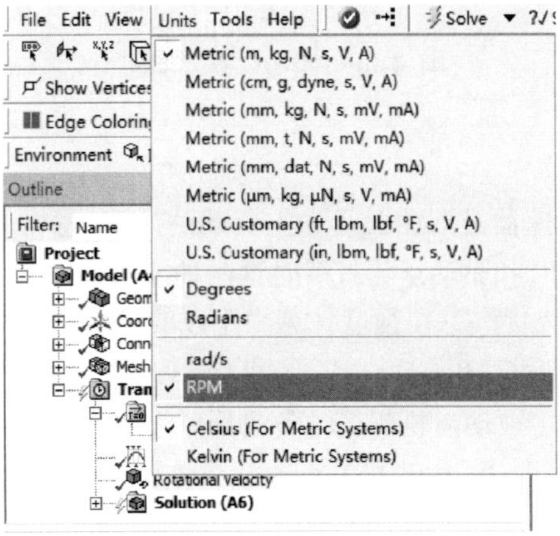

图 3.26 设置速度单位

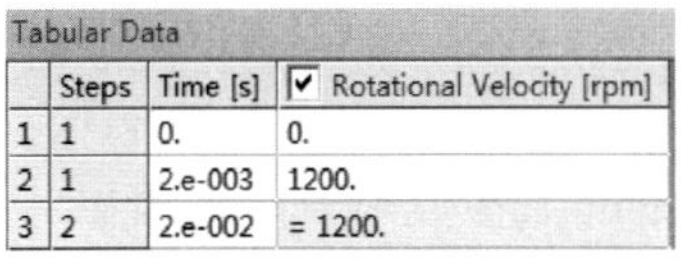
Tabular Data

	Steps	Time [s]	Rotational Velocity [rpm]
1	1	0.	0.
2	1	2.e-003	1200.
3	2	2.e-002	= 1200.

图 3.27 设置驱动速度

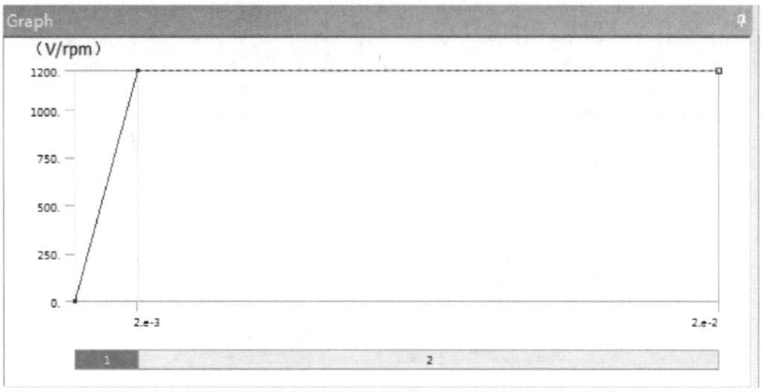

图 3.28 驱动变化曲线图

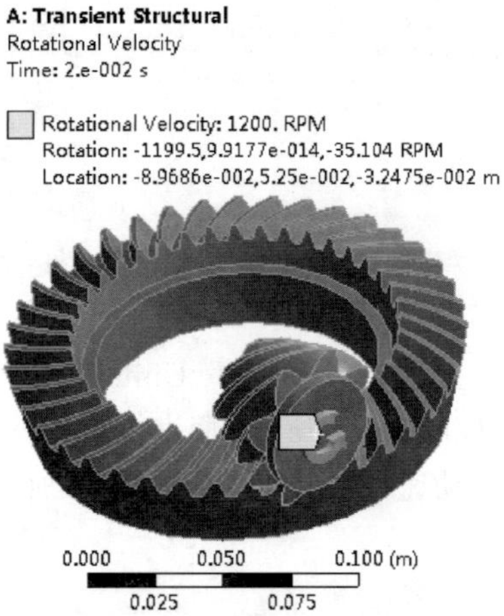

图 3.29 驱动设置完成图

3.1.2.7 施加负载

对于某跨界车主减速器准双曲面齿轮上负载的计算, 通常是将发动机最大转矩配以传动系最低挡传动比时和驱动车轮打滑时这两种情况下作用于主减速器从动齿轮上的转矩的较小者, 作为载货汽车在强度计算中用以验算主减速器从动齿轮最大应力的计算载荷[5]。

假设在运动过程中主被动齿轮所受的负载是恒定的, 在 Workbench 程序里的设定保持不变, 为了方便计算取为 (1.3E+5) N·mm, 具体设置操作如下。

(1) 右键点击 "Mechanical" 界面左侧 "Outline (分析树)" 中的 "Transient", 在弹出的快捷菜单中选择 "Insert" → "Moment", 添加选择负载力矩, 如图 3.30 所示。

(2) 在 "Details of "Moment" (参数列表)" 中设置相关参数, 单击参数列表中 "Scope" 下 "Geometry" 的黄色区域后, 选中被动齿轮内侧面为力矩施加面, 如图 3.31 所示。

(3) 在 "Details of "Moment" (参数列表)" 中设置相关参数, 单击参数列表中的 "Definition" 下 "Magnitude" 黄色区域后的 "▸", 选择驱动大小表示类型 "Tabular (Time)", 如图 3.32 所示。

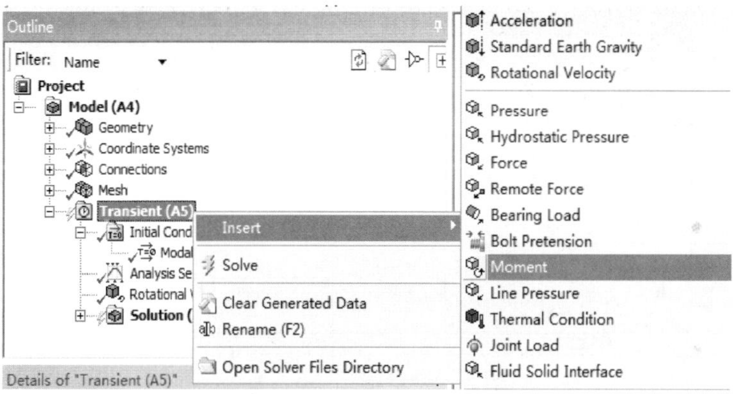

图 3.30　添加负载力矩

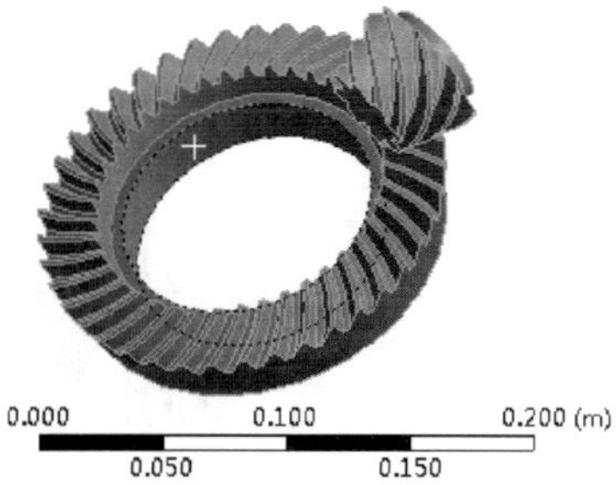

图 3.31　选择力矩施加面

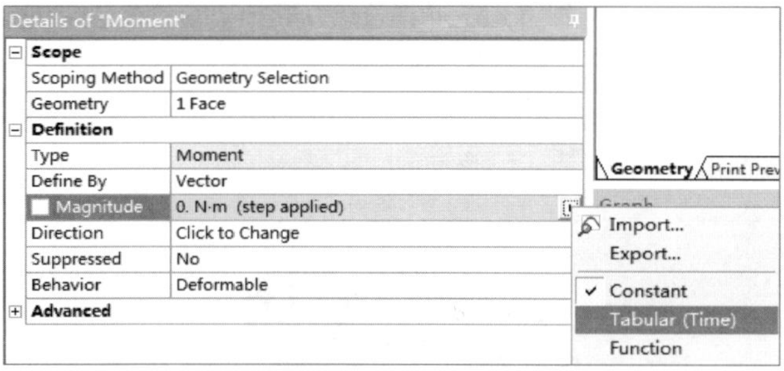

图 3.32　选择负载力矩大小表示类型 “Tabular (Time)”

(4) 进入到 “Tubular Data” 界面进行设置, 将驱动力矩设为 (1.3E+005) N·mm, 如图 3.33 所示。设置完之后负载力矩变化曲线如图 3.34 所示。

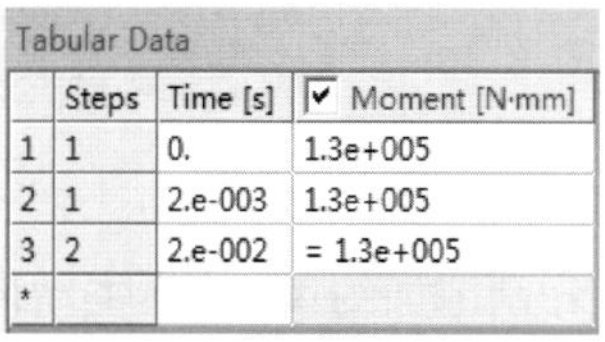
Tabular Data

	Steps	Time [s]	Moment [N·mm]
1	1	0.	1.3e+005
2	1	2.e-003	1.3e+005
3	2	2.e-002	= 1.3e+005
*			

图 3.33　设置负载力矩大小

(5) 选择负载力矩方向, 按图 3.35 所示选择, 将方向设为与运动方向相反。驱动设

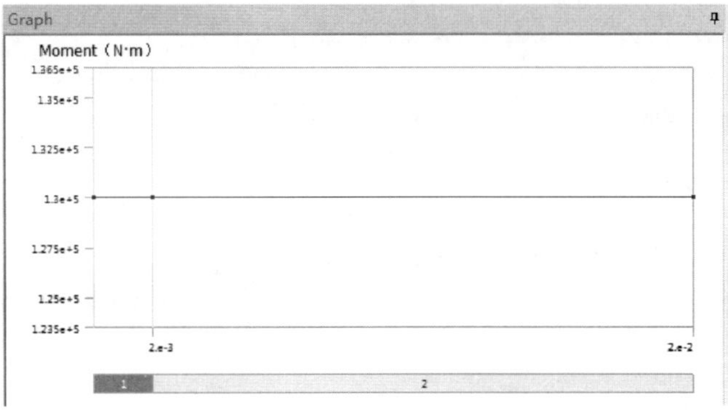

图 3.34 负载力矩变化曲线

置完成之后的模型如图 3.36 所示。

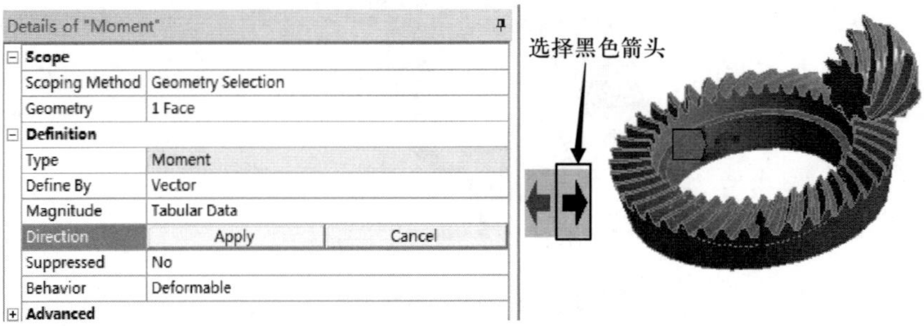

图 3.35 选择负载力矩方向

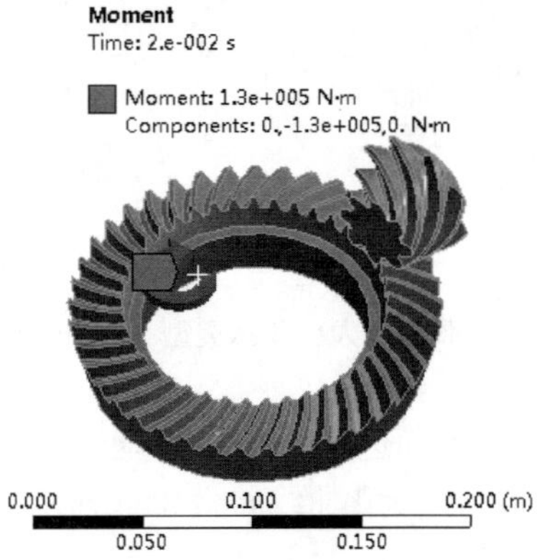

图 3.36 负载力矩添加完成

3.1.2.8 施加约束

在主动齿轮、被动齿轮上分别施加约束，约束主动齿轮 X、Y、Z 方向的移动和 Y、Z 方向上的转动，约束被动齿轮 X、Y、Z 方向的移动和 Y、Z 方向上的转动[6]。

具体步骤为：右键点击“Mechanical”界面左侧“Outline (分析树)”中的“Transient”，在弹出的快捷菜单中选择“Insert”→“Remote Displacement”，分别选择主动齿轮和被动齿轮的端面, 如图 3.36 和图 3.37 所示。

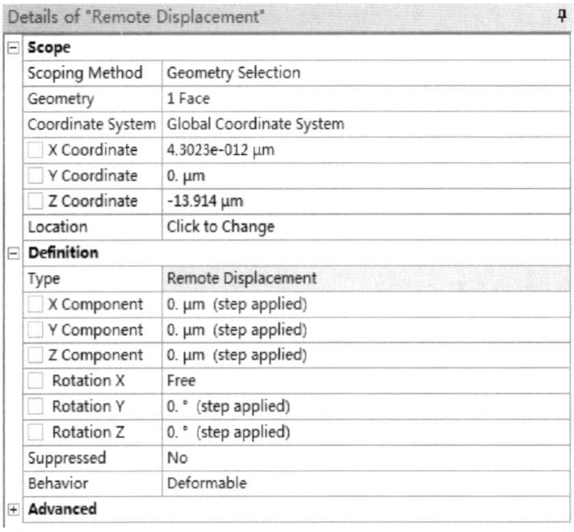

Details of "Remote Displacement"	
Scope	
Scoping Method	Geometry Selection
Geometry	1 Face
Coordinate System	Global Coordinate System
X Coordinate	4.3023e-012 μm
Y Coordinate	0. μm
Z Coordinate	-13.914 μm
Location	Click to Change
Definition	
Type	Remote Displacement
X Component	0. μm (step applied)
Y Component	0. μm (step applied)
Z Component	0. μm (step applied)
Rotation X	Free
Rotation Y	0. ° (step applied)
Rotation Z	0. ° (step applied)
Suppressed	No
Behavior	Deformable
Advanced	

图 3.37 约束设置界面

3.1.2.9 系统阻尼设置

在柔体动态接触啮合有限元分析中, 阻尼的影响非常重要。阻尼作用的机理很复杂, 在参数的实际设定中很难对其进行精准地表达, 但在柔体动力学分析所求解的方程中包含阻尼项。阻尼有 3 种形式: 材料阻尼, 是指对于每种材料都是独特的、指定的阻尼; 单元阻尼, 是指在指定区域的弹性连接也包含的阻尼效应; 全局阻尼, 是指内在或外在影响整体模型的阻尼, 这些阻尼效应在分析中是累加的[7]。阻尼的 3 种形式在 Workbench 软件里的相关设置如下。

(1) 材料阻尼: 在材料的初期设置中添加材料阻尼因子 β, 假设阻尼同刚度矩阵成正比, 即 $c=\beta k$, 其中, c 为材料的刚度矩阵, k 为比例系数; 而阻尼比 ζ 与材料阻尼因子 β 会随着频率呈线性增大的趋势; 因此, 材料阻尼对于所选定的材料会抑制其高阶频率, 这样更方便于在低阶频率中清楚地表现出振动特性。

(2) 单元阻尼: 对于弹性接触包含纵向阻尼的输入, 单元的阻尼就是一种弹簧式的碰撞过程的程度衡量项, 阻尼比 ζ 是阻尼 d 同临界阻尼 d_{cr} 的比值, 其方程为

$$\zeta=\frac{d}{d_{\mathrm{cr}}} \tag{3.2}$$

式中, d 为该材料内部的单元阻尼值; d_{cr} 为该材料在单元临界状态下的阻尼值。

(3) 全局阻尼: 同材料阻尼相似, 阻尼值可以以 β 因子输入, 该阻尼能够影响整个模型, 无论 β 值是否确定, 都能设定阻尼比及相应的频率来计算出合适的 β 值; 数值阻尼来源于 HHT (Hilber–Hughs–Tayler) 数值积分方法, 默认设定为 0.1, 相关设置操作为: 选择 “Mechanical” 界面左侧 “Outline (分析树)” 中的 “Transient” 下的 “Analysis Settings” 选项, 此时可在 “Details of “Analysis Settings” (参数列表)” 中修改 “Damping Controls (阻尼控制)”, 设置完成后如图 3.38 所示。

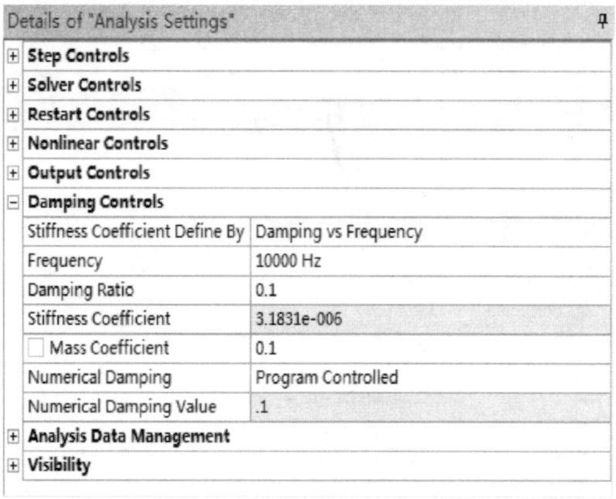

图 3.38 系统阻尼的设定

3.1.3 准双曲面齿轮动态啮合有限元仿真分析

3.1.3.1 齿轮啮合变形分析

在完成某跨界车驱动桥主减速器主动齿轮和被动齿轮动态啮合有限元仿真模型的相关参数设定之后, 为了保证有限元分析的准确性与合理性, 需要对模型在不同行驶状态下的轮齿变形、动态受力与力矩变化等特性进行研究, 得到较为准确的主动齿轮和被动齿轮柔体动力学特征[8,9]。

在此, 把 1 200 r/min 的转速加载在主动齿轮上作为汽车从静止到正常行驶的一个驱动前行的动力。而汽车主减速器被动齿轮上的负载值通过计算后取为 (1.3E+5) N·mm。仿真分析结果见图 3.39 和图 3.40 所示。

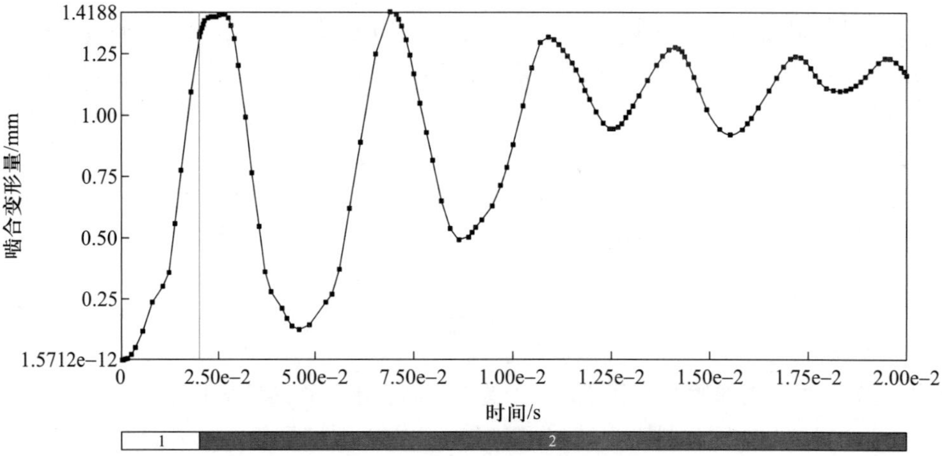

图 3.39 齿轮啮合变形量曲线变化图

通过对图 3.39 中的曲线数据进行分析可知, 在齿轮运动的初期, 整个啮合变形经历了两个阶段。第一个阶段是 0~0.002 s 的离合器的工作阶段。汽车从静止到运动的过程中, 离合器通过空滑阶段使发动机的转矩传递出来, 但是由于后驱动桥通过地面产

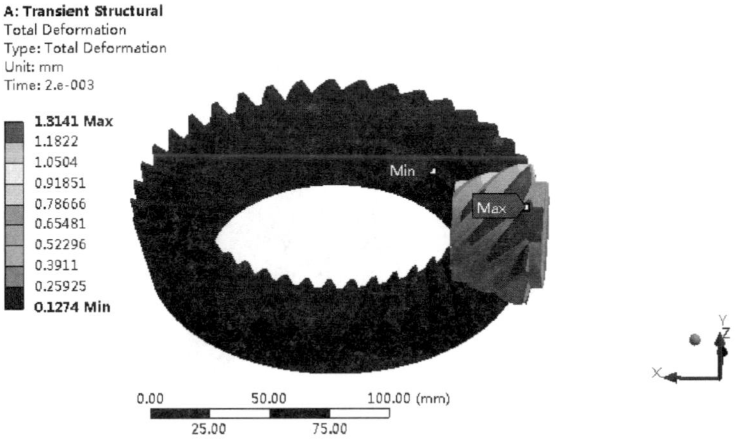

图 3.40　齿轮啮合变形云图 (参见书后彩图)

生的负载转矩大于发动机传递的转矩, 所以从动部分角速度仍然为零, 汽车尚未开动, 离合器开始滑动摩擦。在离合器滑动摩擦时, 发动机的转矩开始下降, 从动部件的角速度开始迅速上升, 当主从动部分的角速度达到一致时, 离合器滑摩停止。所以设定第一阶段的时间就是为了真实地表述离合器空滑和滑摩阶段的轮齿变形状态。第二阶段是 0.002~0.02 s 的主从动部分的共同运转阶段, 主动齿轮和被动齿轮已啮合上, 此时离合器的主从动部分角速度一致, 一段时间后达到共同稳定的角速度, 离合器处于稳态工作。

第一阶段在齿轮动态啮合接触冲击初期, 齿轮的受力变化几乎为零, 受力变形曲线上升极为缓慢, 在 0.000 75 s 左右, 变形曲线产生拐点, 陡然上升表明离合器空滑阶段和滑摩阶段将结束的临界点区域。

第二阶段中, 离合器主从动部分的共同运转使得齿轮在啮合稳态后的变形出现稳定上升的过程。在齿轮运转过程中, 由于主动齿轮在齿轮系统中传动的是驱动力矩, 而被动齿轮传递的负载力矩使得变形区域更多地出现在主动齿轮上。在主动齿轮最薄弱的轮齿根部产生应力集中现象, 如变形云图 3.40 所示, 伴随着运转的平稳进行, 受力变形集中在主动齿轮根部, 而且不断增加, 同时变形位移的区域及数值符合实际中主动齿轮和被动齿轮根部易断裂的现象, 虽然只有微米级变形量的发生, 但对于动态啮合特性的影响较为明显。

3.1.3.2　齿轮啮合应力分析

通过对初始加载工况有限元计算分析, 将齿面接触应力、齿根弯曲应力和接触合力由接触应力云图的形式显示出来, 如图 3.41 和图 3.42 所示。由图 3.41 和图 3.42 可知, 在离合器主从动部分突然接触的时候, 由于地面负载扭矩与发动机传递的动力扭矩的综合作用, 在主动齿轮上产生很明显的应力集中现象。应力集中的产生使得主动齿轮在极小的一个时间段中齿面变形量加大, 那么接触区域就必然增大, 在冲击载荷作用下, 接触区域呈现出较不规则的区域图像, 在啮合齿轮对轮齿的根部出现了较大的接触应力。

图 3.43 所示为在 0~0.002 s 的第一阶段的啮合过程中, 从静止到啮合存在一个明

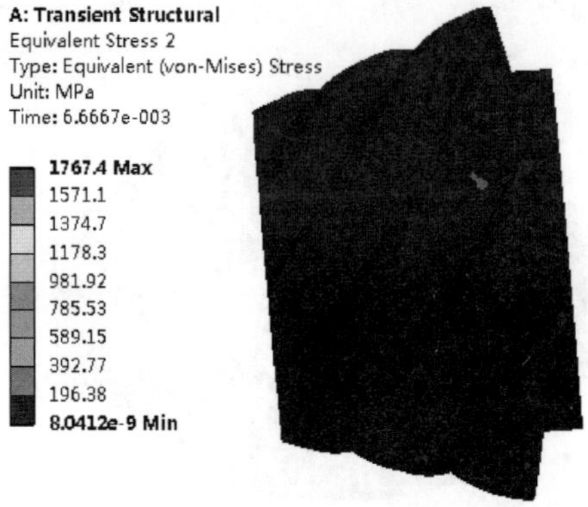

图 3.41　主动齿轮啮合初期接触应力云图 (参见书后彩图)

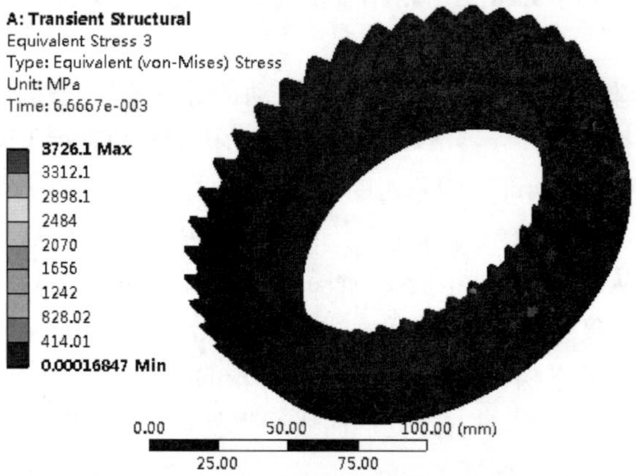

图 3.42　被动齿轮啮合初期接触应力云图 (参见书后彩图)

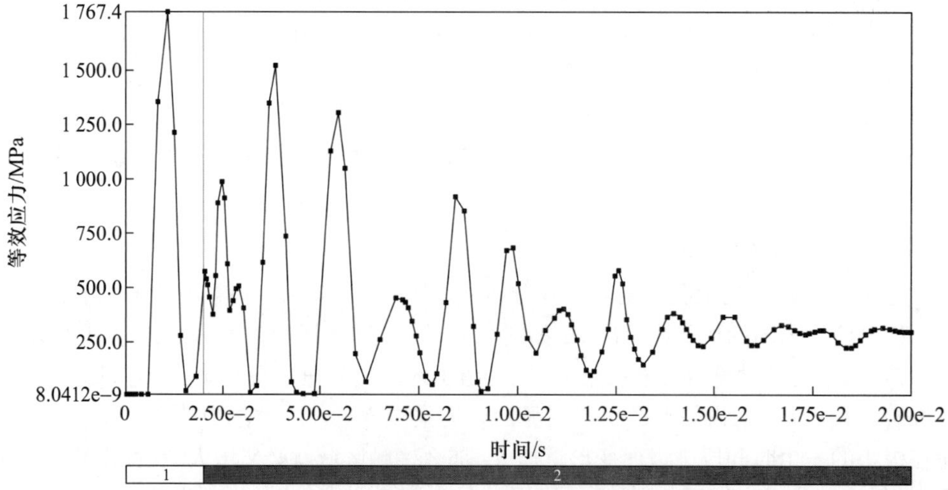

图 3.43　齿轮啮合等效应力时间曲线图

显的初始冲击, 在 0.001 s 左右, 等效应力达到第一工作阶段的峰值 1 767.4 MPa, 冲击值的大小和持续时间的长短与传动参数以及工作参数相关联, 这种冲击现象为齿轮啮合接触冲击。

在第二阶段中, 随着啮合运动的不断进行, 主动齿轮和被动齿轮均出现对等的接触区域对, 如图 3.44 和图 3.45 所示。在图 3.44 中, 齿轮啮合力呈现出周期性的应力峰值。齿轮的受力变形影响着接触区域的范围与应力值的大小, 轮齿的变形程度随啮合运动的时间长短呈正比例关系, 而接触区域的范围也与变形程度高低呈正比例关系。即轮齿受力变形后, 驱动力矩也在不断地增加, 负载力矩恒定, 两个力矩的共同作用使得主动齿轮和被动齿轮接触面的突起部分相互挤压, 点接触区域被面接触代替, 从而接触区域产生扩大的趋势[10]。

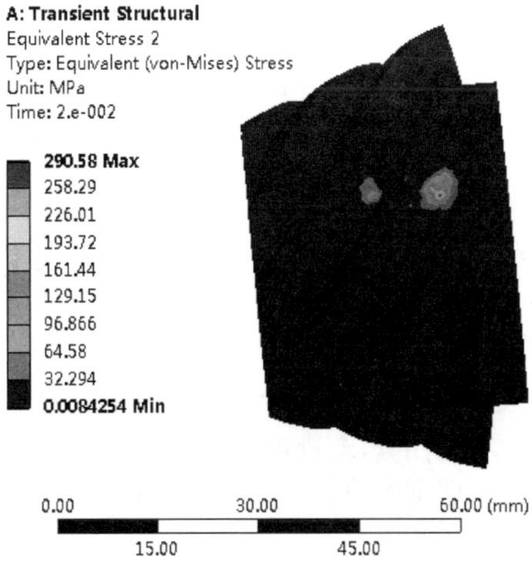

图 3.44 主动齿轮第二阶段接触应力云图 (参见书后彩图)

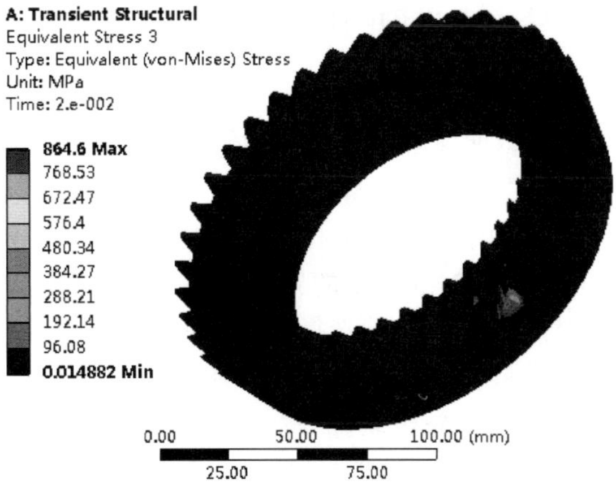

图 3.45 被动齿轮第二阶段接触应力云图 (参见书后彩图)

3.2 准双曲面齿轮运动学建模及仿真分析

3.2.1 准双曲面齿轮运动学问题描述

准双曲面齿轮作为跨界车后桥主减速器中的重要传动零件, 在传递转矩时工作情况复杂, 载荷波动范围大, 轮齿受到的齿面接触应力和齿根弯曲应力很大。如果该准双曲面齿轮的零件加工制造、装配调整和跑合未达到设计要求, 则跨界车驱动桥主减速器准双曲面齿轮副在啮合工作过程中, 会产生振动和噪声, 严重时还会影响车辆运行的平稳性及乘员乘坐的舒适性。本节针对准双曲面齿轮的装配调整环节引起的驱动桥振动问题做进一步的运动学和动力学仿真分析[11]。

将跨界车驱动桥主减速器准双曲面齿轮模型导入 ADAMS 软件中, 设置相应的约束与载荷, 再添加实际驱动, 利用虚拟样机技术对准双曲面齿轮进行运动学和动力学仿真, 进而在理论上分析出主减速器准双曲面齿轮的转速、角加速度和啮合力的时域或频域图。其相应的约束、载荷和驱动包括如下 4 个方面。

(1) 在主动齿轮与被动齿轮上分别施加旋转副, 机架为大地。其中, 主动齿轮作为输入端, 被动齿轮作为输出端。

(2) 在主动齿轮与被动齿轮之间添加实体–实体碰撞力, 以仿真齿轮啮合传动, 求得啮合力的时域图和频域图, 而且要考虑两齿轮碰撞接触时的摩擦力, 具体的碰撞力参数和接触力参数在仿真过程中会给出, 在此不详述。

(3) 主动齿轮作为输入端, 要在主动齿轮的旋转副处施加一个转速驱动作为运动激励。为了能模拟电动机或发动机的启动过程, 使得施加转速时不出现突变, 对此采用运动激励驱动函数仿真, 具体驱动函数的选取及定义将在仿真过程中详细叙述。

(4) 被动齿轮作为输出端, 要在被动齿轮的旋转副处施加一个恒定的转速负载, 以模拟跨界车驱动桥上的其他零部件, 如半轴、轮毂、差速器等。根据驱动桥的具体负载, 并结合某跨界车的实际质量 1 000 kg、车轮半径 272 mm, 通过计算得出负载。

3.2.2 准双曲面齿轮仿真模型的建立

3.2.2.1 导入 UG 三维模型到 ADAMS

将跨界车主减速器准双曲面齿轮的三维实体模型导入 ADAMS 软件, 其操作步骤有如下 5 步。

(1) 在 UG 的工具栏中依次选择下拉菜单 “文件” → “导出” 命令, 选择导出中的 Parasolid 格式, 出现如图 3.46 所示的界面, 填写名称, 选择导出的版本 Parasolid 12.0-UG17.0, 然后先选择主动齿轮, 再选择被动齿轮, 点击确定后再另存为 “xmt_txt” 的文件格式, 文件名为 “gear_1”。

(2) 启动 ADAMS/View 分析软件, 选择新建, 单位采用 MMKS 制, 命名为 “gear_1”。如图 3.47 所示, 选择 “OK” 按钮, 进入工作窗口。

(3) 在菜单栏中依次选择 “File” → “Import”, 点击打开出现如图 3.48 所示的页面。分别设置好 “File Type” “File To Read” “File Type” “Model Name” 中的内容, 具体内

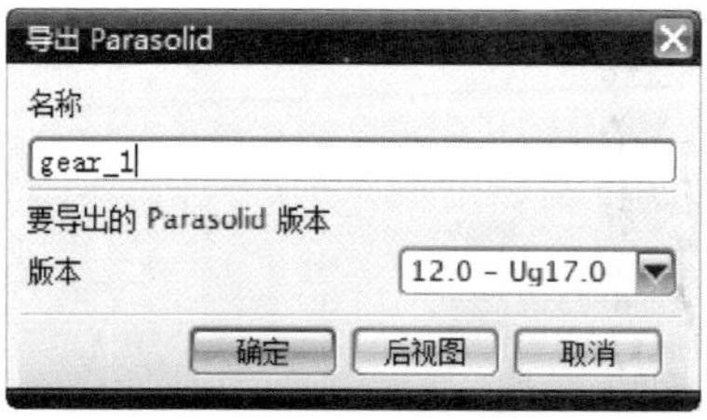

图 **3.46** UG 数据导出

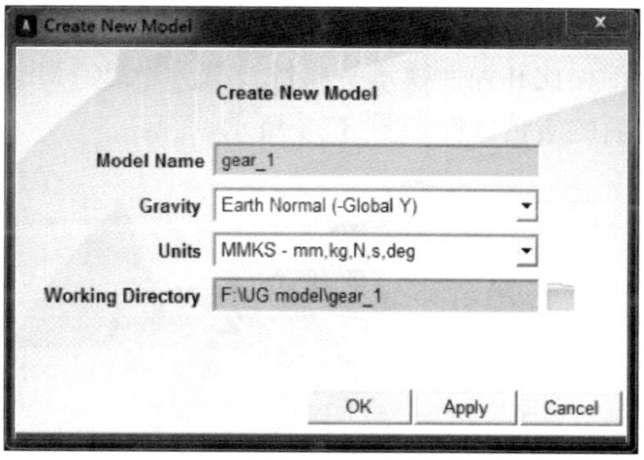

图 **3.47** 启动界面

容如图 3.48 所示。选择完后, 点击 “OK” 按钮, 就将从 UG 中输出的模型成功导入到 ADAMS 软件中。导入 ADAMS 软件后准双曲面齿轮模型如图 3.49 所示, 其中主动齿轮被定义为 “PART2”, 被动齿轮被定义为 “PART3”。

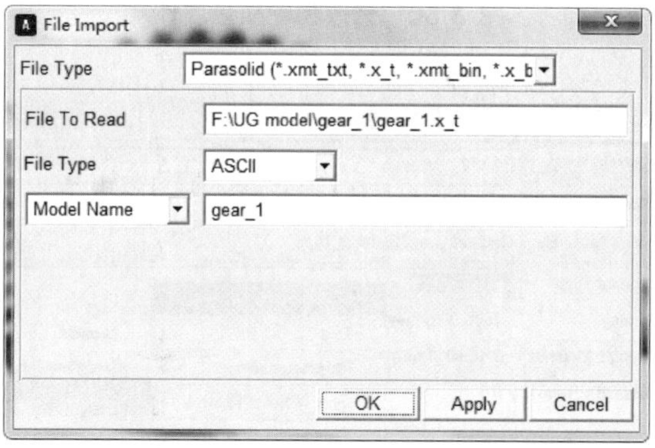

图 **3.48** 将准双曲面齿轮模型导入 ADAMS 软件

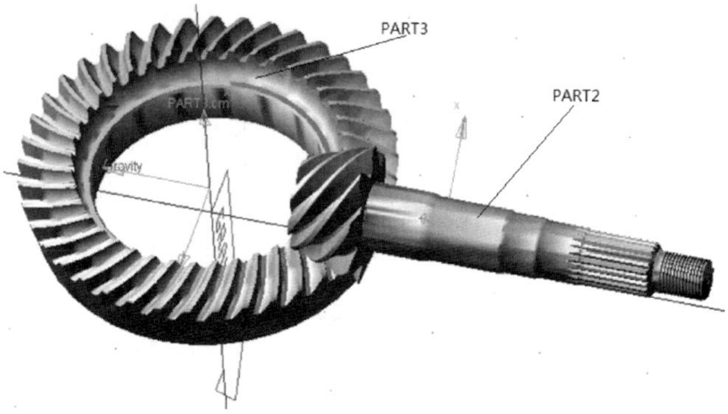

图 **3.49** 导入 ADAMS 软件后的模型图

(4) 根据准双曲面齿轮的材料属性, 如图 3.50 所示, 依次选中单个齿轮, 然后右键选择 “PART2” → “Modify” 来修改齿轮的质量属性, 并且创建新的材料, 如图 3.51 所示。点击 “Material Type” 输入框, 点击右键选择 “Material” → “Create”, 进入 “Create

Material Type" 界面, 将材料命名为 "MATERIAL_20CrMnTi", 并依次将新材料的密度、泊松比和弹性模量等属性设置为 "20CrMnTi" 材料的属性, 如图 3.52 所示。设置完之后的质量属性如图 3.53 所示。

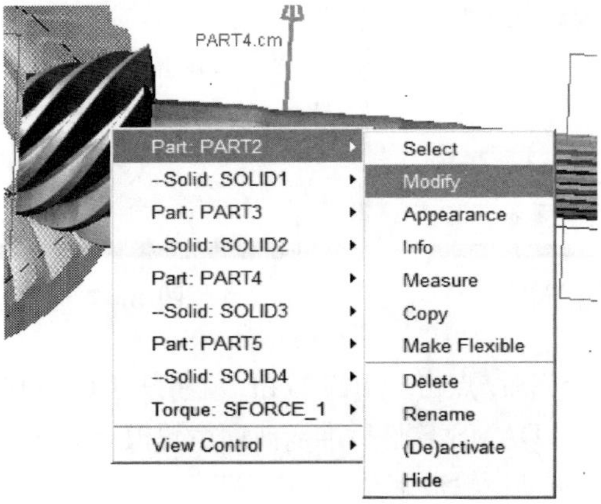

图 3.50　修改齿轮质量属性

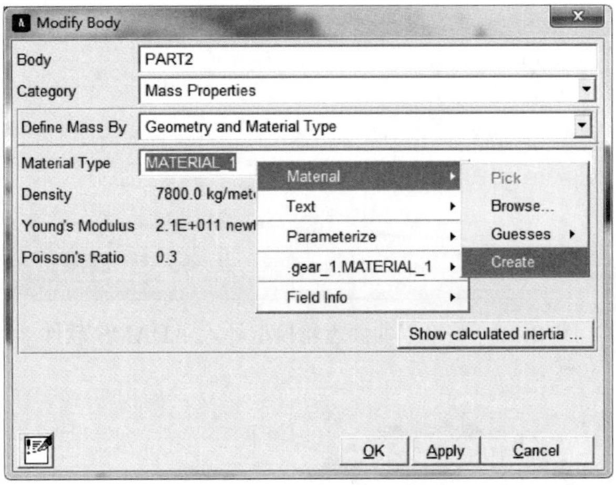

图 3.51　创建新材料

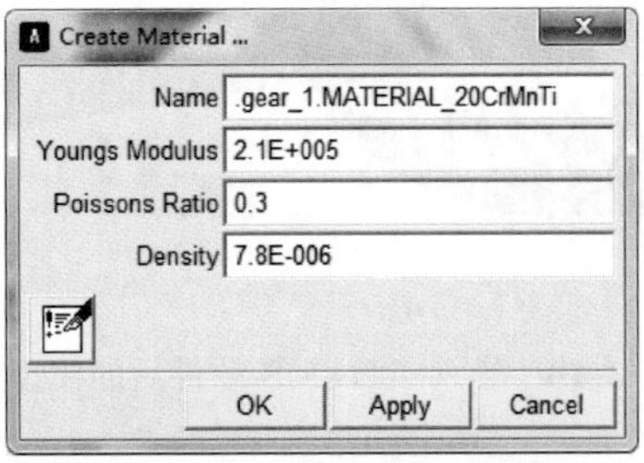

图 3.52　设置新材料的属性

(5) 依次选中单个齿轮, 然后右键选择 "SOLID1" → "Appearance" 来修改齿轮的

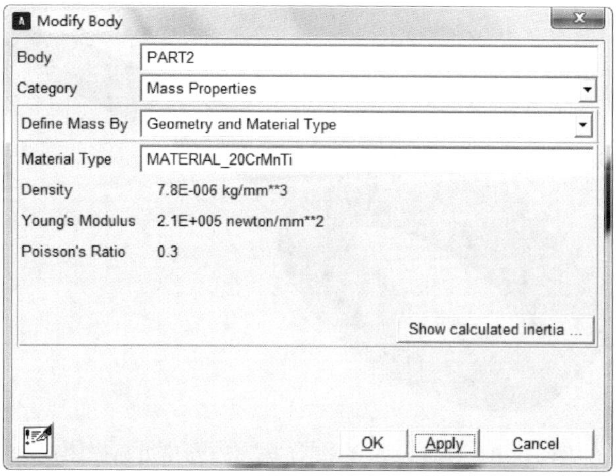

图 3.53 设置完之后的质量属性

颜色, 如图 3.54 所示。进入 "Edit Appearance" 界面, 如图 3.55 所示。再点击 "Color" 输入框, 点击右键选择 "Color" → "Guesses", 然后选择合适的颜色。设置完之后的模型如图 3.56 所示。

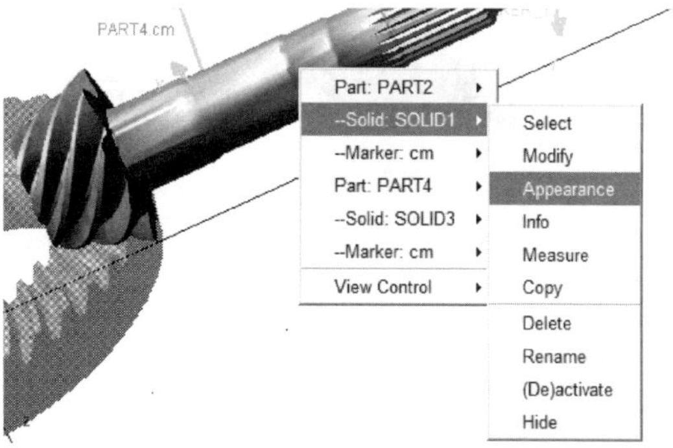

图 3.54 设置齿轮的外观

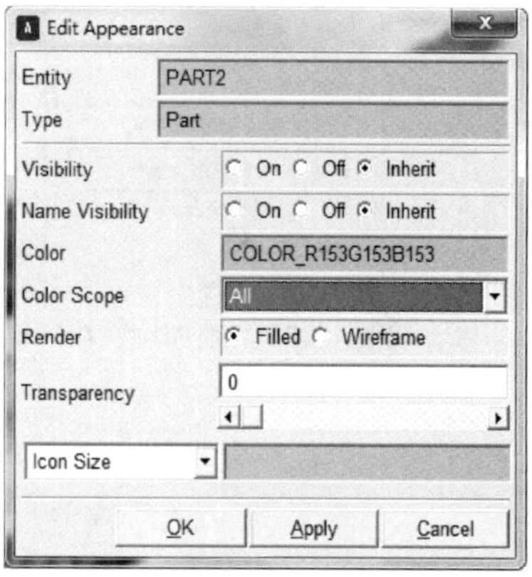

图 3.55 "Edit Appearance" 界面

3.2.2.2 模型约束和载荷的施加

(1) 在主动齿轮与被动齿轮上分别施加旋转副, 机架为大地。其中主动齿轮为输入端, 被动齿轮为输出端。选择 "Connectors" 中的 "Revolute Joint (旋转副)", 选择 "2 Bodies-1 Location" 和 "Pick Geometry Feature", 如图 3.57 所示。然后依次选择 "PART2 (主动齿轮)" 和 "Ground (大地)", 选择主动齿轮上的标记点 "PART_MARKER_1", 使旋转副的方向沿着被动齿轮轴线方向, 如图 3.58 所示, 这样即可对主动齿轮施加旋转副, 对于被动齿轮设置操作与主动齿轮相似。施加的旋转副如图 3.59 和图 3.60 所示。

(2) 在主动齿轮与被动齿轮之间添加 "SOLID-SOLID (实体–实体)" 碰撞力, 以仿真齿轮啮合传动, 求得啮合力的时域图和频域图, 而且要考虑两齿轮碰撞接触时的摩

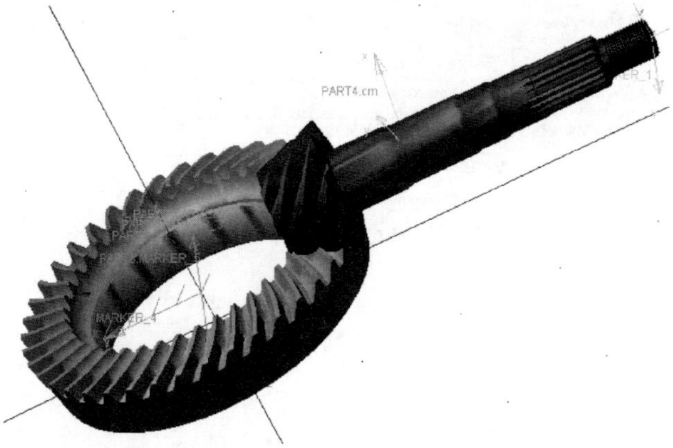

图 3.56　外观设置完之后的模型 (参见书后彩图)

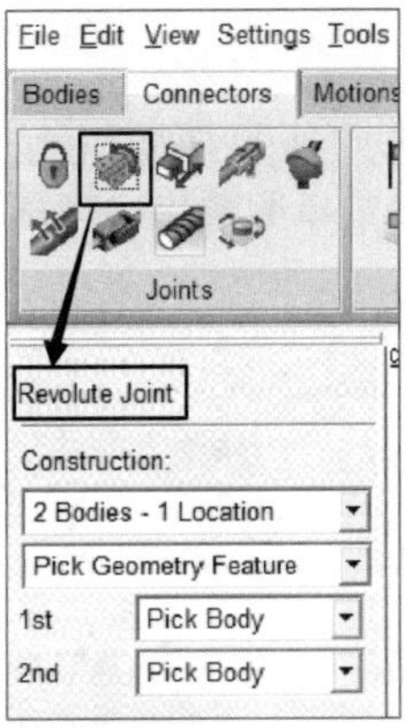

图 3.57　施加旋转副 1

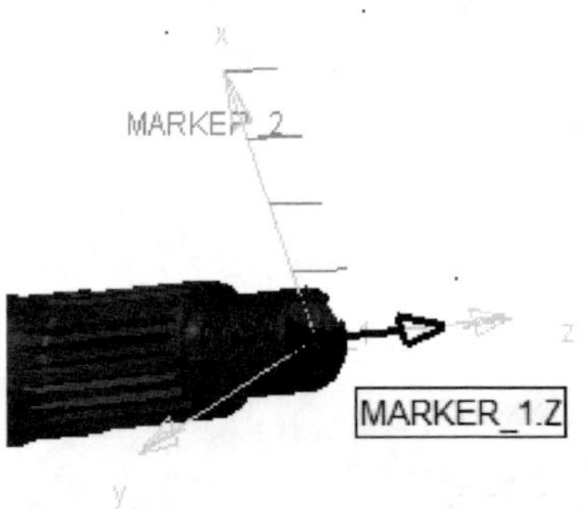

图 3.58　施加旋转副 2

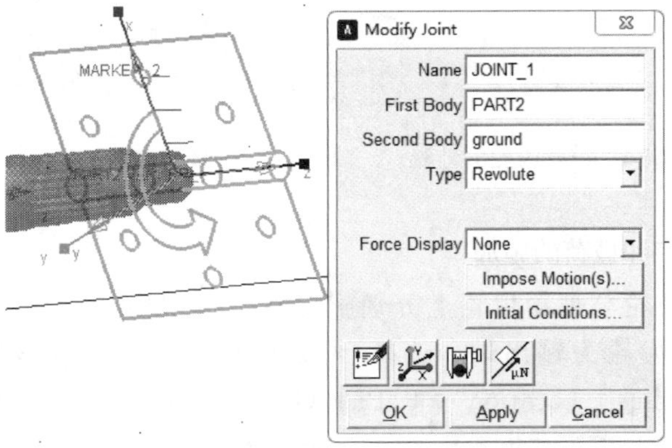

图 3.59　主动齿轮施加的旋转副

擦力。选择 “Forces” 中的 “Contact (接触力)”, 如图 3.61 所示。然后进入 “Modify Contact” 界面, 按照图 3.62 所示进行选择和输入, 即可创建主动齿轮与被动齿轮之间的实体–实体碰撞力。

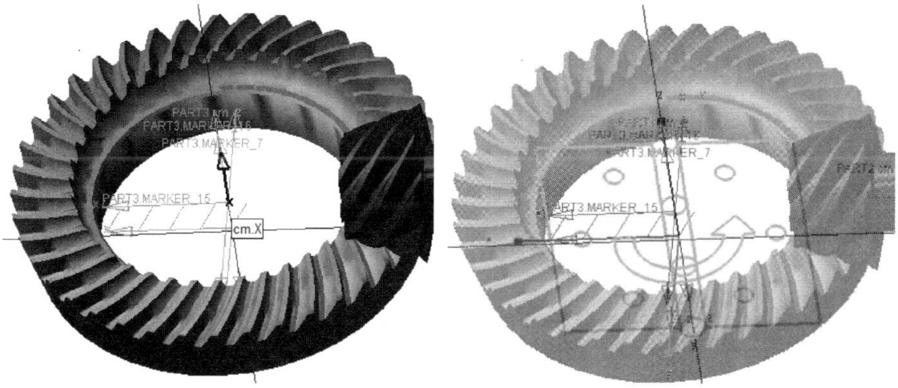

图 3.60 被动齿轮施加的旋转副 (参见书后彩图)

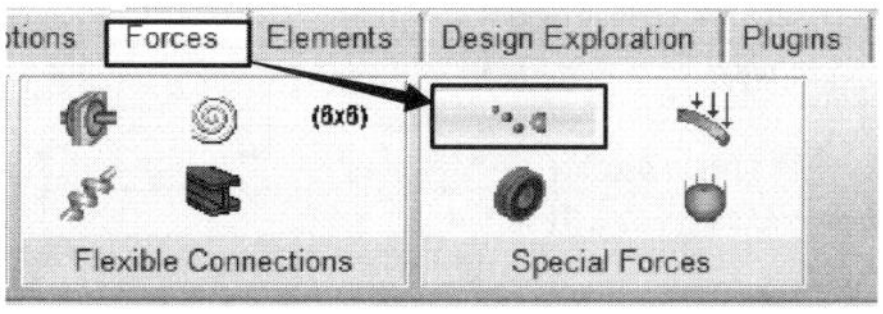

图 3.61 创建接触力

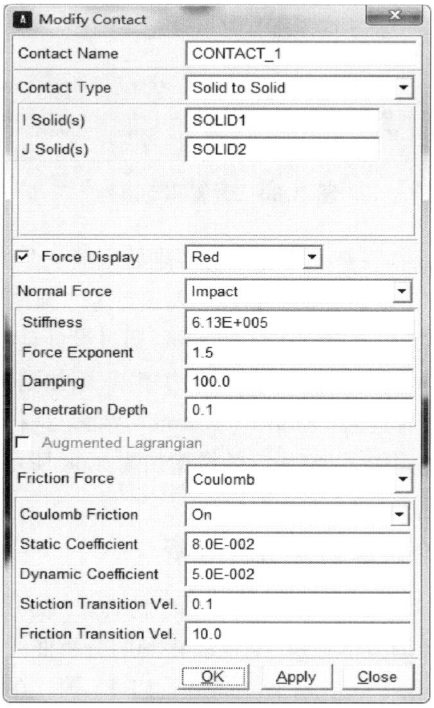

图 3.62 齿轮间的实体–实体碰撞力设置

(3) 主动齿轮为输入端, 在主动齿轮的旋转副处施加一个转速驱动作为运动激励。为了能模拟电动机或发动机的启动过程, 使得施加转速时不出现突变, 故此运动激励采用驱动函数 STEP (time, 0, 0d, 0.2, 7200d)。在此, 首先选择 “Motions” 中的

“Rotational Joint Motion (旋转驱动)”, 添加到主动齿轮上的旋转副 “Joint_1” 上, 如图 3.63 所示。然后进入 “Joint Motion” 界面, 按照图 3.64 所示进行选择和输入, 并且进入 “Function Builder” 界面进行驱动速度函数编辑, 如图 3.65 所示。

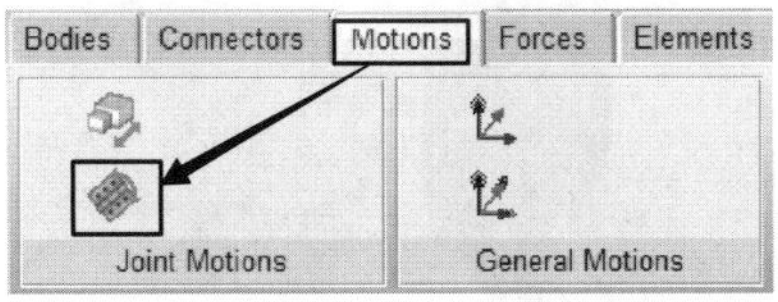

图 3.63 添加驱动

图 3.64 设置驱动属性

(4) 被动齿轮为输出端, 在被动齿轮的旋转副处施加一个恒定的转速负载以模拟跨界车驱动桥上的其他零部件, 如半轴、轮毂、差速器等。根据驱动桥的具体负载, 并结合某跨界车的质量 1 000 kg, 车轮半径 272 mm, 通过设计计算得出负载。在此, 首先, 按图 3.66 所示选择 “Forces” 中的 “Torque (力矩)”, 添加到被动齿轮上, 并按图 3.67 所示进行选择和输入, 然后进入 “Modify Torque” 界面, 进行负载力矩的编辑。至此, 所有的约束和载荷都添加完毕了, 完成后的模型如图 3.68 所示。

3.2.3 准双曲面齿轮的运动学仿真分析

在分析模块 ADAMS/View 中进行完运动学仿真后, 就可以进入后处理 ADAMS/Postprocessor 模块, 进行动力学分析, 对所获得到的分析曲线进行相加、相减、求导、积分、快速傅里叶变换 (fast Fourier transform, FFT) 等。在此, 主要根据运动学的测量结果, 分析准双曲面齿轮的转速、角加速度和啮合力的时域图, 并根据时域图进行 FFT, 得到啮合力的频域图。

3.2.3.1 准双曲面齿轮的运动学仿真计算

首先进行仿真运算, 点击工具栏中的 “Simulation”, 根据图 3.69 所示进行仿真, 并且进入 “Simulation Control” 界面, 设置仿真时间为 0.4 s, “Step Size (步长)” 为

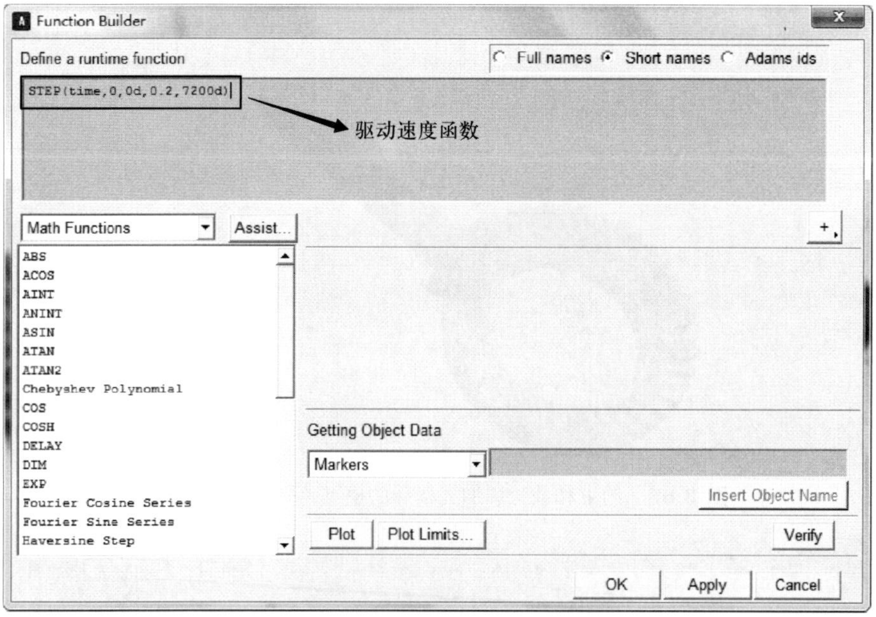

图 3.65　编辑驱动速度函数

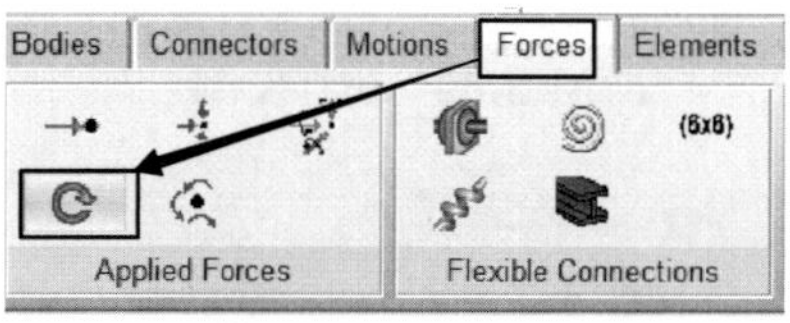

图 3.66　添加负载力矩

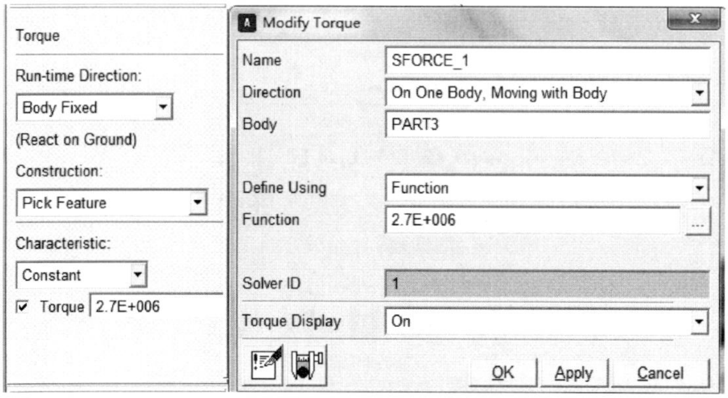

图 3.67　负载力矩参数编辑

0.000 1, 见图 3.70 所示, 然后点击开始仿真计算, 这个过程一般需要几分钟。

3.2.3.2　准双曲面齿轮的转速仿真分析

在此只针对主动齿轮正常装配下的两对齿轮进行转速仿真, 得到两轮转速随时间的变化曲线, 来研究说明所添加到主动齿轮的驱动函数的正确性, 以及验证是否满足啮合传动的方向和传动比的大小。

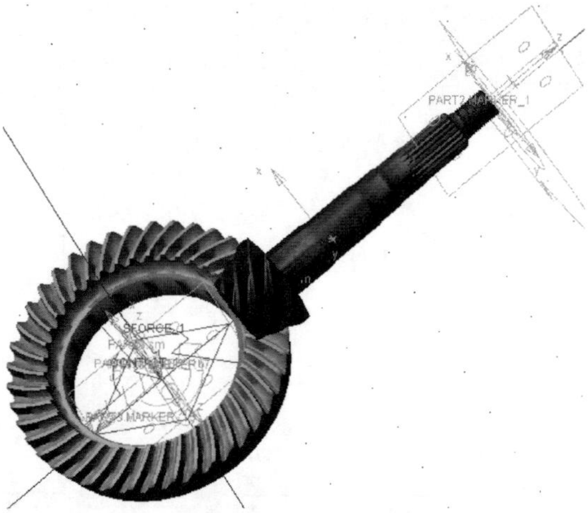

图 3.68 约束和载荷添加完毕后的模型 (参见书后彩图)

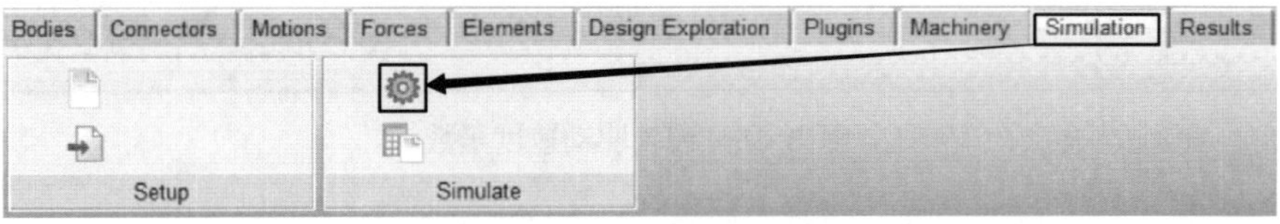

图 3.69 仿真操作

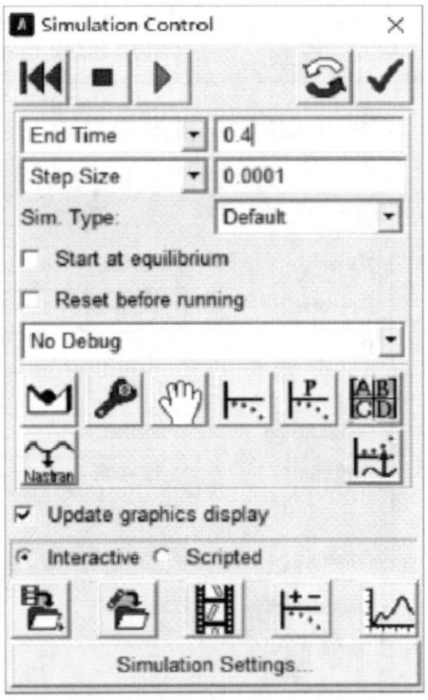

图 3.70 仿真控制参数设置

仿真完后, 点击工具栏中的 “Results”, 如图 3.71 所示, 打开后处理 ADAMS/Postprocessor 模块, 进行运动学分析。进入 “ADAMS/Postprocessor” 界面后, 根据图 3.72 所示进行选择, 可以获得 “PART2 (主动齿轮)” 的角速度曲线, 其他类型的曲线仿真其设置操作与此类似。图 3.73、图 3.74 所示分别为主动齿轮和被动齿轮转速–时间曲线图。

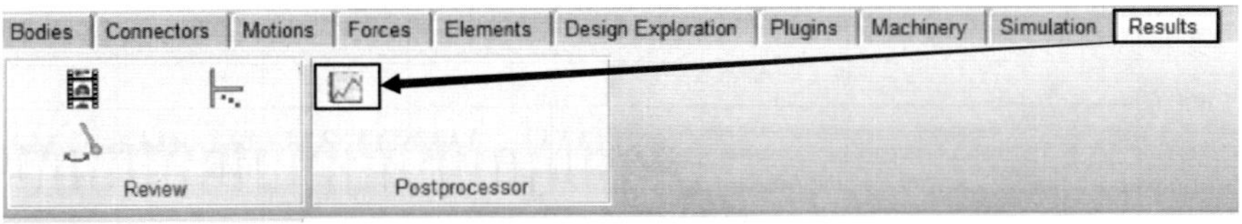

图 3.71 打开后处理 ADAMS/Postprocessor 模块

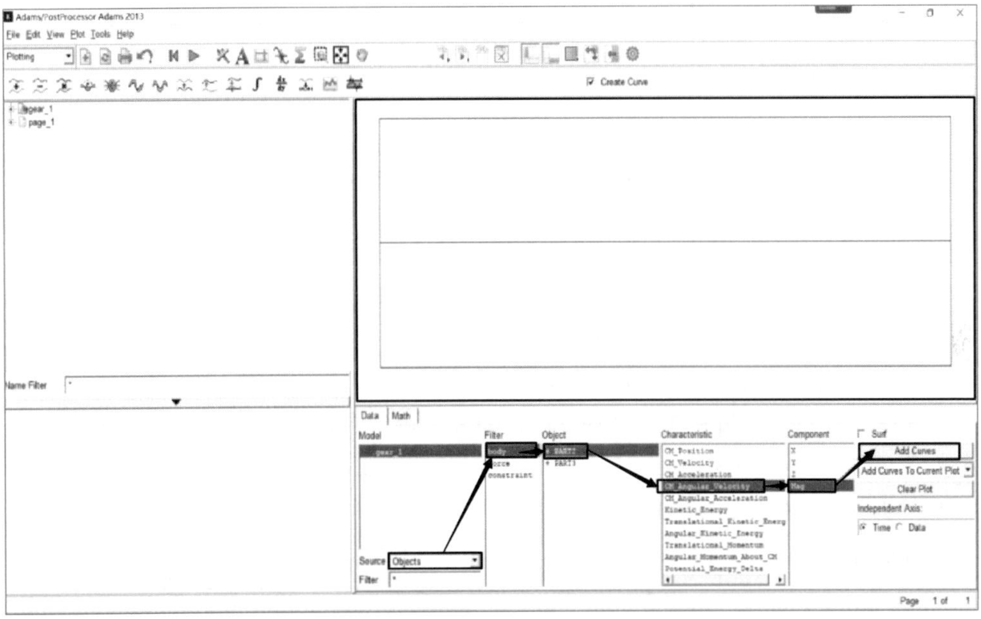

图 3.72 选择 “PART2 (主动齿轮)” 的角速度操作

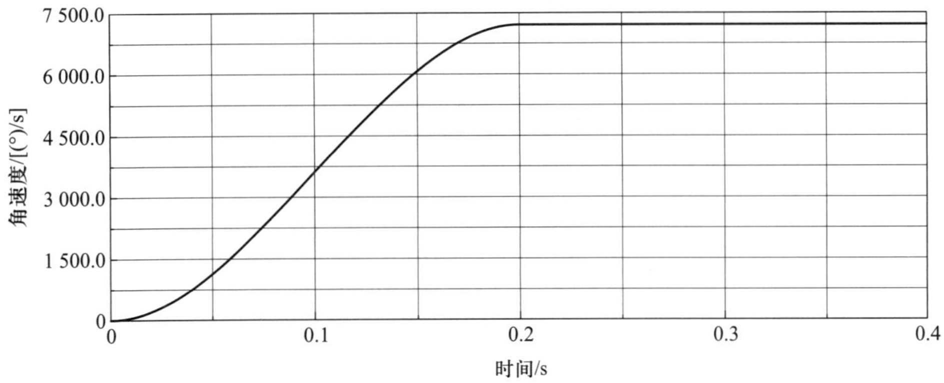

图 3.73 主动齿轮转速–时间曲线图

由图 3.73 和图 3.74 可知, 跨界车发动机有个启动过程, 所以有一个冲击, 在 0~0.2 s 内转速的大小从零到目标值; 在 0.2~0.4 s, 两轮的转速恒定, 表明跨界车运行平稳。这一过程正好也验证了 STEP(time,0,0d,0.2,7200d) 函数的正确性。主动齿轮的转速为 1 200 r/min (7 200 (°)/s), 按照实际传动比计算被动齿轮的转速为 1 200×8/41 r/min = 234 r/min (1 405 (°)/s), 由仿真得出的被动齿轮转速也约为

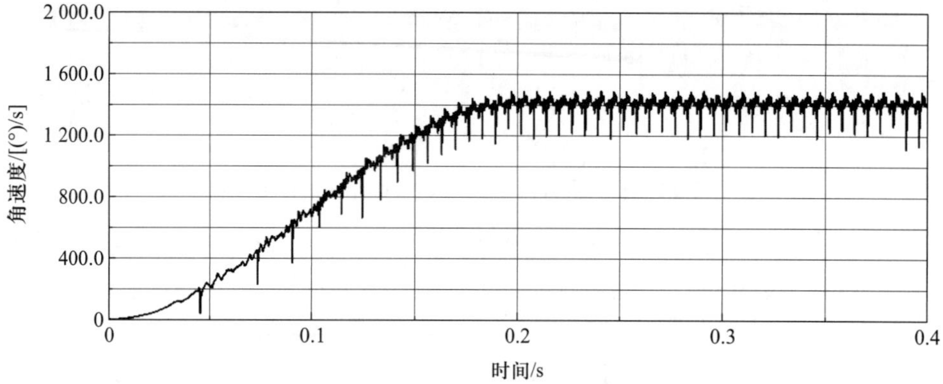

图 3.74 被动齿轮转速–时间曲线图

1 400 [(°)/s], 所以利用转速仿真结果可以验证转速能够满足传动比要求。

在图 3.74 中, 当时间达 0.2 s 后, 被动齿轮的转速在一定的范围内周期性波动, 这是由齿轮在啮合传动的过程中受到振动和冲击引起的。

3.2.3.3 准双曲面齿轮的角加速度仿真分析

在此只针对主动齿轮正常装配下的两对齿轮进行角加速度仿真, 并通过得到两轮角加速度随时间 t 的变化曲线来研究说明两齿轮角加速度的变化过程。图 3.75、图 3.76 分别为主动齿轮和被动齿轮角加速度–时间曲线图。

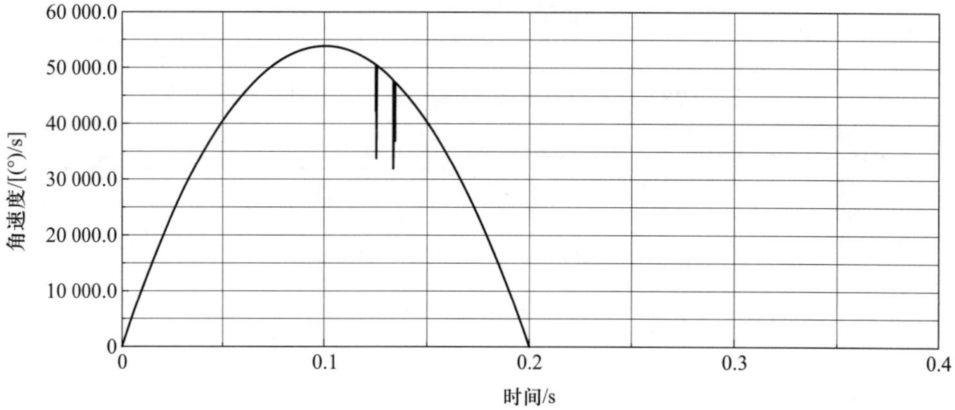

图 3.75 主动齿轮角加速度–时间曲线图

由图 3.75 可知, 主动齿轮的角加速度在 0~0.2 s 先增大再减小, 并且在 0.1 s 时加速度达到最大值, 这与 STEP 函数相一致。在图 3.76 中, 由于发动机或电动机在启动时产生一个较大的冲击, 使被动齿轮在一开始就有一个很大的角加速度, 而在 0~0.2 s, 动载荷的冲击使得被动齿轮有一个较大的角加速度, 在 0.2~0.4 s, 主动齿轮的角加速度为零, 被动齿轮的角加速度呈现周期性变化, 这与准双曲面齿轮的传动规律相符合。

3.2.3.4 准双曲面齿轮啮合力的时域与频域仿真分析

图 3.77 为主动齿轮正常装配下在 Y 方向的啮合力时域图, 也就是主动齿轮的径向力随时间 t 的变化曲线图。由图 3.77 可知, 在电动机或发动机启动瞬间, 有一个很大

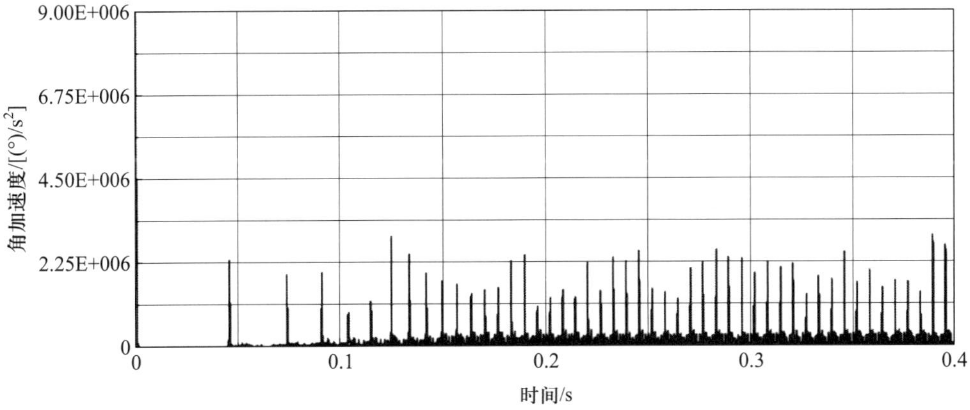

图 3.76 被动齿轮角加速度–时间曲线图

的冲击, 所以啮合力有一个很大的峰值, 在 0~0.2 s, 啮合力的波动幅度较大。但是在 0.2~0.4 s, 啮合力在一个平均值附近上下波动, 这个平均值即为被动齿轮上的载荷, 波动周期和幅度都很稳定, 最大峰值为 28 340 N, 很符合正常装配下的啮合力时域图, 振动也很小。

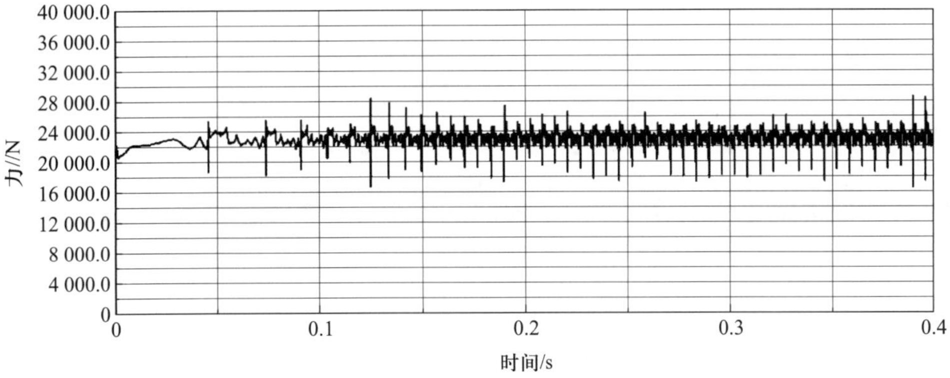

图 3.77 正常装配 Y 方向啮合力时域图

对时域图进行 FFT, 如图 3.78 所示, 得到啮合力的频域图, 并对其进行调整 (如图 3.79 所示), 即可得到啮合力的 Y 方向随频率的变化曲线图, 如图 3.80 所示。由图 3.80 可知, 啮合力出现峰值时的频率分别为 159.1 Hz、320.6 Hz、479.7 Hz、641.2 Hz 等, 最大峰值为 320.6 Hz 时的 190.1 N, 这些频率恰好为该对齿轮的啮合频率、2 倍频、3 倍频、4 倍频等。齿轮在啮合传动的过程中, 由这些频率成分引起的振动是不可避免的。

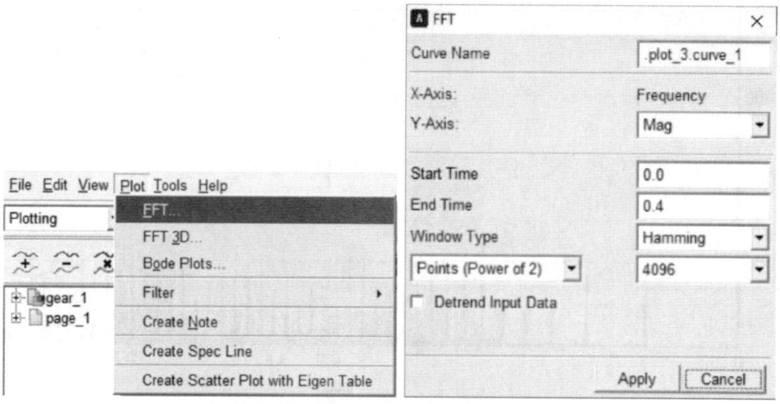

图 3.78　对时域图进行 FFT

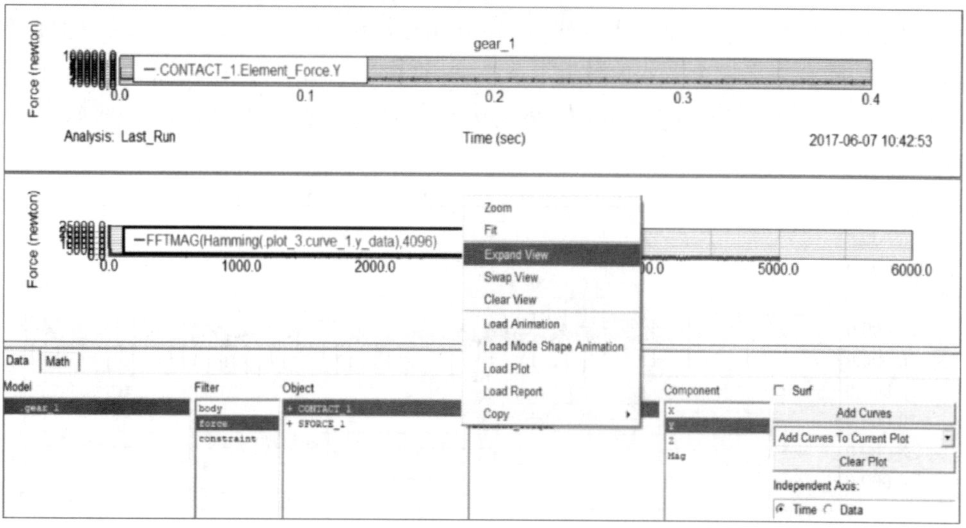

图 3.79　对频域图进行放大调整

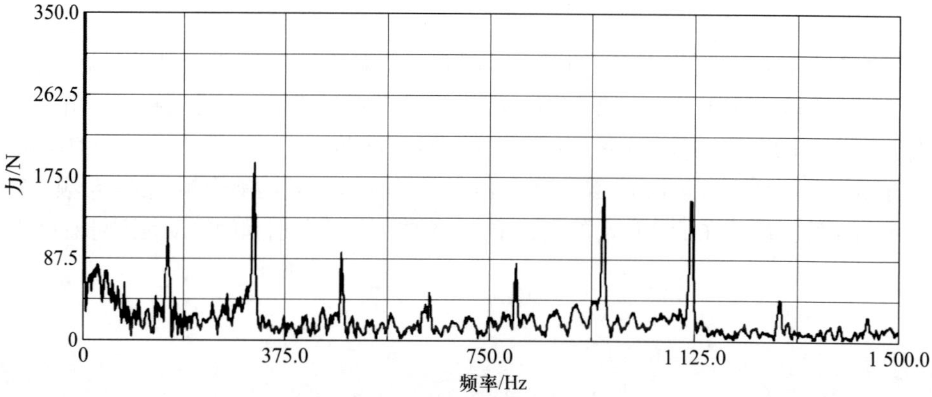

图 3.80　正常装配 Y 方向啮合力频域图

3.3 准双曲面齿轮系统动力学仿真分析

3.3.1 准双曲面齿轮系统动力学仿真

在此运用仿真软件 ADMAS 对准双曲面齿轮系统物理模型进行动力学仿真, 所用模型包括主动齿轮、被动齿轮、主减速器壳、差速器壳、支承轴承、法兰盘、桥壳。在仿真过程中, 为便于操作且不影响物理模型仿真的准确性, 将各种垫片和固定螺栓去掉, 对不同啮合刚度系数、齿侧间隙、压力角下的主动齿轮和被动齿轮系统进行仿真, 将振动位移和加速度对比分析。准双曲面齿轮系统物理模型如图 3.81 所示[12]。

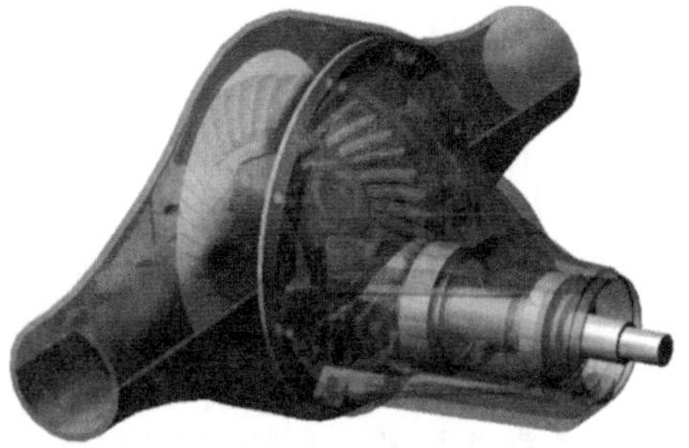

图 3.81 准双曲面齿轮系统物理模型 (参见书后彩图)

1. 准双曲面齿轮系统模型的建立

1) 材料属性的定义

准双曲面齿轮系统各零件材料属性参数如表 3.2 所示。

表 3.2 准双曲面齿轮系统各零件材料参数

项目	材料	弹性模量 $E/(\mathrm{N/mm^2})$	密度 $\rho/(\mathrm{kg/mm^3})$	泊松比 μ
齿轮	20CrMnTi	2.07×10^5	7.8×10^{-6}	0.25
轴承	GCr15	2.08×10^5	7.8×10^{-6}	0.30
主减速器壳	QT500	1.66×10^5	9.83×10^{-6}	0.26
差速器壳	QT500-7	1.66×10^5	7.3×10^{-6}	0.26
桥壳	QT500	1.95×10^5	7.93×10^{-6}	0.28
法兰盘	Q235A	1.95×10^5	7.85×10^{-6}	0.30

2) 约束定义

对各部件施加约束, 准双曲面齿轮系统中主减速器壳与大地施加固定副, 轴承外圈与减速器壳施加固定副, 轴承内圈与主动齿轮、被动齿轮施加固定副, 上下桥壳与大地固定, 桥壳与主减速器壳通过法兰盘固定。主动齿轮、被动齿轮施加旋转副, 轴承滚子施加旋转副。

3) 接触副的设置

(1) 轴承。在准双曲面齿轮系统工作中, 轴承作为一个旋转部件, 其滚子在内外圈的滚道中做往复公转, 同时自转, 因此滚子与内外圈滚道之间有两组接触力[13]。两物体接触区域为圆形, 依据弹性碰撞理论, 可得圆锥滚子轴承外圈与接触面的法向载荷为

$$P = k\delta^{3/2} \tag{3.3}$$

式中, P 为接触面法向载荷; δ 为弹性变形量; k 为接触面刚度系数, 其计算式为

$$k = \frac{4}{3}R^{1/2}E^* \tag{3.4}$$

式中, R 为接触面等效半径; E^* 为等效弹性模量。R 与 E^* 的计算公式为

$$\frac{1}{R} = \frac{1}{R_1} + \frac{1}{R_2} \tag{3.5}$$

$$\frac{1}{E^*} = \frac{(1-\mu_1^2)}{E_1} + \frac{(1-\mu_2^2)}{E_2} \tag{3.6}$$

式中, R_1、R_2 为两接触物体在接触点的接触半径; E_1、E_2 为两个物体材料的弹性模量; μ_1、μ_2 为两个物体材料的泊松比。各轴承接触刚度系数值如表 3.3 所示。

表 3.3 轴承接触刚度系数

接触副实体	刚度系数/(N/mm)
305 轴承内圈与滚珠的接触	6.47×10^5
305 轴承外圈与滚珠的接触	7.84×10^5
306 轴承内圈与滚珠的接触	7.197×10^5
306 轴承外圈与滚珠的接触	$8.457\ 8\times10^5$
208 轴承内圈与滚珠的接触	$7.607\ 9\times10^5$
208 轴承外圈与滚珠的接触	$8.489\ 4\times10^5$

(2) 主、被动齿轮接触刚度。主动齿轮和被动齿轮间的啮合过程存在相对挤压与位移, 其接触刚度计算公式为

$$k_{\rm m} = (0.75\varepsilon_{\rm a} + 0.25)k'_{\rm th}K_{\rm M}K_{\rm R}K_{\rm B}\cos\beta = 9.696\ 5\times10^5\ {\rm N/mm} \tag{3.7}$$

式中, $\varepsilon_{\rm a}$ 为齿轮端面重合度; $k'_{\rm th}$ 为单对齿刚度; $K_{\rm M}$ 为理论修正系数; $K_{\rm R}$ 为轮坯结构系数; $K_{\rm B}$ 为基本轮廓系数; β 为螺旋角。

4) 驱动与负载设置

仿真结果需与前面理论分析结果进行对比, 因此驱动转速与前面保持一致为 2 000 r/min。由于 ADAMS 中转速单位为 rad/s, 因此输入转速实际为 2 000×360/60 (°)/s=12 000 (°)/s, 采用 STEP 驱动函数。

按照正常行驶状态计算其转矩。车辆行驶中, 路面阻力负载, 其计算式为

$$T_{\rm F} = G_{\rm a}r_{\rm r}\frac{f_{\rm R}+f_{\rm H}+f_{\rm i}}{\eta_{\rm m}} \tag{3.8}$$

式中, G_a 为汽车满载重量, N; f_R 为道路滚动阻力系数, 取 0.018; f_H 为汽车日常正常使用的平均爬坡能力系数, 取 0.08; f_i 为汽车的性能系数, 其表达式为

$$f_i = \frac{1}{100}\left(16 - 0.195\frac{G_a}{T_{e\max}}\right) \tag{3.9}$$

式中, $T_{e\max}$ 为发动机的最大转矩, N·m; 当 $0.195G_a/T_{e\max} > 16$ 时, 取 $f_i = 0$; r_r 为车轮的滚动半径, mm; i_0 为主减速器的主减速比, 此处跨界车的减速比为 5.125。

在此, 某型跨界车自重为 1.23 t, 允许最大负载为 1.78 t, 按照通常情况车辆负载 1.5 t 进行计算, 驱动轮半径为 290 mm, 发动机最大转矩 $T_{e\max} = 108$ N·m。将上述参数代入式 (3.8) 中, 求得负载转矩 $T_F = 490.39$ N · m。所有设置完成后, 得到准双曲面齿轮系统动力学仿真模型如图 3.82 所示, 具体的软件操作过程在此略。

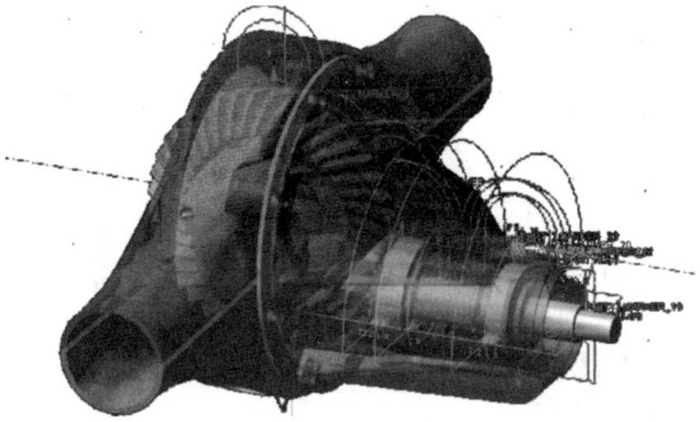

图 3.82　主减速器动力学仿真模型 (参见书后彩图)

2. 仿真模型的求解与结果分析

设置驱动时间为 2 s, 步长 0.001。主动齿轮驱动转速为 2 000 r/min, 转速在 0.2 s 达到最高转速并保持稳定状况。在仿真中, 驱动转速是直接施加在主动齿轮轴上, 由于主动齿轮和被动齿轮啮合处是后桥主减速器的振动最大来源, 因此可以通过统计主动齿轮和被动齿轮振动状况来分析振动大小。主动齿轮、被动齿轮转速曲线时域图如图 3.83 所示; 被动齿轮转速 FFT 频谱图如图 3.84 所示; 被动齿轮平移振动加速度综合曲线如图 3.85 所示; 被动齿轮旋转角加速度综合曲线如图 3.86 所示。

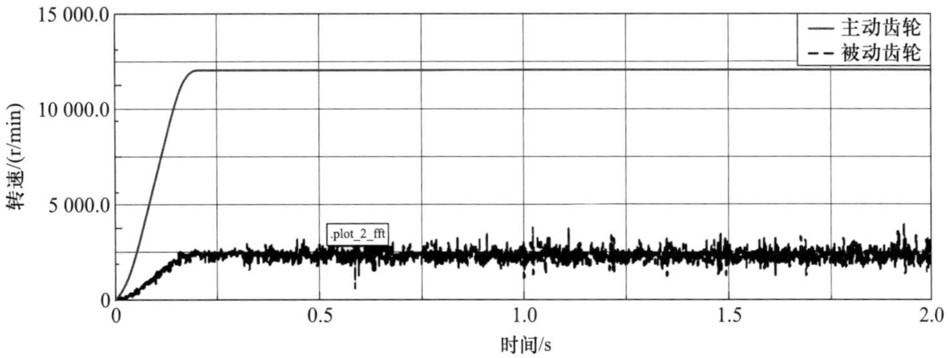

图 3.83　主被动齿轮转速曲线

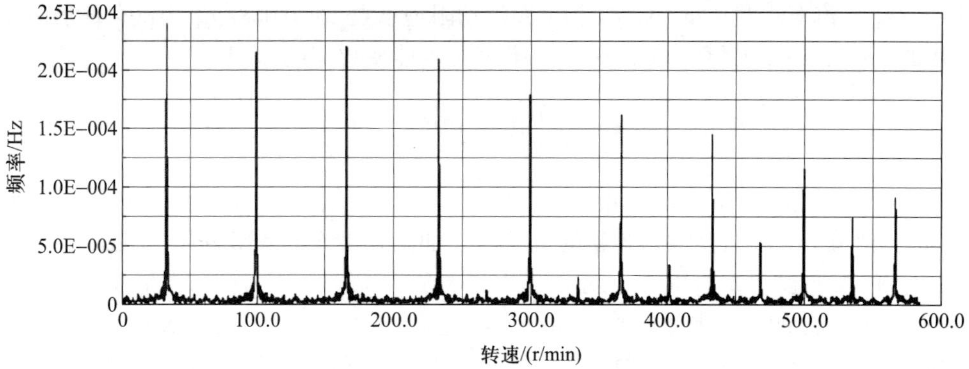

图 3.84 被动齿轮转速 FFT 频谱图

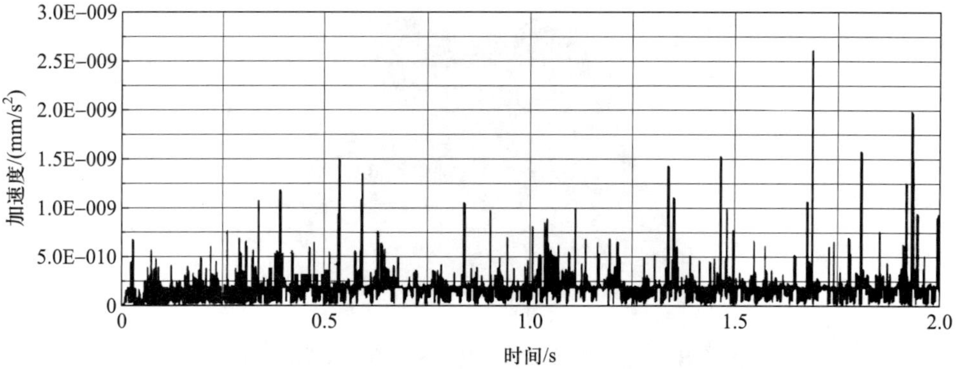

图 3.85 被动齿轮平移振动加速度综合曲线

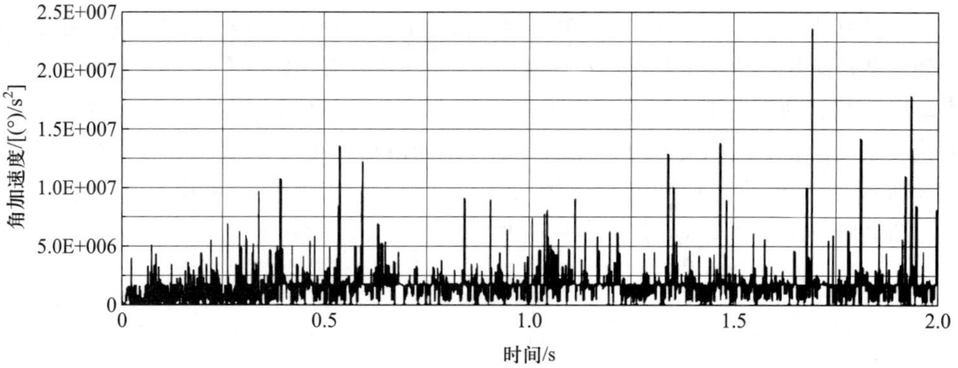

图 3.86 被动齿轮角加速度综合曲线

由图 3.83 ~ 图 3.86 可知，在加速阶段振幅较平稳，说明其啮合频率与准双曲面齿轮的固有频率是错开的。在进入稳定传动后，其转速波动开始变大。被动齿轮转速 FFT 频谱图中，出现了多个频率的峰值，1 阶频率 33.37 Hz，2 阶频率 100.13 Hz，3 阶频率 166.6 Hz，四阶频率 235.36 Hz。而处于 1 阶频率时，波动幅值最大，1 阶频率 33.37 Hz 正好是主动齿轮驱动旋转频率，2 阶频率为驱动旋转频率的 3 倍，后面几阶的频率都是主动齿轮驱动旋转频率的倍数。

通过对比被动齿轮平移振动加速度和转速加速度曲线发现, 两者的振动趋势是一致的, 在被动齿轮加速阶段, 振动加速度幅值较小, 在后期平稳传动时波动值变大。由此可知在加速阶段, 啮合频率是避开齿轮系统固有频率的, 但是在进入平稳啮合阶段后, 在 33.37 Hz 及其倍数频率与齿轮系统固有频率相近时, 容易引起振动变大。

3.3.2 啮合刚度改变对准双曲面齿轮动力学特性的影响

通过建立准双曲面齿轮物理模型, 利用动力学仿真软件 ADAMS 对不同啮合刚度系数下的齿轮系统振动特性进行分析对比。在接触副设置中, 啮合刚度系的设置为标准啮合刚度值 $k_{\mathrm{m}} = 9.696\,5 \times 10^5$ N/mm[14]。

将标准啮合刚度值分别乘以 0.8、0.9、1.1, 对准双曲面齿轮系统进行仿真分析。不同啮合刚度系数下的被动齿轮平移振动加速度曲线如图 3.87 ~ 图 3.90 所示; 不同啮合刚度系数下的被动齿轮角速度曲线如图 3.91 ~ 图 3.94 所示; 不同啮合刚度系数下的被动齿轮角加速度曲线如图 3.95 ~ 图 3.98 所示。

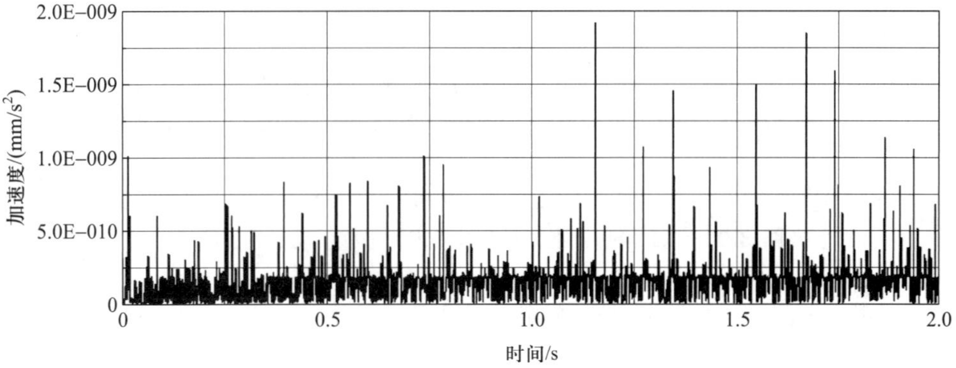

图 3.87 0.8 倍啮合刚度系数被动齿轮平移振动加速度曲线

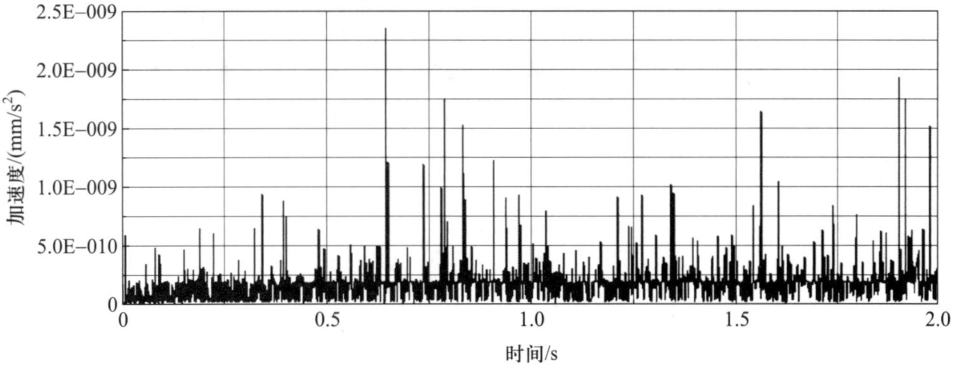

图 3.88 0.9 倍啮合刚度系数被动齿轮平移振动加速度曲线

由图 3.87 ~ 图 3.90 对比可知, 在标准啮合刚度系数下, 齿轮存在振动个别幅值激增的现象, 同时 0.8 倍标准啮合刚度系数的振动幅值变化较小, 平均振动幅

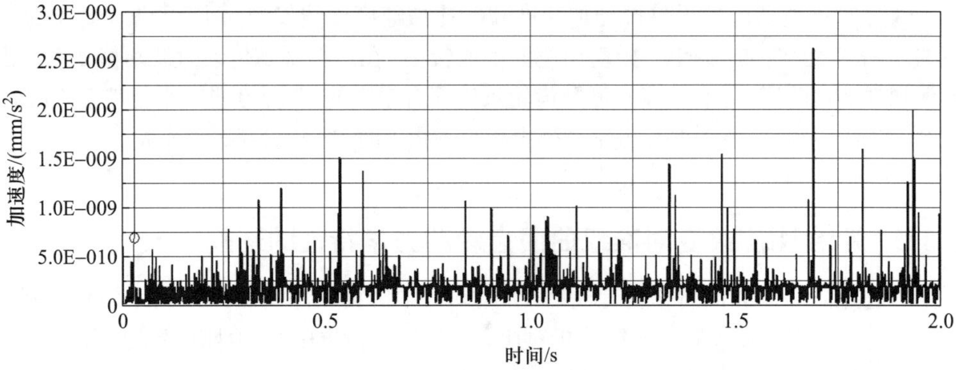

图 3.89 标准啮合刚度系数被动齿轮平移振动加速度曲线

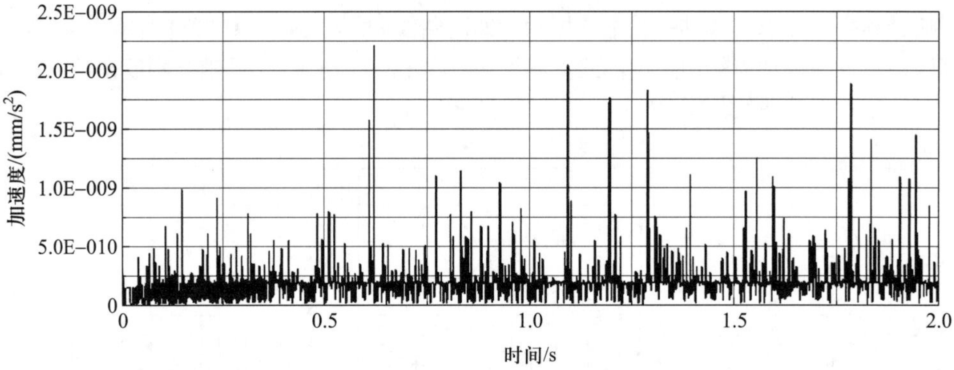

图 3.90 1.1 倍啮合刚度系数被动齿轮平移振动加速度曲线

值为 1.45×10^{-10} mm/s^2, 而其他 3 组振动幅值分别为 1.61×10^{-10} mm/s^2、1.75×10^{-10} mm/s^2、1.91×10^{-10} mm/s^2。

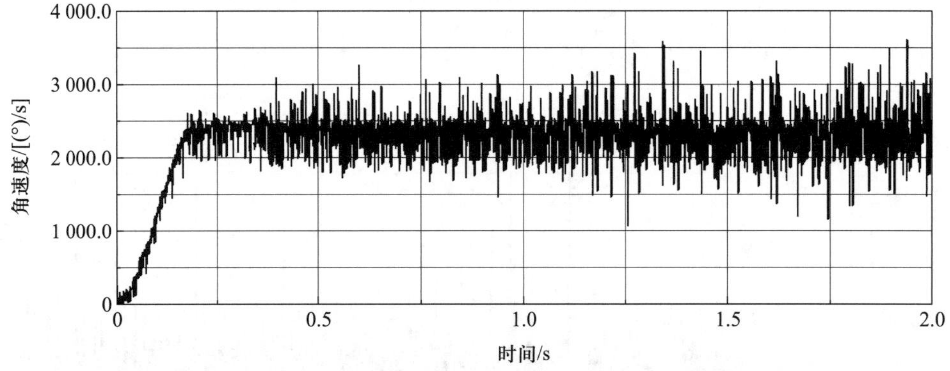

图 3.91 0.8 倍啮合刚度系数被动齿轮角速度曲线

由图 3.91 ~ 图 3.94 对比可知, 当啮合刚度系数为 0.8~0.9 倍时, 准双曲面齿轮在传动过程中能更好地保持角速度的稳定性, 减小角速度波动带来的系统振动。

由图 3.95 ~ 图 3.98 对比可知, 在去掉加速阶段的 0.2 s, 统计 0.2~2 s 的角加速度均值, 4 组分别为: 1.39×10^{6} (°)/s^2, 1.40×10^{6} (°)/s^2, 1.52×10^{6} (°)/s^2, $1.67\times$

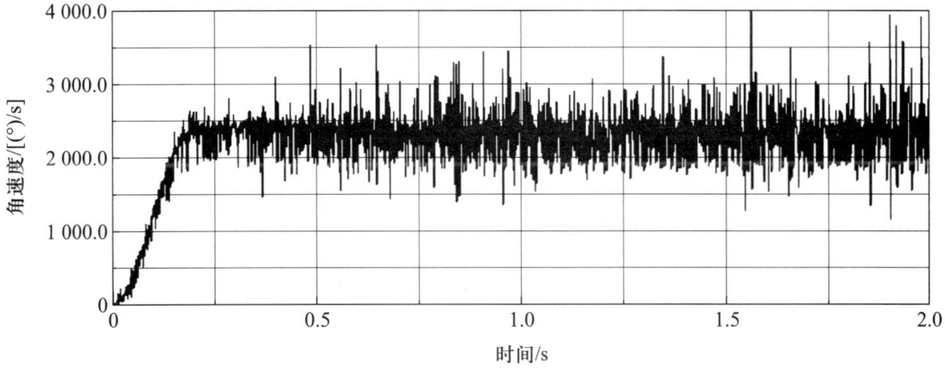

图 3.92 0.9 倍啮合刚度系数被动齿轮角速度曲线

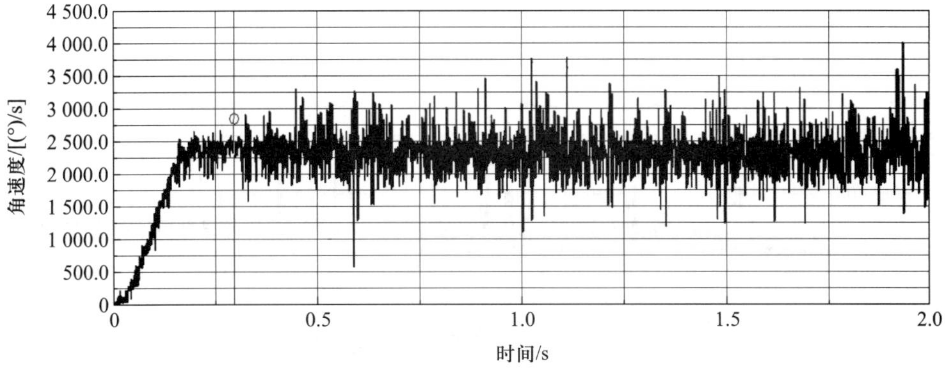

图 3.93 标准啮合刚度系数被动齿轮角速度曲线

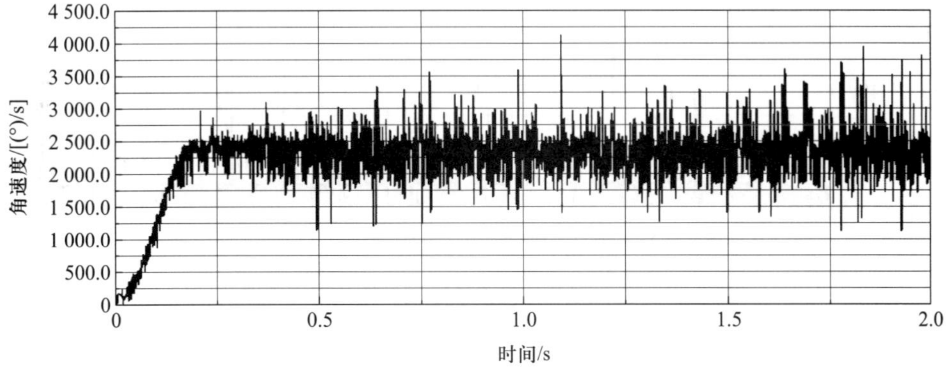

图 3.94 1.1 倍啮合刚度系数被动齿轮角速度曲线

10^6 $(°)/s^2$。发现在 0.8~0.9 倍啮合刚度系数下, 齿轮系统振动幅值要小。

综上对比分析可知, 当啮合刚度系数取 0.8~0.9 倍时, 能提升轮齿啮合性能, 降低振动和噪声, 改善主减速器的振动。

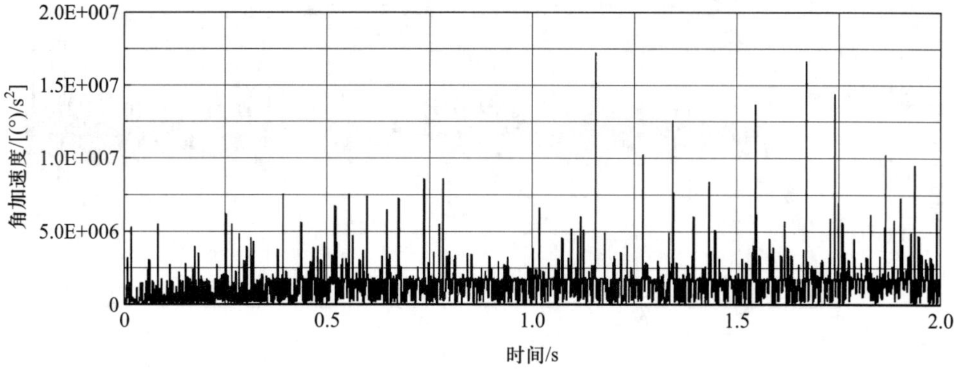

图 3.95 0.8 倍啮合刚度系数被动齿轮角加速度曲线

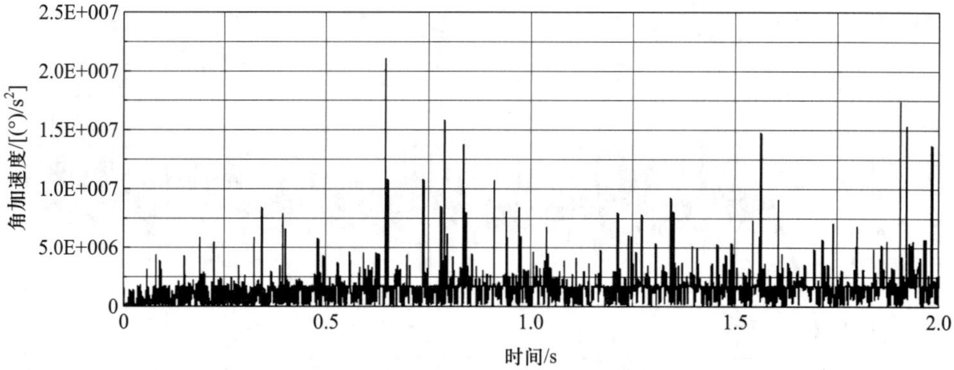

图 3.96 0.9 倍啮合刚度系数被动齿轮角加速度曲线

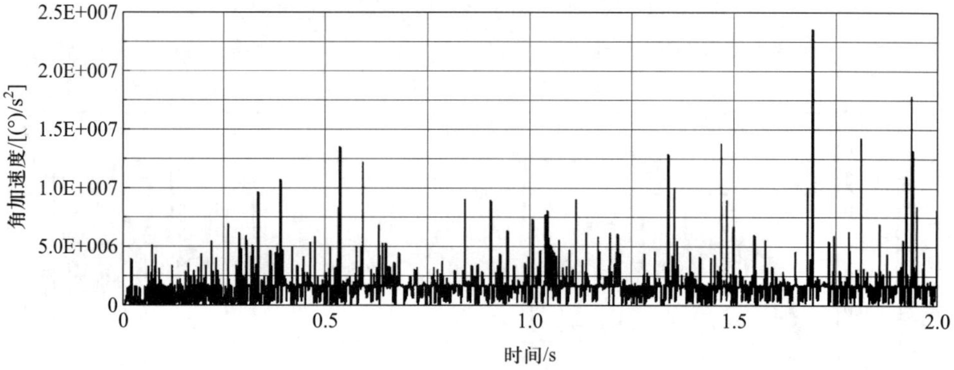

图 3.97 标准啮合刚度系数被动齿轮角加速度曲线

3.3.3 压力角改变对准双曲面齿轮动力学特性的影响

在此, 通过修改准双曲面建模的中压力角参数, 建立 4 组不同压力角的主、被动齿轮物理模型, 分别为压力角减小 2°、压力角减小 1°、标准压力角、压力角增加 1°。将其装配到后桥主减速器模型中, 检查无干涉, 装配准确。通过 ADAMS 研究这几组准双曲面齿轮系统模型再进行动力学仿真, 从而得到压力角的优化。4 组不同压力角主动齿轮角速度曲线时域图如图 3.99 ~ 图 3.102 所示[15]。

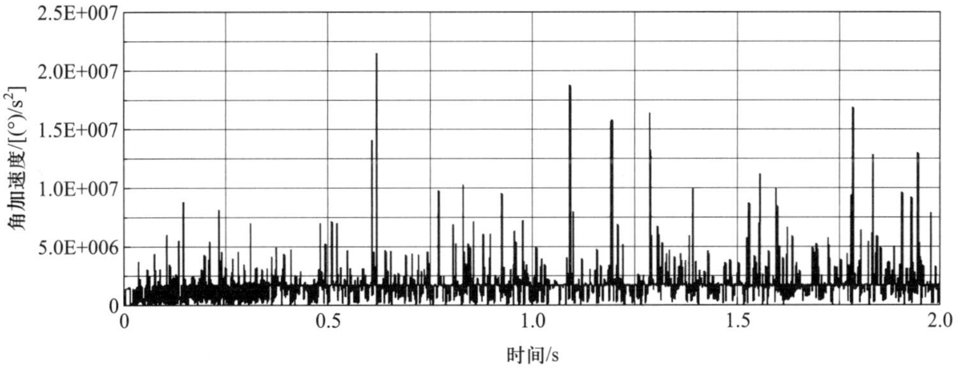

图 3.98 1.1 倍啮合刚度系数被动齿轮角加速度曲线

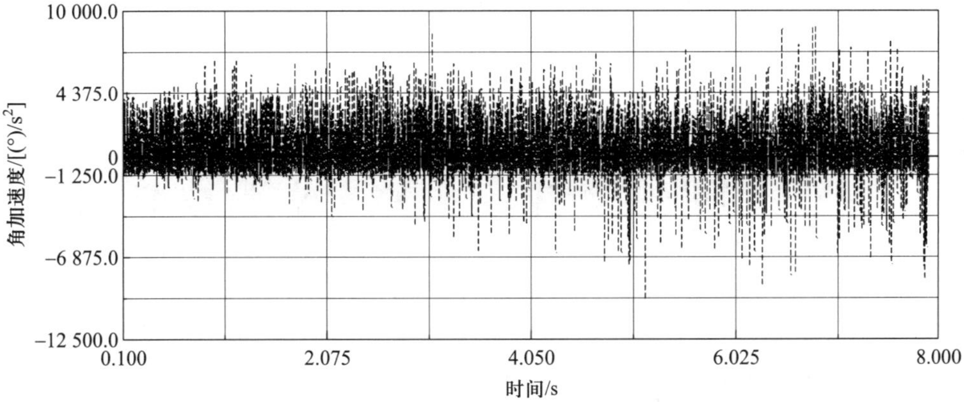

图 3.99 压力角减小 2° 主动齿轮角速度曲线

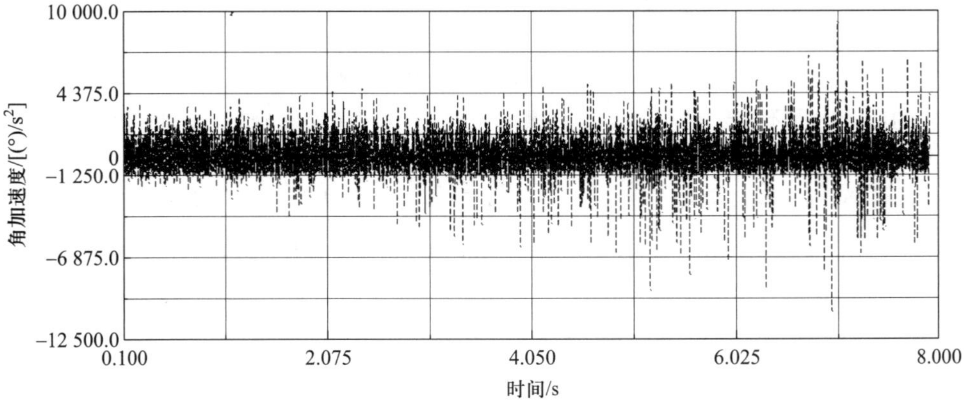

图 3.100 压力角减小 1° 主动齿轮角速度曲线

由图 3.99 ~ 图 3.102 可知, 在压力角增大的过程中, 主动齿轮角速度的整体幅值在变小, 但是突变的最大幅值在增大, 4 组角速度最大值分别为 9 681.602 4 (°)/s、10 595.720 8 (°)/s、11 024.915 9 (°)/s、14 463.299 2 (°)/s。

平均压力角减小 1° 的工况与标准压力角的振动状况相对比, 其波动幅值与突变最大值都有降低的趋势, 啮合中的速度传递稳定性提高, 压力角继续减小 1° 时, 其波动幅

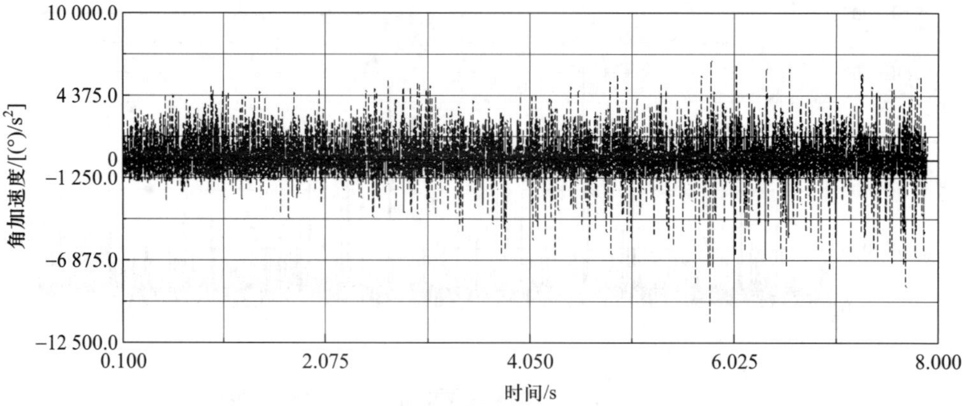

图 3.101 标准压力角主动齿轮角速度曲线

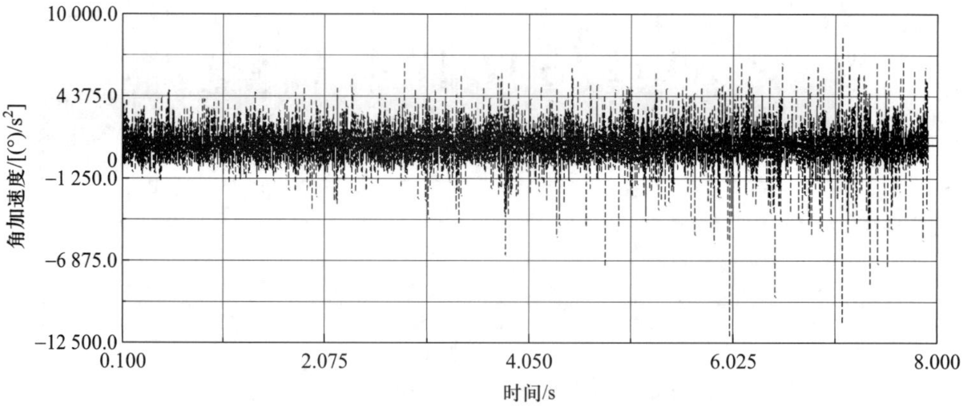

图 3.102 压力角增加 1° 主动齿轮角速度曲线

值突然大幅增大, 而且在啮合 4 s 后出现幅值激增的现象, 这说明轮齿在啮合时, 主动齿轮的旋转出现不稳定情况。压力角增加 1° 时, 虽然在大部分啮合瞬间幅值较小, 但是突变的幅值表面传动误差变大。因此当标准压力角减小 1° 时, 主动齿轮与被动齿轮的速度传递准确性提高, 幅值波动较小, 有利于减小轮齿啮合时产生的振动和噪声[16]。

不同压力角下主动齿轮的角加速度曲线时域图如图 3.103 ~ 图 3.106 所示。

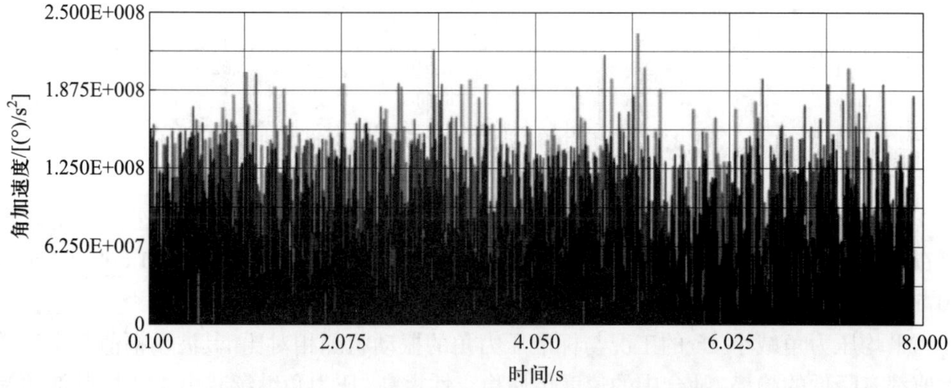

图 3.103 压力角减小 2° 主动齿轮角加速度曲线

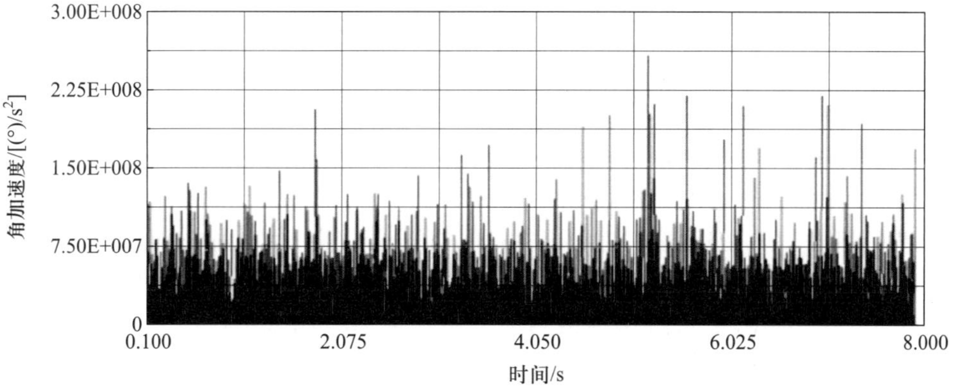

图 3.104 压力角减小 1° 主动齿轮角速度曲线

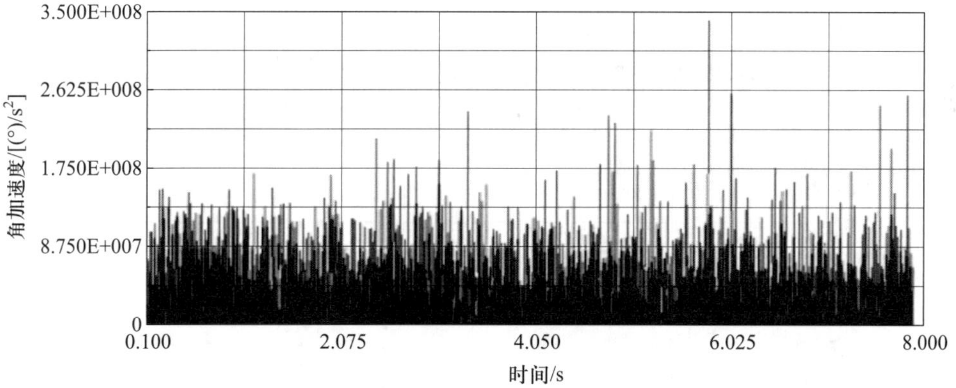

图 3.105 标准压力角主动齿轮角加速度曲线

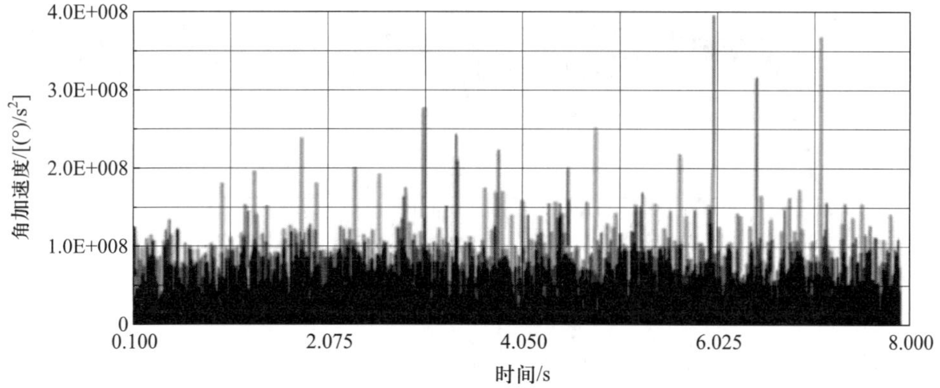

图 3.106 压力角增加 1° 角加速度曲线

由图 3.103 ~ 图 3.106 可知, 齿轮系统运行时在压力角减小 2°、压力角减小 1°、标准压力角、压力角增加 1° 这 4 种情况下, 主动齿轮的角加速度最大值幅值依次为 2.33E+8 $(°)/s^2$、2.57E+8 $(°)/s^2$、3.4E+8 $(°)/s^2$、3.98E+8 $(°)/s^2$。由此可知, 压力角越小, 主动齿轮角加速度的幅值就越小, 而齿轮的旋转角加速度与绕自身轴线扭转振动息息相关, 因此在一定程度上减小压力角可以减小主被动齿轮的扭转振动。

3.3.4 齿侧间隙改变对准双曲面齿轮动力学特性的影响

通过在 UG 模型中控制主动齿轮与被动齿轮的安装距离来完成齿侧间隙的调整, 并且用软件中的测量工具对齿侧间隙进行检查, 建立 4 组不同主动齿轮与被动齿轮模型的齿侧间隙, 即 0.100 mm、0.110 mm、0.120 mm 以及 0.130 mm, 再将其装配到后桥主减速器模型中, 检查无干涉, 则装配准确。将模型导入 ADAMS 软件即可进行动力学仿真。4 组不同齿侧间隙被动齿轮角速度曲线时域图如图 3.107 ~ 图 3.110 所示, 齿侧间隙角加速度如图 3.111 ~ 图 3.114 所示。

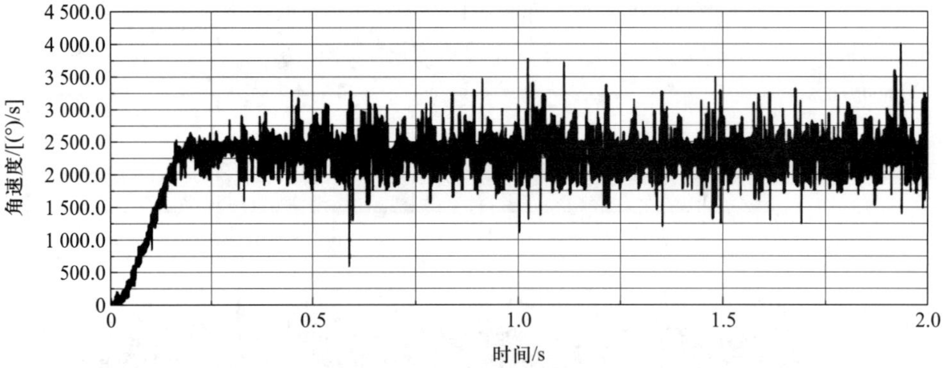

图 3.107 齿侧间隙 0.100 mm 时被动齿轮角速度曲线

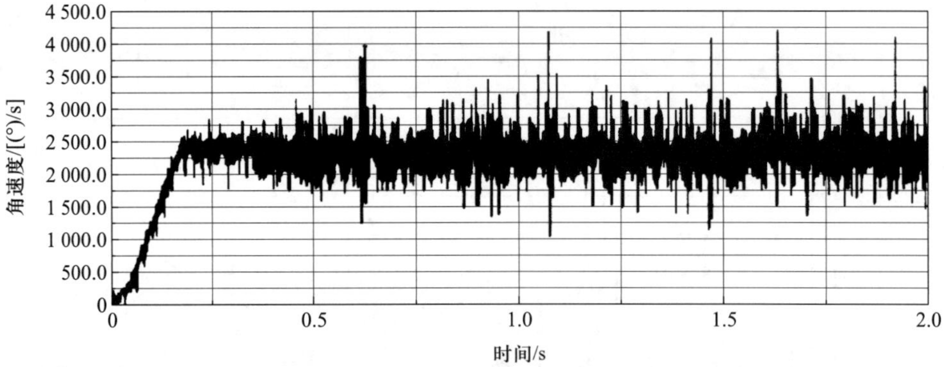

图 3.108 齿侧间隙 0.110 mm 时被动齿轮角速度曲线

由图 3.107 ~ 图 3.110 可知, 在去掉加速阶段的 0.2 s, 统计 0.2~2 s 的被动齿轮角速度最大波动幅值, 4 组分别为: 4 000.65 (°)/s, 4 018.98 (°)/s, 4 117.162 (°)/s, 4 196.04 (°)/s。可以发现齿侧间隙为 0.100~0.110 mm 时被动齿轮角速度波动幅值较小。

由图 3.111 ~ 图 3.114 统计 4 组不同齿侧间隙下被动齿轮角加速度波动最大幅值, 分别为 $2.353\,5\times10^7$、2.393×10^7、$1.938\,2\times10^7$、$2.183\,6\times10^7$。当齿侧间隙维持在 0.120 mm 左右时, 角加速度最大, 幅值最小, 能减小被动齿轮的扭转振动, 但是这个自

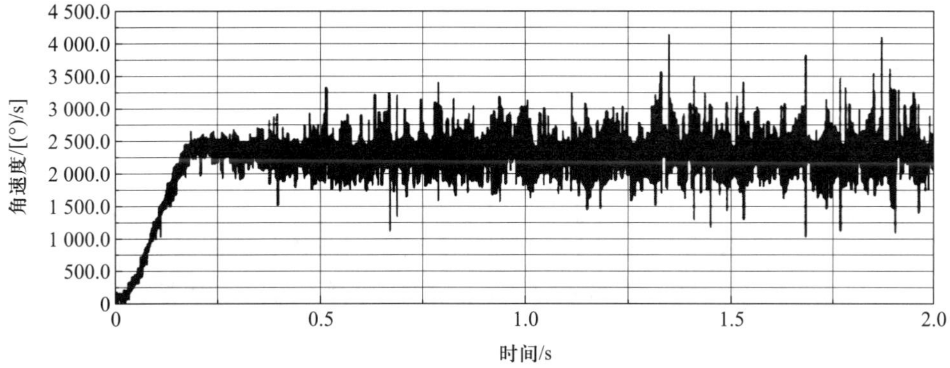

图 3.109 齿侧间隙 0.120 mm 时被动齿轮角速度曲线

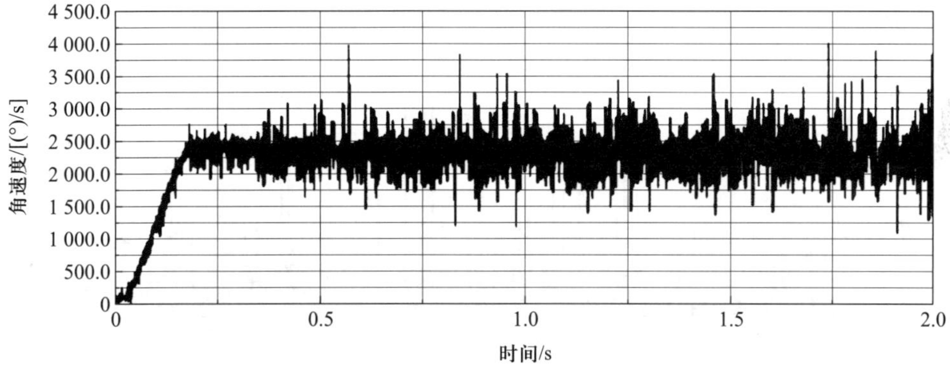

图 3.110 齿侧间隙 0.130 mm 时被动齿轮角速度曲线

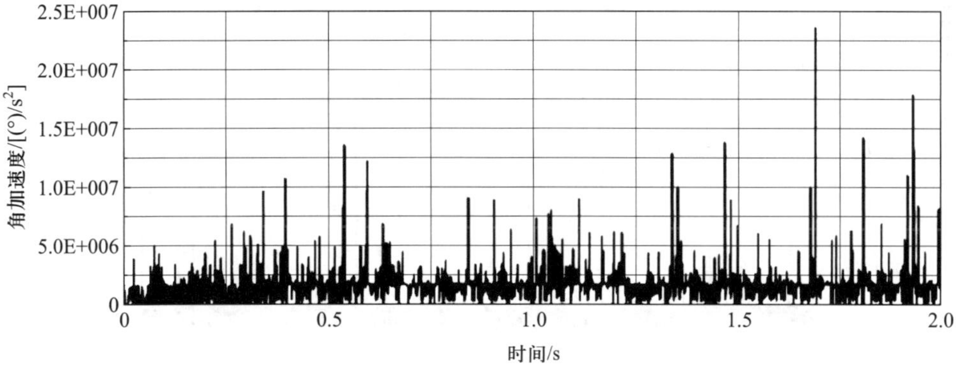

图 3.111 齿侧间隙 0.100 mm 时被动齿轮角加速度曲线

由度的振动幅度相比其他振动形式数量级较小。经过对比 4 组齿侧间隙, 当齿侧间隙处于 0.100 mm 左右时, 轮齿间的啮合传动较平稳。

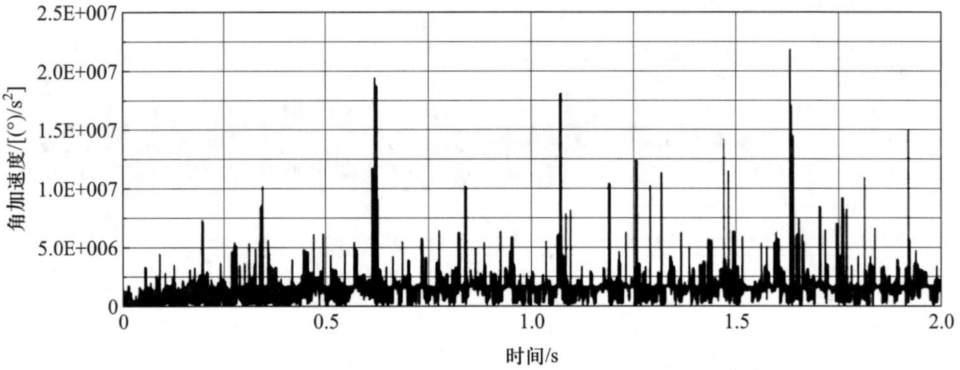

图 3.112 齿侧间隙 0.110 mm 时被动齿轮角加速度曲线

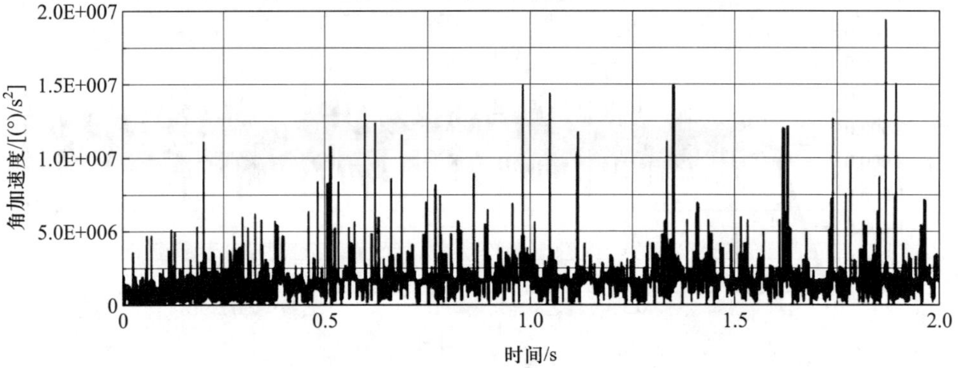

图 3.113 齿侧间隙 0.120 mm 时被动齿轮角加速度曲线

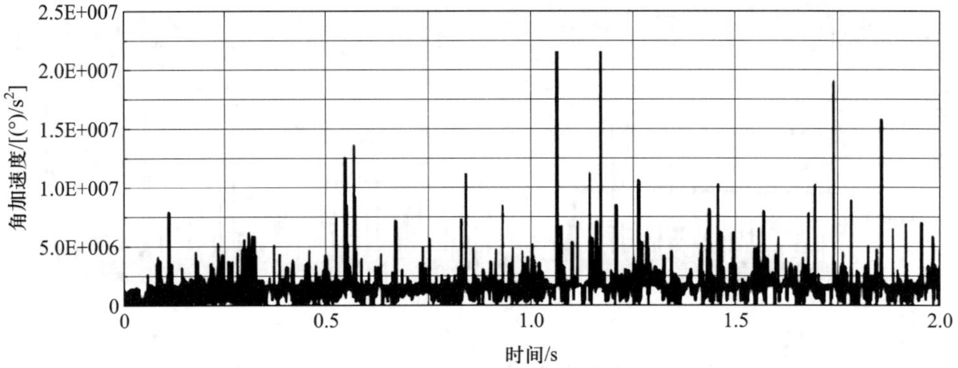

图 3.114 齿侧间隙 0.130 mm 时被动齿轮角加速度曲线

3.3.5 时变啮合刚度、齿侧间隙以及压力角改变对准双曲面齿轮动力学特性的综合影响

在此针对仿真分析的优化结果，建立两套不同的准双曲面齿轮系统总成模型，一组为时变啮合刚度、齿侧间隙、压力角优化后的准双曲面齿轮系统动力学模型，另外一组为未优化的准双曲面齿轮系统动力学模型，对其分别进行动力学仿真，并对比分析振动

性能。两套准双曲面齿轮系统调整参数如表 3.4 所示[17]。

表 3.4 仿真模型主减速器参数调整表

	参数未优化	参数优化
时变啮合刚度	标准啮合刚度	0.9 倍啮合刚度
齿侧间隙	0.120 mm	0.100 mm
压力角	21.15°	20.15°

为了与整车路试检测点保持一致，综合动力学仿真对主动齿轮支承轴承 30306 圆锥滚子轴承的 x、y、z 方向的振动加速度以及减速器壳沿主动齿轮轴线方向的振动加速度进行统计。振动加速度检测点如图 3.115 所示。两套准双曲面齿轮系统的动力学仿真分析结果分别如图 3.116 ~ 图 3.123 所示。

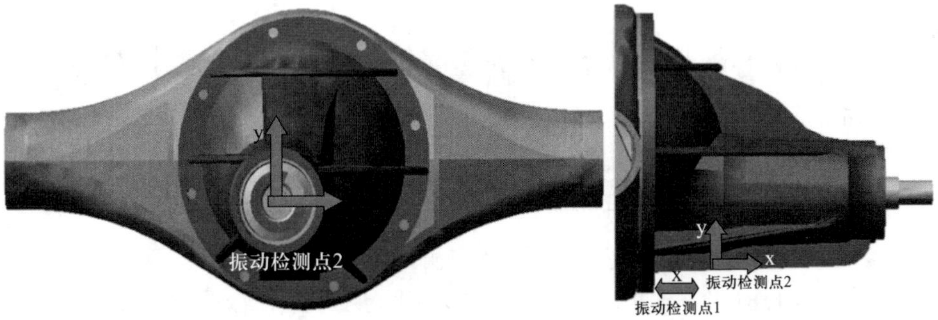

图 3.115 准双曲面齿轮系统仿真模型振动检测点 (参见书后彩图)

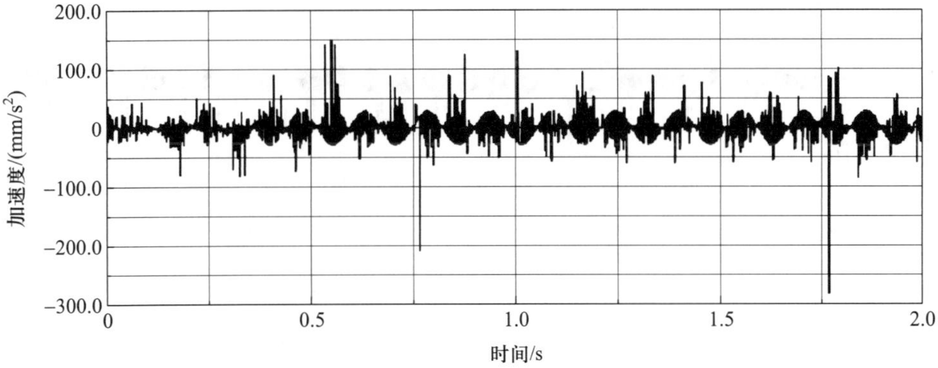

图 3.116 检测点 1 x 轴向振动加速度曲线 (参数优化后主减速器总成)

由图 3.116 ~ 图 3.123 可知，所有振动加速度均有正负波动，用均方根值对振动幅值大小进行统计能科学体现振动情况，检测点 1 处参数优化后振动加速度均方根为 21.07 mm/s^2，未进行参数优化统计数据为 29.534 mm/s^2。两组仿真模型在检测点 2 处 x 轴向振动加速度均方根分别为 5 788.64 mm/s^2、7 693.91 mm/s^2，y 轴向振动加速度均方根分别为 6 087.09 mm/s^2、7 569.56 mm/s^2，z 轴向振动加速度均方根分别为

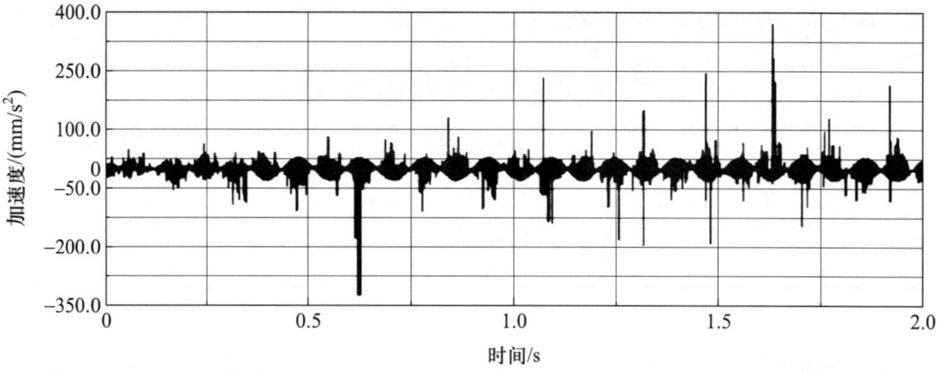

图 3.117 检测点 1 x 轴向振动加速度曲线 (未进行参数优化主减速器总成)

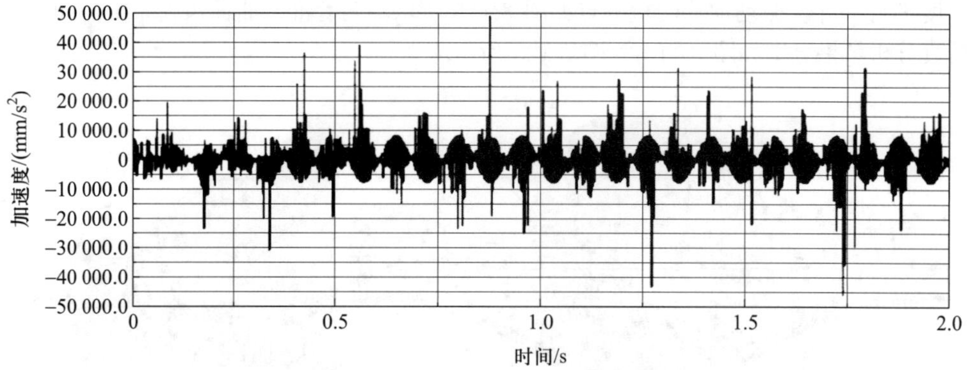

图 3.118 检测点 2 x 轴向振动加速度曲线 (参数优化后主减速器总成)

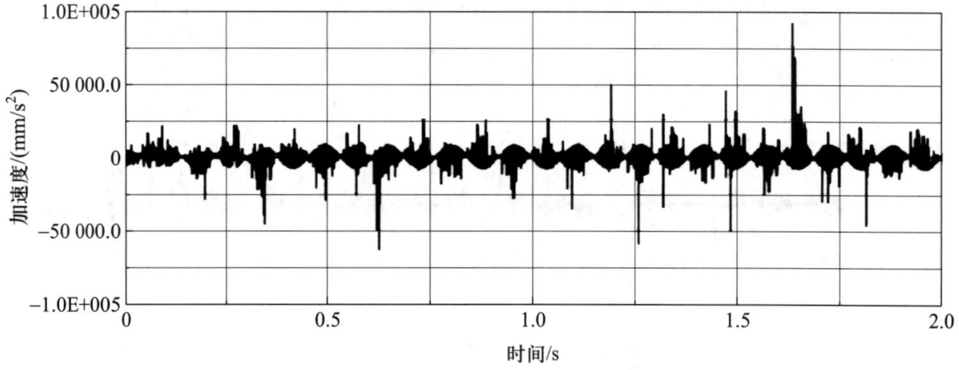

图 3.119 检测点 2 x 轴向振动加速度曲线 (未进行参数优化主减速器总成)

1.92×10^{-11} mm/s^2、2.39×10^{-11} mm/s^2。通过仿真分析, 经过时变啮合刚度、齿侧间隙以及压力角优化后, 准双曲面齿轮系统总成的振动有明显改善, 验证了之前理论分析的正确性[18]。

本章节通过设置几个参数对准双曲面齿轮的动力学性能进行了优化, 这只是提供了一种方法作为参考。为了得出更精确的优化参数, 可参照本章节的方法进行 N 次求解, 直到获得认为合适的参数。

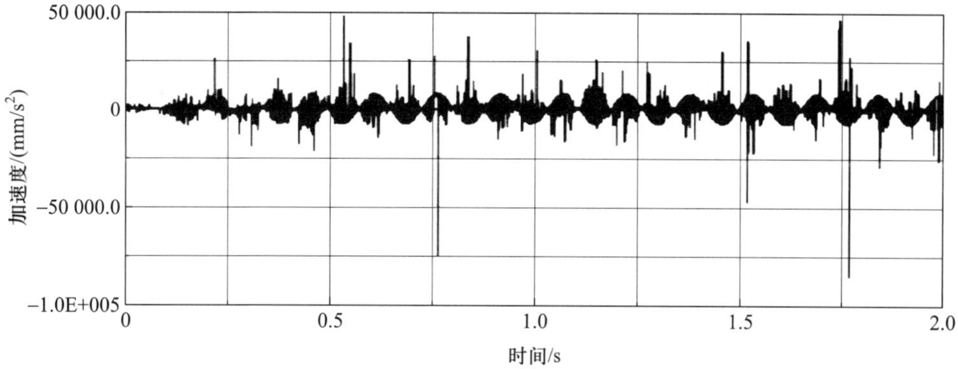

图 3.120 检测点 2 y 轴向振动加速度曲线 (参数优化后主减速器总成)

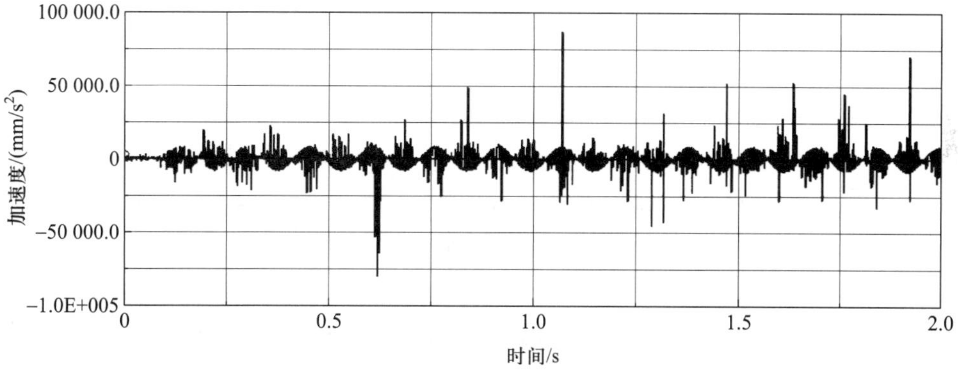

图 3.121 检测点 2 y 轴向振动加速度曲线 (未进行参数优化主减速器总成)

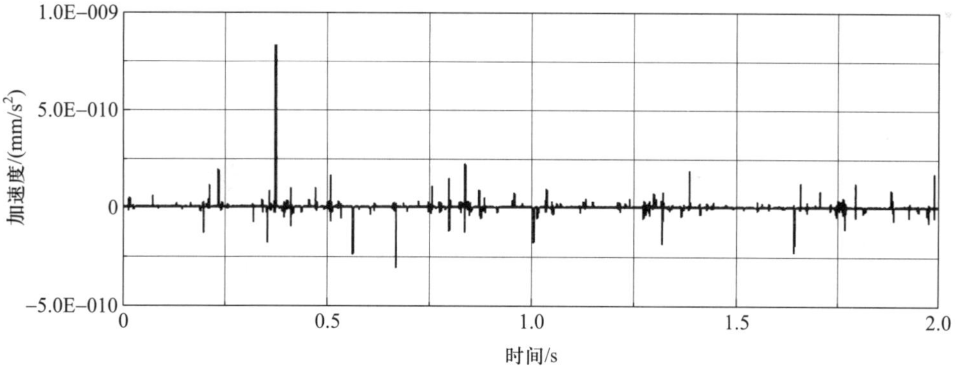

图 3.122 检测点 2 z 轴向振动加速度曲线 (参数优化后主减速器总成)

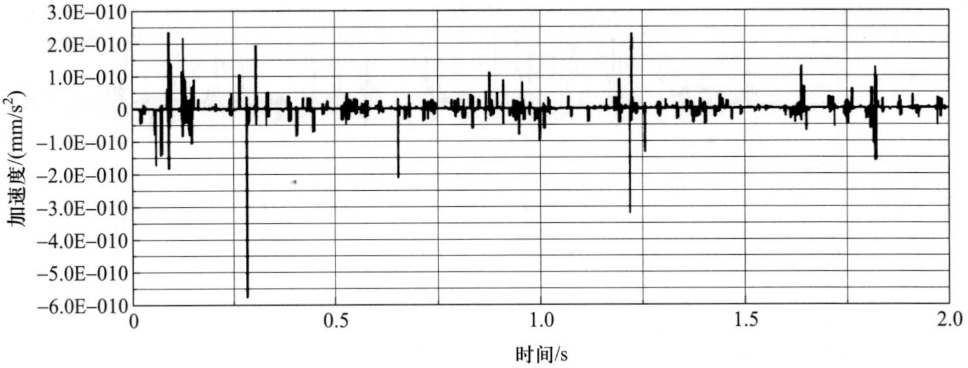

图 3.123 检测点 2 z 轴向振动加速度曲线 (未进行参数优化主减速器总成)

参考文献

[1] 刘惟信. 汽车设计 [M]. 北京: 清华大学出版社, 2001.

[2] 杨明忠, 朱家诚. 机械设计 [M]. 武汉: 武汉理工大学出版社, 2001.

[3] 何锡进. 微车后桥振动噪声与动力学特性研究 [D]. 武汉: 武汉理工大学, 2011.

[4] 万尚国. 微车主减速器准双曲面齿轮静力学有限元分析 [D]. 武汉: 武汉理工大学, 2010.

[5] 张丙伟. 微车主减速器齿轮的振动测试与动力学分析 [D]. 武汉: 武汉理工大学, 2010.

[6] 曾雪宁. 微车后桥主减速器预紧载荷研究及有限元分析 [D]. 武汉: 武汉理工大学, 2012.

[7] 姚廷强, 迟毅林, 黄亚宇, 等. 刚柔耦合齿轮三维接触动力学建模与振动分析 [J]. 振动与冲击, 2009(02): 167-171.

[8] 刘铸永, 洪嘉振. 柔性多体系统动力学研究现状与展望 [J]. 计算力学学报, 2008(04): 411-416.

[9] 高海兵, 李春英. 基于 UG 平台的齿轮三维实体建模 [J]. 机械工程与自动化, 2008(02): 69-71.

[10] 周长江, 钟志华, 唐进元. 基于齿轮误差与柔度的弯曲强度计算力点研究 [J]. 湖南大学学报 (自然科学版), 2007(07): 35-38.

[11] 侯赤, 万小朋, 赵美英. 基于 ADAMS 的小车式起落架仿真分析技术研究 [J]. 系统仿真学报, 2007(04): 909-915.

[12] 王秀山, 杨建国, 吴昊. 基于 Pro/E、ADAMS 和 ANSYS 的齿轮减速器一体化开发平台 [J]. 上海交通大学学报, 2007(01): 1-4.

[13] 王立华, 李润方, 林腾蛟, 等. 弧齿锥齿轮传动系统的耦合振动分析 [J]. 中国机械工程, 2006(14): 1431-1434.

[14] 何锡进. 微车后桥振动噪声与动力学特性研究 [D]. 武汉: 武汉理工大学, 2011.

[15] 万尚国. 微车主减速器准双曲面齿轮静力学有限元分析 [D]. 武汉: 武汉理工大学, 2010.

[16] 孙仁云, 吴涛, 徐延海. 汽车性能强化试验台测控系统的研究 [J]. 中国机械工程, 2007, 18(13): 1619-1625.

[17] 申屠斌, 杨绪剑, 周晓军. 汽车主减速器噪声振动检测系统研究 [J]. 机电工程, 2006(01): 44-46.

[18] 孟庆华, 周晓军, 庞茂, 等. 车辆驱动桥噪声分析及试验研究 [J]. 振动与冲击, 2005, 25(1): 136-140.

第 4 章　主减速器主动齿轮支承轴承建模及 NVH 仿真分析

4.1　主减速器主动齿轮支承轴承预紧力分析

4.1.1　主减速器结构组成及仿真问题描述

某跨界车主减速器采用单级式减速器, 主要由主动锥齿轮、被动锥齿轮、差速器总成、轴承、轴承盖及螺栓等组成, 图 4.1 所示为某型跨界车驱动桥减速器总成, 其中的差速器将在下一节具体介绍。图 4.1 中, 主动锥齿轮 13 的前后端分别被支撑在圆锥滚子轴承 18、15 上, 前后轴承安装在减速器壳 3 上, 这种锥齿轮的支撑方式为悬臂式支撑, 悬臂式支撑主动锥齿轮的两个轴承距离较远, 中间用隔套 16 定位两轴承内圈。被动锥齿轮 4 安装在差速器总成 5 中的差速器壳上, 用螺栓 6 连接。而差速器壳则通过

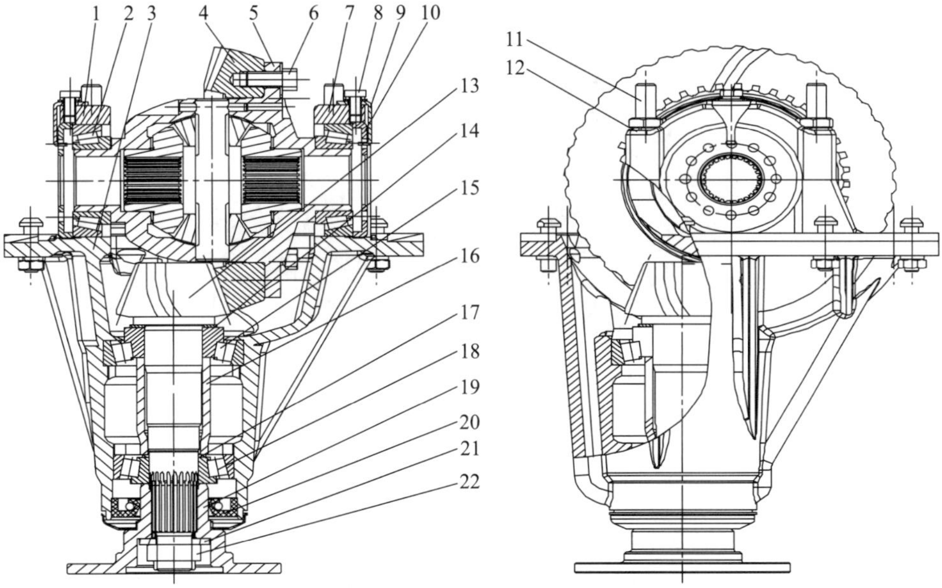

图 4.1　主减速器总成图

1—右轴承盖; 2—32008 轴承; 3—主减速器壳; 4—被动锥齿轮; 5—差速器总成; 6—螺栓; 7—左轴承盖; 8—螺栓组合件; 9—锁扣; 10—差速器轴承调整螺母; 11—螺栓; 12—垫圈; 13—主动锥齿轮; 14—调整垫片 2; 15—30306 轴承; 16—隔套; 17—调整垫片 3; 18—30305 轴承; 19—连接法兰总成; 20—油封; 21—垫圈; 22—主动锥齿轮锁紧螺母

一对圆锥轴承 2 分别被支撑在减速器壳两端的轴承座孔中, 用轴承盖 1、7 及螺栓组合件 8、锁扣 9 固定, 通过垫圈 12 和差速器轴承调整螺母 10 调节差速器壳安装间隙。

跨界车驱动桥是动力传动系统的末端, 而主减速器作为驱动桥传递动力的纽带改变传动轴动力的传递方向, 降速增扭后分配给左右半轴, 最后传至车轮, 使跨界车正常行驶。主减速器的振动和噪声的状况直接影响跨界车行驶的平稳性以及舒适性[1,2]。在运行过程中, 主减速器中主、被动齿轮的啮合振动是主减速器振动和噪声的主要来源之一[3], 而主、被动齿轮的啮合振动与主动齿轮支承轴承的内外圈及滚子之间的间隙有关。当间隙过大时, 主动齿轮易发生轴向窜动, 主被动齿轮的啮合间隙增大, 主减速器的振动和噪声就会增大; 当轴承间隙过小时, 内外圈摩擦发热增大, 轴承寿命降低, 同时主减速器空载转动力矩增大, 使传动系统的功率损失增大。因此, 要合理控制轴承间隙。为此, 引入了轴承预紧力的概念, 即在主减速器装配时, 预先对主动齿轮支承轴承施加适当的预紧作用, 减小轴承间隙, 进而增加支承刚度, 使主动齿轮具有良好的轴向和径向刚度, 防止轴向窜动, 提高旋转精度, 有助于齿轮啮合, 从而降低振动和噪声, 增加舒适性和可靠性[4]。

主减速器主动齿轮支承轴承在主动齿轮轴上的分布位置如图 4.2 所示。主动齿轮支承轴承预紧力分析即分析支承轴承预紧力大小对轴承振动和噪声的影响。主要过程包含轴承预紧力的理论计算及 ANSYS 有限元仿真分析, 通过理论值与数值仿真分析值的对比, 最终得出最佳拧紧力矩作用下的轴承最佳预紧力的大小。最后, 通过 ADAMS 动力学仿真软件分析在转速不变的情况下, 轴承预紧力的变化引起的轴承振动和噪声的变化情况。

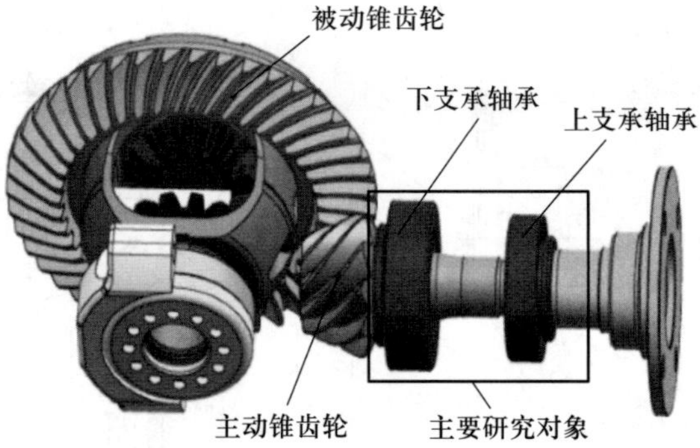

图 4.2 主动齿轮支承轴承位置分布简图

4.1.2 支承轴承预紧力的理论计算

在主减速器装配时, 一般需要预先对主动齿轮支承轴承施加一个适当的预紧力, 用于减小轴承间隙, 进而增加支承刚度。支承轴承在主减速器中所处的位置如图 4.3 所示。

某跨界车主减速器上、下支承轴承均为圆锥滚子轴承, 结构为分离型, 组成包括内圈、滚动体、保持架和外圈, 具体结构如图 4.4 所示。主减速器上支承轴承的安装方式

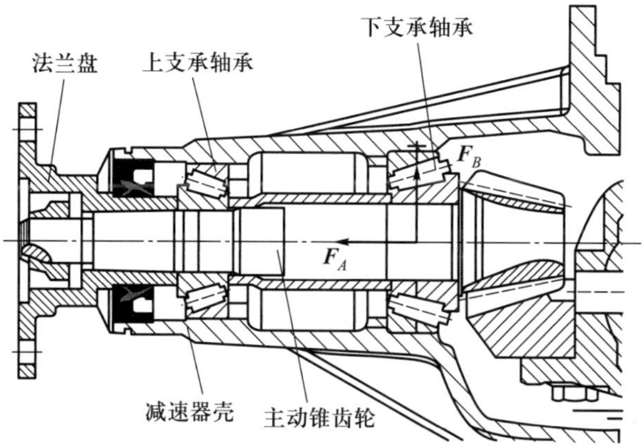

图 4.3 主动齿轮和支承轴承位置

如图 4.5 所示, 锁紧螺母产生的轴向力通过连接法兰作用在轴承内圈。

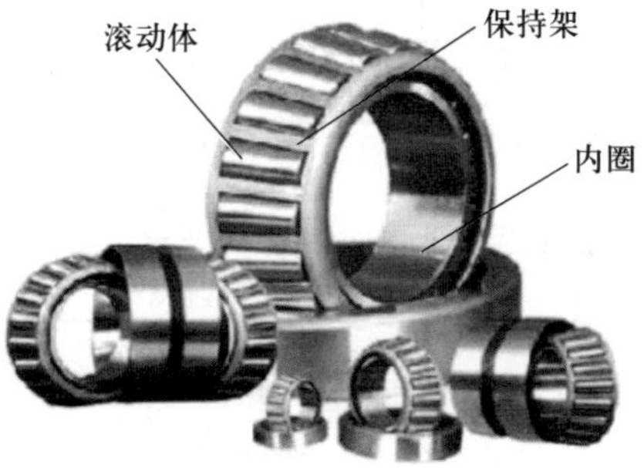

图 4.4 圆锥滚子轴承

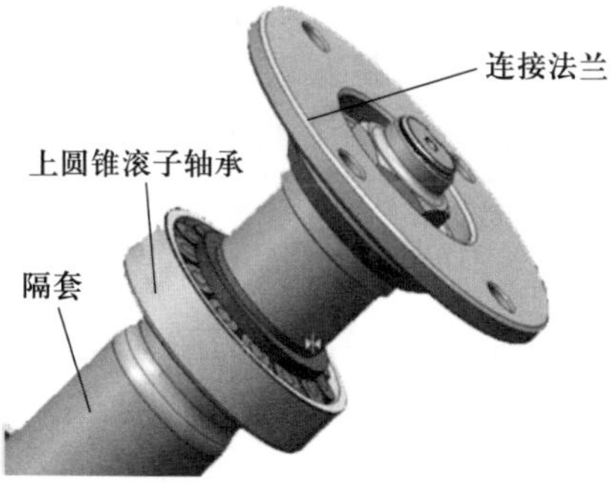

图 4.5 主减速器上支承轴承的安装方式

4.1.2.1 支承轴承轴向预紧力的分配

主减速器装配完成后, 锁紧螺母在拧紧力矩作用下产生一个扭矩, 由于斜楔原理将会产生一个轴向力 F, 通过法兰传递给上轴承内圈, 内圈轴向力一部分传递给轴承外圈, 另一部分传递给调整垫片或隔套, 再传递给下轴承内圈, 然后通过调整垫片传递给主动齿轮, 其轴向力传递路线如图 4.6 所示[5]。

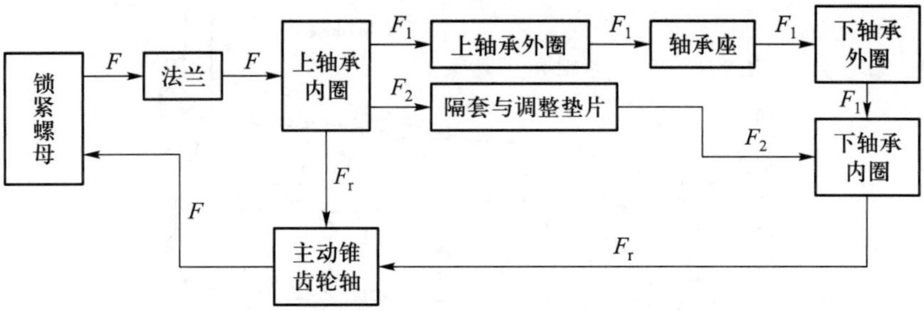

图 4.6 轴向力传递路线

4.1.2.2 支承轴承预紧力的理论计算

由图 4.6 可知, 上支承轴承同时受到了通过法兰传递过来的预紧力 F、外圈的反作用力 F_1 (轴承预紧力)、隔套的支反力 F_2、轴承内圈与轴过盈配合的摩擦力 F_r 的作用。受力平衡图如图 4.7 所示。

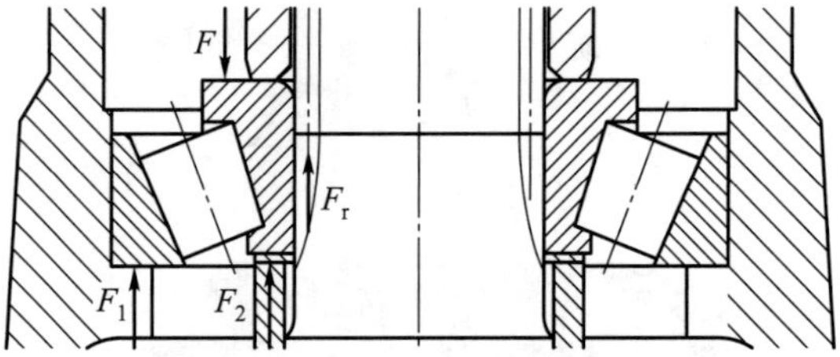

图 4.7 主减速器上轴承受力平衡图

因此, 支承轴承预紧力为

$$F_1 = F - F_2 - F_r \tag{4.1}$$

式中, F 由拧紧力矩通过计算可得到; F_2 可通过 ANSYS 有限元仿真得到; 上轴承内圈和主动锥齿轮轴之间的摩擦力 F_r 可查相关文献计算得到。

同理, 对于下支承轴承, 根据受力平衡可得如式 (4.2) 所示的关系, 其受力平衡图如图 4.8 所示。

$$F = F_3 + F_2 + F_r' \tag{4.2}$$

式中, F_3 为主减壳轴承座对下轴承外圈的作用力; F_r' 为下轴承内圈与主动齿轮轴之间的轴向摩擦力。

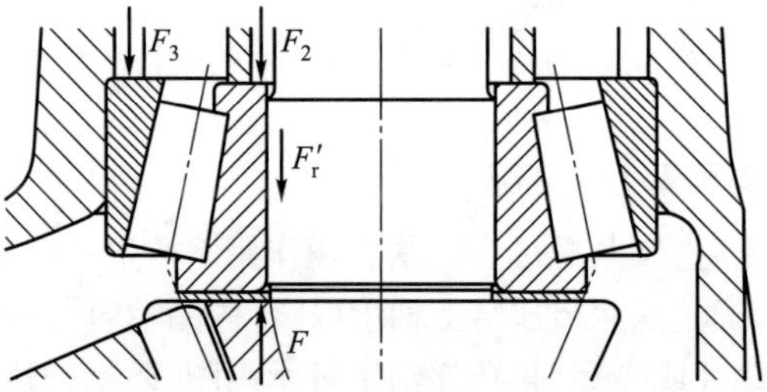

图 4.8 主减速器下支承轴承受力平衡图

主减速器的装配通过拧紧螺母产生轴向力 F, 然后轴向力 F 传递给支承轴承, 实现对轴承的预紧。因此, 支承轴承预紧力的大小与主螺母拧紧力矩的大小直接相关。凸缘螺母和主动齿轮轴采用螺纹连接, 拧紧力矩主要需克服螺纹副接触表面间的摩擦阻力矩 T_1 与支承表面之间的摩擦力矩 T_2[6,7], 即

$$T = T_1 + T_2 \tag{4.3}$$

螺纹副的力学分析可以简化为斜楔的受力分析, 其受力分析图如图 4.9 所示。

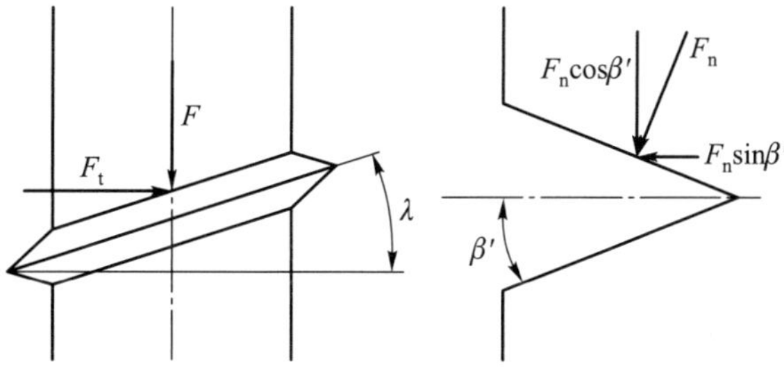

图 4.9 螺纹受力图

受力分析时均简化为螺纹中心处的集中力, 其牛顿平衡方程[8] 为

$$F_t \cos\lambda - F\sin\lambda - \frac{\mu(F\cos\lambda + F_t\sin\lambda)}{\cos\beta'} = 0 \tag{4.4}$$

式中

$$F_t = \frac{T_1}{d_2} \tag{4.5}$$

$$\tan\beta' = \tan\beta\cos\lambda \tag{4.6}$$

令 $\mu/\cos\beta' = \mu' = \tan\rho$, 将式 (4.5) 代入式 (4.4) 中, 整理可得

$$T_1 = \frac{Fd_2\tan(\lambda+\rho)}{2} \tag{4.7}$$

其中, λ 为螺纹升角; β 为牙型半角; β' 为与螺旋线截面垂直的牙型半角; μ 为螺纹间的摩擦系数; μ' 为螺纹当量摩擦系数; ρ 为当量摩擦角; d_2 为螺纹中径。

六角锁紧螺母的支承面被加工为一圆环面, 假设六角锁紧螺母的外径为 D_1, 内径为 D_0, 则克服螺母端面与支承件表面间的摩擦力矩 T_2 为

$$T_2 = \frac{\mu_n F(D_1^3 - D_0^3)}{3(D_1^2 - D_0^2)} \tag{4.8}$$

式中, μ_n 为螺母表面与支承接触面之间的摩擦系数。由式 (4.3)、式 (4.7)、式 (4.8) 可得

$$T = \frac{1}{2}F\left[d_2\tan(\lambda+\rho) + \frac{\left(\dfrac{2\mu_n}{3}\right)(D_1^3 - D_0^3)}{(D_1^2 - D_0^2)}\right] \tag{4.9}$$

对式 (4.4), 由 $F_t = 2T_1/d_2$ 计算得

$$T_1 = F\frac{d_2}{2}\left(\frac{\sin\lambda}{\cos\lambda + \sin\lambda/\cos\beta'} + \frac{\mu\cos\lambda/\cos\beta'}{\cos\lambda + \sin\lambda/\cos\beta'}\right) \tag{4.10}$$

一般情况下, 粗牙的螺纹升角 λ 小于 3°, 细牙的螺纹升角 λ 小于 2°30′, 而 $\tan\beta' = \tan\beta\cos\lambda$, β 近似于 β', 为 30°, 所以 $\mu\sin\lambda/\cos\beta'$ 很小, 可忽略不计, 则

$$T_1 = F\frac{d_2}{2}\left(\tan\lambda + \frac{\mu}{\cos\beta'}\right) \tag{4.11}$$

由螺距 $p = \pi d_2\tan\lambda$, 可得

$$T_1 = F\left(\frac{p}{2\pi} + \frac{d_2\mu}{2\cos\beta'}\right) \tag{4.12}$$

$$T = T_1 + T_2 = F\left(\frac{p}{2\pi} + \frac{d_2\mu}{2\cos\beta'}\right) + F\frac{\mu_n(D_1^3 - D_0^3)}{3(D_1^2 - D_0^2)} \tag{4.13}$$

某跨界车主减速器上下支承轴承主预紧螺母的支承面参数为外径 $D_1 = 26$ mm, 内径 $D_0 = 18$ mm; 螺母与支承面之间的摩擦系数 $\mu_n = 0.15$。普通三角螺纹的参数为牙型角 $\psi = 60°$, 牙型半角 $\beta' = 30°$, 螺纹间的摩擦系数 $\mu = 0.1$。螺纹中径公式为 $d_2 = D_0 - 0.649\,5p$, 代入参数可得 $d_2 = 18 - 0.649\,5 \times 1.5$ mm $= 17.025\,75$ mm, 并将各参数代入式 (4.13) 可得

$$T = 2.889\,9F(\mathrm{N \cdot mm}), \quad F = T/0.002\,889\,9(\mathrm{N})$$

当某跨界车设定的拧紧力矩的范围为 200~280 N·m 时, 则轴向预紧力的范围为 69 206.55~96 889.17 N。

F_r 为轴承内圈和轴之间的摩擦力。由于内圈和轴为过盈配合, 其静摩擦力的计算采用弹性力学的方法计算, 根据相关文献有

$$F_r = 2\pi bhfP \tag{4.14}$$

式中, b 为轴承内圈的半径; h 为轴承内圈的宽度; f 为接触面之间的摩擦系数; P 为轴与轴承内圈接触面之间的压力。

P 的大小取决于如下公式:

$$P = \delta\left[\frac{b_1}{E_1}\left(\frac{c^2 + b_1^2}{c^2 - b_1^2} + \nu_1\right) + \frac{b_2}{E_2}\left(\frac{b_2^2 + a^2}{b_2^2 - a^2} - \nu_2\right)\right]^{-1} \tag{4.15}$$

式中, δ 为轴承内圈与轴的过盈量; b_1、c、E_1、ν_1 分别为轴承内圈的内半径、外半径、弹性模量、泊松比; a、b_2、E_2、ν_2 分别为轴的内半径、外半径、弹性模量、泊松比, 此处轴的内半径为 0。

查手册[9] 可知上、下支承轴承的尺寸公差分别 $\phi25_0^{0.021}$、$\phi30_0^{0.021}$, 上、下支承轴承的最大过盈量分别为 0.006 5 mm 和 0.021 mm。代入式 (4.14) 中计算得到上、下支承轴承的静摩擦力 F_r 和 F_r'。

$$F_r = 2\pi bhfP_1 = 2\pi \times 0.012\,5 \times 0.017 \times 0.05 \times 2.64 \times 10^7\ \mathrm{N} = 1\,762.5\ \mathrm{N}$$

$$F_r' = 2\pi bhfP = 2\pi \times 0.015 \times 0.019 \times 0.05 \times 6.73 \times 10^7\ \mathrm{N} = 6\,025.7\ \mathrm{N}$$

4.2 支承轴承应力与预紧力有限元建模及仿真分析

支承轴承预紧力由式 (4.1) 计算可得到, 其中轴承内圈和轴之间的摩擦力 F_r 可查相关文献计算, 而 F_2 则需要通过 ANSYS 有限元仿真得到。再根据 $F_1 = F_0 - F_2 - F_r$ 即可得到轴承的预紧力。

4.2.1 主减速器模型的简化

主减速器组成结构复杂, 每个部分的振动不一样且相互影响, 因此在仿真分析中需要进行结构简化。由图 4.2 可以看出, 支承轴承受力直接相关的主要有主动齿轮总成、主减速器壳、连接法兰。它们各自的作用为: 主减速器壳体起到固定轴承外圈的作用, 可以理解为固定平面, 可忽略; 连接法兰的作用是在拧紧力矩作用下把轴向力传递给轴承内圈, 可以理解为对轴承施加一个外载荷, 可简化; 主动齿轮中与轴承直接相连的为两个垫片和隔套, 起到支反力的作用, 可以理解为对下支承轴承内圈施加一个平衡力, 可简化。综上所述, 可以把轴承的受力结构简化为如图 4.10 所示的三维实体模型。

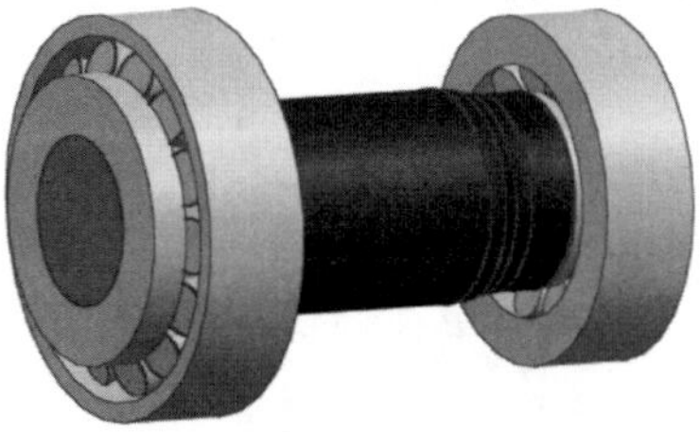

图 4.10 轴承受力结构简化模型

该简化模型采用三维建模软件 UG 建立。首先分别建立轴、上下轴承、垫片和隔套的三维模型, 然后进行装配即可得到该简化模型, 再利用 UG 和 ANSYS 的接口将模型导入 ANSYS, 得到后续所需的初步有限元分析模型。

4.2.2 有限元分析模型建立

某跨界车主减速器主动齿轮轴用支承轴承的型号分别为 30305 × 2B 和 30306 × 2B 两种。滚动轴承外圈及滚动体都采用高碳铬轴承钢或渗碳钢 (20CrNi4A) 制成。套圈采用全淬火, 表面和心部均可硬化; 滚动体一般只在表层渗碳淬火, 硬度一般为 HRC58~HRC65; 轴的材料为 45 钢, 表面淬火处理; 隔套的材料为 45 钢, 两端面均进行淬火处理。查机械设计手册[10] 可得相关材料参数如表 4.1 所示。

表 4.1 轴承的材料参数

材料参数	轴承套圈和滚动体	齿轮轴与轴承内圈	隔套与轴承挡边
泊松比 μ	0.29	0.25	0.269
弹性模量 E/GPa	207	211	209
静摩擦系数 f (有润滑)	0.01	0.05	0.15

由于主减速器的各个零件都具有周向对称性，因此可以只选取模型的一部分进行计算，以提高仿真计算的速度，同时采用该处理方式计算得到的结果与整个模型计算的结果相差很小。上支承轴承有 13 个滚动体，取半个滚动体进行分析，所以将上支承轴承分为 26 份；同理，下支承轴承有 14 个滚动体，分为 28 份；隔套与主动齿轮轴都划分为 28 份。最后，得到 1/26 个上支承轴承、1/28 个下支承轴承、1/28 个隔套及主动齿轮轴的模型，同时在所有截面加上对称约束。

4.2.2.1 模型对称简化处理

(1) 导入 UG 模型生成初始分析模型。如图 4.11 所示，打开 Workbench 软件，双击 “Analysis Assessment” 下的 “Static Structural”，右击 “Geometry”，通过 “Import Geometry” 下的 “Browse” 读入 UG 装配体文件 (此处文件格式为 x-t 格式)。双击 “Geometry”，进入 “DesignModeler” 模块，选择单位 “Millimeter”，单击 “Generate” 生成模型，如图 4.12 所示。最后生成的初始分析模型如图 4.13 所示。

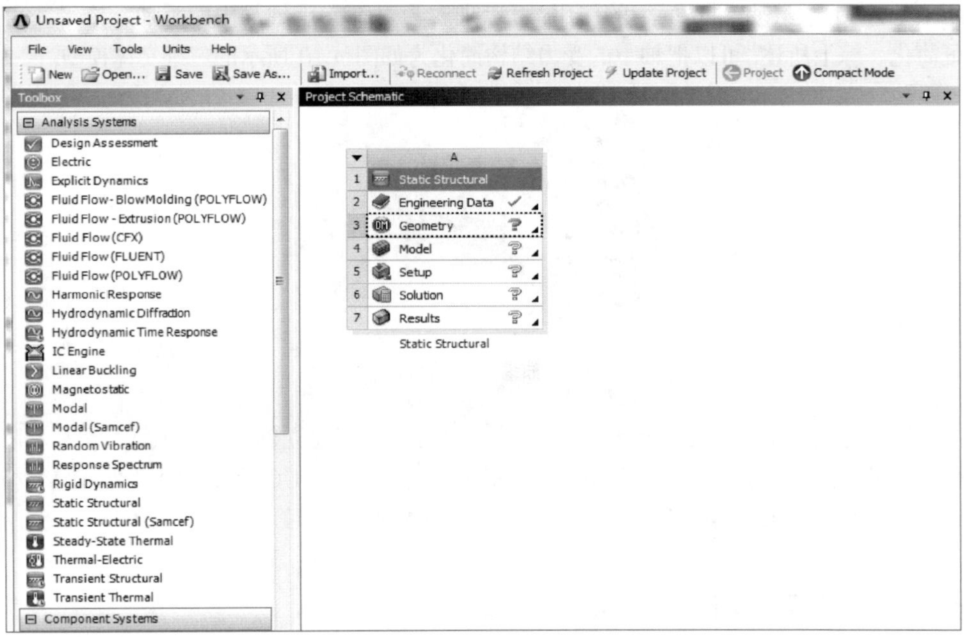

图 4.11 模型导入界面

(2) 创建平面。单击 “New Plane”，右击新生成的 “Plane1”，选择 “Rename”，改为 “Plane4”。选择图 4.13 所示面，并将 “Transform1 (RMB)” 改为 “Rotate about Y”，将 “FD1, Value1” 值改为 −90°，单击 “Generate”，如图 4.14 所示。

(3) 单击 “New Plane”，在 “Details View” 面板中，选择 “Type” 为 “From Plane”，“Base Plane” 选择 “Plane4”，单击 “Apply”；并将 “Transform1 (RMB)” 改为 “Rotate about X”，将 “FD1, Value1” 值改为 90°，单击 “Generate”。同时，右击生成的面并选择 “Rename”，改为 “Plane7”。

(4) 生成对称后的 1/2 模型。单击 “Tools” → “Symmetry”，在 “Details View” 面板中的 “Symmetry Plane1” 处选择 “Plane7”，单击 “Apply”，单击 “Generate” 生成

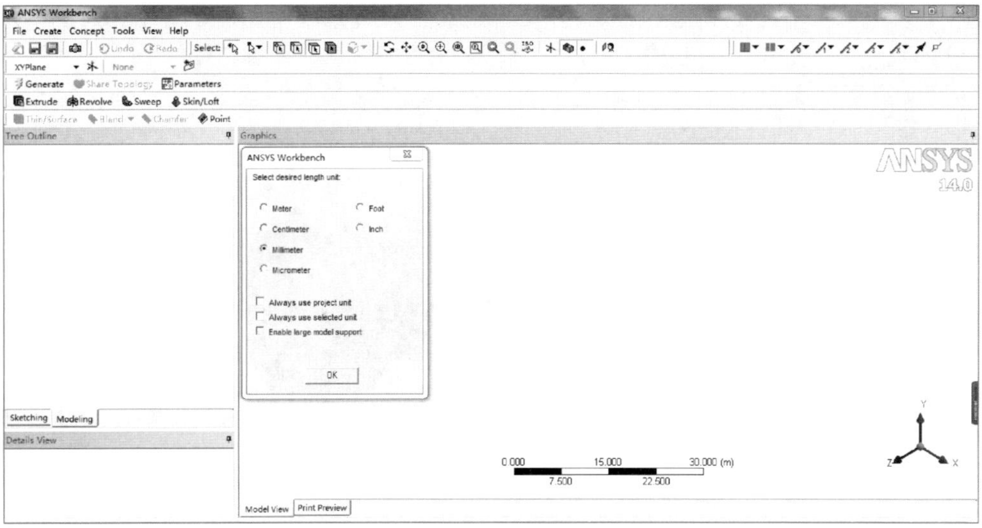

图 **4.12** 生成模型设置

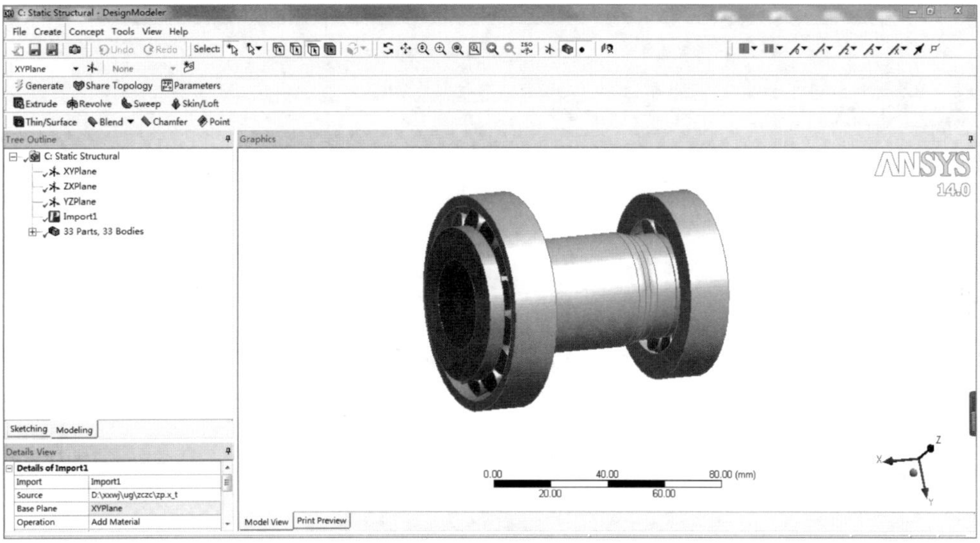

图 **4.13** 生成的初始分析模型

1/2 模型, 如图 4.15 所示。

(5) 生成对称后的 1/4 模型。同理, 单击 “Tools” → “Symmetry”, 在 “Details View” 面板中的 “Symmetry Plane1” 处选择 “Plane4”, 单击 “Apply”, 单击 “Generate” 生成对称后的 1/4 模型, 如图 4.16 所示。

(6) 单击 “New Plane”, 在 “Details View” 面板中, 选择 “Type” 为 “From Plane”, “Base Plane” 选择 “Plane4”, 单击 “Apply”; 并将 “Transform1 (RMB)” 改为 “Rotate about X”, 将 “FD1, Value1” 值改为 180°, 单击 “Generate”。同时, 右击生成的面并选择 “Rename”, 改为 “Plane8”。

(7) 单击 “New Plane”, 在 “Details View” 面板中, 选择 “Type” 为 “From Plane”,

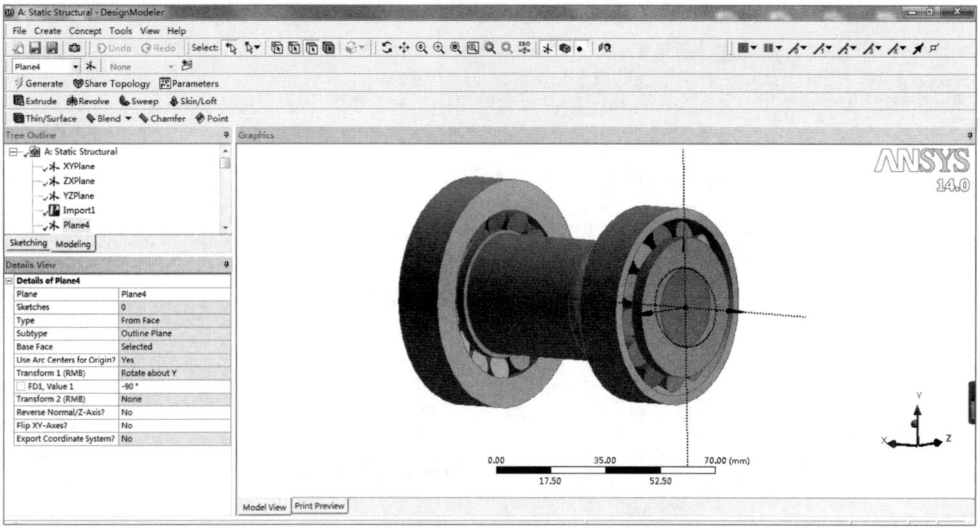

图 4.14 创建平面

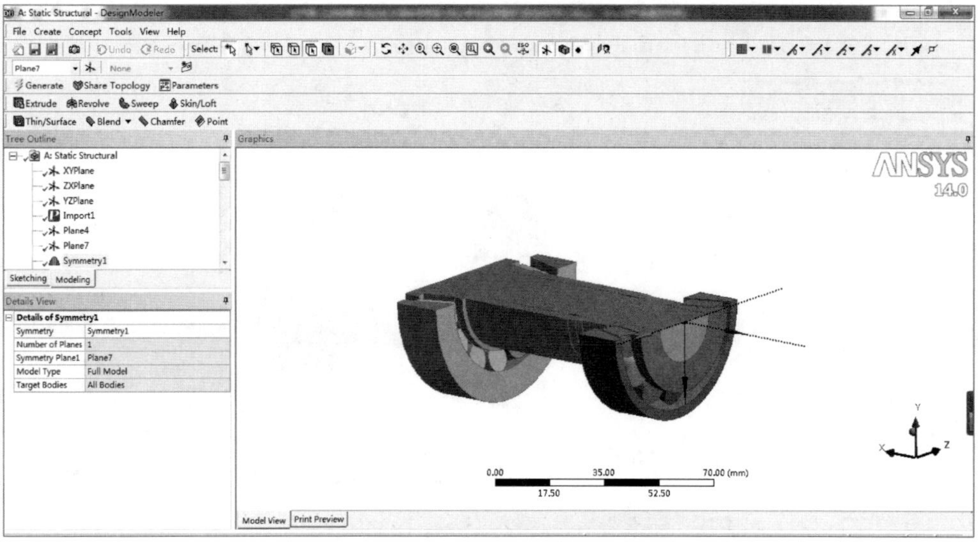

图 4.15 生成对称后的 1/2 模型

“Base Plane” 选择 “Plane8”, 单击 “Apply”; 并将 “Transform1 (RMB)” 改为 “Rotate about X”, 将 “FD1, Value1” 值改为 $-12.857°$, 单击 “Generate”。同时, 右击生成的面并选择 “Rename”, 改为 “Plane5”。同理, 将 “FD1, Value1” 值改为 $-13.846°$, 生成 “Plane6”。

(8) 单击 “Tools” → “Symmetry”, 在 “Details View” 面板中的 “Symmetry Plane1” 处选择 “Plane5”, “Target Bodies” 选择除了上轴承外的全部体, 单击 “Apply”, 单击 “Generate”。同理, “Symmetry Plane1” 选择 “Plane6”, “Target Bodies” 选择上轴承, 单击 “Apply”, 单击 “Generate”, 如图 4.17 所示。

(9) 单击 “New Plane”, 在 “Details View” 面板中, 选择 “Type” 为 “From Plane”,

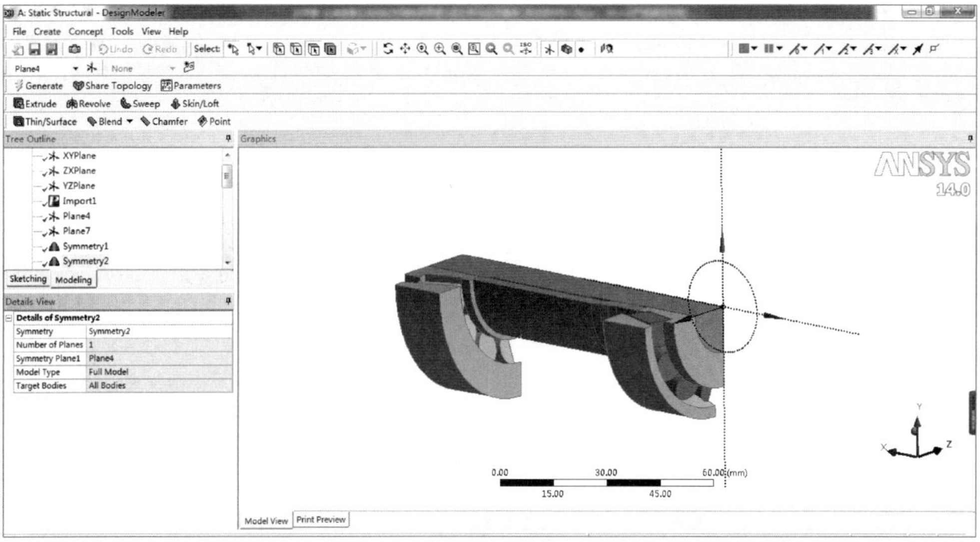

图 4.16　生成对称后的 1/4 模型

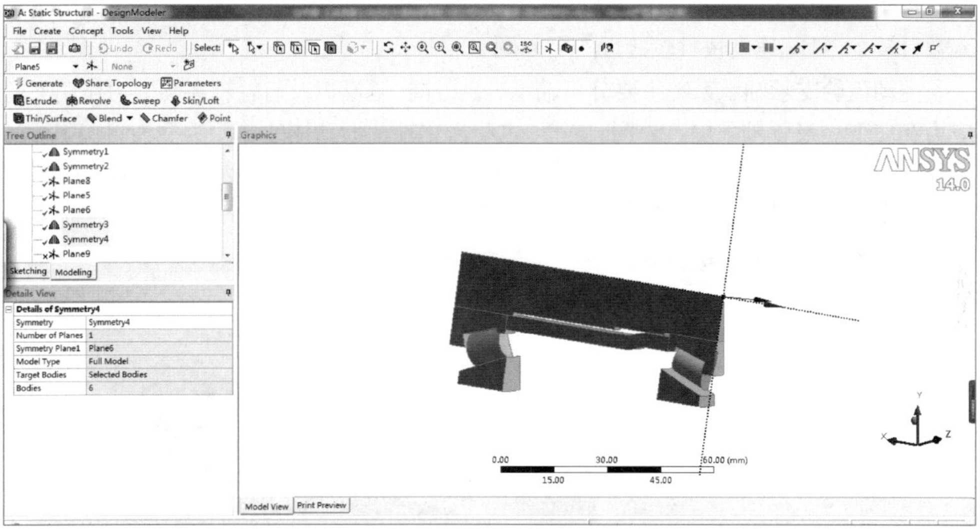

图 4.17　Symmetry Plane 1 的选择

“Base Plane” 选择 “Plane7”; 并将 “Transform1 (RMB)” 改为 “Offset Z”, 将 “FD1, Value1” 值改为 “5 mm”, 单击 “Generate”。同时, 右击生成的面并选择 “Rename”, 改为 “Plane9”。

(10) 单击 “Create” → “Slice”, 在 “Base Plane” 中选择 “Plane9”, “Slice Targets” 选择轴承, 单击 “Apply”, 依次单击 “Generate” → “Suppress” 轴承的 “Solid”, 至此, 生成主减速器主动齿轮支承轴承三维对称简化模型, 如图 4.18 所示。

4.2.2.2　网格划分

ANSYS 有限元网格的合理划分是进行数值模拟分析中至关重要的一环, 它直接影响后续数值计算分析结果的精确性。在此, 采用映射与扫略的网格划分方法, 网格划分

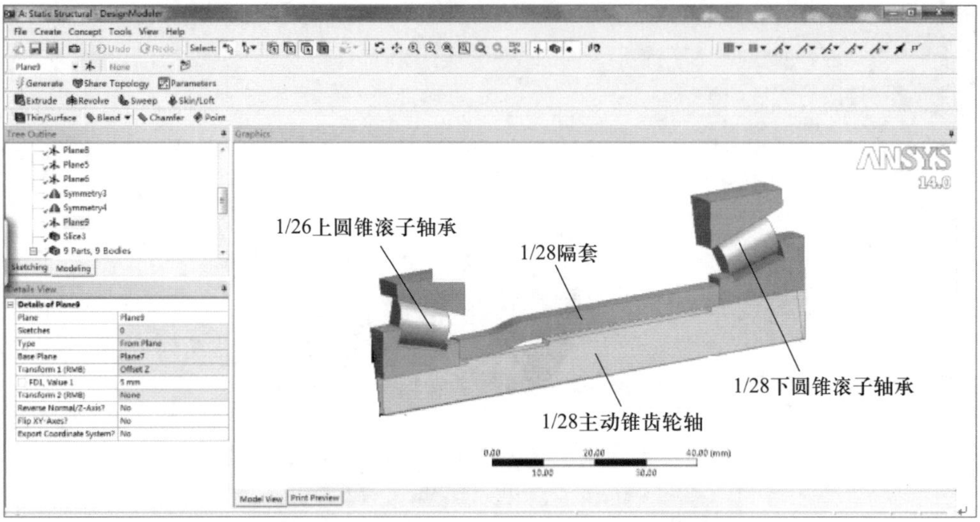

图 4.18　主动齿轮支承轴承三维对称简化模型

难度比自由网格大，但当划分的网格比较规则时，可避免一些畸形单元的产生，而且单元数目较少，计算速度快且较接近实际问题。

主动齿轮支承轴承系统主要分析轴承内、外圈，隔套以及齿轮轴在预紧力作用下的应力和应变。设置轴承内、外圈，隔套，主动齿轮轴及滚动体的单元类型为 SOLID186 单元 (C3D20)；该单元是 20 节点、三自由度的高阶六面体单元，因此能很好地模拟复杂的曲面形状。划分出的规则网格如图 4.19 所示。

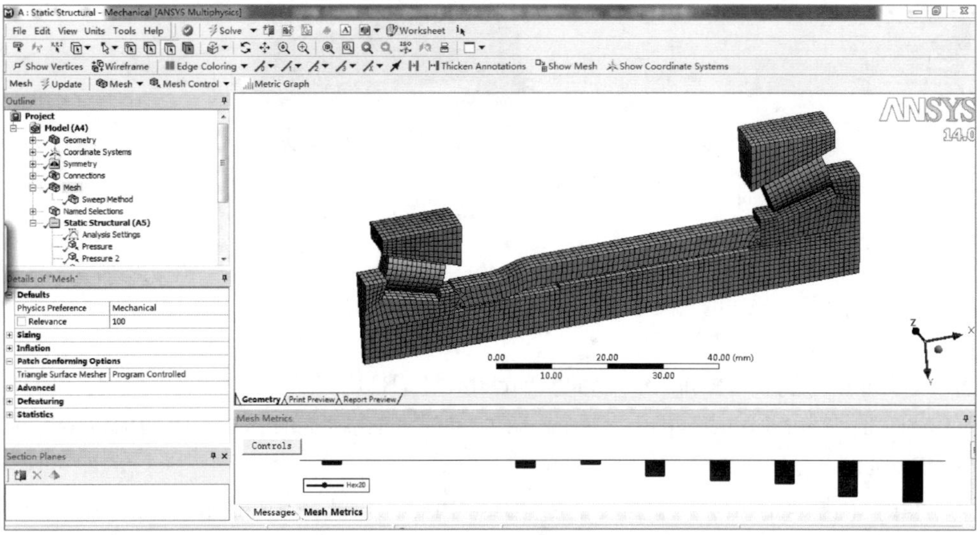

图 4.19　主动齿轮支承轴承三维对称网格图

4.2.2.3　接触对设置

接触问题一般分为两类：刚性体–柔性体、柔性体–柔性体[5]。在此，采用的是柔性体–柔性体的面面接触单元，可以更好地反映两个弹性体在受外载荷过程中的变形状态。接触对的目标面和接触面分别采用三维目标单元 Targe170 和 10 节点的三维接触单元 Conta174 来模拟。分析模型共有 10 个接触对, 分别为: ① 上支承轴承外圈与滚动体的接触对; ② 上支承轴承内圈与滚动体的接触对; ③ 上支承轴承内圈大端挡边与滚动体端面的接触对; ④ 上支承轴承内圈与轴过盈配合的接触对; ⑤ 下支承轴承外圈与滚动体的接触对; ⑥ 下支承轴承内圈与滚动体的接触对; ⑦ 下支承轴承内圈大端挡边与滚动体端面的接触对; ⑧ 下支承轴承内圈与轴过盈配合的接触对; ⑨ 隔套端面与下支承轴承内圈的接触对; ⑩ 隔套端面与上支承轴承内圈的接触对。

根据有限元理论中关于目标面与接触面的选择方法, 选择轴承内、外圈滚道的表面为目标面, 滚动体的表面为接触面, 与锥齿轮轴接触的轴承内圈表面为目标面, 主动齿轮轴的外圈为接触面。各接触对的位置如图 4.20 所示。

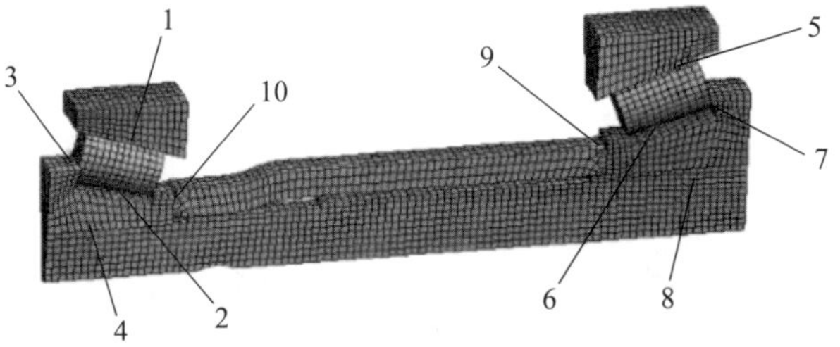

图 4.20 各接触对的位置示意图

1、5—轴承外圈; 2、6—滚动体; 3、7—轴承内圈; 4、8—主动锥齿轮轴; 9、10—隔套

4.2.2.4 定义边界条件

主减速器主动齿轮支承轴承有限元模型的边界条件共 3 种, 分别如下。

(1) 固定约束。上、下支承轴承外圈与主减速器壳为过盈配合, 可视为一个整体, 所以定义上、下支承轴承外圈为完全固定约束。

(2) 应力载荷。一对方向相反的载荷分别施加在上、下支承轴承的内圈表面上, 其除以内圈表面积可得面载荷。取 $T = 200$ N·m 时, $F_0 = 69\ 206.55$ N; 下支承轴承内圈大端表面积为 1 384.3 mm^2, 则在下支承轴承 30306 × 2B 的内圈大端表面上施加的面载荷为 49.994 MPa, 如图 4.21 所示; 上轴承的轴承内圈大端表面积为 1 029.657 mm^2, 则在上支承轴承 30305 × 2B 内圈大端表面上施加的面载荷为 67.213 MPa, 如图 4.21 所示。

(3) 对称约束。为了在不影响计算精度的前提下尽量减少有限单元的数量、提高计算的速度, 主减速器的有限元模型只取了一部分来计算, 所以在所有截面的表面施加面对称约束。

在材料类型、划分网格、定义约束和施加载荷设定完成后, 开始进行有限元仿真分析, 可得到上、下支承轴承、隔套和垫片的受力状态。各部分等效应力图如图 4.22 ~ 图 4.25 所示。

由图 4.22~ 图 4.25 可知, 主减速器上支承轴承受到的最大应力为 308.79 MPa, 其发生在滚子的端部; 主减速器主动齿轮下支承轴承受到的最大应力为 230.07 MPa, 其发生在滚子的端部; 隔套两端受到的应力为 85.26 MPa, 且在隔套圆角处会发生应力集

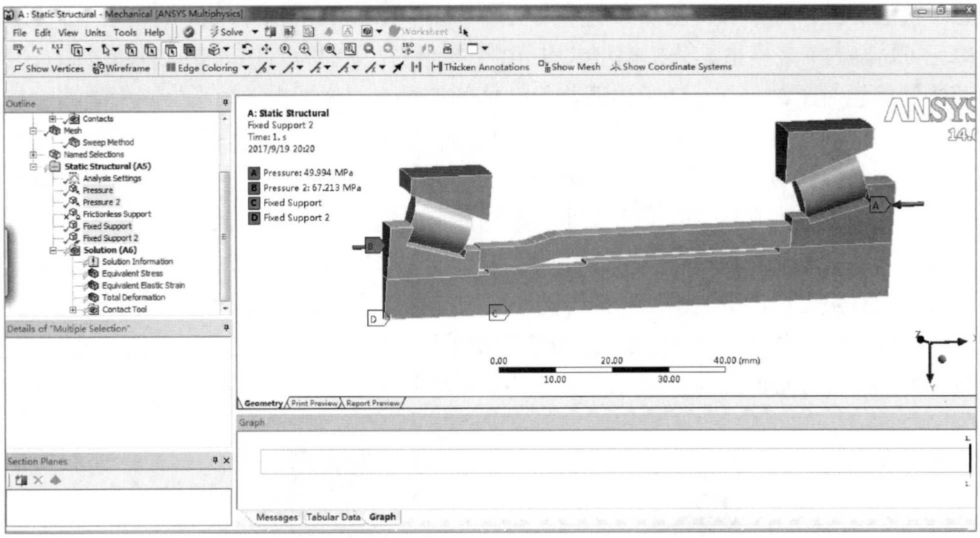

图 4.21　定义边界条件

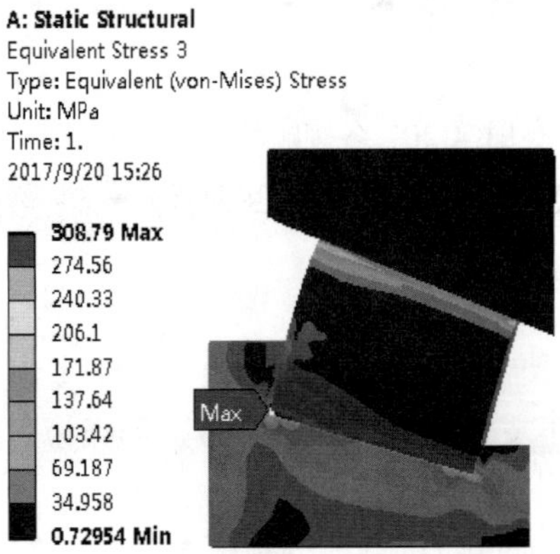

图 4.22　上轴承等效应力云图 (参见书后彩图)

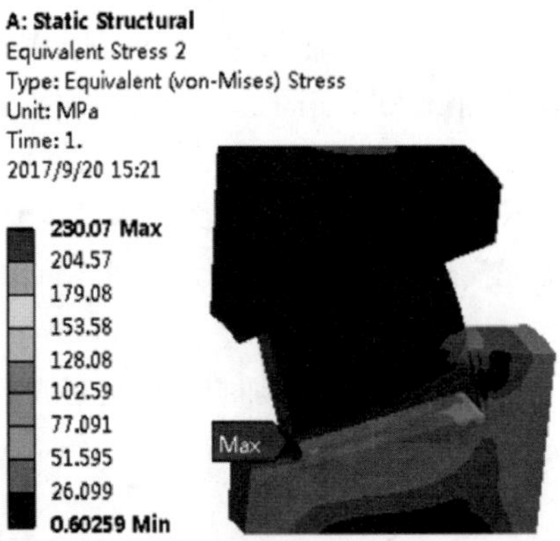

图 4.23　下轴承等效应力云图 (参见书后彩图)

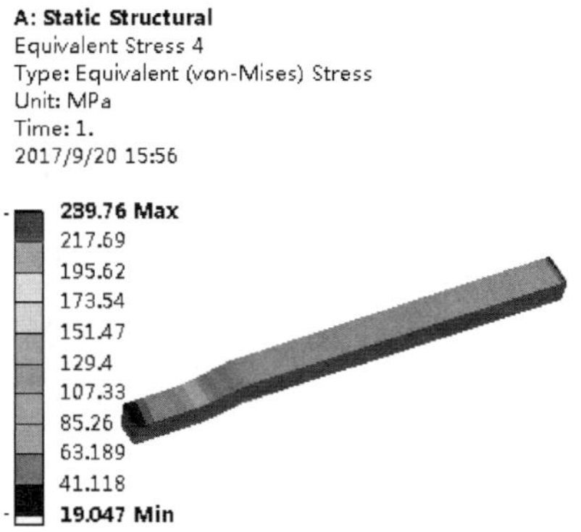

图 4.24　隔套等效应力云图 (参见书后彩图)

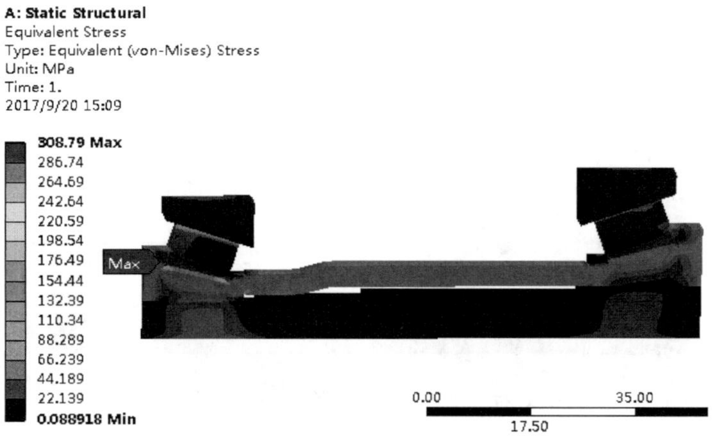

图 4.25　模型等效应力云图 (参见书后彩图)

中现象, 应力大小为 171.82 MPa。

4.2.3　主动齿轮支承轴承预紧力有限元数值分析

对于隔套所受的轴向力, 可以通过 4.2.2.4 节分析结果得出的应力平均值来计算; 而应力平均值可以由 Workbench 软件中的平均值计算公式 $\{\int \mathrm{Stress}(X,Y,Z)\mathrm{dAREA}\}/\{\mathrm{TOTAL}-\mathrm{AREA}\}$ 计算, 即通过应力对面的积分再除以其面积得到, 所以直接用平均值乘以其面积就可以得到其轴向力大小。隔套端面的应力云图如图 4.26 所示。

由隔套端面的应力云图可得, average stress=(25.293+336.88)/ 2 MPa= 181.086 5 MPa, 测得 1/28 隔套端面面积为 11.825 8 mm^2, 则隔套面积为 11.825 8× 28 mm^2=331.122 4 mm^2, 所以隔套轴向力为

$$F_2 = 181.086\ 5 \times 331.122\ 4 = 59\ 961.996\ 5\ \mathrm{N}$$

依据已有的有限元分析可知, 如图 4.27 所示, 上支承轴承内圈和轴过盈配合接触处产生最大接触应力为 2.94×10^7 Pa; 依据轴承标准可知, 上支承轴承内圈半径为 12.5 mm, 宽度为 17 mm, 内圈与轴的摩擦因子为 0.05, 则由式 (4.13) 可得上支承轴承

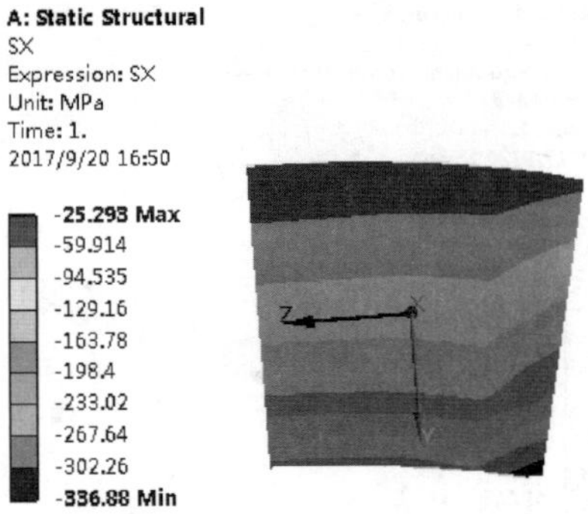

图 4.26 隔套端面的应力云图 (参见书后彩图)

内圈和轴过盈配合产生的静摩擦力大小为

$$F_{\mathrm{r}} = 2\pi bhfP_1 = 2\pi \times 0.012\ 5 \times 0.017 \times 0.05 \times 2.94 \times 10^7\ \mathrm{N} = 1\ 961.715\ \mathrm{N}$$

图 4.27 上轴承过盈配合接触面应力云图

依据图 4.25 可知上轴承外圈所受的应力, 并测量其外圈受力面积, 则可知支反力为 $F = 399.6$ N, 因为模型为整个轴承的 1/26, 故轴承承受的实际轴向力为

$$F_1 = 399.6 \times 26\ \mathrm{N} = 10\ 390\ \mathrm{N}$$

由式 (4.1) 可知, 其轴向力为

$$F_1 = F - F_2 - F_{\mathrm{r}} = 69\ 206.55 - 59\ 961.996\ 5 - 1\ 961.715\ \mathrm{N} = 7\ 283.382\ \mathrm{N}$$

式中, F 为轴向预紧力 F_0, 其值前面已设定, 为 69 206.55~96 889.17 N。

理论计算的轴向力与 ANSYS 仿真计算的轴向力相差 29.9%, 这是因为计算隔套轴向力时, 采用了近似的 “average stress”, 所以计算误差较大。

4.3 支承轴承动力学建模及仿真分析

4.3.1 支承轴承零件与装配体三维模型的建立

选择 UG 软件对主减速器主动齿轮支承轴承进行建模, 考虑到轴向力对支承轴承的影响是主要的研究对象, 且调用 UG 库里轴承的内圈、外圈、滚子及保持架是一体的, 无法对它们一一进行动力学分析, 故基于简化分析的思路, 忽略保持架, 并对内、外圈及滚子分别建模, 然后装配起来导入 ADAMS 软件[11]。其主要的零件体三维模型及上支承轴承装配体模型如图 4.28 所示。

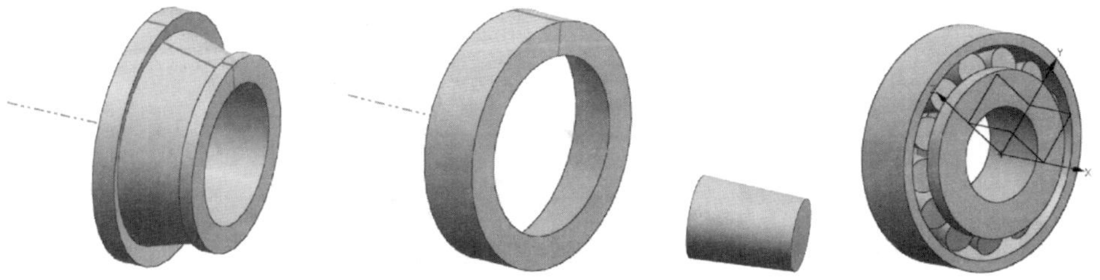

图 4.28 零件体三维模型及上支承轴承装配体模型

4.3.2 选取轴承振动仿真参数

支承轴承的振动和噪声一般是通过内圈的质心加速度、角加速度和滚动体的质心位移轨迹、角速度、角加速度来分析的, 故支承轴承振动的主要影响参数有模型参数、材料参数、接触碰撞参数。支承轴承各参数如表 4.2 ~ 表 4.4 所示。

表 4.2 支承轴承模型参数

内径 d/mm	外径 D/mm	宽度 B/mm	滚动体直径/mm	滚子数 N
25	62	17	6	13

表 4.3 支承轴承材料参数

	密度/(kg/m^3)	弹性模量/(N/m^2)	泊松比
滚动体	7 801	2.07×10^{11}	0.29
内外圈	7 801	2.07×10^{11}	0.29

表 4.4 支承轴承接触碰撞参数

接触刚度/(N/mm)	应力指数	阻尼/(N·s/mm)	接触深度/mm	静态系数	动态系数
100 000	1.5	50	0.1	0.3	0.1

4.3.3 支承轴承的动力学仿真分析

首先把前述所建立的三维模型导入 ADAMS 软件中, 创建运动副, 施加驱动、轴向载荷 (通过 4.2.3 节分析得到支承轴承承受的轴向载荷) 及重力等外载荷, 定义接触, 模拟支承轴承的运动, 然后通过后处理操作输出图形分析结果, 通过改变外载荷、轴承转速、牵引参数等获得轴承参数对轴承运动和轴承振动的影响。

4.3.3.1 模型导入及施加约束

将支承轴承模型导入 ADAMS 软件中, 将 UG 模型另存为 Parasolid 文件, 即 ".xmt_txt" 格式文件。打开 ADAMS 软件, 选择 "File" → "Import", 在 "File Type" 中选择 "Parasolid", "File To Read" 中双击选择模型文件, "Model Name" 中右键选择 "Model" → "Create" 添加模型名称, 单击 "OK" 完成动力学模型导入。模型导入如图 4.29 和图 4.30 所示。

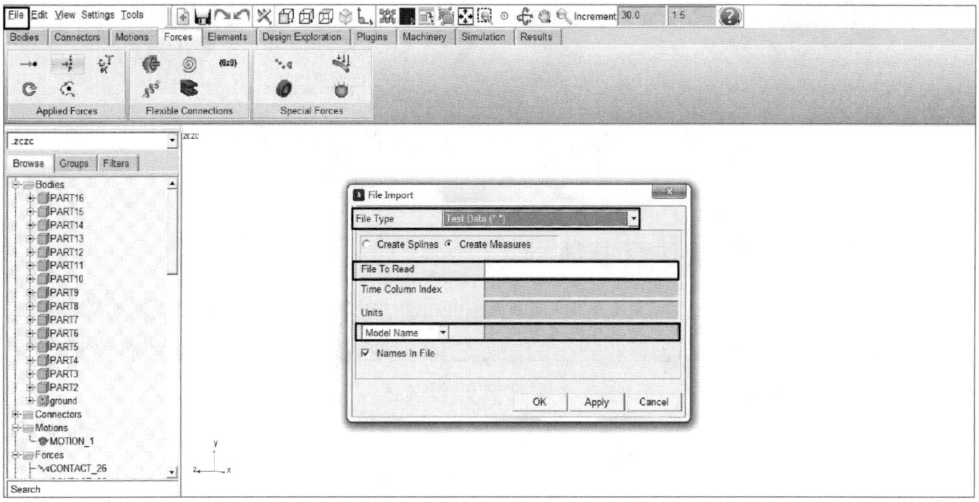

图 4.29 模型导入

图 4.30 支承轴承动力学模型

根据支承轴承的运动情况可知: 轴承外圈固定在主减速器壳体上, 进而传递到车架、地面, 因此可设置其为固定在大地上; 滚动体与内、外圈均为线接触, 并绕其自身轴线旋转; 内圈与齿轮轴过盈配合并随轴转动, 故定义其为绕中心轴旋转; 外载荷施加在轴承内圈上。具体步骤如下[12]:

(1) 外圈添加 "Fixed Joint", 内圈和滚子均添加 "Revolute Joint", 如图 4.31 所示。

(2) 内圈施加 "Rotational Joint Motion" 作为驱动, 如图 4.32 所示。

(3) 单击 "Settings" → "Gravity", 勾选 "Gravity" 并在 "Y" 处输入 –9.81, 完成重力的添加; 在内圈质心位置添加轴向力 (因为轴向力是均匀作用在内圈端面, 可把力集

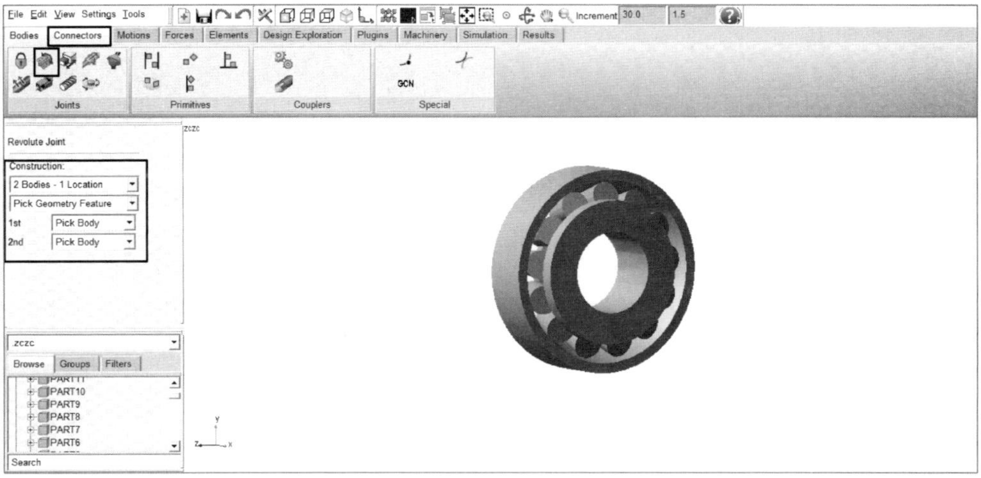

图 4.31　各 Part 添加转动副

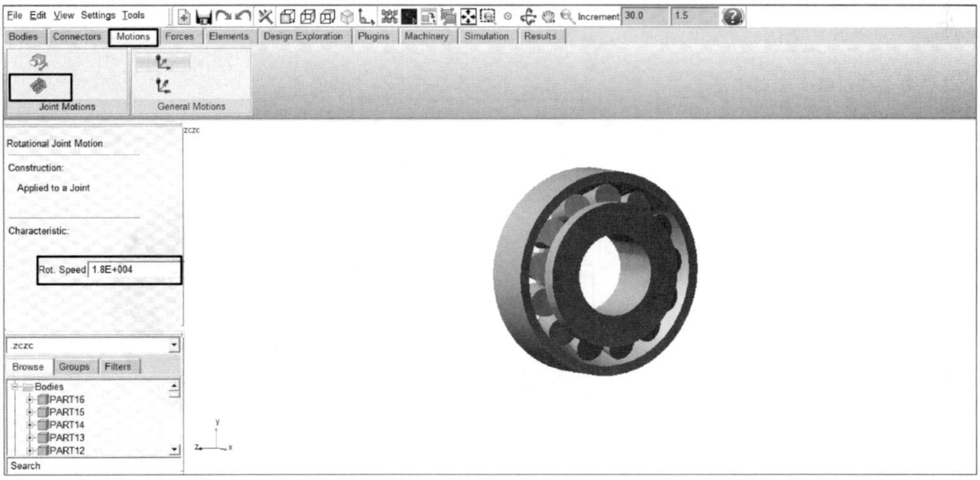

图 4.32　添加内圈驱动

中作用到内圈质心), 如图 4.33 所示。

(4) 创建各滚子与内外圈的接触, 单击 “Forces” → “Create a Contact”, 输入对应参数, 如图 4.34 所示。

所有约束添加完成后可得轴承模型的约束图, 如图 4.35 所示。

4.3.3.2　主动齿轮轴转速变化引起的轴承振动变化情况

某跨界车行驶过程中主减速器的主动齿轮转速范围为 1 000~4 500 r/min, 行驶过程中转速一般为 2 000~4 000 r/min, 在此, 模拟轴承轴向预紧力为 10 390 N 且转速为 3 000~4 000 r/min 时轴承内圈和滚动体的运动情况。当主锥齿轮的转速为 3 000 r/min 时, 内圈和滚动体的运动情况如图 4.36、图 4.37 所示。

从图 4.36、图 4.37 中可以看出, 当转速为 3 000 r/min 时, 内圈的质心加速度为 $5\times10^{-11}\sim7\times10^{-10}$ mm/s^2, 数量级非常小, 近乎为零; 内圈质心角加速度变化主要分布在

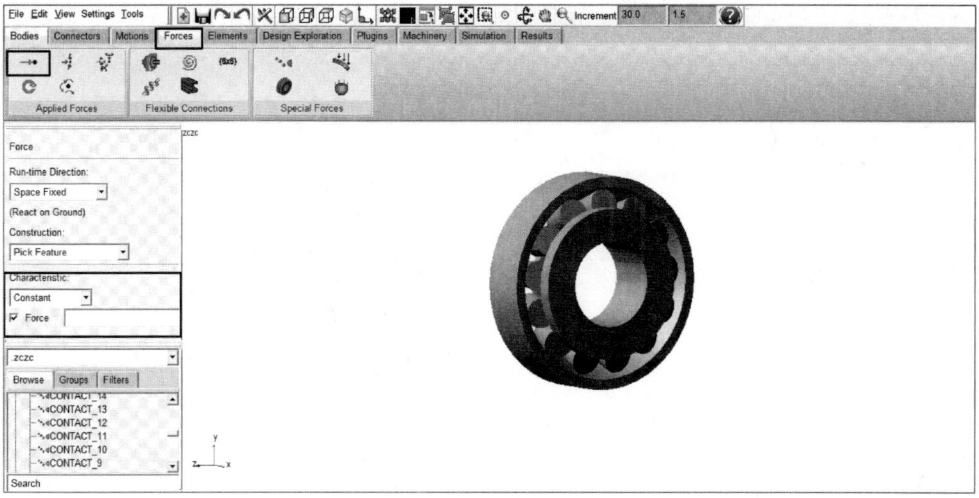

图 4.33　添加内圈端面轴向载荷

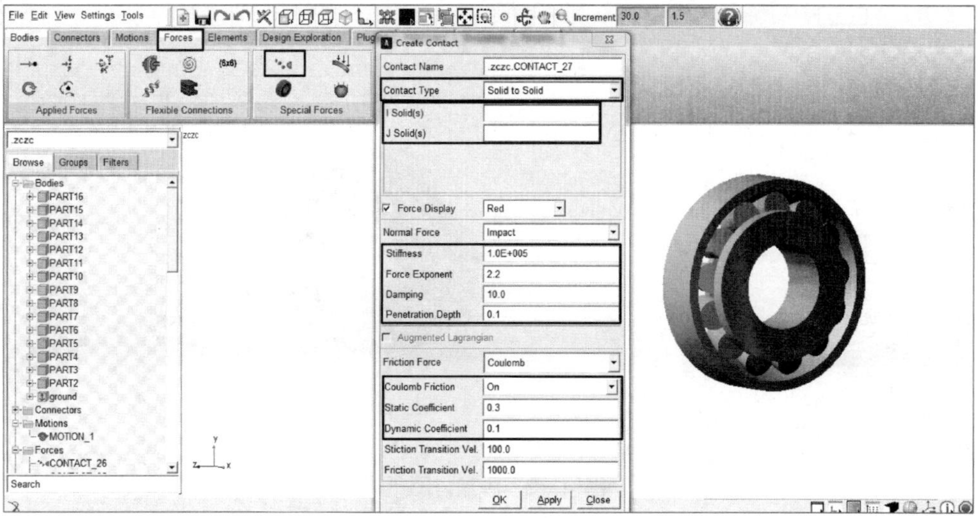

图 4.34　定义各滚子与内外圈的接触

$0 \sim 0.01$ (°)/s^2 且最大为 0.022 5 (°)/s^2, 波动较少; 滚动体质心位移变化为 23.315 2~23.315 8 mm; 滚动体质心角速度主要分布在 $0 \sim 150$ (°)/s, 分布较为集中; 滚动体质心角加速度为 $0 \sim 2.5 \times 10^6$ (°)/s^2, 主要分布在 $0 \sim 1 \times 10^6$ (°)/s^2, 波动较为明显; 滚动体承受的力矩为 700~1 600 N·mm, 主要分布在 850~1 150 N·mm, 波动较为明显。

当主动齿轮的转速为 3 500 r/min 时, 内圈和滚动体的运动情况分别如图 4.38、图 4.39 所示。

从图 4.38 和图 4.39 中可以看出, 当转速为 3 500 r/min 时, 内圈的质心加速度为 $1 \times 10^{-10} \sim 1 \times 10^{-9}$ mm/s^2, 数量级非常小, 近乎为零; 内圈质心角加速度变化主要分布在 $0 \sim 0.01$ (°)/s^2, 波动较 3 000 r/min 时稍大, 最高值为 0.06 (°)/s^2; 滚动体质心位移为 $23.314\ 6 \sim 23.315\ 5$ mm, 较 3 000 r/min 时波动稍大; 滚动体质心

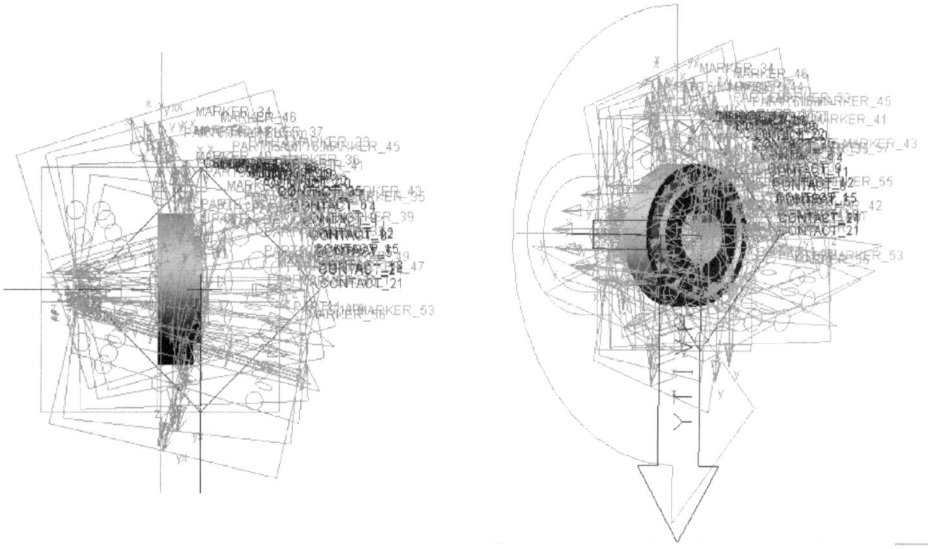

图 4.35 主动齿轮支承轴承的约束图 (参见书后彩图)

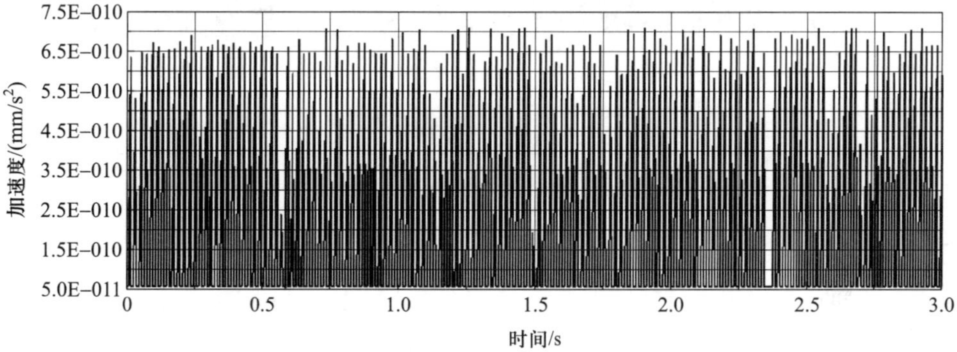

(a) 内圈质心加速度

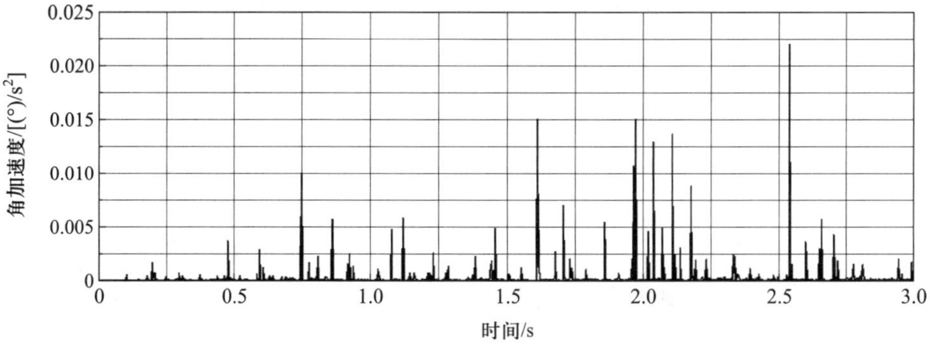

(b) 内圈质心角加速度

图 4.36 转速为 3 000 r/min 时内圈运动波动情况

角速度主要分布在 0 ~ 200 (°)/s, 波动比 3 000 r/min 时大; 滚动体质心角加速度为 $0 \sim 3.5 \times 10^6$ (°)/s^2, 主要分布在 $0 \sim 1.25 \times 10^6$ (°)/s^2, 波动比 3 000 r/min 时大;

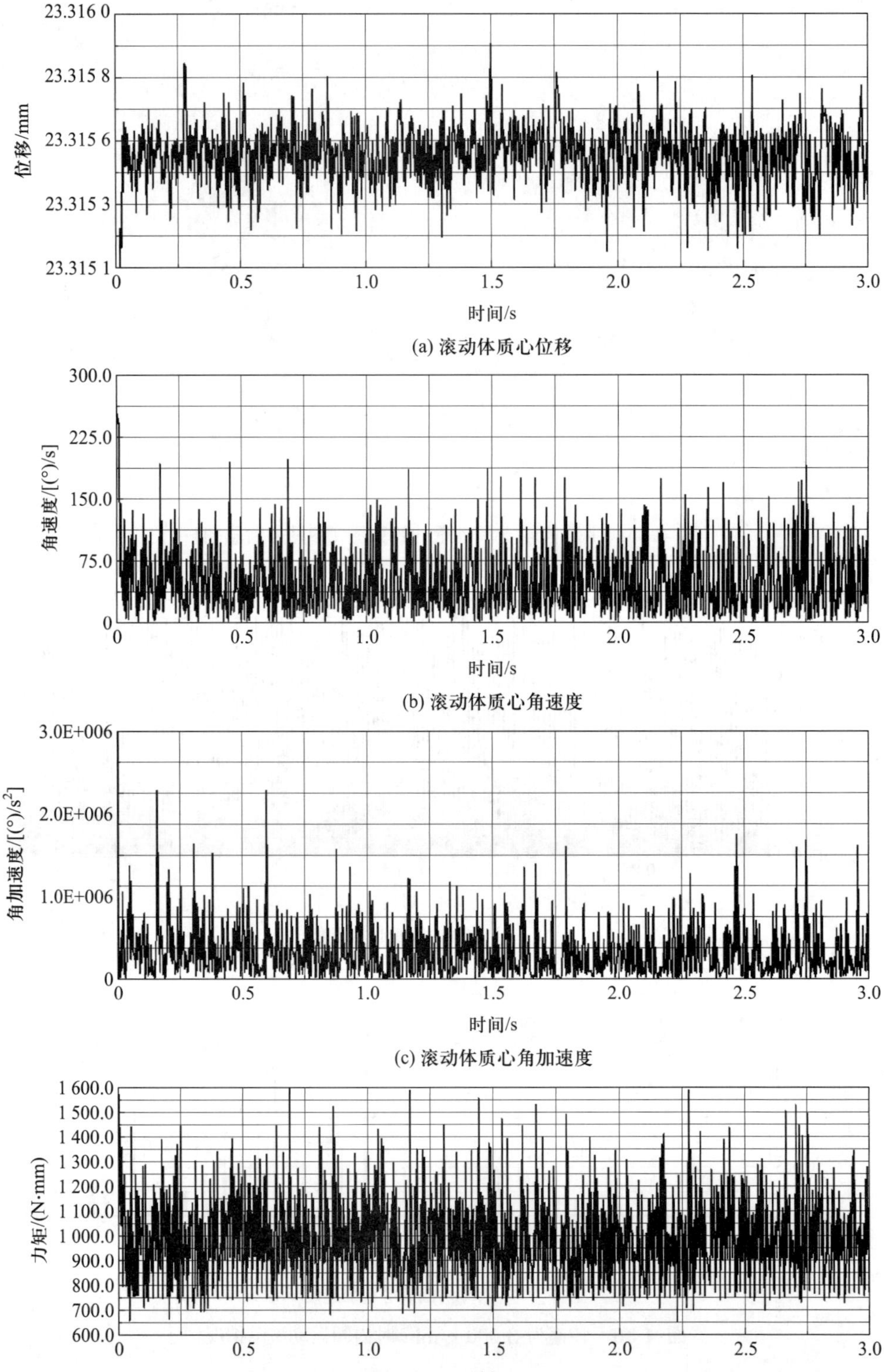

(a) 滚动体质心位移

(b) 滚动体质心角速度

(c) 滚动体质心角加速度

(d) 滚动体力矩

图 4.37 转速为 3 000 r/min 时滚动体运动波动情况

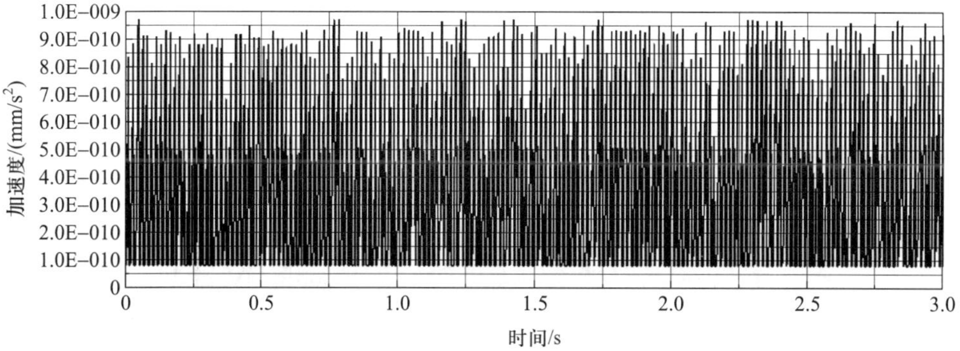

(a) 内圈质心加速度

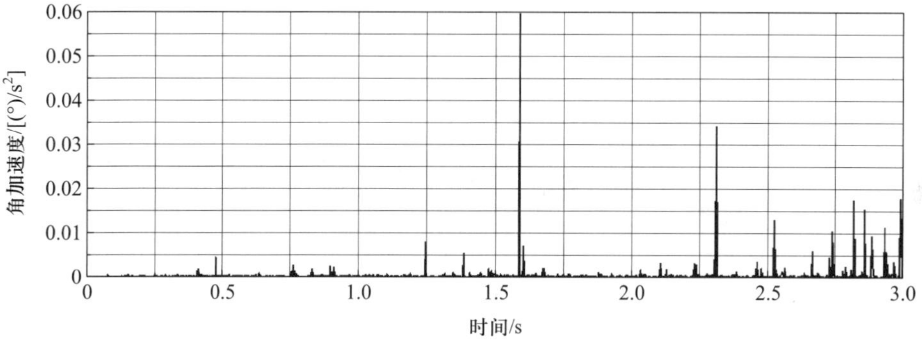

(b) 内圈质心角加速度

图 4.38 转速为 3 500 r/min 时内圈运动波动情况

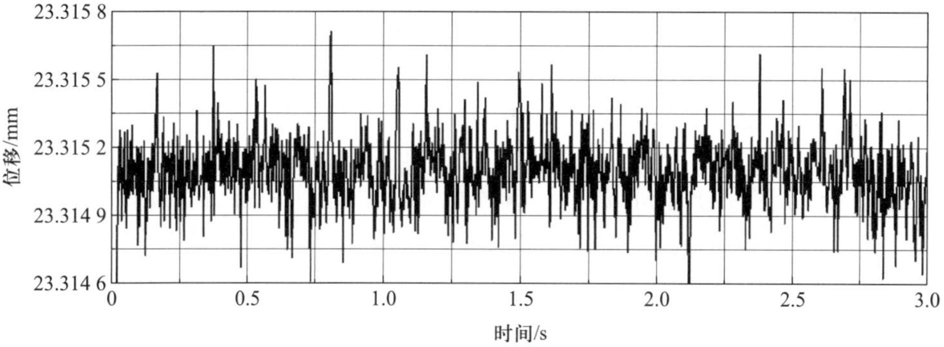

(a) 滚动体质心位移

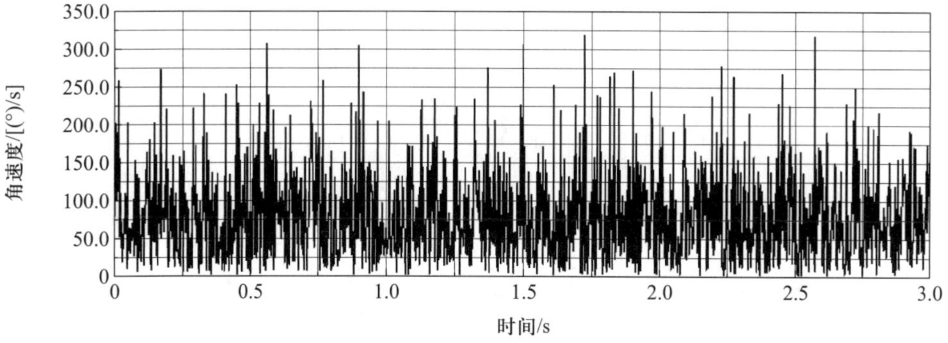

(b) 滚动体质心角速度

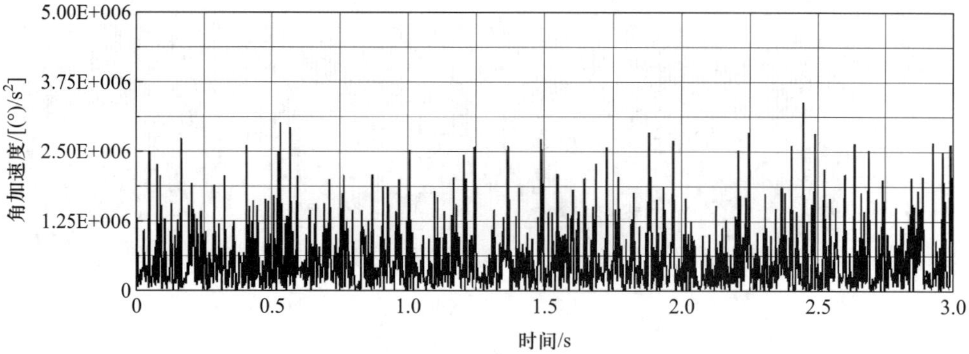

(c) 滚动体质心角加速度

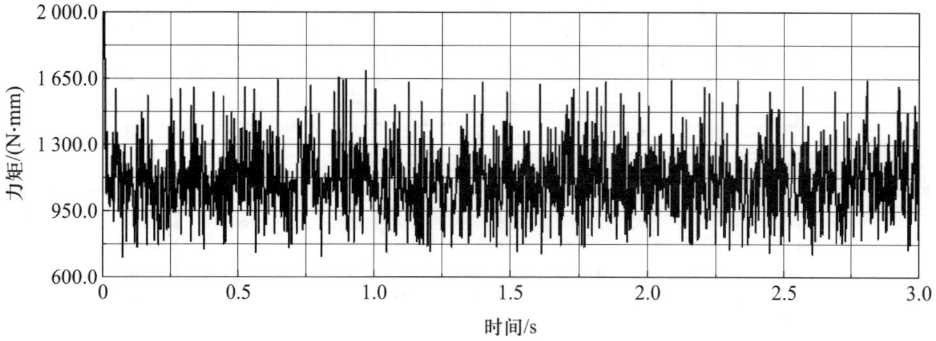

(d) 滚动体力矩

图 4.39 转速为 3 500 r/min 时滚动体运动波动情况

滚动体承受的力矩为 775 ~ 1 650 N·mm, 主要分布在 950 ~ 1 300 N · mm, 波动较 3 000 r/min 时稍大。

当主锥齿轮的转速为 4 000 r/min 时, 内圈和滚动体的运动情况分别如图 4.40 和图 4.41 所示。

从图 4.40、图 4.41 中可以看出, 当转速为 4 000 r/min 时, 内圈的质心加速度为 $1 \times 10^{-10} \sim 1.25 \times 10^{-9}$ mm/s², 数量级非常小, 近乎为零; 内圈质心角加速度变化主要分布在 0 ~ 0.01 (°)/s², 波动较大, 最高值为 0.05 (°)/s²; 滚动体质心位移为 23.314 3 ~ 23.315 1 mm, 波动较大; 滚动体质心角速度为 0 ~ 400 (°)/s, 主要分布在 0 ~ 200 (°)/s, 波动较 3 000 r/min、3 500 r/min 时大; 滚动体质心角加速度为

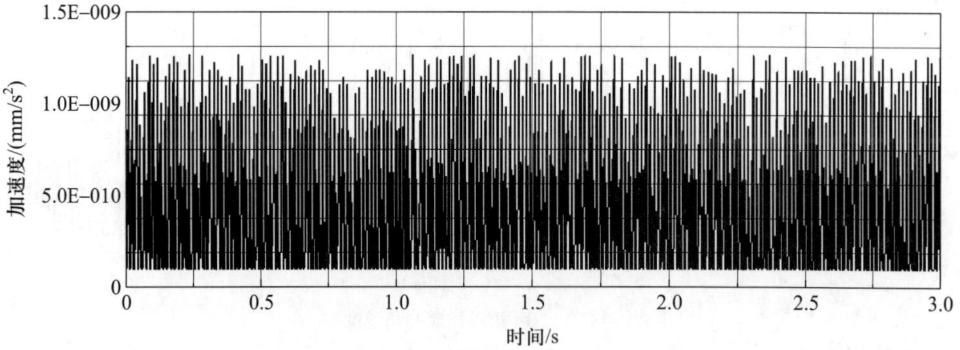

(a) 内圈质心加速度

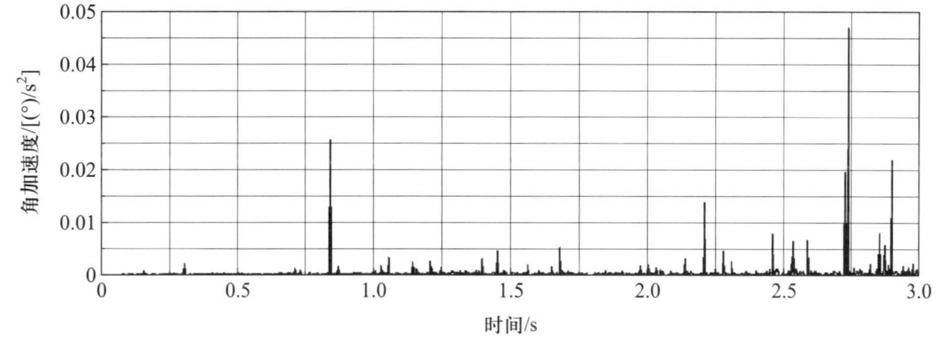

(b) 内圈质心角加速度

图 4.40 转速为 4 000 r/min 时内圈运动波动情况

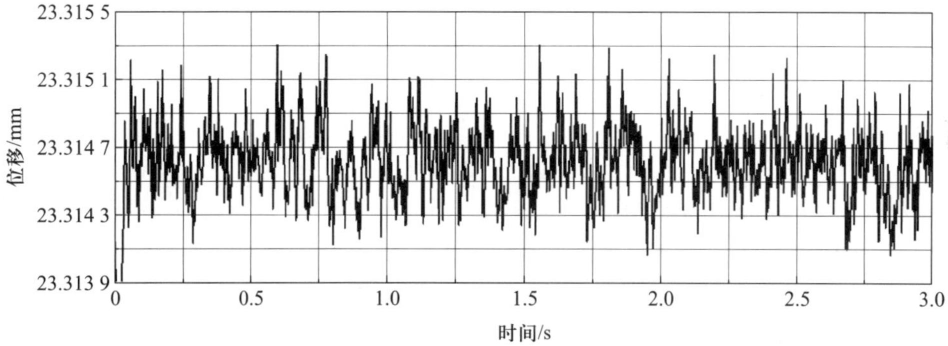

(a) 滚动体质心位移

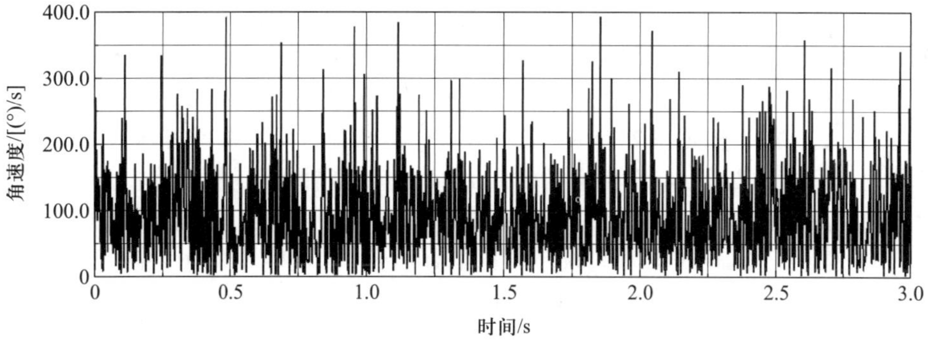

(b) 滚动体质心角速度

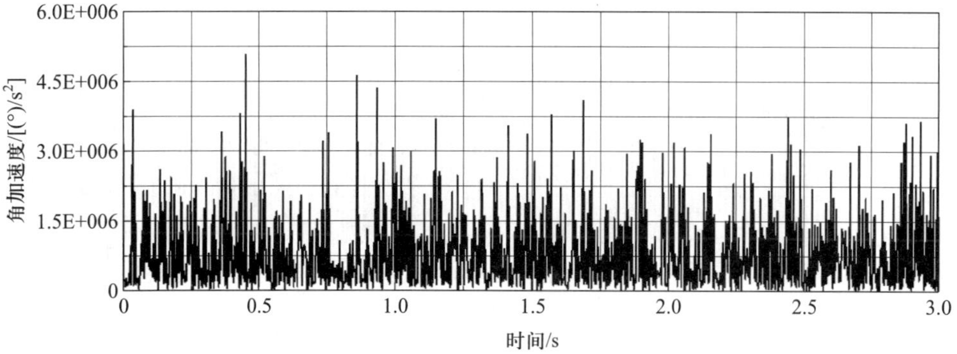

(c) 滚动体质心角加速度

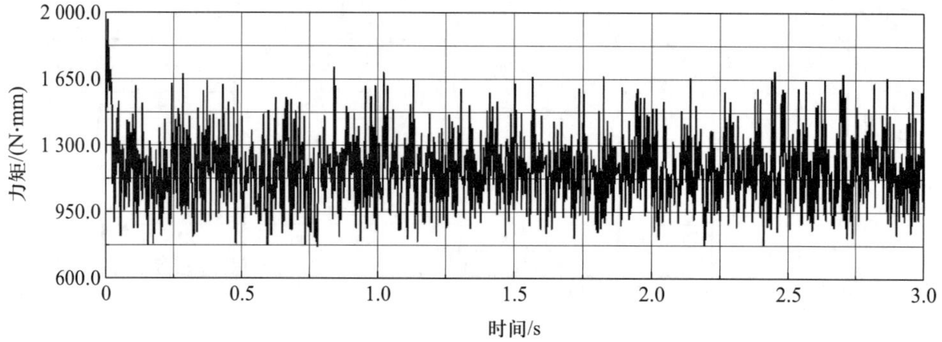

(d) 滚动体力矩

图 4.41 转速为 4 000 r/min 时滚动体运动波动情况

$0 \sim 5\times10^6$ (°)/s^2, 主要分布在 $0 \sim 1.5\times10^6$ (°)/s^2, 波动比 3 000 r/min、3 500 r/min 时稍大; 滚动体承受的力矩为 775 ~ 1 650 N · mm, 主要分布在 950 ~ 1 300 N · mm, 波动较大。

根据分析可知, 当轴向预紧力 F = 10 390 N, 转速分别为 3 000 r/min、3 500 r/min 和 4 000 r/min 时, 内圈的质心加速度、质心角加速度, 以及滚动体的质心位移变化、质心角速度、质心角加速度等没有特别明显的改变, 即当对轴承进行轴向预紧时, 转速对轴承的振动和噪声的影响并不明显。

4.3.3.3 轴向预紧力变化引起的轴承振动变化情况

某跨界车驱动桥主减速器主动齿轮支承轴承的拧紧力矩为 200 ~ 280 N · m, 根据式 (4.1) 可得理论轴向预紧力为 69 206.5 ~ 96 889.17 N。由于仿真分析耗时较长, 为缩短分析过程, 只考虑拧紧力矩 T = 200 N · m, 仿真结果表明轴承实际承受的轴向力为 10 390 N, 依据 4.2.3 节有限元仿真分析结果可得主减速器预紧力的分布情况为轴承承受的 21%, 隔套传递的轴向力为 79%, 则轴承承受的轴向力的最大值为 96 889.17 × 0.21 N = 20 346.72 N。在此设仿真转速为 3 000 r/min, 分别对承受轴向力为 10 390 N、15 000 N、18 000 N 和 20 346.72 N 时的轴承振动情况进行仿真。

当 F_1 = 15 000 N 时, 内圈和滚动体的运动情况如图 4.42 和图 4.43 所示。

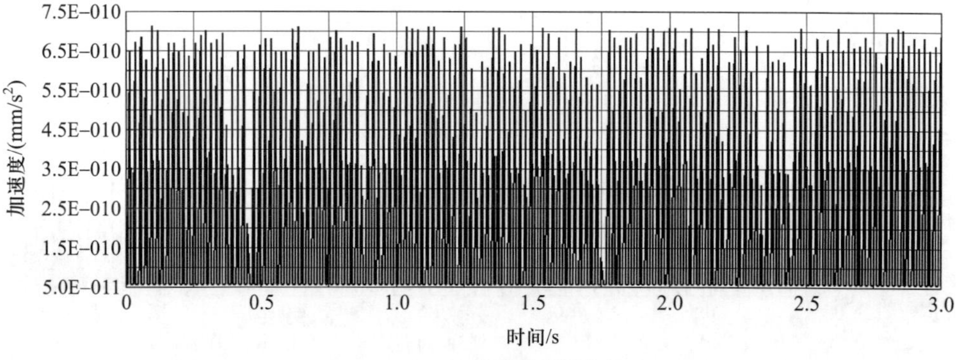

(a) 内圈质心加速度

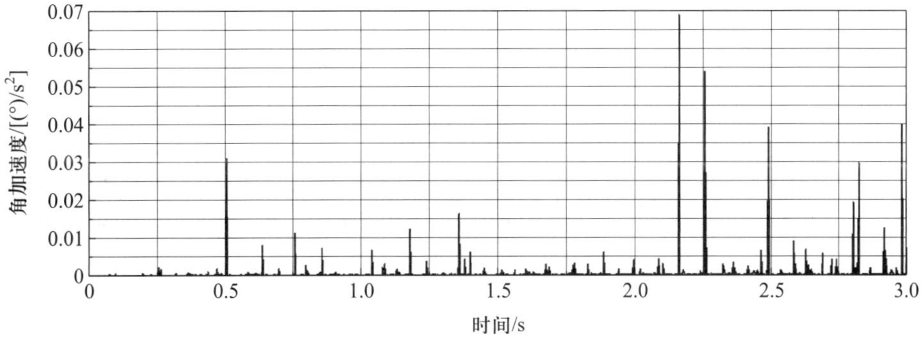

(b) 内圈质心角加速度

图 4.42 轴向力为 15 000 N 时内圈运动波动情况

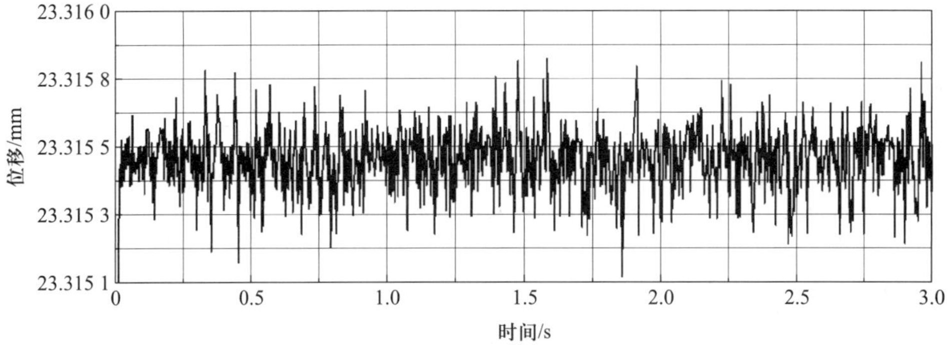

(a) 滚动体质心位移

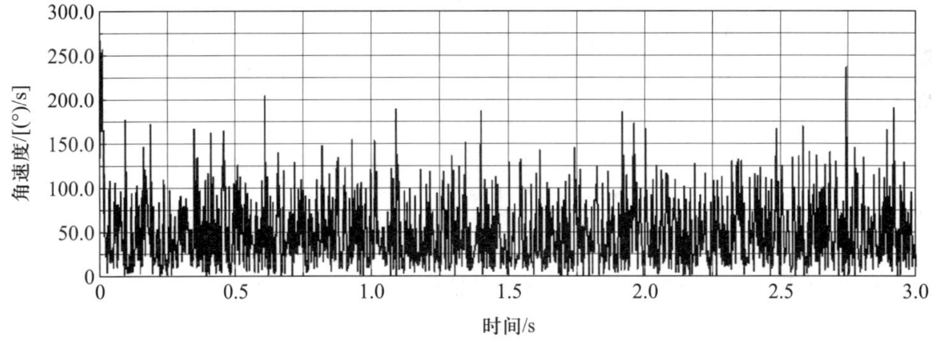

(b) 滚动体质心角速度

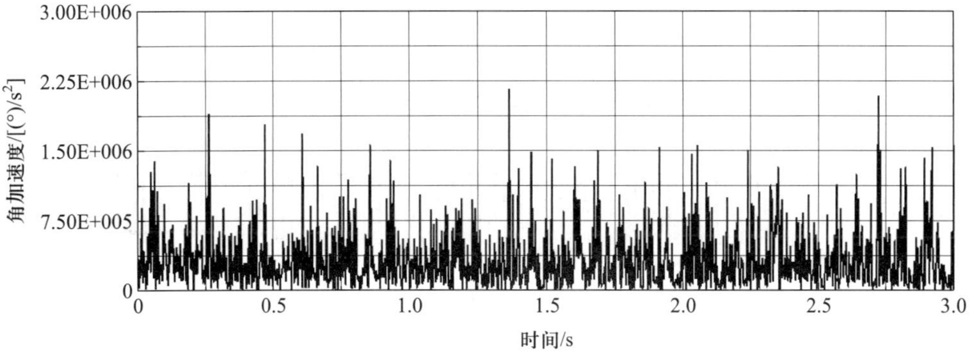

(c) 滚动体质心角加速度

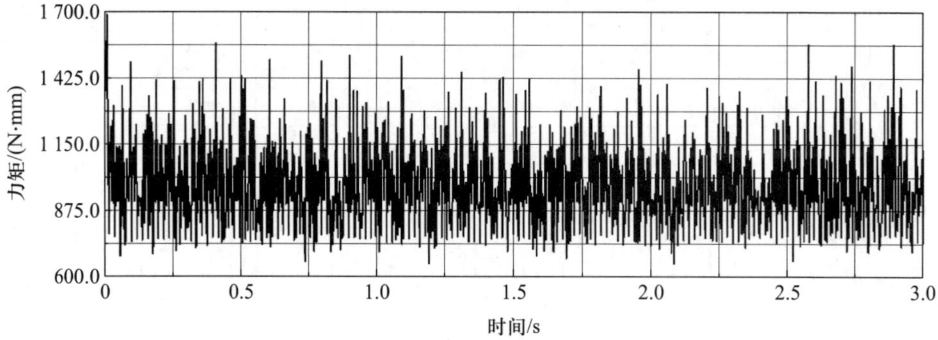

(d) 滚动体力矩

图 4.43 轴向力为 15 000 N 时滚动体运动波动情况

从图 4.42、图 4.43 中可以看出, 当轴向力为 15 000 N 时, 内圈的质心加速度集中在 $5 \times 10^{-11} \sim 6.5 \times 10^{-10}$ mm/s^2, 数量级非常小, 近乎为零; 内圈质心角加速度变化主要分布在 $0 \sim 0.01$ (°)/s^2, 有几处波动量较大, 最高值达到 0.07 (°)/s^2; 滚动体质心位移为 23.315 1~23.315 mm; 滚动体质心角速度主要分布在 $0 \sim 150$ (°)/s, 波动较大; 滚动体质心角加速度为 $0 \sim 2.25 \times 10^6$ (°)/s^2, 主要分布在 $0 \sim 7.5 \times 10^5$ (°)/s^2, 波动较为明显; 滚动体承受的力矩为 $700 \sim 1\ 700$ N · mm, 主要分布在 $875 \sim 1\ 150$ N · mm, 波动较为明显。

当 $F_1 = 18\ 000$ N 时, 滚动体和内圈的运动情况分别如图 4.44 和图 4.45 所示。

从图 4.44、图 4.45 中可以看出, 当轴向力为 18 000 N 时, 内圈的质心加速度集中在 $2.5 \times 10^{-11} \sim 3 \times 10^{-10}$ mm/s^2, 数量级非常小, 近乎为零; 内圈质心角加速度变化主要分布在 $0 \sim 0.008\ 75$ (°)/s^2, 波动较小; 滚动体质心位移为 23.316 1~23.316 2 mm, 波动微小; 滚动体质心角速度主要分布在 $0 \sim 25$ (°)/s, 波动较小; 滚动体质心角加速度为 $0 \sim 1.25 \times 10^5$ (°)/s^2, 波动较小; 滚动体承受的力矩为 $650 \sim 2\ 000$ N · mm, 主要分布在 $650 \sim 1\ 250$ N · mm, 波动较为明显。

当 $F_1 = 20\ 346.72$ N 时, 内圈和滚动体的运动情况分别如图 4.46、图 4.47 所示。

从图 4.46、图 4.47 中可以看出, 当轴向力为 20 346.72 N 时, 内圈的质心加速

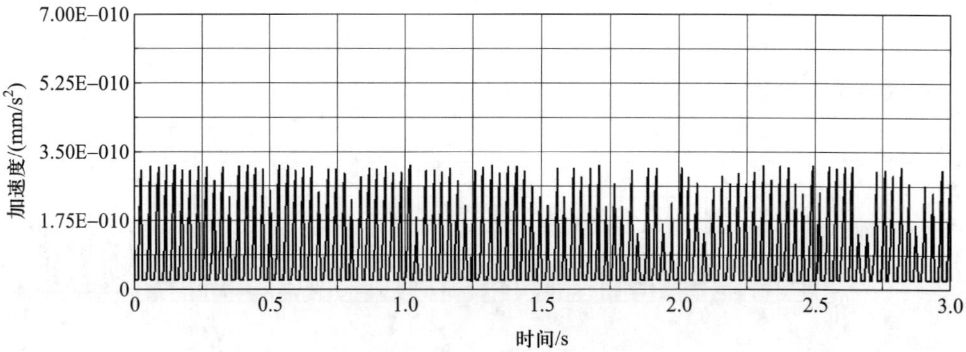

(a) 内圈质心加速度

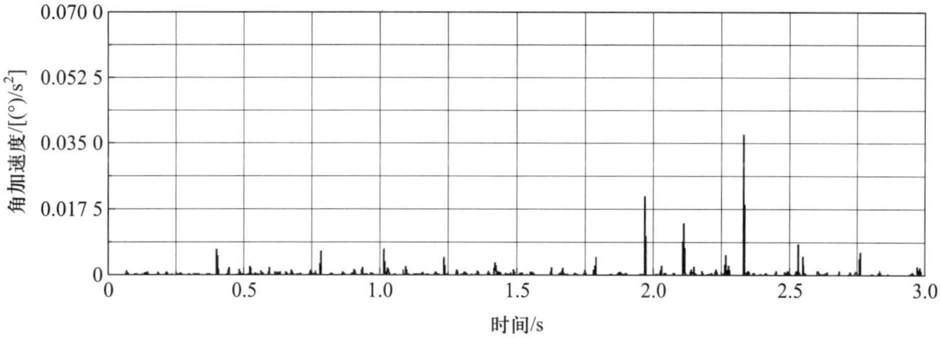

(b) 内圈质心角加速度

图 4.44 轴向力为 18 000 N 时内圈运动波动情况

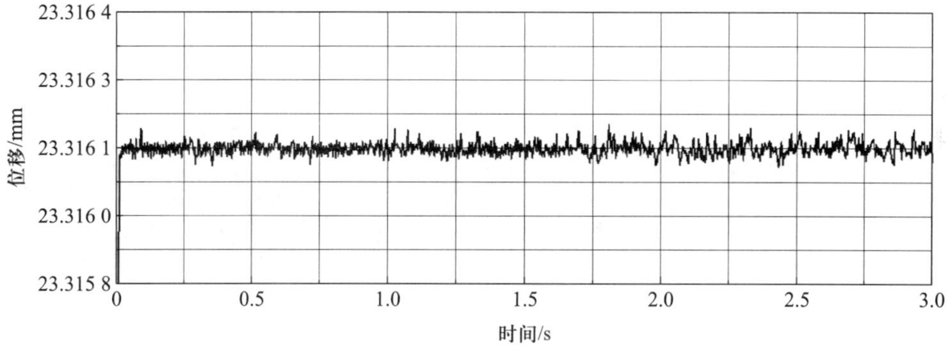

(a) 滚动体质心位移

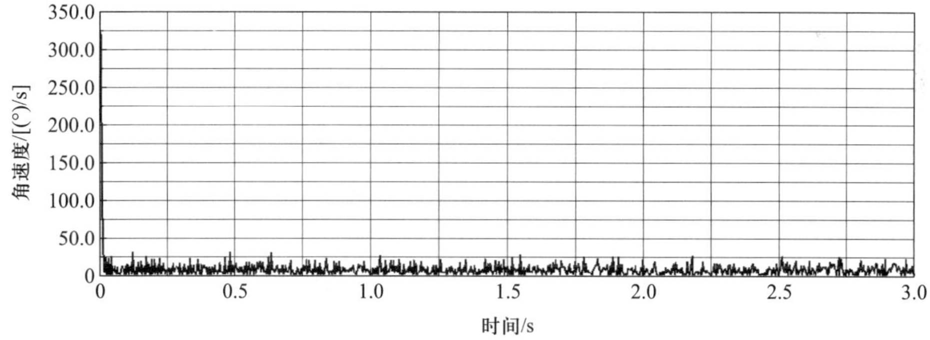

(b) 滚动体质心角速度

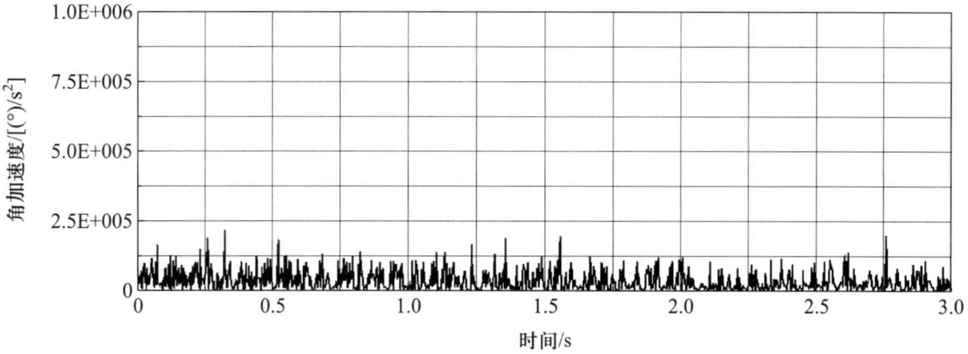

(c) 滚动体质心角加速度

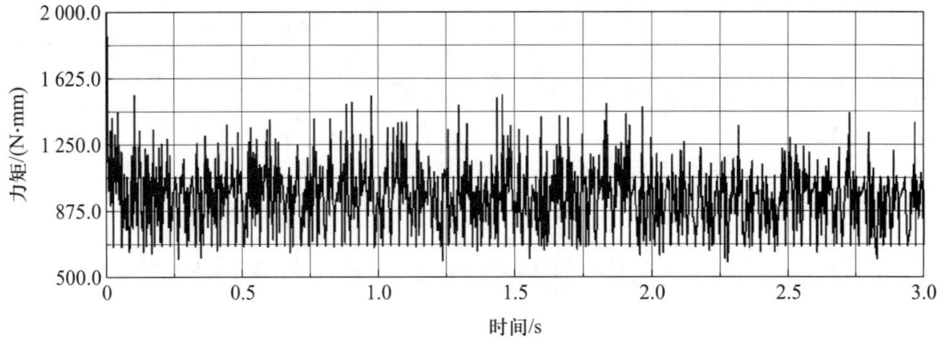

(d) 滚动体力矩

图 4.45 轴向力为 18 000 N 时滚动体运动波动情况

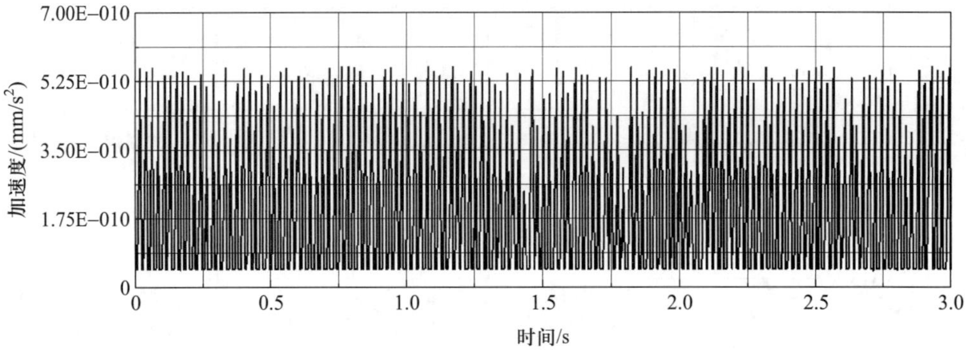

(a) 内圈质心加速度

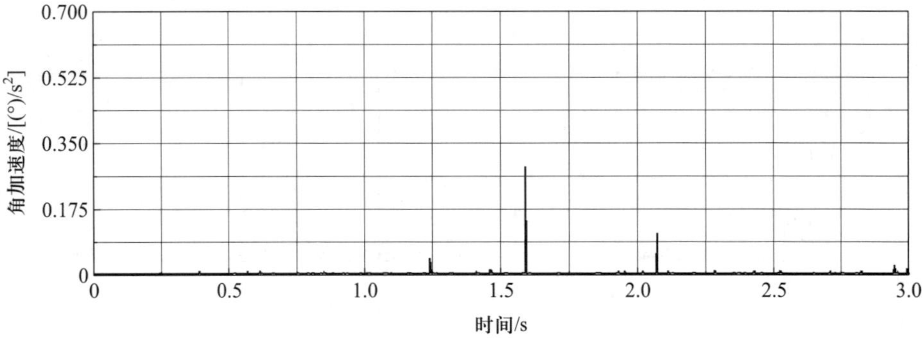

(b) 内圈质心角加速度

图 4.46 轴向力为 20 346.72 N 时内圈运动波动情况

度集中在 $4\times10^{-11}\sim5.25\times10^{-10}$ mm/s^2, 数量级非常小, 近乎为零, 但是数值比 $F=18\ 000$ N 时大; 内圈质心角加速度为 $0\sim0.3$ (°)/s^2, 波动明显比 $F_1=18\ 000$ N 时大; 滚动体质心位移为 23.315 6 ~ 23.315 9 mm, 波动比 $F_1=18\ 000$ N 时大; 滚动体质心角速度主要分布在 0 ~ 100 (°)/s, 波动较大; 滚动体质心角加速度为 $0\sim5\times10^5$ (°)/s^2, 相比 $F_1=18\ 000$ N 时, 波动明显增大; 滚动体承受的力矩为 650 ~ 1 500 N·mm, 主要分布在 750 ~ 1 250 N·mm, 波动较大。

对比在预紧力 F_1 分别为 10 390 N、15 000 N、18 000 N、20 346.72 N 时, 轴承

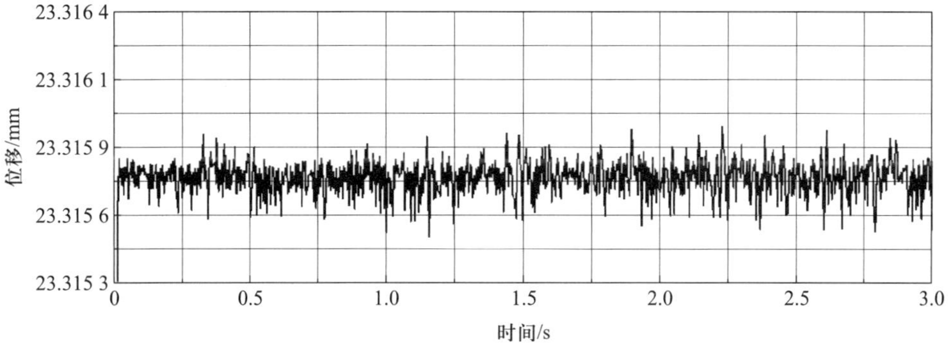

(a) 滚动体质心位移

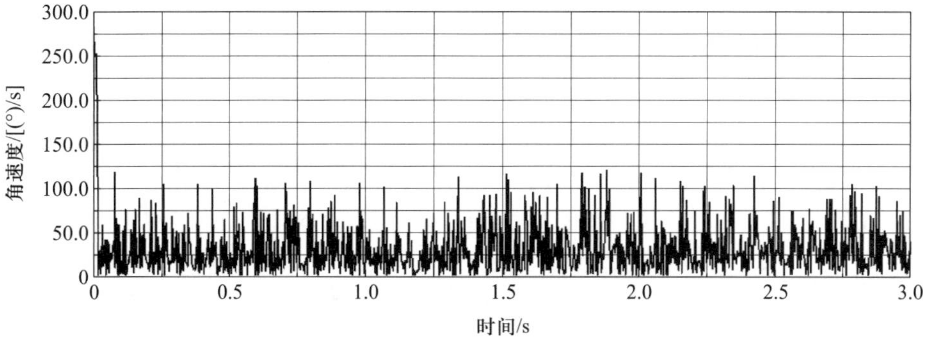

(b) 滚动体质心角速度

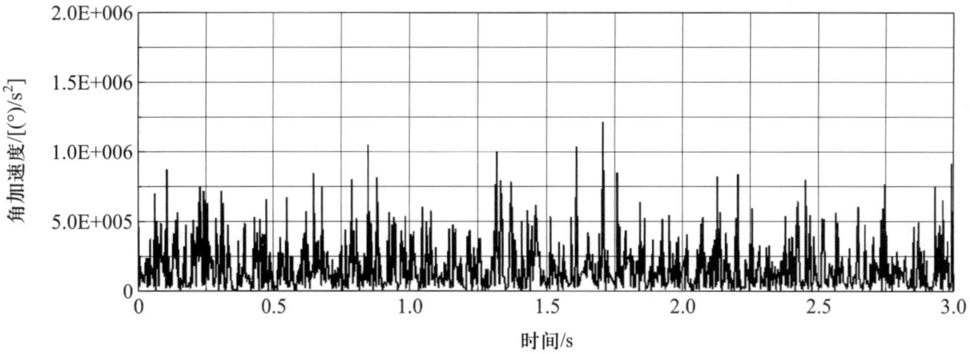

(c) 滚动体质心角加速度

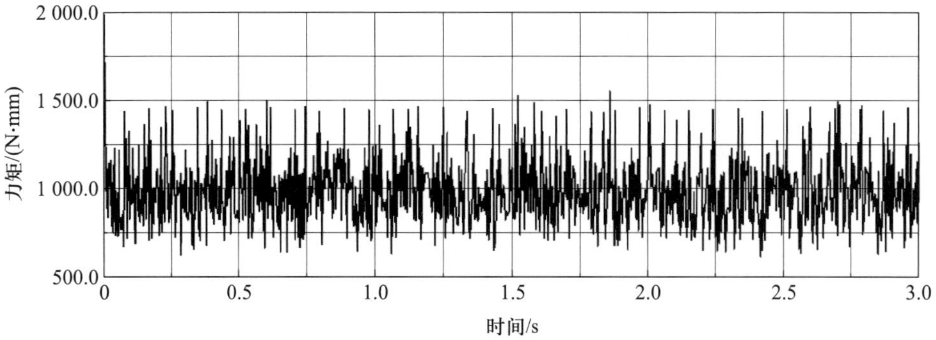

(d) 滚动体力矩

图 4.47 轴向力为 20 346.72 N 时滚动体运动波动情况

中内圈和滚动体的运动情况, 可知:

(1) 当轴向力 $F_1 = 15\ 000$ N 时, 对比轴向力 $F_1 = 10\ 390$ N, 内圈和滚动体的振动情况没有明显区别;

(2) 当轴向力 $F_1 = 18\ 000$ N 时, 对比轴向力 $F_1 = 10\ 390$ N 和 $F_1 = 15\ 000$ N 时, 滚动体的力矩图没有较大区别, 但是内圈的质心加速度、质心角加速度和滚子的质心位移、质心角速度、质心角加速度的分布明显更加集中, 波动量更小;

(3) 当轴向力 $F_1 = 20\ 346.72$ N 时, 对比轴向力 $F_1 = 18\ 000$ N 时, 滚动体的力矩图和内圈质心角加速度没有较大区别, 但是内圈的质心加速度和滚子的质心位移、质心角速度、质心角加速度的分布范围明显更大, 波动量明显增加。

4.3.3.4 仿真结果分析

通过对支承轴承在不同的转速和轴向预紧力时的仿真分析可以得到如下结论。

(1) 当轴承预紧力 $F_1 = 10\ 390$ N 时, 改变转速为 3 000~4 000 r/min, 轴承预紧后转速的变化对轴承振动情况的影响较小。

(2) 当轴向预紧力增大到 $F_1 = 18\ 000$ N ($T = 250$ N · m) 时, 与预紧力 10 390 N ($T = 200$ N · m)、15 000 N ($T = 225$ N · m) 相比, 滚动体的力矩图没有较大区别, 但是内圈的质心加速度、质心角加速度以及滚子的质心位移、质心角速度、质心角加速度的分布明显更加集中, 波动量更小; 但是当轴向预紧力增大到 20 346.72 N ($T = 280$ N · m) 时, 波动量增大, 轴承的振动和噪声有增大的趋势。

(3) 可以适当地增大预紧力矩到 250 ~ 280 N · m, 当产生预紧力为 18 000 ~ 20 346.72 N 时, 轴承的振动和噪声降低。

4.4 主减速器主、被动齿轮动力学建模及仿真分析

在某跨界车驱动桥主减速器装配中, 有主动齿轮安装距、被齿安装距、偏置距 3 个参数约束[13]。其中, 主动齿轮安装距 $X = 92$ mm, 主动齿轮偏置距 $Y = 25$ mm, 被动齿轮安装距 $Z = 47$ mm。在装配模型中, 与约束相关的运动副驱动等参数均在 ADAMS 动力学仿真模型中添加[14]。主减速器装配完成后的三维模型如图 4.48 所示, 建模过程略。

4.4.1 导出主减速器模型

如图 4.49 所示, 在主减速器装配模型建立完成以后, 点击菜单栏中的 “文件”, 选择 “导出” 中的 “Parasolid”。

弹出如图 4.50 所示的对话框, 选择如图 4.50 所示的版本, 然后勾选整个模型。

点击 “确定” 后, 弹出如图 4.51 所示的对话框, 将模型命名为 “anzhuangju” 并保存。

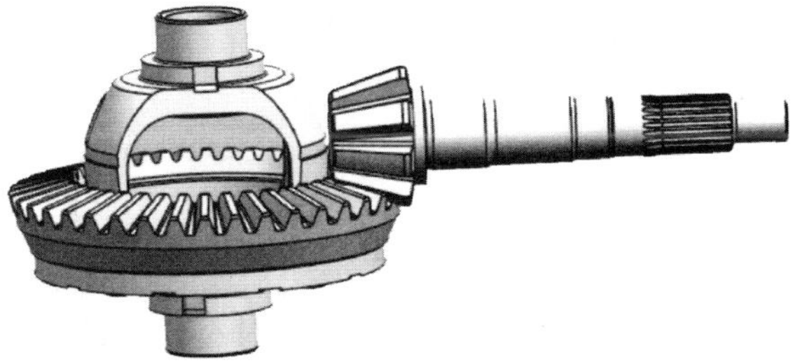

图 4.48　主减速器三维模型装配图

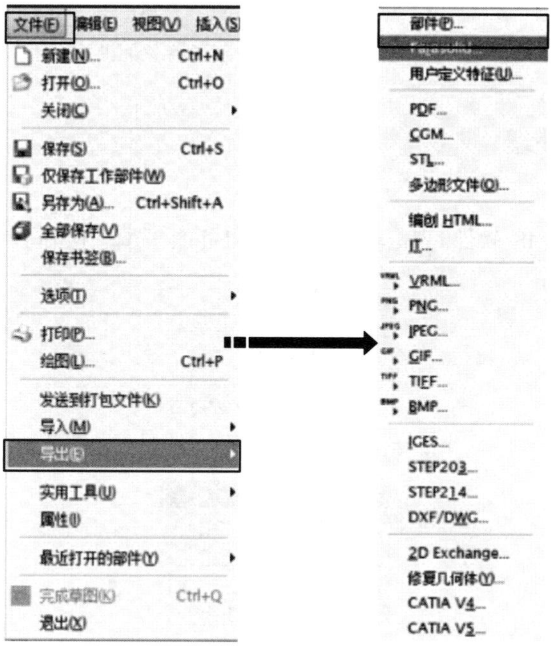

图 4.49　导出菜单栏

图 4.50　设置导出版本

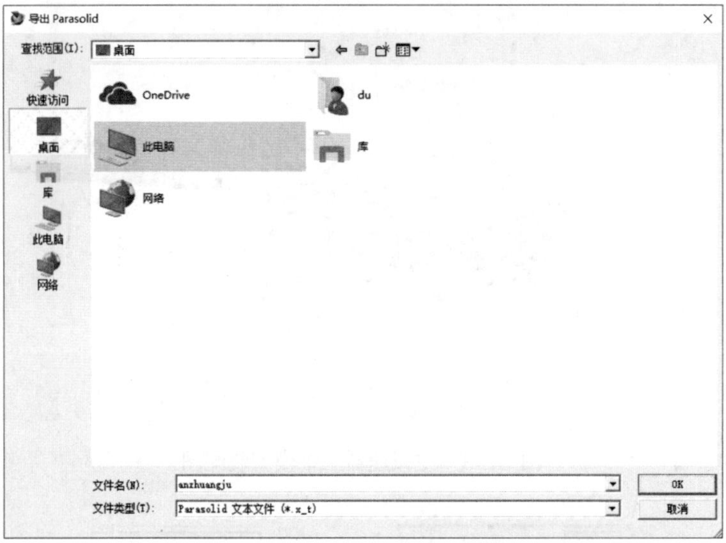

图 4.51 保存导出的主减速器装配模型

4.4.2 仿真前处理

4.4.2.1 导入模型

(1) 打开 ADAMS 软件, 点击菜单栏中的 “File”, 选择 “Import”, 如图 4.52 所示。

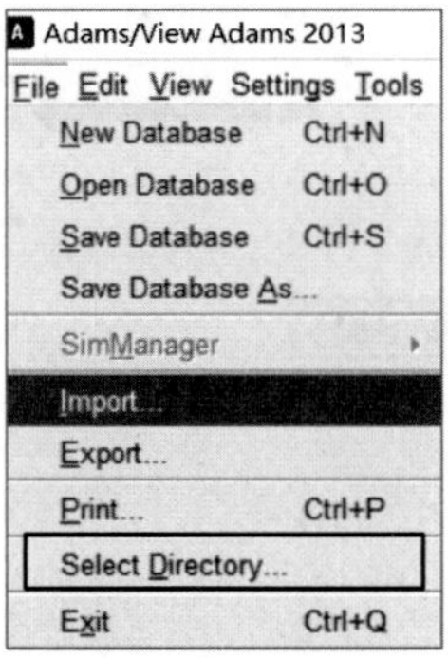

图 4.52 菜单栏

(2) 弹出如图 4.53 所示的对话框, 在 “File Type” 中选择 “Parasolid”, 在 “File To Read” 的空白地方单击右键, 选择 “Browse”。

(3) 弹出如图 4.54 所示的对话框, 选择在 UG 中保存的文件, 其文件名为 “anzhuangju”, 然后点击 “打开”。

(4) 在 “Model Name” 中对文件重新命名, 再点击 “OK”, 如图 4.55 所示。

(5) 导入后的主减速器三维模型如图 4.56 所示。

4.4.2.2 添加主动齿轮旋转副

选择菜单栏中的 “Connectors”, 在 “Joints” 中选择 “Revolute Joint”, 然后在弹出的对话框中选择 “2Bodies-1Location”, 并选择几何特征。如图 4.57 所示, 先点击主动

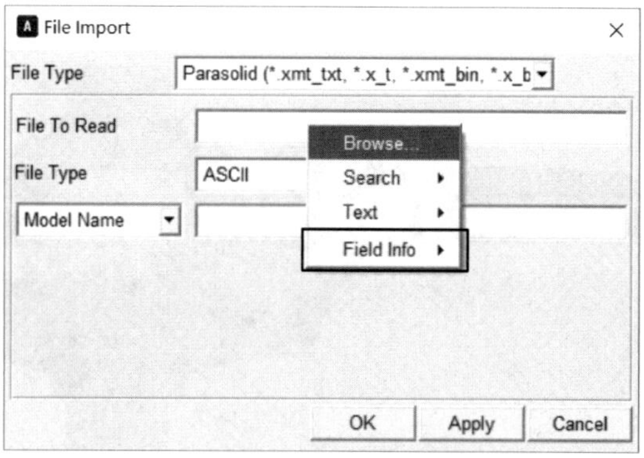

图 4.53　选择文件类型

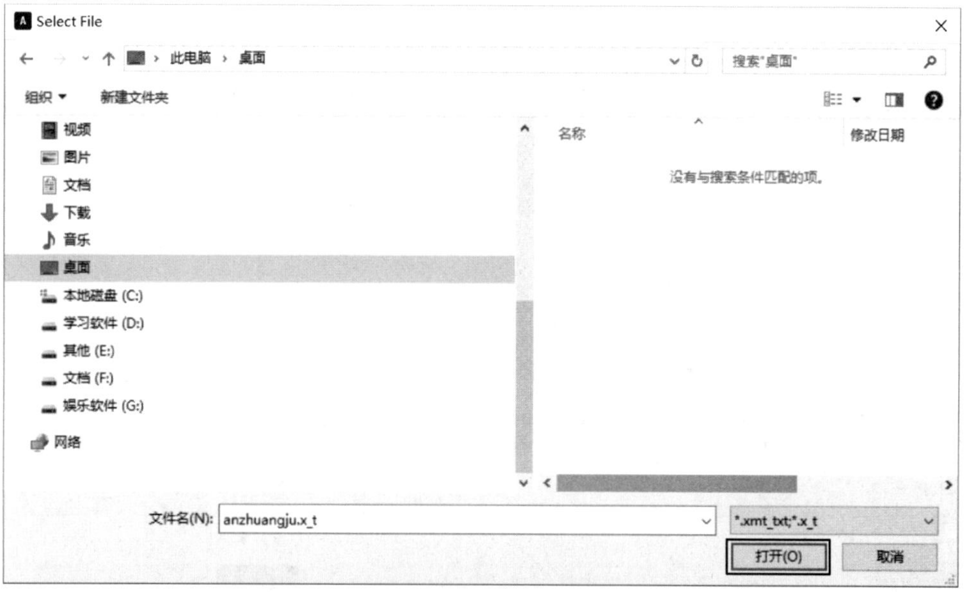

图 4.54　导入模型

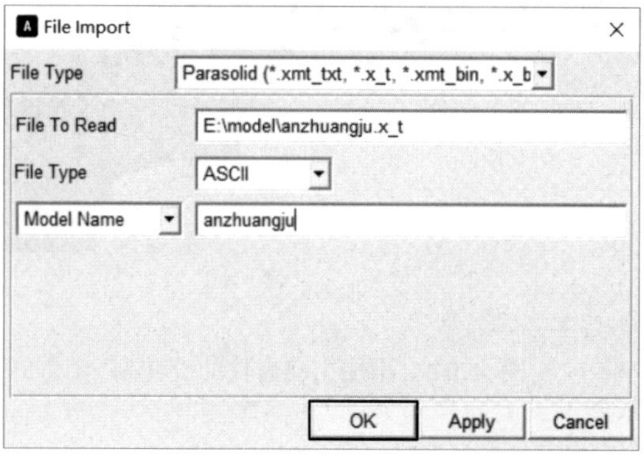

图 4.55　打开模型

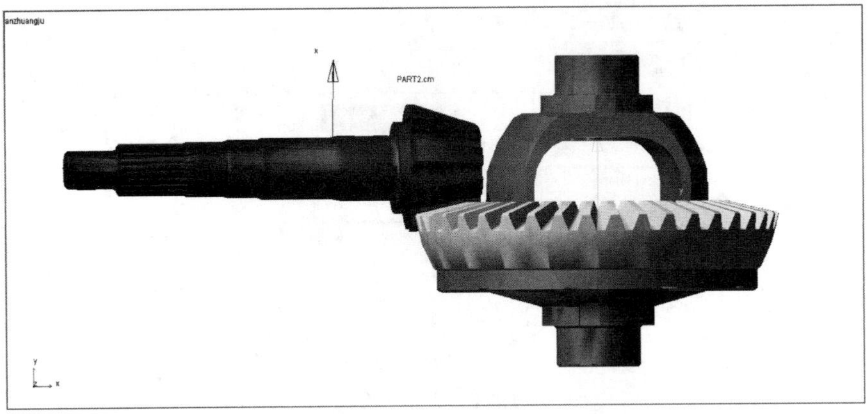

图 4.56 主减速器 ADAMS 仿真分析模型

齿轮, 再点击 “ground”, 选择方向为 X 轴负方向。

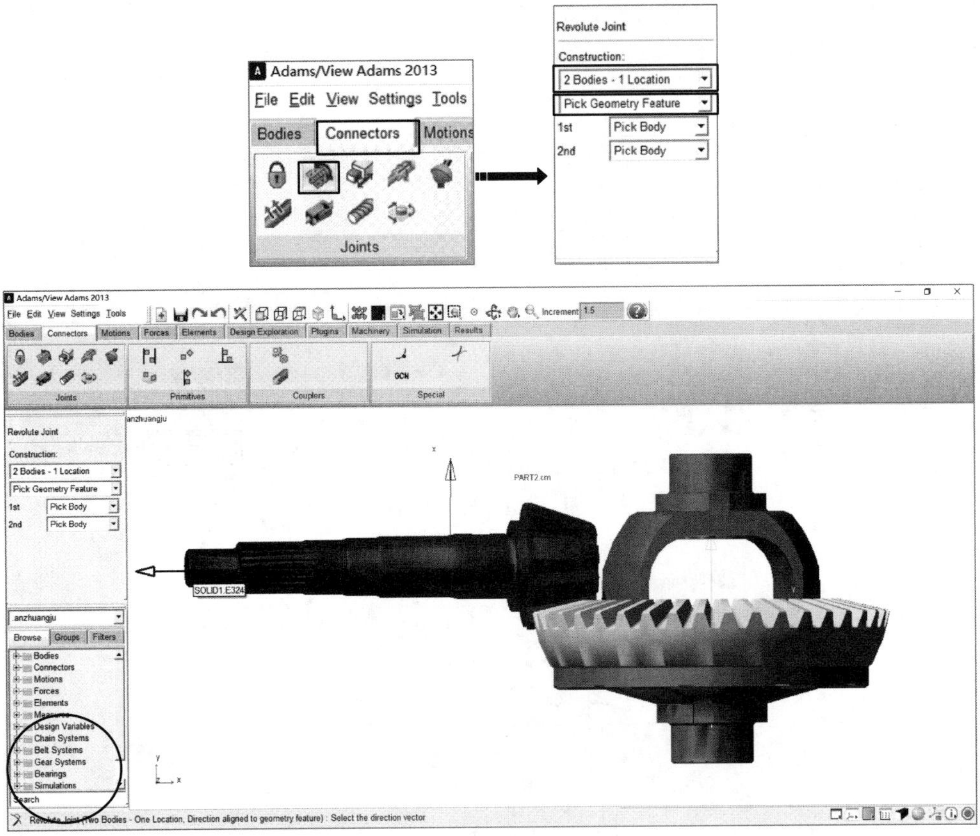

图 4.57 添加主动齿轮的旋转副

4.4.2.3 添加被动齿轮旋转副

选择菜单栏中的 “Connectors”, 在 “Joints” 中选择 “Revolute Joint”, 然后在弹出的对话框中选择 “2Bodies-1Location”, 并选择几何特征。如图 4.58 所示, 先点击被动齿轮, 再点击 “ground”, 选择方向为 Y 轴正方向。

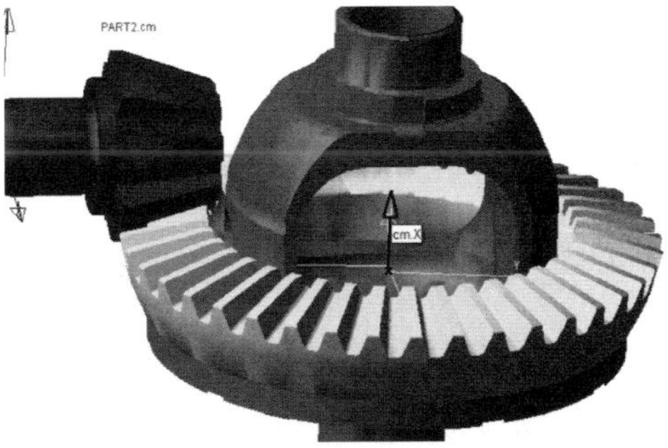

图 4.58　添加被动齿轮旋转副

4.4.2.4　添加固定副

选择菜单栏中的 “Connectors”, 在 “Joints” 中选择 “Create a Fixed Joint”, 然后在弹出的对话框中选择 “2Bodies-1Location”, 并选择几何特征。如图 4.59 所示, 先点击差速器壳体, 再点击被动齿轮, 方向为 Y 轴正方向。设置完成的差速器壳体与被动齿轮的固定副如图 4.60 所示。

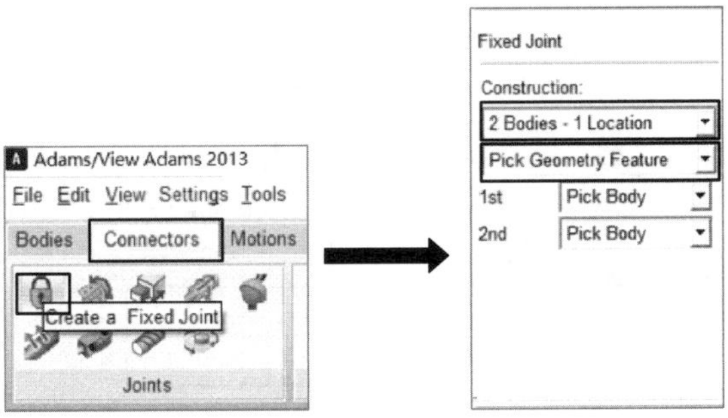

图 4.59　设置菜单

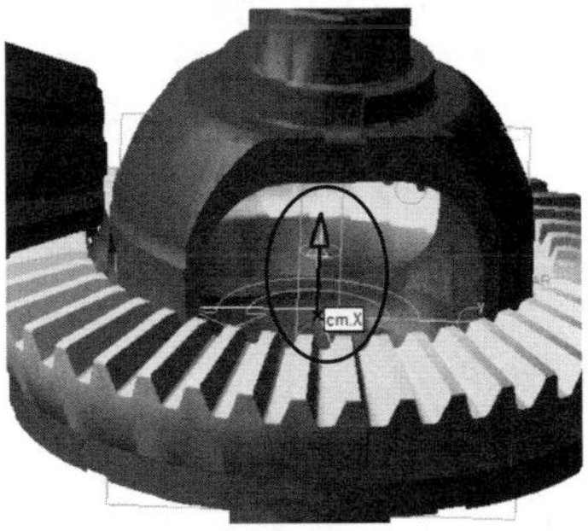

图 4.60　差速器壳体与被动齿轮的固定副

4.4.2.5　添加接触

(1) 如图 4.61 所示, 选择菜单栏中的 “Forces”, 在 “Special Forces” 中选择第一个 “Create Contact”。

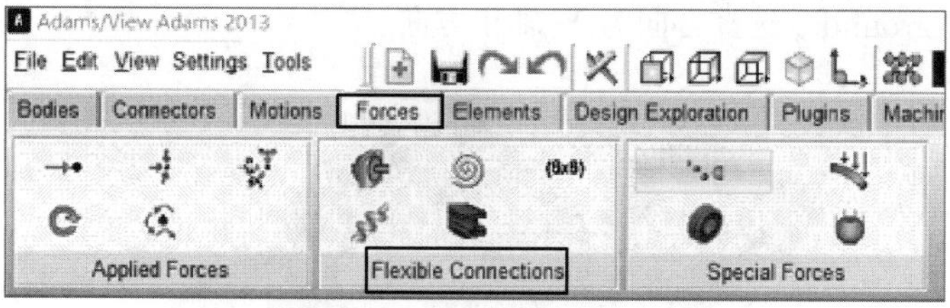

图 4.61 主动齿轮和被动齿轮之间的接触力

(2) 弹出如图 4.62 所示的对话框。在 “I Solid(s)” 空白处右击, 选择差速器壳体。同样, 在 “J Solid(s)” 中选择被动齿轮。参数设置如图 4.63 所示, 然后点击 “OK”。

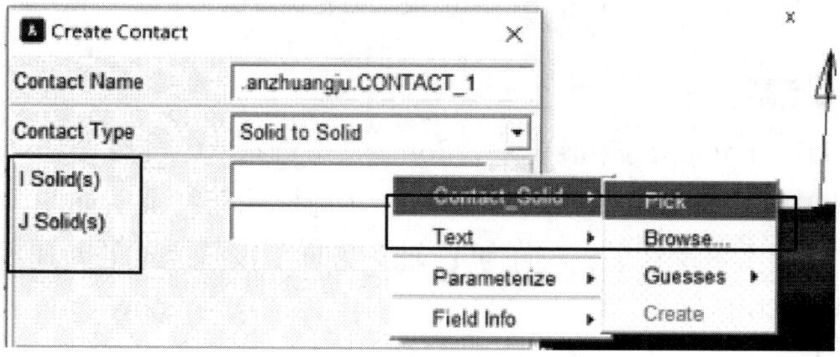

图 4.62 菜单对话框

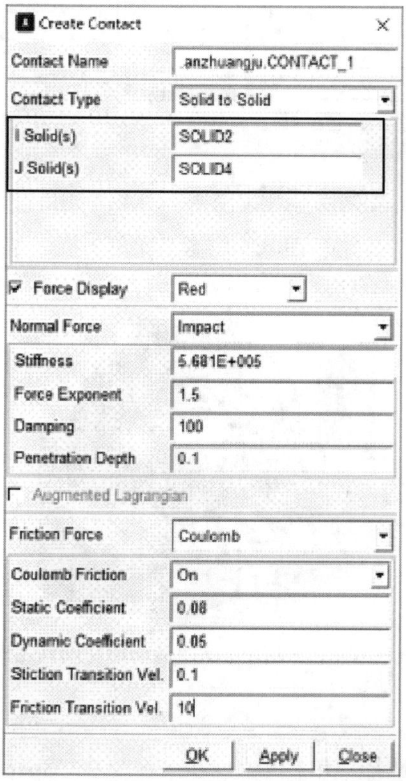

图 4.63 主被动齿轮接触力参数设置

4.4.2.6 添加驱动力矩

(1) 添加主动齿轮驱动力矩。选择菜单栏中的 “Motions”, 在 “Joint Motions” 中选择 “Rotational Joint Motion”, 在模型中选择 “Joint-1”, 如图 4.64 所示。

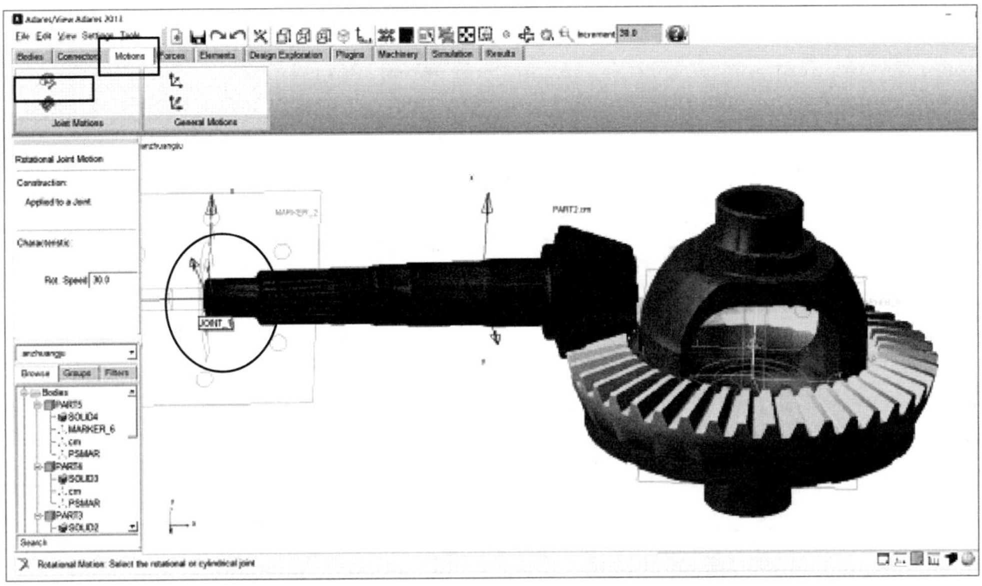

图 4.64 添加主动齿轮驱动力矩 (参见书后彩图)

(2) 修改力矩参数值。在模型树中右击 “MOTION_1”, 在弹出的对话框中选择 “Modify”, 如图 4.65 所示。

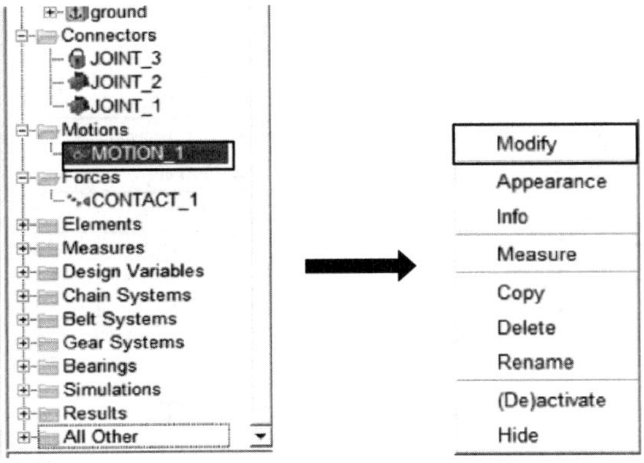

图 4.65 修改力矩参数值

(3) 编写力矩函数值。点击 “Modify” 后弹出如图 4.66 所示对话框, 在类型中选择 “Velocity”, 编写 Step 函数, 其函数为 “STEP(time,0,0d,0.2,3000d)”。

4.4.2.7 添加负载

(1) 添加负载。点击菜单栏中的 “Forces”, 在 “Applied Forces” 中选择 “Torque”, 如图 4.67 所示, 添加负载设置菜单。然后添加负载, 如图 4.68 所示, 点击被动齿轮, 方

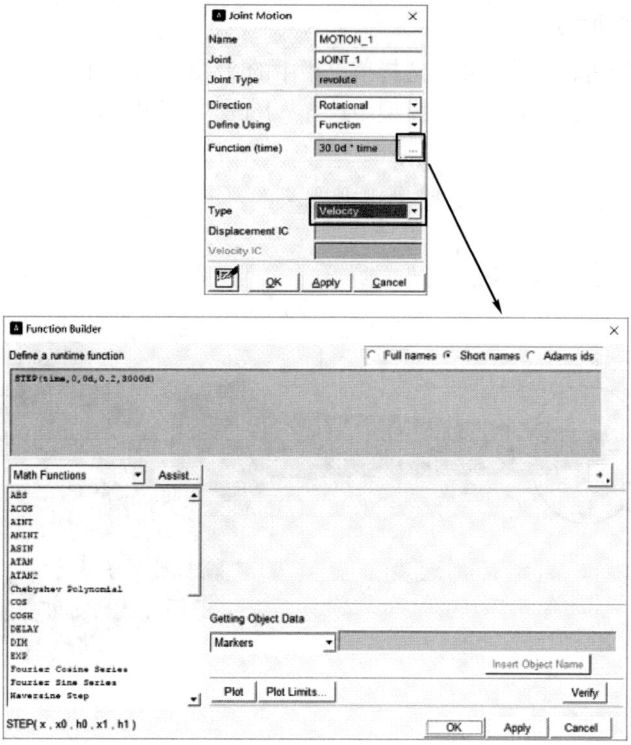

图 4.66 编写力矩函数值

向为 Y 轴正方向。

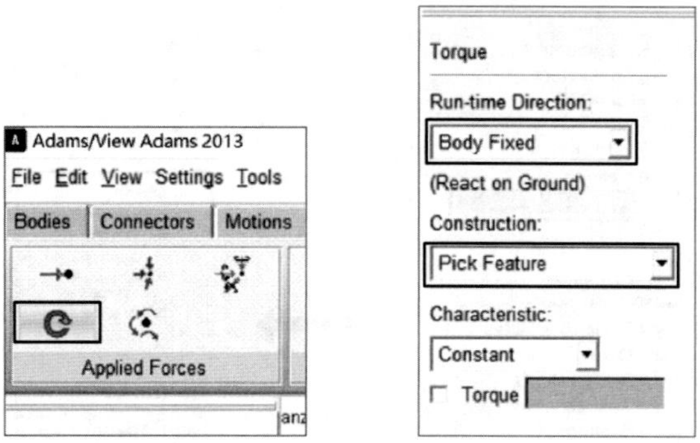

图 4.67 添加负载设置菜单

(2) 修改力矩参数。在模型树中右击 “SFORCE_1”, 选择 “Modify”, 并如图 4.69 所示修改力矩参数值, 然后点击 “OK”。

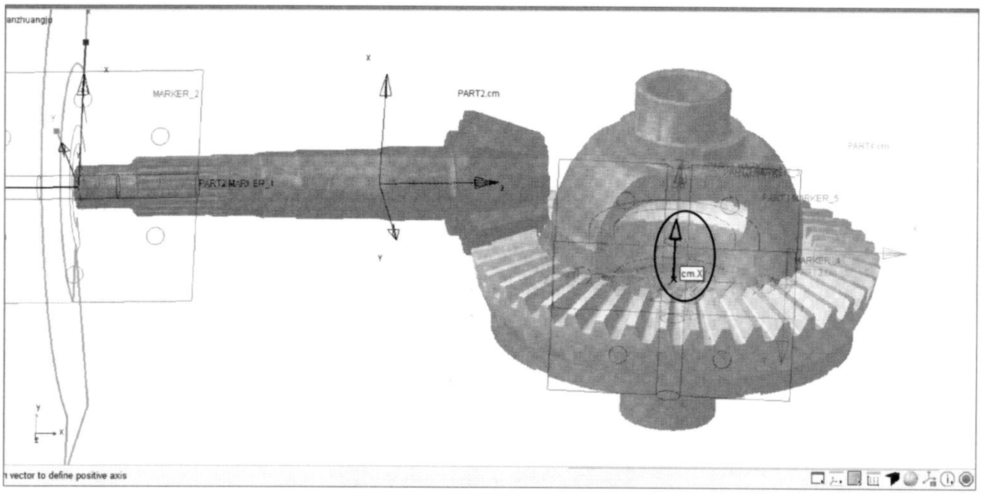

图 4.68　添加负载 (参见书后彩图)

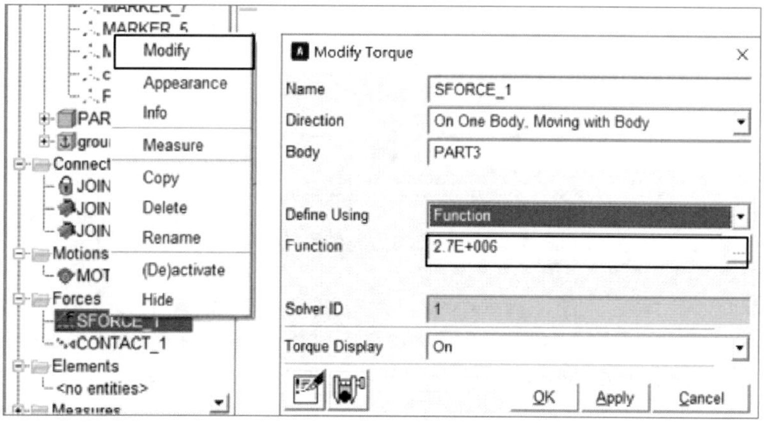

图 4.69　修改力矩参数

4.4.3　主、被动齿轮动力学仿真分析

4.4.3.1　仿真分析设置

(1) 主、被动齿轮动力学仿真。选择菜单栏中的 “Simulation”, 选择 “Run an Interactive Simulation”, 弹出如图 4.70 所示对话框, 设置时间为 0.4 s, 步长为 10 000 步, 开始仿真。

(2) 查看仿真结果。仿真结束以后, 在菜单栏中点击 “Result”, 在 “Postprocessor” 中点击 “Open Adams” 查看仿真结果, 如图 4.71 所示。

4.4.3.2　角速度分析

在 “Model” 下点击文件名 “anzhuangju”, 可以看到 “source” 栏。先在 “Source” 中选择 “Objects”, 然后选择 “body”, 选择目标为主动齿轮, 在 “Characteristic” 中选择角速度, 在 “Component” 中选择 “Mag”, 接着添加曲线, 如图 4.72 所示。分析结果如图 4.73 和图 4.74 所示。

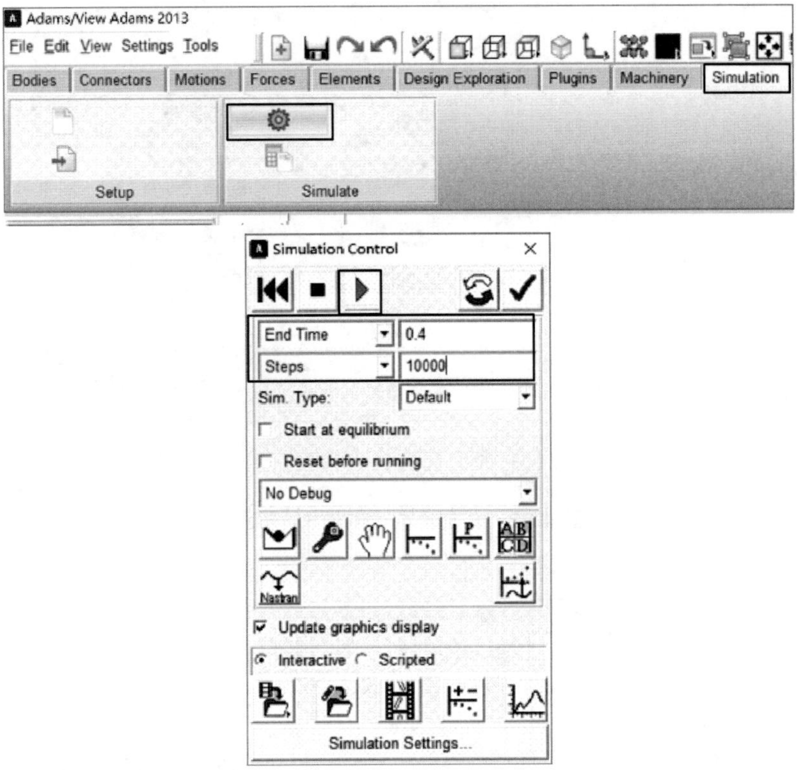

图 4.70 主被动齿轮轮动力学仿真

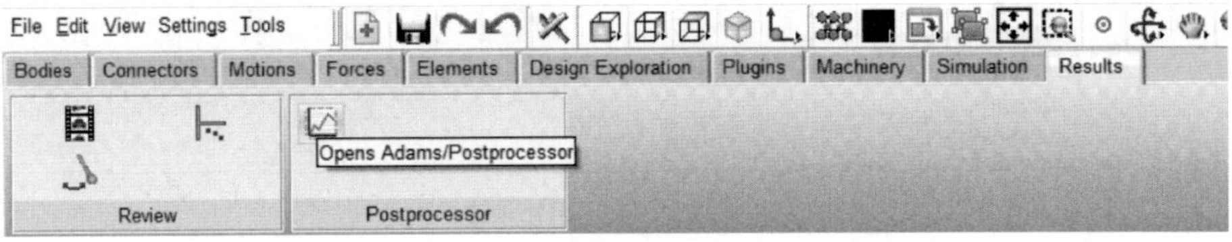

图 4.71 查看仿真结果

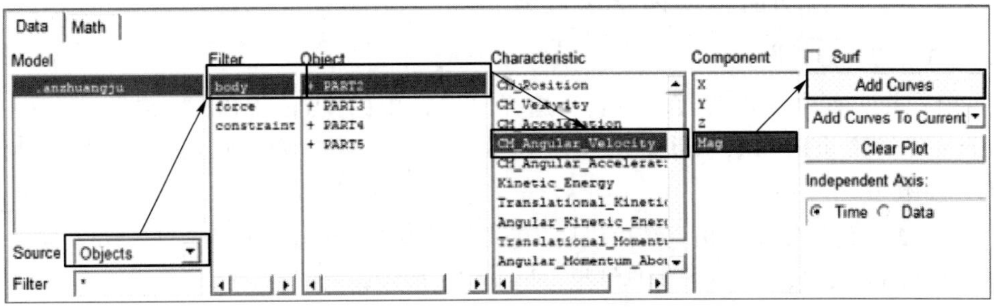

图 4.72 角速度分析设置

由图 4.73 和图 4.74 可知, 发动机启动在主被动齿轮运动开始时有冲击, 因此 0～0.2 s 主动齿轮和被动齿轮均以相同的趋势升高到目标值; 而在 0.2 s 之后, 由于主动齿轮和被动齿轮均开始稳定地转动, 所以角速度也稳定下来, 主减速器工作平稳。被动齿

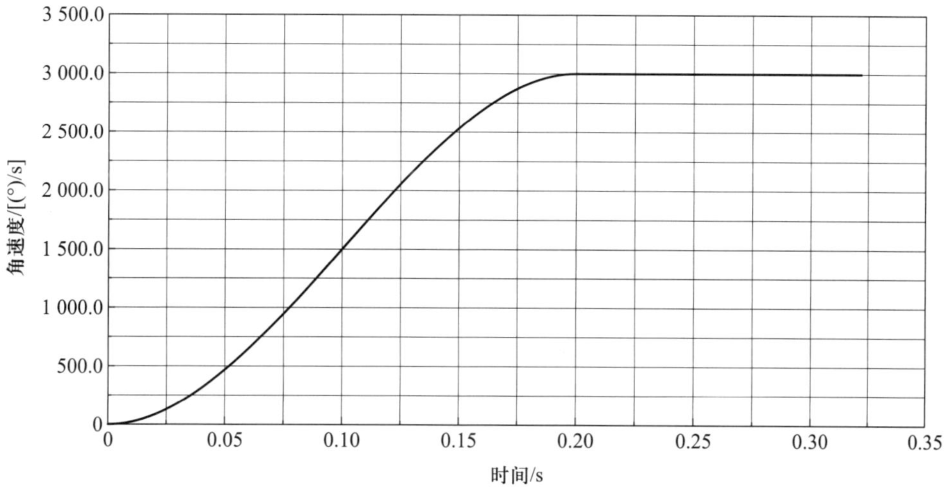

图 4.73 主动齿轮角速度–时间曲线

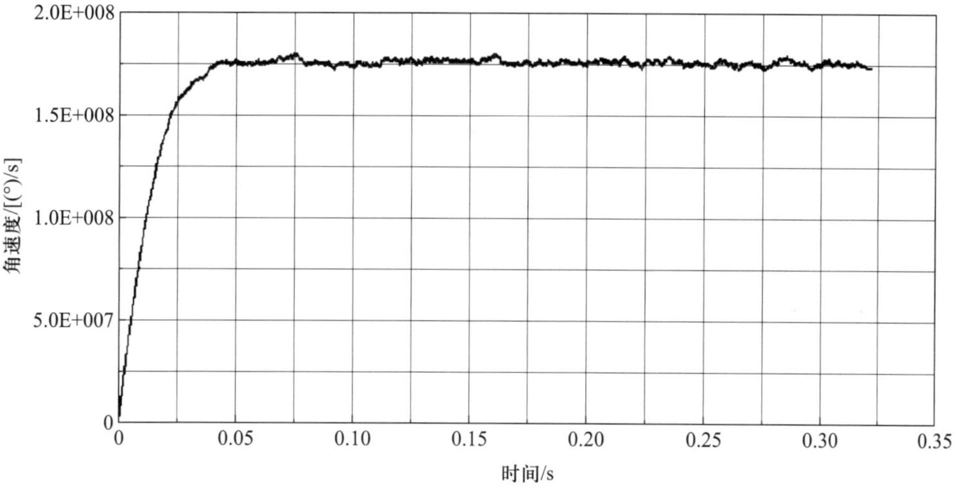

图 4.74 被动齿轮角速度–时间曲线

轮稳定时有周期性的小小波动, 也是由于主减速器正常工作时受到的冲击振动所致, 这与主减速器工作时的实际运动情况相符。

参考文献

[1] Nassar S A, El-khiamy H, Barber G C, et al. An experimental study of bearing and thread friction in fasteners [J]. Journal of Tribology, 2005, 127(2): 263.

[2] 陈家瑞. 汽车构造: 下册 [M]. 2 版. 北京: 机械工业出版社, 2005.

[3] 张丙伟. 微车主减速器齿轮的振动测试与动力学分析 [D]. 武汉: 武汉理工大学, 2010.

[4] 赵金涛. 主减速器预紧载荷对轴承振动机理的研究 [D]. 武汉: 武汉理工大学, 2013.

[5] 曾雪宁. 微车后桥主减速器预紧载荷研究及有限元分析 [D]. 武汉: 武汉理工大学, 2012.

[6] 唐自玉, 邴丽荣. 后桥主齿轴承预紧力的力学分析及可压缩隔套的设计 [J]. 汽车技术, 2001(10): 18-20.

[7] 宋荣生. 螺纹联接轴向预紧力试验分析 [J]. 天津理工学院学报, 2001(S1): 23-24, 27.

[8] 邓卫平. 螺栓联接预紧力矩的计算与确定 [J]. 广西机械, 1996(4): 14-9.

[9] 李军. 互换性与测量技术基础 [M]. 武汉: 华中科技大学出版社, 2007.

[10] 闻邦椿. 机械设计手册 [M]. 5 版. 北京: 机械工业出版社, 2010.

[11] 石博强, 申焱华, 宁晓斌, 等. ADAMS 基础与工程范例教程 [M]. 北京: 中国铁道出版社, 2007.

[12] 李增刚. ADAMS 入门详解与实例 [M]. 北京: 国防工业出版社, 2007.

[13] 李鹏凯. 跨界车的主减速器尺寸链的优化研究 [D]. 武汉: 武汉理工大学, 2014.

[14] 李金玉, 勾志践, 李媛. 基于 ADAMS 的齿轮啮合过程中齿轮力的动态仿真 [J]. 机械, 2005, 32(3): 15-17.

第 5 章　差速器建模及仿真分析

差速器是跨界后驱车驱动桥的关键部件之一。在跨界车的研发中，驱动桥作为汽车传动系中的关键性部件总成，其性能直接影响整车性能；而差速器的力矩分配和各构件的强度直接决定车辆的转向性能、通过性和可靠性。因此在设计中，需对差速器齿轮、壳体等零件及其装配体进行有限元与动力学分析，以判断其是否能够满足强度、刚度要求，并得到其振动特性，为差速器各部件的进一步优化提供依据[1]。

5.1　差速器的结构组成与仿真问题描述

差速器的功能是在保持正常传递驱动力矩的工况下，允许内、外侧车轮的转速不相等，通过行星齿轮带动两边半轴以不同的转速旋转，从而使两边车轮作不等距离行驶，以达到外侧车轮的转速快而内侧车轮的转速慢的目的。差速器通过用两个车轮的转速差来弥补行驶距离的差异，减少轮胎与地面因为车辆转弯而产生的摩擦，从而保证汽车转弯时能够正常行驶。跨界后驱车一般采用对称式圆锥行星齿轮差速器，这种差速器结构简单，工作稳定、可靠，可满足跨界后驱车在一般路面情况下的行驶要求。但当车辆行驶在崎岖或湿滑路面时，若其中一个车轮完全打滑，那么由于差速器的作用，另一个车轮可能会完全失去动力，导致车辆动弹不得。因此，对于 SUV 类跨界车，一般采用自锁式差速器，以使车辆适应多种路况。

图 5.1 所示为某跨界后驱车中对称式圆锥行星齿轮差速器与半轴齿轮、被动齿轮的结构关系。由图 5.1 可知，该差速器包含了两个行星齿轮以及两个半轴齿轮，其中行星齿轮通过行星轮轴的连接与差速器壳一同旋转，同时，由于差速器壳直接与主减速器

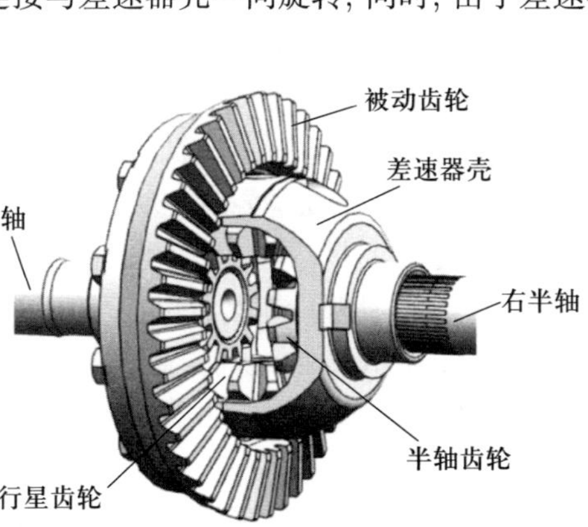

图 5.1　某跨界后驱车中对称式圆锥行星齿轮差速器

被动齿轮相连, 而每个行星齿轮均与两个半轴齿轮相啮合, 半轴齿轮又分别与左右两半轴相连接, 因此被动齿轮所传递的扭矩经由差速器壳 → 行星齿轮 → 半轴齿轮 → 半轴, 最终传递给车轮。

图 5.2 所示为一种对称式圆锥行星齿轮差速器结构示意图, 其中行星齿轮轴与差速器壳相连, 起到行星架的作用, 这种最基本的结构形式也是最常用的差速器, 其他类型的差速器可看成在该差速器结构基础之上的改进。

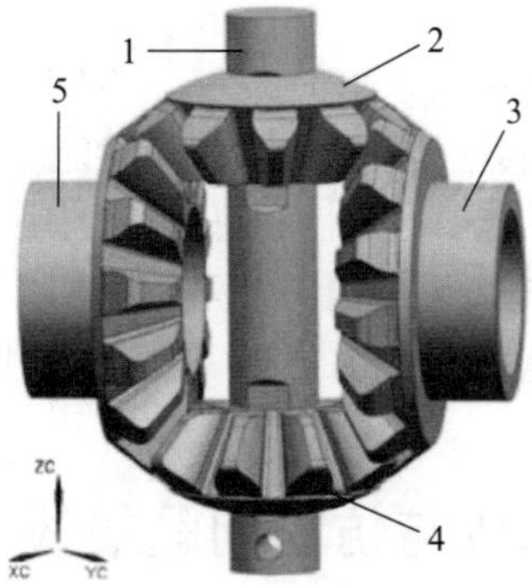

图 5.2 对称式圆锥行星齿轮差速器结构示意图

1—行星轮轴; 2—行星齿轮 1; 3—半轴齿轮 1; 4—行星齿轮 2; 5—半轴齿轮 2

差速器工作时, 行星轮轴绕自身中点作旋转, 即绕着图 5.2 中的坐标原点旋转, 由此可知, 当行星齿轮轴将扭矩传递给行星齿轮 1、2 后, 两行星齿轮通过啮合的轮齿将力以力矩的形式传递给两半轴齿轮, 驱动半轴齿轮旋转, 进而带动半轴及车轮旋转。

差速器的行星齿轮与半轴齿轮的啮合造成载荷移动与应力分布变化, 这是差速器齿轮损坏的重要原因, 因此有必要对差速器齿轮间的动态啮合进行分析。

差速器壳体作为差速器的一个重要零件, 不但是差速器其他零件的安装基础, 也是主减速器从动件的一部分, 故其强度与刚度非常重要。然而, 差速器壳体是一个结构比较复杂的零件, 采用传统的力学方法难以计算其强度与刚度, 需要采用计算机辅助工程 (comphter aided engineering, CAE) 技术对其进行仿真研究。

另外, 在工作过程中, 差速器既是承载件又是传力件, 主要受驱动桥壳和主减速器所产生的激励, 研究差速器的振动是研究汽车传动系振动、噪声控制和故障诊断的必不可少的组成部分。模态是振动系统特性的一种表征, 是构成各种工程结构复杂振动的最简单或最基本的振动形态。因此, 需要通过模态分析得到其固有频率和模态振型等振动系统的模态参数, 为振动系统动态设计以及故障诊断提供依据。

本章将针对某型跨界后驱车驱动桥差速器齿轮、壳体等零件及其装配体进行建模、仿真分析。其基本参数如表 5.1 所示。在分析前, 需首先利用 UG 软件对差速器的行星齿轮、半轴齿轮及差速器壳体进行三维建模, 并在 ANSYS Workbench 软件中进行以下分析。

(1) 对半轴齿轮和行星齿轮啮合的动态接触进行分析, 得出该跨界后驱车以最大转矩转弯时齿轮啮合过程的等效应力分布情况, 从而判断所选齿轮材料是否符合要求。

(2) 对差速器壳体进行静应力分析, 得出壳体应力分布情况, 从而判断最大应力是否满足材料要求。

(3) 对差速器半轴齿轮、行星齿轮和差速器壳体进行约束模态分析, 以获得各部件前 6 阶固有频率, 从而分析差速器的振动特性。

表 5.1 某跨界后驱车的基本参数

参数	数值
轴距/m	2.62
车轴载荷分布	60/40
发动机最大输出转矩/(N·m)	3 500
主减速器传动比	2.18
最高车速/(km/h)	165
轮胎半径 R/m	0.28
整车质量/kg	1 500
车轮间距/m	1.2

5.2 差速器零部件三维实体建模

在进行有限元分析时, 为了保证网格划分的质量, 提高分析的精度, 在建模时, 对齿轮进行如下简化:

(1) 忽略半轴齿轮上的花键结构;

(2) 忽略半轴齿轮和行星齿轮背部的凹槽。

5.2.1 差速器齿轮的建模相关参数

根据差速器各齿轮齿数、模数、压力角等参数, 利用 UG 软件进行行星齿轮和半轴齿轮的三维实体建模。行星齿轮与半轴齿轮的主要几何参数如表 5.2 所示。根据表 5.2 所示参数, 并采用表 5.3 所列的计算表达式计算齿轮建模所需的其他参数。

表 5.2 行星齿轮与半轴齿轮的主要几何参数

参数	行星齿轮	半轴齿轮
模数 m	4.5	
压力角 $\alpha/(^\circ)$	22.5	
齿数 z	$z_1 = 10$	$z_2 = 15$
齿宽 b/mm	12	
顶隙系数 c^*	0.25	
齿顶高系数 h_a^*	1	
内孔直径 R/mm	12	25
齿根圆角半径/mm	0.7	
径向变位系数 x	−0.052 4	

表 5.3 行星齿轮与半轴齿轮建模相关参数表达式

参数	行星齿轮	半轴齿轮
分度圆直径 d	mz_1	mz_2
基圆直径 d_b	$d\cdot\cos\alpha$	
分锥角 δ	$\arctan(z_1/z_2)$	$\arctan(z_2/z_1)$
半齿角 α	$360\cos\delta/(4z)+180\tan\alpha/\pi-\alpha$	
齿顶高 h_a	$m(h_\mathrm{a}^*+x)$	
齿根高 h_f	$m(h_\mathrm{a}^*+c^*-x)$	
齿基高 h_b	$(d-d_\mathrm{b})/(2\cos\delta)$	
齿顶圆直径 d_a	$d+2h_\mathrm{a}\cdot\cos\delta$	
齿根圆直径 d_f	$d-2h_\mathrm{f}\cdot\cos\delta$	
锥距 rx	$d/(2\sin\delta)$	
齿基角 θ_b	$\arctan(h_\mathrm{b}/rx)$	
齿基宽 b_b	$b/\cos\theta_\mathrm{b}$	
基锥角 δ_b	$\delta-\theta_\mathrm{b}$	
大端基圆半径 r	$d_\mathrm{b}/\cos\delta/2$	
小端基圆半径 r_1	$(d_\mathrm{b}-2b_\mathrm{b}\cdot\sin\delta_\mathrm{b})/\cos\delta/2$	
NX 方程自变量 t	0	
渐开线展开角 θ	$60t$	
大端渐开线 x 点方程 x_t	$r\cdot(\cos\theta+\sin\theta\cdot\mathrm{rad}\theta)$	
小端渐开线 x 点方程 x_{t1}	$r_1\cdot(\cos\theta+\sin\theta\cdot\mathrm{rad}\theta)$	
大端渐开线 y 点方程 y_t	$r\cdot(\sin\theta-\cos\theta\cdot\mathrm{rad}\theta)$	
小端渐开线 y 点方程 y_{t1}	$r_1\cdot(\sin\theta-\cos\theta\cdot\mathrm{rad}\theta)$	
渐开线 z 点方程 z_t	0	

5.2.2 行星齿轮的三维建模

行星齿轮三维建模采用 NX 软件进行。具体步骤如下。

1) 新建模型文件

打开 NX 软件, 新建模型文件, 将名称改为 “行星齿轮”, 如图 5.3 所示。

2) 输入齿轮参数表达式

依次单击 “工具” → “表达式”, 打开表达式输入窗口, 如图 5.4 所示。

首先将表 5.2 中行星齿轮的参数输入到表达式中: ① 以模数 m 为例, 如图 5.4 所示, 在表达式窗口名称处输入 “m”, 公式处输入 “4.5”, 单击右下角显示长度的下拉按钮 (单位选择处), 选取 “恒定”, 点击 “应用”, 最后在附注所对应的单元格处双击, 在弹出的对话框中输入 “模数”, 最终结果如图 5.5 所示; ② 将表 5.2 的行星齿轮的其余参数及半轴齿轮齿数输入表达式中, 输入过程中注意各参数的单位; ③ 将表 5.3 中行星齿轮的参数按照表中顺序以表达式的形式依次输入。最终输入结果如图 5.6 所示。

图 5.3　新建模型

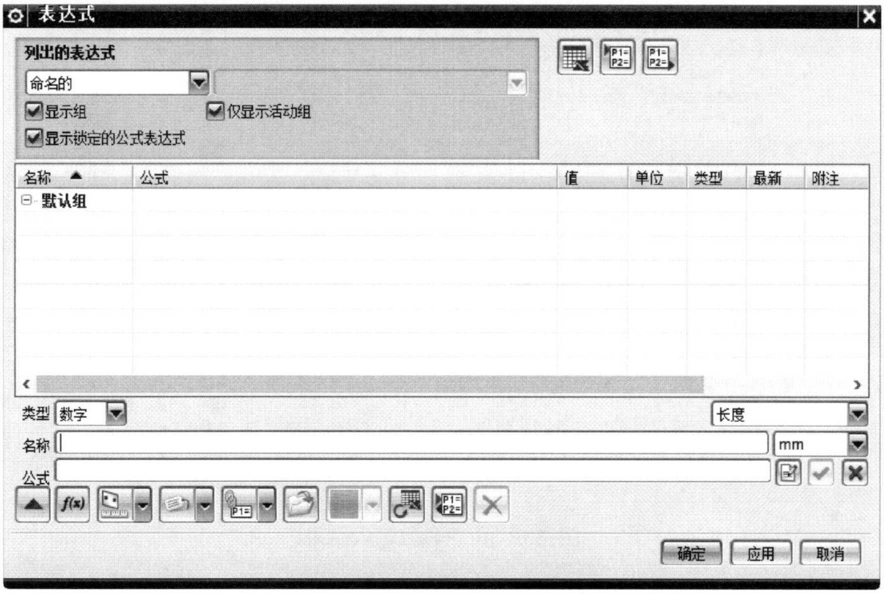

图 5.4　表达式输入窗口

图 5.5 输入参数

名称	公式	值	单位	类型	最新	附注
默认组						
a	360*cos(delta)/(4*z)+180*tan(alpha)/pi()-alpha	8.7211...	度	数量	✓	半齿角
alpha	22.5	22.5	度	数量	✓	压力角
b	12	12	mm	数量	✓	齿宽
bb	b/cos(theta_b)	12.015...	mm	数量	✓	齿基宽
cx	0.25	0.25		数量	✓	顶隙系数
d	m*z	45	mm	数量	✓	分度圆直径
da	d+2*ha*cos(delta)	52.096...	mm	数量	✓	齿顶圆直径
db	d*cos(alpha)	41.574...	mm	数量	✓	基圆直径
delta	arctan(z/z_d)	33.690...	度	数量	✓	分锥角
delta_b	delta-theta_b	30.784...	度	数量	✓	基锥角
df	d-2*hf*cos(delta)	35.247...	mm	数量	✓	齿根圆直径
ha	(hax+x)*m	4.2642	mm	数量	✓	齿顶高
hax	1	1		数量	✓	齿顶高系数
hb	(d-db)/(2*cos(delta))	2.0584...	mm	数量	✓	齿基高
hf	(hax+cx-x)*m	5.8608	mm	数量	✓	齿根高
m	4.5	4.5		数量	✓	模数
r	db/cos(delta)/2	24.983...	mm	数量	✓	大端基圆半径
r1	(db-2*bb*sin(delta_b))/cos(delta)/2	17.592...	mm	数量	✓	小端基圆半径
rho_f	0.7	0.7	mm	数量	✓	齿根圆角半径
RR	12	12	mm	数量	✓	内孔直径
rx	d/(2*sin(delta))	40.562...	mm	数量	✓	锥距
theta	60*t	0	度	数量	✓	渐开线展开角
theta_b	arctan(hb/rx)	2.9050...	度	数量	✓	齿基角
x	-0.0524	-0.0524		数量	✓	径向变位系数
z	10	10		数量	✓	齿数
z_d	15	15		数量	✓	配对齿轮齿数

图 5.6 齿轮参数输入结果

3) 绘制草图 (1)

依次单击 “插入” → “在任务环境中绘制草图”, 然后选择基准坐标系的 XY 平面, 点击 “确定”。

首先以坐标原点为起点, 绘制图 5.7 所示草图; 按图 5.8 所示标注尺寸约束草图; 如图 5.9 所示绘制 4 条直线; 约束 4 条直线, 使其共线并与一条斜边平行, 如图 5.10 所示 (以上两步的原因是方便齿轮参数化, 以便建立另一半轴齿轮); 最后标注两个平行直线距离。最终草图如图 5.11 所示。

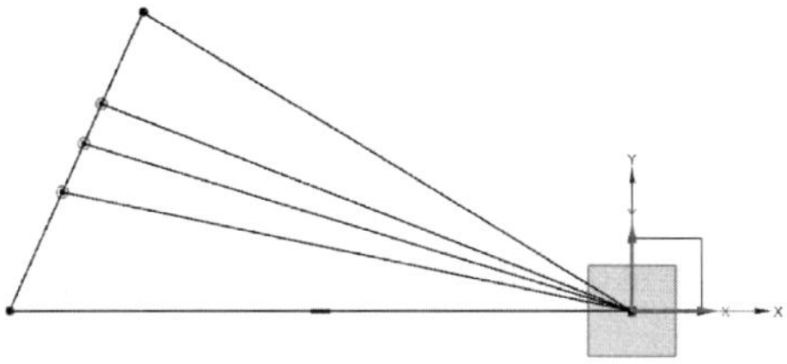

图 5.7 初始草图

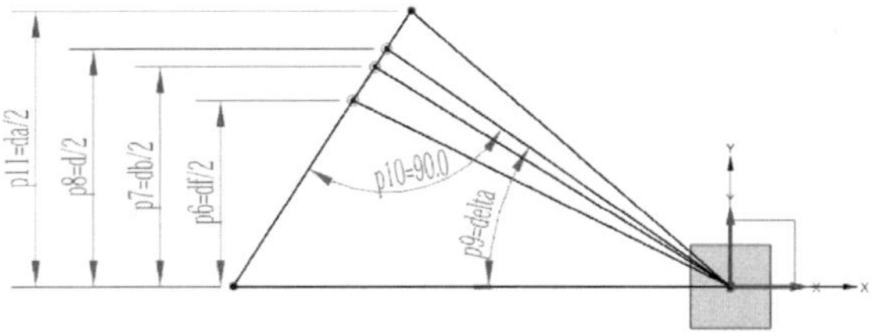

图 5.8 尺寸约束

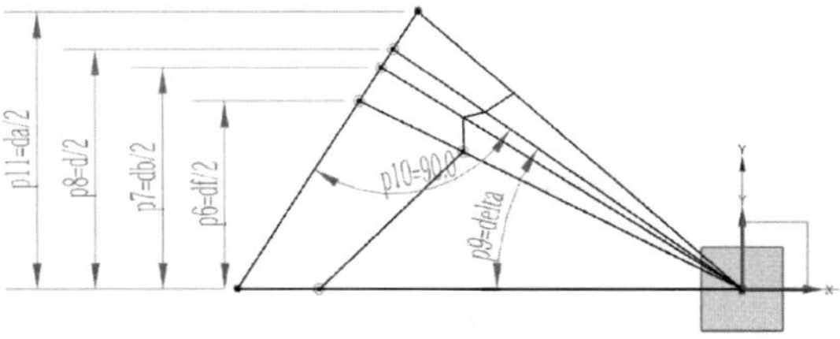

图 5.9 绘制 4 条相连直线

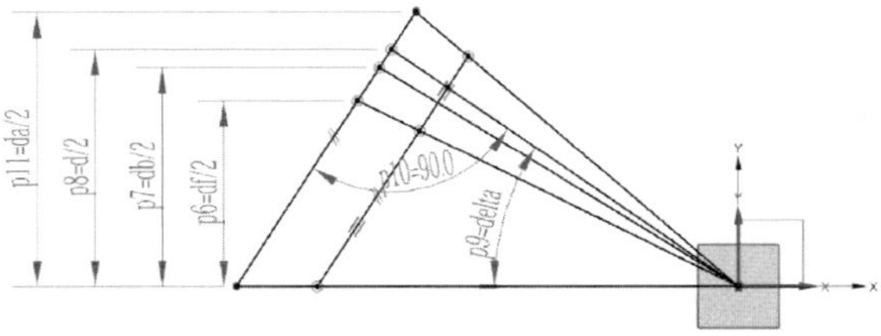

图 5.10 约束 4 条直线

4) 建立两个基准平面和两个基准坐标系

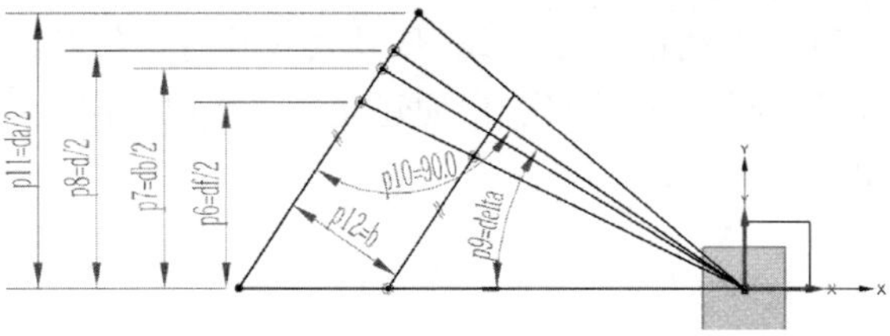

图 5.11 草图 (1)

(1) 如图 5.12 所示, 创建基准平面 (2): 类型选为 "曲线和点", 指定点选为图示直线的端点;

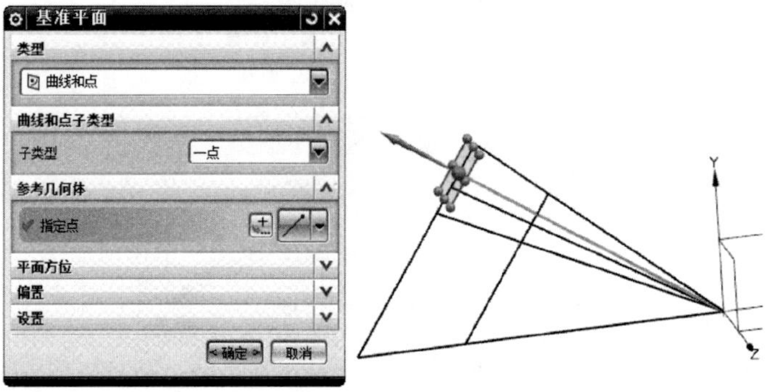

图 5.12 基准平面 (2)

(2) 如图 5.13 所示, 创建基准平面 (3): 类型为 "按某一距离", 平面参考为基准平面 (2), 距离为 –12 mm;

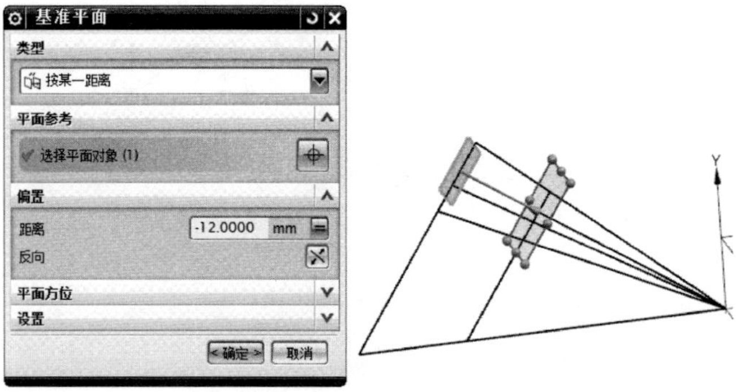

图 5.13 基准平面 (3)

(3) 如图 5.14 所示, 创建基准坐标系 (4): 首先创建新的基准坐标系, 参考 CSYS 选为 "WCS", 将坐标原点移到图示位置, 将坐标系依次进行以下旋转操作: "绕 ZC 轴旋转 90°" → "绕 XC 轴旋转 90°" → "绕 YC 轴旋转 $-\delta$" → "绕 ZC 轴旋转 $-\alpha$";

(4) 如图 5.15 所示, 创建基准坐标系 (5): 创建新的基准坐标系, 参考 CSYS 选为

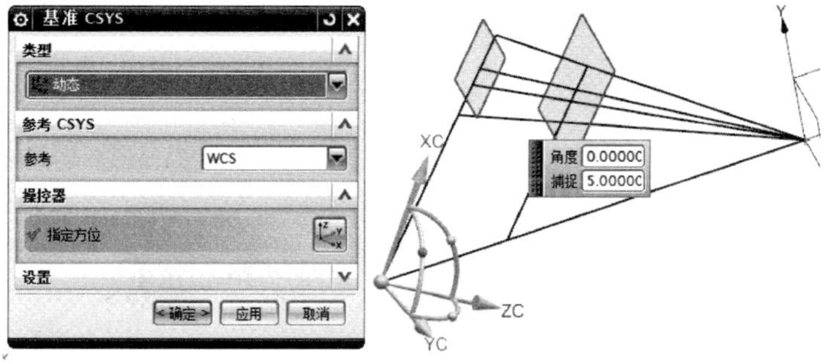

图 5.14　基准坐标系 (4)

“选定 CSYS”, 选择基准坐标系 (4) 为 “参考 CSYS”, 将坐标原点移到图示位置。最终结果如图 5.16 所示。

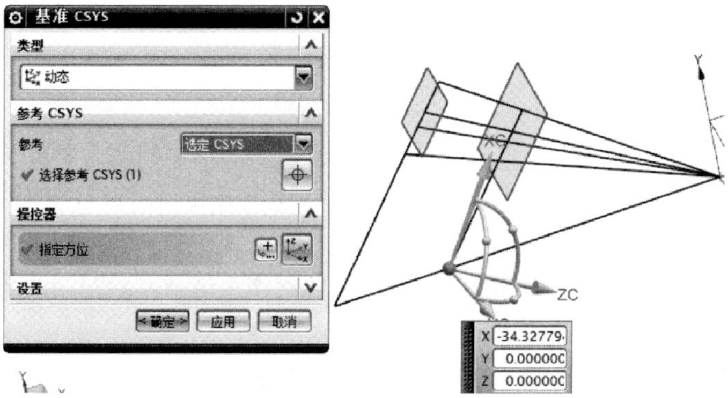

图 5.15　基准坐标系 (5)

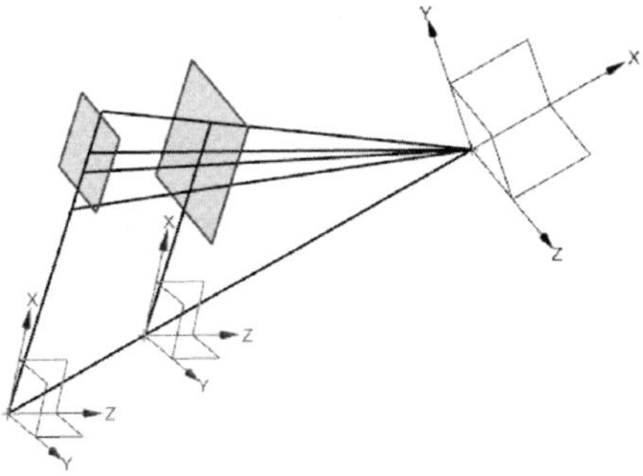

图 5.16　创建结果

5) 绘制草图 (6) 和草图 (7)

(1) 依次单击 “插入” → “在任务环境中绘制草图”, 然后选择基准平面 (2) 并点击 “确定”。如图 5.17 所示, 以基准坐标系 (4) 的原点为圆点做 4 个圆, 分别与各线段终点相交, 最后点击 “完成草图”。

(2) 以相同的方法在基准平面 (3) 上绘制草图, 以基准坐标系 (5) 的原点为圆点, 圆与各线段端点相交, 如图 5.18 所示。

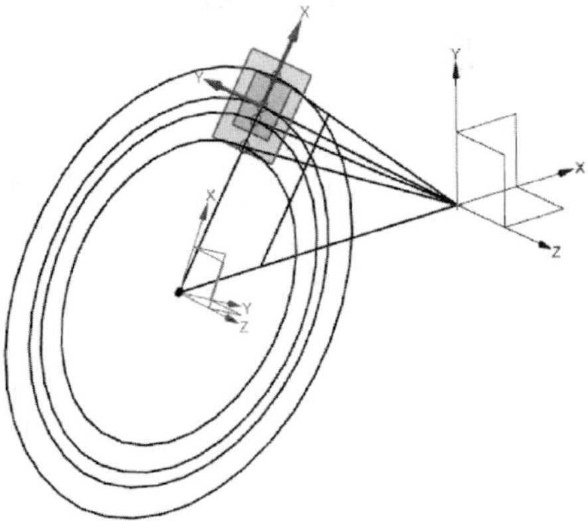

图 5.17 草图 (6)

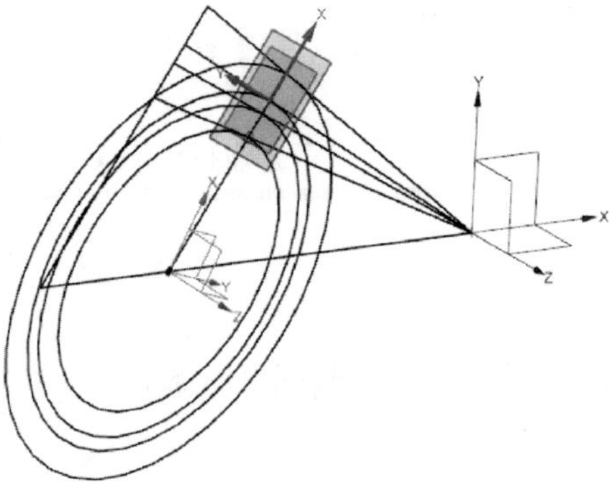

图 5.18 草图 (7)

6) 绘制齿轮齿廓

(1) 绘制渐开线。依次单击 "插入" → "曲线" → "规律曲线", 如图 5.19 所示。单击坐标系选项里的 "CSYS" 对话框, 如图 5.20 所示, 在打开的窗口中将参考 CSYS 改为 "选定 CSYS", 并选择基准坐标系 (4), 点击 "确定", 绘制出图 5.21 所示的渐开线。

依次单击 "插入" → "关联复制" → "镜像几何体", 选择刚绘制的渐开线, 镜像平面选为 XY 平面, 点击 "确定", 如图 5.22 所示。

采用同样的方法绘制小端渐开线, 在规律曲线窗口需要将函数 "xt" 改为 "xt1", 将函数 "yt" 改为 "yt1", 如图 5.23 所示, 参考坐标系为基准坐标系 (5)。绘制结果如图 5.24 所示。

图 5.19 规律曲线窗口

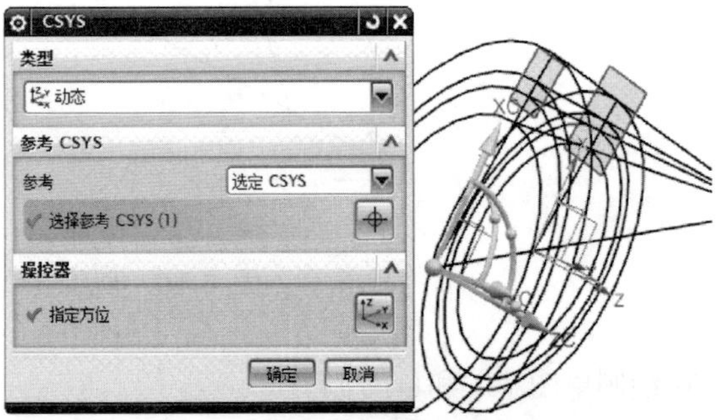

图 5.20 选定坐标系

(2) 绘制大端齿廓。依次单击 "插入" → "在任务环境中绘制草图", 然后选择基准

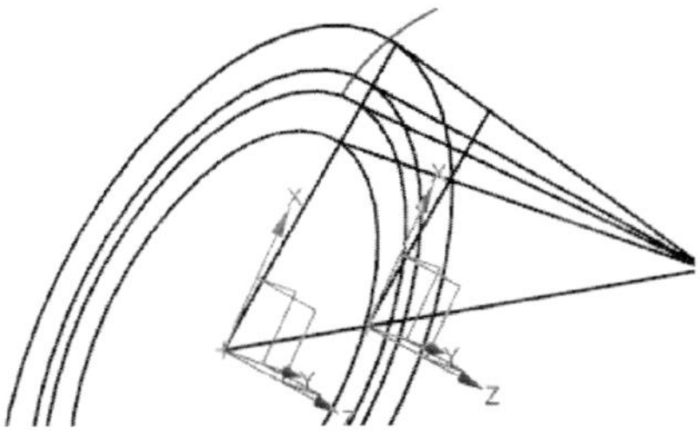

图 5.21 齿轮大端渐开线

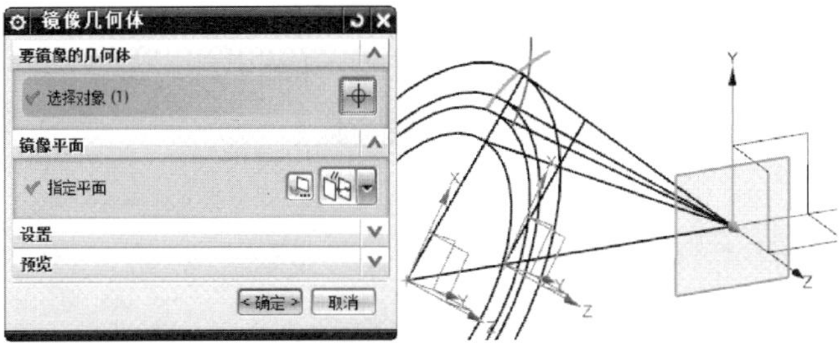

图 5.22 镜像渐开线

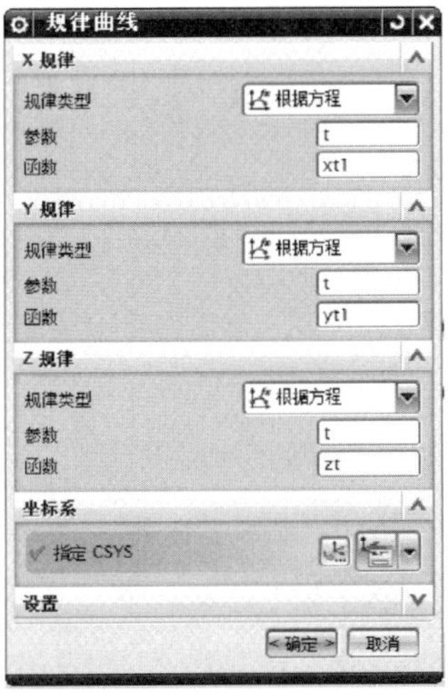

图 5.23 更改函数

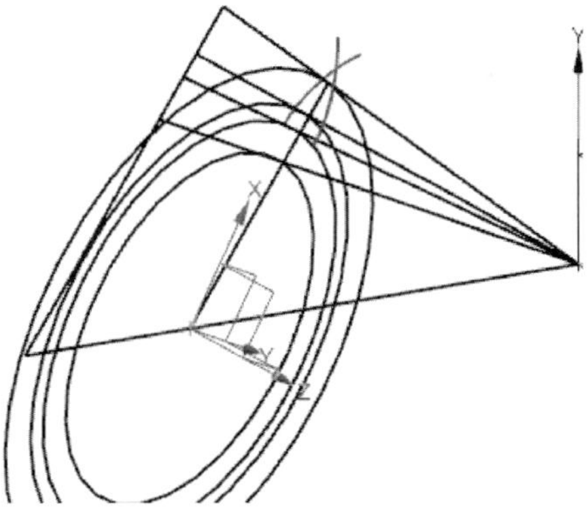

图 5.24 齿轮小端渐开线

平面 (2) 并点击 “确定”。点击 “偏置曲线” 命令, 选择草图 (6) 中最大圆以及最小圆, 并选择大端的两个渐开线, 偏置距离填 0, 如图 5.25 所示, 点击 “确定”, 以使曲线能被草图使用。隐藏掉不需要的特征, 点击 “快速修剪” 命令, 修剪渐开线超出最大圆的部分曲线。绘制结果如图 5.26 所示。

如图 5.27 所示, 绘制两个线段, 并添加约束, 使其分别与两渐开线相切。如图 5.28 所示, 绘制两个圆角, 圆角半径即齿根圆角半径 rho_f, 并修剪多余曲线。

(3) 绘制小端齿廓。在基准平面 (3) 上绘制草图, 采用相同的方法绘制草图。最终结果如图 5.29 所示。

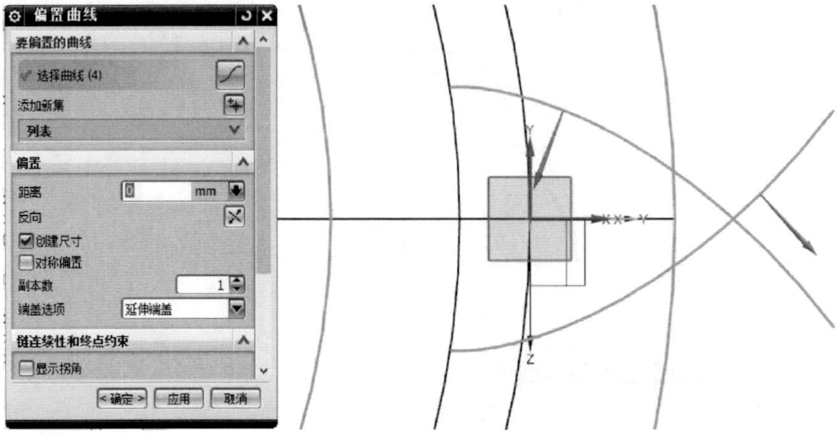

图 5.25 偏置曲线

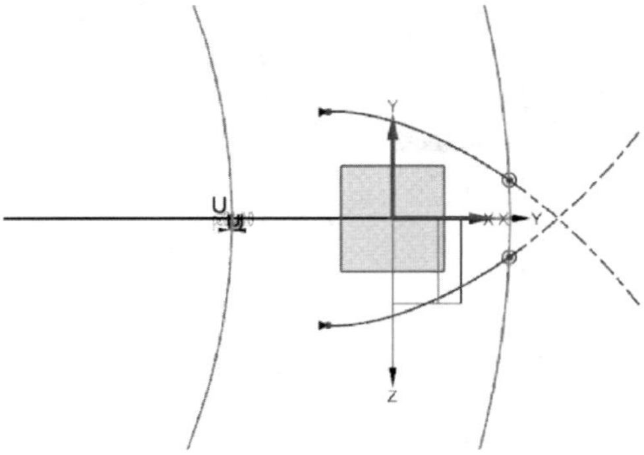

图 5.26 修剪曲线

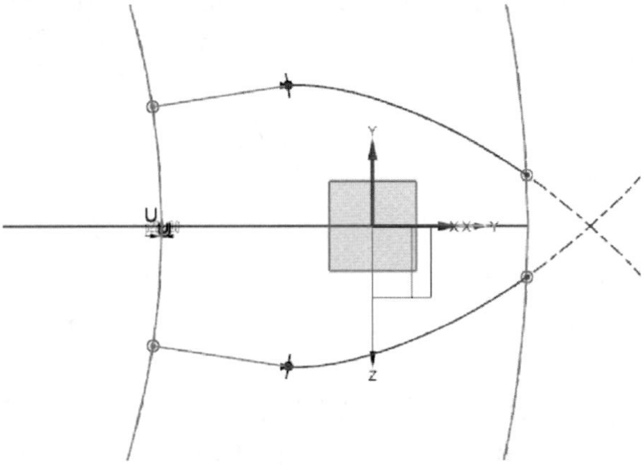

图 5.27 绘制线段

7) 创建齿坯

(1) 在 XY 平面绘制草图 (14), 其相关约束及尺寸如图 5.30 所示。

(2) 点击建模截面 “旋转” 命令, 如图 5.31 所示, 截面选为 “草图 (14)”, 矢量选为图示直线, 旋转角度为 360°, 点击 “确定”。

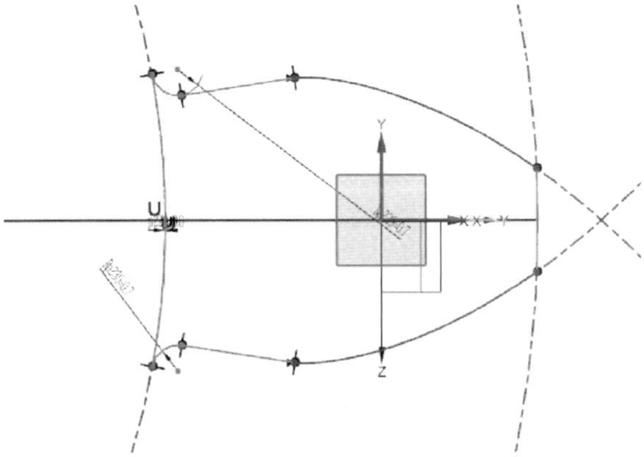

图 5.28 大端齿廓

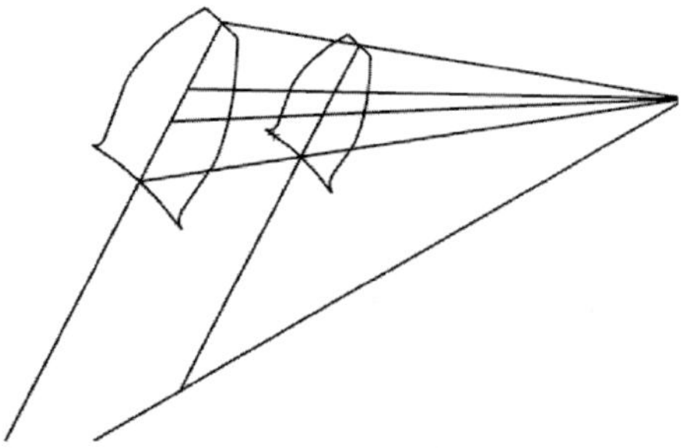

图 5.29 齿轮齿廓

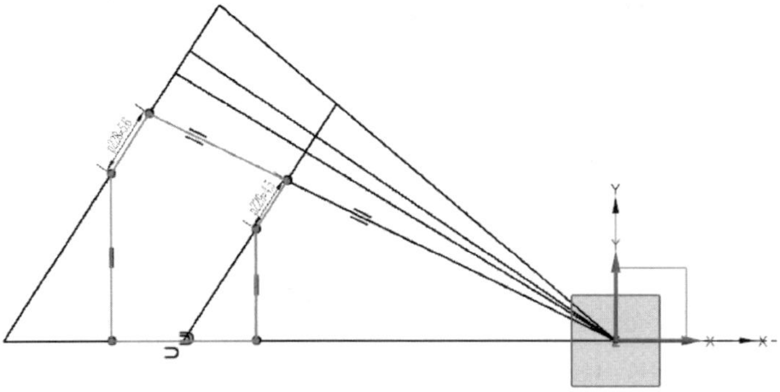

图 5.30 草图 (14)

依次点击 “插入” → “偏置/缩放” → “偏置面”, 如图 5.32 所示。在弹出的窗口中, 选择齿坯外表面为 “偏置面”, 偏置距离为 0.1 mm (偏置的目的是使齿坯和齿体可以进行求和运算)。图 5.33 即为创建的齿坯。

8) 创建齿体

(1) 扫掠出第一个齿体。依次单击 “插入” → “ 扫掠” → “扫掠”, 如图 5.34 所示, 在弹出的窗口中选择曲线处选择草图 (12), 点击 “添加新集”, 选择草图 (13), 引导线选为图示直线, 在截面选项中点选 “保留现状”, 点击 “确定”。图 5.35 所示即为扫掠结果。

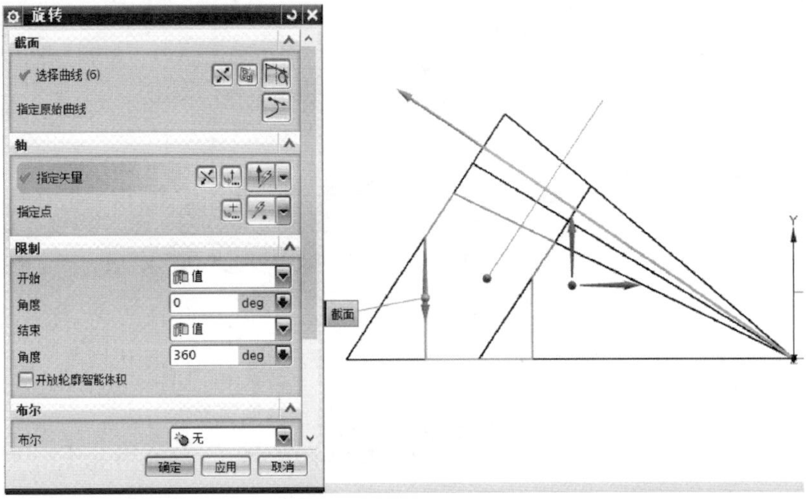

图 5.31　旋转命令

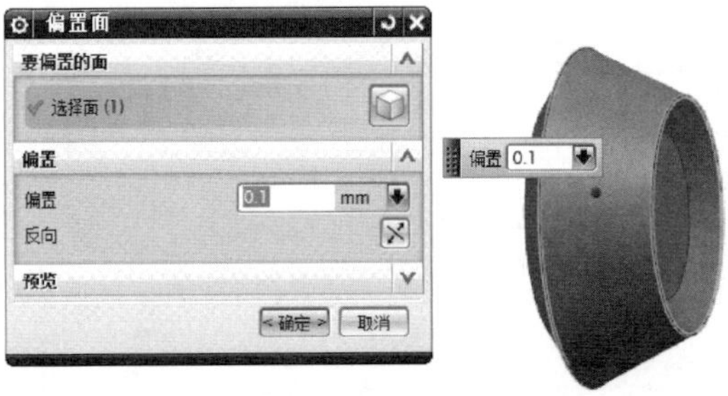

图 5.32　偏置面

图 5.33　齿坯

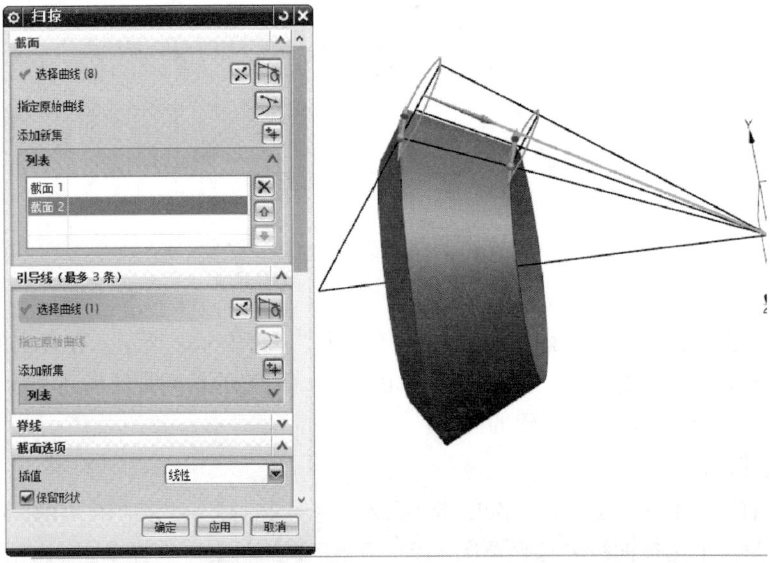

图 5.34　扫掠设置

图 5.35 第一个齿体

(2) 阵列特征。点击 “阵列特征” 命令, 如图 5.36 所示, 选择齿体为阵列的特征, 旋转轴选为基准坐标系 (0) 的 X 轴, 在数量处输入 z, 跨角为 360°, 点击 “确定”。图 5.37 所示为阵列结果。

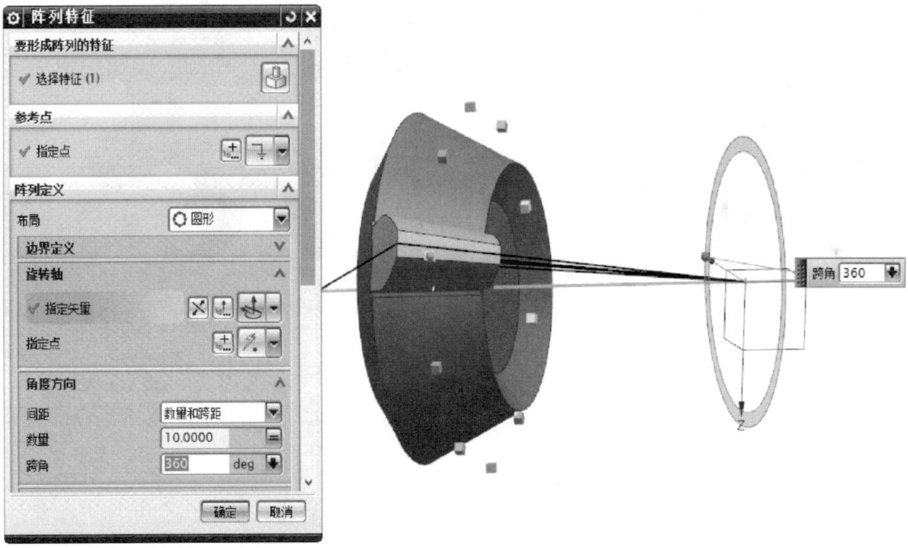

图 5.36 阵列特征设置

9) 求和并创建齿轮内孔, 完成行星齿轮的建模

(1) 点击 “合并” 命令, 目标选择齿坯, 工具选择扫掠及阵列的齿体, 点击 “确定”, 如图 5.38 所示。图 5.39 所示为合并结果。

(2) 创建内孔。点击 “拉伸” 命令, 弹出窗口后, 选择齿坯的小端端面以绘制截面草图, 如图 5.40 所示, 其中圆直径为 RR。点击 “确定” 完成草图。按图 5.41 所示进行 “拉伸” 命令设置, 点击 “确定”。图 5.42 和图 5.43 分别为最终的行星齿轮设计树和三维模型。

图 5.37　阵列结果

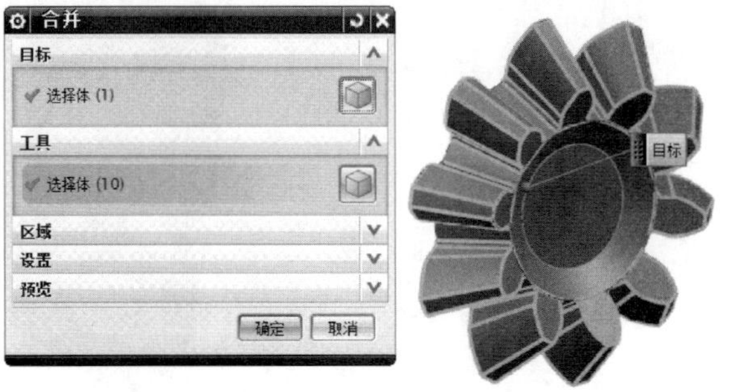

图 5.38　合并齿体

图 5.39　合并结果

图 5.40　绘制草图

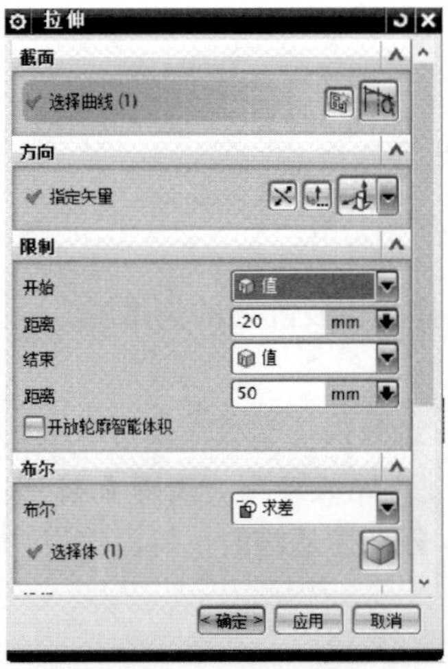

图 5.41　拉伸设置

图 5.42　行星齿轮设计树

图 5.43 行星齿轮三维模型

5.2.3 半轴齿轮的建模

(1) 打开已经建好的行星齿轮模型, 打开表达式, 将表达式中 z 的值改为 15, z_d 的值改为 10, 内孔直径 RR 改为 25 mm, 点击 "确定" 即可生成初始的半轴齿轮模型, 但因为基准坐标系 (4) 和基准坐标系 (5) 的位置不会随参数的改变而改变, 因此需要重新移动这两个坐标系。

(2) 在设计树中双击基准坐标系 (4), 将参考 CSYS 改为 "WCS", 将坐标系原点移动到图 5.44 所示位置, 然后执行以下旋转操作: "绕 ZC 轴旋转 90°" → "绕 XC 轴旋转 90°" → "绕 YC 轴旋转 $-\delta$" → "绕 ZC 轴旋转 $-\alpha$"。最后, 点击 "确定"。

在设计树中双击基准坐标系 (5), 将参考 CSYS 改为 "选定 CSYS", 选择基准坐标系 (4), 将原点移到图 5.45 所示位置, 点击 "确定" 即完成半轴齿轮的三维建模。图 5.46 为半轴齿轮的三维模型。

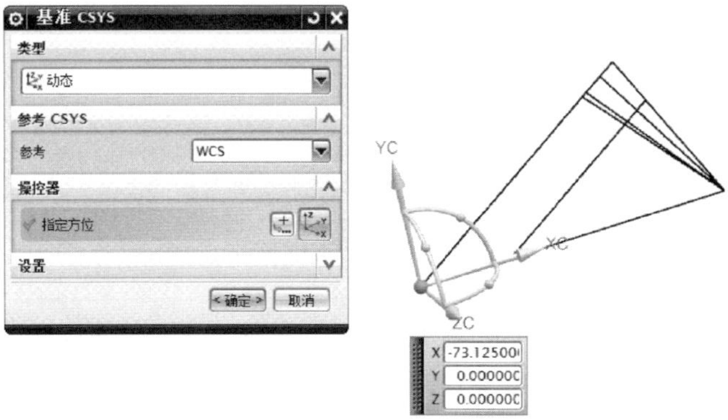

图 5.44 基准坐标系 (4) 原点位置

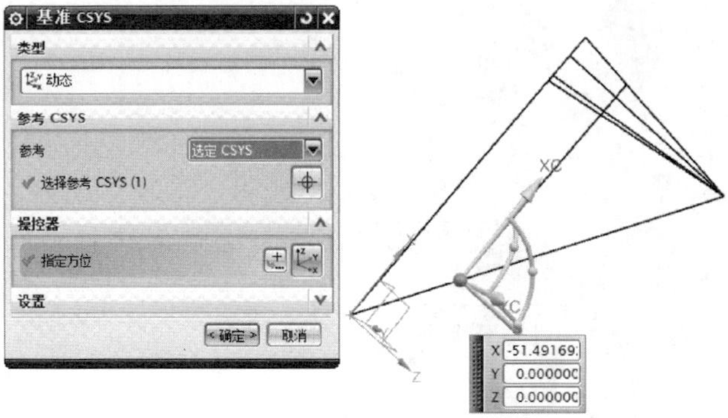

图 5.45 基准坐标系 (5) 原点位置

图 5.46 半轴齿轮三维模型

5.2.4 差速器壳体的建模

差速器壳体的尺寸与行星齿轮和半轴齿轮装配后整体尺寸相关, 其建模具体过程如下。

(1) 绘制基本轮廓草图。打开 UG 软件, 新建模型, 依次单击 “插入” → “在任务环境中绘制草图”, 然后选择 XY 平面, 点击 “确定”。图 5.47 即为根据图中尺寸绘制的草图。

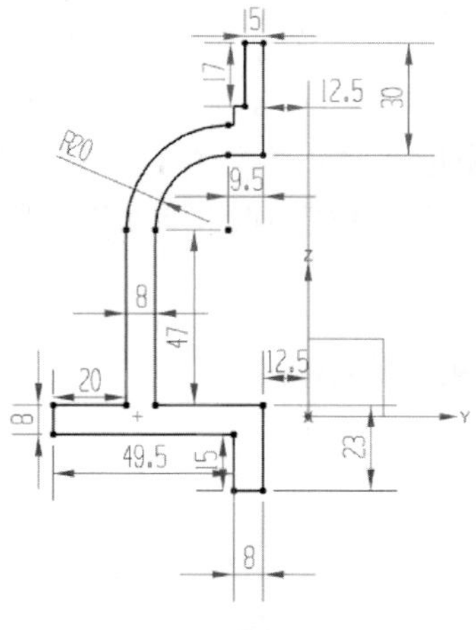

图 5.47 草图 (1)

(2) 旋转草图形成实体。单击 “旋转” 命令, 如图 5.48 所示截面选为草图 (1), 旋转轴选为 Z 轴。旋转角度为 360°, 点击 “确定”, 形成图 5.49 所示结构。

(3) 单击 “拉伸” 命令, 选择图 5.50 所示平面绘制草图, 草图尺寸如图 5.51 所示, 图 5.52 所示为 “拉伸” 命令的相关设置。图 5.53 所示为拉伸结果。

(4) 点击 “拉伸” 命令, 并选择上一步所选择的平面绘制草图, 如图 5.54 所示, 拉伸设置和结果分别如图 5.55 和图 5.56 所示。

(5) 点击 “拉伸” 命令, 选择图 5.57 所示平面绘制草图, 草图尺寸如图 5.58 所示,

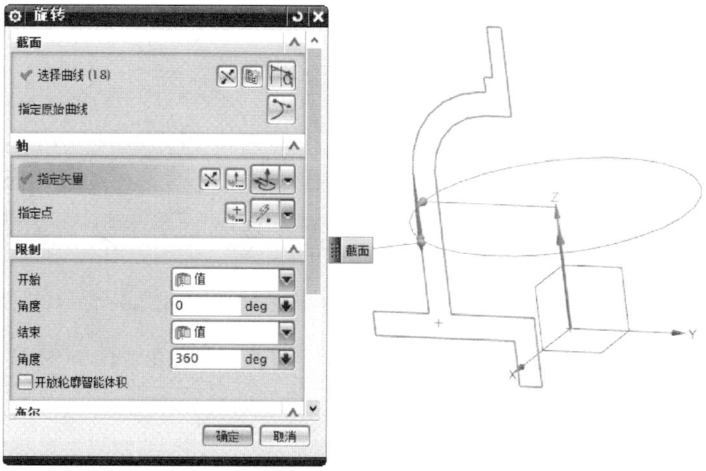

图 5.48　旋转设置

图 5.49　旋转结果

图 5.50　草图平面

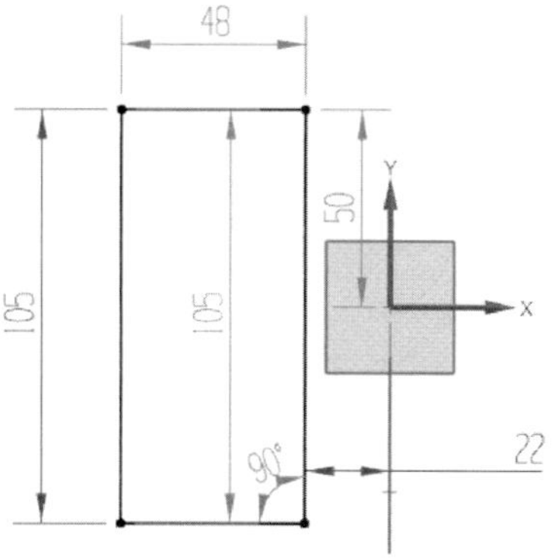

图 5.51　草图尺寸

图 5.52　拉伸设置

拉伸设置和结果分别如图 5.59 和图 5.60 所示。

(6) 点击 “拉伸” 命令, 选择基准坐标系 XZ 平面绘制草图, 草图尺寸如图 5.61 所

图 5.53 拉伸结果

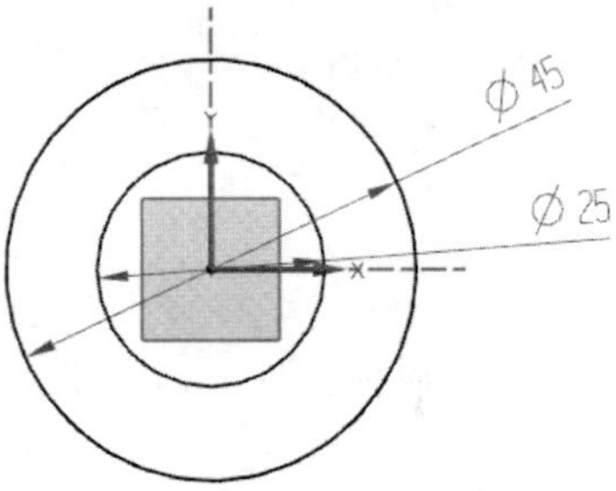

图 5.54 草图

图 5.55 拉伸设置

图 5.56 拉伸结果

图 5.57 选择平面

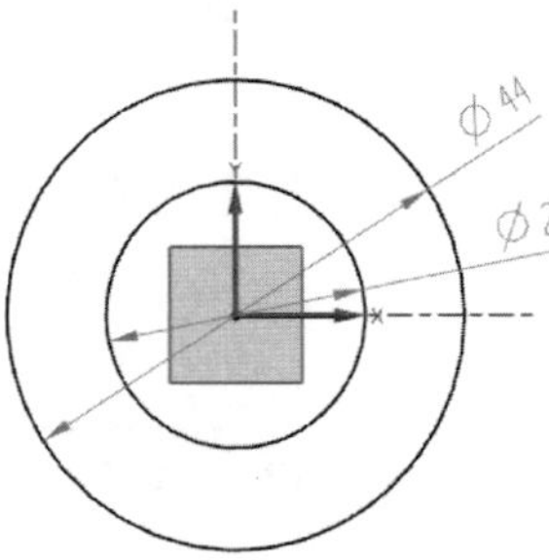

图 5.58 草图尺寸

示, 拉伸设置和结果分别如图 5.62 和图 5.63 所示。

(7) 点击 "拉伸" 命令, 选择基准坐标系 XZ 平面绘制草图, 草图尺寸如图 5.64 所示, 拉伸设置和最终建模结果分别如图 5.65 和图 5.66 所示。

图 5.59 拉伸设置

图 5.60 拉伸结果

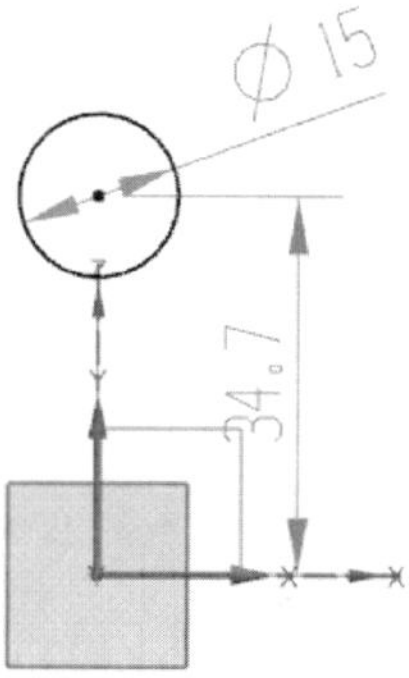

图 5.61 草图尺寸

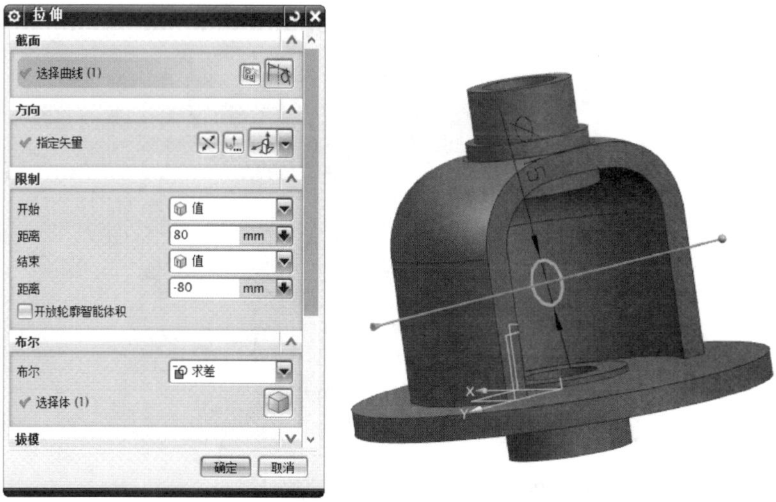

图 5.62 拉伸设置

图 5.63 拉伸结果

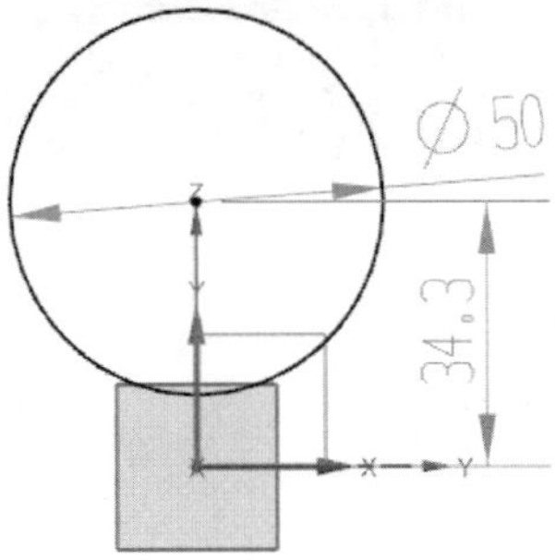

图 5.64 草图尺寸

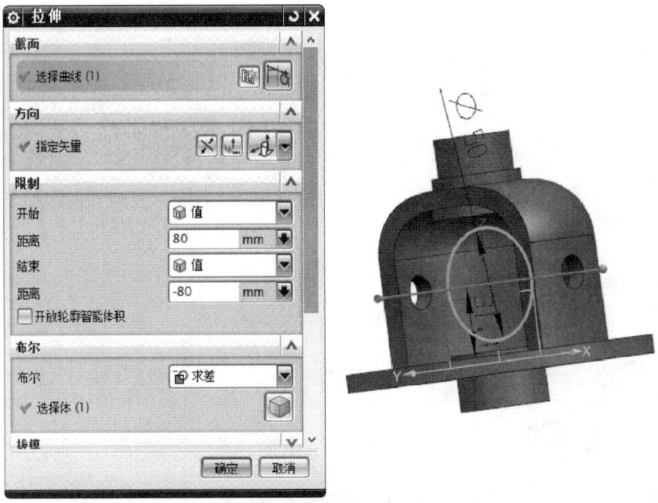

图 5.65 拉伸设置

图 5.66 最终建模结果

5.3 差速器齿轮动态啮合分析

在差速器齿轮啮合时，行星齿轮为主动齿轮，半轴齿轮为被动齿轮。在仿真时需要对行星齿轮施加一个转速，对半轴齿轮施加转矩。

汽车行驶工况: 以最大转矩 (一挡) 通过半径为 12 m、角度为 90° 的弯道, 行驶速度 v 为 30 km/h。图 5.67 所示为汽车行驶路线示意图。

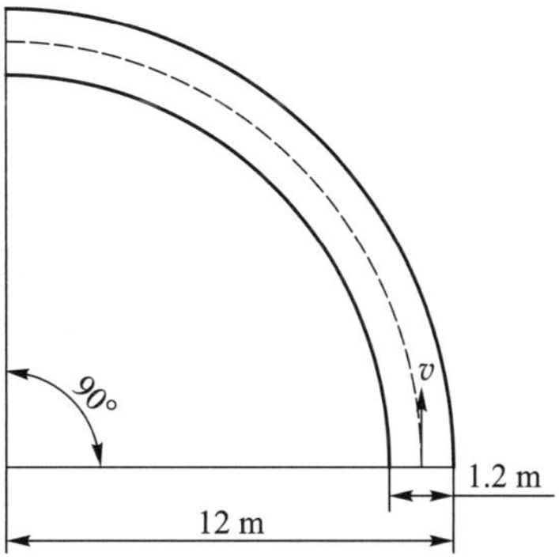

图 5.67 汽车行驶路线示意图

5.3.1 行星齿轮转速的计算

设 ω_1 为内侧车轮角速度, ω_2 为外侧车轮角速度, ω_3 为汽车直线行驶时的车轮角速度, ω 为行星齿轮自转角速度, z_1 为行星齿轮齿数, z_2 为半轴齿轮齿数, 已知轮胎滚动半径 $R = 0.28$ m, 则在图 5.67 所示的弯道行驶时有以下关系式:

$$\omega_2 = \omega_3 + \omega \frac{z_1}{z_2} \tag{5.1}$$

式中

$$\omega_3 = \frac{2\pi vn}{3\ 600} \tag{5.2}$$

其中, n 为每千米车轮转数, $n = 1\ 000/2R\pi = 568$; $z_1 = 10$, $z_2 = 15$。转弯时, 由于车轮间距为 1.2 m, 外轮行驶弧长与中间弧长 (即直行距离) 的差为 $0.6 \times \frac{\pi}{2}$, 再除以行走的时间 $t = 12 \times \frac{\pi}{2}/v$, 即外轮与直行的线速度差, 再除以车轮半径 $R = 0.28$ m, 则为 ω_2 与 ω_3 之差, 即 $\omega_2 - \omega_3 = \frac{0.6}{0.28} \times \frac{30 \times 1\ 000}{3\ 600 \times 12}$ rad/s, 将此代入式 (5.2) 和式 (5.1) 得, $\omega = 2.34$ rad/s。

5.3.2 半轴齿轮转矩计算

单轴齿轮转矩计算公式如下:

$$T = \frac{0.6T_{\max}}{2} = \frac{0.6 \times 3\ 500}{2}\ \mathrm{N \cdot m} = 1\ 050\ \mathrm{N \cdot m} \tag{5.3}$$

5.3.3 行星齿轮与半轴齿轮仿真分析

利用 ANSYS 瞬态动力学模块进行行星齿轮和半轴齿轮的仿真分析, 其分析过程如下。

1) 在 UG 软件中装配行星齿轮和半轴齿轮啮合

(1) 打开 UG 软件, 新建 “装配” 模型, 在弹出的 “添加组件” 窗口中, 打开行星齿轮和半轴齿轮模型文件。在设计树中分别右键点击行星齿轮和半轴齿轮, 在 “替换引用集” 中, 选择 “整个部件”, 以显示各部件的草图。结果如图 5.68 所示。

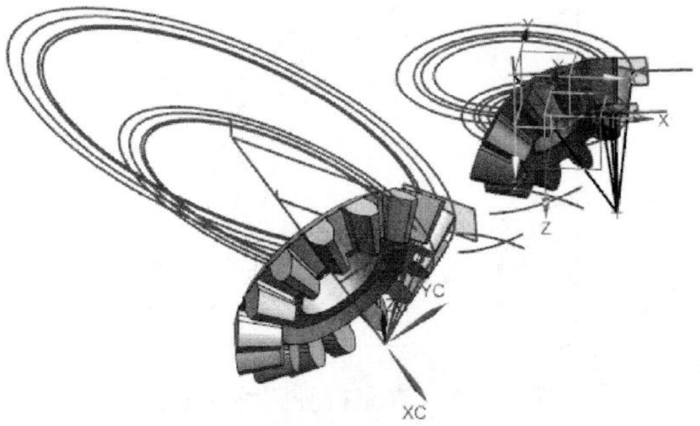

图 5.68 显示装配图草图

(2) 依次点击 “装配” → “组件位置” → “装配约束”, 其中约束类型选择 “垂直”, 选择两齿轮中心孔的中心线, 如图 5.69 所示, 点击 “应用”; 将约束类型改为 “ 接触对齐”, 选择图 5.70 所示两点, 点击 “应用”; 任选两齿轮相邻齿的齿面, 进行接触约束。最终结果如图 5.71 所示。

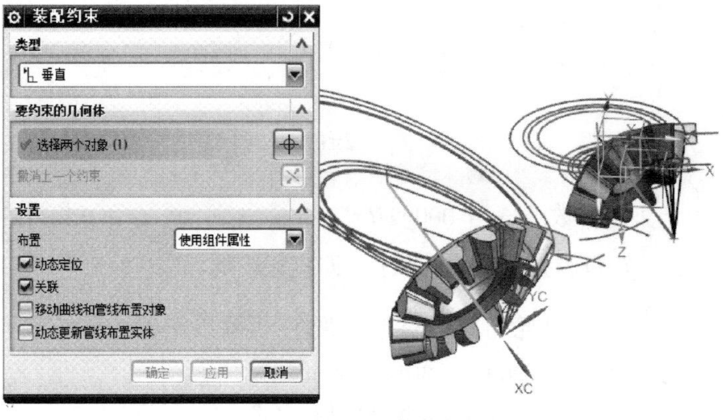

图 5.69 垂直约束

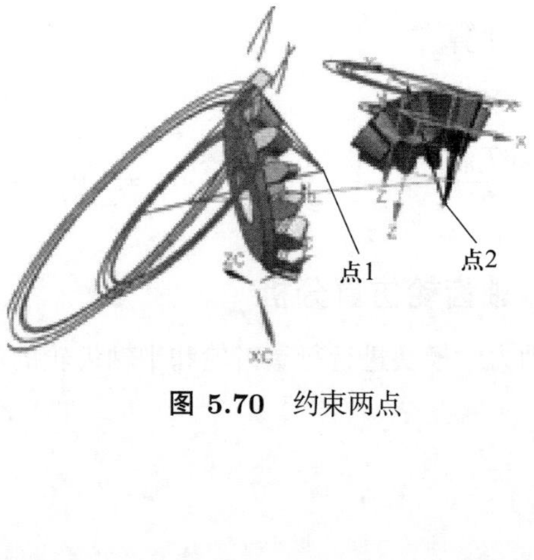

图 5.70 约束两点

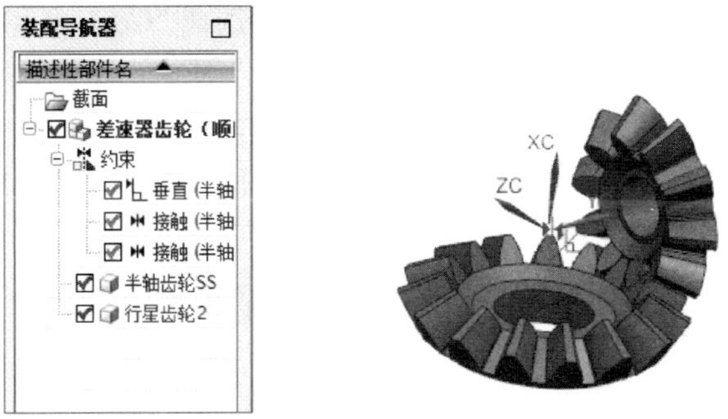

图 5.71 装配结果

(3) 以 x_t 格式导出装配体。

2) 在 ANSYS Workbench 软件中新建瞬态动力学分析模块

如图 5.72 所示。打开材料编辑窗口 (A2), 添加新材料 “20CrMnTi”, 该材料相关参数如图 5.73 所示。右键单击项目 A 中的 “Geometry”, 导入刚刚建立的 “x_t” 文件。

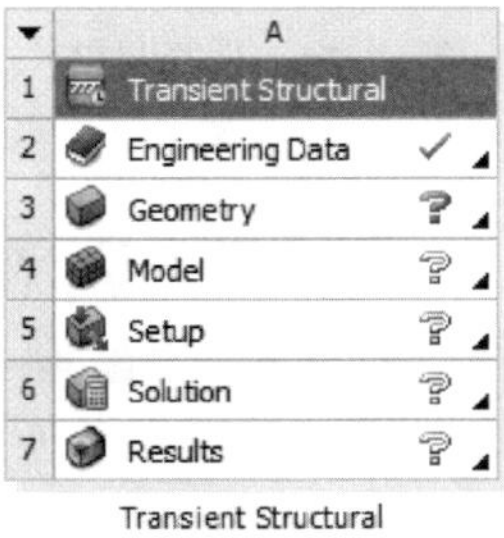

图 5.72 创建瞬态动力学模块

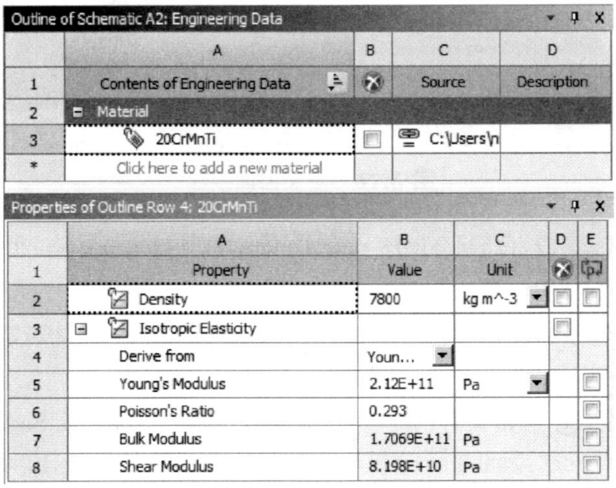

图 5.73 创建齿轮材料 20CrMnTi

3) 打开 “Model” 模块, 进行相关设置

(1) 选择材料: 如图 5.74 所示, “Part1” 和 “Part2” 的材料均选为 “20CrMnTi”。

(2) 定义连接: 点击设计树中的 “Connections”, 选择 “Contact” 下的 “Frictional”, 选项中, “Contact” 选为行星齿轮所有齿面, “Target” 选为半轴齿轮所有齿面, 摩擦系数 “Friction Coefficient” 选为 “0.05”, 如图 5.75 所示。

依次点击工具栏中的 “Body” → “Ground”, 选择 “Revolute”, 分别选两齿轮的内孔, 建立两个旋转副, 如图 5.76 所示。

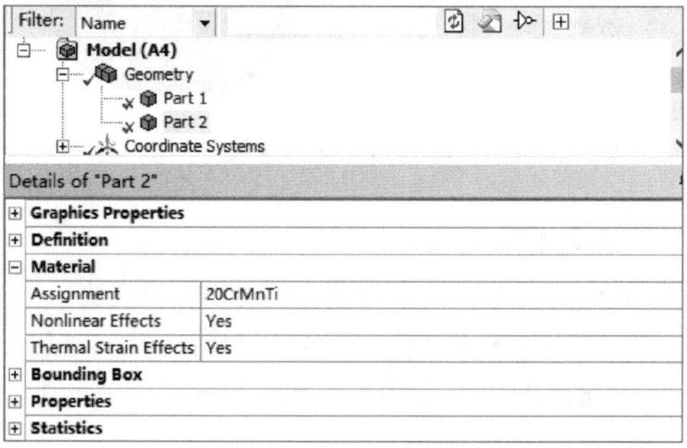

图 5.74 选择材料

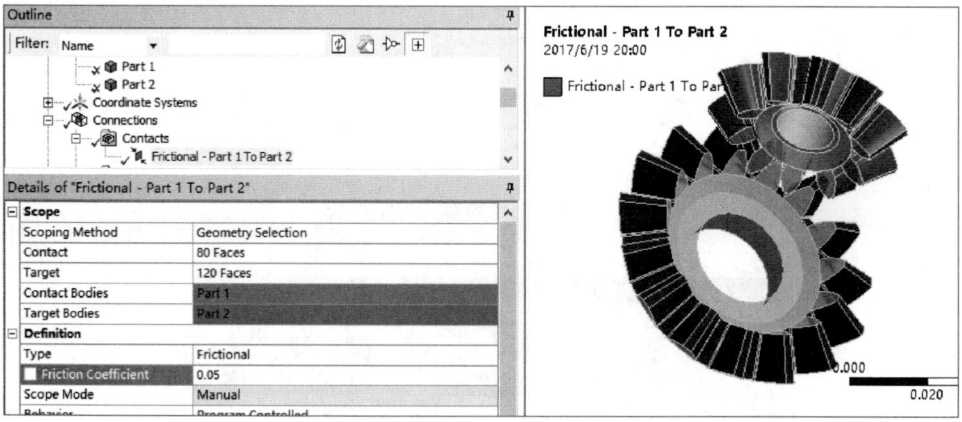

图 5.75 定义齿面接触

(3) 划分网格: 采取自动划分网格的方式, 网格尺寸选为 1 mm, 如图 5.77 所示。

(4) 添加转速和转矩: 点击设计树中的 “Transient”, 选择 “Loads” 下的 “Joint-Load”, 对行星齿轮添加转速, 大小为 –2.34 rad/s, 对半轴齿轮添加转矩, 大小为 –1 050 N·m, 如图 5.78 和图 5.79 所示。

(5) 分析设置: ① 点击设计树中 “Transient” 下的 “Analysis Settings”, 设置仿真时间 “Step End Time” 为 0.5 s, 分析步长和最小分析步长均为 10, 最大分析步长为 1 000, 如图 5.80 所示; ② 点击设计树中的 “Solution”, 选择 “Stress” 下的第一项作为分析结果, 另外分别选中行星齿轮和半轴齿轮后进行相同操作, 将齿轮各自的等效应力作为分析结果, 如图 5.81 所示; ③ 点击 “Solve” 进行仿真求解。

4) 结果分析

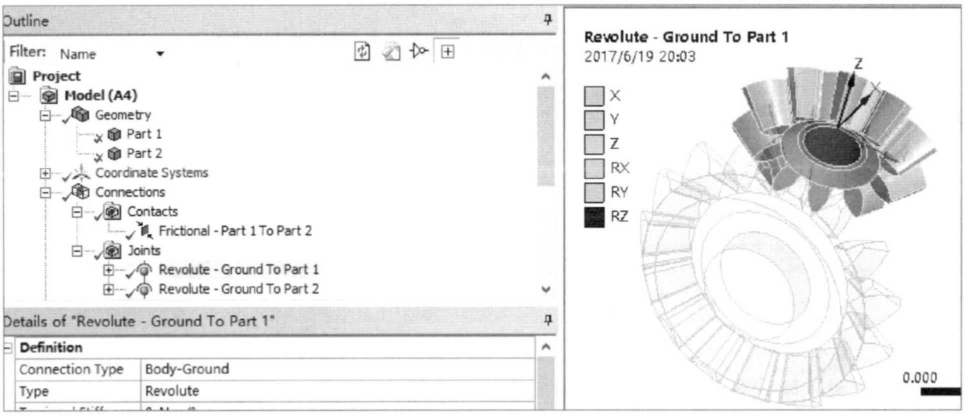

图 5.76 建立旋转副

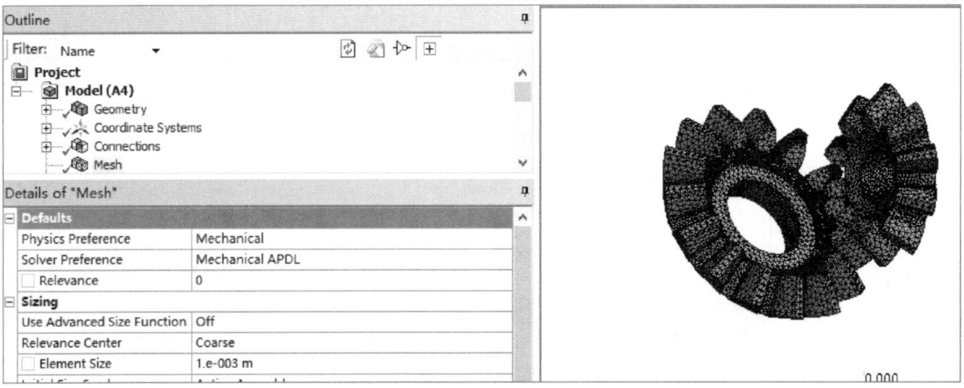

图 5.77 划分网格

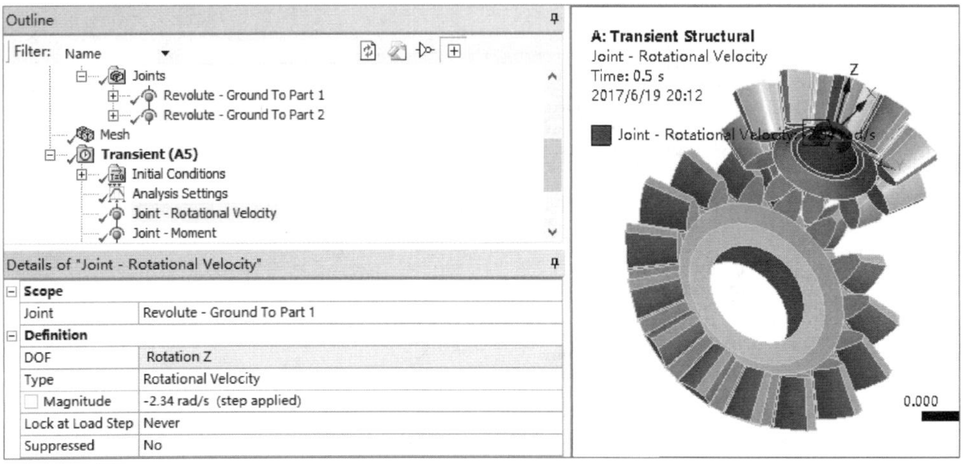

图 5.78 行星齿轮转速设置

(1) 行星齿轮应力分析。行星齿轮最大应力随时间变化曲线如图 5.82 所示。从图 5.82 中可知, 随齿轮啮合的进行, 行星齿轮的最大应力基本呈现周期性变化, 齿轮的最

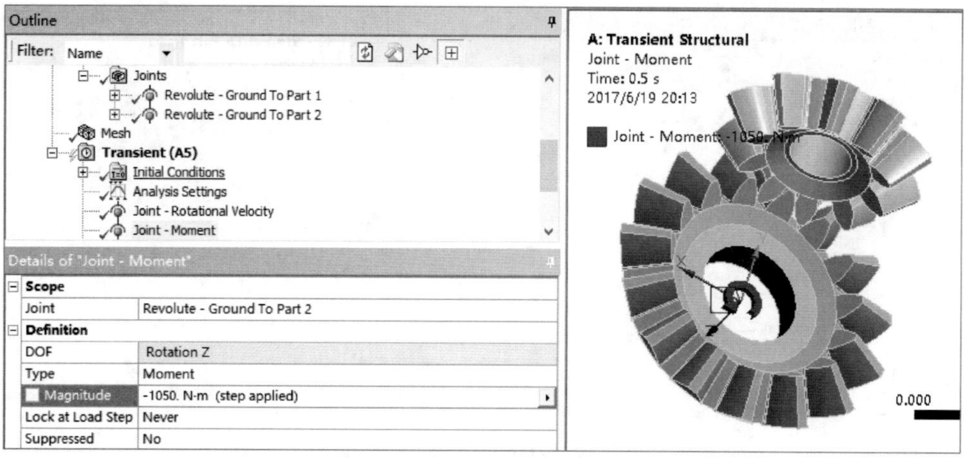

图 5.79 半轴齿轮转矩设置

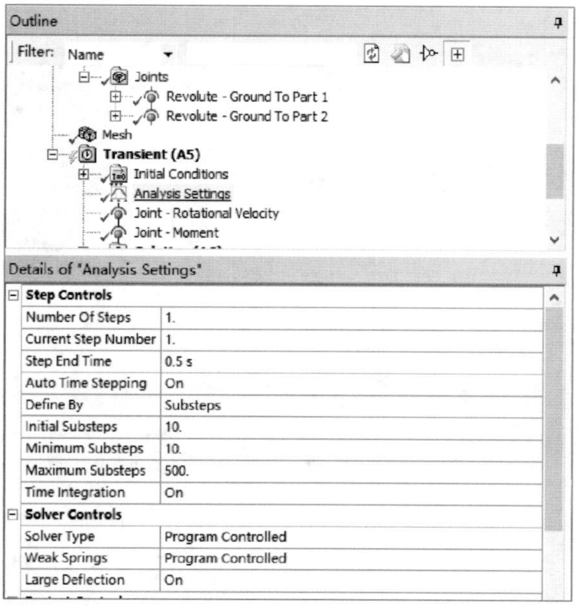

图 5.80 分析设置

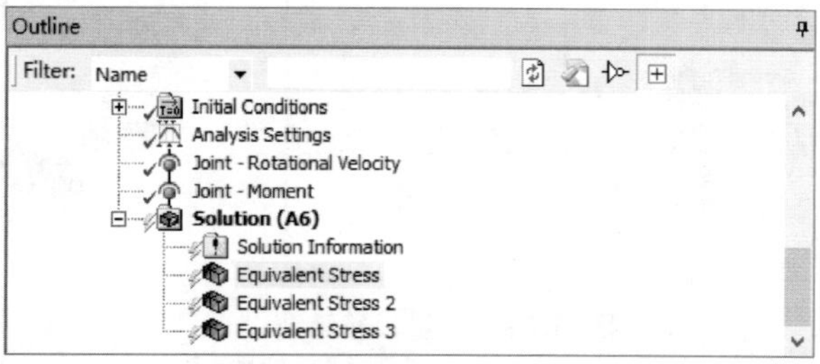

图 5.81 设置分析结果

大应力为 1 014.7 MPa。齿轮的材料为 20CrMnTi, 在渗碳淬火等热处理后, 其最大接触应力可以达到 2 000 MPa, 故行星齿轮可以满足要求。行星齿轮各时间点应力分布云图如图 5.83 所示。

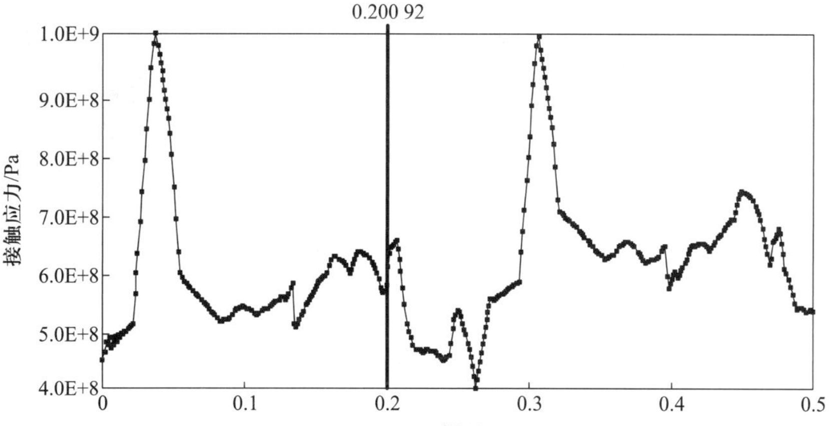

图 5.82 行星齿轮最大应力变化曲线

从图 5.83 中的各时间应力云图可知, 行星齿轮的最大应力出现在齿根处; 在 0.038 s 时, 应力值达到最大。

(2) 半轴齿轮应力分析。半轴齿轮的最大应力随时间变化曲线如图 5.84 所示。从

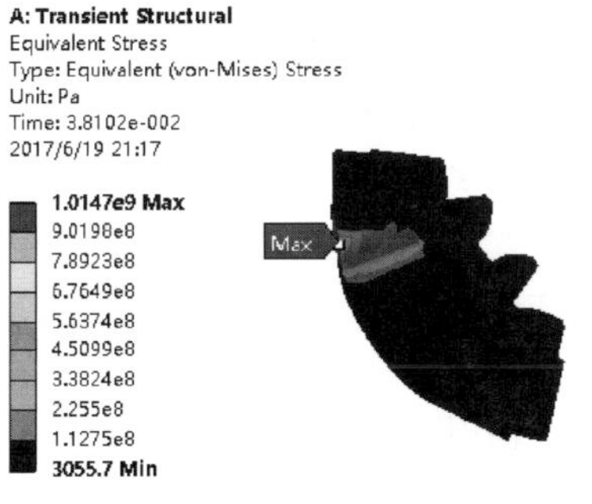

(a) 时间0.038 s

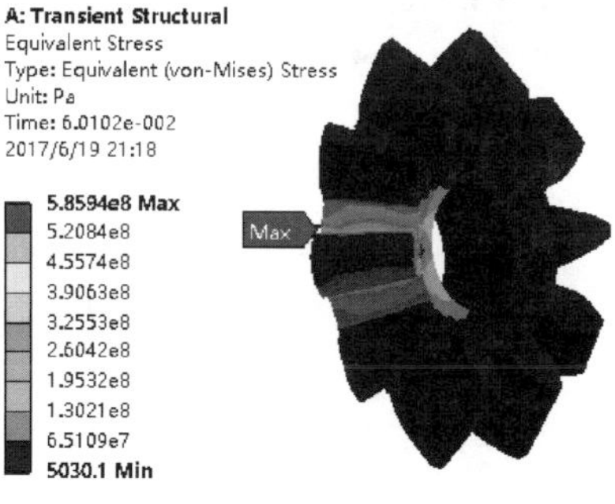

(b) 时间0.06 s

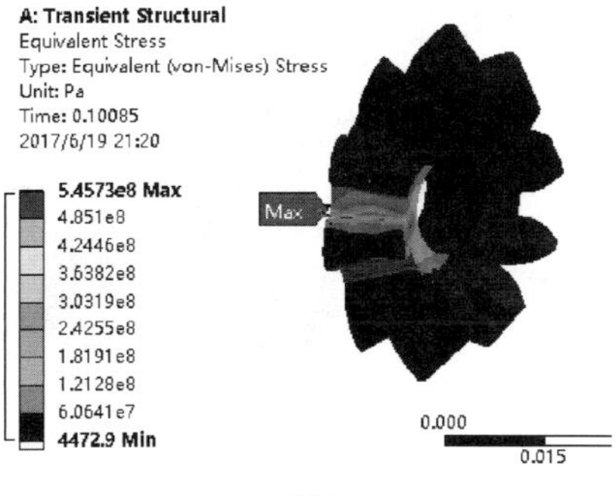

(c) 时间0.1 s

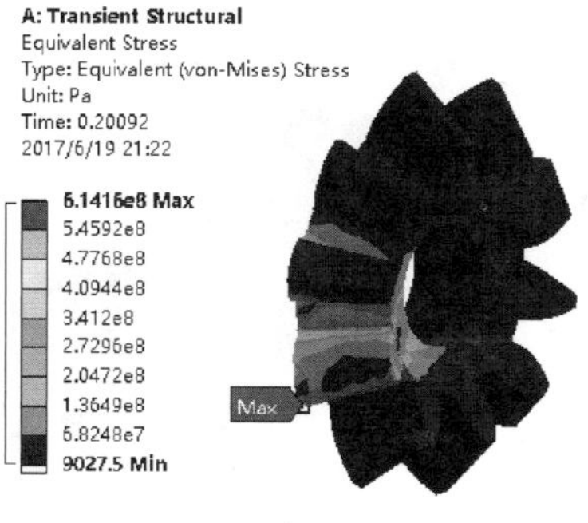

(d) 时间0.2 s

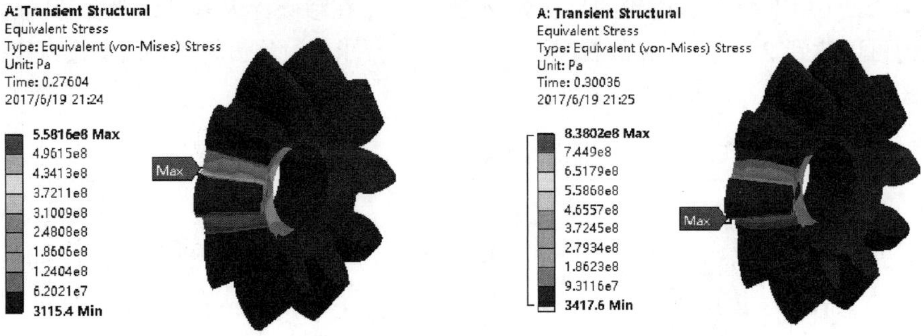

(e) 时间0.276 s　　(f) 时间0.3 s

图 5.83　部分时间行星齿轮应力云图 (参见书后彩图)

图 5.84 可知, 随齿轮啮合的进行, 半轴齿轮的最大应力同样基本呈现周期性变化, 齿轮的最大应力为 1 912.4 MPa, 可以满足要求。部分时间半轴齿轮应力云图如图 5.85 所示。

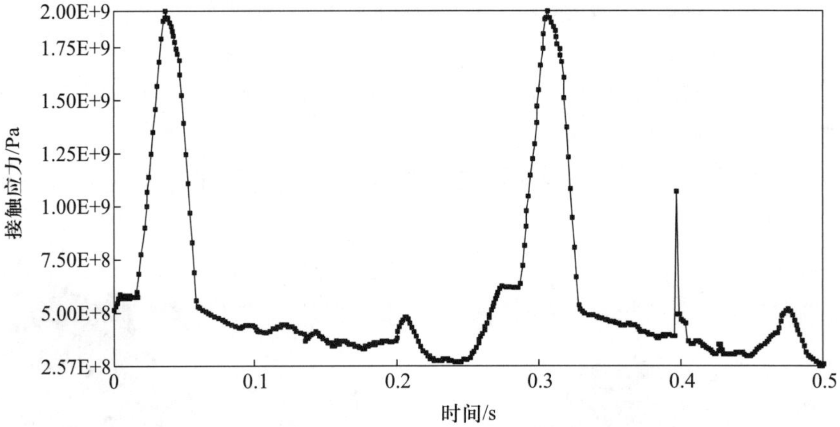

图 5.84　半轴齿轮最大应力变化曲线

与行星齿轮类似, 半轴齿轮的最大应力一般也出现在齿根处; 在 0.306 92 s 时, 应

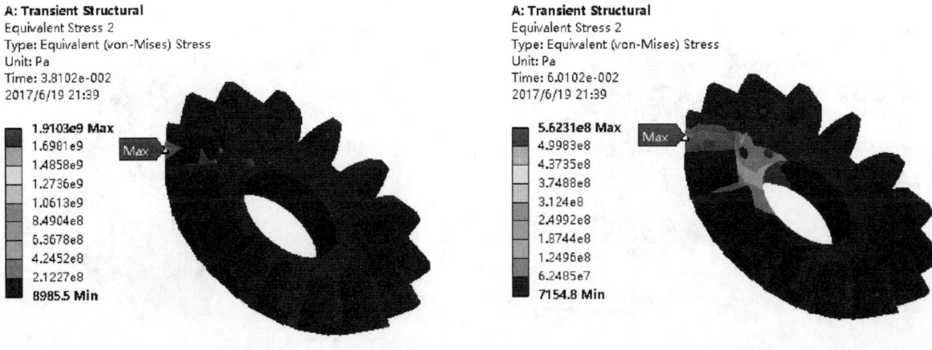

(a) 时间0.038 s　　(b) 时间0.06 s

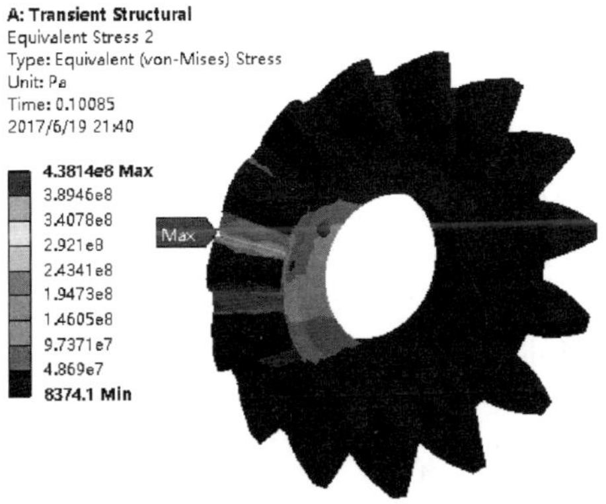

(c) 时间0.1 s

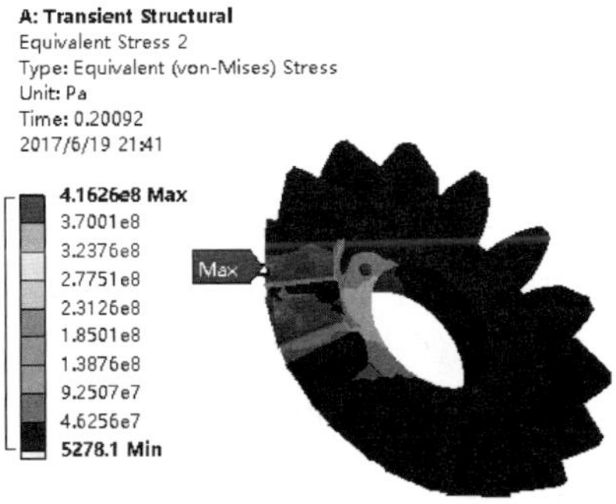

(d) 时间0.2 s

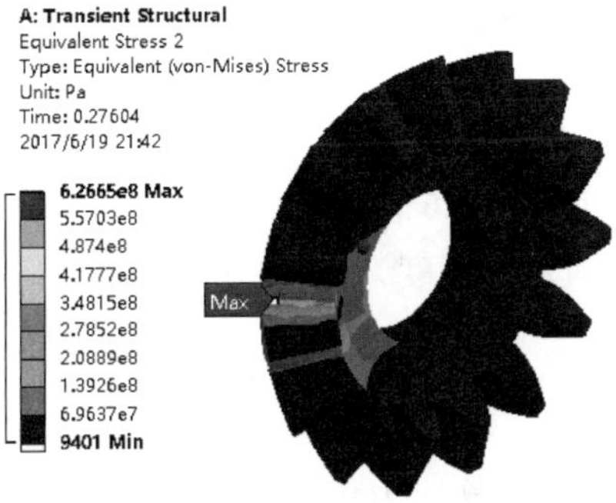

(e) 时间0.276 s

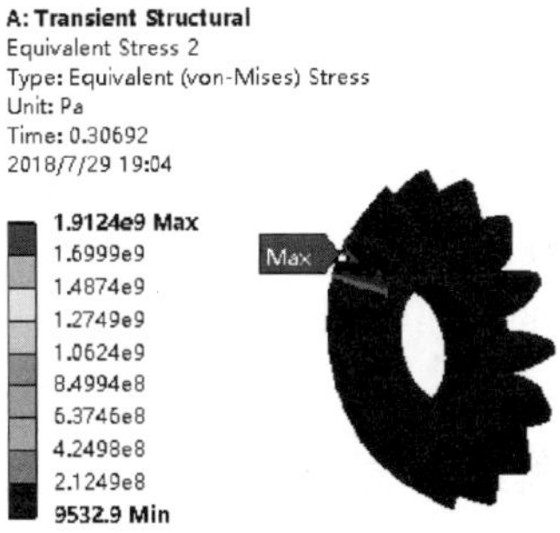

(f) 时间0.306 92 s

图 5.85 部分时间半轴齿轮应力云图 (参见书后彩图)

力值达到最大。

5.4 差速器壳体载荷计算及静应力仿真分析

本节继续针对 5.3 节所述汽车以最大转矩 (一挡) 通过半径为 12 m、角度为 90° 的弯道工况进行差速器壳体静应力仿真分析。

5.4.1 差速器壳体所受载荷计算

差速器壳体所受载荷有以下几种。

(1) 左右半轴齿轮外端面对壳体的作用力 F_1。作用力 F_1 由半轴齿轮和行星齿轮啮合时半轴齿轮所承受的轴向力产生。行星齿轮与半轴齿轮啮合点的圆周力 $F = 2T/(d\cos\alpha)$, 其中, T 为半轴齿轮转矩, d 为半轴齿轮分度圆直径, 由 5.3 节可知 $T = 1\ 050$ N, 代入求得 $F = 33\ 674$ N。则半轴齿轮的轴向力为

$$F_1 = F\sin\alpha\sin 56.31^\circ = 10\ 722\ \text{N}$$

(2) 行星齿轮对壳体轴孔的作用力 F_2。F_2 为行星齿轮所受径向力, 即

$$F_2 = F\sin\alpha\cos 33.69^\circ = 10\ 722\ \mathrm{N}$$

(3) 主减速器大齿轮对差速器壳体外圆盘的扭矩为

$$T_1 = 1\ 300\ \mathrm{N\cdot m}$$

(4) 差速器法兰盘安装孔受到的轴向力和径向力分别为

$$F_3 = 12\ 000\ \mathrm{N}$$

$$F_4 = 10\ 000\ \mathrm{N}$$

(5) 左右半轴齿轮外端面对壳体的摩擦力矩为

$$T_2 = KT$$

式中, K 为差速器锁紧系数, 取 $K = 0.05$; 计算得 $T_2 = 52.5\ \mathrm{N\cdot m}$。

该差速器壳体的材料为球墨铸铁 QT400–18, 其屈服强度为 259 MPa。

5.4.2 差速器壳体静应力仿真分析

利用 ANSYS 瞬态动力学模块对差速器壳体进行静应力仿真分析, 其分析过程如下。

1) 以 x_t 格式导出差速器壳体的 UG 模型

2) 在 ANSYS Workbench 软件中新建静力学分析模块

如图 5.86 所示, 打开材料编辑窗口 (A2), 添加新材料 “QT400–18”, 该材料相关参数如图 5.87 所示。右键单击项目 A 中的 “Geometry”, 导入刚刚建立的 “x_t” 文件。

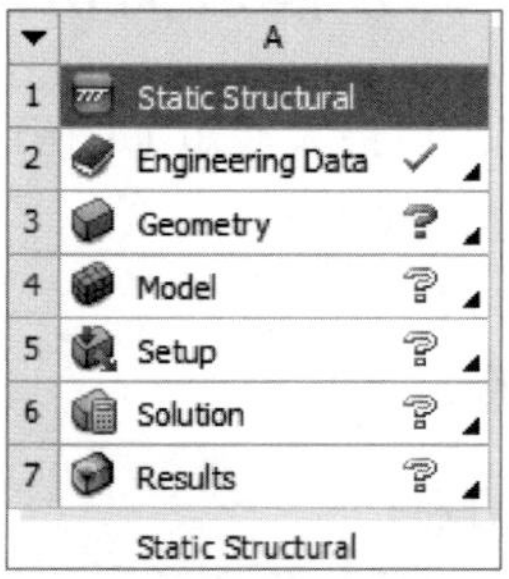

图 5.86 创建静力学模块

3) 打开 “Model” 模块, 进行相关设置

(1) 选择材料: 如图 5.88 所示, 差速器壳体的材料选为 “QT400–18”。

(2) 划分网格: 采取自动划分网格的方式, 网格尺寸选为 2 mm, 如图 5.89 所示。

(3) 添加载荷及约束。① 首先在半轴齿轮端面与壳体的两个接触面添加力 F_1, 在壳体行星齿轮两个轴孔处添加力 F_2, 如图 5.90 所示; 在差速器壳体外圆盘底面处添加

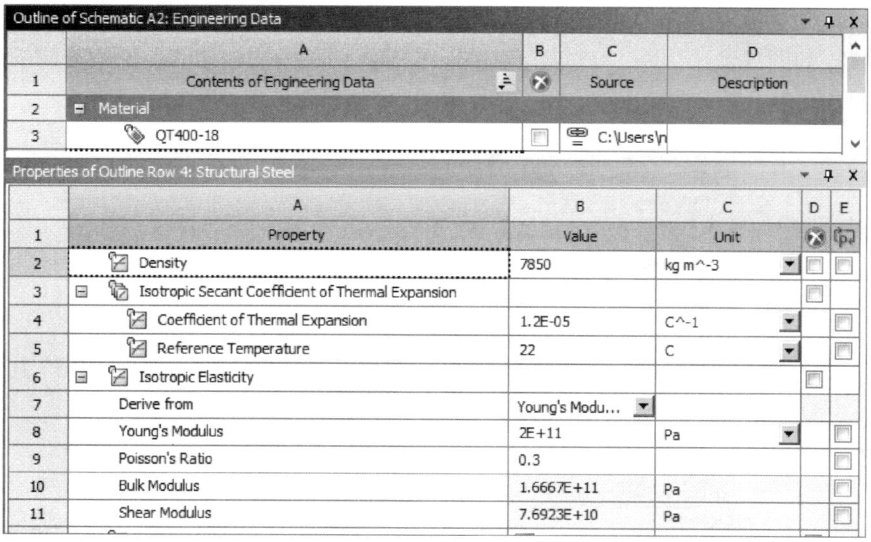

图 5.87 创建差速器壳体材料 QT400−18

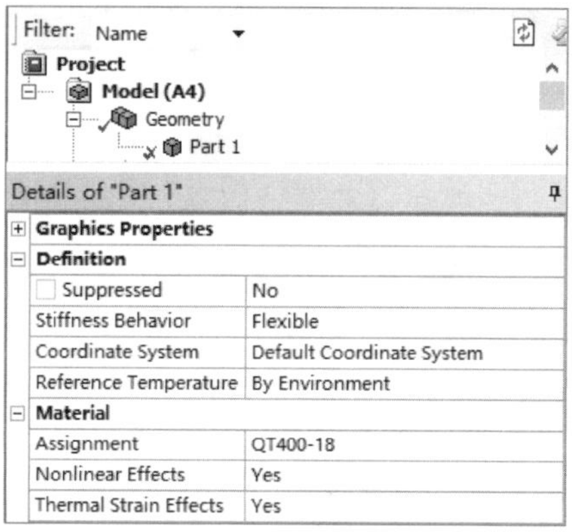

图 5.88 选择材料

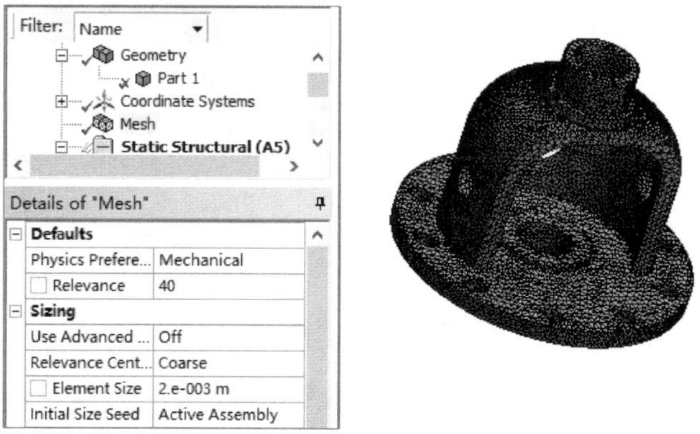

图 5.89 划分网格

扭矩 T_1, 法兰盘安装孔处添加轴向力 F_3 和径向力 F_4, 以及半轴齿轮和壳体间的摩擦力矩 T_2, 如图 5.91 所示。② 对其壳体左、右轴承轴颈表面施加 X、Y 两方向的约束, 在行星齿轮轴孔处施加 X、Y、Z 3 个方向的约束, 如图 5.92 所示。

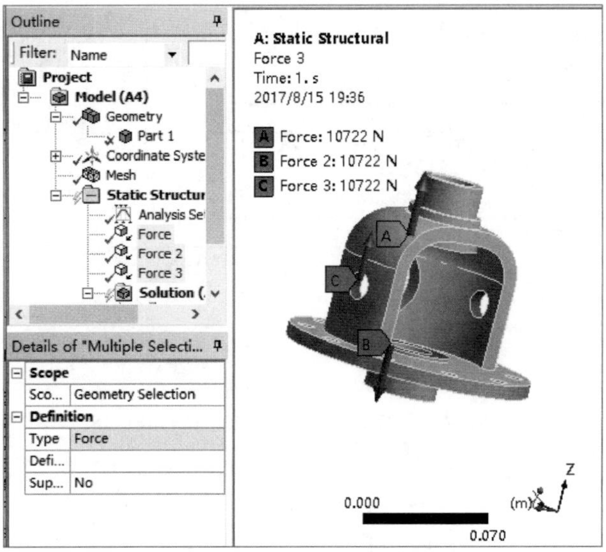

图 5.90　添加力 F_1 和 F_2

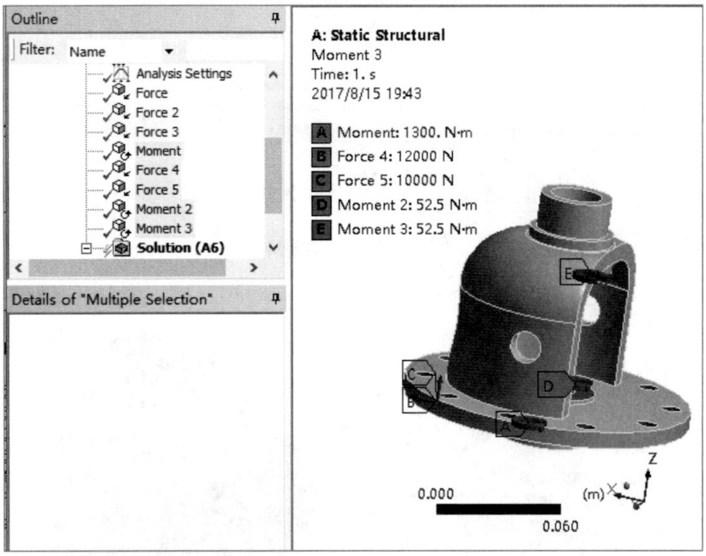

图 5.91　添加扭矩 T_1 和 T_2 及力 F_3 和 F_4

(4) 设置分析目标并求解。将总变形及等效应力作为分析目标, 如图 5.93 所示, 点击 “Solve” 进行求解。

4) 结果分析

由图 5.94 可知, 差速器壳体在汽车以最大转矩 (一挡) 通过半径为 12 m、角度

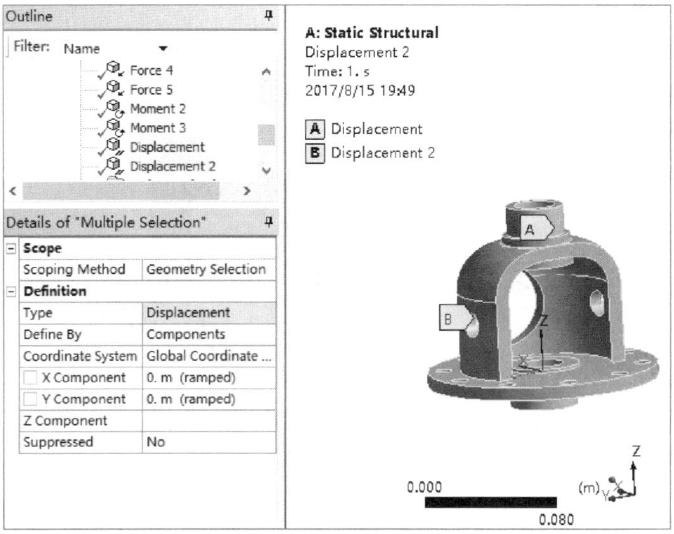

图 5.92　约束的添加

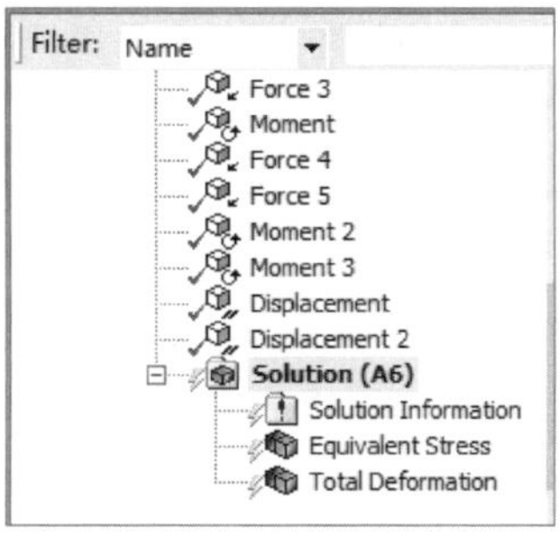

图 5.93　设置分析结果

为 90° 的弯道工况下的最大应力为 220.6 MPa, 小于材料屈服强度; 最大应力出现在外圆盘与轴承轴颈连接处, 应力符合要求。图 5.95 说明, 差速器壳体的最大变形为 0.14 mm, 在外圆盘边缘处, 变形符合要求。

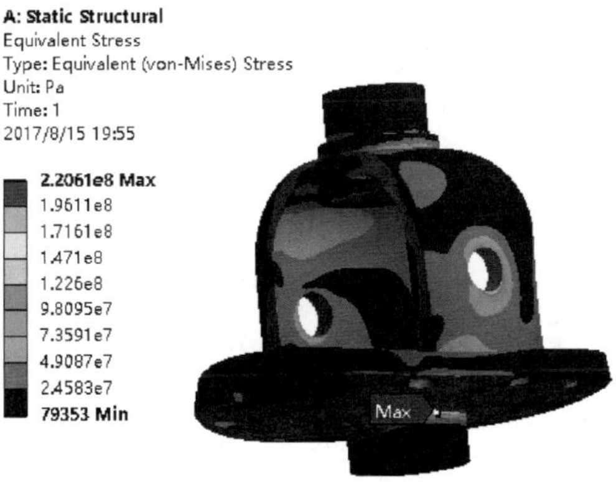

图 5.94　差速器壳体应力云图 (参见书后彩图)

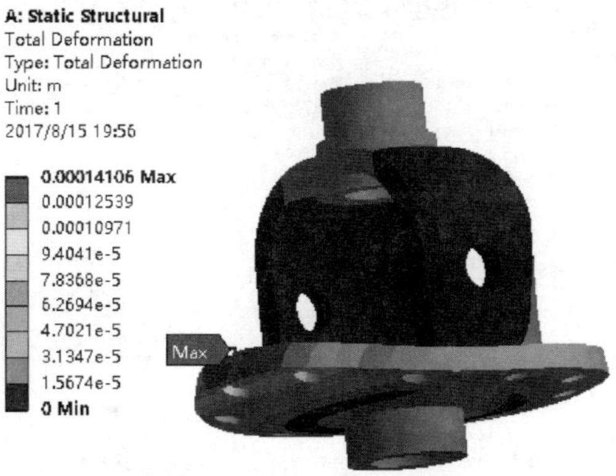

图 5.95 差速器壳体应变云图 (参见书后彩图)

5.5 差速器各零件的模态分析

差速器模态分析可以得到差速器在某特定频率范围内各阶的固有频率和振型, 从而可以预测差速器在此频段内各种振源激励下的实际振动响应。因此, 差速器模态分析可以得到差速器振动系统的模态参数, 为差速器振动系统的设计、降低噪声、避免差速器共振提供理论依据。本节将对行星齿轮、半轴齿轮和差速器壳体进行约束模态分析, 以得到其固有频率, 分析振动特性。

5.5.1 行星齿轮的模态分析

(1) 在 UG 软件中以 “x_t” 格式导出行星齿轮的模型, 如图 5.96 所示。

(2) 打开 Workbench 软件, 创建 “Modal” 模块, 并创建材料 “20CrMnTi”, 如图 5.97 所示。导入模型, 如图 5.98 所示。

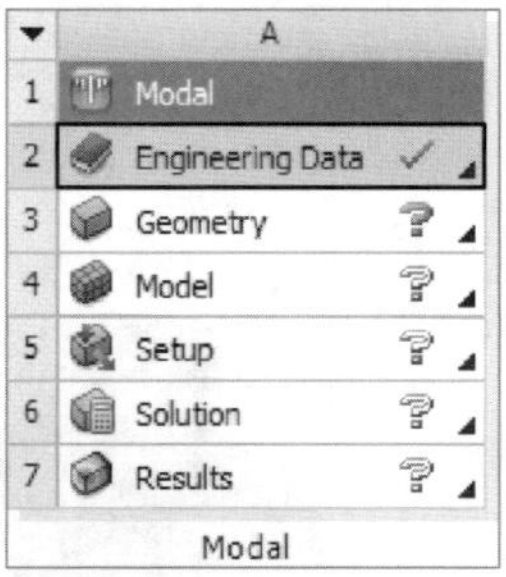

图 5.96 创建项目 A

(3) 双击项目 A 中 “Model”, 如图 5.99 所示, 将材料选为 “20CrMnTi”, 并进行网格划分, 网格划分方式为自动划分, 单元大小选为 1 mm, 如图 5.100 所示。网格划分结果如图 5.101 所示。

(4) 添加约束: 依次点击设计树中的 “Modal” → “Supports” → “Displacement”,

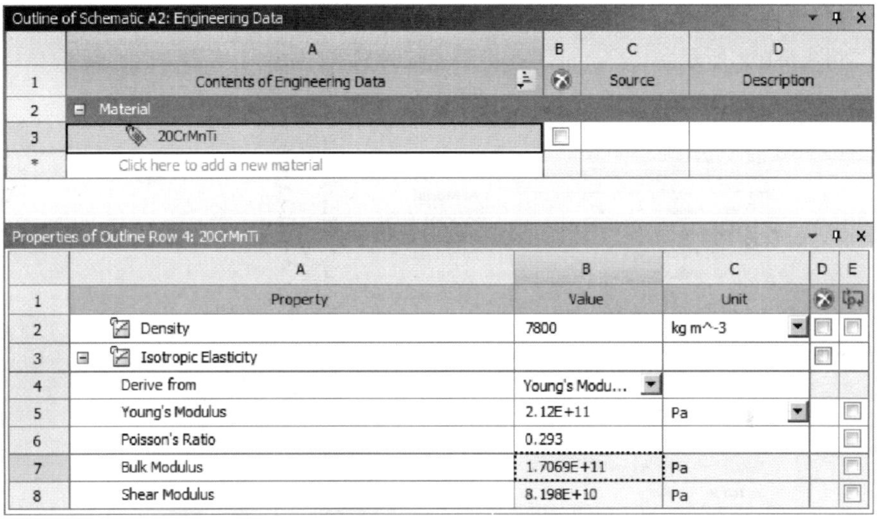

图 5.97　定义材料

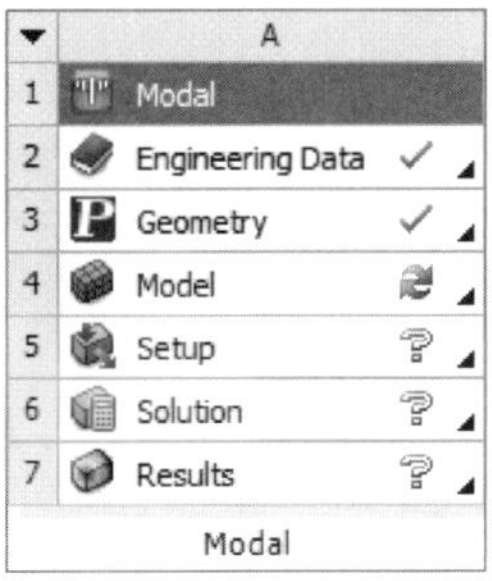

图 5.98　导入模型

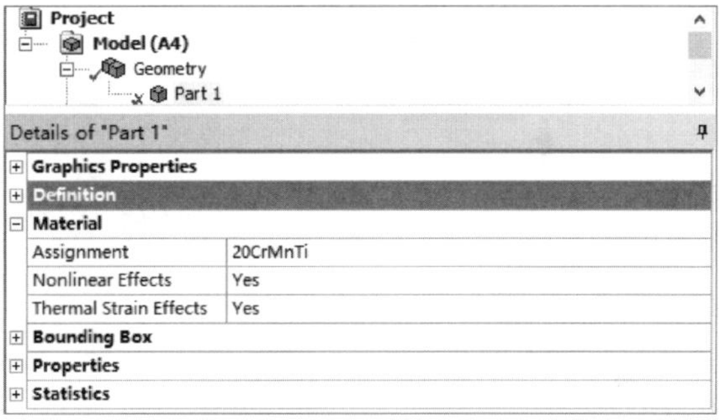

图 5.99　选择材料

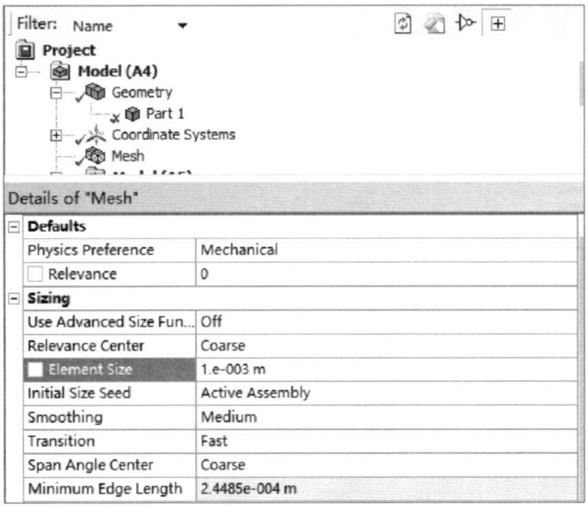

图 5.100　网格设置

图 5.101　网格划分结果

选中在齿轮内孔面, 将 X、Y、Z 3 个方向的位移设为 0, 以约束 X、Y、Z 3 个方向的移动, 如图 5.102 所示。

(5) 求解设置为默认设置, 如图 5.103 所示, 然后点击 “Solve” 进行求解。

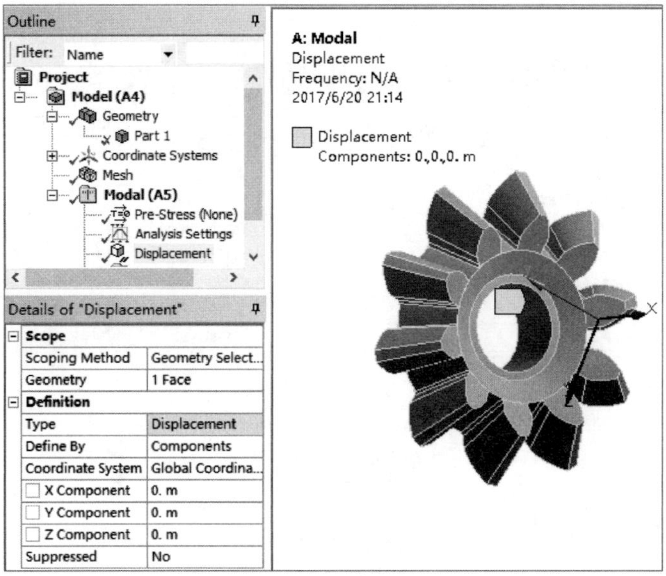

图 5.102 添加

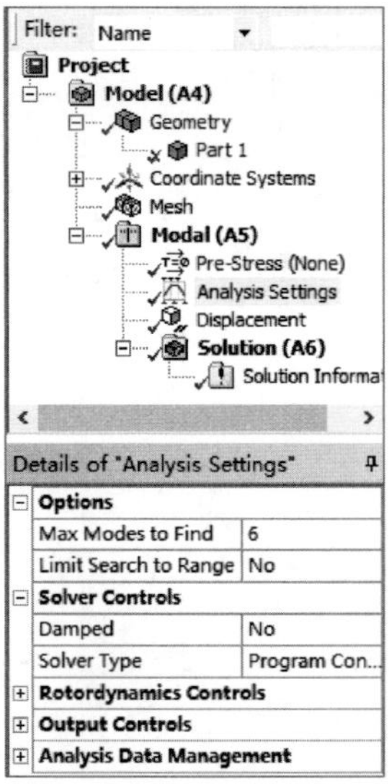

图 5.103 求解设置

(6) 求解结果: 点击设计树中的 “Solution” 可以看到其各阶固有频率大小, 如图 5.104 所示, 在 “Tabular Data” 处选中所有固有频率, 右键选择第二项, 以获得前 6 阶振型图, 如图 5.105 所示。

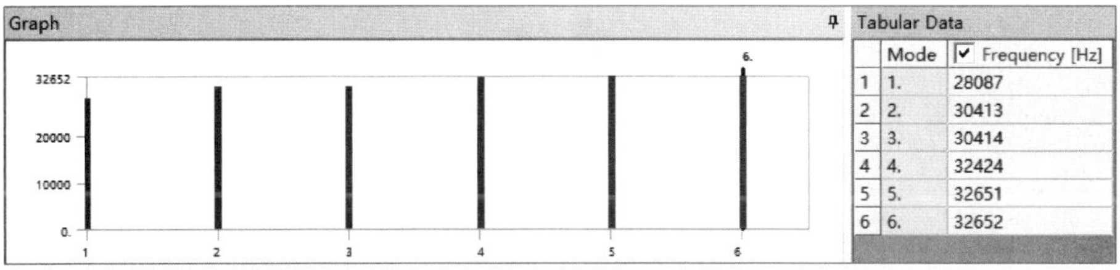

图 5.104 行星齿轮前 6 阶固有频率

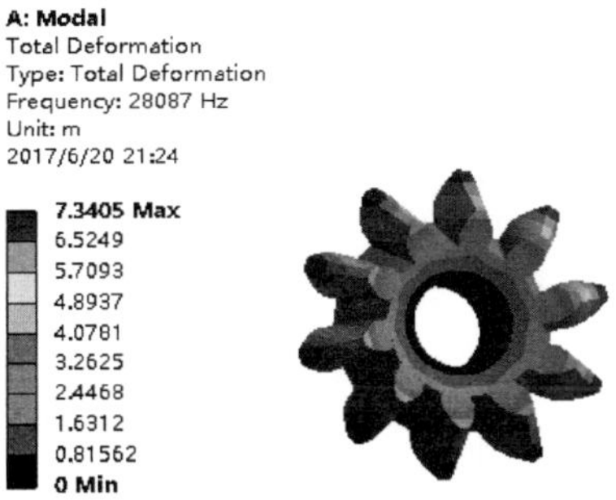

(a) 1阶振型

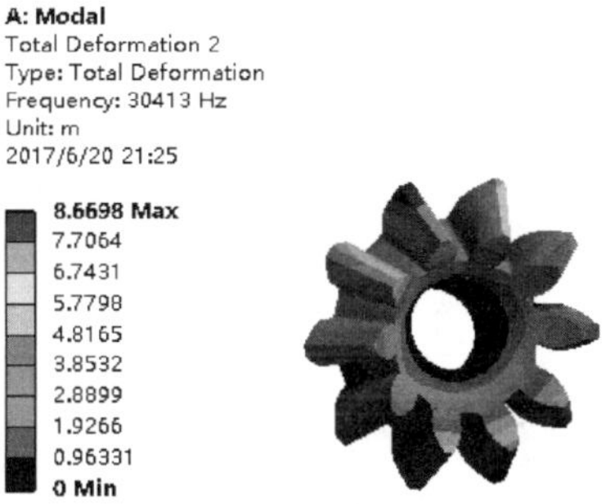

(b) 2阶振型

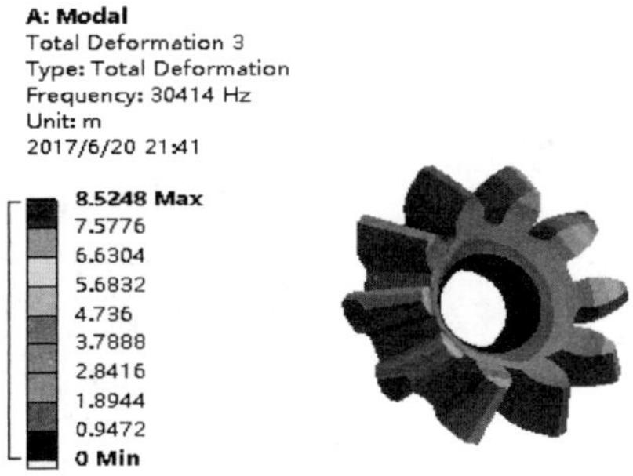

(c) 3阶振型

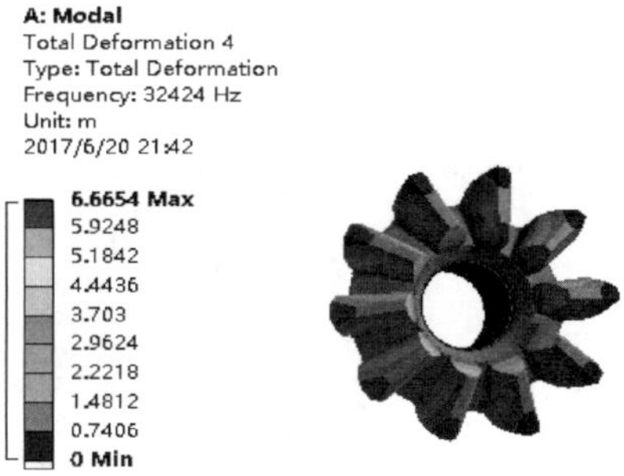

(d) 4阶振型

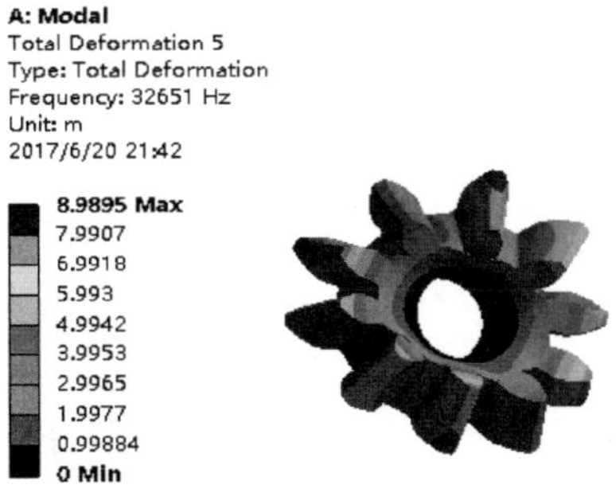

(e) 5阶振型

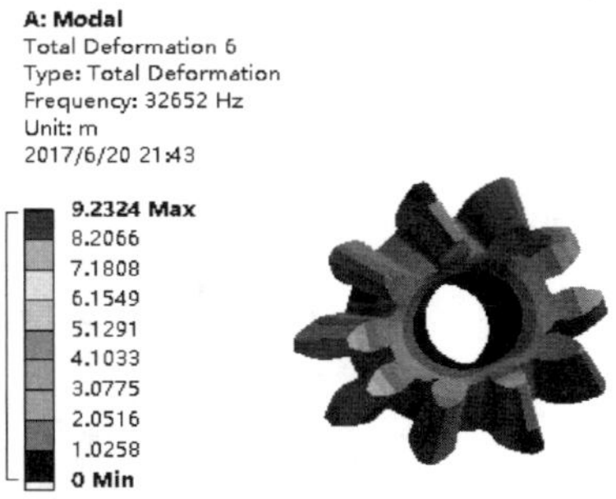

(f) 6阶振型

图 5.105 行星齿轮前 6 阶振型图 (参见书后彩图)

5.5.2 半轴齿轮的模态分析

采用相同的方法对半轴齿轮进行模态分析, 依旧在齿轮中心的表面添加 X、Y、Z 3 个方向的约束, 网格尺寸为 1 mm, 仿真分析结果如图 5.106 ~ 图 5.108 所示。

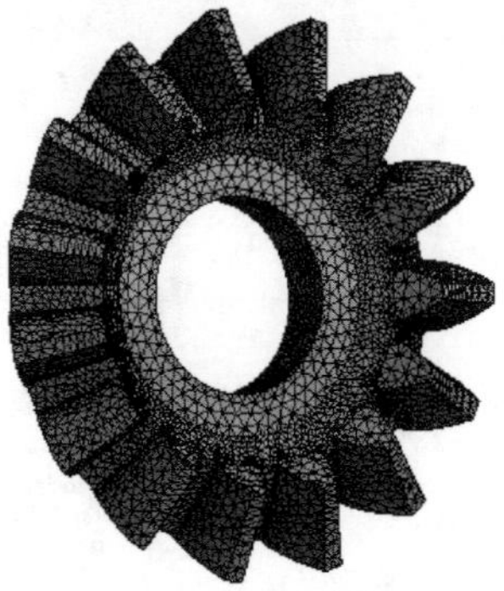

图 5.106　半轴齿轮网格模型

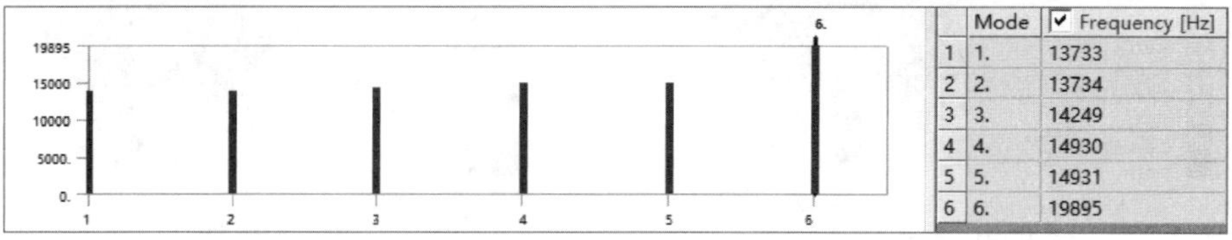

图 5.107　半轴齿轮前 6 阶固有频率

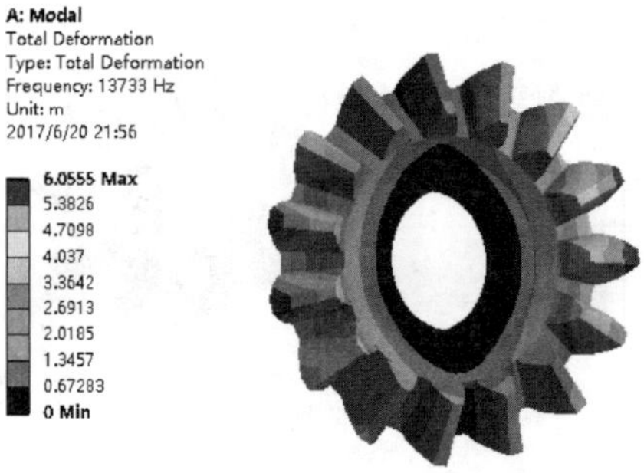

(a) 1阶振型

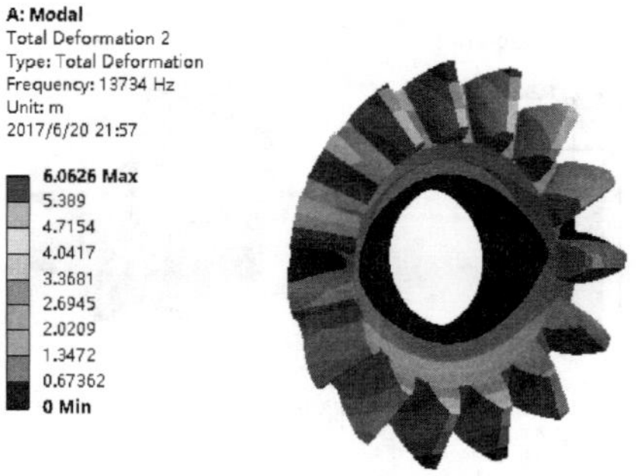

(b) 2阶振型

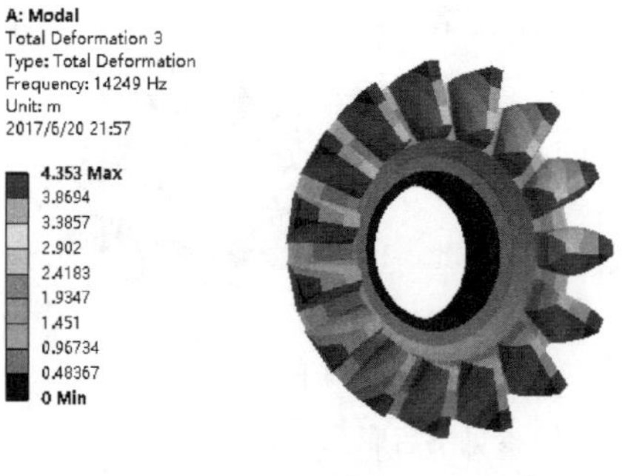

(c) 3阶振型

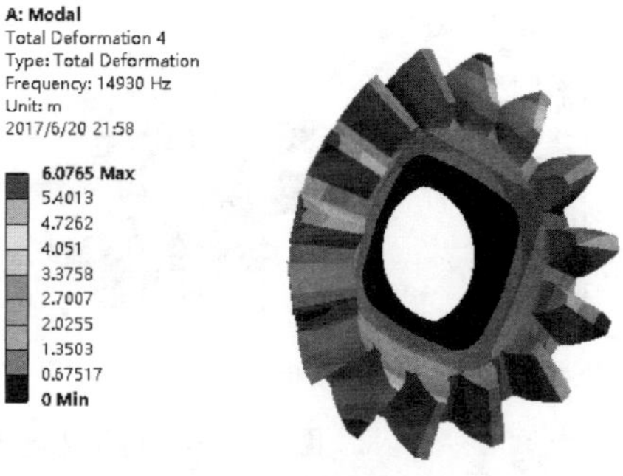

(d) 4阶振型

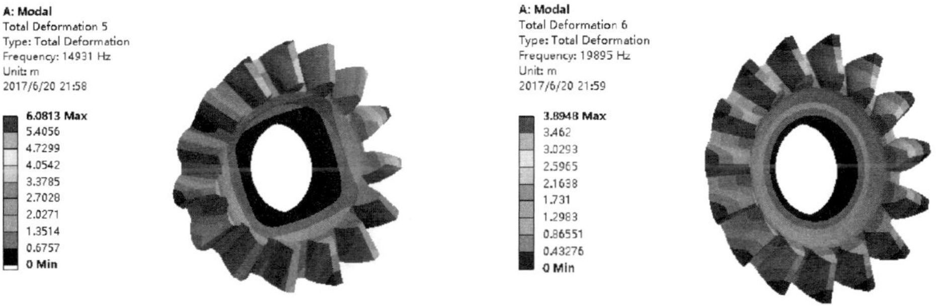

(e) 5阶振型　　　　(f) 6阶振型

图 5.108　半轴齿轮前 6 阶振型图 (参见书后彩图)

5.5.3　差速器壳体的模态分析

对壳体左、右轴承轴颈表面施加 X、Y 两个方向的约束, 在行星齿轮轴孔处施加 X、Y、Z 3 个方向的约束, 如图 5.109 所示。图 5.110 所示为网格模型, 网格大小为 2 mm, 并进行求解。差速器壳体前 6 阶固有频率和振型图分别如图 5.111 和图 5.112 所示。

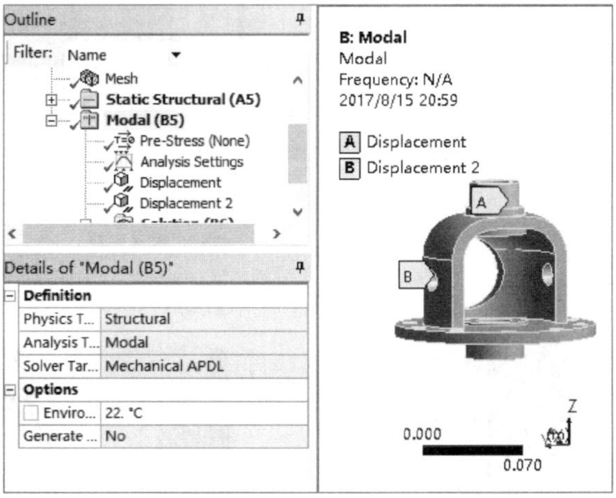

图 5.109　添加约束

通过对齿轮和壳体的前 6 阶固有频率的对比分析可以发现, 行星齿轮的前 6 阶频率为 28 087~32 652 Hz, 半轴齿轮的前 6 阶频率为 13 733~19 895 Hz, 差速器壳体的前 6 阶频率为 2 444.4~6 485.4 Hz; 各部件频率相差较大, 工作中可有效避免发生共振现象, 因此设计符合要求。同时, 通过模态分析得到了齿轮和壳体的前 6 阶振型图, 为改进和提高差速器的设计提供了理论依据, 为深入研究振动、疲劳和噪声等问题奠定了基础, 同时也为实际实验提供了参考和依据。

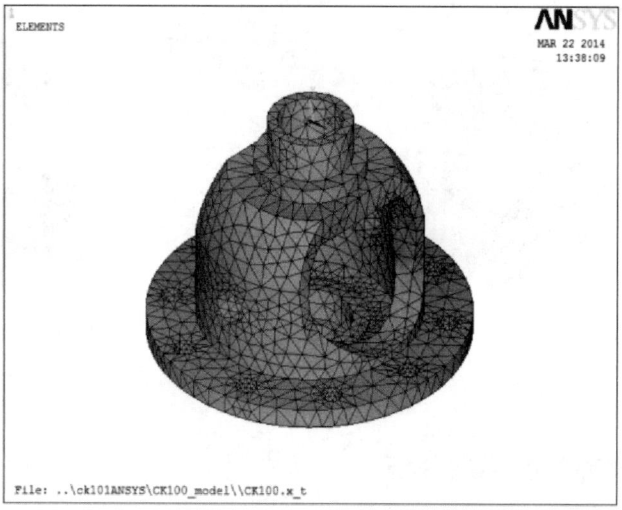

图 5.110　差速器壳体网格模型

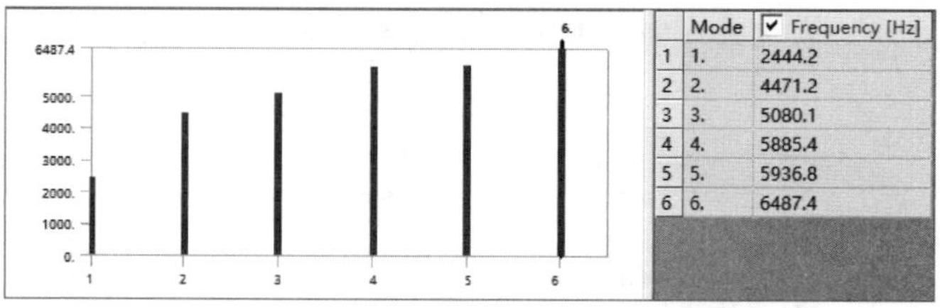

图 5.111　差速器壳体前 6 阶固有频率

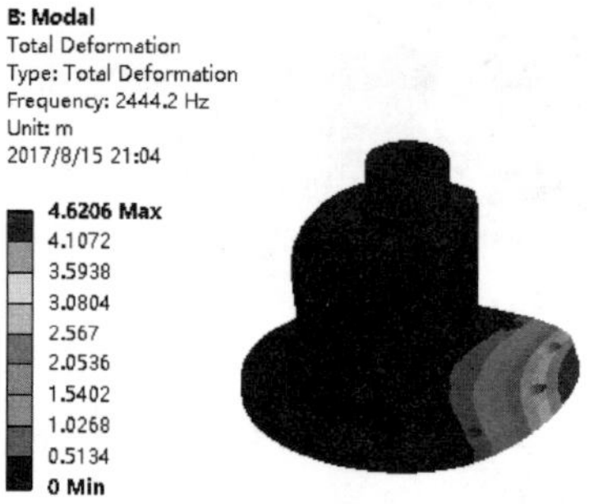

(a) 1阶振型

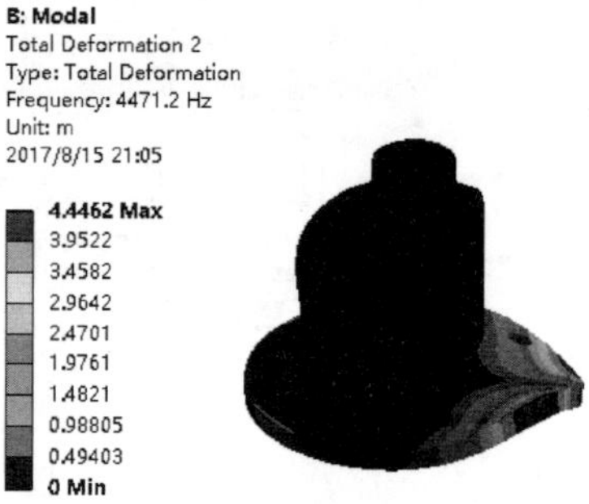

(b) 2阶振型

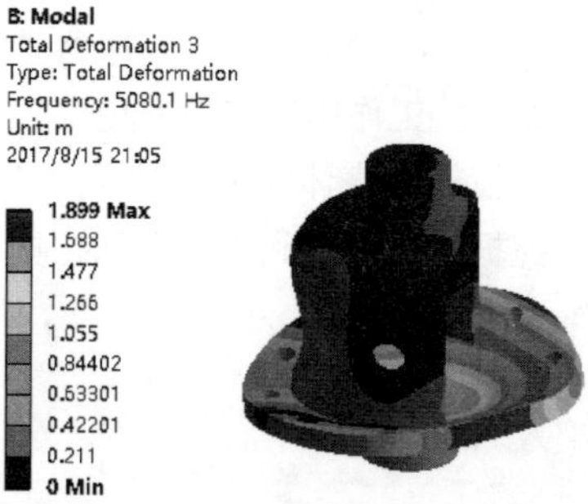

(c) 3阶振型

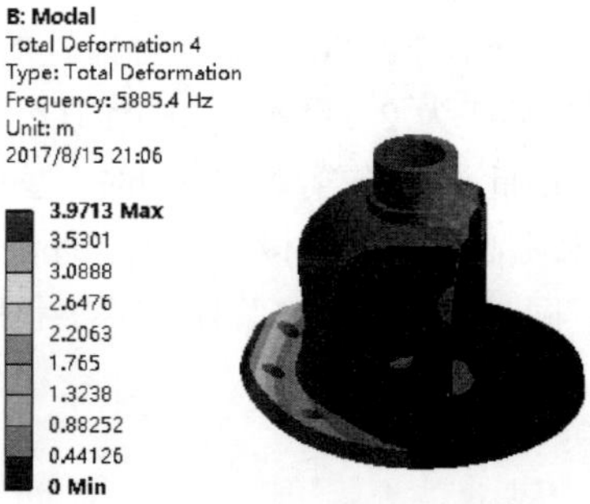

(d) 4阶振型

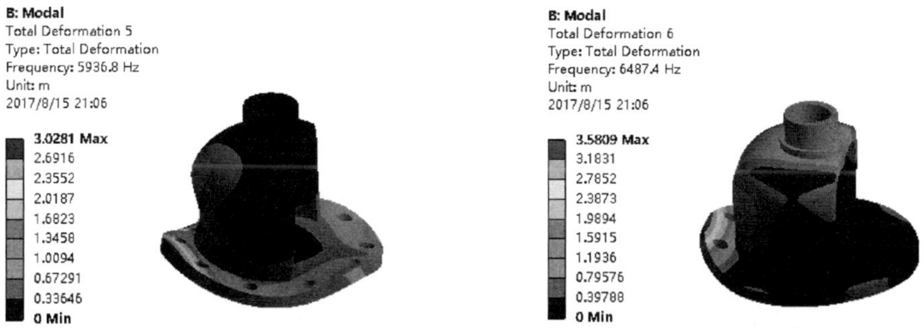

(e) 5阶振型　　(f) 6阶振型

图 5.112　差速器壳体前 6 阶振型图 (参见书后彩图)

5.6　不同材料差速器壳动力学仿真分析

本节以 UG 软件建立的虚拟样机结合传统的动力学分析软件 ADAMS 进行差速器壳体的动力学仿真分析, 通过动力学仿真得到不同材料壳体下的差速器在相同工况下的振动受力情况, 以确认差速器壳体材料替换的可行性。

5.6.1　差速器 ADAMS 仿真分析的相关参数计算

进行差速器动力学仿真时, 一对行星齿轮与两半轴齿轮相互啮合, 为真实模拟齿轮间的啮合情况, 需要计算啮合齿轮间的接触刚度系数, 其计算公式如式 (3.3) ~ 式 (3.6) 所示。其中, R 的计算式为

$$\frac{1}{R}=\frac{1}{R_1}+\frac{1}{R_2} \tag{5.4}$$

$$\left.\begin{aligned}&\left\{\begin{aligned}R_1&=d_1\sin\alpha'/2\\R_2&=d_2\sin\alpha'/2\end{aligned}\right.\\&\left\{\begin{aligned}d_1'&=d_1\cos\alpha/\cos\alpha'\\d_2'&=d_2\cos\alpha/\cos\alpha'\end{aligned}\right.\end{aligned}\right\}\Rightarrow\left\{\begin{aligned}R_1&=d_1\cos\alpha\tan\frac{\alpha'}{2}\\R_2&=d_2\cos\alpha\tan\frac{\alpha'}{2}\end{aligned}\right. \tag{5.5}$$

式中, R_1 和 R_2 分别对应行星齿轮与半轴齿轮在啮合点的当量半径; d_1 和 d_2 分别表示行星齿轮和半轴齿轮当量直齿轮的分度圆直径; α 和 α' 分别为当量直齿轮的分度圆压力角和相应啮合点处的压力角。

差速器齿轮任意时刻啮合时是以两齿廓接触点处的曲率半径为半径的两圆柱体互相接触, 因此随着齿轮啮合点位置的改变, 这对齿轮啮合曲率半径是不断改变的, 导致其综合曲率半径也是不断变化的。在此, 取其均值计算, 此时 $\alpha=\alpha'=22.5°$。经计算得到

$$R=5\text{ mm}$$

两齿轮综合弹性模量 E 参见式 (3.6), 齿轮材料均为 20CrMnTi, 弹性模量为 $2.07\times10^{11}\text{ N/m}^2$, 泊松比为 0.25。

将上述参数代入式 (3.6) 和式 (3.5), 计算得到 $K=3.3\times10^5\text{ N/mm}$。

在此, 动力学仿真分析差速器壳体在转弯和直线两种行驶工况下的振动受力, 以转弯行驶 30 km/h、直线行驶 60 km/h 计, 故半轴齿轮的角速度 ω 为

$$\omega = 50v/\pi r \tag{5.6}$$

式中, ω 为半轴齿轮的角速度, $(^\circ)/\mathrm{s}$; v 为汽车行驶速度, km/h; r 为车轮半径, $r = 0.298$ m。

经计算得到, 当直线行驶时, $\omega = 3\,206.96\ (^\circ)/\mathrm{s}$; 当转弯行驶时, $\omega = 1\,603.04\ (^\circ)/\mathrm{s}$。

跨界车两侧半轴负载由于计算复杂而难以确定, 根据实验数据, 在直线行驶且不打滑的情况下取 $2.5 \times 10^5\ \mathrm{N \cdot mm}$。差速器内摩擦转矩在此为 $102.472\ \mathrm{N \cdot m}$, 分配到两半轴齿轮上分别为 $51.2\ \mathrm{N \cdot m}$。

5.6.2 差速器动力学模型的简化和约束分析

通过 UG 软件建立差速器动力学模型虚拟样机, 根据各零件在实际工作中的装配关系进行装配, 最终将模型以 “Parasolid” 格式导入 ADAMS 软件中进行分析。在分析过程中, 如果全部零件都进行分析, 将会使模型计算困难, 容易出错。因此, 对其总成模型进行如下简化。

(1) 半轴齿轮垫片与行星齿轮垫片主要作用是用于在装配时让齿轮产生配合间隙, 而模型中的齿侧间隙可以直接由软件确定, 且垫片不是主要研究对象, 因此在虚拟样机模型中去掉了 4 个垫片, 同时也去掉定位销。

差速器剩余各部件材料属性如表 5.4 所示。

表 5.4 差速器零件材料属性

零件名称	材料类型	弹性模量/GPa	泊松比	密度/$(\mathrm{g/cm^3})$
差速器壳	QT500–7	162	0.293	7.25
	Zl205A	70	0.33	2.82
行星齿轮	20CrMnTiH	207	0.25	7.86
半轴齿轮	20CrMnTiH	207	0.25	7.86
行星轮轴	45#	210	0.269	7.85

(2) 所涉及差速器在实际装配时, 半轴齿轮与行星齿轮的齿侧间隙为 0.12~0.18 mm。为方便进行对比分析, 均采用 0.15 mm 进行齿轮装配。

(3) 装配完成后, 在 UG 软件导出 “Parasolid” 格式模型前进行装配检查, 确认各零部件之间没有干涉, 主要检查行星齿轮间的接触, 如图 5.113 所示。

通过分析差速器的运动原理, 得到在 ADAMS 软件中差速器模型需要添加的约束为如下 3 个。

(1) 转动副: 差速器壳体绕 “ground (大地)” 的转动副, 2 个半轴齿轮绕 “ground (大地)” 的转动副, 2 个行星齿轮绕行星齿轮轴的转动副, 共 5 个转动副。

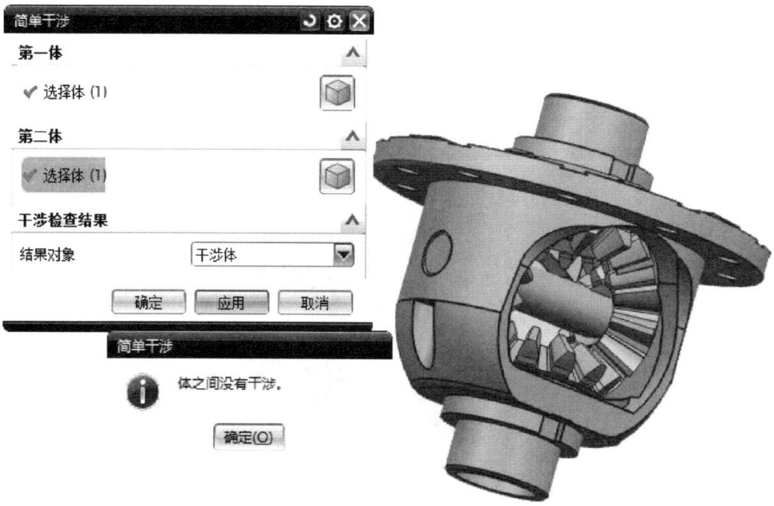

图 5.113　差速器各零部件干涉检查

(2) 固定副: 差速器壳体与行星齿轮轴之间的固定副, 共 1 个固定副。

(3) 接触副: 运动过程中, 差速器各零件存在接触, 考虑到振动主要是由于齿轮啮合冲击造成的, 因此只添加行星齿轮与半轴齿轮间的接触力约束, 行星齿轮与半轴齿轮间两两接触, 共 4 个接触副。

在对半轴齿轮和行星齿轮施加接触副时, 相关的参数设置如表 5.5 所示。

表 5.5　ADAMS 相关参数设置

	含义	大小
Force Exponent	力指数	1.5
Damping/(N·s/mm)	阻尼系数	50
Penetration Depth/mm	嵌入深度	0.1
Static Coefficient	静摩擦因数	0.08
Dynamic Coefficient	动摩擦因数	0.05
Stiction Transition Vel./(mm/s)	静态阻力滑移速度	0.1
Friction Transition Vel./(mm/s)	动态阻力转化速度	10

根据上述分析, 最终建立的差速器 ADAMS 模型约束图如图 5.114 所示, 软件的具体操作过程略。

5.6.3　直线行驶工况下差速器动力学仿真

5.6.3.1　仿真参数设置[2−5]

根据 5.6.1 节相关参数计算结果可知, 跨界车在直线行驶时, 半轴齿轮角速度为 3 206.09 (°)/s, 因此给差速器壳体施加了一个 3 206.09 (°)/s 的转速驱动, 为了使

图 5.114 差速器动力学仿真模型 (参见书后彩图)

差速器相关零件的加速过程更加平稳, 这里以时间历程函数的方式添加, 该函数为 STEP(time, 0, 0, 0.2, 3206.09d), 表示 0~0.2 s 转速从零持续递增至 3 206.09 (°)/s, 之后稳定在这一转速。左右半轴齿轮上的负载转矩如前所述, 取为 2.5×10^5 N · mm。

由时间历程函数可知, 0~0.2 s 时的转速会发生波动, 0.2 s 后才达到稳定状态, 故设置仿真时长为 1 s, 步长根据经验取为 0.001 s, 仿真结果取 0.2~1 s 的数据进行分析。由于是直线行驶, 差速器左右半轴的运动受力应该相同, 所以截取结果主要以左半轴齿轮为主。截取数据主要包括左半轴齿轮角加速度、左半轴齿轮与上行星齿轮接触力以及左半轴齿轮 Z 向振动加速度, 其中 Z 向为汽车行驶时垂直地面的方向。

5.6.3.2 差速器的动力学仿真结果分析

不同材料壳体时的差速器角速度曲线如图 5.115 所示。

左、右半轴齿轮的角速度曲线分别如图 5.116 和图 5.117 所示。

行星齿轮角速度曲线如图 5.118 和图 5.119 所示。

由图 5.115 ~ 图 5.119 中各角速度曲线图可知, 差速器壳体与两半轴齿轮的角速度基本相同, 两半轴齿轮各自角速度相同, 行星齿轮角速度都基本为零, 这与直线行驶工况下的差速器运动原理完全符合, 因此证明动力学模型正确。并且, 从角速度对比图可知, ZL205A 材料普遍比 QT500–7 材料差速器壳各零部件的角速度曲线平缓, 说明在速度传递上, 铝合金材料的速度传递性能比球墨铸铁的优越, 可以初步说明采用铝合金差速器壳替换球墨铸铁差速器壳具有可行性。

两种材料差速器的左半轴齿轮角加速度曲线分别如图 5.120 和图 5.121 所示。

左半轴齿轮 Z 向振动加速度曲线分别如图 5.122 和图 5.123 所示。

两种材料的差速器壳的左半轴齿轮与上行星齿轮接触力时频图分别如图 5.124 和图 5.125 所示。

由图 5.120 ~ 图 5.123 所示的左半轴齿轮角加速度曲线以及左半轴齿轮 Z 向振

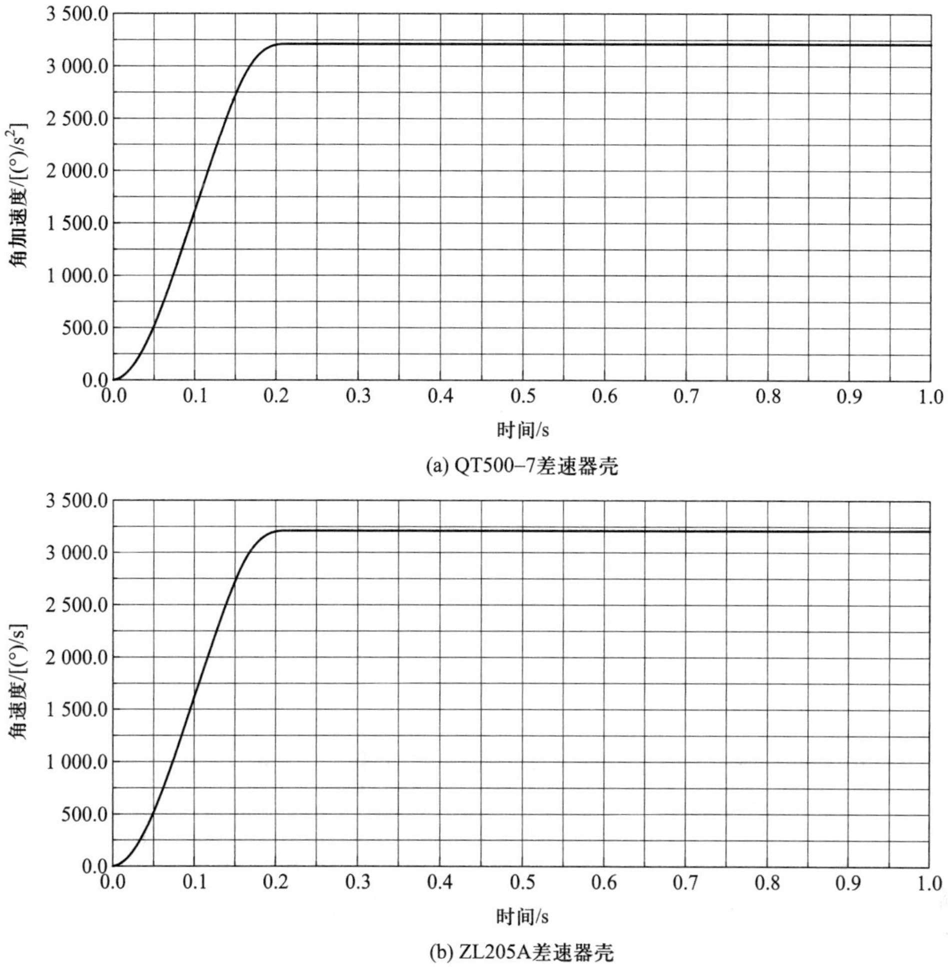

图 5.115 差速器角速度曲线

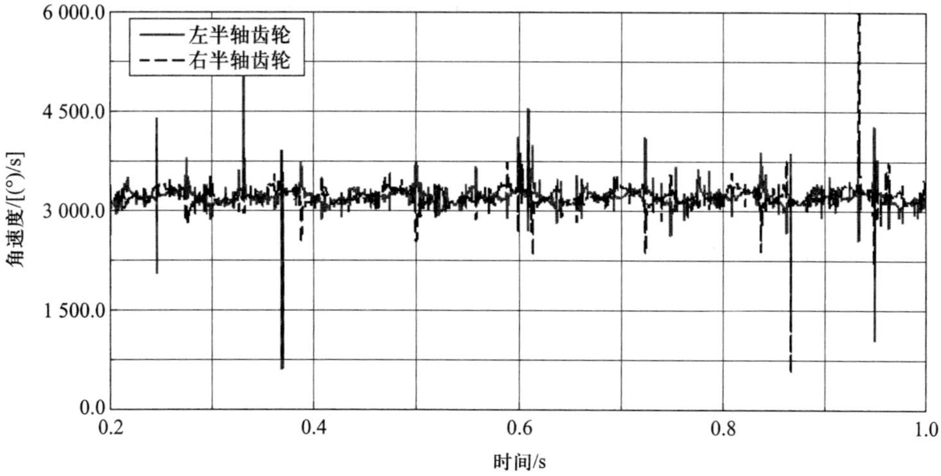

图 5.116 QT500−7 差速器壳左、右半轴齿轮角速度曲线 (参见书后彩图)

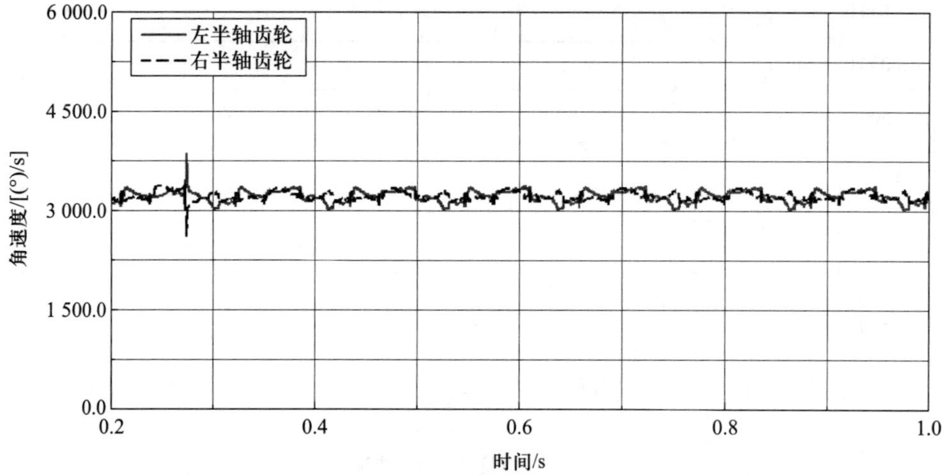

图 5.117 ZL205A 差速器壳左、右半轴齿轮角速度图 (参见书后彩图)

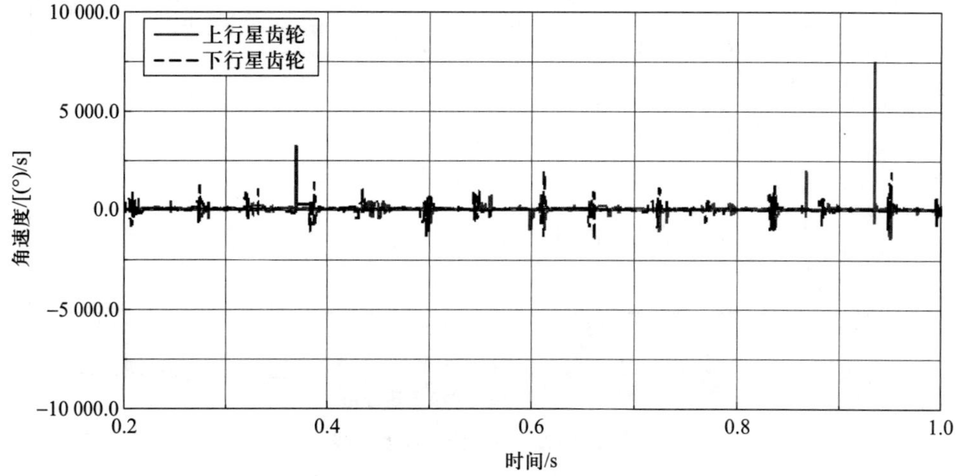

图 5.118 QT500–7 差速器壳上、下行星齿轮角速度曲线 (参见书后彩图)

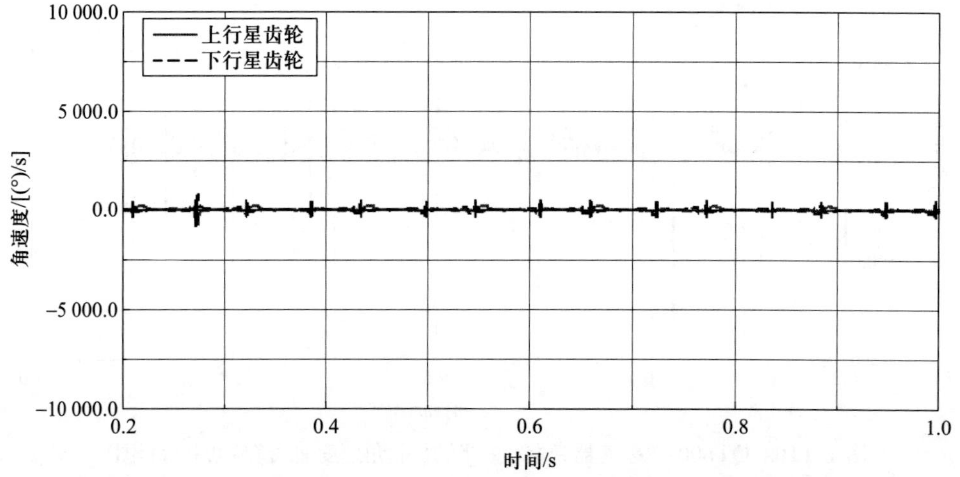

图 5.119 ZL205A 差速器壳上、下行星齿轮角速度曲线 (参见书后彩图)

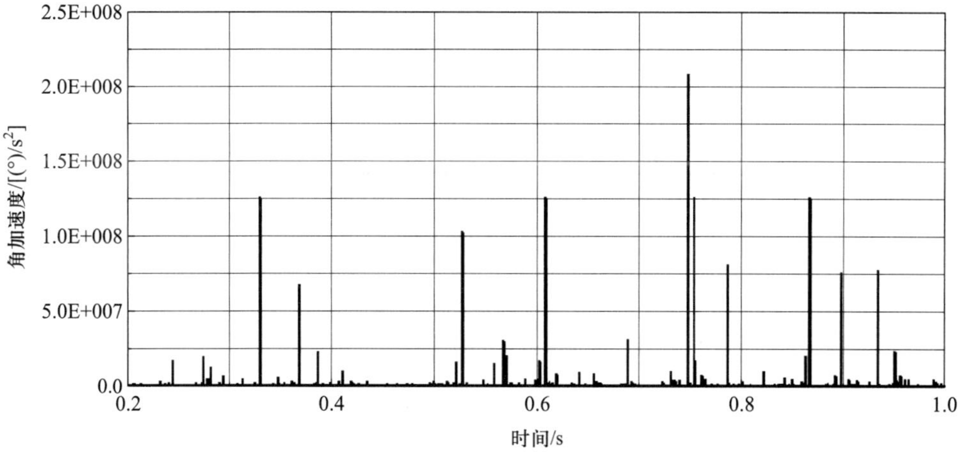

图 5.120 QT500-7 差速器壳左半轴齿轮角加速度曲线

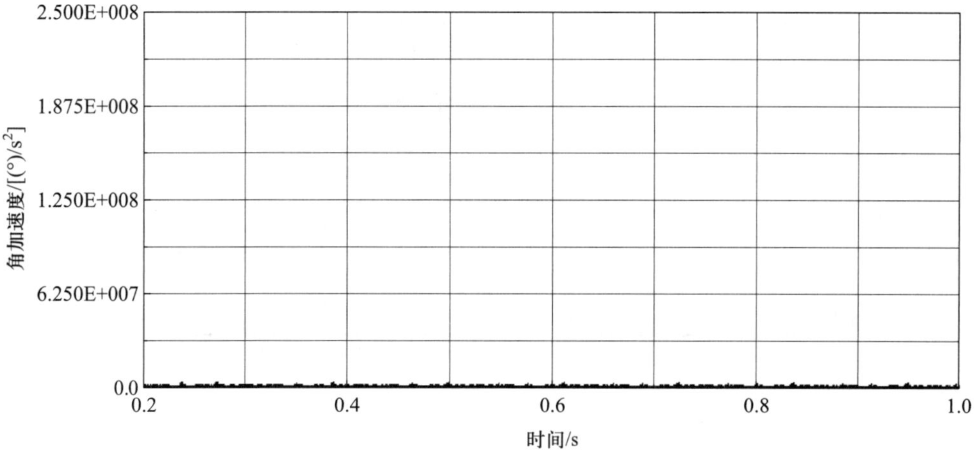

图 5.121 ZL205A 差速器壳左半轴齿轮角加速度曲线

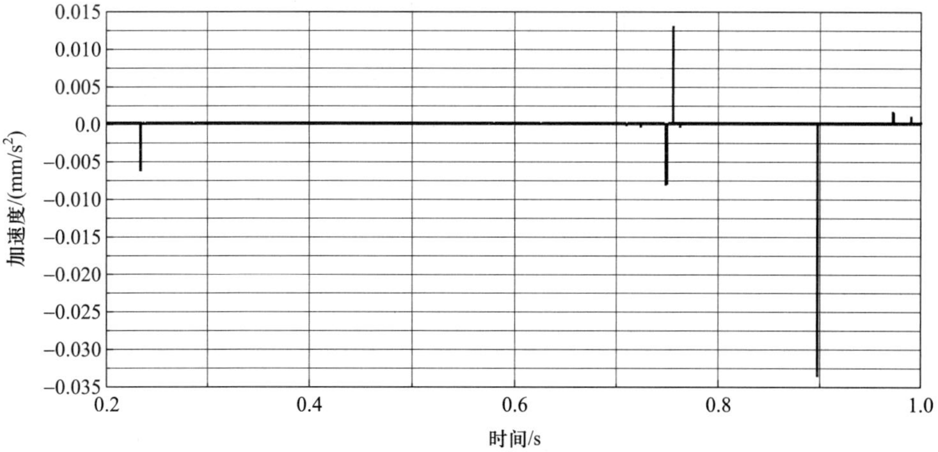

图 5.122 QT500-7 差速器壳左半轴齿轮 Z 向振动加速度曲线

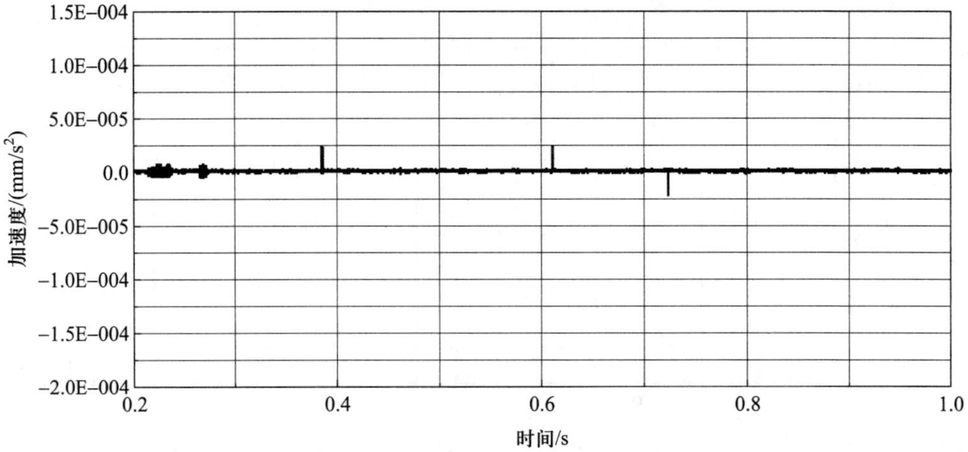

图 5.123 ZL205A 差速器壳左半轴齿轮 Z 向振动加速度曲线

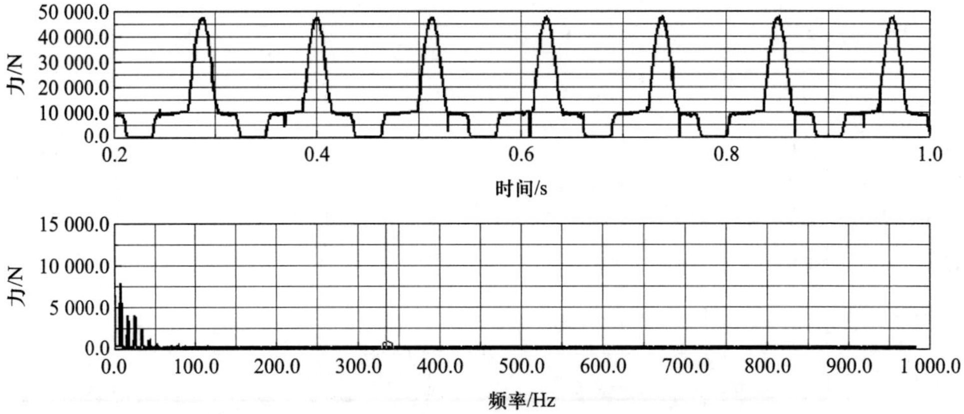

图 5.124 QT500-7 差速器壳左半轴齿轮与上行星齿轮接触力时频图

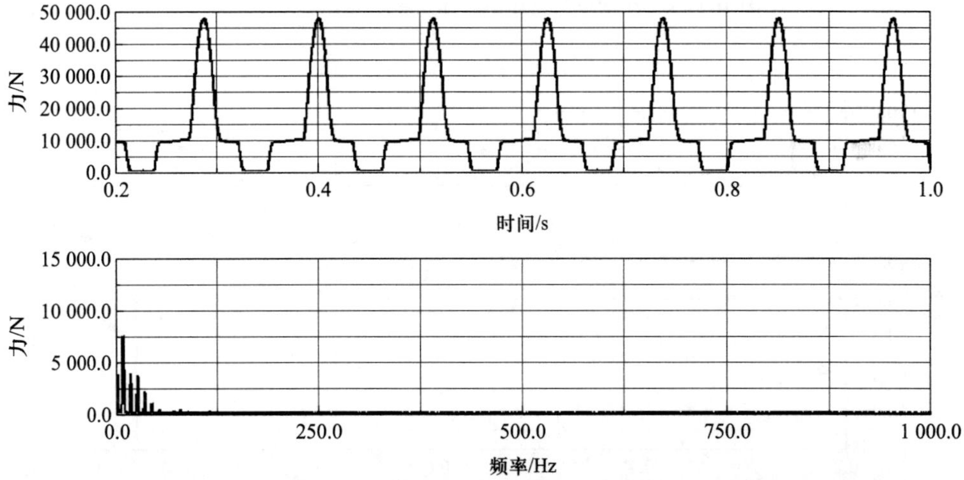

图 5.125 ZL205A 差速器壳左半轴齿轮与上行星齿轮接触力时频图

动加速度曲线可知, 偶有冲击加速度, 这在齿轮啮合过程中属于正常现象, 但总体上 ZL205A 差速器壳的曲线比 QT500−7 差速器壳的平缓很多, 说明在相同工况下, 铝合金差速器壳体的振动性能比球墨铸铁差速器壳体的优越。不同材料差速器壳左半轴齿轮与上行星齿轮的接触力时频图基本相同, 这与实际情况相符。

5.6.4 转弯工况下不同材料差速器壳体的动力学仿真[6−8]

5.6.4.1 仿真参数设置

同理, 根据 5.6.1 节相关参数计算结果可知, 跨界车在转弯行驶时, 汽车行驶中心的角速度为 1 603.04 (°)/s, 因此可以给差速器壳体施加一个 1 603.04 (°)/s 的转速驱动, 同样以时间历程函数的形式加入, 该函数为 STEP(time,0,0,0.2,1603.04d)。左、右半轴齿轮的负载同直线行驶时一样, 取为 $2.5 \times 10^5\ \mathrm{N \cdot m}$。由于转弯行驶, 根据差速器转弯时的工作原理, 行星齿轮与差速器壳体间存在一个内摩擦转矩, 该转矩大小如前所述, 取为 $5.12 \times 10^4\ \mathrm{N \cdot mm}$。同时, 由于行星齿轮在转弯时会绕齿轮轴自转, 因此这里给行星齿轮施加一个恒定转速 500 (°)/s 来模拟其自转, 以使左、右半轴齿轮形成转速差。

由时间历程函数知, 0~0.2 s 时的转速会产生波动, 0.2 s 后才达到稳定状态, 同样设置仿真时长为 1 s, 步长根据经验取为 0.001 s, 仿真结果取 0.2~1 s 的数据进行分析。由于左、右半轴齿轮运动情况不同, 这里截取的数据包括两半轴齿轮的角加速度以及两半轴齿轮的 Z 向振动加速度。

5.6.4.2 差速器的动力学仿真分析

不同材料差速器壳体的角速度曲线如图 5.126 所示。

左、右半轴齿轮的角速度曲线分别如图 5.127 和图 5.128 所示。

不同材料差速器壳体的行星齿轮角速度曲线分别如图 5.129 和图 5.130 所示。

从图 5.126~ 图 5.130 角速度曲线图可知, 左、右半轴齿轮角速度之和基本等于两倍的差速器壳体的角速度, 上、下行星齿轮的角速度初始值为 500 (°)/s, 其角速度之和为零, 与差速器原理相符, 可以验证该动力学模型的正确性。不同材料差速器壳各零

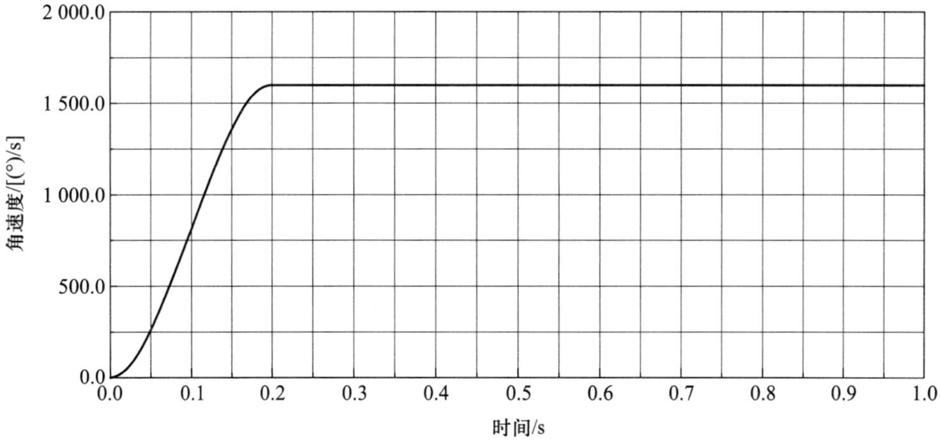

(a) QT500−7差速器壳

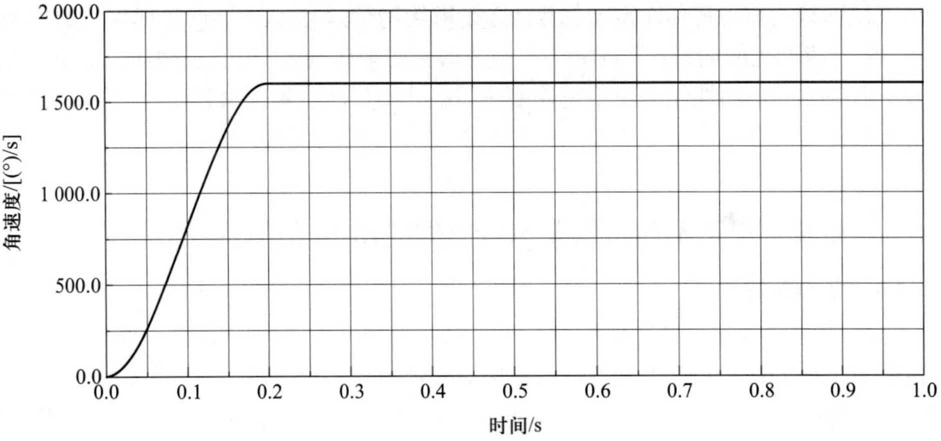

(b) ZL205A差速器壳

图 5.126 差速器角速度曲线

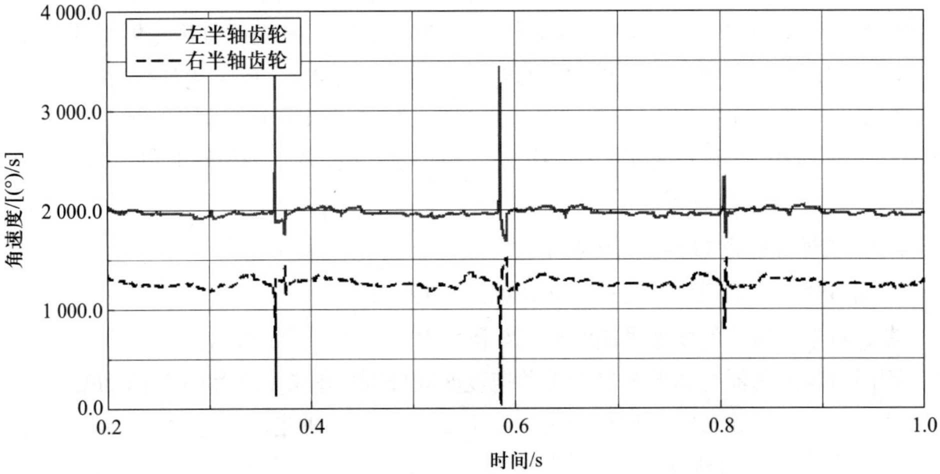

图 5.127 QT500–7 差速器壳左、右半轴齿轮角速度曲线

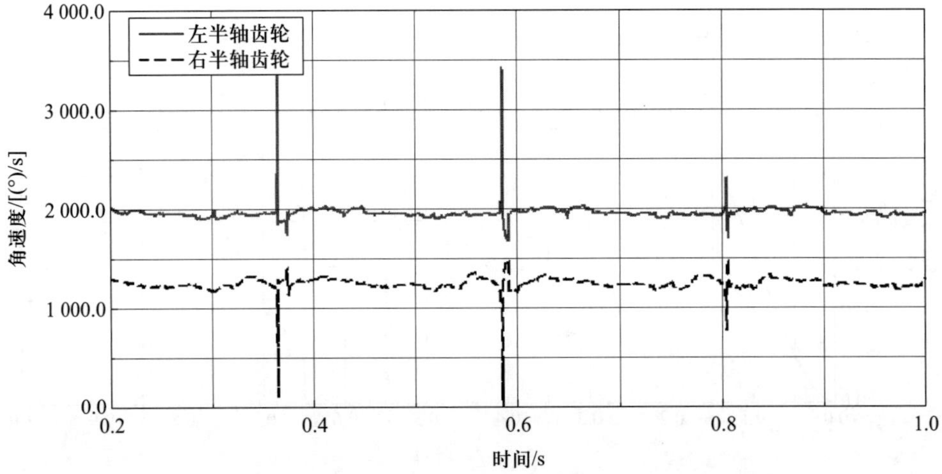

图 5.128 ZL205A 差速器壳左、右半轴齿轮角速度曲线

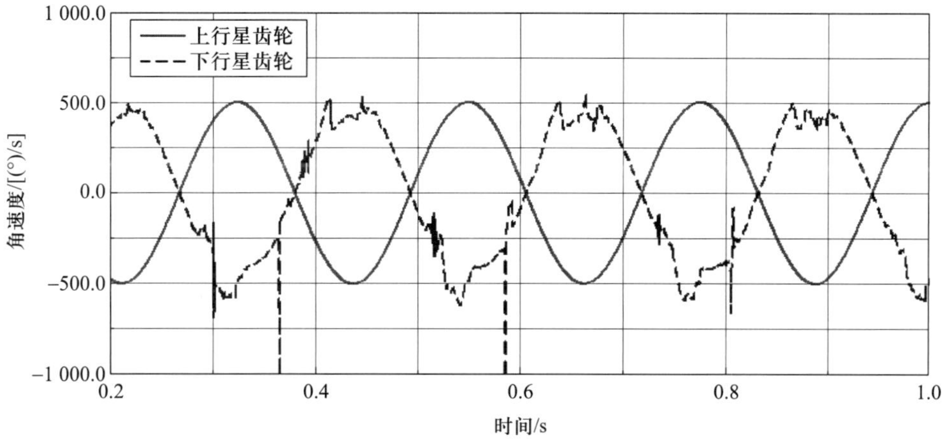

图 5.129 QT500–7 差速器壳上、下行星齿轮角速度曲线

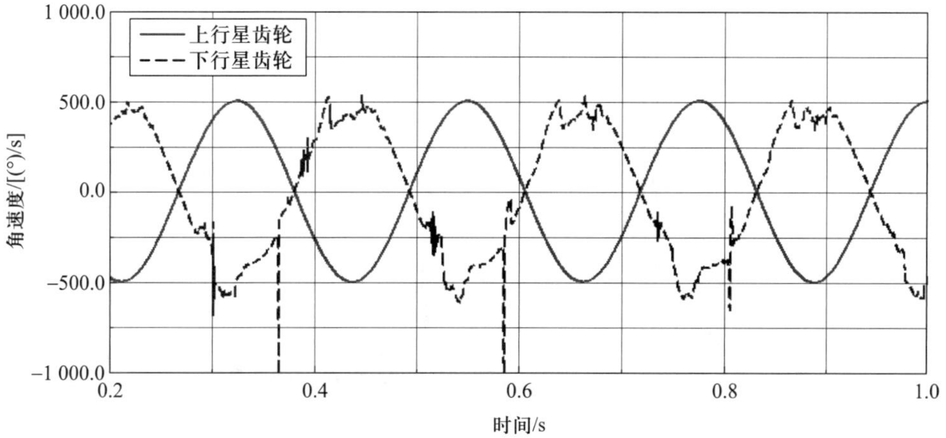

图 5.130 ZL205A 差速器壳上、下行星齿轮角速度曲线

部件角速度曲线基本相同, 说明转弯工况下, 更换差速器壳材料对差速器整体基本没有影响。

不同材料差速器壳体的左、右半轴齿轮角加速度曲线分别如图 5.131 和图 5.132 所示。

不同材料差速器壳体的左、右半轴齿轮 Z 向振动加速度曲线分别如图 5.133 和图 5.134 所示。

从图 5.131 ~ 图 5.134 的不同材料差速器壳的左、右半轴角加速度曲线以及左、右半轴齿轮 Z 向振动加速度曲线可知, 齿轮啮合时的冲击加速度较为明显, 更换差速器壳材料对各曲线并没有影响, 更换材料也可以满足差速器使用性能。

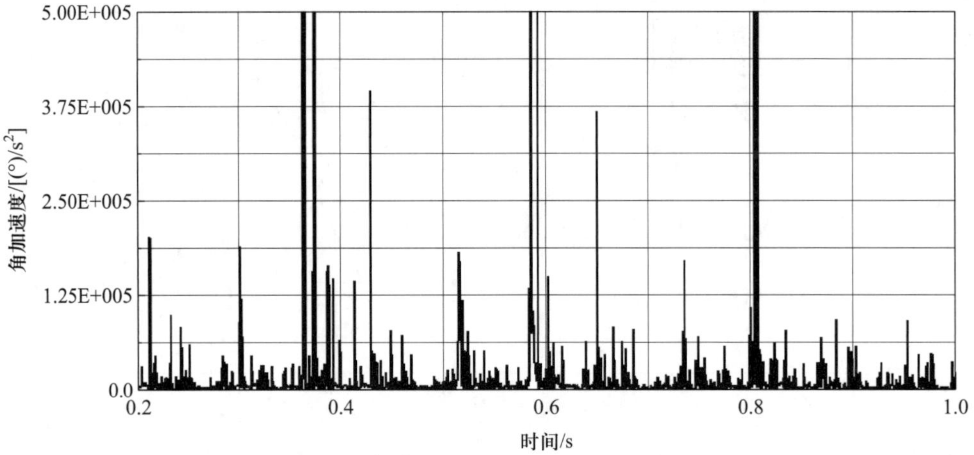

(a) 左半轴齿轮

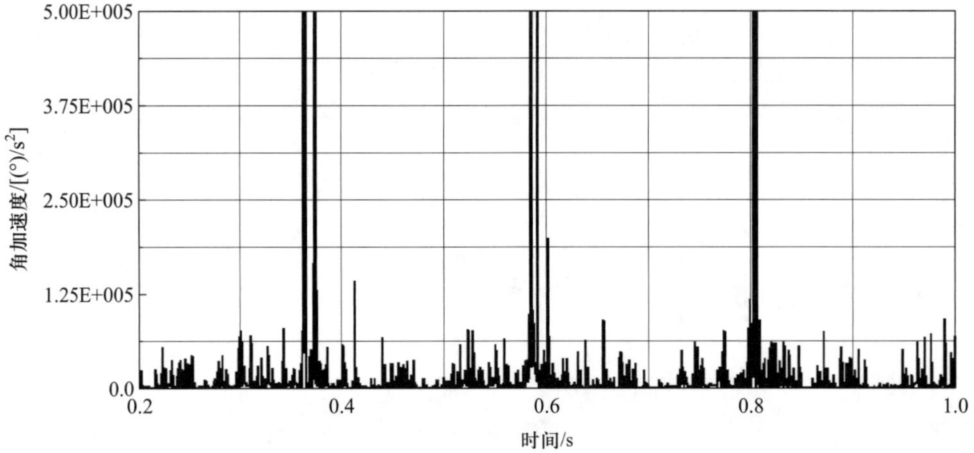

(b) 右半轴齿轮

图 5.131 QT500–7 差速器壳左、右半轴角加速度曲线

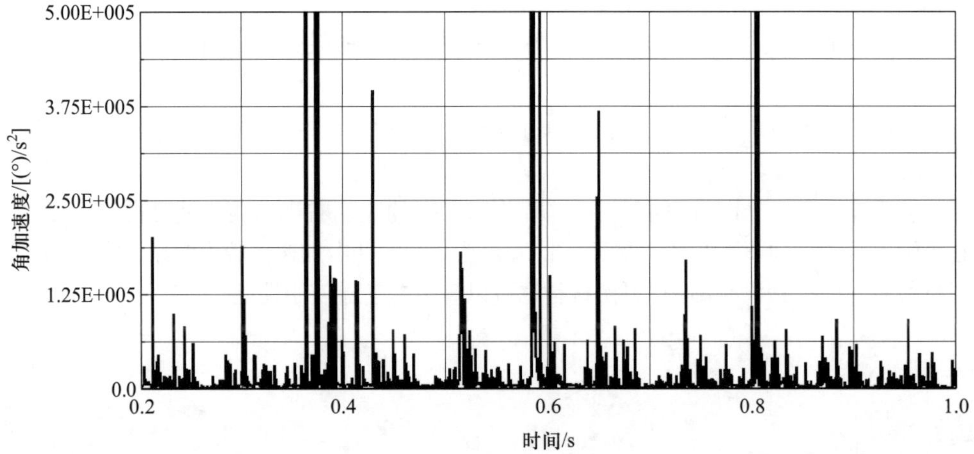

(a) 左半轴齿轮

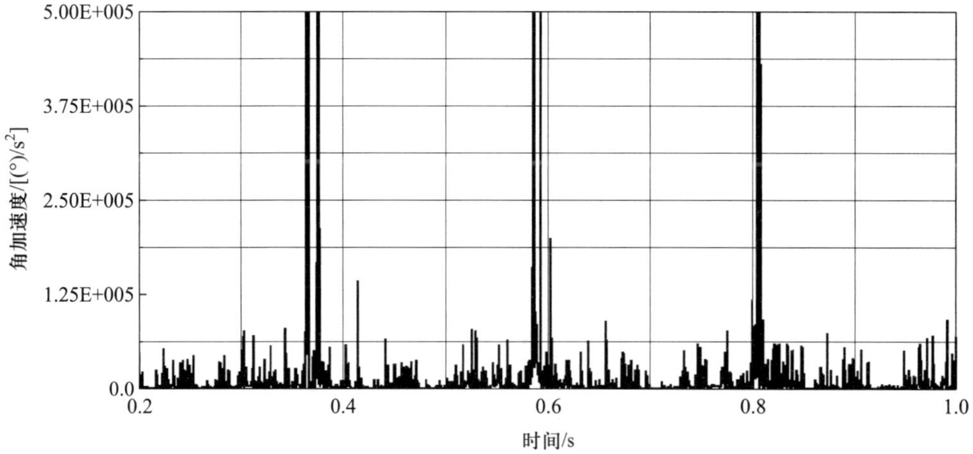

(b) 右半轴齿轮

图 5.132 ZL205A 差速器壳左、右半轴角加速度曲线

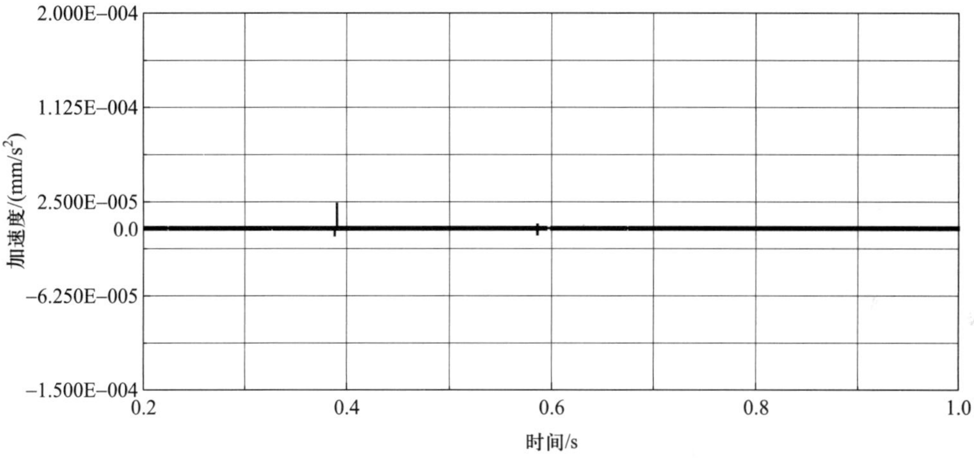

(a) 左半轴齿轮

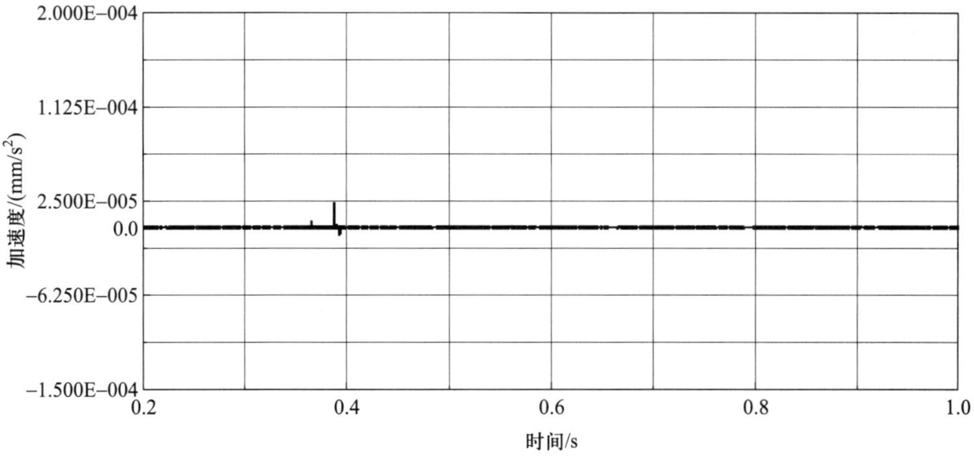

(b) 右半轴齿轮

图 5.133 QT500−7 左、右半轴齿轮 Z 向振动加速度曲线

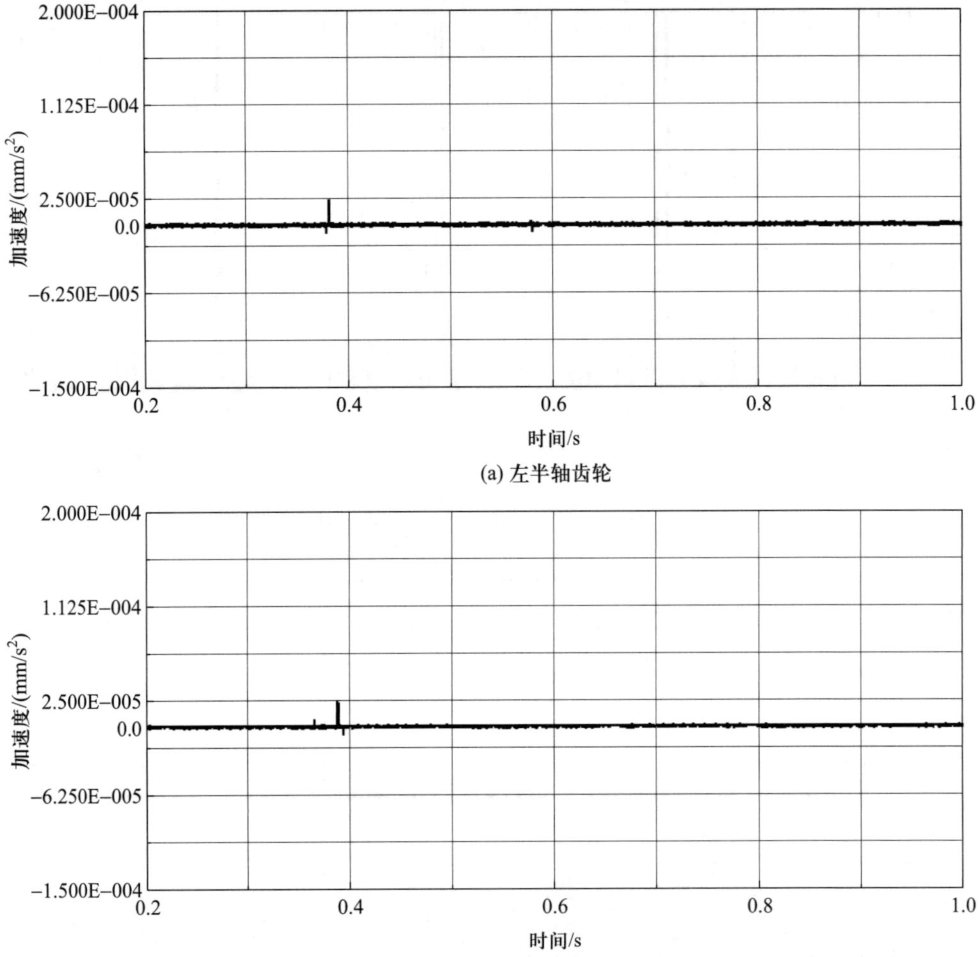

(a) 左半轴齿轮

(b) 右半轴齿轮

图 5.134 ZL205A 左、右半轴齿轮 Z 向振动加速度曲线

参考文献

[1] 肖泽艳. 轿车差速器参数化设计与有限元分析 [D]. 武汉: 武汉理工大学, 2011.

[2] 端木萍萍, 王良模, 夏汉关, 等. 某差速器齿轮的动态接触仿真与疲劳分析 [J]. 应用力学学报, 2014(4): 595-600, 610.

[3] 刘芳华, 张宇, 黄静. 差速器齿轮参数化建模与齿根应力比较分析 [J]. 机械设计与制造, 2012(10): 158-160.

[4] 王良模, 刘飞, 夏汉关, 等. 某差速器齿轮的参数化设计及有限元分析 [J]. 南京工程学院学报 (自然科学版), 2012(3): 1-4.

[5] 姚春华, 林凤涛. 差速器行星齿轮弯曲强度有限元分析 [J]. 机械设计与制造, 2012(10): 242-244.

[6] 代天才, 陈辉, 冯喜成. 某差速器壳体的优化设计 [J]. 湖北汽车工业学院学报, 2014(3): 40-43.

[7] 李帅奇, 管殿柱, 陈洋, 等. 某差速器壳体有限元分析及多目标优化 [J]. 机械工程与自动化, 2017(1): 52-54.

[8] 杨仁华. 基于 ANSYS 的差速器壳体仿真分析 [J]. 中国西部科技, 2013(12): 1-2, 12.

第 6 章　驱动桥桥壳建模及 NVH 仿真分析

6.1　驱动桥桥壳的结构组成与仿真问题描述

图 6.1 所示为某跨界车驱动桥桥壳装配体, 主要由左、右半轴套管和驱动桥包上下壳 (中央壳体) 焊接而成, 是一种 3 段可分式桥壳。

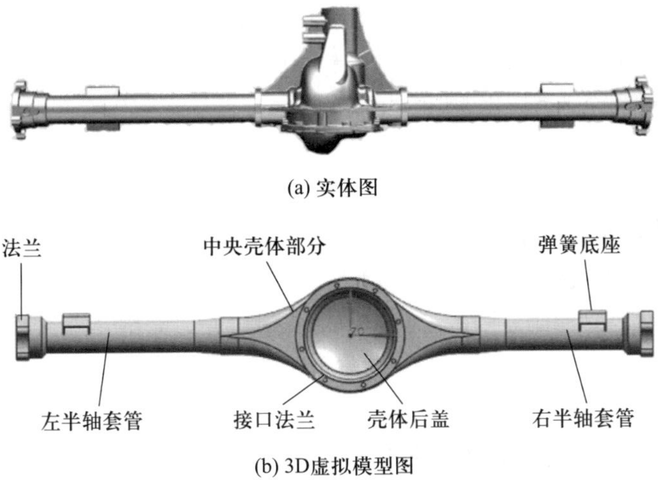

图 6.1　驱动桥桥壳装配体

汽车驱动桥位于汽车传动系统的末端, 其主要功用为[1]: ① 汽车发动机产生的转矩经过传动系统传递到驱动桥, 最终作用于驱动车轮, 能降低转速、增大转矩; ② 通过主减速器中主动齿轮副和被动齿轮副改变转矩的传递方向; ③ 驱动桥总成中差速器可实现左右两侧车轮以不同转速旋转; ④ 壳体和车轮实现外力承载及传递的作用。

为了满足桥壳的使用性能要求, 应保证桥壳有足够的强度和刚度。同时, 要避开材料的共振频率, 避免发生共振[2]。因此, 需要对桥壳进行静应力分析和模态分析, 分别验证桥壳是否满足强度要求和刚度要求, 是否发生共振。

驱动桥桥壳受力分析计算所涉及的跨界车相关参数如表 6.1 所示[3]。

表 6.1 跨界车相关参数表

参数	数值
满载质量 M/kg	1 780
后轴负载 M_1/kg	1 070
发动机最大扭矩 $T_{\mathrm{emax}}/(\mathrm{N\cdot m})$	108
主减速器传动比 i_0	5.125
车轮滚动半径 R/m	0.298
变速器 1 挡变速比 i_1	3.857

6.2 驱动桥桥壳的三维模型建模

根据有限元建模的相关原则, 合理的有限元模型不仅能正确地反映实际结构的力学特性, 而且可以通过选择比较简单的单元形式和较少的单元数量, 缩小模型的规模, 从而在保证计算精度的前提下提高运算速度。因此, 在建立几何模型之前需根据桥壳结构和工作特点对桥壳进行简化处理[4,5]:

(1) 忽略桥壳上非承力部件;

(2) 忽略小孔、开口槽、进放油口、螺栓等一些不影响分析结果的细节特征;

(3) 忽略焊缝对结构分析的影响;

(4) 忽略驱动桥盖对桥壳受力的影响。

基于该简化处理原则, 采用三维建模软件 UG, 先建立桥壳的各零部件组成部分, 然后将各零部件进行装配, 生成最终用于分析的桥壳三维物理模型。

6.2.1 左、右半轴套管的三维建模

6.2.1.1 右半轴套管的三维建模

(1) 创建一个新的 UG 物理模型[6]。打开 UG 软件, 点击 “新建” 按钮, 类型选择 “模型”, 命名及选择保存位置, 点击 “确定” 按钮, 如图 6.2 所示。新建文件中的基准坐标系处是灰色的, 在 “选择基准坐标系” 处点击鼠标右键, 然后在弹出的框中选择 “显示”, 则文件界面如图 6.3 所示。

(2) 创建草图。在菜单栏中依次点击 “插入” → “设计特征” → “回转”, 则会出现如图 6.4 所示的 “回转” 设置框。点击图 6.4 中的 “草图” 按钮, 则会出现如图 6.5 所示的 “创建草图” 操作框, 类型选择 “在平面上”; 草图平面选择基准坐标系中的 XY 平面, 草图方向和草图原点就会自动生成; 在设置中勾选 “创建中间基准 CSYS”, 最后点击 “确定”。生成的草图界面如图 6.6 所示。

(3) 绘制草图。绘制如图 6.7 与图 6.8 所示的草图, 点击 “完成草图”, 回到如图 6.9 所示界面, 在 “指定矢量” 处选择 XC 正向, “指定点” 处选择原点, 开始角度值为 0, 结束角度值为 360, 点击 “确定”, 则会生成如图 6.10 所示的模型。

图 6.2 UG 模型的创建

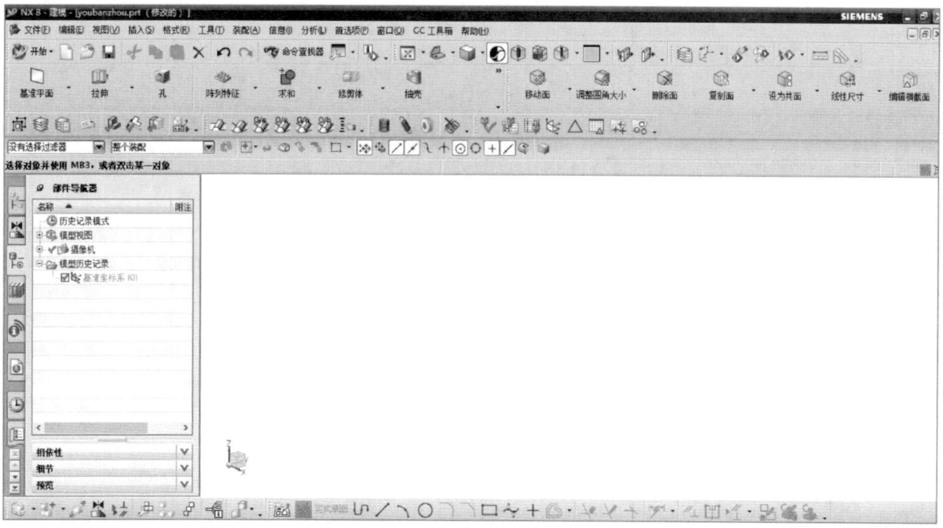

图 6.3 UG 操作界面

6.2.1.2 左半轴套管的三维建模

左半轴的建立和右半轴一样, 只是需要将图 6.7 中的 287.5 mm 和 278.5 mm 分别改成 227.5mm 和 218.5 mm, 如图 6.11 所示。点击完成的草图, 设置参数 (与右半轴相同), 最终生成的左半轴模型如图 6.12 所示。

图 6.4 “回转” 设置框

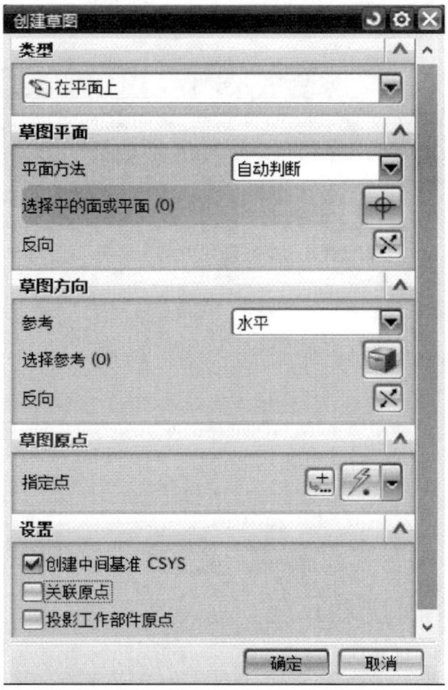

图 6.5 “创建草图” 操作框

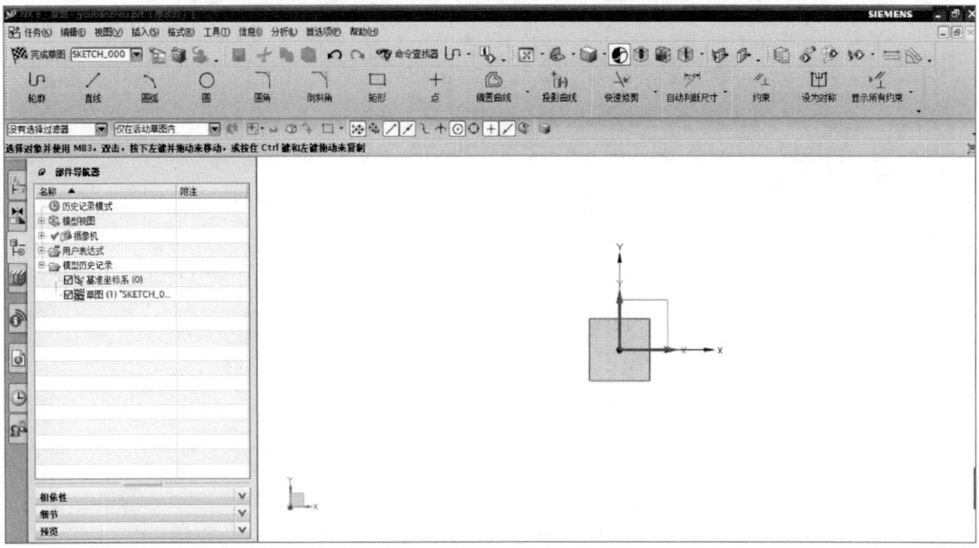

图 6.6 草图绘图界面

6.2.2 中央壳体的三维建模

(1) 创建中央壳体模型的 1/4 模型。在菜单栏中依次点击 “插入” → “设计特征” → “拉伸”, 绘制如图 6.13 所示的草图。点击完成的草图, 如图 6.14 所示设置相关参数,

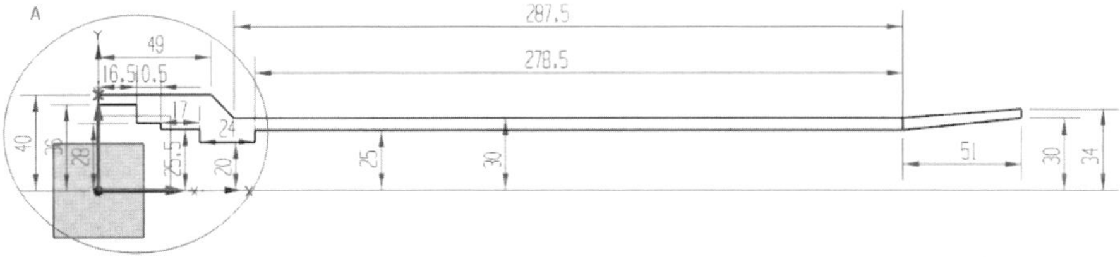

图 6.7 右半轴草图绘制 (单位: mm)

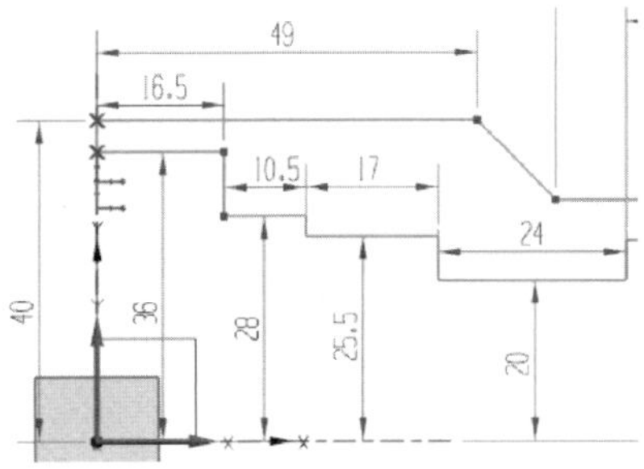

图 6.8 右半轴草图 A 的局部放大图

图 6.9 “回转” 参数设置操作框

图 6.10 右半轴三维模型

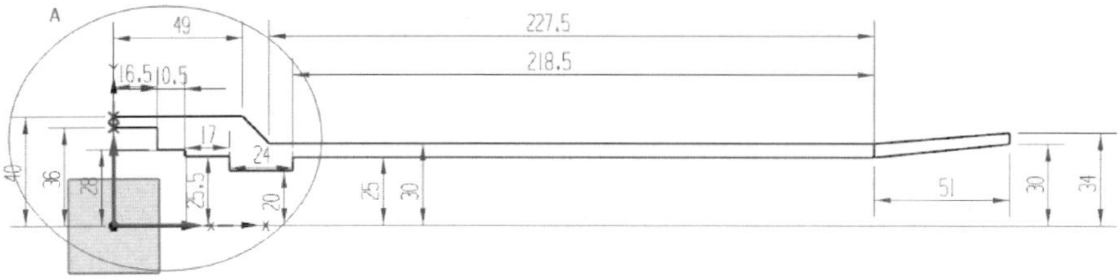

图 6.11 左半轴草图 (单位: mm)

图 6.12 左半轴三维模型

点击“确定”, 则生成如图 6.15 所示模型。

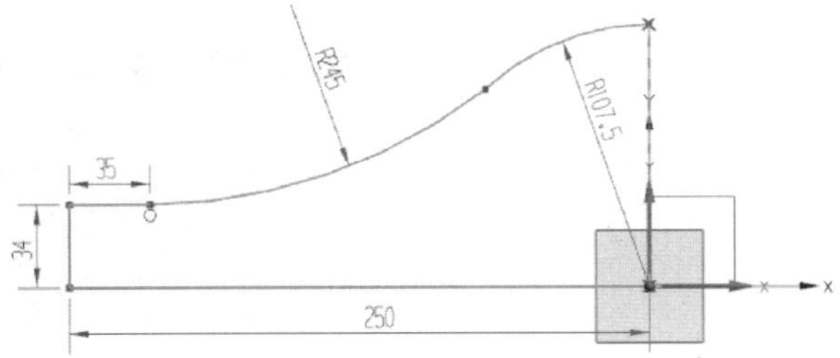

图 6.13 中央壳体部分的 1/4 模型草图 (单位: mm)

图 6.14 “拉伸” 参数设置框图

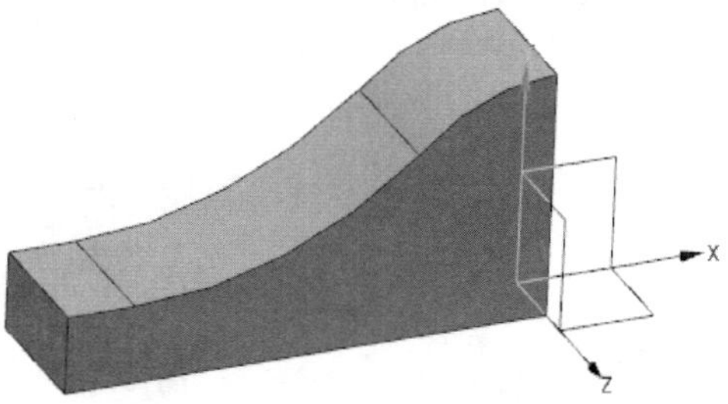

图 6.15 中央壳体部分 1/4 模型

(2) 在菜单栏中依次点击“插入”→“细节特征”→“边倒圆”。在“选择边”处选择拉伸模型的一条边, 利用变半径功能导出半径变化的圆角。依次选择 5 个点, 半径 1 处输入 15, 可变半径点下的 V 半径处依次输入 6, 6, 15, 25, 34 (每输入一个值按一次“Enter”键, 之后再选择另一个点, 输入相应的半径值, 依此类推), 如图 6.16 所示。点击“确定”, 则会生成如图 6.17 所示的模型。

图 6.16 “边倒圆” 参数设置

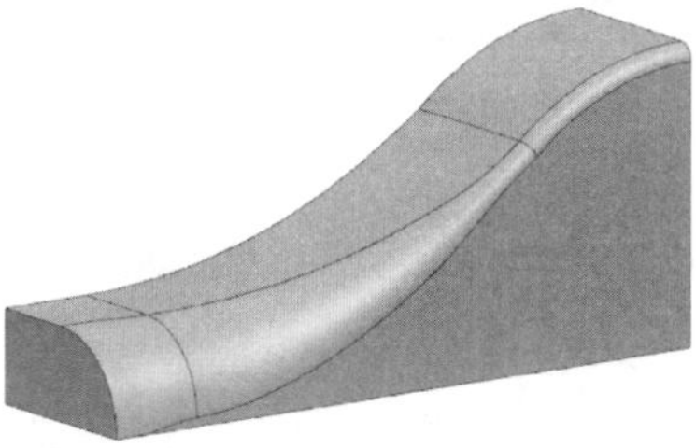

图 6.17 边倒圆后的中央壳体部分 1/4 模型

(3) 在菜单栏中依次点击 “插入” → “关联特征” → “镜像特征”。在 “特征” 处选择刚刚的 “边倒圆”, “镜像平面” 处选择 XY 平面, 如图 6.18 所示。点击 “确定”, 生成模型, 如图 6.19 所示。

图 6.18 “镜像特征” 设置框

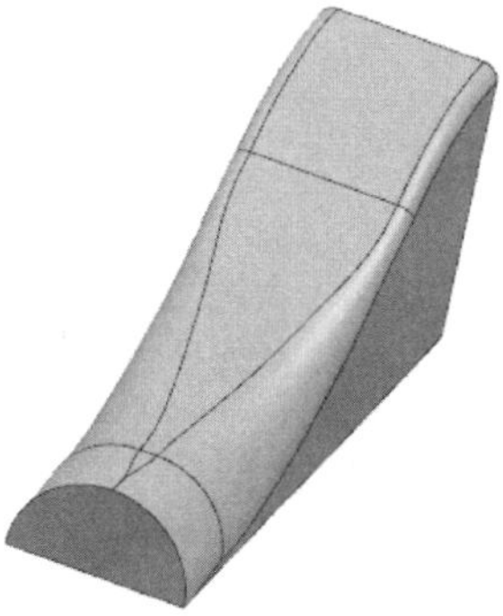

图 6.19 镜像后的中央壳体部分 1/4 模型

(4) 在菜单栏中依次点击 “插入” → “偏置/缩放” → “抽壳”, 出现如图 6.20 所示的 “抽壳” 操作框, 在 “要穿透的面” 处选择底面和前后两个面, 厚度输入 4, 点击 “确定”,

生成如图 6.21 所示的模型。

(5) 在菜单栏中依次点击 “插入” → “关联复制” → “镜像体”, 出现如图 6.22 所示的操作框。在 “选择体” 处选择刚刚生成的体, “镜像平面” 处选择 YZ 平面, 点击 “确定”, 生成如图 6.23 所示的模型。

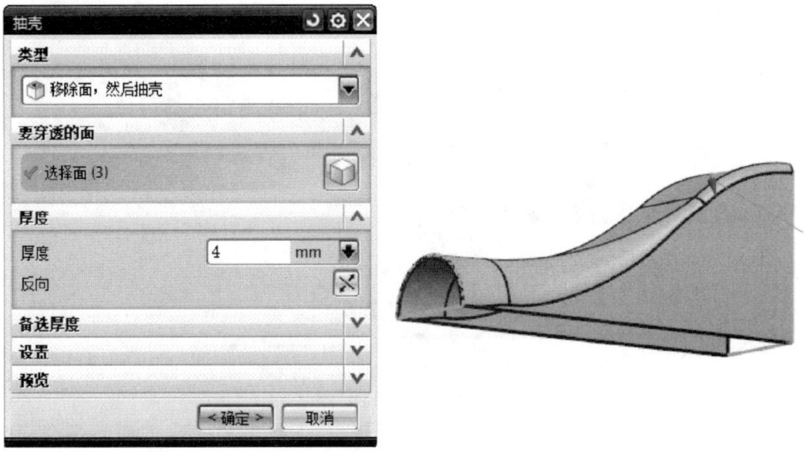

图 6.20 “抽壳” 操作

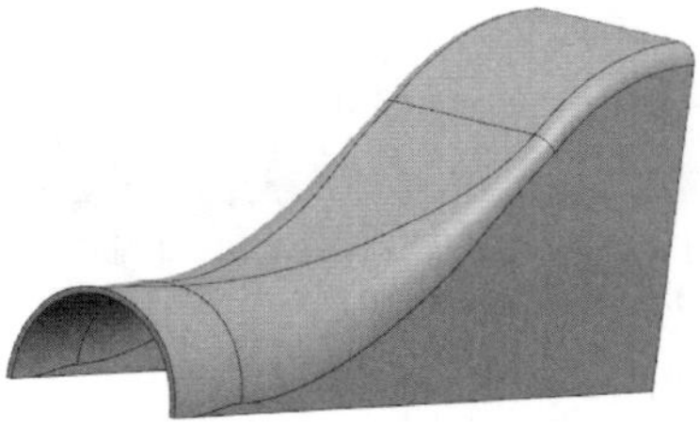

图 6.21 抽壳后生成的中央壳体部分 1/4 模型

图 6.22 “镜像体” 操作

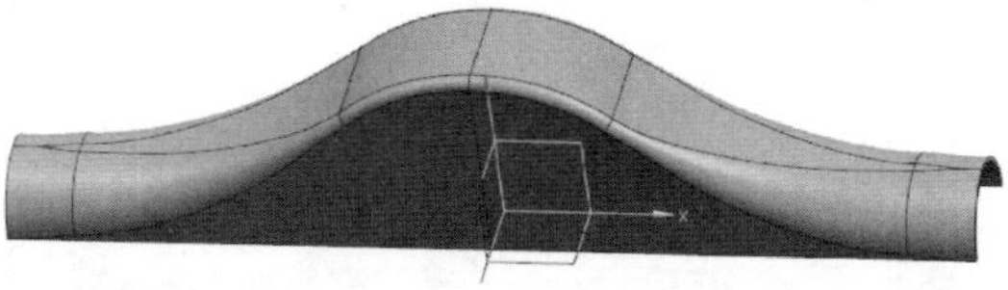

图 6.23 第一次镜像体操作生成的中央壳体部分 1/2 模型

(6) 再次点击 “插入” → “关联复制” → “镜像体”, 在 “选择体” 处选择图 6.22 生成的体, “镜像平面” 处选择 XZ 平面, 点击 “确定”, 生成如图 6.24 所示的模型。

(7) 在菜单栏中依次点击 “插入” → “组合” → “求和”, 出现如图 6.25 所示的操作框。“目标” 处选择拉伸得到的体, “刀具” 处选择通过镜像体命令得到的 3 个镜像体, 点击 “确定”, 生成特征。求和后的中央壳体部分模型如图 6.26 所示。

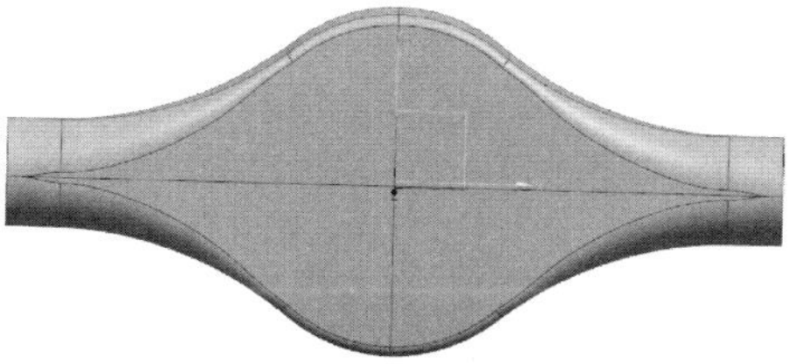

图 6.24 第二次镜像体操作后生成的中央壳体部分模型

(8) 在菜单栏中依次点击 “插入” → “设计特征” → “拉伸”, 绘制如图 6.27 所示的草图。

图 6.25 “求和” 操作框

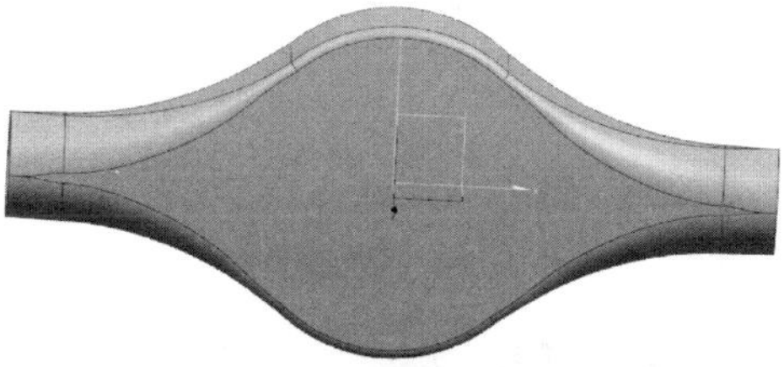

图 6.26 求和后的中央壳体部分模型

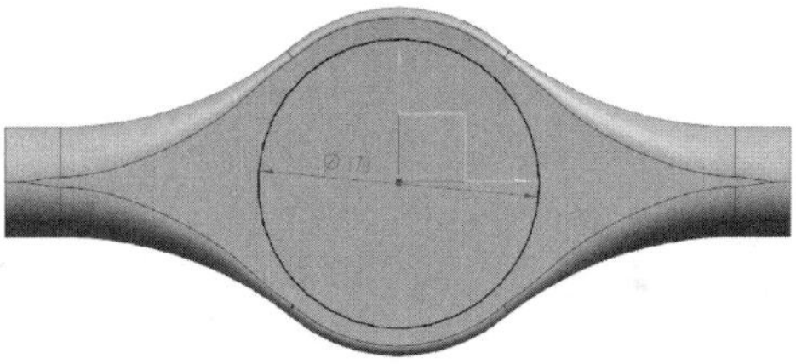

图 6.27 草图绘制

(9) 点击完成的草图, 出现如图 6.28 所示的操作框, 方向选择 “–ZC”, “距离” 栏输入值 “80”, “布尔” 运算为 “求差”。点击 “确定”, 生成如图 6.29 所示的中央壳体部分的完整模型。

6.2.3 左、右半轴法兰的三维建模

(1) 在菜单栏中依次点击 “插入” → “设计特征” → “拉伸”。在弹出如图 6.30 所示的操作框中 “选择曲线” 处点击框住的图标, 在跳出的操作框中 “选择平的面或平面” 处选择 XY 平面, 勾选 “创建中间基准 CSYS”, 点击 “确定”, 进入草图绘制界面。

(2) 绘制如图 6.31 所示的草图, 点击完成的草图, 在弹出的操作框中进行相应设置, 如图 6.32 所示。点击 “确定”, 生成法兰, 如图 6.33 所示。

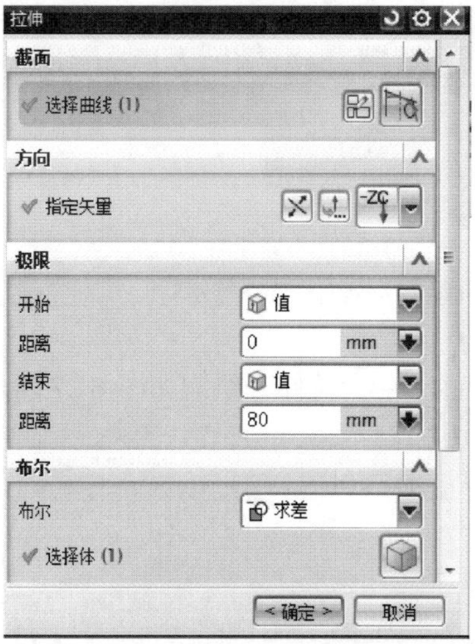

图 6.28 “拉伸” 操作框

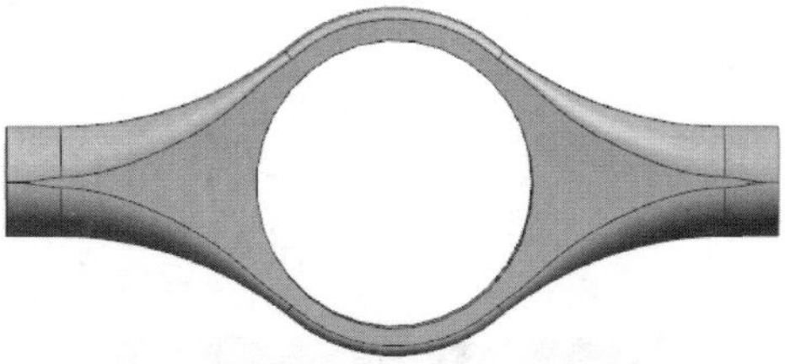

图 6.29 中央壳体部分完整模型

图 6.30 “拉伸” 操作框

6.2.4 弹簧底板的三维建模

(1) 在菜单栏中依次点击 “插入” → “设计特征” → “拉伸”, 进入草图绘制界面后, 绘制如图 6.34 所示的草图。

(2) 点击完成的草图, 出现如图 6.35 所示的 “拉伸” 操作框, 进行相应的设置, 点击 “确定”, 生成如图 6.36 所示的模型。

(3) 在菜单栏中依次点击 “插入” → “偏置/缩放” → “抽壳”, 出现如图 6.37 所示的

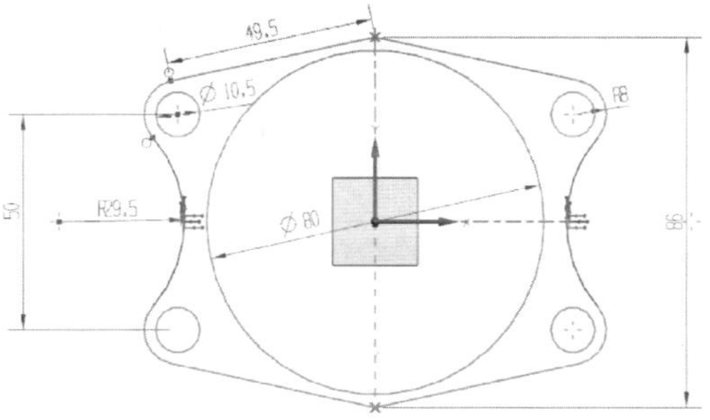

图 6.31　法兰草图

图 6.32　“拉伸” 参数设置操作框

图 6.33　法兰模型

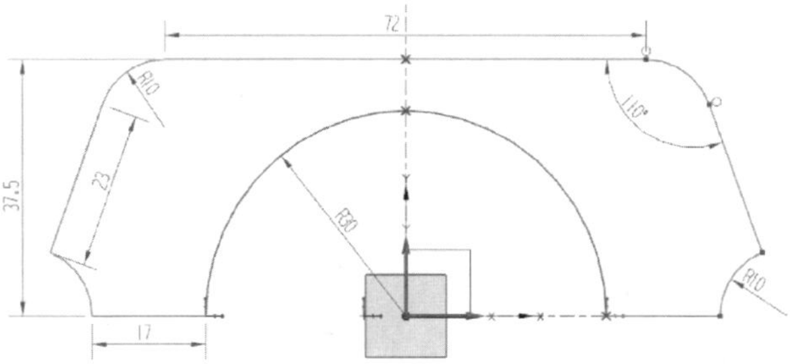

图 6.34　弹簧底板草图绘制

操作框, “类型” 处选择 “移除面”, “要穿透的面” 处选择如图 6.38 所示的 5 个面, 厚度输入 2.5, 然后点击 “确定”, 生成如图 6.39 所示的模型。

6.2.5　驱动桥桥壳的装配

(1) 新建一个装配模型, 如图 6.40 所示。

(2) 在菜单栏中依次点击 “装配” → “组件” → “添加组件”, 进入如图 6.41 所示的操作框。点击红色框中的 “打开” 按钮, 选择先前建立的中央壳体部分文件, 在 “定位” 处选择 “绝对原点”, 点击 “确定”, 进入如图 6.42 所示界面。

图 6.35 “拉伸” 操作框

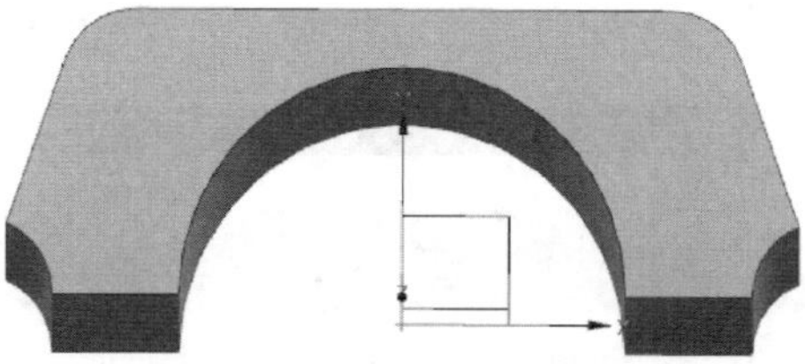

图 6.36 弹簧底板模型

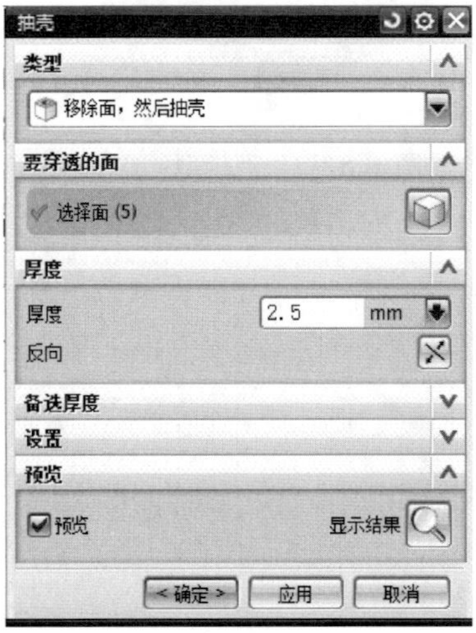

图 6.37 “抽壳” 操作框

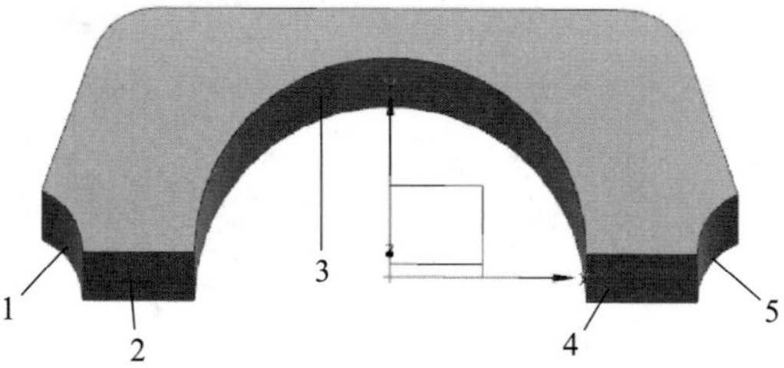

图 6.38 抽壳面的选择

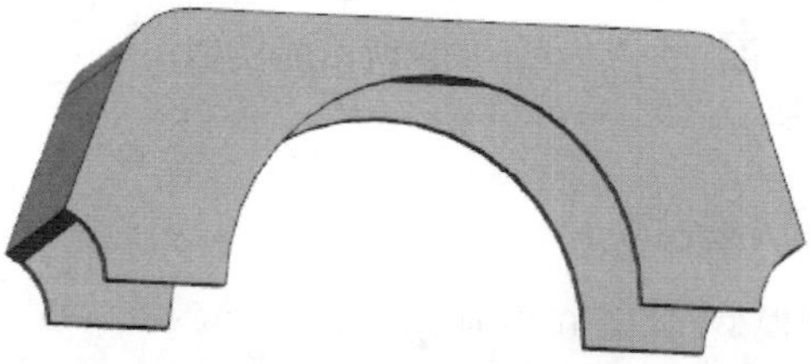

图 6.39 抽壳后的弹簧底板

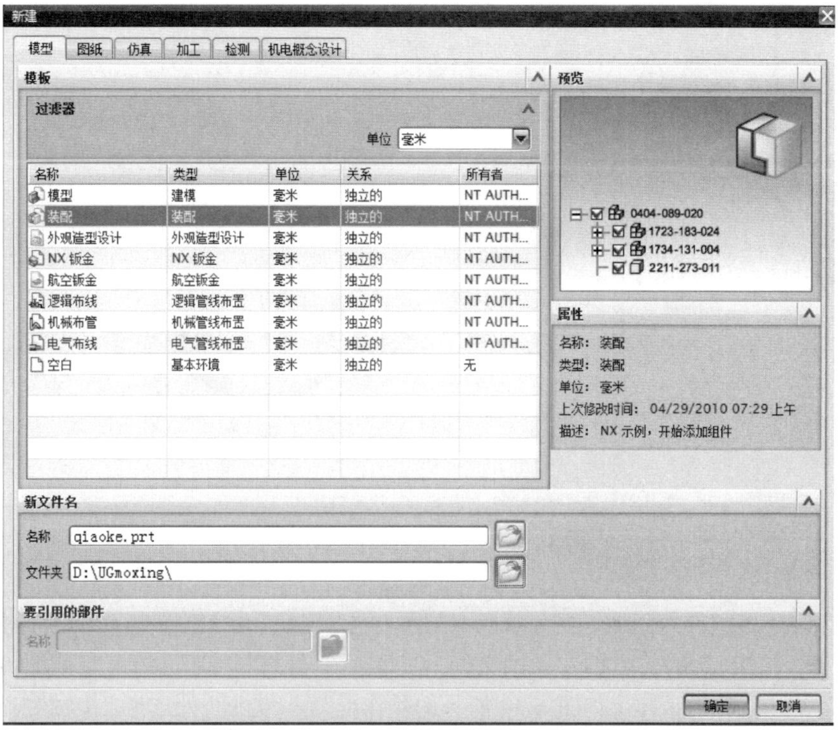

图 6.40　装配模型的建立

图 6.41　“添加组件” 操作框

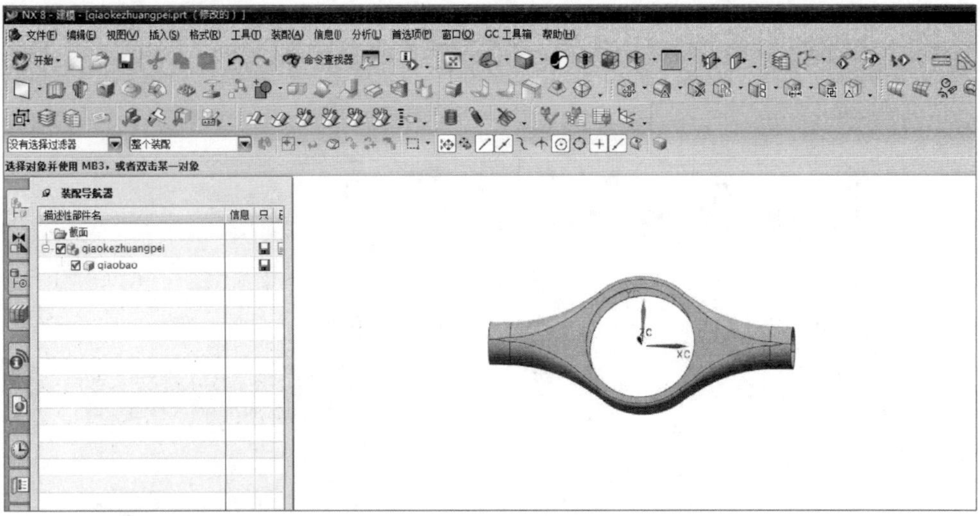

图 6.42　添加组件后的装配界面

(3) 左半轴组件的添加。在菜单栏中依次点击 “装配” → “组件” → “添加组件”, 点击 “打开” 按钮, 选择建立的左半轴文件, 在 “定位” 处选择 “通过约束”, 如图 6.43 所示, 然后点击 “确定”, 弹出如图 6.44 所示的操作框, 在 “类型” 处选择 “接触对齐”, “选择两个对象” 处分别选择左半轴的一个面和桥包的一个面, 点击 “确定”, 生成图 6.45 所示的模型。

图 6.43　添加左半轴组件界面

图 6.44　“装配约束” 操作框

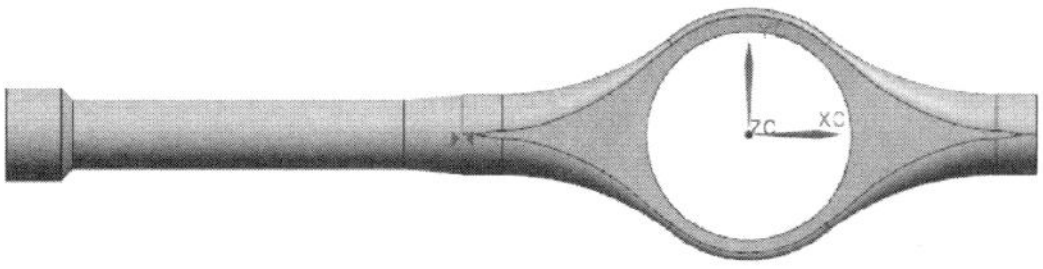

图 6.45 中央壳体与左半轴的装配体

(4) 右半轴组件的添加。在菜单栏中依次点击 “装配” → “组件” → “添加组件”, 点击 “打开” 按钮, 选择建立的右半轴文件, 在 “定位” 处选择 “通过约束”, 如图 6.46 所示, 点击 “确定”, 弹出如图 6.47 所示的操作框, 在 “类型” 处选择 “接触对齐”, “选择两个对象” 处分别选择右半轴的一个面和中央壳体部分的端面, 点击 “确定”, 生成如图 6.48 所示的模型。

图 6.46 右半轴组件添加操作框

图 6.47 “装配约束” 操作框

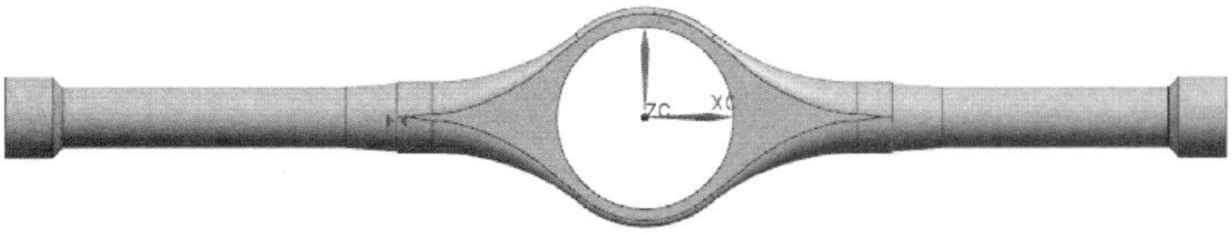

图 6.48 添加右半轴后的装配模型

(5) 左半轴法兰组件的添加。在菜单栏中依次点击 “装配” → “组件” → “添加组件”, 点击 “打开” 按钮, 选择建立的左半轴法兰文件, 在 “定位” 处选择 “通过约束”, 如图 6.49 所示, 点击 “确定”, 弹出如图 6.50 所示的操作框, 在 “类型” 处选择 “接触对齐”, “选择两个对象” 处分别选择法兰的一个端面和左半轴的一个端面, 点击 “确定”, 生成如图 6.51 所示的模型。

图 6.49 添加左半轴法兰组件操作

图 6.50 “装配约束” 操作框

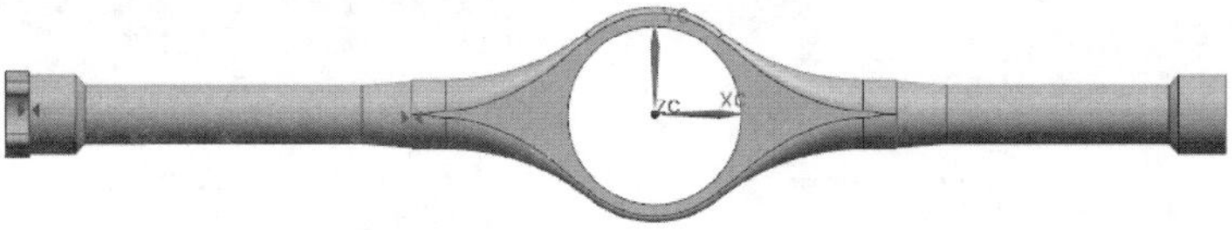

图 6.51 添加左半轴法兰后的装配模型

(6) 右半轴法兰组件的添加。在菜单栏中依次点击 “装配” → “组件” → “添加组件”, 点击 “打开” 按钮, 选择建立的右半轴法兰文件, 在 “定位” 处选择 “通过约束”, 如图 6.52 所示, 点击 “确定”, 弹出如图 6.53 所示操作框, 在 “类型” 处选择 “接触对齐”, “选择两个对象” 处分别选择法兰的一个端面和右半轴的一个端面, 点击 “确定”, 生成如图 6.54 所示的模型。

(7) 右半轴弹簧底板组件的添加。在菜单栏中依次点击 “装配” → “组件” → “添加组件”, 点击 “打开” 按钮, 选择建立的弹簧底座文件, 在 “定位” 处选择 “移动”, 如图 6.55 所示, 点击 “确定”, 弹出如图 6.56 所示的操作框, X 处输入 –543。点选择完后, 点击 “确定”, 进行如图 6.57 所示的操作, 即选择绕 YC 轴旋转, 旋转角度输入 90。点击 “Enter” 键, 即完成右半轴弹簧底板的添加, 生成如图 6.58 所示的模型。

(8) 左半轴弹簧底座组件的添加。在菜单栏中依次点击 “装配” → “组件” → “添

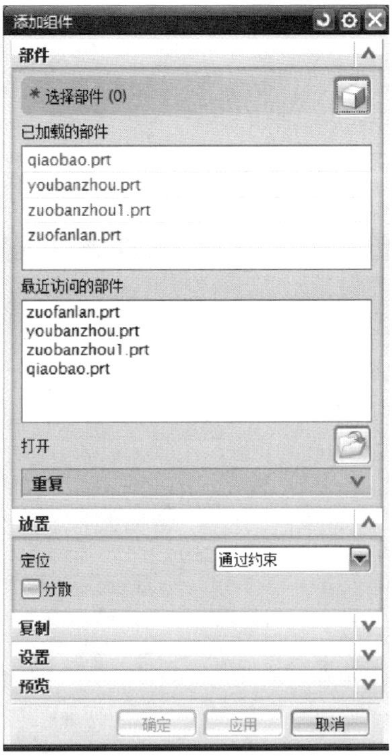

图 6.52　右半轴法兰的添加

图 6.53　“装配约束” 设置

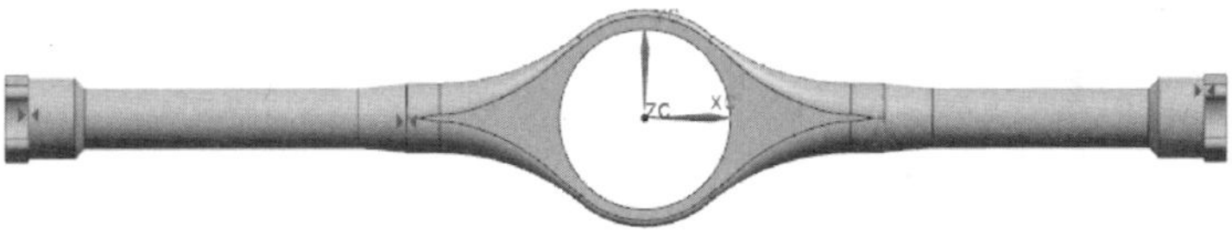

图 6.54　添加右半轴后的装配体

加组件”, 点击 “打开” 按钮, 选择建立的弹簧底座文件, 在 “定位” 处选择 “移动”, 如图 6.59 所示, 点击 “确定”, 弹出如图 6.60 所示的操作框, 在 X 处输入 483, 点击 “确定”。点选择完后, 点击 “确定”, 进行如图 6.61 所示的操作, 即选择绕 YC 轴旋转, 旋转角度输入 90。点击 “Enter” 键, 即完成左半轴弹簧底板的添加, 生成如图 6.62 所示的模型。

(9) 将装配后的模型导出为 “x_t” 格式, 便于后续的 ANSYS Workbench 软件仿真分析。在菜单栏中依次点击 “文件” → “导出” → “Parasolid”, 框选整个装配体, 然后命名, 版本选择 22-NX7.0, 如图 6.63 所示。点击 “确定”, 弹出如图 6.64 所示的操作框, 选择存储位置。

图 6.55 弹簧底板的添加操作

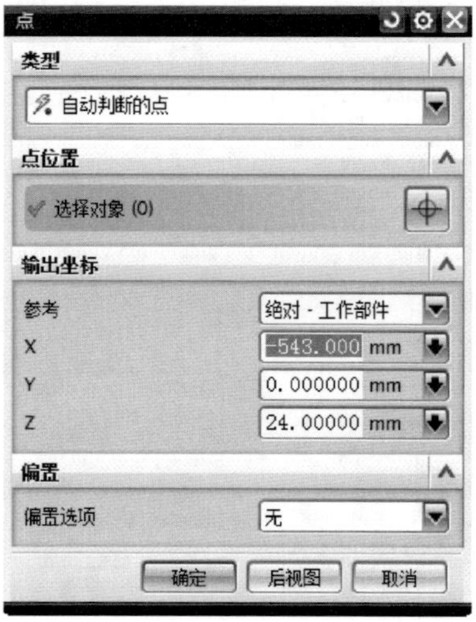

图 6.56 移动点“点”选择操作框

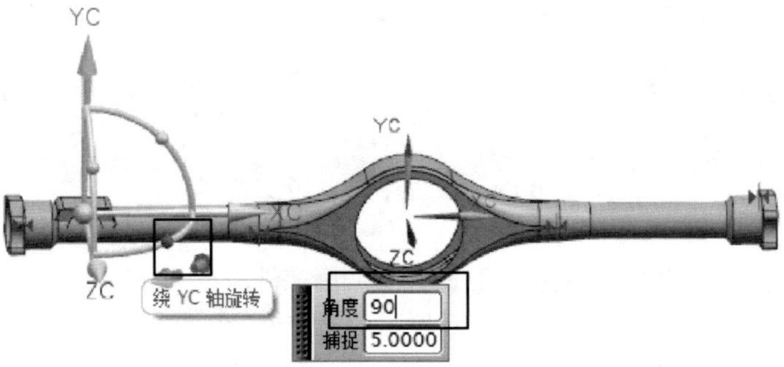

图 6.57 旋转操作

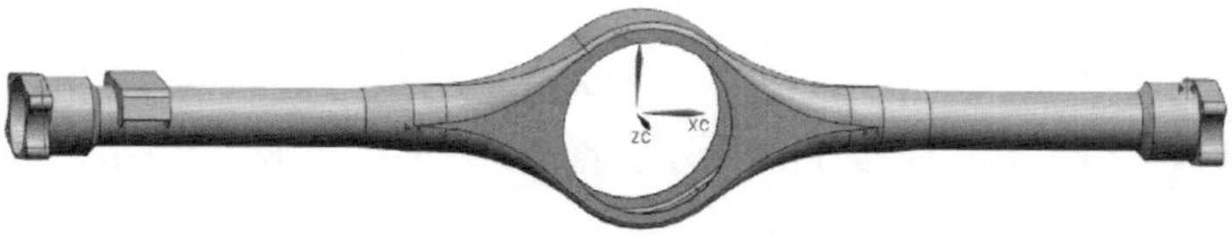

图 6.58 添加右半轴弹簧底板后的装配模型

图 6.59　左半轴弹簧底板组件的添加

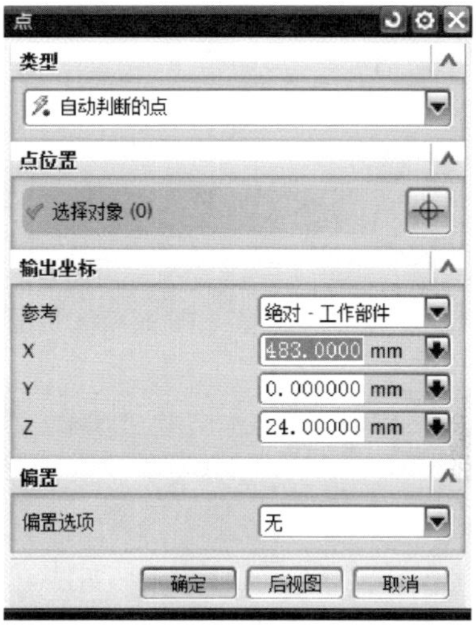

图 6.60　移动点 “点” 选择操作框

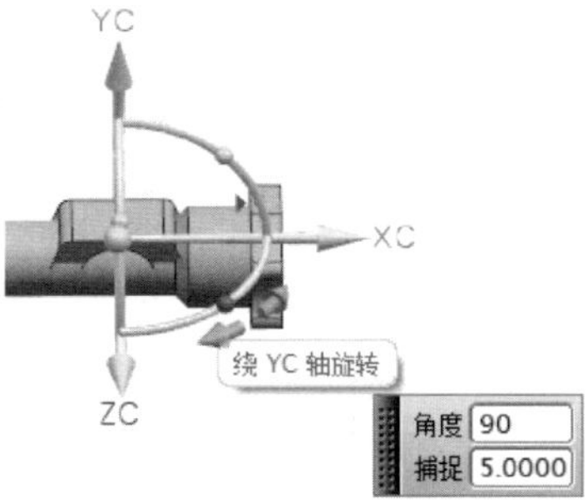

图 6.61　选择操作

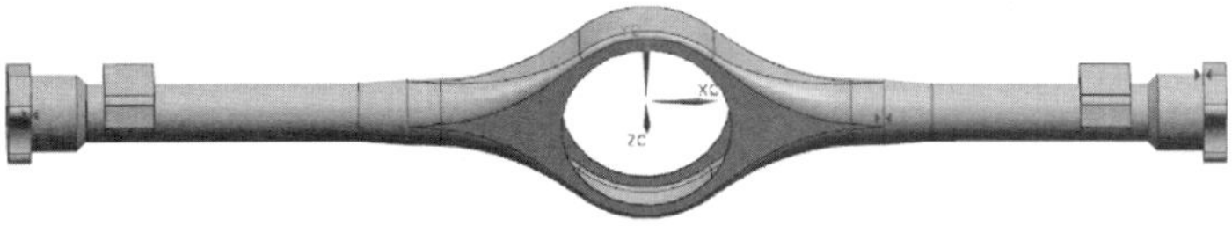

图 6.62　添加左半轴弹簧底板后的装配模型

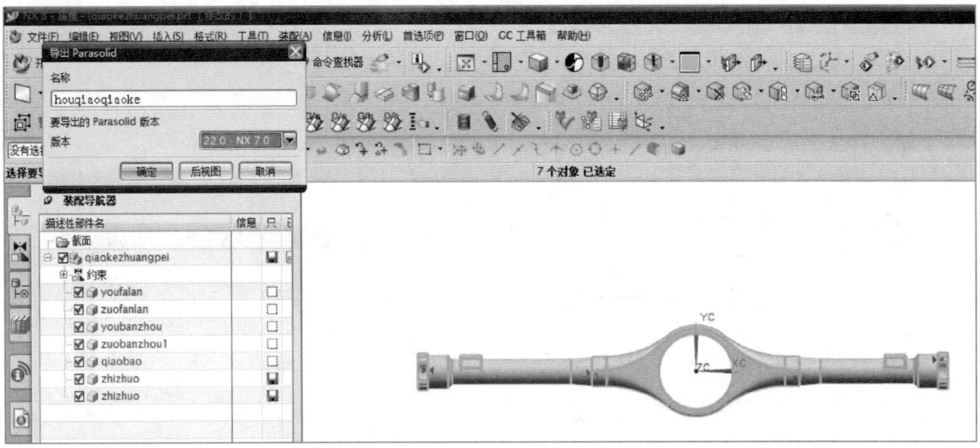

图 6.63　装配体导出为 “x_t” 格式文件

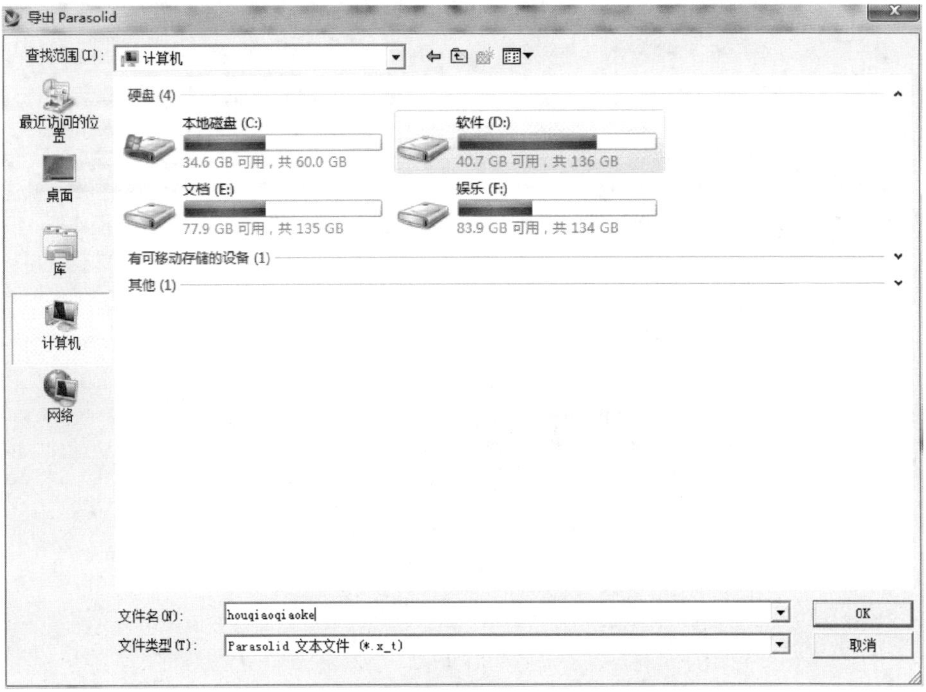

图 6.64　“x_t” 格式文件保存

6.3　典型工况下驱动桥桥壳的静应力分析

典型工况下驱动桥桥壳的静应力分析包括最大垂向力、最大牵引力、最大制动力与最大侧向力 4 种工况下的静应力分析。

桥壳主要包括法兰、弹簧底板、左右半轴套管、上下桥包。其中, 法兰和弹簧底板材料均为 20#, 上下桥包材料为 Q235, 左右半轴套管材料为 40Cr。查机械工程手册可得材料参数如表 6.2 所示。

表 6.2 桥壳部件材料参数

材料	弹性模量 E/MPa	泊松比 μ	密度 $\rho/(\text{kg}\cdot\text{m}^{-3})$	屈服极限 σ_f/MPa
20#	213 000	0.282	7 800	245
40Cr	211 000	0.277	7 870	785
Q235	212 000	0.288	7 860	235

6.3.1 最大垂向力工况下驱动桥桥壳的静应力分析[7]

1) 创建静应力分析项目

打开 ANSYS Workbench14.0 软件, 点击 “ToolBox Analysis” 中的 “Static Structural”, 新建一个静力分析项目, 如图 6.65 所示。

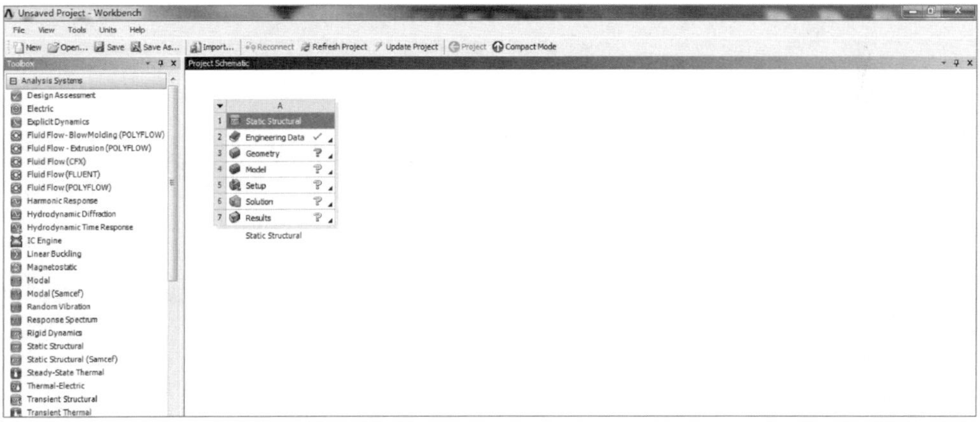

图 6.65 静应力分析项目的生成

2) 模型导入

右击 A 项目栏中的 “Geometry” → “Import Geometry” → “Browse”, 选择先前导出的驱动桥桥壳的 “x_t” 格式文件, 点击 “确定”, 则模型导入成功, 如图 6.66 所示。

3) 模型生成

双击 A 项目栏中的 “Geometry”, 进入 “DM” 界面, 点击左上角的 “Generate”, 将导入的模型生成显示, 如图 6.67 所示。导入的模型有 7Parts 和 7Bodies, 通过按住 “Shift” 键全选 7 个部件, 并点击鼠标右键, 选择 “Form New Part”, 将它们组合成一个整体, 此时模型会变成如图 6.68 所示的 1Part 和 7Bodies。点击右上角的 “关闭” 按钮, 退出 “DM” 界面。

4) 材料设置

(1) 双击 A 项目栏中的 “Engineering Data”, 进入材料设置界面, 如图 6.69 所示。

(2) 右击空白处, 选择 “Engineering Data Sources”, 如图 6.70 所示。

(3) 点击下图框中的 “Click here to add a new library”, 输入材料名称 “20#”, 如图 6.71 所示。

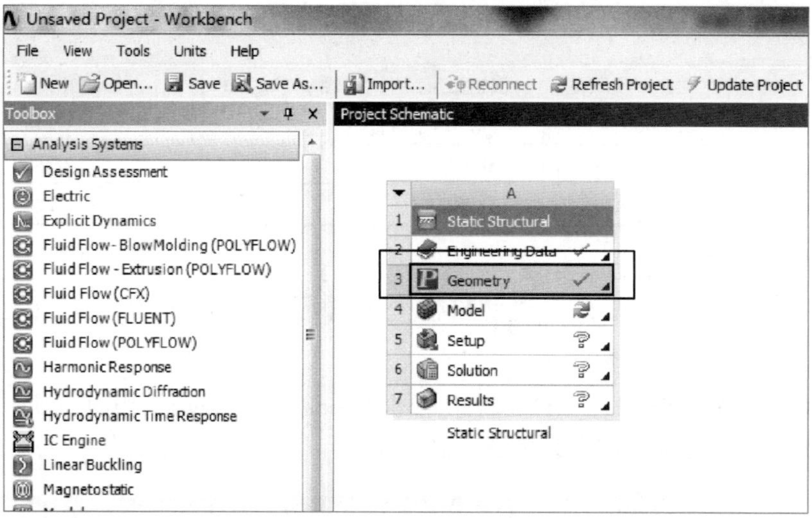

图 6.66　模型导入

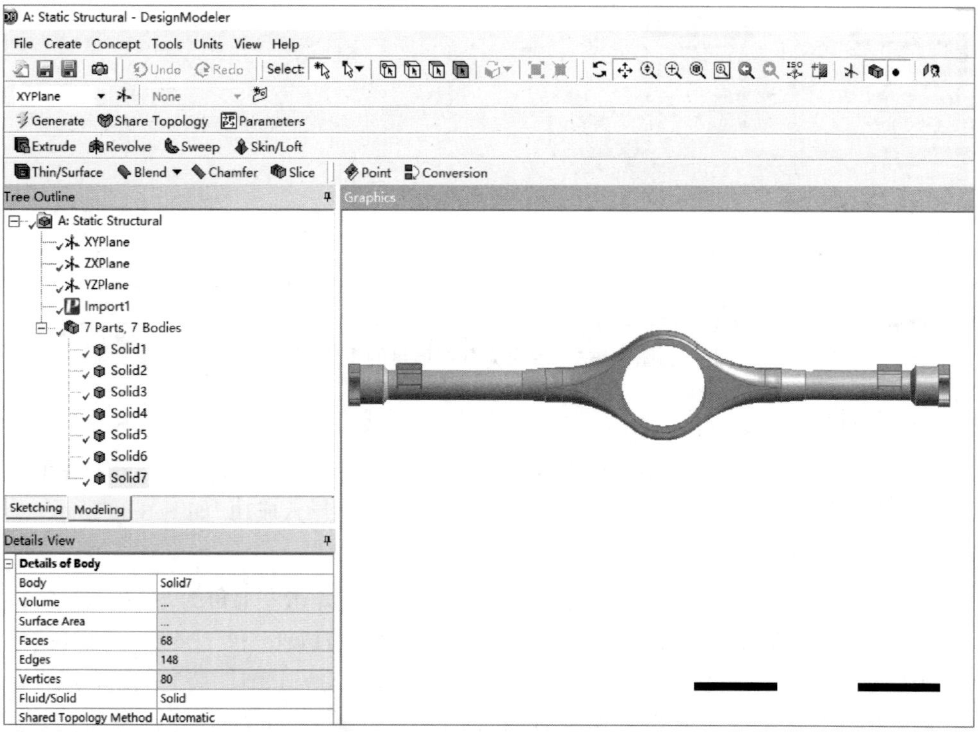

图 6.67　模型的生成

(4) 点击 “Enter” 键, 在弹出 “另存为” 操作框中进行操作, 将建立的新材料保存到之前创建的材料文件夹里 (注意文件夹名称不能出现中文), 点击 “保存”, 完成新材料的添加, 如图 6.72 所示。

(5) 点击 “Outline of 20” 中的 “Click here to add new material”, 输入 “20#”, 点击 “Enter” 键, 如图 6.73 所示。

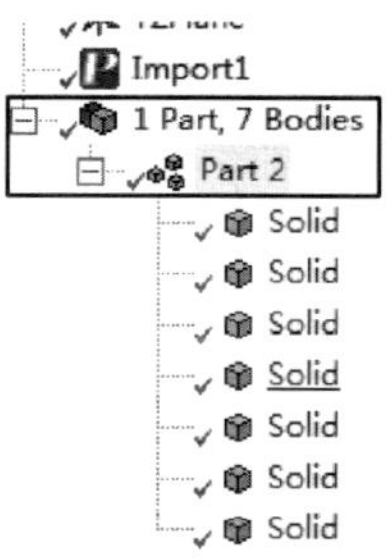

图 6.68　模型生成整体结果

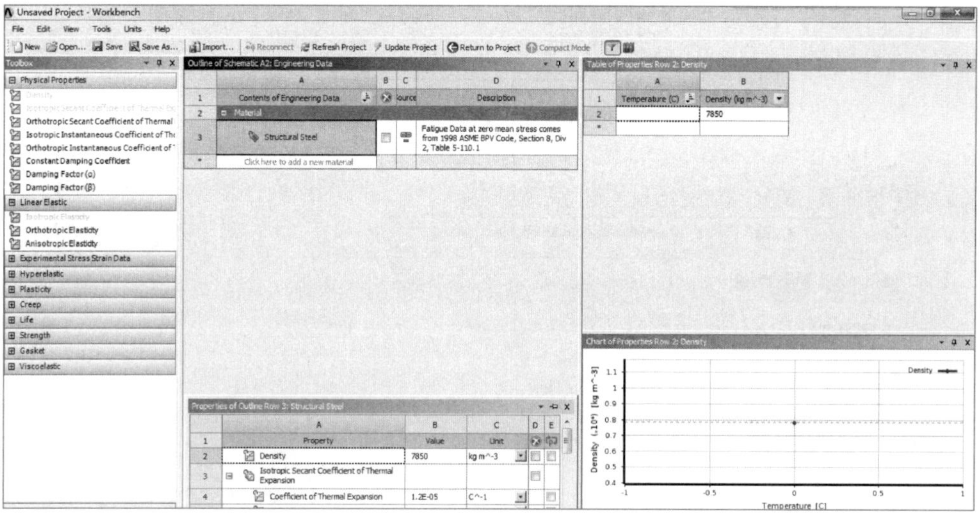

图 6.69　材料设置界面

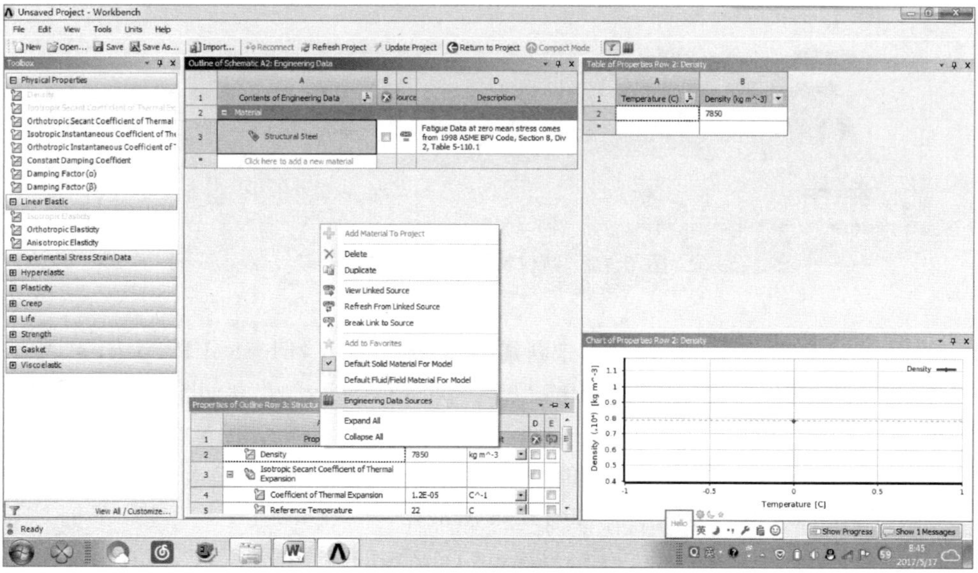

图 6.70　材料设置界面

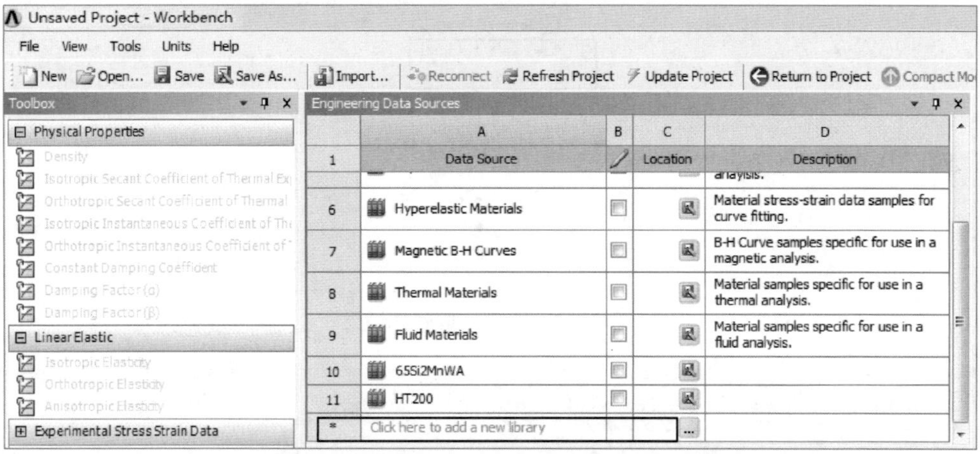

图 6.71 新材料库的添加界面

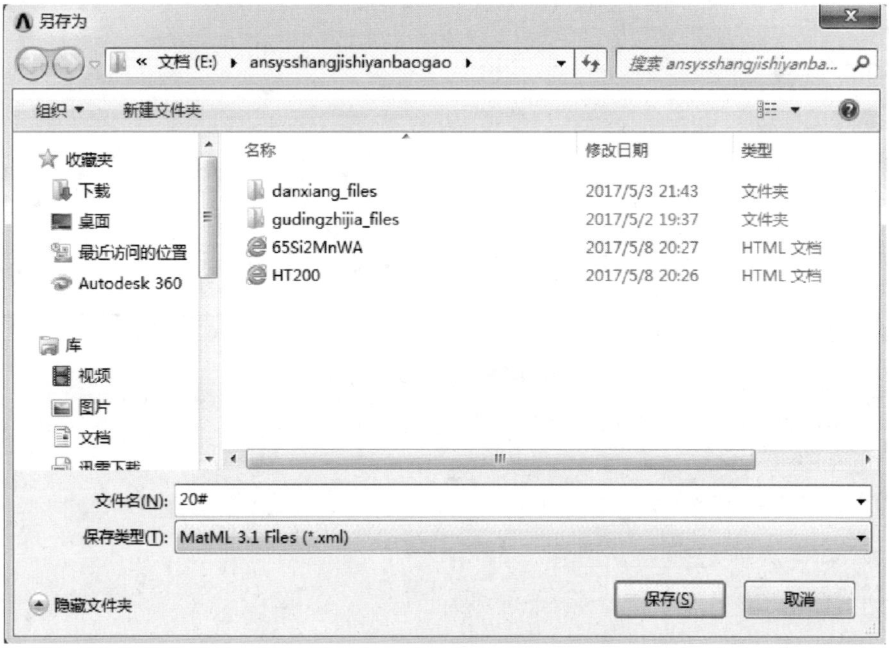

图 6.72 新材料库的保存位置选择

(6) 右键单击 “Outline of 20” 中新建的 “20#”, 点击 “Physical Properties” 中的 “Density” 和 “Linear Elasticity” 中的 “Isotropic Elasticity”, 出现如图 6.74 所示的操作框。

(7) 在 “Density” 中输入密度值, 在 “Young’s Modulus” 中输入弹性模量值, 在 “Poisson’s Ratio” 中输入泊松比, 如图 6.75 所示。

(8) 参数输入完成后, 回到 “Engineering Data Source” 中, 将 “√” 取消, 然后点击旁边的 “保存” 按钮, 材料添加完成, 如图 6.76 所示。

(9) 点击 “Outline of 20” 中的 “+” 号, 将材料添加到分析项目中, 如图 6.77 所示。

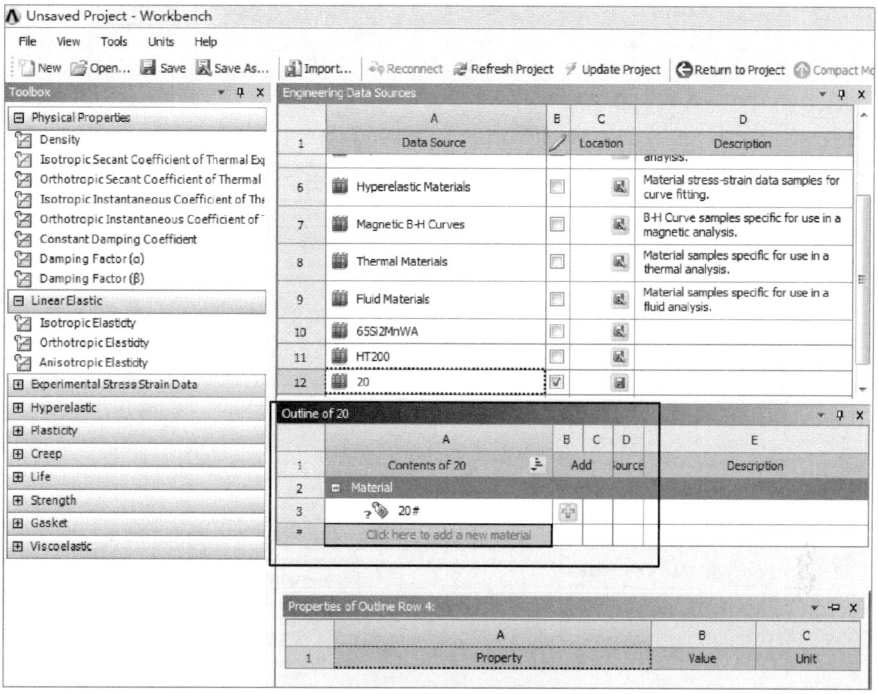

图 6.73 新材料的添加

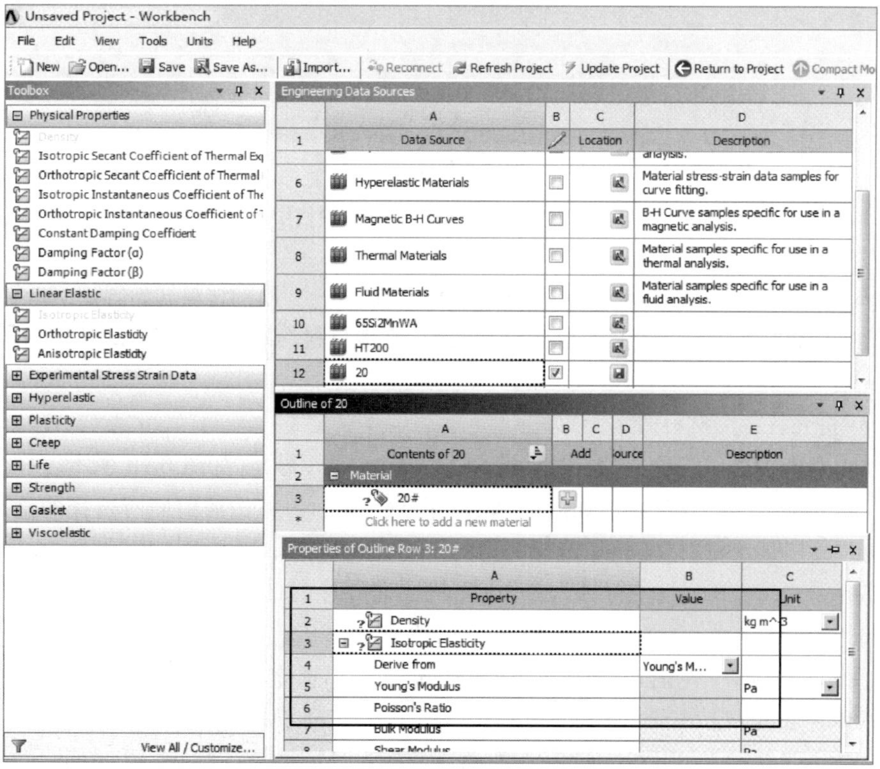

图 6.74 材料相关参数的选择

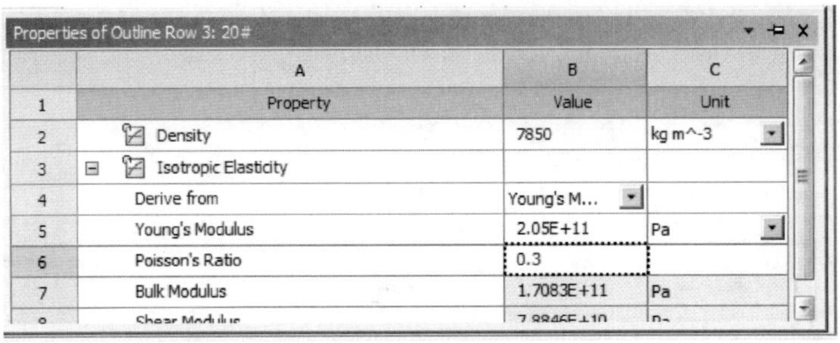

图 6.75　材料相关参数具体数值的添加

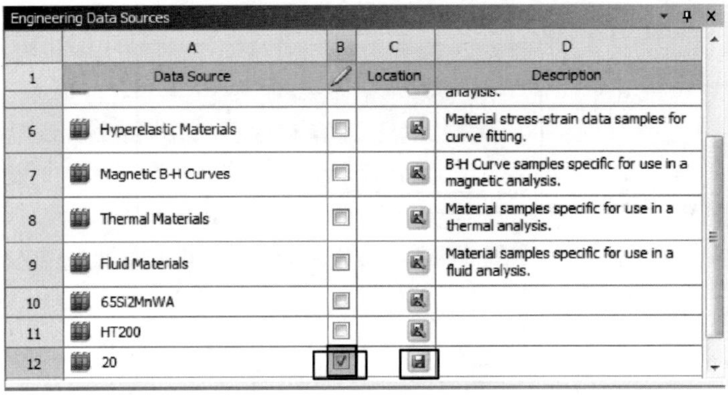

图 6.76　新材料的保存

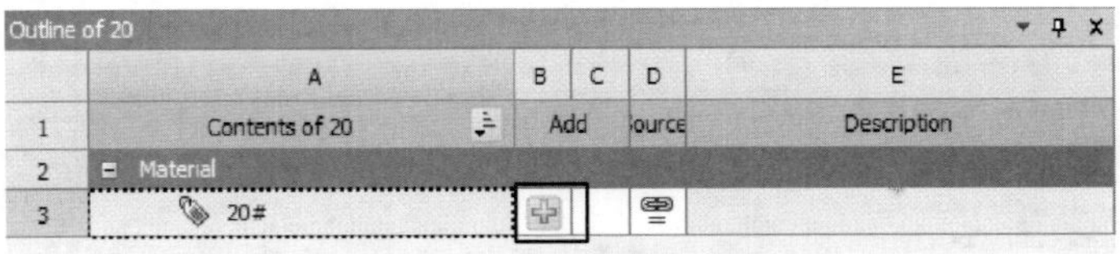

图 6.77　材料添加到分析项目中

(10) 点击空白处, 选择 “Engineering Data Sources”, 回到材料初始界面, 如图 6.78 所示。可以看到新材料 “20#” 已经添加进来, 其他材料的添加与材料 “20#” 的添加流程一样。

5) 桥壳各零件材料的赋予

(1) 双击项目 A 中的 “Model”, 进入 “Mechanical” 界面, 如图 6.79 所示。

(2) 点击 “Outline” 中 “Model (A4)” 的 “Geometry”, 按照前面所选择的给 7 个 “Solid” 分别赋予材料。例如, 选择一个 Solid, 点击 “Detail of “Solid”” 内 “Material” 中 “Assignment” 的 “三角符号”, 在拓展项中选择相应的材料, 如图 6.80 所示。

6) 网格划分

(1) 网格选择 Workbench 自动划分, 单元尺寸选定为 10 mm; “Relevance” 设定为 30。点击 “Outline” 中的 “Mesh”, 在 “Detail of “Mesh”” 中进行相应设置, 在 “Relevance” 处输入 30, “Relevance Center” 选择 “Medium”, “Size/Element Size” 输入 0.01 m, 如图 6.81 所示。

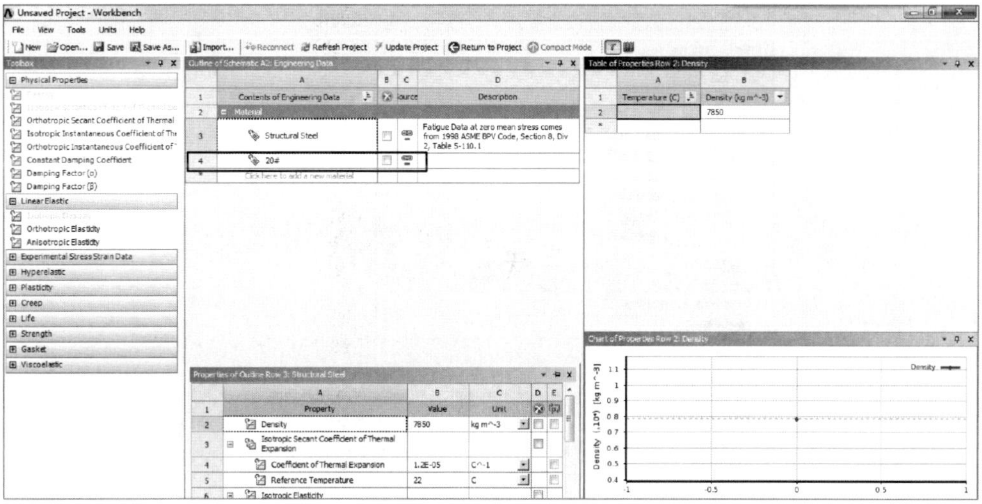

图 6.78　材料初始界面

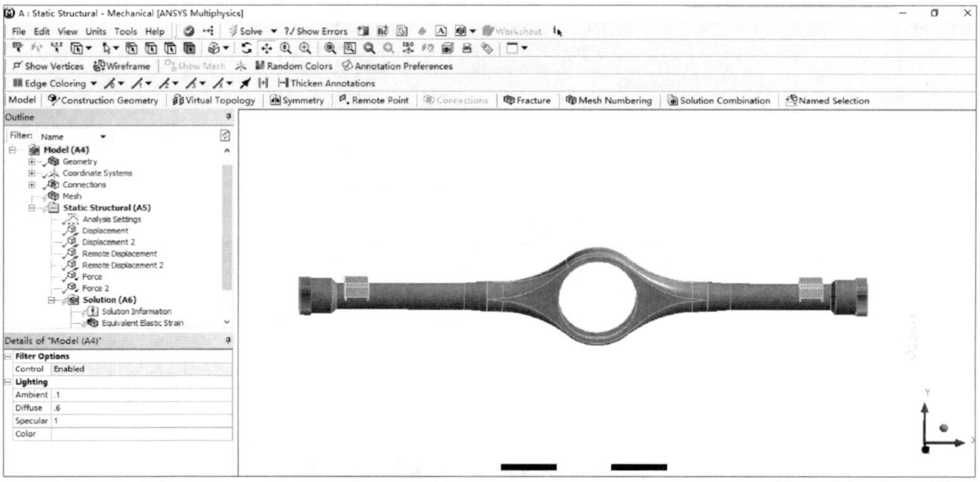

图 6.79　“Mechanical” 界面

(2) 右击 “Mesh” 并在弹出的操作框点击 “Generate Mesh”, 进行 Workbench 网格自动划分, 网格划分结果如图 6.82 所示。

7) 约束处理

对桥壳两端节点处 Y、Z 方向的平动和绕 X 方向的转动进行固定约束, 同时对桥壳中央部分节点处 Y 方向的平动进行固定约束。

(1) 左右半轴约束添加。点击 “Outline” 中的 “Static Structural”, 然后点击 “Displacement”, 选择右半轴法兰的端面, 点击 “Apply”, 完成约束面的选择, 如图 6.83 所示。然后, 在 “Detail of “Displacement”” 中的 Y、Z 处输入 0, 完成约束值的赋予, 如图 6.84 所示。

(2) 点击 “Remote Displacement”, 选择右半轴法兰的端面, 点击 “Apply”, 完成约束面的选择, 如图 6.85 所示。然后, 在 “Detail of “Remote Displacement”” 的

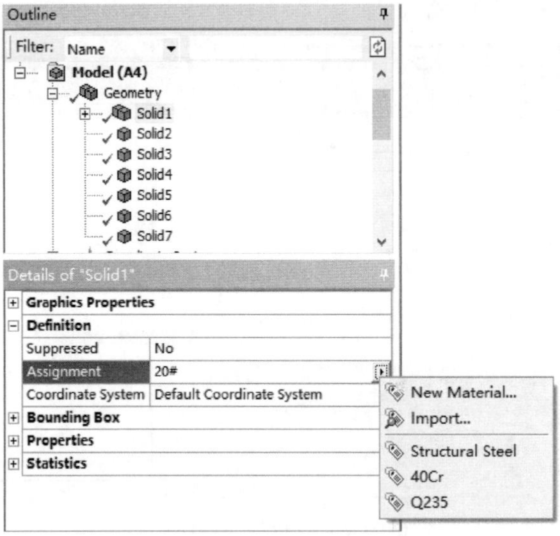

图 6.80 部件材料的赋予

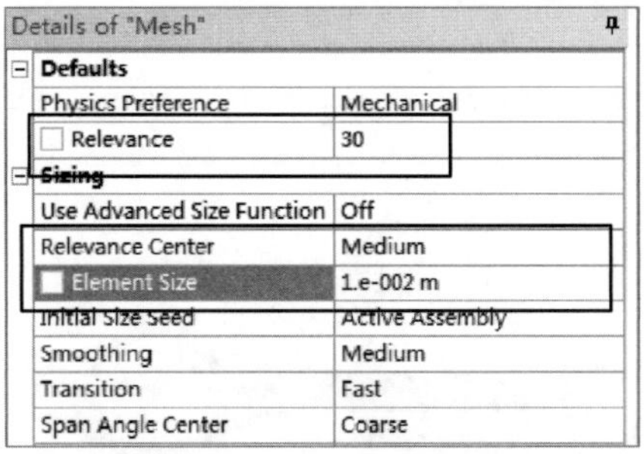

图 6.81 网格相关参数设置

图 6.82 网格划分结果

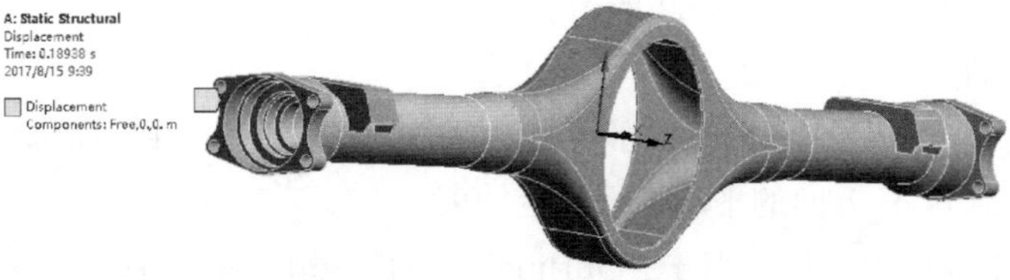

图 6.83 约束面的选择 1

“Definition” 中的 “Rotation X” 处输入 0, 完成约束值的赋予, 如图 6.86 所示。左半轴约束的添加操作与右半轴相同。

(3) 中央壳体部分约束添加。点击 “Displacement”, 选择桥壳中央部分面, 点击

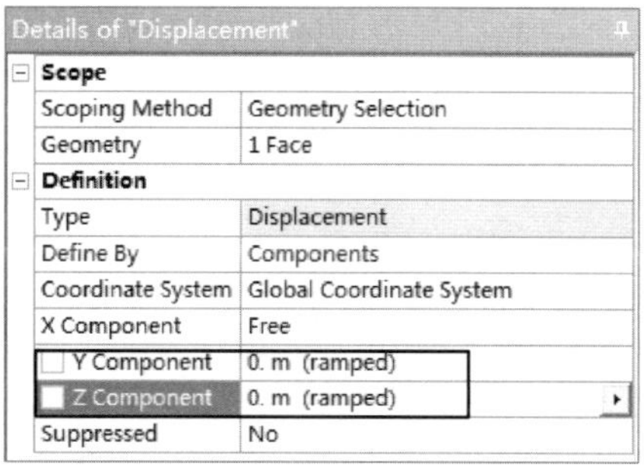

Details of "Displacement"	
Scope	
Scoping Method	Geometry Selection
Geometry	1 Face
Definition	
Type	Displacement
Define By	Components
Coordinate System	Global Coordinate System
X Component	Free
Y Component	0. m (ramped)
Z Component	0. m (ramped)
Suppressed	No

图 **6.84**　相关约束值的赋予

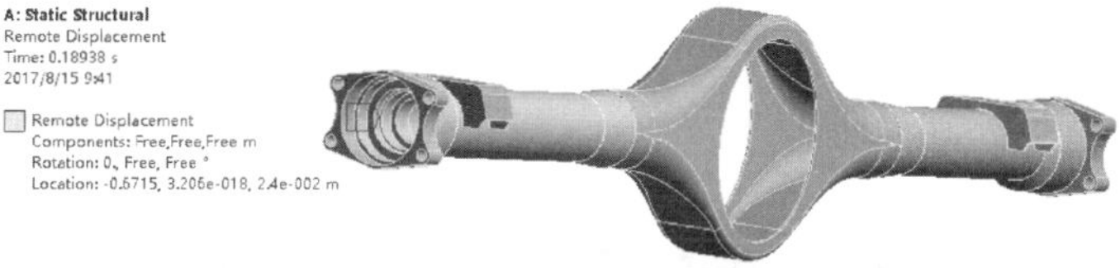

图 **6.85**　约束面的选择 2

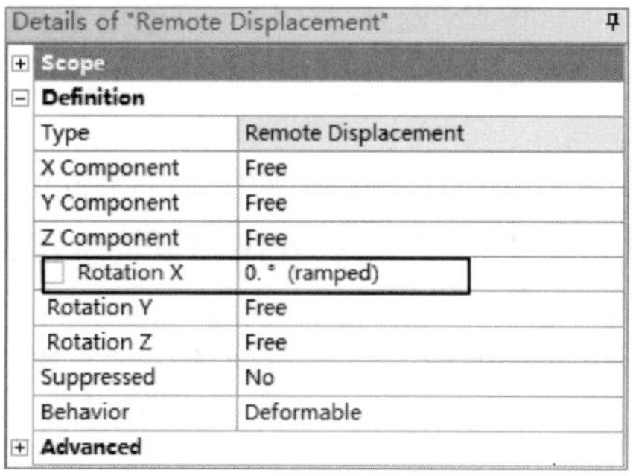

Details of "Remote Displacement"	
Scope	
Definition	
Type	Remote Displacement
X Component	Free
Y Component	Free
Z Component	Free
Rotation X	0. ° (ramped)
Rotation Y	Free
Rotation Z	Free
Suppressed	No
Behavior	Deformable
Advanced	

图 **6.86**　约束值的赋予

“Apply”, 即完成约束面的选择, 如图 6.87 所示。然后, 在 “Detail of “Displacement”” 中的 Y 处输入 0, 完成 Y 方向的平动约束, 如图 6.88 所示。约束添加最终结果如图 6.89 所示。

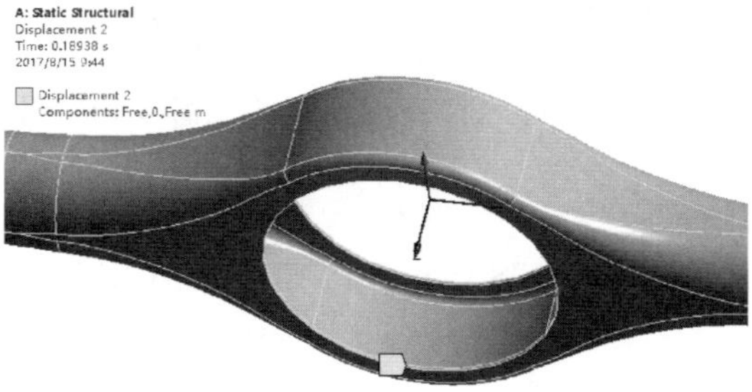

图 **6.87**　约束面的选择 3

Details of "Displacement 3"	
Scope	
Scoping Method	Geometry Selection
Geometry	1 Face
Definition	
Type	Displacement
Define By	Components
Coordinate System	Global Coordinate System
X Component	Free
Y Component	0. m (ramped)
Z Component	Free
Suppressed	No

图 6.88 约束值赋予

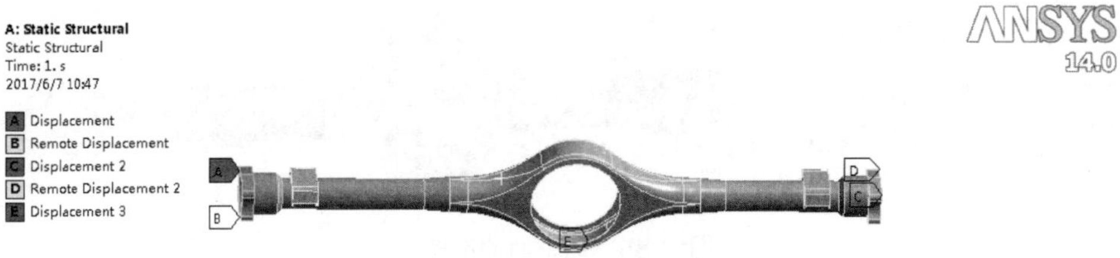

图 6.89 约束添加最终结果

8) 载荷处理

将垂向力添加在左、右半轴套管与板簧座上。右击 “Outline” 里的 “Static Structural”, 依次点击 “Loads” → “Force”, 选择左半轴板簧座表面, 点击 “Apply”, 即完成载荷面的选择, 如图 6.90 所示。然后, 在 “Details of “Force”” 中 “Definition” 处的 “Magnitude” 中输入 13352, 在 “Direction” 处操作完成受力方向的设置, 如图 6.91 所示。右半轴的载荷设置与左半轴操作相同。载荷添加最终结果如图 6.92 所示。

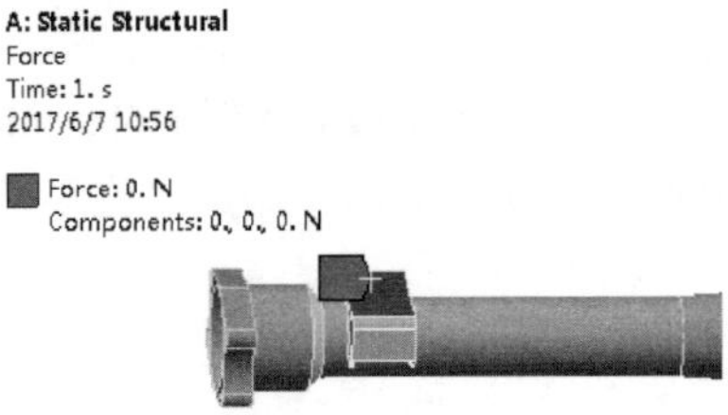

图 6.90 载荷添加面的选择

Details of "Force"	
Scope	
Scoping Method	Geometry Selection
Geometry	1 Face
Definition	
Type	Force
Define By	Vector
Magnitude	13352 N (ramped)
Direction	Click to Change
Suppressed	No

图 6.91 载荷数值赋予

9) 模型求解

右击 “Outline” 中的 “Statica Structural (A5)”, 然后点击 “Solve” 求解模型, 如图 6.93 所示。

10) 结果后处理

(1) 点击 “Outline” 中的 “Solution (A6)”, 点击 “Equivalent Stress” “Equivalent Strain” “Total Deformation”, 如图 6.94 所示。

(2) 后处理求解。在 “Outline” 中右击 “Solution (A6)”, 然后点击 “Evaluat All

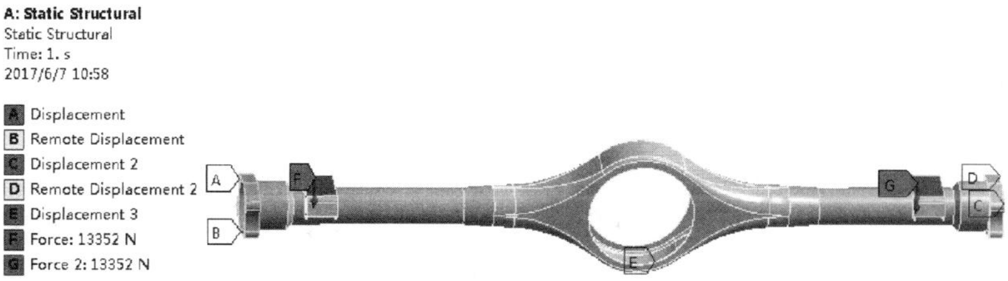

图 6.92 载荷添加最终结果

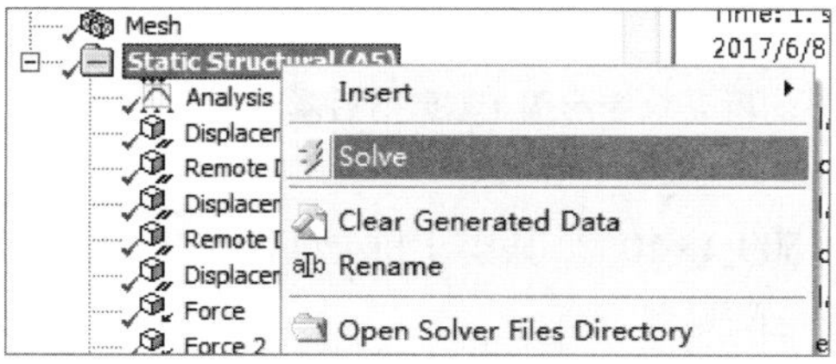

图 6.93 模型求解

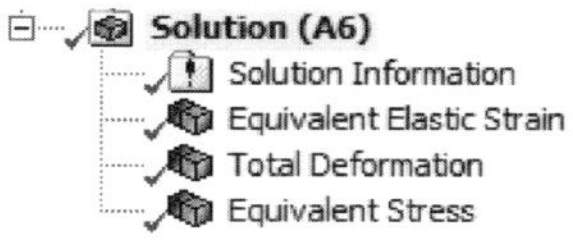

图 6.94 模型后处理项目选择

Results”, 求解结果如图 6.95 ~ 图 6.97 所示。

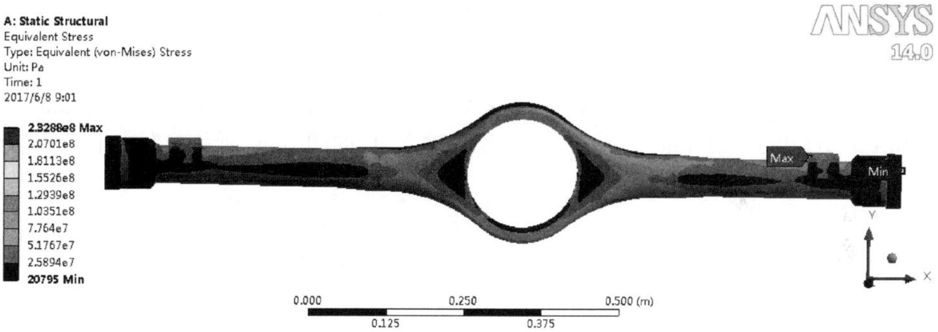

图 6.95 最大垂向力工况下的桥壳应力图 (参见书后彩图)

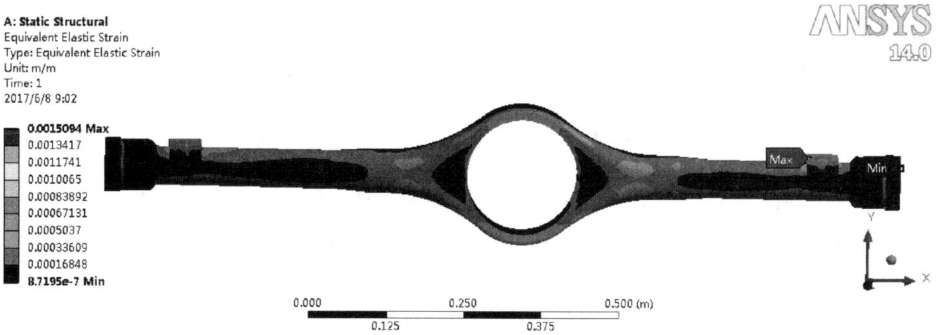

图 6.96 最大垂向力工况下的桥壳应变图 (参见书后彩图)

如图 6.95 所示, 在最大垂向力工况下, 桥壳最大应力位于弹簧底板处, 为 232.88 MPa, 其小于弹簧底板材料 20# 允许的极限应力, 满足强度要求。如图 6.96 所

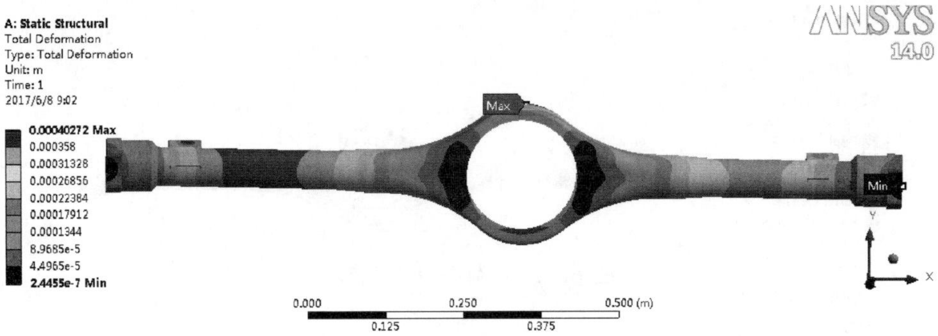

图 6.97 最大垂向力工况下的桥壳总变形图 (参见书后彩图)

示, 最大垂向力工况下的最大应变量为 1.509 4$\times 10^{-3}$, 其小于桥壳实验要求的垂直弯曲静刚度最大变形量 2.20$\times 10^{-3}$, 所以刚度也满足要求。

6.3.2 最大牵引力工况下驱动桥桥壳的静应力分析

1) 约束处理

对板簧座 X、Y、Z 3 个方向的平动和绕 X 方向的转动进行约束。

(1) 点击 “Outline” 中的 “Static Structural”, 然后依次点击 “Supports-Displacement”, 选择左半轴板簧座表面, 点击 “Apply”, 完成约束面的选择, 如图 6.98 所示。然后, 在 “Detail of “Dideplacement”” 的 X、Y、Z 处输入 0, 如图 6.99 所示。右半轴的约束操作与左半轴相同。

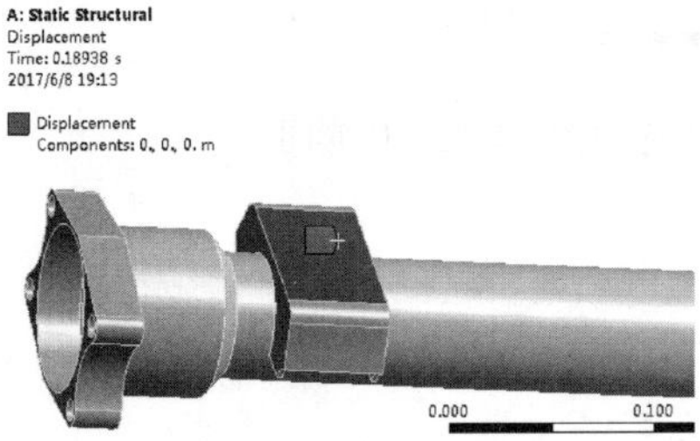

图 6.98 约束面的选择

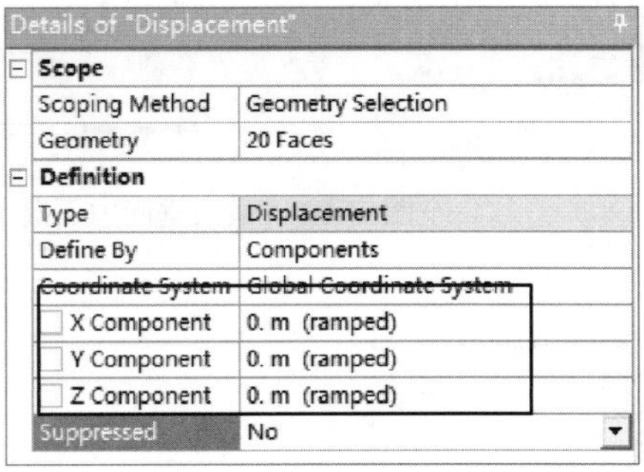
Details of "Displacement"

Scope	
Scoping Method	Geometry Selection
Geometry	20 Faces
Definition	
Type	Displacement
Define By	Components
Coordinate System	Global Coordinate System
X Component	0. m (ramped)
Y Component	0. m (ramped)
Z Component	0. m (ramped)
Suppressed	No

图 6.99 约束值赋予

(2) 点击 “Remote Displacement”, 选择左半轴板簧座的表面, 点击 “Apply”, 完成约束面的选择, 如图 6.100 所示。然后, 在 “Detail of “Remote Dideplacement”” 的 “Definition” 中的 “Rotation X” 处输入 0, 如图 6.101 所示。右半轴约束的添加操作与左半轴相同。

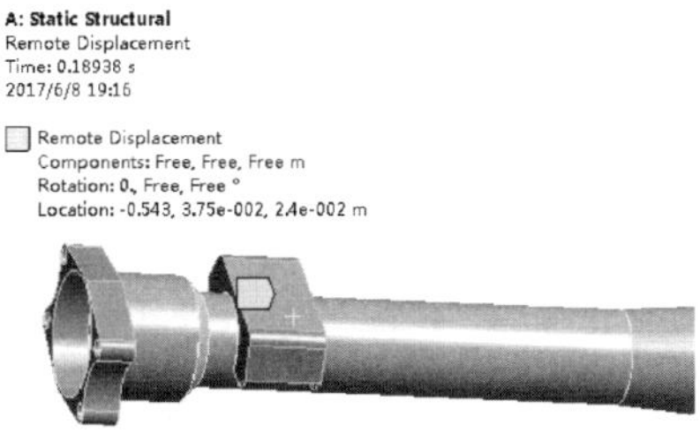

图 6.100 约束面的选择

Details of "Remote Displacement"

Scope	
Definition	
Type	Remote Displacement
X Component	Free
Y Component	Free
Z Component	Free
Rotation X	0. ° (ramped)
Rotation Y	Free
Rotation Z	Free
Suppressed	No
Behavior	Deformable
Advanced	

图 6.101 约束值的赋予

2) 载荷处理

垂向力添加在桥壳两端节点处, 同时在该处添加与跨界车运动方向相同的最大牵引力。

(1) 依次点击 “Loads” → “Force”, 选择左半轴法兰端面, 点击 “Apply”, 即完成载荷面的选择, 如图 6.102 所示。然后, 在 “Detail of “Force”” 的 “Definition” 中的 “Define by” 处选择 “Components”, “Y Component” 处输入 “–6409.2”, 如图 6.103 所示。最后, 在 “Tabular Data” 中进行相应的操作, 完成垂向力的添加, 如图 6.104 所示。右半轴与左半轴操作相同。

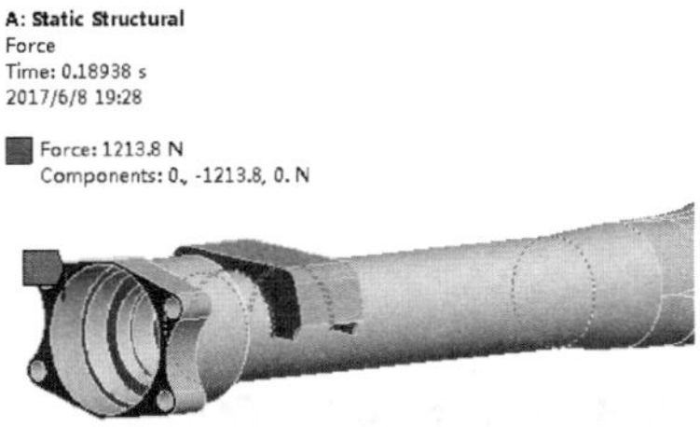

图 6.102 载荷面的选择

Details of "Force"

Scope	
Scoping Method	Geometry Selection
Geometry	1 Face
Definition	
Type	Force
Define By	Components
Coordinate System	Global Coordinate System
X Component	0. N (ramped)
Y Component	-6409.2 N (ramped)
Z Component	0. N (ramped)
Suppressed	No

图 6.103 载荷值赋予

Tabular Data

	Steps	Time [s]	X [N]	Y [N]	Z [N]
1	1	0.	0.	-6409.2	0.
2	1	1.	0.	-6409.2	0.
*					

图 6.104 载荷值调整

(2) 依次点击 “Loads” → “Force”, 选择左半轴法兰端面, 点击 “Apply”, 完成载荷面的选择, 如图 6.105 所示。然后, 在 “Detail of “Force”” 的 “Definition” 中的 “Define by” 处选择 “Components”, “Z Component” 处输入 “3655.6”, 如图 6.106 所示。最后, 在 “Tabular Data” 中进行相应的操作, 完成牵引力的添加, 牵引力方向沿 Z 正方向。右半轴操作与左半轴相同, 约束与载荷添加后的结果如图 6.107 所示。

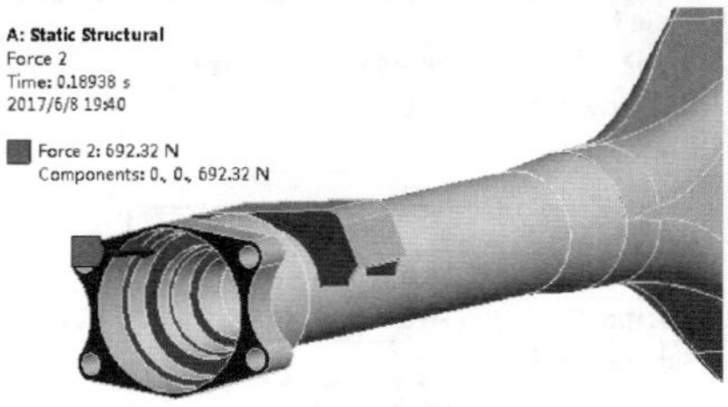

图 6.105　载荷面的选择

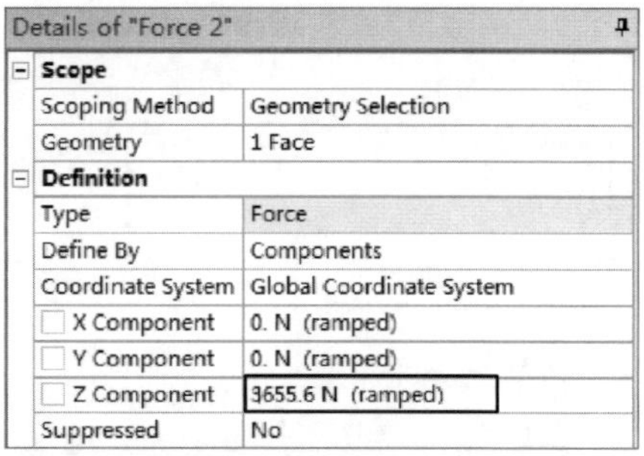

图 6.106　载荷值的赋予

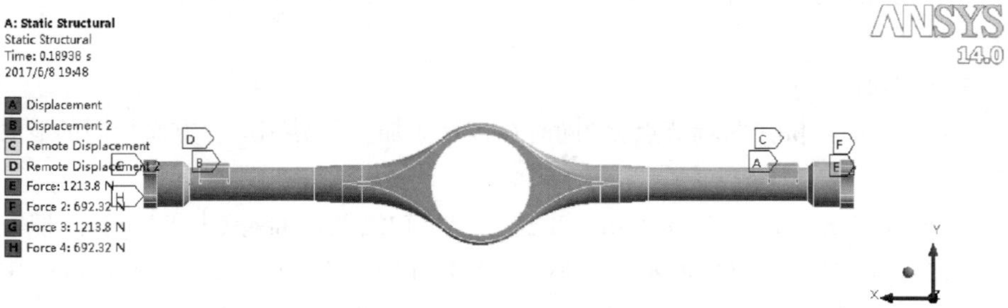

图 6.107　约束与载荷添加后的结果图

3) 后处理操作

最大牵引力工况的后处理操作与最大垂向力工况的后处理操作相同, 结果如图 6.108 ~ 图 6.110 所示。

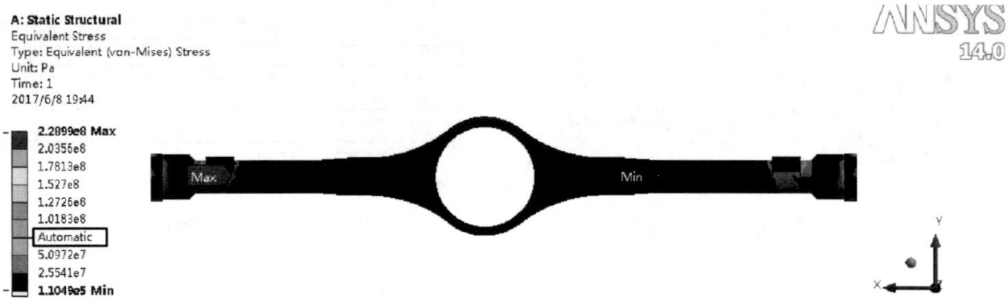

图 6.108　最大牵引力工况下的桥壳应力图 (参见书后彩图)

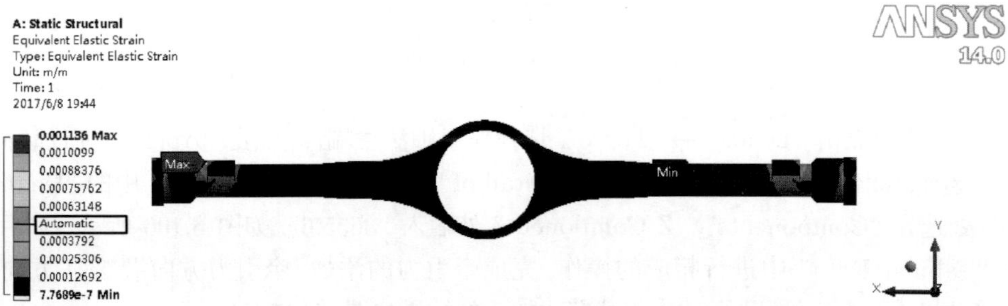

图 6.109　最大牵引力工况下的桥壳应变图 (参见书后彩图)

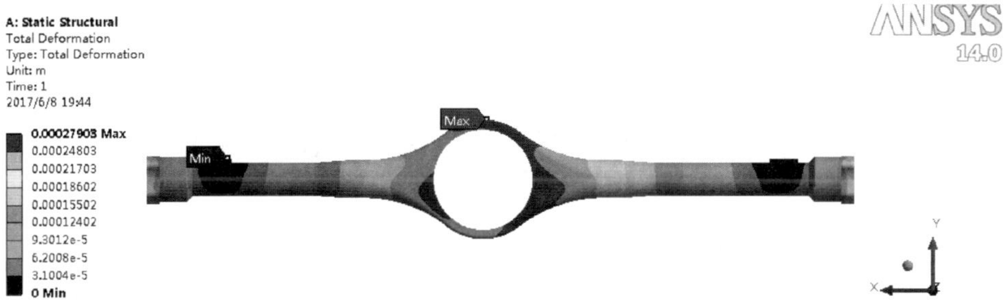

图 6.110 最大牵引力工况下的桥壳总变形图 (参见书后彩图)

如图 6.108 所示, 最大牵引力工况下, 桥壳最大应力位于弹簧底板与半轴相交处, 为 228.99 MPa, 该值小于弹簧底板材料 20# 及半轴材料 40Cr 允许的极限应力, 故满足强度要求。如图 6.109 所示, 最大牵引力工况下的最大应变量为 1.136×10^{-3}, 满足刚度要求。

6.3.3 最大制动力工况下驱动桥桥壳的静应力分析

1) 约束处理

板簧座 X、Y、Z 3 个方向的平动和绕 X 方向的转动进行约束, 操作步骤与最大牵引力工况操作相同。

2) 载荷处理

垂向力添加在桥壳两端法兰端面处, 大小为 4 272.8 N; 同时, 在该处添加与跨界车运动方向相反的最大制动力, 大小为 3 418.2 N。操作步骤与最大牵引力工况操作基本相同, 差别之处是制动力方向沿 X 负方向。约束与载荷添加后的结果如图 6.111 所示。

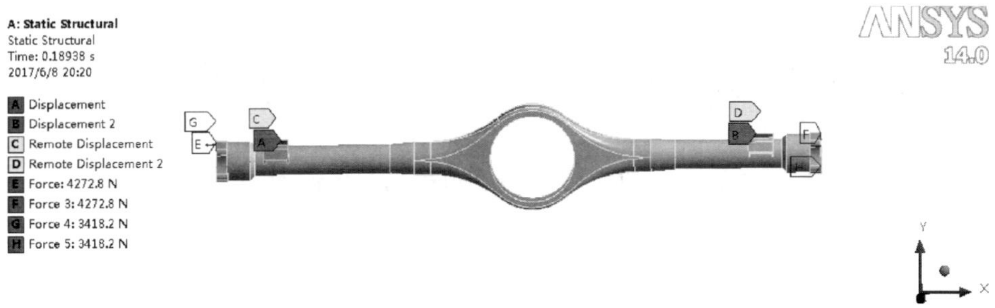

图 6.111 最大制动力工况的约束与载荷添加结果图

3) 后处理操作

后处理操作与最大垂向力工况的操作相同, 结果如图 6.112 ~ 图 6.114 所示。

如图 6.112 所示, 在最大制动力工况下, 桥壳最大应力位于弹簧底板与半轴交接处, 为 159.05 MPa, 其小于弹簧底板材料 20# 及半轴材料 40Cr 允许的极限应力, 故满足强度要求。如图 6.113 所示, 最大制动力工况下的最大应变量为 $0.746\ 73\times10^{-3}$, 满足刚度要求。

图 6.112　最大制动力工况下的桥壳应力图 (参见书后彩图)

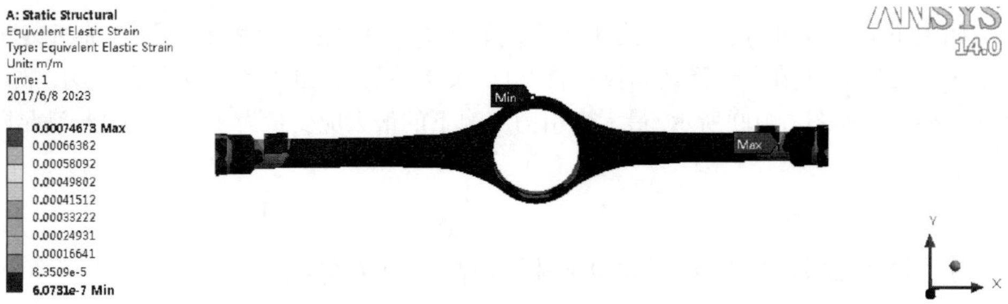

图 6.113　最大制动力工况下的桥壳应变图 (参见书后彩图)

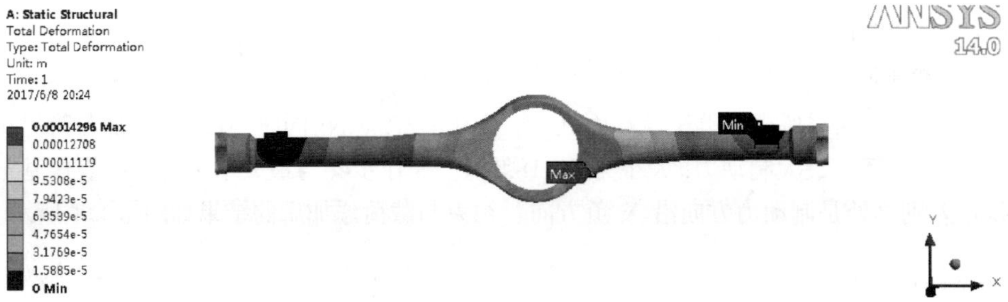

图 6.114　最大制动力工况下的桥壳总变形图 (参见书后彩图)

6.3.4　最大侧向力工况下驱动桥桥壳的静应力分析

1) 约束处理

对左半轴板簧座的 X、Y、Z 3 个方向的平动和绕 X 方向的转动进行固定约束, 同时对右侧半轴板簧座 Y、Z 方向的平动和绕 X 方向的转动进行固定约束, 操作与以上 3 种工况相同。

2) 载荷处理

垂向力施加在桥壳左侧法兰端面处, 大小为 10 682 N; 同时, 最大侧向力也施加在该处的水平方向, 即 X 的负方向, 大小为 10 682 N, 操作与以上 3 种工况相同。约束与载荷添加后的结果如图 6.115 所示。

3) 后处理操作

后处理操作与最大垂向力工况相同, 结果如图 6.116 ~ 图 6.118 所示。

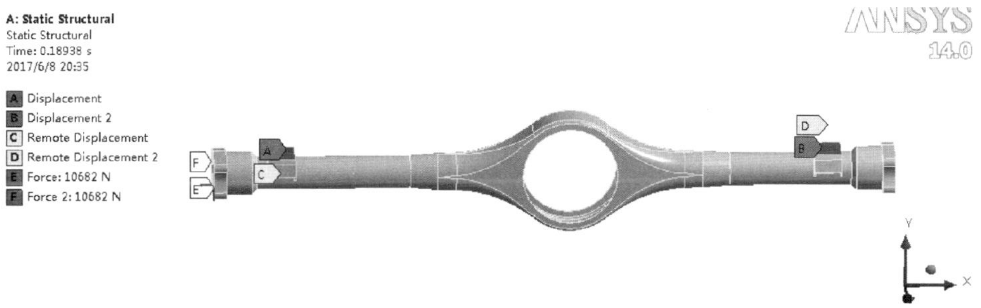

图 6.115 最大侧向力工况的约束与载荷添加结果图

图 6.116 最大侧向力工况下的桥壳应力图 (参见书后彩图)

图 6.117 最大侧向力工况下的桥壳应变图 (参见书后彩图)

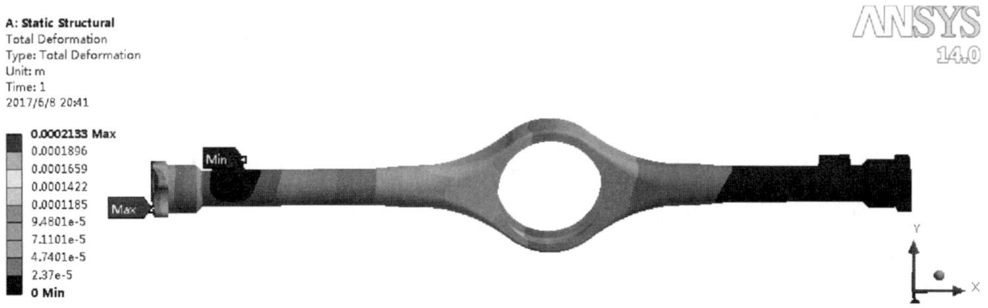

图 6.118 最大侧向力工况下的桥壳总变形图 (参见书后彩图)

如图 6.116 所示, 在最大侧向力工况下, 桥壳最大应力位于半轴处, 为 276.09 MPa, 该值小于弹簧底板材料 40Cr 允许的极限应力, 故满足强度要求。如图 6.117 所示, 最大侧向力工况下的最大应变量为 $1.643\ 4\times10^{-3}$, 满足刚度要求。

6.4 驱动桥桥壳的模态分析

采用传统的有限元分析软件 ANSYS Workbench 对桥壳进行模态分析, 分析流程为: 几何模型的导入 → 几何模型的前处理 → 有限元模型的建立 → 模态分析参数设置 → 后处理[8]。

6.4.1 自由模态分析

1) 创建模态分析项目

打开 ANSYS Workbench 14.0, 进入主界面后点击 “Toolbox” 下的 “Analysis System”, 双击 “Analysis System” 中的 “Modal”, 生成模态分析项目, 材料的设置与模型的导入与 6.3 节中静应力分析相同, 如图 6.119 所示。

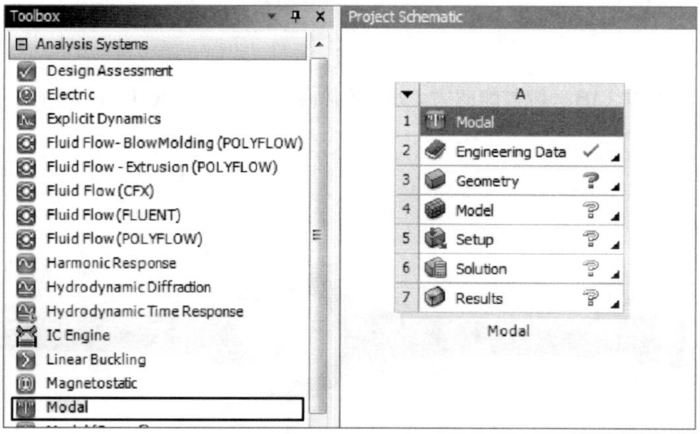

图 6.119 模态分析项目创建

2) 各部件材料赋予

单击项目 A 中的 “Model” 进入 “Mechanical” 界面, 点击 “Geometry” 下给各部件赋予相应的材料, 操作与静应力分析操作相同, 如图 6.120 所示。

3) 网格划分

(1) 网格划分方法的插入。在 “Outline” 中右击 “Mesh”, 然后依次点击 “Insert” → “Method”, 如图 6.121 所示。

(2) 网格划分方法的选择。选择整个驱动桥部件, 点击 “Apply” 完成选择, 如图 6.122 所示; 接着在 “Definition” 中的 “Method” 处选择 “Hex Dominant”, 完成六面体网格划分方法的选择, 如图 6.123 所示。

(3) 网格参数设置。在 “Outline” 中点击 “Mesh”, 在 “Detail of“Mesh”” 中进行如图 6.124 所示的操作, 即 “Relevance” 处输入 30, “Relevance Center” 中选择 “Medium”, “Element Size” 处输入 0.01。

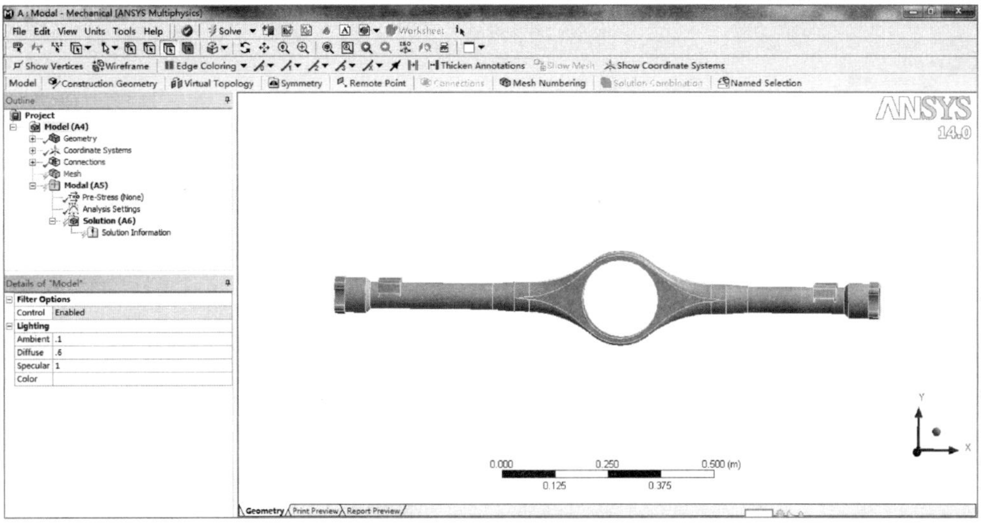

图 6.120　材料赋予

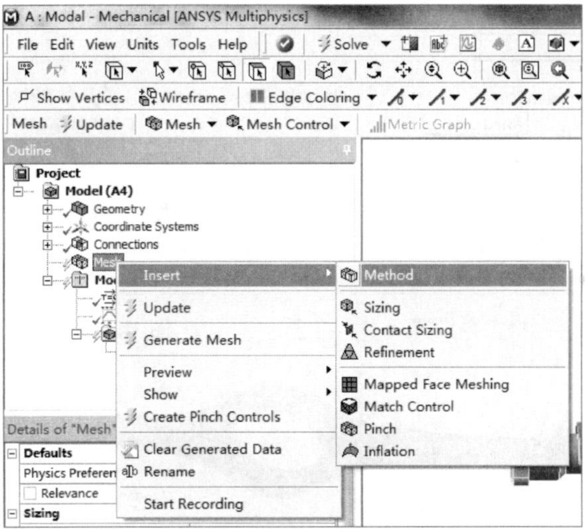

图 6.121　网格划分方法的插入

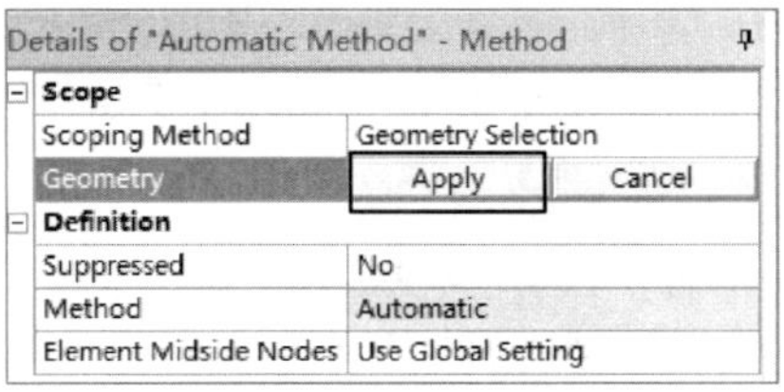

图 6.122　网格划分方法的选择

(4) 网格求解。在 “Outline” 中右击 “Mesh” 然后点击 “Generate Mesh”, 进行网格求解, 如图 6.125 所示, 结果如图 6.126 所示。

4) 求解

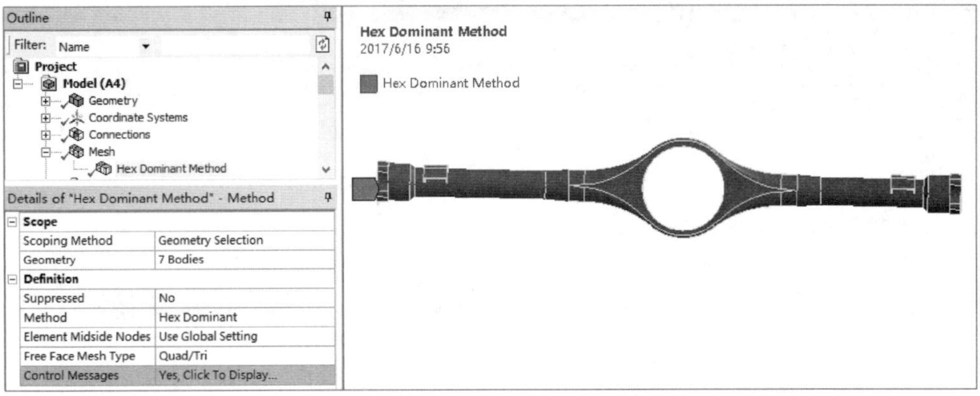

图 6.123　网格划分方法的选择结果

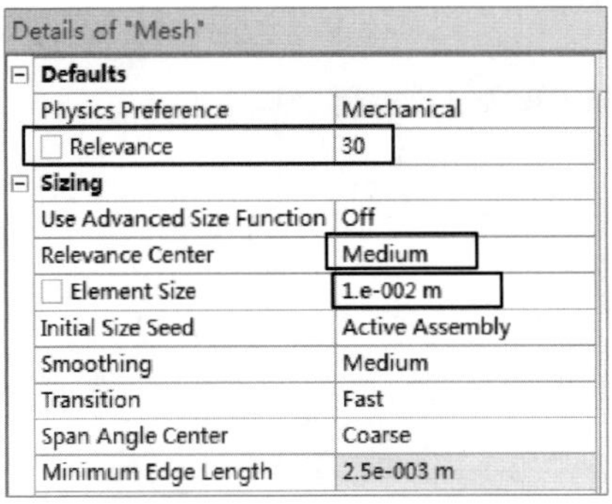

图 6.124　网格参数设置

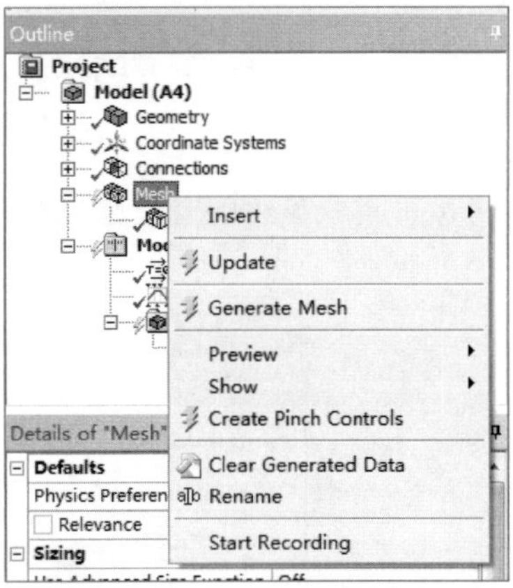

图 6.125　网格求解操作

图 6.126　模态分析网格图

单击 “Modal (A5)”, 在 “Analysis Settings” 中设置模态阶数为 20, 其他系统默认。右击 “Modal”, 然后点击 “Solve” 求解模型, 如图 6.127 所示。

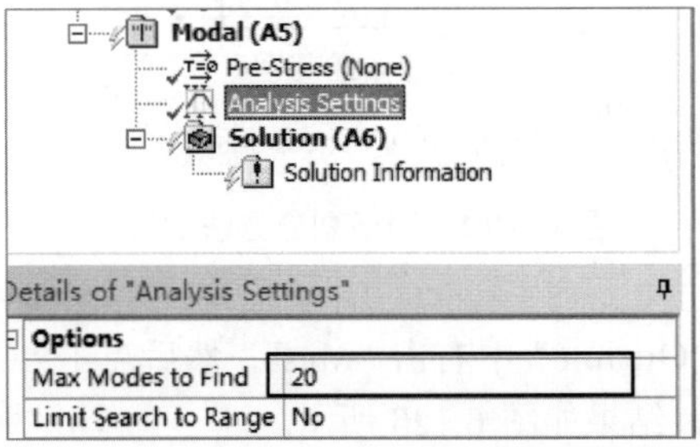

图 6.127　求解阶数设置

5) 求解结果

求解后的模态各阶频率如图 6.128 所示。从图 6.128 中可知, 前 3 阶固有频率为 0, 4、5、6 阶固有频率近似于 0, 说明桥壳在前 6 阶时做刚体移动。从第 7 阶开始, 桥壳的各阶模态频率都在 79.258 Hz 以上, 而路面的激振频率以及汽车振动系统自身的频率一般为 0.5~25.0 Hz, 该桥壳的固有频率不在这个范围内, 表明来自路面的外部激励不会导致桥壳的共振, 同时桥壳的振动不会引起跨界车的共振。

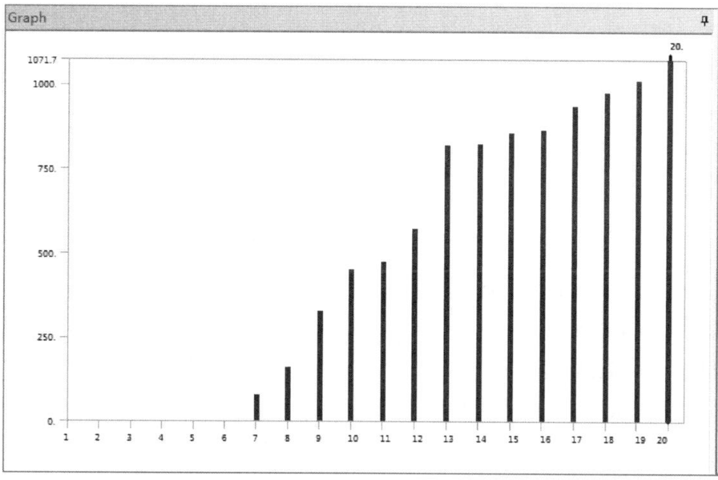

Tabular Data

	Mode	Frequency [Hz]
1	1.	0.
2	2.	0.
3	3.	0.
4	4.	1.2058e-003
5	5.	2.3469e-003
6	6.	3.0084e-003
7	7.	79.258
8	8.	160.99
9	9.	324.81
10	10.	449.95
11	11.	472.52
12	12.	569.79
13	13.	819.02
14	14.	820.82
15	15.	853.
16	16.	864.22
17	17.	934.
18	18.	974.9
19	19.	1009.3
20	20.	1071.7

图 6.128 求解后的模态各阶频率直方图

6.4.2 约束模态分析

约束模态分析的操作步骤包括创建模态分析项目、几何模型导入、各部件材料赋予、网格划分 (包括网格方法的插入与选择、网格参数设置、网格求解)、模态求解阶数的设置以及结果求解, 这与自由模态的操作步骤一致, 唯一的不同是约束模态要添加相关的约束。此次约束模态分析以最大垂向力工况为例, 模型的约束添加与最大垂向力工况的约束添加一致。

1) 网格划分

网格的划分操作步骤与自由模态约束的网格划分操作步骤一致, 具体可参见自由模态。网格划分结果如图 6.129 所示。

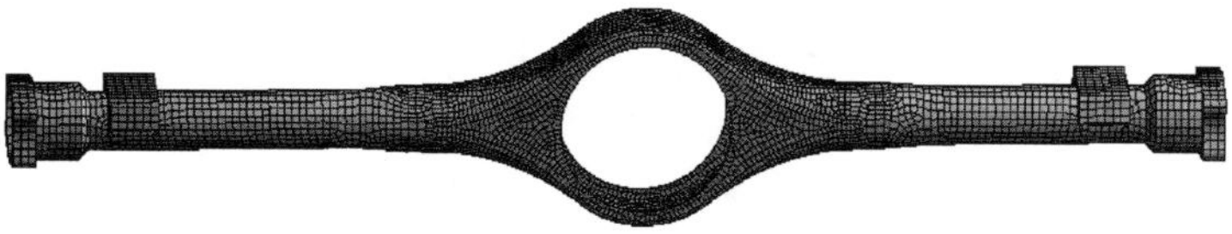

图 6.129 约束模态网格划分结果

2) 约束添加

因为是以最大垂向力工况为例, 所以约束添加的操作步骤与 6.3.1 节最大垂向力工况下驱动桥桥壳的静应力分析的约束添加操作步骤一致。约束添加结果如图 6.130 所示。

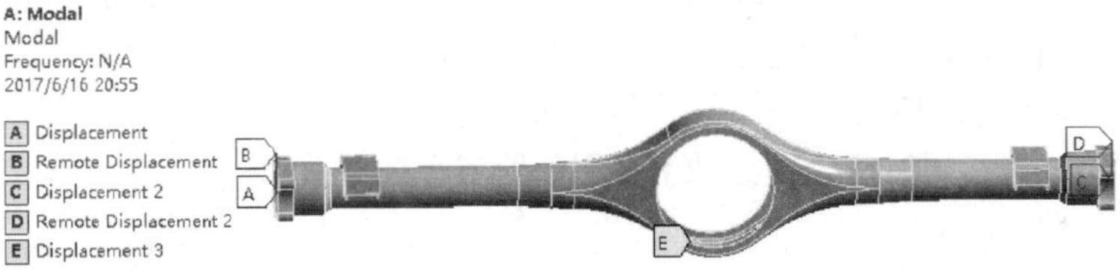

图 6.130 约束模态分析约束添加结果

3) 求解结果

模型的求解步骤与自由模态求解步骤一致, 求解结果如图 6.131 所示。

从图 6.131 中可知, 第 1 阶固有频率近似为 0, 从第 2 阶开始, 桥壳的各阶模态频率都在 61.906 Hz 以上, 而路面的激振频率以及汽车振动系统自身的频率一般为 0.5~25.0 Hz, 该桥壳的固有频率不在这个范围内, 表明来自路面的外部激励不会导致桥壳的共振, 同时桥壳的振动不会引起跨界车的共振。另外, 对比图 6.128 与图 6.131 可知, 约束模态的各阶固有频率都比自由模态的大。

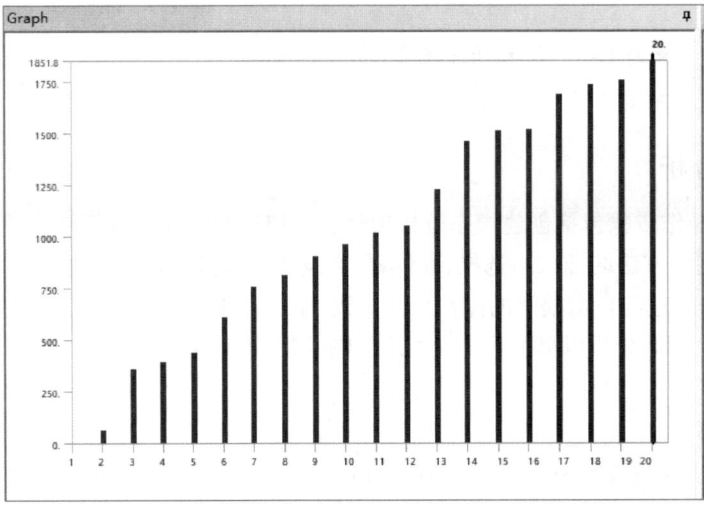

Tabular Data

	Mode	Frequency [Hz]
1	1.	1.8779e-003
2	2.	61.906
3	3.	357.72
4	4.	394.7
5	5.	438.02
6	6.	610.2
7	7.	757.46
8	8.	812.27
9	9.	905.58
10	10.	962.17
11	11.	1015.7
12	12.	1053.4
13	13.	1229.6
14	14.	1458.3
15	15.	1509.6
16	16.	1513.9
17	17.	1687.9
18	18.	1730.
19	19.	1756.9
20	20.	1851.8

图 6.131 求解后的模态各阶频率直方图

参考文献

[1] 刘惟信. 汽车设计 [M]. 北京: 清华大学出版社, 2008.

[2] 陈家瑞. 汽车构造: 下册 [M]. 2 版. 北京: 机械工业出版社, 2005.

[3] 游鹏超. 微车后桥壳声–固耦合振动及轻量化研究 [D]. 武汉: 武汉理工大学, 2014.

[4] 饶东杰. 微车后桥桥壳结构分析及轻量化研究 [D]. 武汉: 武汉理工大学, 2013.

[5] 徐劲力, 罗文欣, 饶东杰, 等. 基于 Workbench 对微车后桥桥壳的轻量化研究 [J]. 图学学报, 2015, 36(1): 128-132.

[6] 张冰. UG NX 8.0 实用教程 [M]. 北京: 北京理工大学出版社, 2014.

[7] 凌桂龙, 丁金滨, 温正. ANSYS Workbench 13.0 从入门到精通 [M]. 北京: 清华大学出版社, 2012.

[8] 何锡进. 微车后桥振动噪声与动力学特性研究 [D]. 武汉: 武汉理工大学, 2011.

第 7 章 跨界车 NVH 性能测试系统及测试案例

7.1 便携式跨界车噪声综合测试系统及测试案例[1−7]

7.1.1 便携式跨界车噪声综合测试系统介绍

1. 测试系统的主要功能

1) 时域分析

时域分析, 以时间为自变量, 即横轴是时间, 纵轴是信号的变化, 其动态信号 $x(t)$ 是描述信号在不同时刻取值的函数, 由此可以得到时间与驱动桥振动之间的关系, 即信号的波形图。

2) 频域分析

频域分析, 以频率为自变量, 即横轴是频率, 纵轴是该频率信号的幅度, 也就是通常使用的频谱图。频谱图描述了信号的频率与该频率信号振动幅度的关系。使用频谱图能方便地读出某一个频率下对应的振动幅值, 便于分析引起振动的各种频率成分。根据频域图可以看出在哪一个频率段出现振动的最大值, 进而通过该频率段分析振动的原因。

3) 转速 (或速度) 与幅值的关系曲线分析

转速 (或速度) 与幅值的关系曲线, 即跨界车主减速器的转速 (或速度) 与驱动桥主减速器振动之间的关系, 可以反映出被测试对象的振动情况, 根据该曲线可进行质量高低的判断。

2. 测试系统的组成

1) 系统的硬件部分

系统的硬件由计算机、数据采集器、前置器 (电荷、电压放大器, 调理仪等)、传感器、连接电缆等组成。其中, 传感器包括光电传感器和加速度传感器: 光电传感器用来测量主减速器的转速; 加速度传感器测试振动加速度的大小。硬件部分的主体 (仪器箱) 如图 7.1 所示, 系统附件如图 7.2 ~ 图 7.7 所示。

2) 系统的软件组成

系统的软件用 C++ Builder 工具开发, 严格遵循软件工程标准流程, 界面人性化、便于操作, 具有信号采集, 以及显示幅值与速度、幅值与频率关系的功能。与标准的幅值转速 (或速度) 曲线相比, 能够方便直观地观察到被测试对象的质量高低。

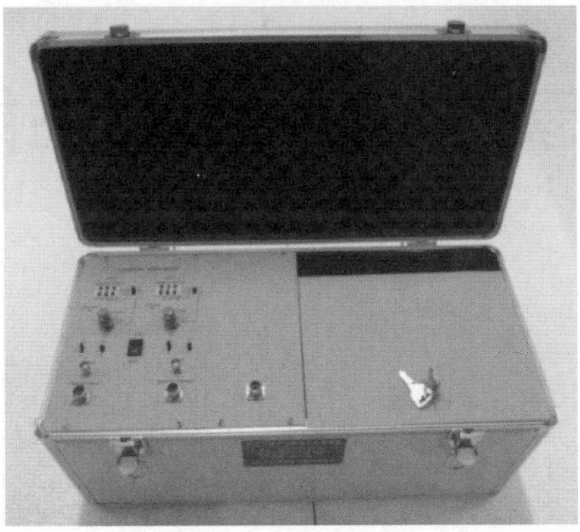

图 7.1 系统硬件主体

图 7.2 加速度传感器连接线

图 7.3 汽车点烟器电源线

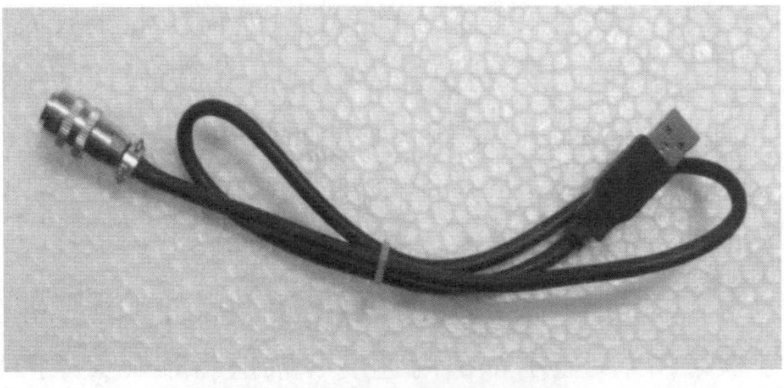

图 7.4 USB 数据连接线

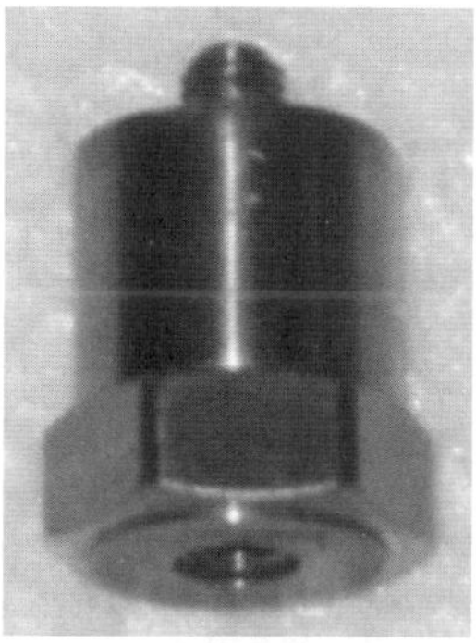

图 7.5　加速度传感器

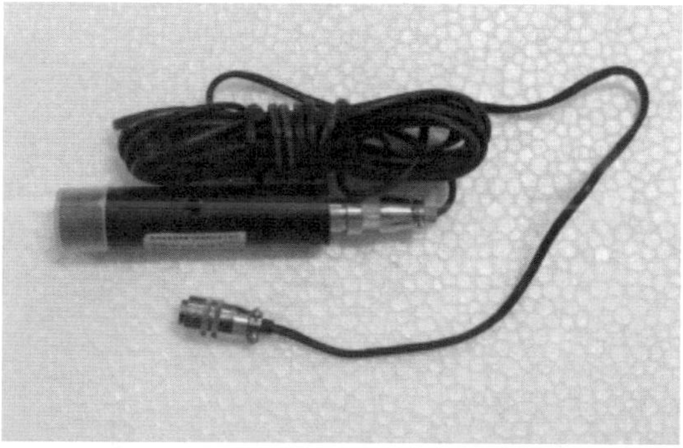

图 7.6　光电转速传感器

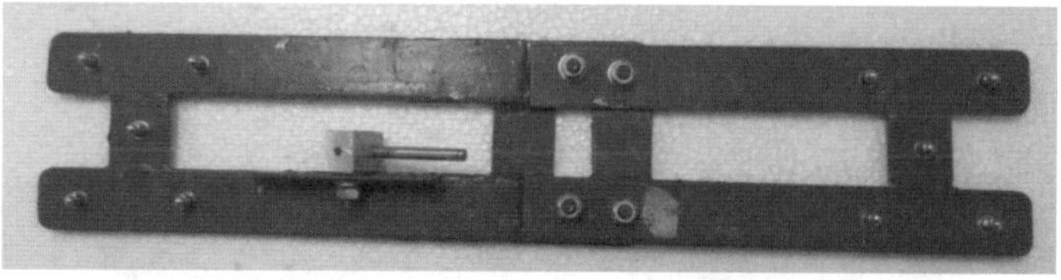

图 7.7　光电传感器安装座

7.1.2　测试系统的操作步骤

1. 系统的安装

系统的硬件部分大部分都固定在仪器箱里面, 仅需要对几个传感器进行操作, 其具体的操作步骤如下。

(1) 打开仪器箱。如图 7.1 所示。仪器箱由两个部分组成, 即便携式调理仪及储物格。一般便携式调理仪的默认设置参数有两个。① 通道一: Sensitivity PC/Unit:, Output mV/Unit:, HPF:, LPF:。② 通道二: Sensitivity PC/Unit:, Output mV/Unit:, HPF:, LPF:。

(2) 接好外接电源。将电源线一头接入车载 12 V 电源上, 另一端接入仪器箱的 "Power Input" 插座端。光电传感器的输入有一个四脚航插接头, 将光电传感器的四脚航插接入仪器箱的 "Velocity Sensor" 四脚航插插座上 (将传感器航插的凸起部位对准四脚航插插座上的凹槽部位), 注意先不要打开电源开关, 以免在接入传感器时对调理仪造成影响。

(3) 启动笔记本电脑。将数据连接线一端的四脚航插接入仪器箱第二块面板上的四脚航插插座, 另一端的 USB 接口接入计算机。

(4) 安装加速度传感器。连接加速度传感器时, 为避免数据线损坏, 可将数据线弯折一段后用扎带固定在传感器上, 如图 7.8 所示, 然后把加速度传感器粘贴在主减速器上。其中, 粘贴在主减速器轴向方向的传感器接入第一通道, 并将相应的传感器输出信号线接入调理仪通道 1 的 "Input" 端 (传感器接线头非常小, 接头线芯非常细, 接入时请小心); 粘贴在主减速器垂直方向的传感器接入第二通道, 并将相应的传感器输出信号线接入调理仪通道 2 的 "Input" 端。加速度传感器粘贴位置如图 7.9 所示:

图 7.8 加速度传感器连接方式

图 7.9 加速度传感器粘贴位置图

注意, 传感器安装好后, 为避免测试过程中传感器连接线损坏, 应将连接线用扎带固定在汽车底部, 如图 7.10 所示。

图 7.10 固定传感器连接线位置

(5) 安装光电传感器。接好光电传感器数据线, 取约 12 cm 长的反光带, 将白色反光带贴在传动轴上, 然后将光电传感器固定在安装座上 (可通过安装座上的滑块和轴调节传感器的位置), 并将安装座吸附在车体底盘上, 用扎带对安装座进一步固定; 调整光电传感器姿态, 使检测头垂直对准传动轴, 调节检测头与传动轴之间的距离, 使得两者之间的距离保持在 10 mm 左右, 并且转动传动轴, 检查光电传感器的闪光灯是否闪亮, 如图 7.11 所示; 当传动轴慢速转动, 显示屏显示为等间隔大方波图形时, 表示传感器安装无误, 如图 7.12(a) 所示, 如果显示为不等间隔连续小方波图形时, 如图 7.12(b) 所示, 请调整光电传感器的位置 (一般要求光电传感器与传动轴的轴线垂直, 指向轴心)。

图 7.11 光电传感器安装位置

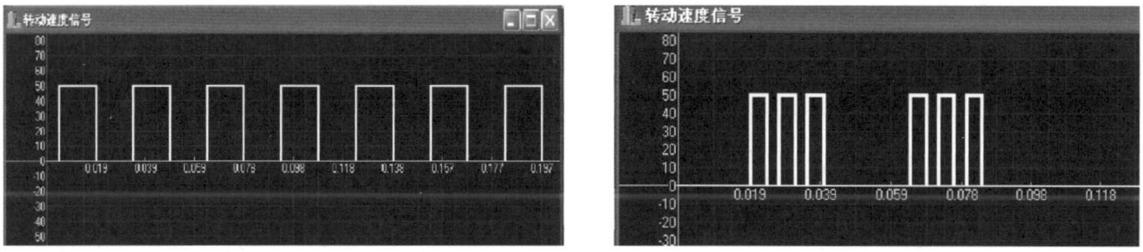

(a) 正确　　　　(b) 不正确

图 7.12　光电传感器转速信号

(6) 打开外接电源开关。

(7) 硬件准备好后, 打开相应的测试软件, 进行测试。

2. 系统软件的测试

(1) 启动电脑, 打开测试软件, 系统的主界面如图 7.13 所示。

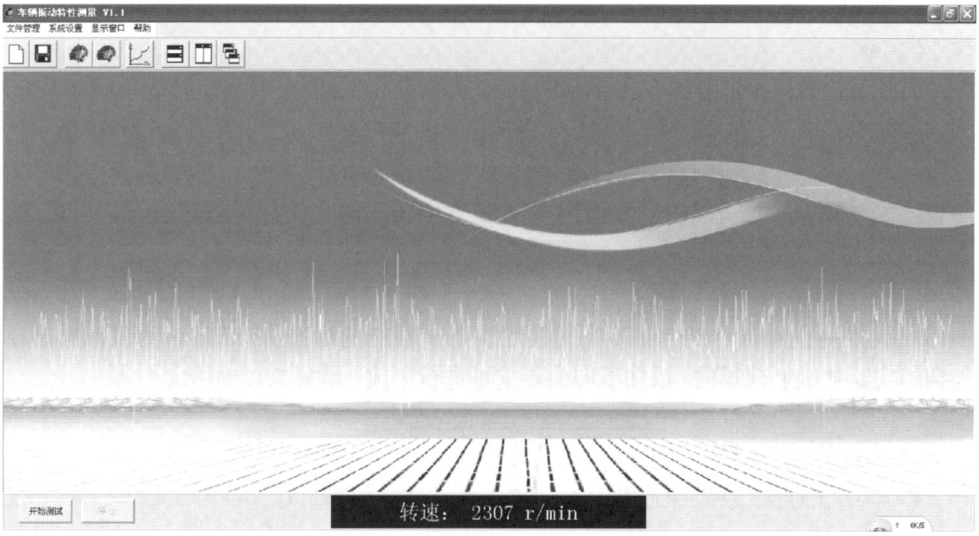

图 7.13　测试软件主界面

(2) 在 “文件管理” 菜单中有 “开始新测试” “打开测试数据” “关闭已打开数据” “保存当前数据” “测试数据另存为” “属性” “打印” 和 “打印设置” 等选项, 用户可根据自己的需要进行选择。该检测系统默认的数据存储位置是 “D:\ 便携车辆振动测量\DATA”。文件管理菜单条如图 7.14 所示。

(3) 点击菜单栏的 “系统设置”, 进行系统运行基本参数的设置。首先打开 “采集系统参数设置” 对话框, 其中 “采集卡参数设置” “参数标定” “零点补偿” 以及 “采样分析设置” 是检测设备进行振动数据采集的重要参数, 系统已设置好, 如果没有特殊的要求无需更改这些参数, 如图 7.15 所示。

(4) 点击 “系统设置” 中的 “测试参数设置”, 打开 “运行参数设置” 对话框。在对话框中显示了检测数据保存的目录, 系统默认的数据保存目录为 “D:\ 便携车辆振动测量\DATA”。在 “速度传感器反射条个数” 处, 请选择实际过程中贴在传动轴上反光带

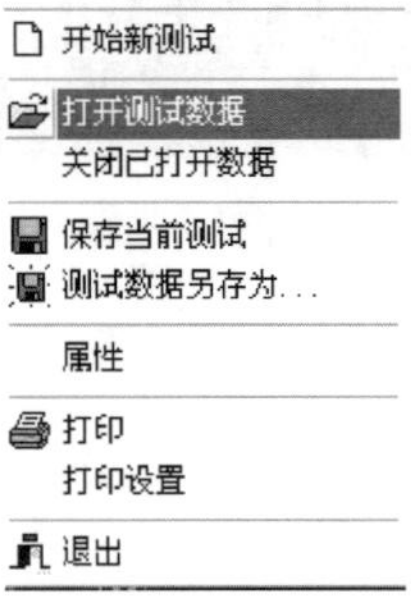

图 7.14 “文件管理” 菜单条

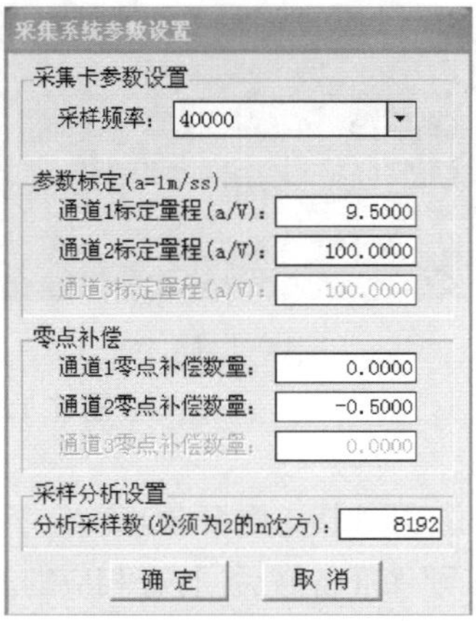

图 7.15 “采集系统参数设置” 对话框

的个数, 如果只贴了一条请选择 “1”, 如果反光带有 2 条呈 180° 分布在传动轴上, 请选择 “2”。

另外请注意: 如果需要在传动轴上粘贴多条反光带, 反光带之间应该呈规律分布, 例如 180° 分布 (2 条时)、90° 分布 (4 条时)。“曲线色彩” 决定了在测量过程中显示的曲线颜色, 可根据需要进行设定。“显示标定” 表示测量的基本单位, 没有特殊要求时无需更改。“测试最大工作转速” 指定了本系统能够采集的最大传动轴转速, 最高设定值为 5 000, 如图 7.16 所示。

(5) 点击 “系统设置” 中的 “测试标准设置”, 打开 “测试标准设置” 对话框。该对话框用以设置垂直方向和横向在不同转速状态下所对应的标准振动值, 该测试标准是在长期的实验基础上获得的, 根据不同的要求可进行更改, 如图 7.17 所示。

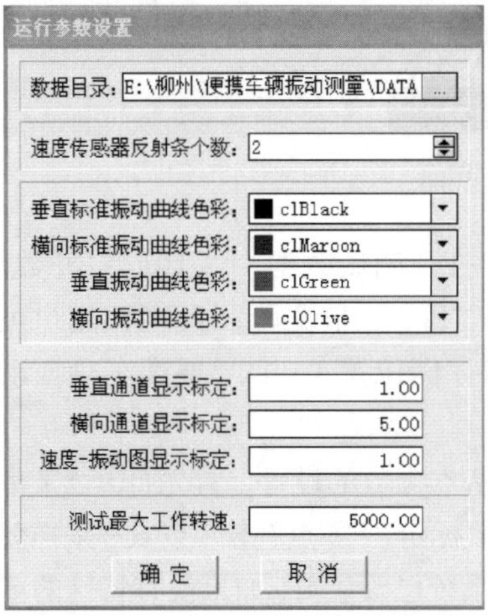

图 7.16 “运行参数设置” 对话框

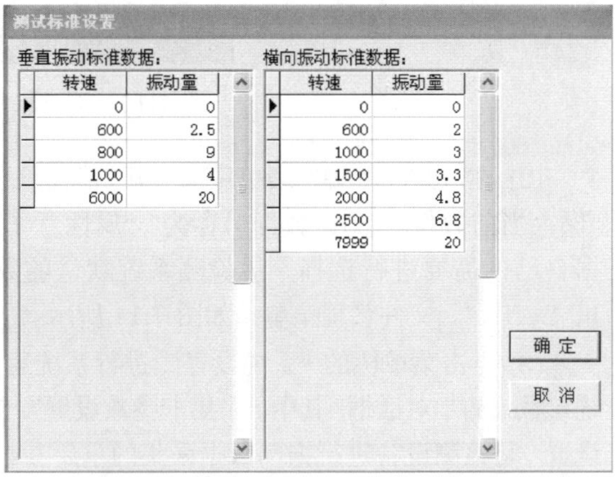

图 7.17 “测试标准设置” 对话框

(6) 在 “显示窗口” 菜单栏中有 “垂直振动信号” “横向振动信号” “转动速度信号” 以及 “振动–速度” 选择栏, 可分别调取 “垂直振动信号” 检测窗口 “ 横向振动信号” 检测窗口“转动速度信号”检测窗口以及“振动–速度”检测窗口。在菜单栏的最后还提供了几种检测窗口的排列方法：水平排列、垂直排列、平铺排列。“显示窗口”菜单条如图 7.18 所示。

图 7.18 “显示窗口”菜单条

(7) 完成系统设置后，在“显示窗口”菜单条中选择“垂直振动信号”“横向振动信号”“振动–速度”或直接在工具栏中选择对应的按钮以调取相应的检测窗口。其中，表示“垂直振动信号”检测窗口；表示“横向振动信号”检测窗口；表示“振动–速度”检测窗口。同样，工具栏中也有窗口排列的选择按钮，其中表示“水平排列”，表示“垂直排列”，表示“平铺排列”。选择振动检测窗口后，窗口布局如图 7.19 所示。

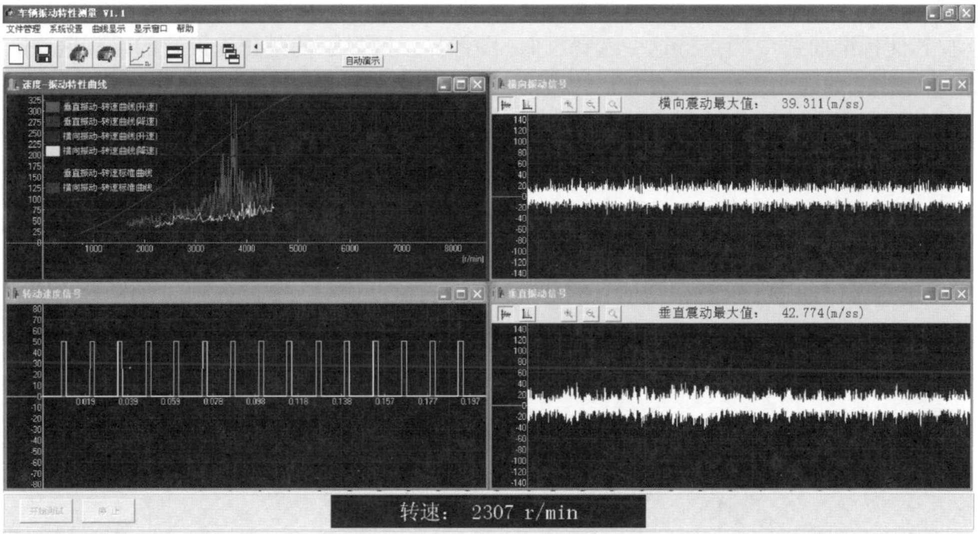

图 7.19 信号检测窗口

以“垂直振动信号”检测窗口为例，如图 7.20 所示，在振动检测窗口的工具栏中有一系列图标。其中，表示显示时域振动信号，即图形显示区的横坐标为时间，纵坐标为加速度幅值，该模式显示了振动幅值随着时间变化的状态；表示显示频域振动信号，即图形显示区的横坐标为频率，纵坐标为与频率相对应的能量值，该模式显示了振动能量随着频率变化的状态；表示放大检测图形显示区；表示缩小检测图形显示区；表示还原检测图形显示区。在横向振动检测窗口中，工具栏的图标分布形式以及功能与“垂直振动信号”检测窗口完全相同, 这里就不再赘述了。

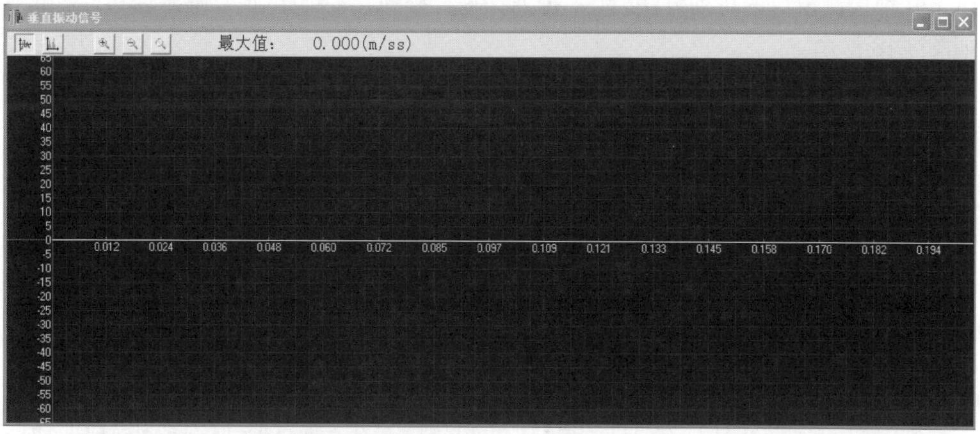

图 7.20 “垂直振动信号” 检测窗口

在“速度–振动特性曲线”窗口中, 图形显示区横坐标表示速度变化曲线, 纵坐标为与速度相对应的振动幅值, 这一检测窗口可以检测车辆在不同转速下速度与振动的变化情况。在检测窗口的工具栏中有 4 个选择框, 分别为 ① “垂直振动–转速曲线”, 当点选这一选择框时, 图像显示区显示垂直振动随转速变化的曲线; ② “横向振动–转速曲线”, 当点选这一选择框时, 图像显示区显示横向振动随转速变化的曲线; ③ “垂直振动–转速标准曲线”, 当点选这一选择框时, 图像显示区显示的是预先设置的垂直振动随转速变化的曲线, 作为实际检测到的振动–转速曲线的参考; ④ “横向振动–转速标准曲线”, 当点选这一选择框时, 图像显示区显示预先设置的横向振动随转速变化的曲线, 作为实际检测到的振动–转速曲线的参考。“速度–振动特性曲线”窗口如图 7.21 所示。

当所有的参数设置完毕后, 点击检测窗口左下方的“开始检测”按钮, 此时垂直方向的振动、横向的振动、传动轴的转速这 3 路信号同时开始采集, 并且显示在检测软件中。用户可以通过“垂直振动信号”窗口和“横向振动信号”窗口分别观察到驱动桥的垂直状态及横向振动状态, 通过“振动–速度”检测窗口可以观察到驱动桥垂直方向及横向的振动随着传动轴转速改变而产生的“振动–速度”检测曲线。

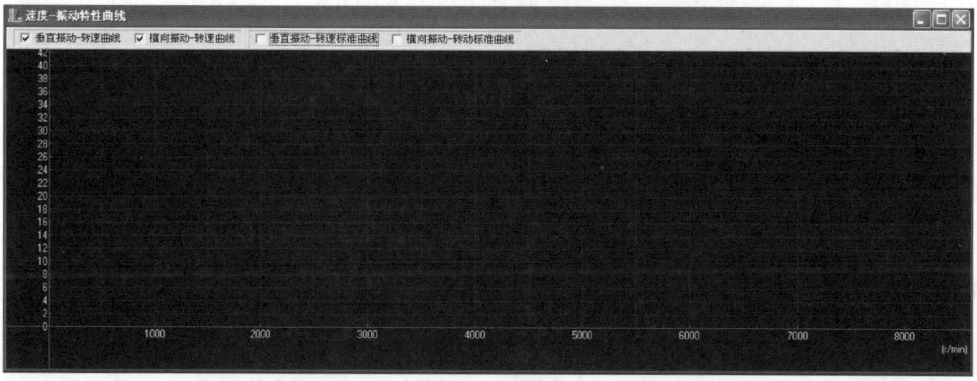

图 7.21 “速度–振动特性曲线” 窗口

7.1.3 测试实例

以安装在某跨界车传动系统驱动桥主减速器为测试对象，随机抽取两套主减速器 A 和 B 进行测试。

两个加速度振动传感器分别安置在主减速器轴向方向和垂直方向，将信号线接入调理仪的两个通道，灵敏度分别为 4.77 $\mathrm{pC/s^2}$ 和 4.94 $\mathrm{pC/s^2}$。安装位置如图 7.22 所示。

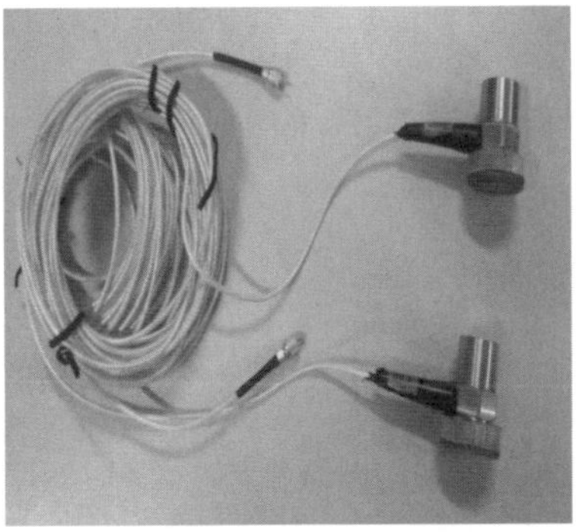

(a)

(b)

图 7.22 加速度传感器及其安装

光电传感器和加速度传感器安装完成后的位置图如图 7.23 所示。实验在同一台车上进行，在不改变变速箱、离合器、前后悬架等部件的情况下，对汽车发动机为 0~5 000 r/min 的全速域范围进行路试。图 7.24 和图 7.25 所示为汽车在行驶过程中主减速器 A 在垂直和轴向方向的振动曲线，其中曲线 1 (红色) 表示加速阶段，曲线 2 (蓝色) 表示滑行阶段。图 7.26 和图 7.27 所示为汽车在行驶过程中主减速器 B 在垂直和轴向方向的振动曲线，其中曲线 1 (红色) 表示加速阶段，曲线 2 (蓝色) 表示滑行阶段。

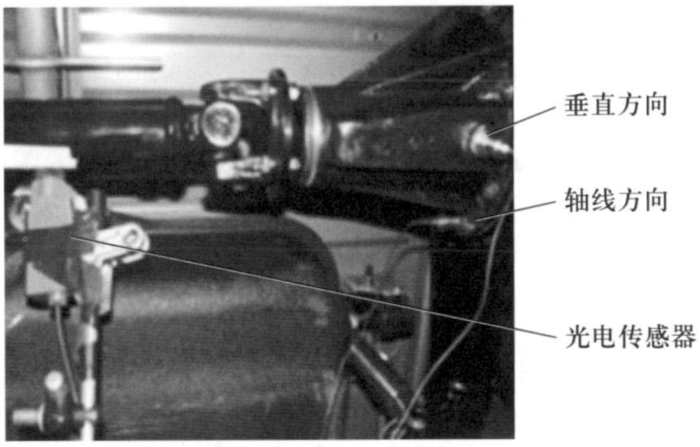

图 7.23 光电传感器和加速度传感器安装位置

对比两套主减速器 A 和 B 在路试过程中的振动情况，B 减速器明显优于 A 减速器；当传动轴转速达到 3 300 r/min 左右时，A 减速器有振动突变。将图 7.24 和图 7.25 转变为频域图，则按照前面章节的知识可分析产生振动的原因。

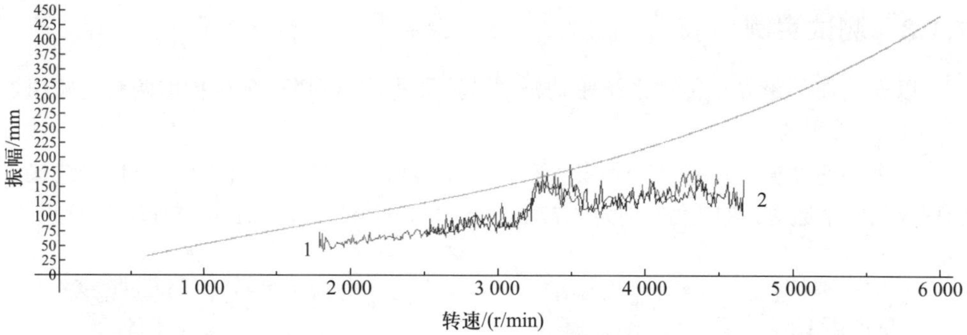

图 7.24 主减速器 A 的垂直振动曲线 (参见书后彩图)

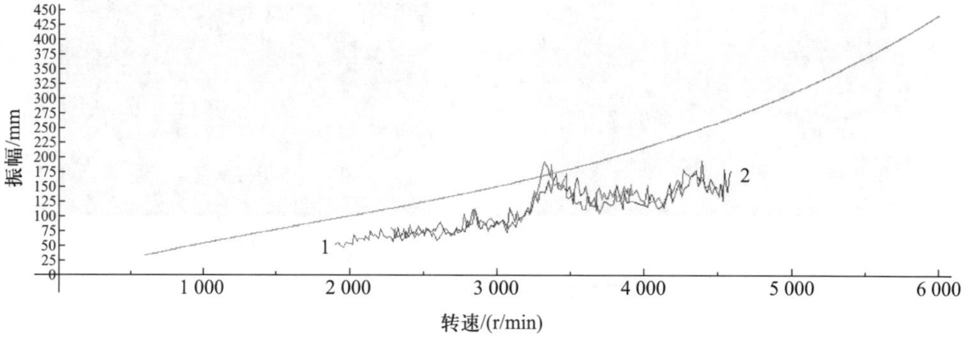

图 7.25 主减速器 A 的轴向振动曲线 (参见书后彩图)

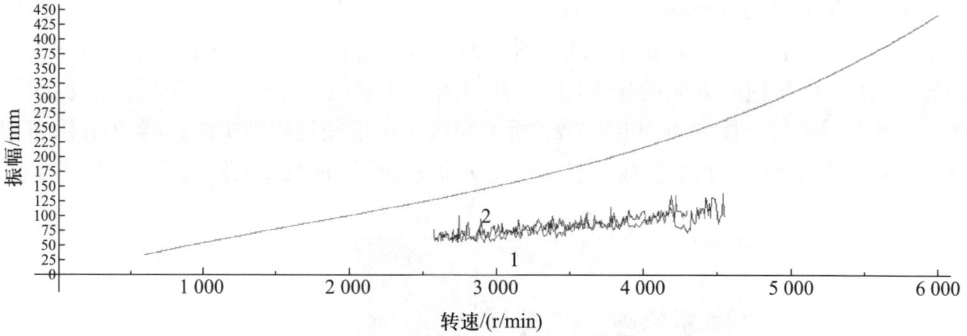

图 7.26 主减速器 B 的垂直振动曲线 (参见书后彩图)

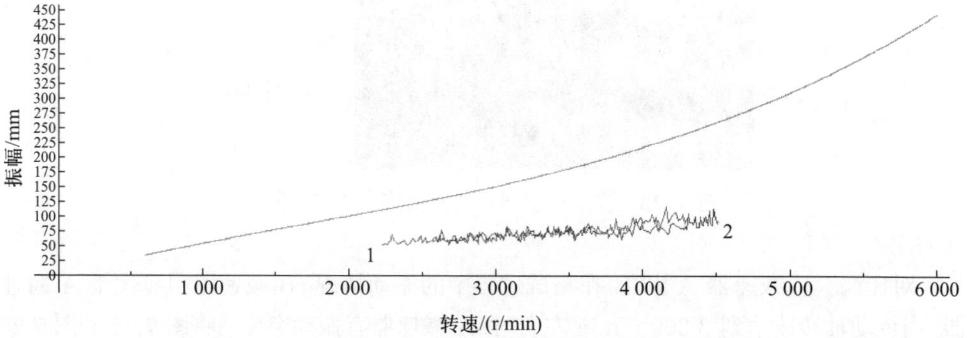

图 7.27 主减速器 B 的轴向振动曲线 (参见书后彩图)

7.2 跨界车驱动桥振动噪声综合测试系统及测试案例

7.2.1 测试原理与主要功能

1. 测试原理

“跨界车驱动桥振动噪声性能综合测试系统” 是通过模拟驱动桥在实际运行过程中的工况对驱动桥进行检测的。该系统利用电机模拟发动机驱动桥运转, 用磁粉制动器来施加负载, 模拟驱动桥装入整车后的运行情况, 利用扭矩传感器和声学刷来测试驱动桥传入、传出时的振动噪声情况。当电机停转时, 飞轮能够通过拖动驱动桥转动来模拟汽车滑行时的振动噪声情况。通过驱动桥在不同载重、速度等工况下振动噪声特性的检测, 可判断驱动桥的质量。

驱动桥噪声性能综合测试系统如图 7.28 所示。共有 3 个传感器: 1 号传感器安装在桥壳面垂直方向; 2 号传感器安装在主减速器与桥壳连接部, 为轴向方向; 3 号传感器安装在主锥轴轴承处。传感器具体安装情况如图 7.29 所示。振动信号由数字信号采集卡采样后送至计算机处理, 并由系统软件进行数据分析计算与保存。数据通过软件计算处理后, 获得其时域、频域、振动–速度拟合及传动效率等。

图 7.28 驱动桥噪声性能综合测试系统

图 7.29 传感器安装示意图

2. 测试系统的主要功能

与“便携式跨界车噪声综合测试系统”相比, 该系统不仅具有进行时域分析、频域分析以及转速 (或速度) 与幅值关系曲线分析的功能, 还具有进行驱动桥传动效率分析的功能, 即可进行驱动桥平均传动效率计算, 判断其效率性能。

7.2.2 测试系统的组成

1. 测试系统的硬件组成

跨界车驱动桥振动检测系统包括动力装置、传动装置、连接装置、加载装置等, 其硬件部分由实验装置和控制柜两部分组成。实验装置包括支撑平板、驱动电机、传动轴支撑夹具、驱动桥支撑夹具、减速器、磁粉制动器等, 结构简图如图 7.30 所示。控制柜包括 PLC 及其控制电路、变频器、工控机、显示器、数据采集器、前置器 (电荷、电压放大器, 调理仪等)、传感器、连接电缆等。其中, 传感器部分包含 4 个扭矩传感器, 分别布置在电机与传动轴之间、传动轴与后桥主减速器之间、后桥半轴与飞轮之间, 用于测量扭矩信号; 8 个振动加速度传感器分别布置在 4 个扭矩传感器所在位置、传动轴中间支承处、后桥主减速器处与后桥两个半轴壳上, 可以分别测出传动轴输入、输出、传动过程中的振动信号, 后桥输入、输出的振动信号, 以及后桥主减速器与半轴的振动信号。调理仪有 16 个通道, 其中 8 个通道测量振动信号, 4 个通道测量扭矩信号, 4 个通道测量传动轴及驱动桥的 4 个转速。扭矩控制通道控制 2 个磁粉制动器的扭矩。控制系统的组成和操作台分别如图 7.31 和图 7.32 所示。

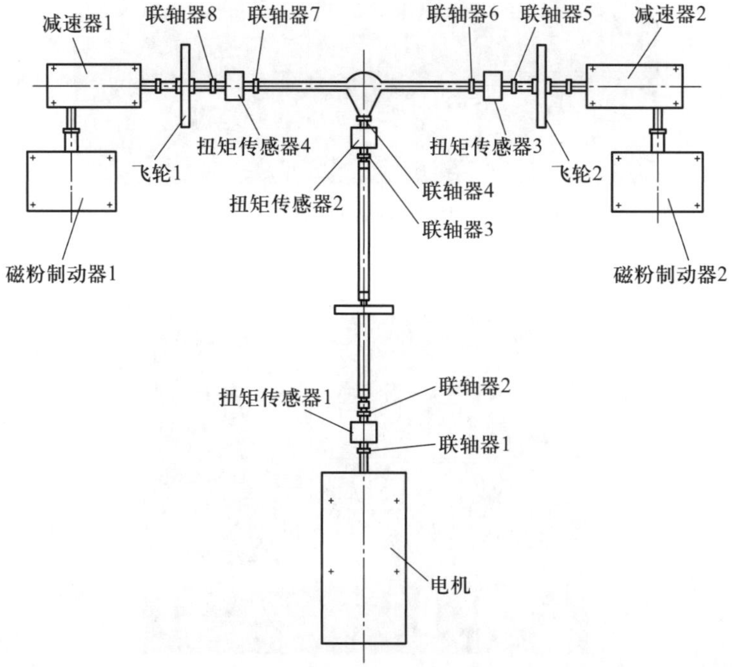

图 7.30 驱动桥振动噪声性能综合测试系统结构简图

图 7.31　控制柜

4 个扭矩传感器带有 4 个速度传感器

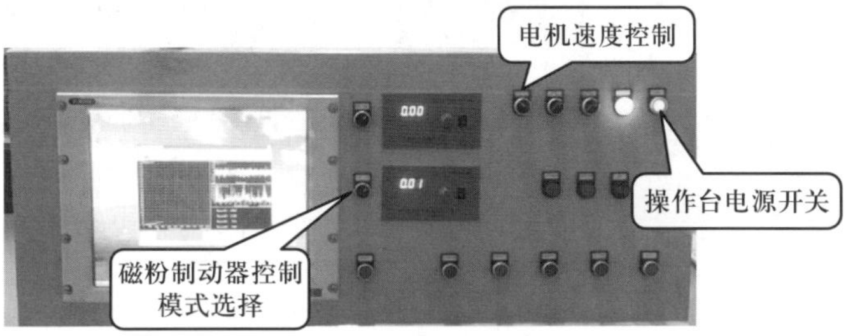

图 7.32　操作台

2. 测试系统的软件组成

该系统软件组成与“便携式跨界车噪声综合测试系统”的软件组成一致，这里不再赘述。

7.2.3　跨界车驱动桥振动噪声测试案例

“跨界车驱动桥振动噪声性能综合测试系统”的测试实验过程为:

(1) 在整个测试系统断电的前提下，对驱动桥样件进行装配，相应的传感器安装位置如图 7.29 所示，更换驱动桥时，各传感器放置在夹具旁边，在装夹和卸载工件时不要碰到传感器，以免造成损坏。

(2) 启动测试系统，在这之前，首先将变频器控制柜右侧的总电源开关闭合。变频器控制柜上电后，电源指示灯亮起，等待蜂鸣器响几声后，进入正常工作状态; 然后将 PLC 控制柜的电源开关按下，PLC 控制柜上电; 最后在操作台上按下电源开关，待计算机启动后，就可以进行测试。注意，“电机速度控制”旋钮在操作面板上，可进行转速调整，同时在软件中也可进行转速调整操作。

(3) 进行软件操作，操作台上电后，计算机自动启动并进入软件界面，如图 7.33 所示。

(4) 建立新的测试，在界面上点“文件”按钮或依次点击菜单栏中的“文件”→“新测试”，进入参数输入界面，如图 7.34 所示，输入测试文件名及测试的转速及控制时间

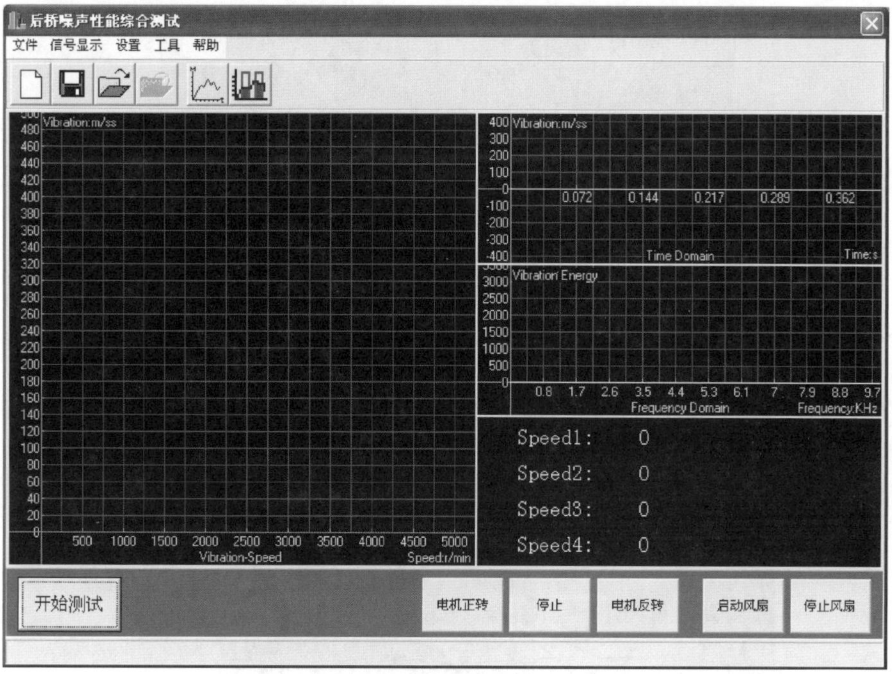

图 7.33　跨界后驱车驱动桥噪声性能综合测试系统界面

和负载大小后, 点击 “ 确定”。然后在主界面上点 “开始测试” 按钮, 按弹出提示等待 20 s (变频电机励磁) 后, 点 “确定”, 开始测试。此时, “开始测试” 按钮显示为 “ 停止测试”。注意, 实验人员应保持安静, 以免人为噪声对测试结果造成影响。

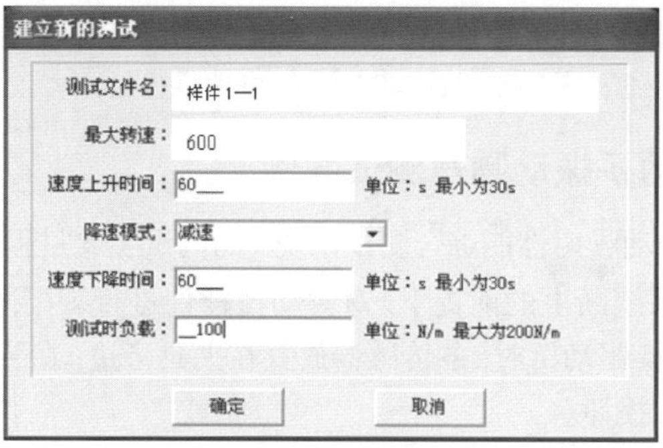

图 7.34　建立新的测试

(5) 查看测试过程的 “振动信号”, 如图 7.35 所示, 这里提取 1 号传感器方向的振动信号来分析系统振动的影响因素。

(6) 保存测试数据。测试完成后, 电机、风机自动停止转动, 磁粉制动器卸荷, 点击主界面上的 “停止测试” 按钮, 停止数据采样。然后, 按 “保存” 按钮或依次点击菜单栏中的 “ 文件” → “保存测试”, 将测试文件保存。

(7) 完成测试。关闭系统时, 首先关闭计算机, 然后关闭操作台电源, 再关闭 PLC 控制柜电源, 最后断开系统总电源。当听到变频器控制柜蜂鸣器响几声后, 系统全部

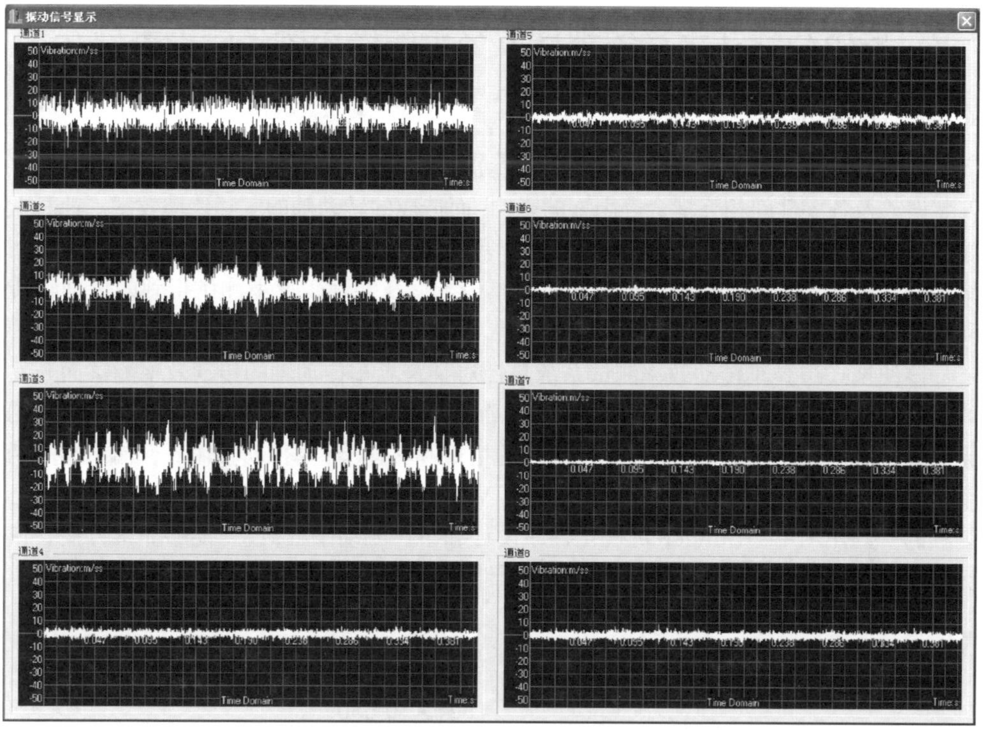

图 7.35 原始振动信号

关闭。

图 7.36 和图 7.37 为随机抽取的样件 1 和样件 2 分别测试两次的振动曲线。从测试结果可以分析样件振动的大小, 且可以进一步分析产生振动的原因。

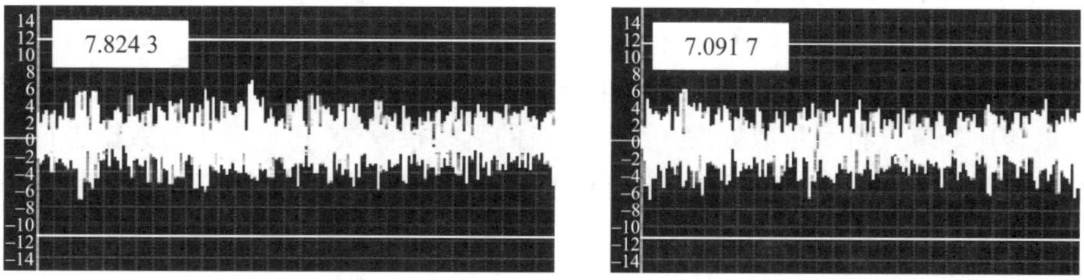

(a) (b)

图 7.36 样件 1 振动测试

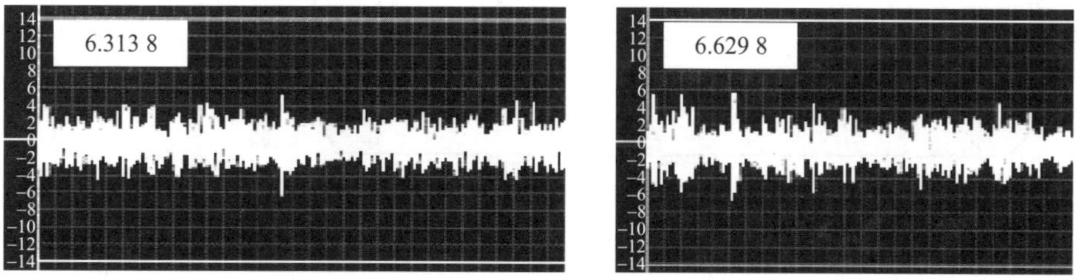

(a) (b)

图 7.37 样件 2 振动测试

7.3 便携式跨界车传动轴传动效率测试系统及测试案例

7.3.1 测试原理

原有对传动轴效率的测试是由单个传动轴在台架上完成的, 不能反映安装后由于安装误差及各零件间相互耦合等因素的影响, 而造成的转动轴的实际传动效率。针对上述测试方法的缺点, 本测试系统可以在装车环境下, 通过测量传动轴的扭矩及转速来测试传动轴的传动效率, 能够真实地反映整车装配后在实际工况下测试得到的传动轴传动效率[8]。

该便携式跨界车传动效率测试系统是针对某跨界车传动轴的传动效率测试而开发的, 测试系统的软件主要对传动轴在实际工况下的传动效率进行测试。该测试系统采用无线遥测技术, 测量传动轴输入、输出端的扭矩和转速, 计算传动轴输入、输出端的功率, 从而获得其传动效率。该系统软件是在 Windows 操作系统下用 C++ Builder 进行编程的。利用 C++ Builder 可视化程序设计和事件驱动编程概念, 能够非常方便、快捷地建立友好的人机界面, 具有良好的重用性和可靠性, 便于日后的维护和改进。

在传动系统中, 传动功率为

$$P = M\omega = M\frac{2\pi n}{60} = \frac{Mn}{9\ 550} \tag{7.1}$$

式中, P 为功率; M 为转矩, N·m; ω 为角速度; n 为转速, r/min。

传动效率为输出功率与输入功率之比, 即

$$\eta = \frac{P_2}{P_1} = \frac{M_2 n_2}{M_1 n_1} \tag{7.2}$$

式中, 下标 1 表示输入物理量; 下标 2 表示输出物理量。

测试系统工作原理图如图 7.38 所示, 无线扭矩节点可以同时测量扭矩和转速。通过在旋转轴上贴应变片的方式来测量扭矩; 通过磁铁与节点内的霍尔感应元件的配合来测量转速。节点将测量数据发送给计算机的无线接收端, 由计算机对数据进行存储和计算分析。通过对传动轴扭矩和转速的测量, 计算传动轴的输入、输出功率, 得到传

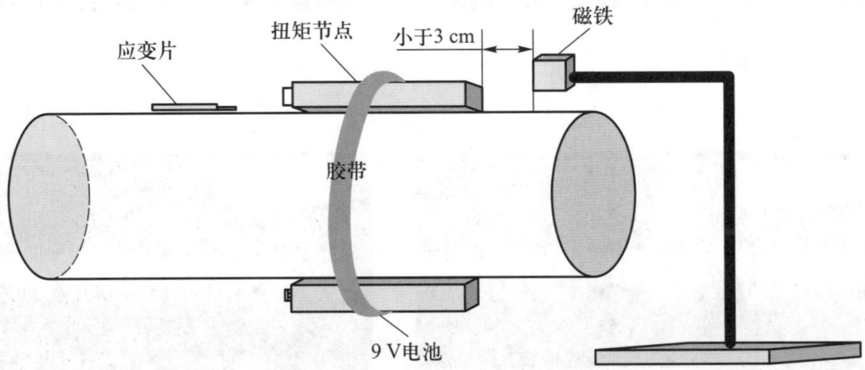

图 7.38 测试系统工作原理图

动效率曲线，分析微车在不同转速下传动轴的传动效率情况，获得微车传动系统的传动性能。

7.3.2 测试系统的组成

测试系统由硬件系统和检测系统组成。硬件系统如图 7.38 所示，主要有：仪器箱、金属电阻应变片、无线扭矩节点、磁铁、胶带、电池、电池扣、磁铁安装座。便携式跨界车传动轴传动效率测试系统如图 7.39 所示。

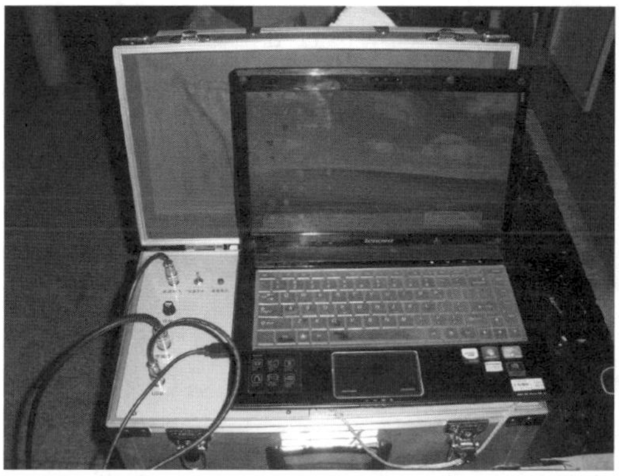

图 7.39 效率测试系统

7.3.3 测试系统的测试步骤

测试便携式跨界车传动轴效率时同样包括硬件系统操作和软件系统操作两部分。

7.3.3.1 系统硬件安装

安装硬件系统包括如下 3 个步骤。

1) 安装应变片

首先用锉刀和粗砂纸等工具将应变片粘贴位置表面的油漆、油污、锈迹和电镀层除去，打磨面积约为应变片面积的 5 倍左右，打磨完毕后，用洁净棉纱或脱脂棉球蘸丙酮或其他挥发性溶剂对贴片部位进行反复擦洗，直至棉球上见不到污垢为止。清洁后，将应变片粘贴在传动轴上，粘贴好的应变片应保证位置准确，粘结牢固、胶层均匀、无气泡且整洁干净。

应变片贴好后，在其旁边位置贴上适量厚的双面胶，将无线扭矩节点粘贴在双面胶上，接下来在与节点轴对称的位置贴上适量厚的双面胶，将 9 V 电池固定在该位置，用 3 M 纤维胶带将节点和电池固定在传动轴上。胶带需要多圈缠绕固定，以保证轴旋转时电池和节点不会因为离心力甩出，如图 7.40 所示。

2) 安装无线扭矩节点

将应变片的 4 根引出线按照红、蓝、蓝、红的顺序连接在无线扭矩节点接线柱上，如图 7.41 所示。最后将节点上的电池连接线连接在节点相应接线柱上，电池扣安装在

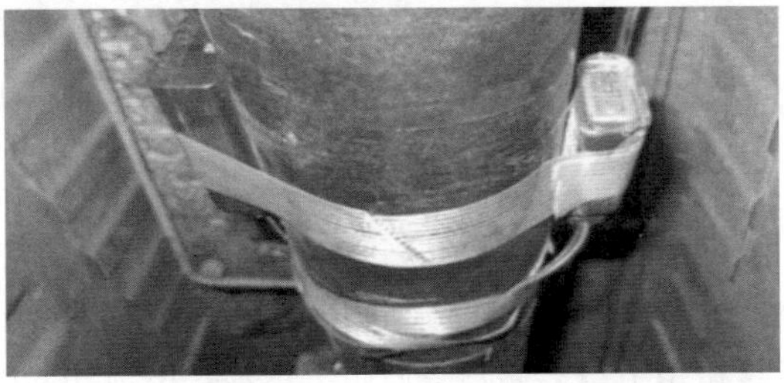

图 7.40 应变片的安装

电池上, 检查节点上红灯是否点亮, 否则检查电池连接线是否正确。粘贴好的应变片应保证位置准确, 粘结牢固、胶层均匀、无气泡且整洁干净。

图 7.41 无线扭矩节点与应变片连接

3) 安装磁铁安装座

检测装置安装在前段传动轴时, 将磁铁安装座 1 吸附在汽车底盘相应位置, 如图 7.42 所示。检测装置安装在后段传动轴时, 将磁铁安装座 2 安装在汽车底盘相应位置, 如图 7.43 所示。

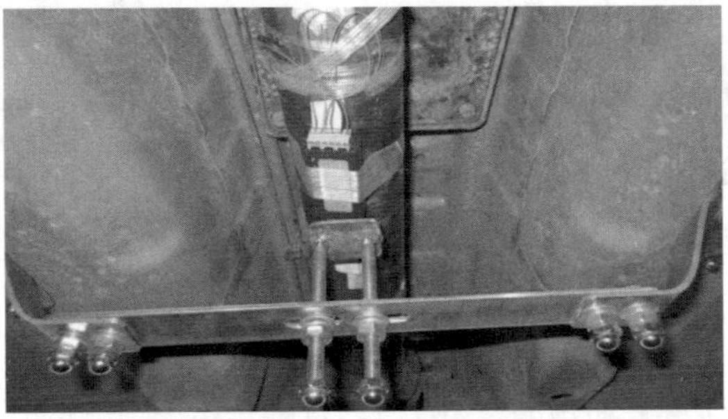

图 7.42 磁铁安装座 1 的安装位置

在安装磁铁安装座时应当注意: 无线扭矩节点端面与磁铁端面基本平齐, 调整安装座上的螺栓位置, 使磁铁与节点之间的距离为 5 mm, 检查无线扭矩节点上的绿灯是否点亮, 如果不亮则调整磁铁位置。

7.3.3.2 软件系统的操作

该测试系统中的软件系统操作包括以下 5 个步骤。

1) 启动电源

连接好外接电源后, 连接数据采集箱的 USB 电缆, 打开笔记本电脑, 运行桌面上的 “便携式传动轴效率检测” 图标, 进入测试程序, 如图 7.44 所示。软件左下角应全部

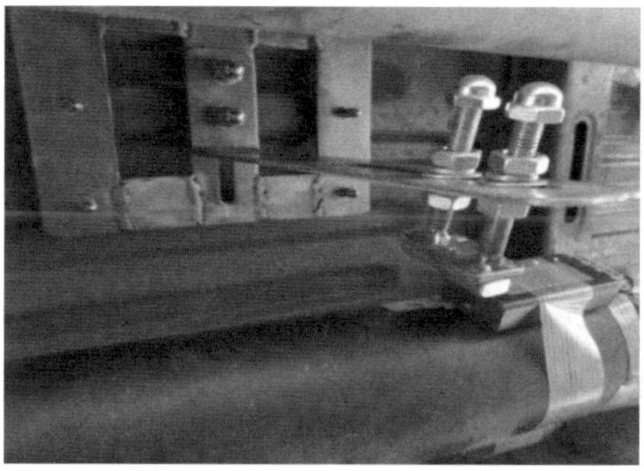

图 7.43 磁铁安装座 2 的安装位置

为绿色背景显示, 如果有红色背景显示, 请选择采集设备列表刷新按钮, 等待 10 s 后再观察。

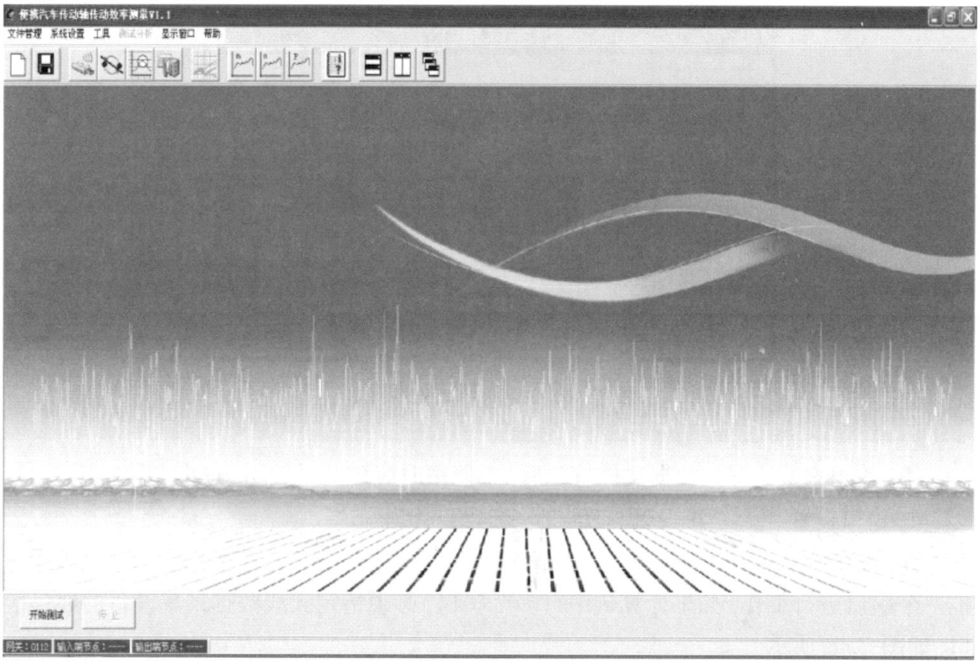

图 7.44 便携式传动轴效率检测系统起始界面

2) 参数设置

依次点击菜单栏中的 "文件管理" → "开始新测试" 进入如图 7.45 所示的界面, 填写被测量轴的尺寸参数。如果为实心轴, 则测量轴内径设置为 0。

3) 开始新测试

(1) 打开测试数据。进入打开界面, 选择需要打开的测试文件, 如果格式不正确或损坏, 系统会有相应的提示, 如图 7.46 所示。文件打开后, 显示界面会自动显示出测量的力矩、速度、功率图像, 如图 7.47 所示。

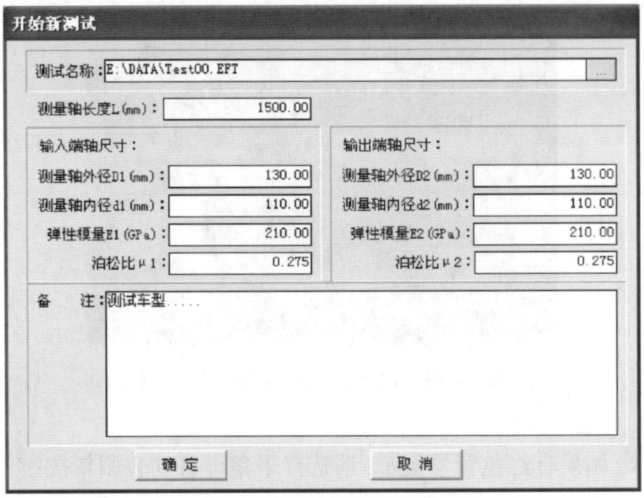

图 7.45 参数设置界面

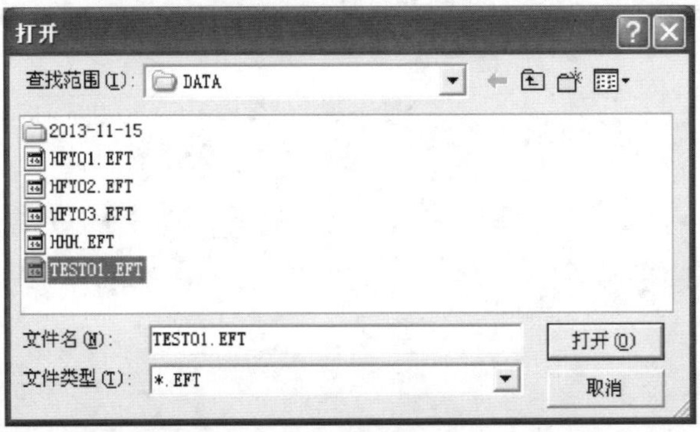

图 7.46 打开测试数据界面

(2) 关闭测试数据。数据文件打开后, 不使用时应该及时关闭, 防止文件损坏。

4) 窗口设置——系统设置

(1) 设备端口设置: 无线数据采集设备为 USB 设备, 插入计算机后会由驱动程序虚拟一个串口进行工作, 如果计算机中有多个串口, 必须指定无线数据采集设备的通信端口, 如图 7.48 所示。

(2) 采集参数设置: 设置无线采集系统每秒采集的数据个数, 目前固定设置为每秒 100 个数据, 如图 7.49 所示。

(3) 运行参数设置: 设置临时数据的存储目录以及输入轴端和输出轴端的力矩、速度曲线的显示颜色, 如图 7.50 所示。

5) 窗口设置——工具设置

(1) 采样设备列表刷新。当无线传感器通信显示不正常时, 使用本功能刷新采样设备列表。当查看事件日志显示如图 7.51 所示时, 表示无线采集系统正常, 可以开始采集工作。

如图 7.52 所示, 当无线采集系统不正常时, 不能进行采集工作。此时可以在菜单栏

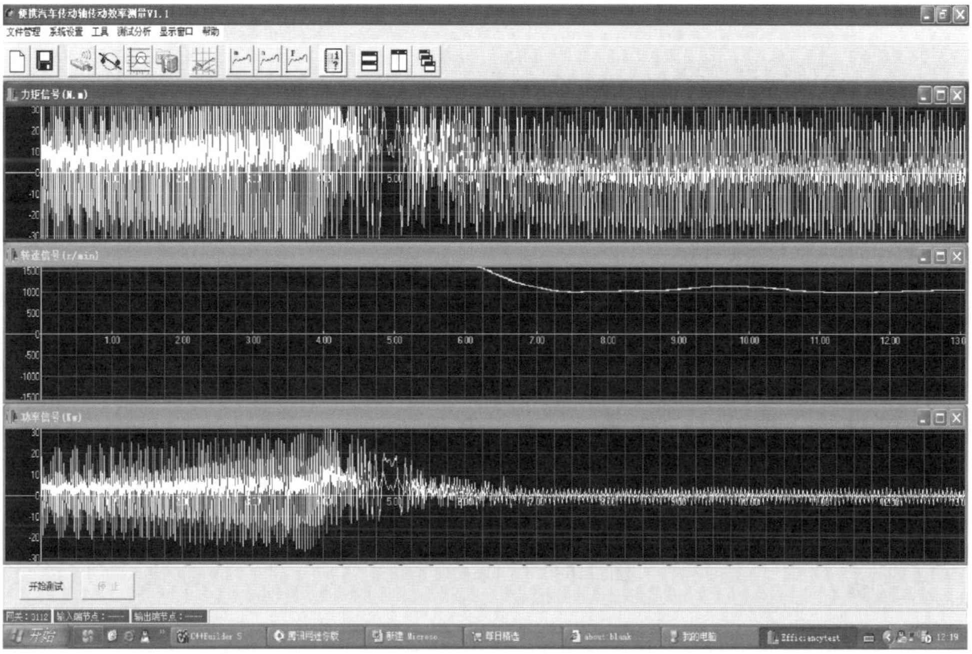

图 7.47 打开测试数据后的显示界面 (参见书后彩图)

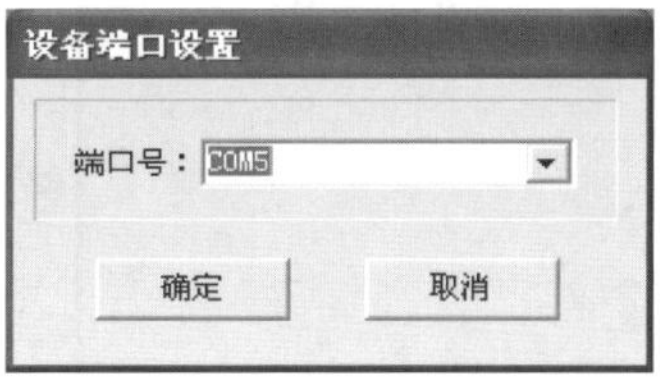

图 7.48 “端口参数设置” 对话框

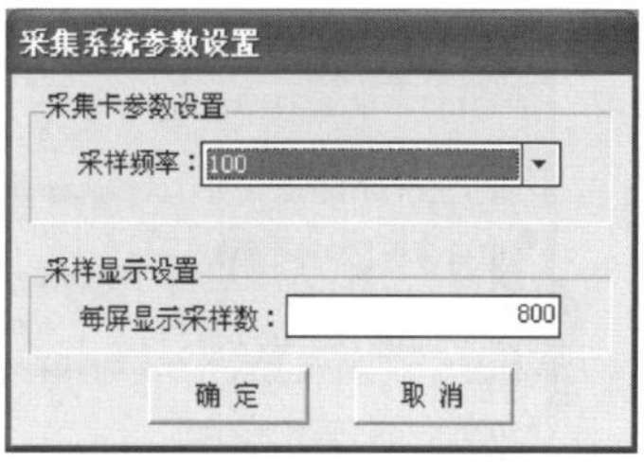

图 7.49 “采集系统参数设置” 对话框

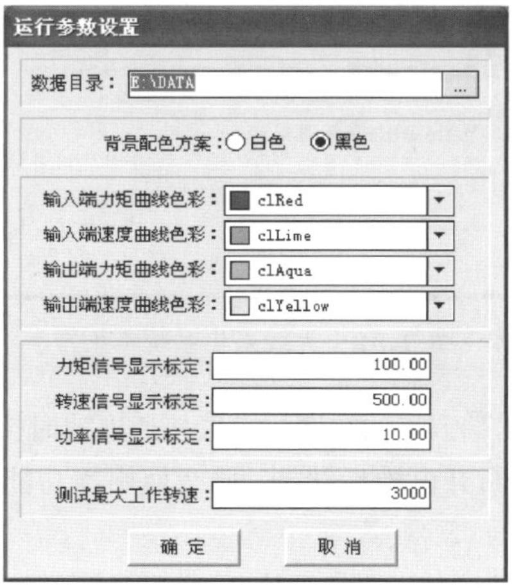

图 7.50 运行参数设置

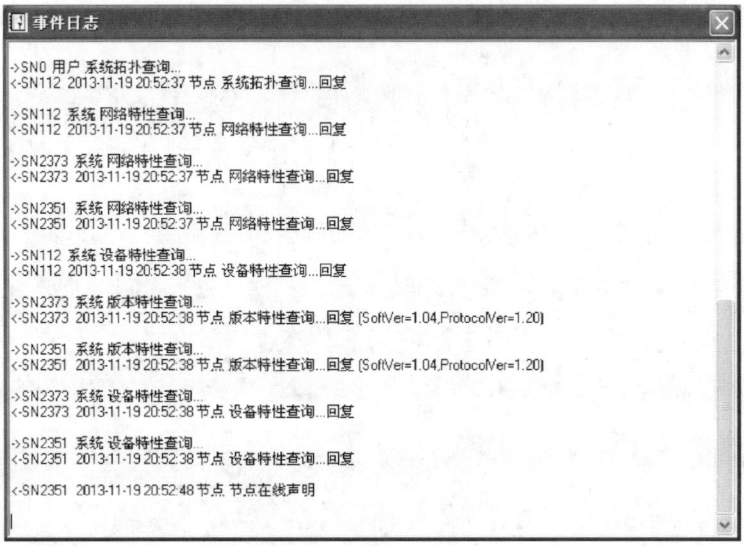
事件日志
->SN0 用户 系统拓扑查询...
<-SN112 2013-11-19 20:52:37 节点 系统拓扑查询...回复
->SN112 系统 网络特性查询...
<-SN112 2013-11-19 20:52:37 节点 网络特性查询...回复
->SN2373 系统 网络特性查询...
<-SN2373 2013-11-19 20:52:37 节点 网络特性查询...回复
->SN2351 系统 网络特性查询...
<-SN2351 2013-11-19 20:52:37 节点 网络特性查询...回复
->SN112 系统 设备特性查询...
<-SN112 2013-11-19 20:52:38 节点 设备特性查询...回复
->SN2373 系统 版本特性查询...
<-SN2373 2013-11-19 20:52:38 节点 版本特性查询...回复 (SoftVer=1.04,ProtocolVer=1.20)
->SN2351 系统 版本特性查询...
<-SN2351 2013-11-19 20:52:38 节点 版本特性查询...回复 (SoftVer=1.04,ProtocolVer=1.20)
->SN2373 系统 设备特性查询...
<-SN2373 2013-11-19 20:52:38 节点 设备特性查询...回复
->SN2351 系统 设备特性查询...
<-SN2351 2013-11-19 20:52:38 节点 设备特性查询...回复
<-SN2351 2013-11-19 20:52:48 节点 节点在线声明

图 7.51 无线采集系统正常

的“工具”→“传感器操作”中依次选取“输入轴端节点停止”“传感器复位”, 然后再选择“采集设备列表刷新”按钮, 直到看到如图 7.51 所示的事件日志。

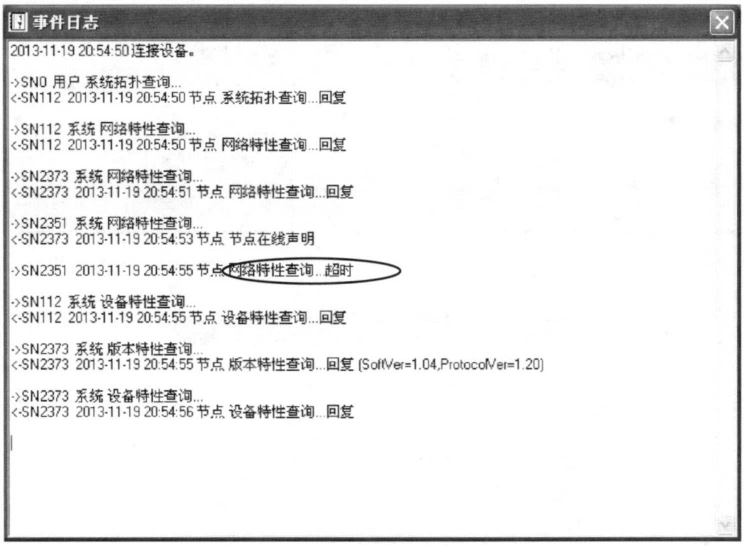
事件日志
2013-11-19 20:54:50 连接设备。
->SN0 用户 系统拓扑查询...
<-SN112 2013-11-19 20:54:50 节点 系统拓扑查询...回复
->SN112 系统 网络特性查询...
<-SN112 2013-11-19 20:54:50 节点 网络特性查询...回复
->SN2373 系统 网络特性查询...
<-SN2373 2013-11-19 20:54:51 节点 网络特性查询...回复
->SN2351 系统 网络特性查询...
<-SN2373 2013-11-19 20:54:53 节点 节点在线声明
->SN2351 2013-11-19 20:54:55 节点 网络特性查询...超时
->SN112 系统 设备特性查询...
<-SN112 2013-11-19 20:54:55 节点 设备特性查询...回复
->SN2373 系统 版本特性查询...
<-SN2373 2013-11-19 20:54:55 节点 版本特性查询...回复 (SoftVer=1.04,ProtocolVer=1.20)
->SN2373 系统 设备特性查询...
<-SN2373 2013-11-19 20:54:56 节点 设备特性查询...回复

图 7.52 无线采集系统不正常

(2) 交换输入端和输出端节点的顺序。一般接通电池时按先前端后尾端的顺序。如果顺序反了, 又无法重新断开电池后接通, 那么使用本功能切换前后节点, 如图 7.53 所示。

(3) 传感器测试、调零时有一定的初值, 在实际测试中必须剪除, 在“传感器调零”对话框中将静态数据归零, 如图 7.54 所示。

6) 窗口设置——显示窗口

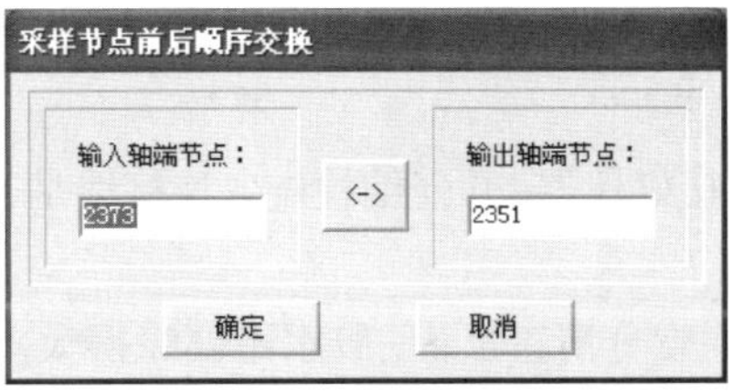

图 **7.53** “采样节点前后顺序交换” 对话框

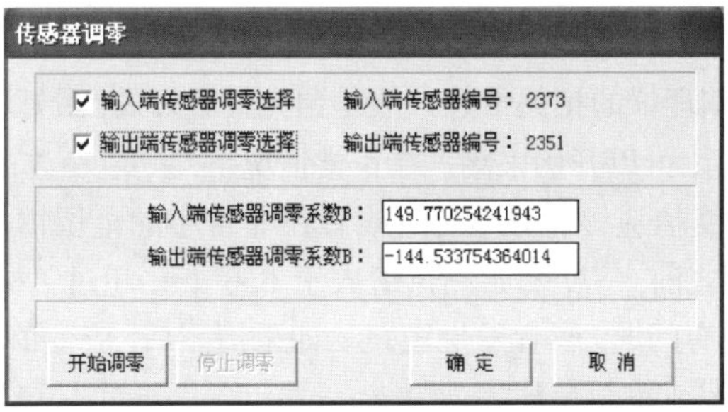

图 **7.54** “传感器调零” 对话框

显示窗口用于选择要显示的信号窗口, 并能将窗口进行排列, 如图 7.55 所示。

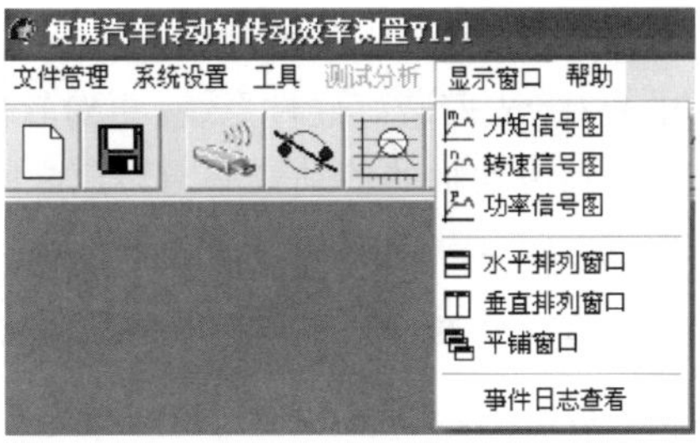

图 **7.55** 显示窗口菜单

7.3.4 测试系统的注意事项

1) 测试时无信号

在测试采样过程中, 如果软件界面无信号, 请按照前面讲解的操作重新连接节点电池并刷新。

2) 测试力矩信号漂移

在测量中, 没有加载的情况下, 如果显示的力矩图线逐渐增大或逐渐减小, 表示该应变片有质量问题或粘贴得不正确, 请重新贴应变片。

3) 测试时的注意事项

(1) 测试完毕后应该先关闭电源, 再小心拆卸所有部件;

(2) 系统各部件轻拿轻放, 应分门别类放在固定的位置, 整理完毕后放好;

(3) 保管的环境在 5~30°C 内最佳;

(4) 安装应变片和节点时, 不要拿着数据线, 否则容易折断。

4) 仪器保管时的注意事项

(1) 测试前, 应该先连接好仪器, 并仔细检查各连接线是否接错, 确认正确后再打开电源。

(2) 在粘贴应变片时注意分清正反面, 胶水不要涂得太多而影响粘贴效果, 方向和位置必须准确, 注意不要把引线粘贴在轴上。

(3) 在采集过程中, 如果出现错误, 应该先停止采集, 关闭软件系统, 再重新打开系统进行采集。

(4) 采集界面和调理仪的相关参数一般是预先设置好的, 最好不要随意更改。

(5) 正确连接之后, 可以开始采集。在正常情况下, 采集 1~5 min 后, 进行清零。在不加载的情况下, 应变值应该恒定为零 (或者在非常小的范围内波动且波动范围不大于 2 μm)。如果清零之前, 应变初始测量值大于 650 μm, 超过了标准的测量范围, 很可能是接线、软件设置有问题, 或者发生短路。如果清零后, 应变值波动较大或者持续增加 (减小), 应检查连线或重新贴片。

7.3.5 传动轴效率测试案例

在传动轴的输入、输出端安装转速、转矩传感器, 测得两端的转速与转矩, 计算出传动轴两端的功率, 从而得出传动轴总的功率损失[9]。

测试时根据上面介绍的步骤, 先安装好硬件系统, 再对软件操作系统进行测试。测试时, 从 1 挡加速到 5 挡, 得到传动轴的传动效率与转速之间的关系。测试结果如图 7.56 和图 7.57 所示。

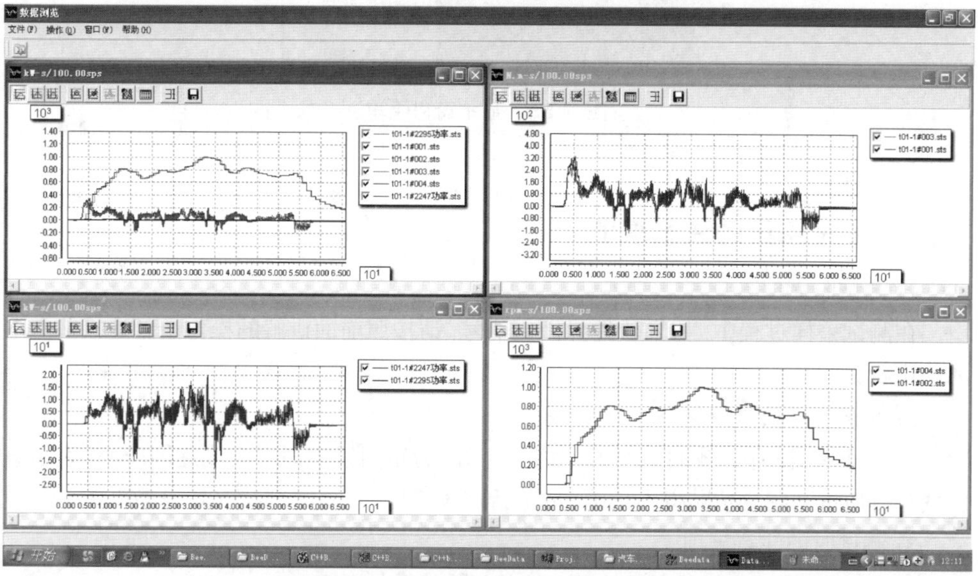

图 7.56　传动轴效率测试实验结果

左上为扭矩、功率、转速–时间复合曲线; 右上为扭矩–时间变化曲线; 左下为功率–时间曲线; 右下为转速–时间曲线

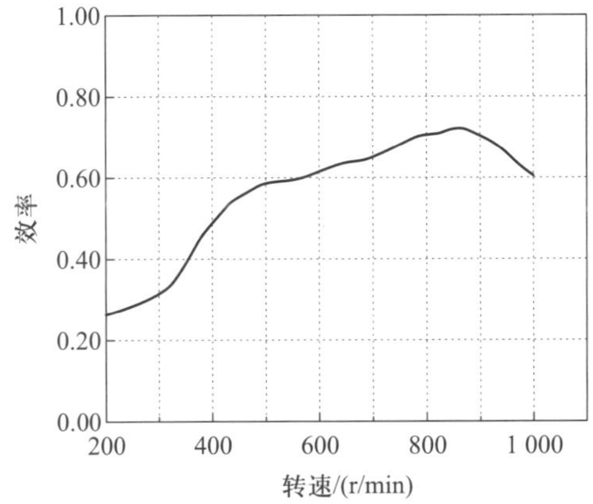

图 7.57 传动效率–速度变化曲线

将扭矩–时间变化曲线放大，则得到如图 7.58 所示的扭矩变化曲线。

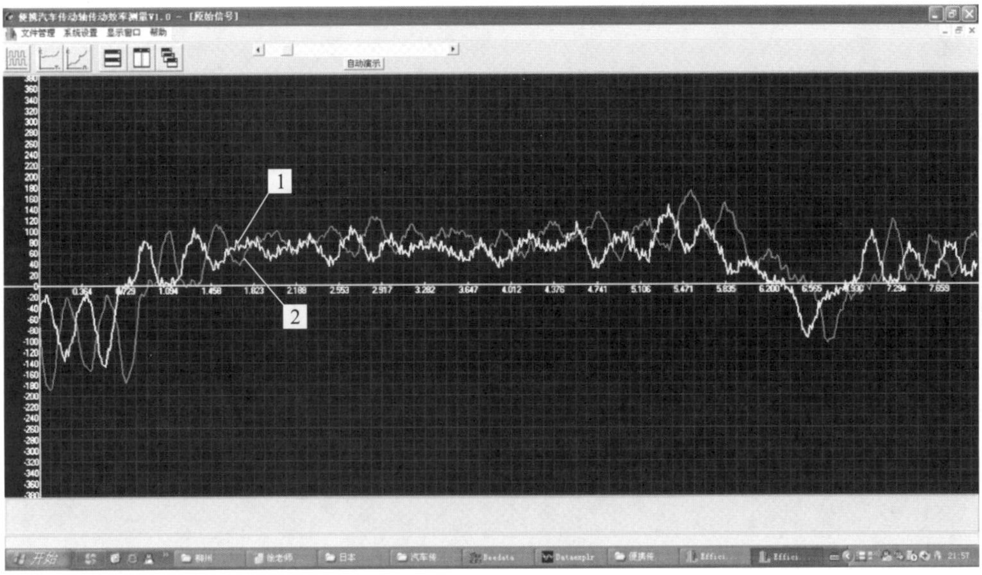

图 7.58 扭矩–时间变化曲线

1—输入端扭矩; 2—输出端扭矩

由图 7.58 可以看出，线 2 相对于线 1 滞后，即输出端扭矩与输入端扭矩存在相位差，且随着转速增加，相位差不断缩小。由于输入端扭矩波动与输出端扭矩波动的相位差较大，导致传动轴产生扭振，而传动轴扭振越大，后桥产生的振动噪声也越大。

参考文献

[1] 唐向宏，李齐良. 时频分析与小波变换 [M]. 北京：科学出版社，2008.

[2] 栾桂冬，张金铎，金欢阳. 传感器及其应用 [M]. 西安：西安电子科技大学出版社，2012.

[3] 郑毅. 汽车后桥总成噪声试验台 [J]. 汽车实用技术，2012(4)：62-63.

[4] 张丙伟. 微车主减速器齿轮的振动测试与动力学分析 [D]. 武汉: 武汉理工大学, 2010.
[5] 杨慧君. 微车后桥振动检测系统的设计与实现 [D]. 武汉: 武汉理工大学, 2015.
[6] 何锡进. 微车后桥振动噪声与动力学特性研究 [D]. 武汉: 武汉理工大学, 2011.
[7] 罗文欣. 汽车传动轴与后桥振动关键技术研究 [D]. 武汉: 武汉理工大学, 2013.
[8] 徐劲力, 黄丰云, 许冠能, 等. 微车传动轴传动效率测试方法: 104089771A[P]. 2014.
[9] 贾春林. 微车传动轴传动效率研究及检测分析系统设计 [D]. 武汉: 武汉理工大学, 2013.

索　　引

H

J

K

L

M

N

P

Q

R

S

T

U

W

X

Y

Z

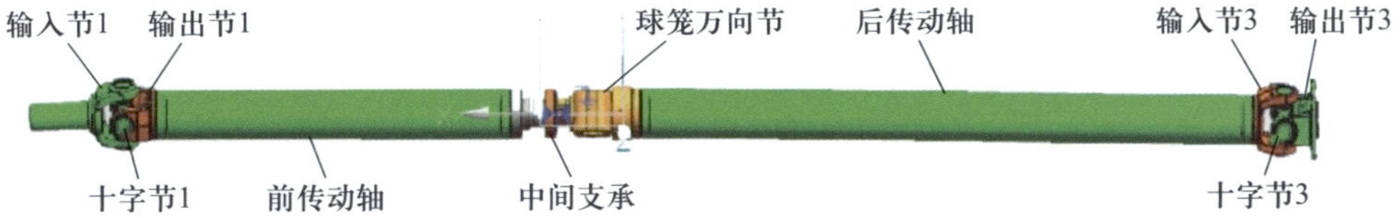

图 2.1　球笼式传动轴结构图

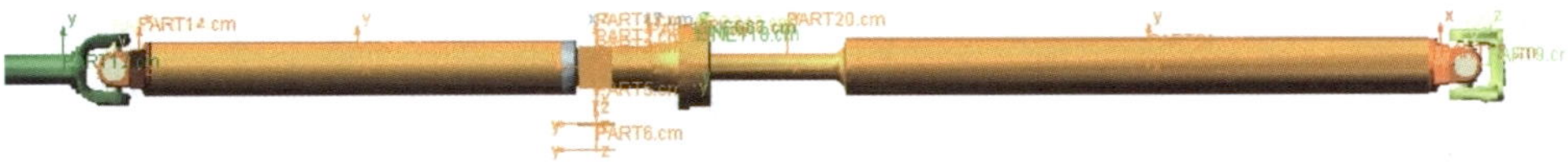

图 2.8　球笼式传动轴的 ADAMS 模型

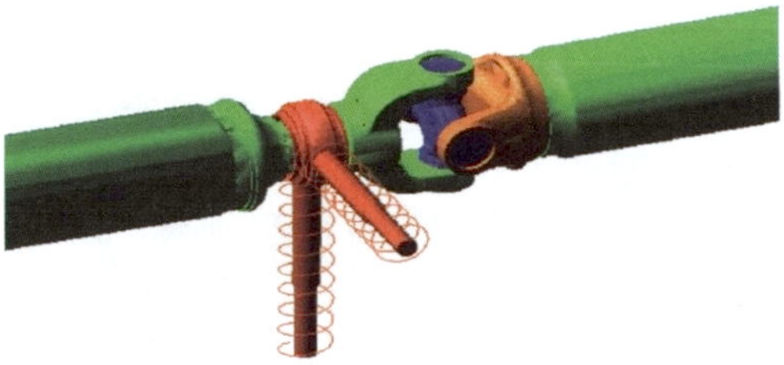

图 2.50　中间支承简化为两个弹簧

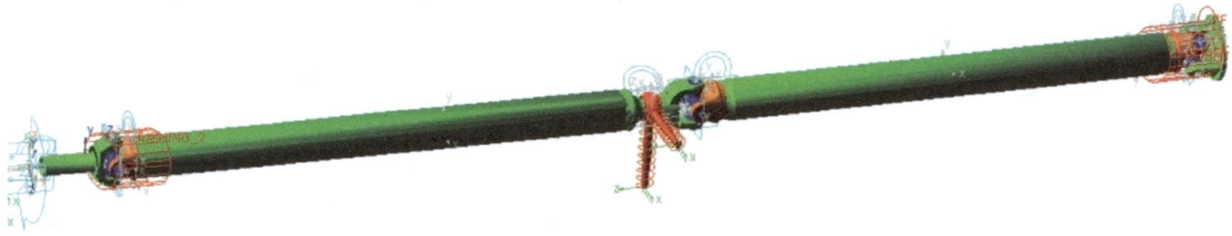

图 2.53　传动轴总成的动力学仿真模型

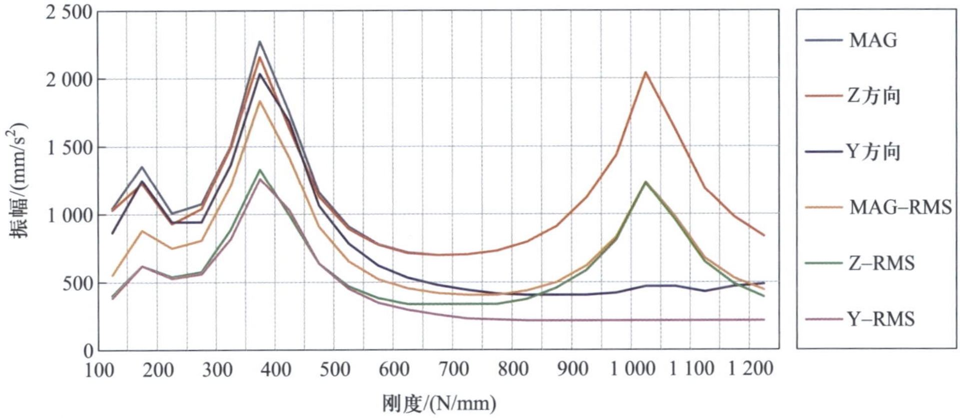

图 2.60　刚度参数优化曲线

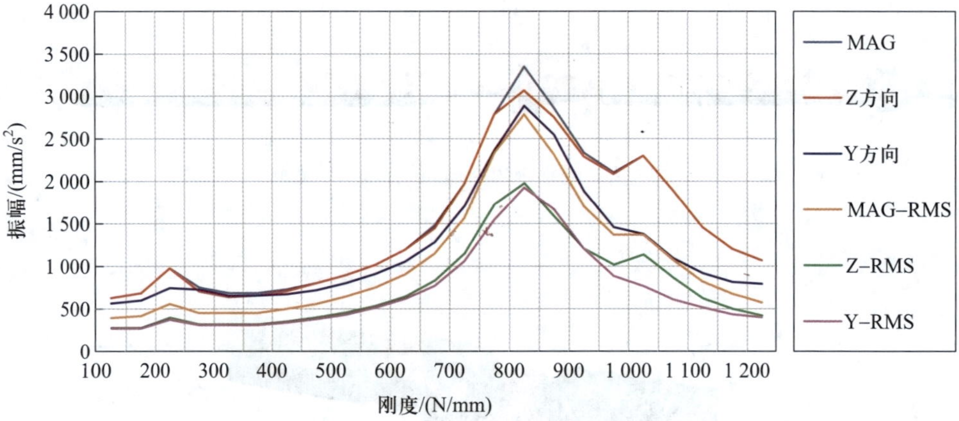

图 2.61 刚度参数优化曲线

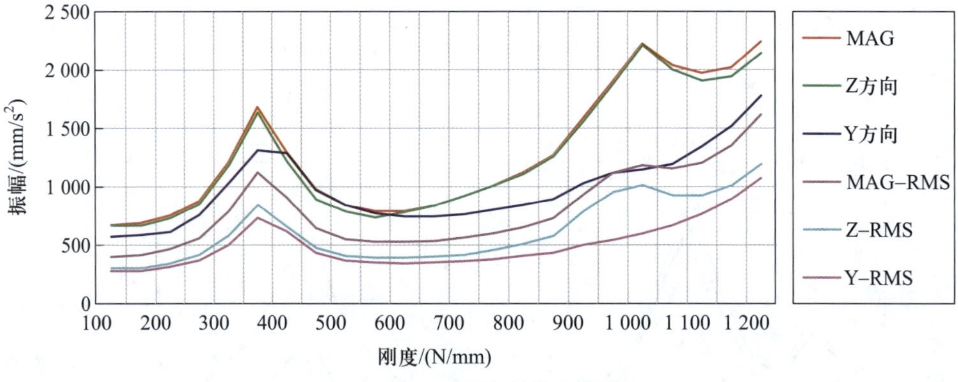

图 2.62 刚度参数优化曲线

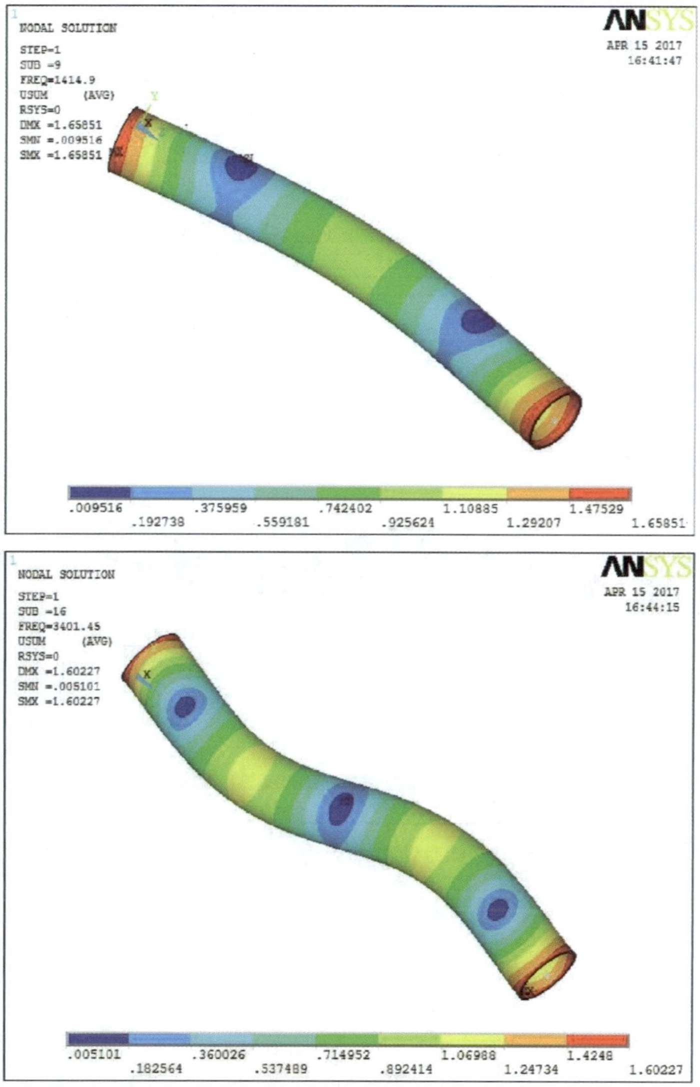

图 2.91 前段轴管第 9 阶及第 16 阶振型图

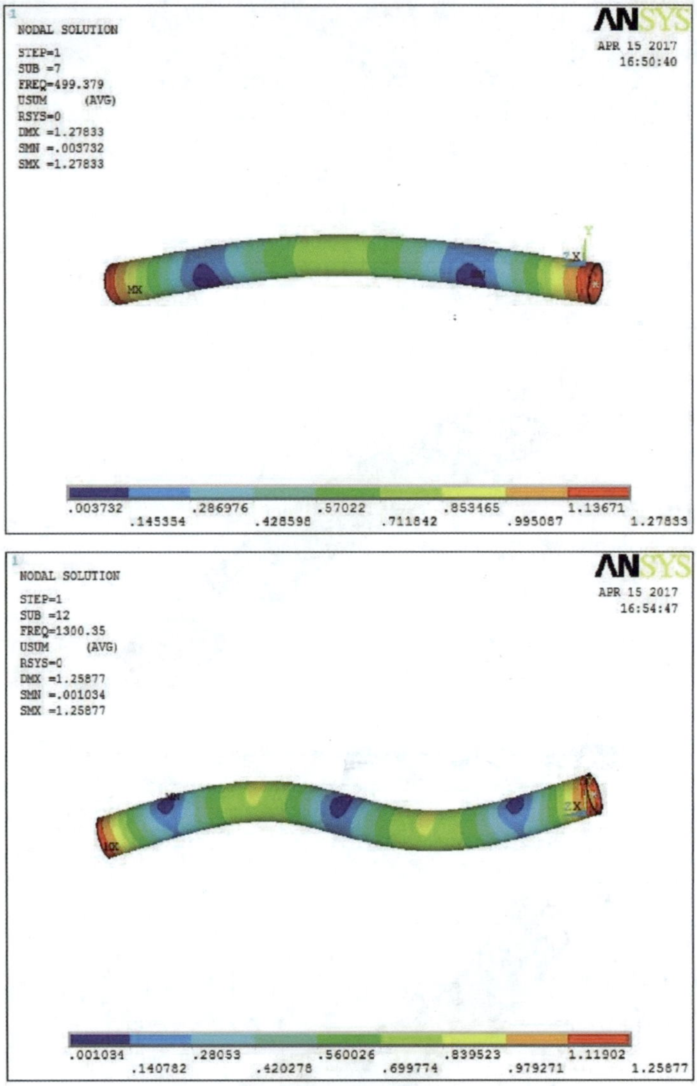

图 2.92　后段轴管第 9 阶及第 16 阶振型图

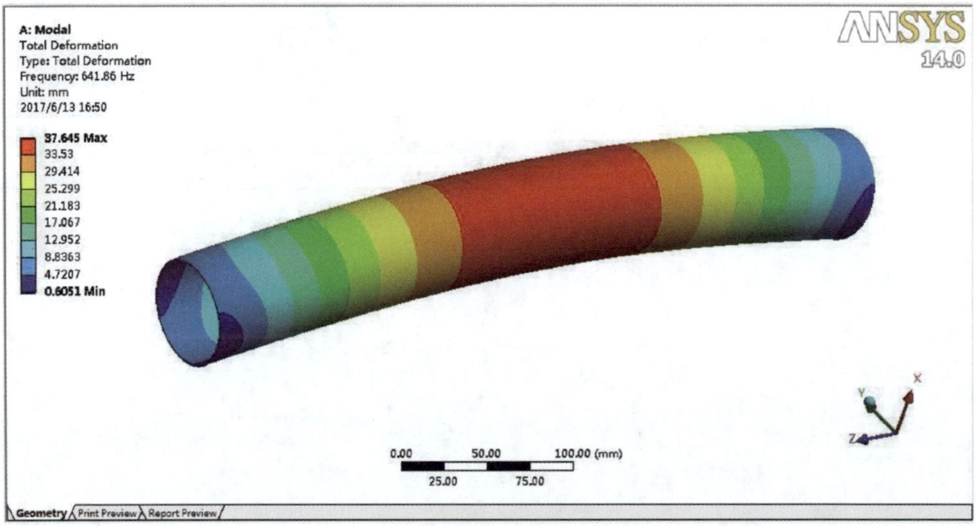

图 2.105　前段轴管 1 阶振型图

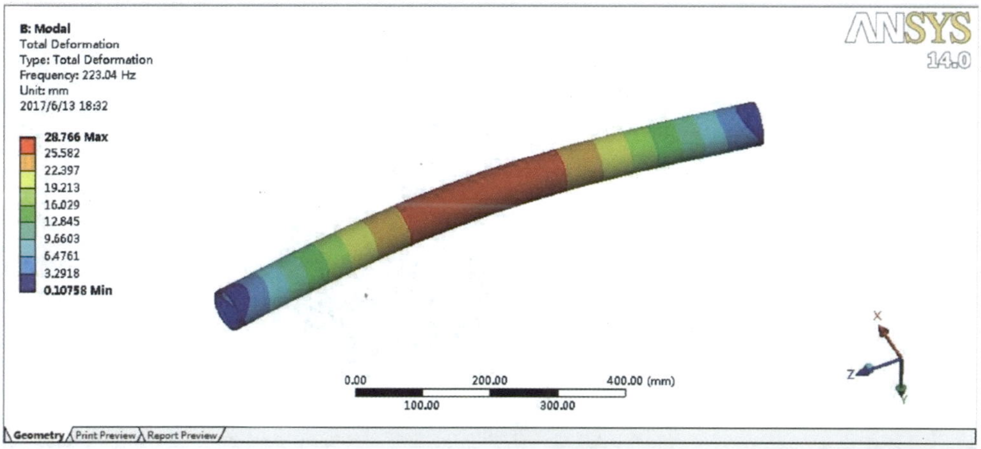

图 2.107　后段轴管 1 阶振型图

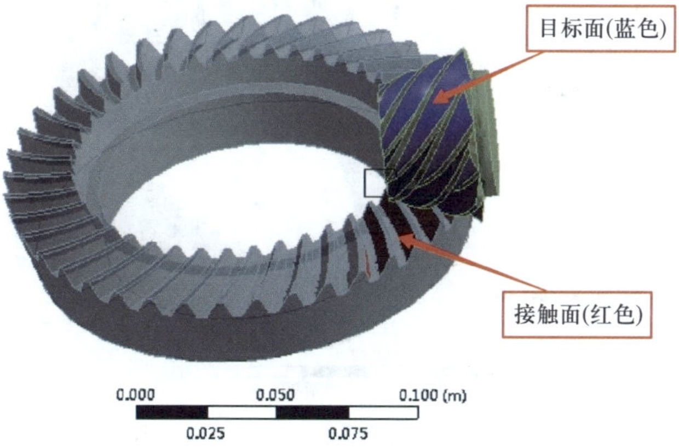

图 3.13　齿轮接触面的设定

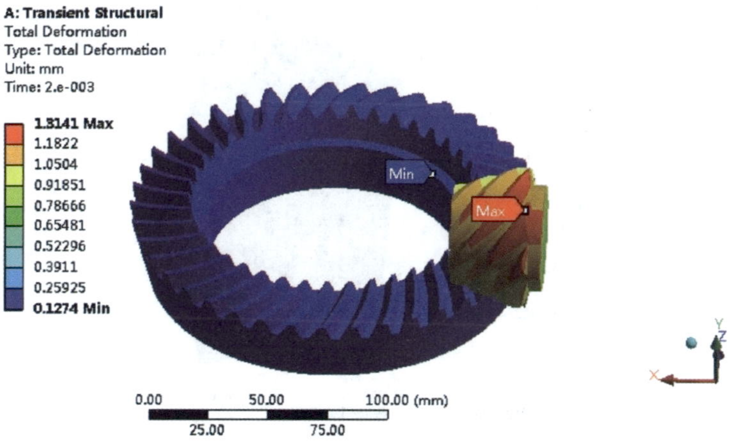

图 3.40　齿轮啮合变形云图

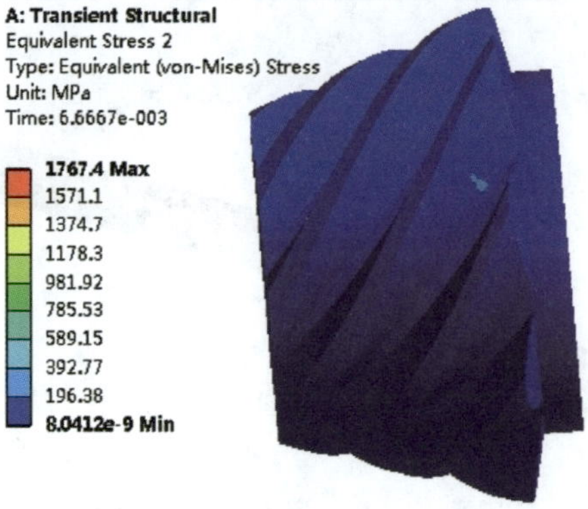

图 3.41　主动齿轮啮合初期接触应力云图

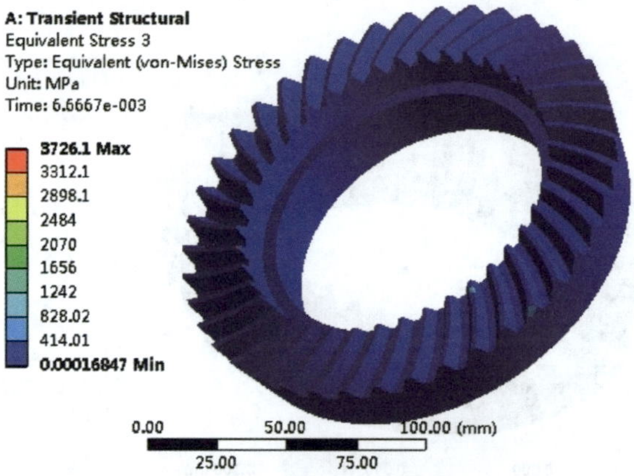

图 3.42　被动齿轮啮合初期接触应力云图

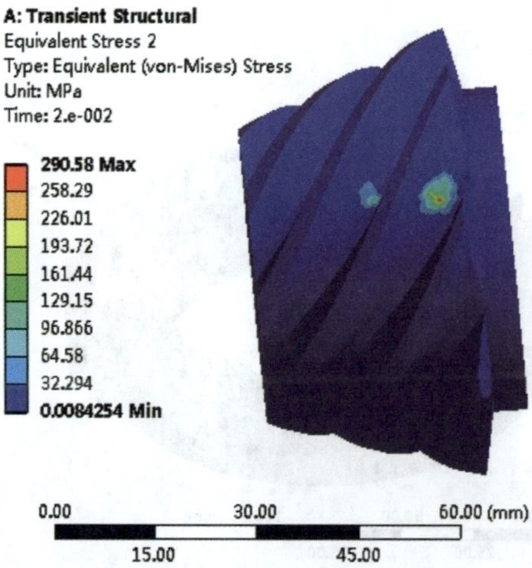

图 3.44　主动齿轮第二阶段接触应力云图

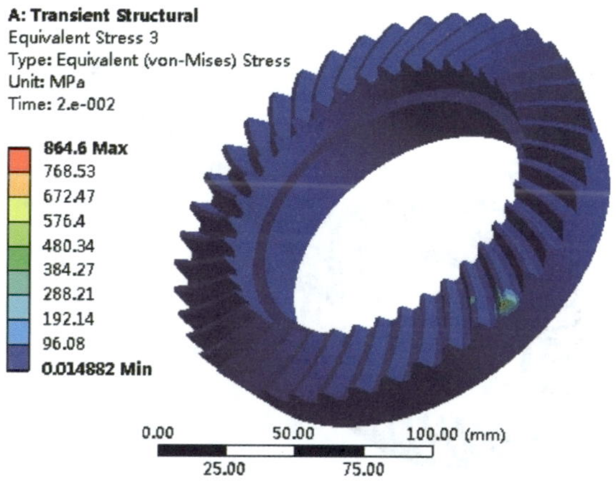

图 3.45　被动齿轮第二阶段接触应力云图

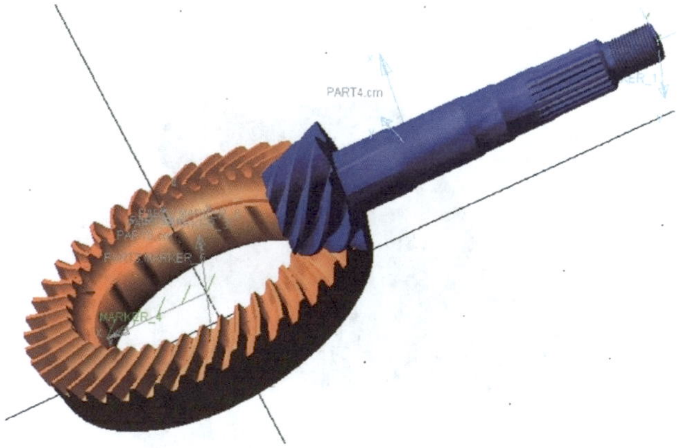

图 3.56　外观设置完之后的模型

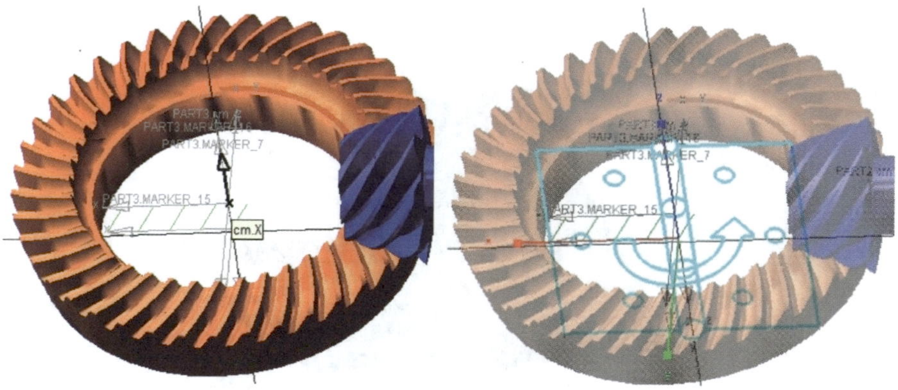

图 3.60　被动齿轮施加的旋转副

图 3.68　约束和载荷添加完毕后的模型

图 3.81　准双曲面齿轮系统物理模型

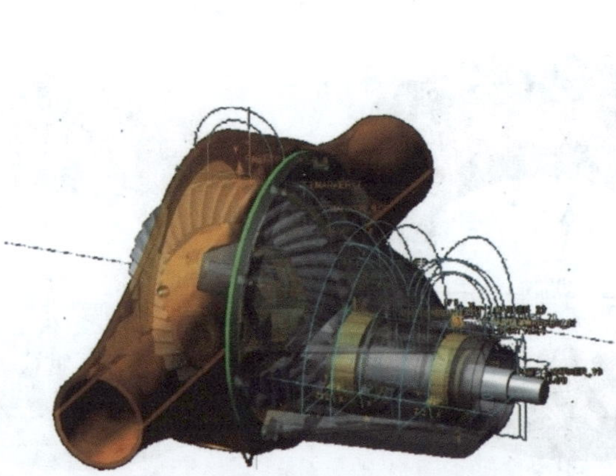

图 3.82　主减速器动力学仿真模型

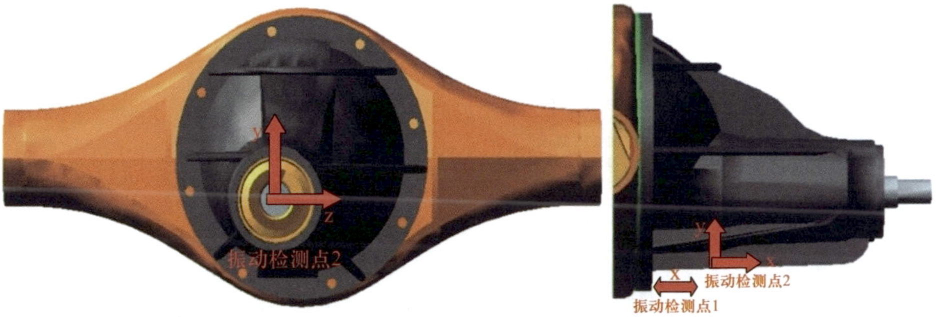

图 3.115　准双曲面齿轮系统仿真模型振动检测点

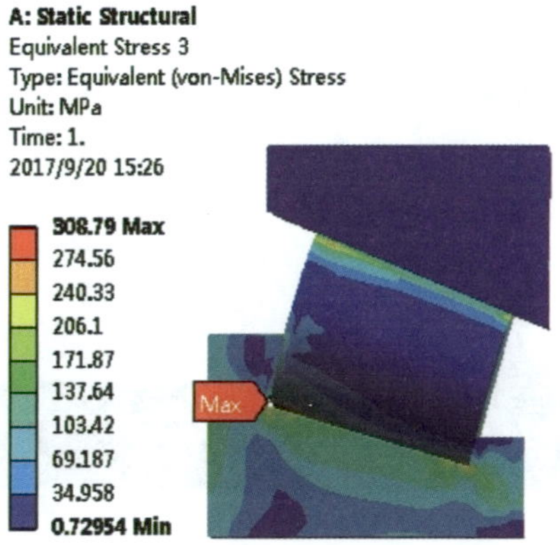

图 4.22　上轴承等效应力云图

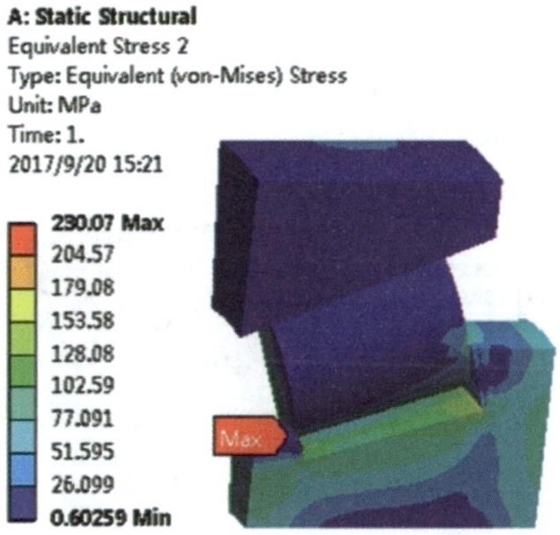

图 4.23　下轴承等效应力云图

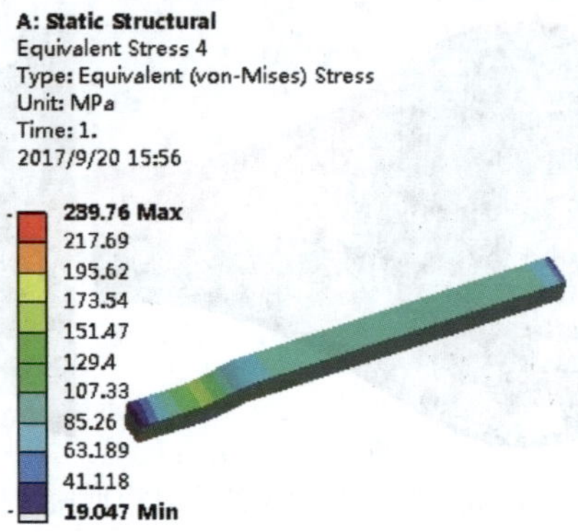

图 4.24　隔套等效应力云图

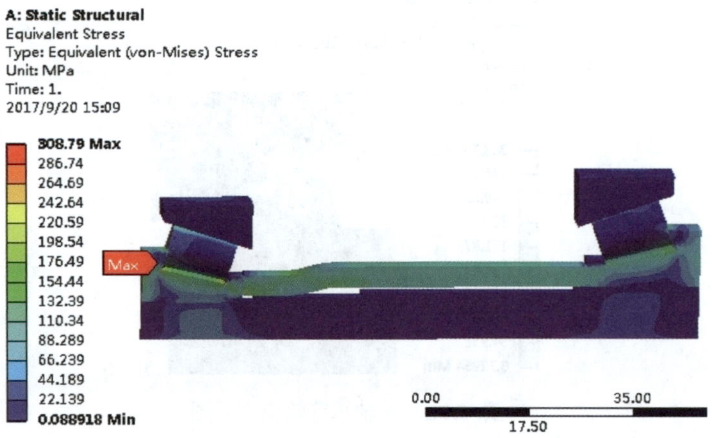

图 4.25　模型等效应力云图

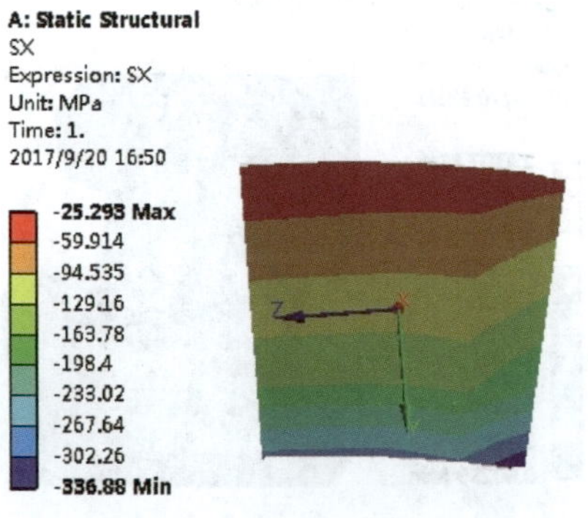

图 4.26　隔套端面的应力云图

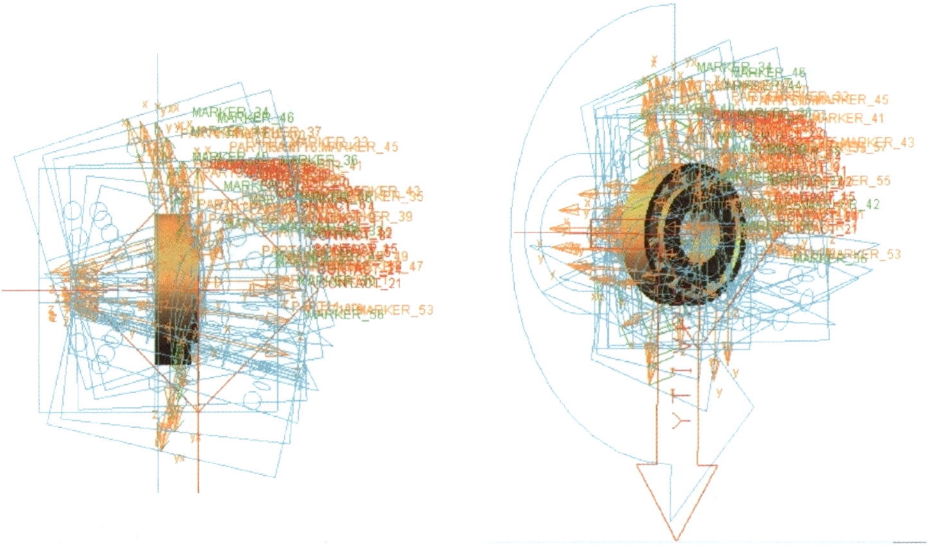

图 4.35　主动齿轮支承轴承的约束图

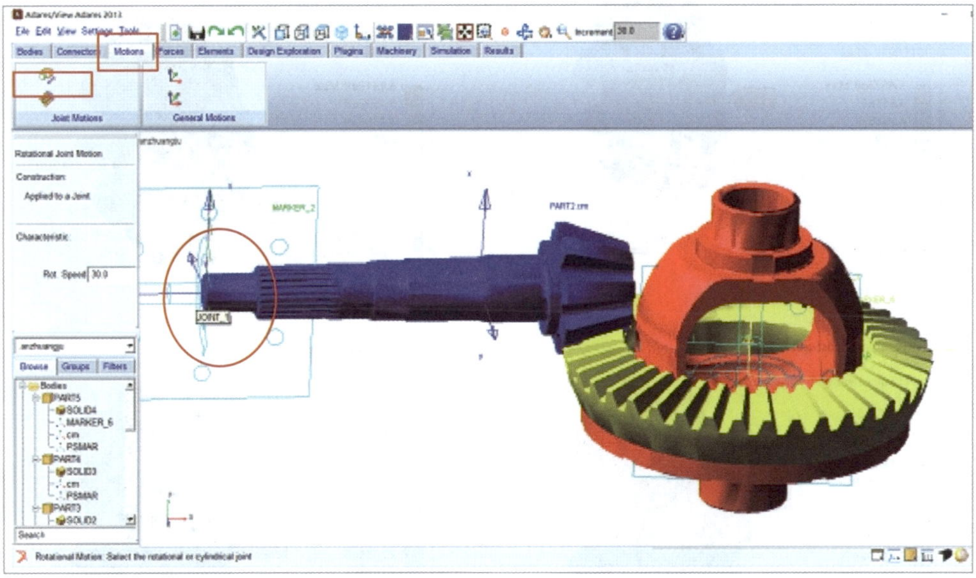

图 4.64　添加主动齿轮驱动力矩

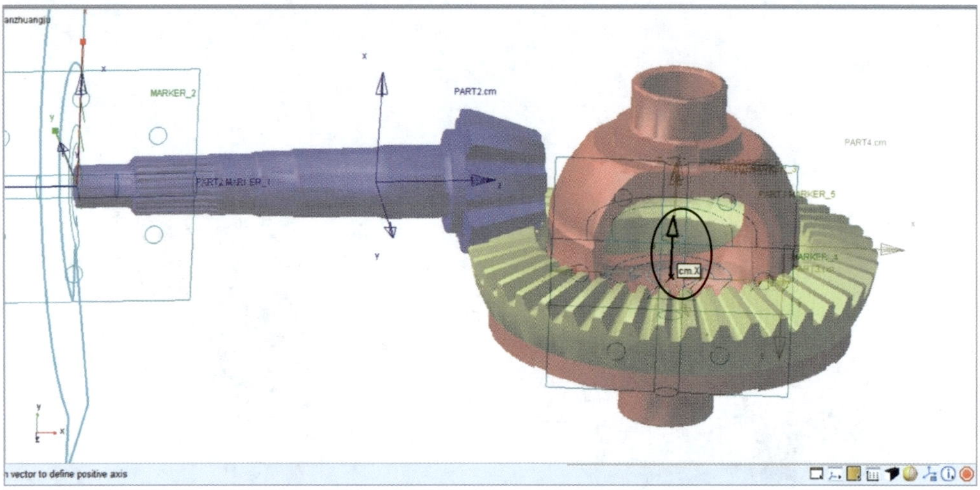

图 4.68　添加负载

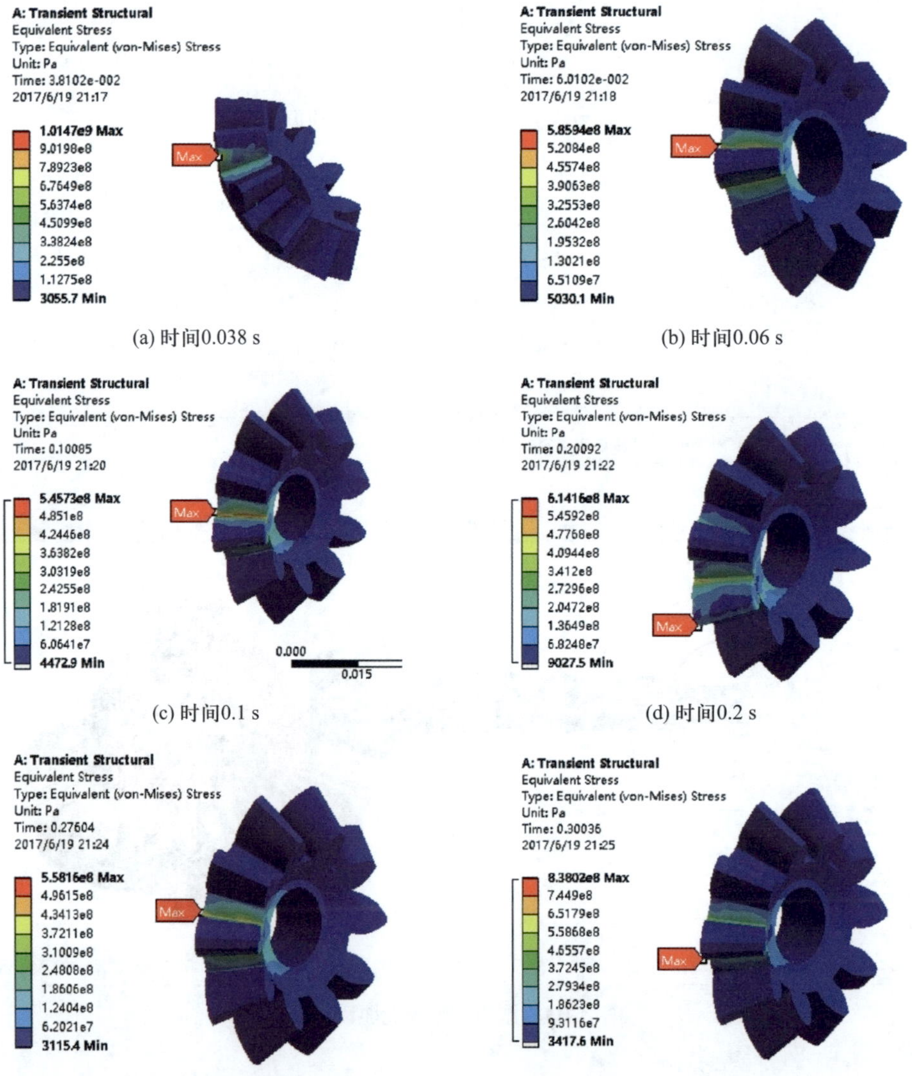

(a) 时间0.038 s　(b) 时间0.06 s

(c) 时间0.1 s　(d) 时间0.2 s

(e) 时间0.276 s　(f) 时间0.3 s

图 5.83　部分时间行星齿轮应力云图

(a) 时间0.038 s

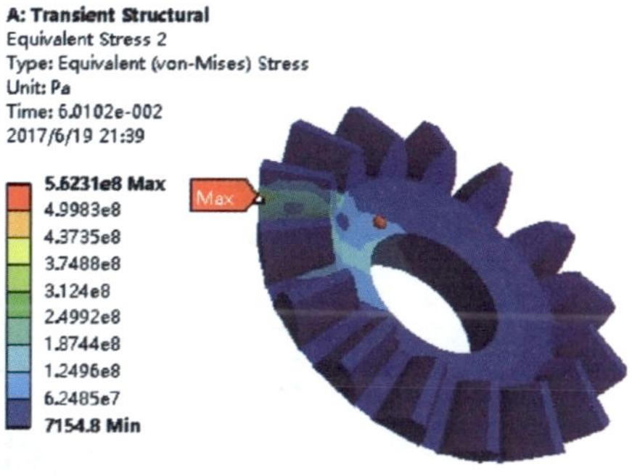

(b) 时间0.06 s

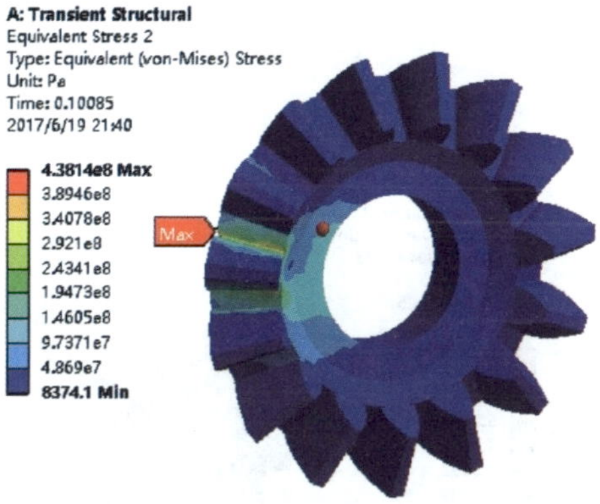

(c) 时间0.1 s

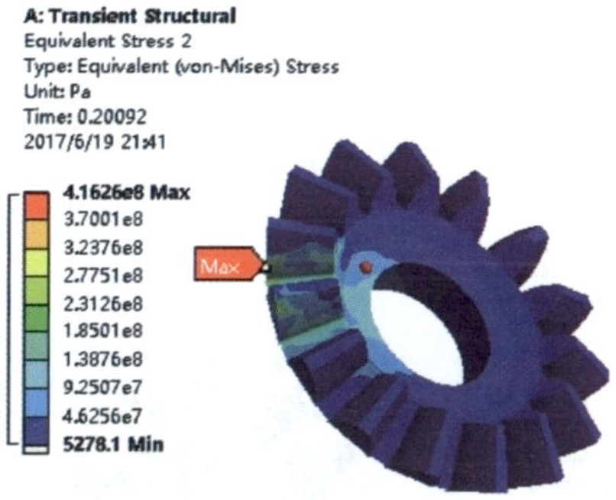

(d) 时间0.2 s

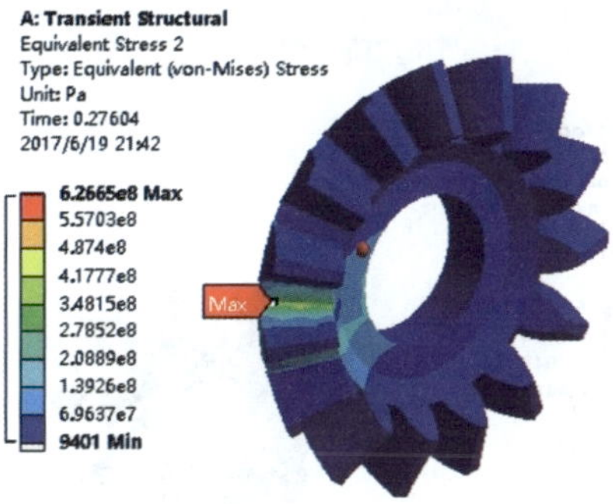

(e) 时间0.276 s

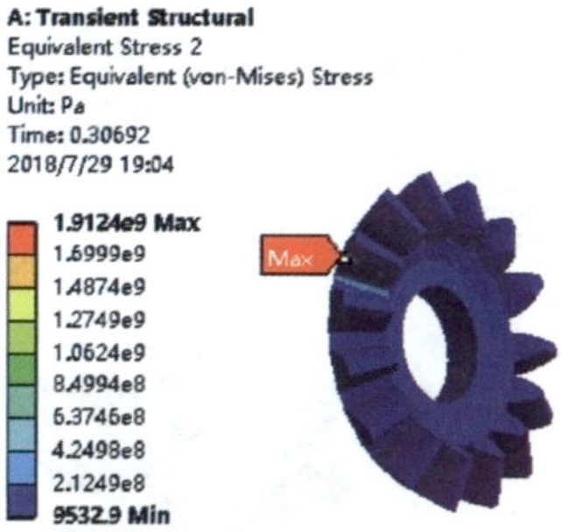

(f) 时间0.306 92 s

图 5.85　部分时间半轴齿轮应力云图

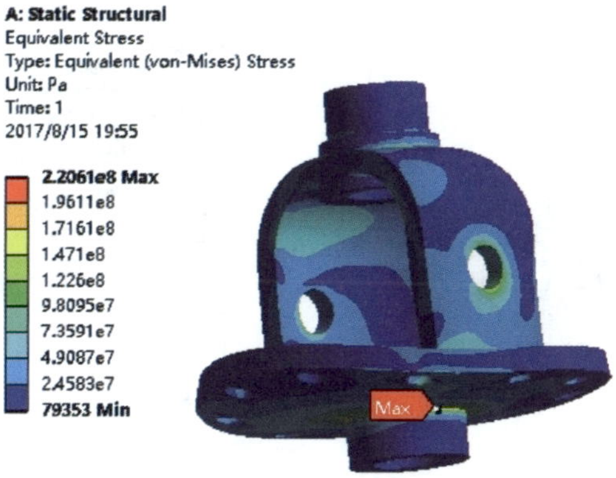

图 5.94　差速器壳体应力云图

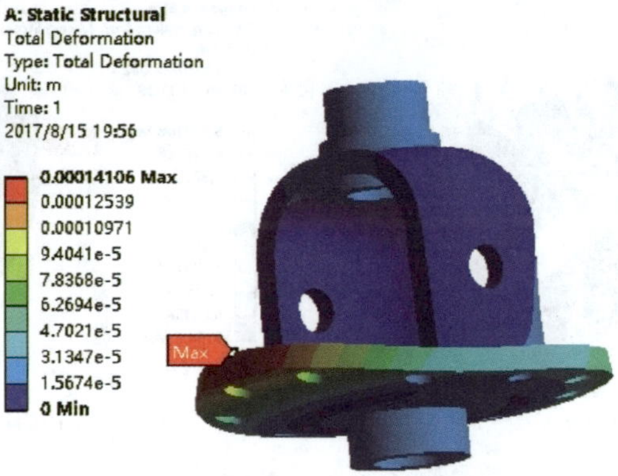

图 5.95　差速器壳体应变云图

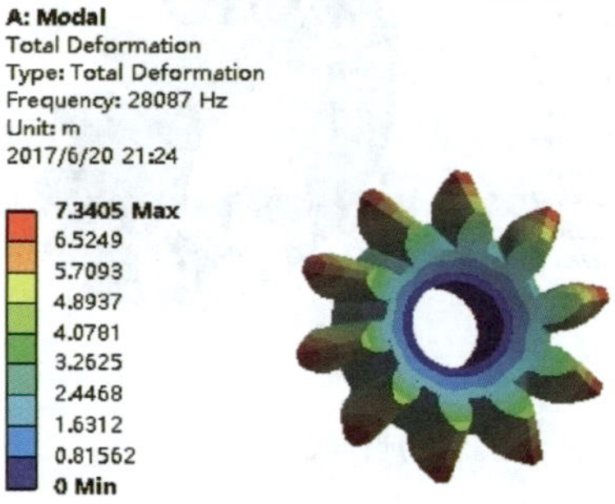

(a) 1阶振型

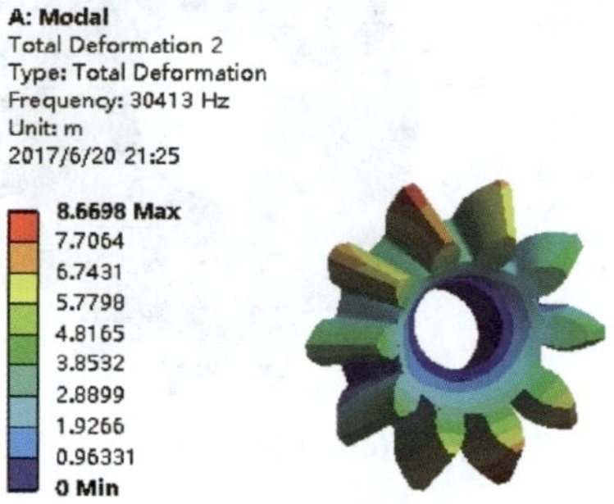

(b) 2阶振型

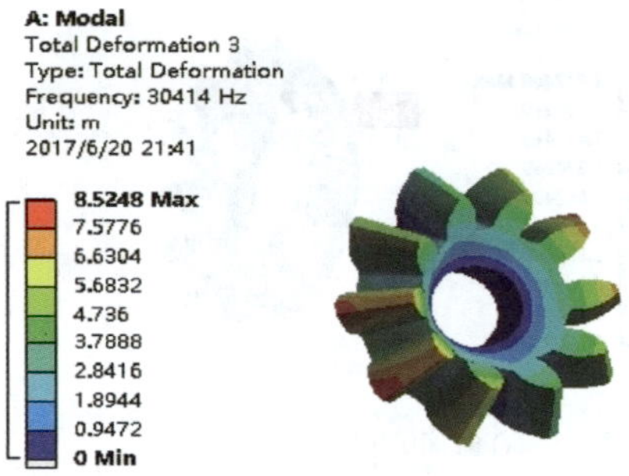

(c) 3阶振型

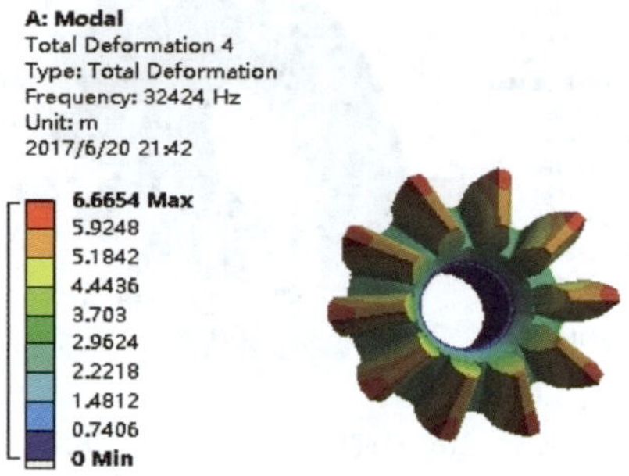

(d) 4阶振型

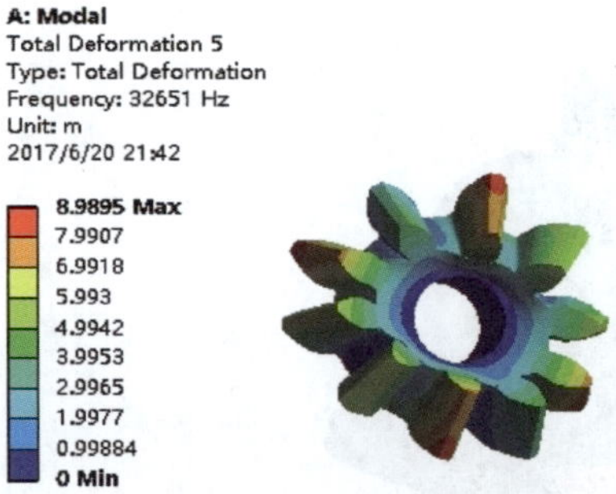

(e) 5阶振型

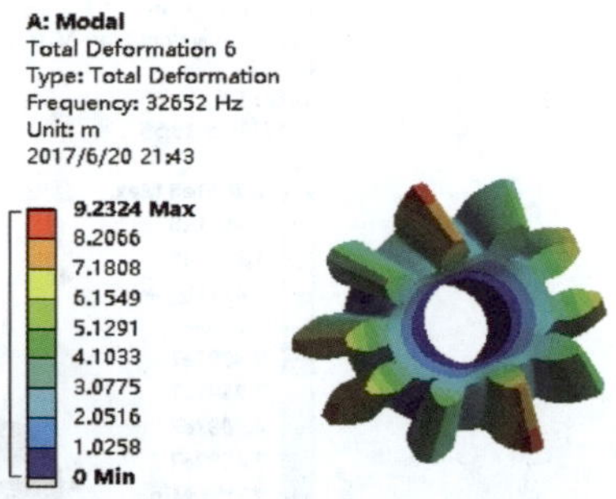

(f) 6阶振型

图 5.105　行星齿轮前 6 阶振型图

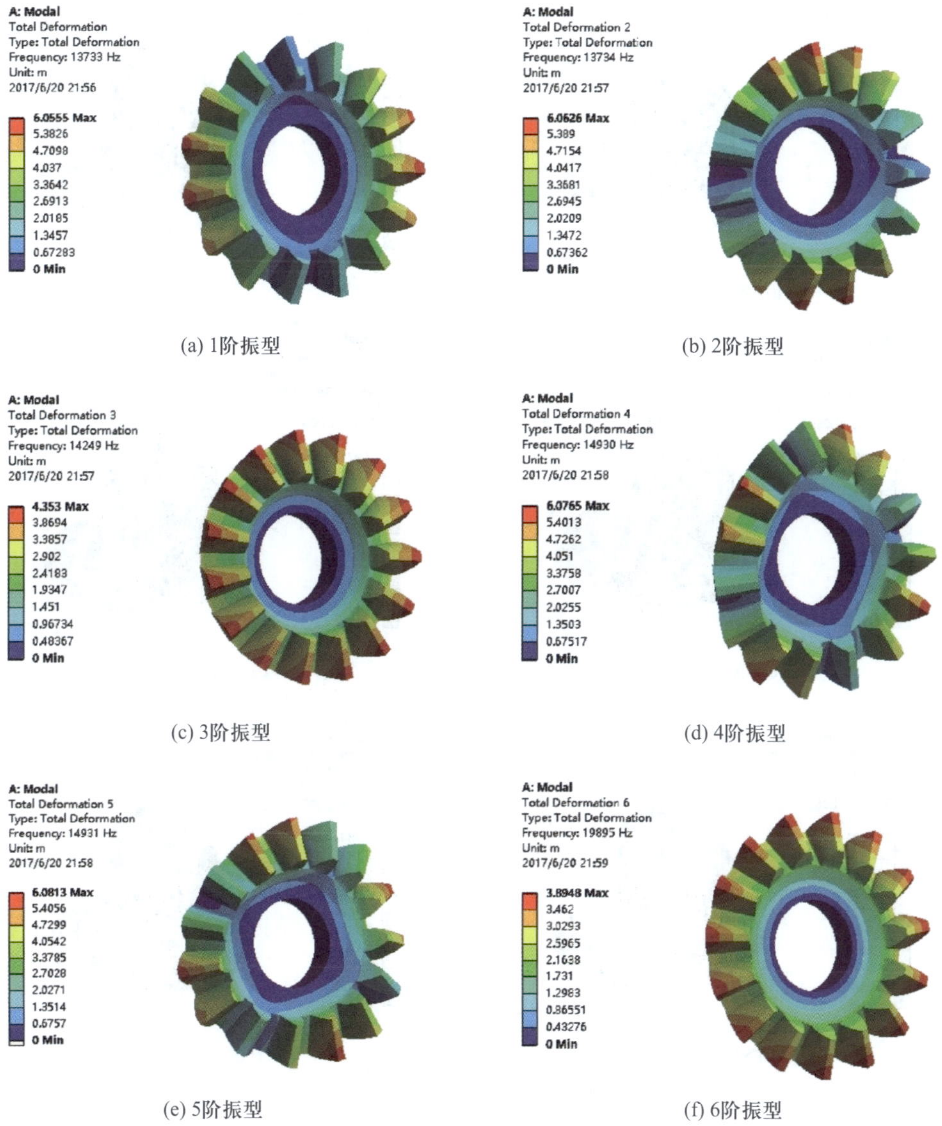

(a) 1阶振型　(b) 2阶振型

(c) 3阶振型　(d) 4阶振型

(e) 5阶振型　(f) 6阶振型

图 5.108　半轴齿轮前 6 阶振型图

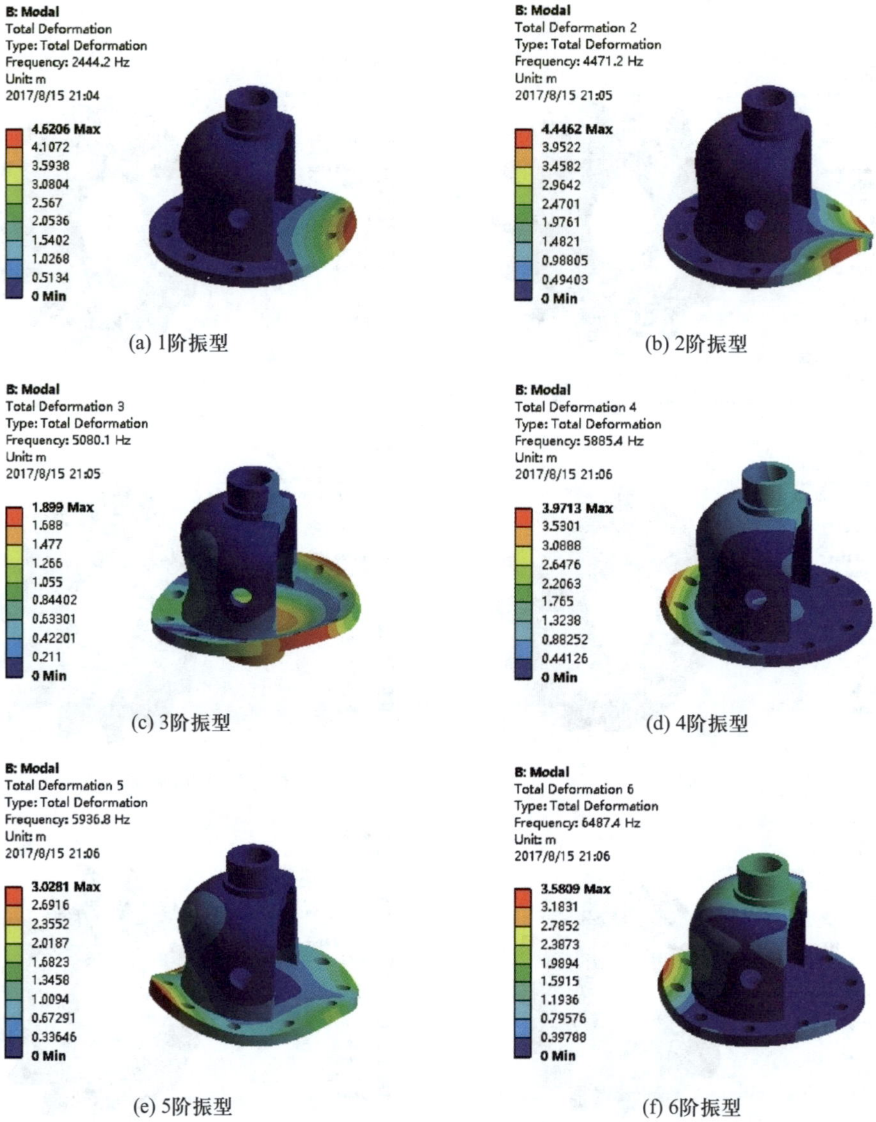

(a) 1阶振型　(b) 2阶振型　(c) 3阶振型　(d) 4阶振型　(e) 5阶振型　(f) 6阶振型

图 5.112　差速器壳体前 6 阶振型图

图 5.114　差速器动力学仿真模型

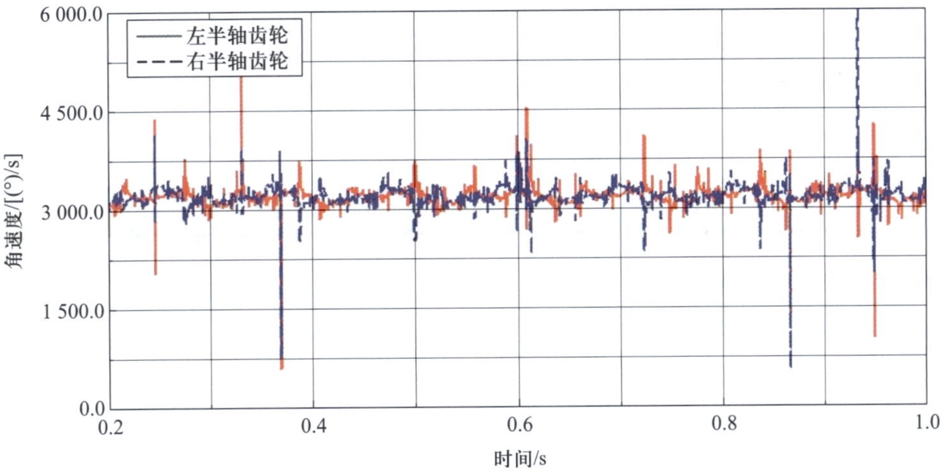

图 5.116　QT500–7 差速器壳左、右半轴齿轮角速度曲线

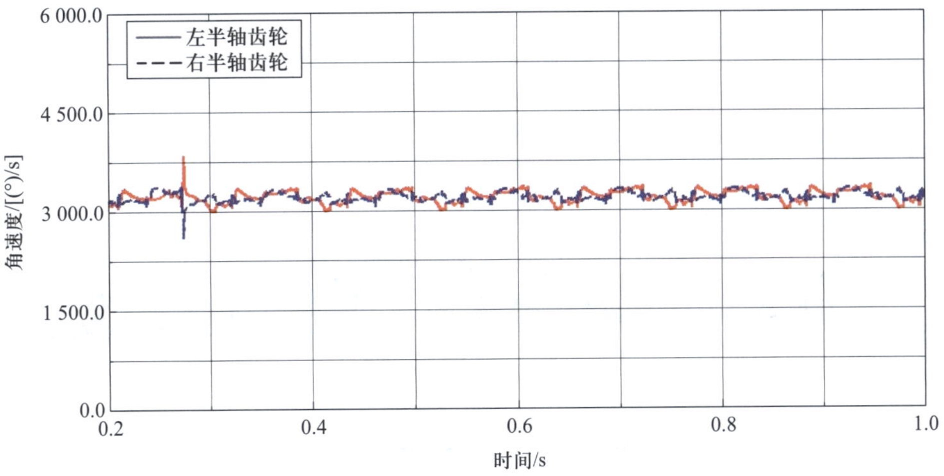

图 5.117　ZL205A 差速器壳左、右半轴齿轮角速度图

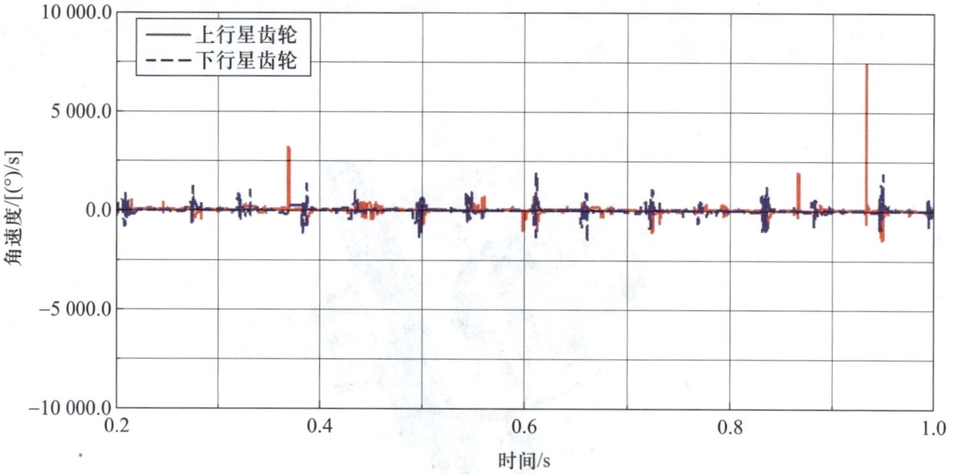

图 **5.118** QT500–7 差速器壳上、下行星齿轮角速度曲线

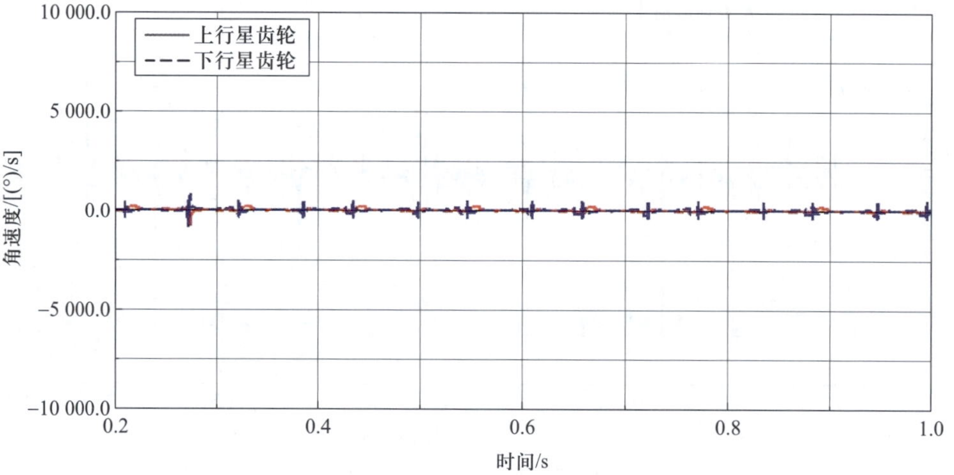

图 **5.119** ZL205A 差速器壳上、下行星齿轮角速度曲线

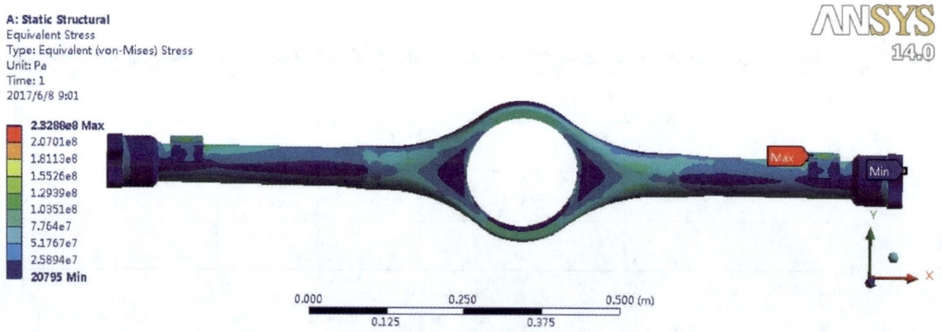

图 **6.95** 最大垂向力工况下的桥壳应力图

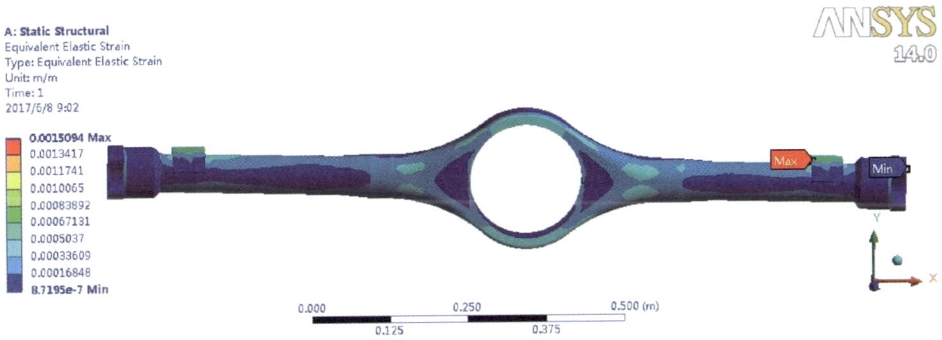

图 6.96　最大垂向力工况下的桥壳应变图

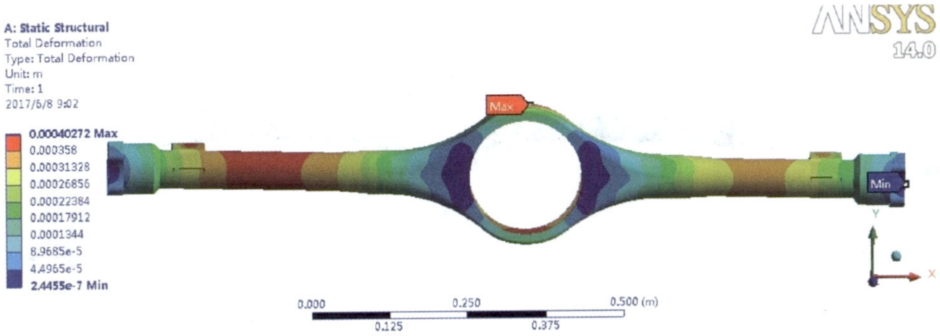

图 6.97　最大垂向力工况下的桥壳总变形图

图 6.108　最大牵引力工况下的桥壳应力图

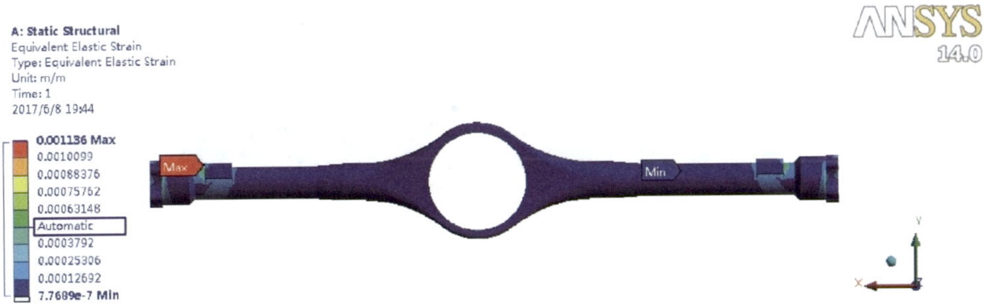

图 6.109　最大牵引力工况下的桥壳应变图

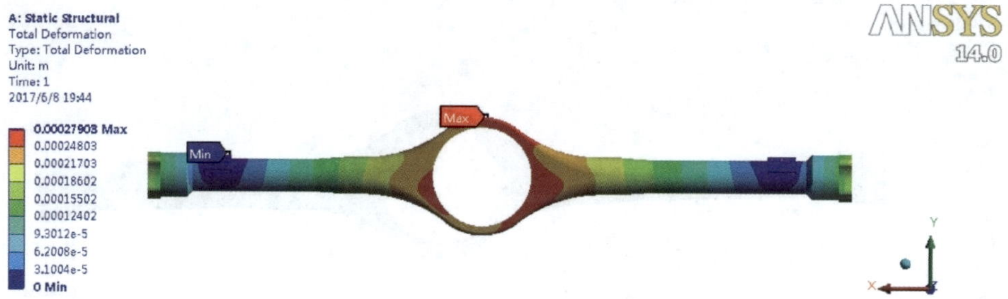

图 6.110　最大牵引力工况下的桥壳总变形图

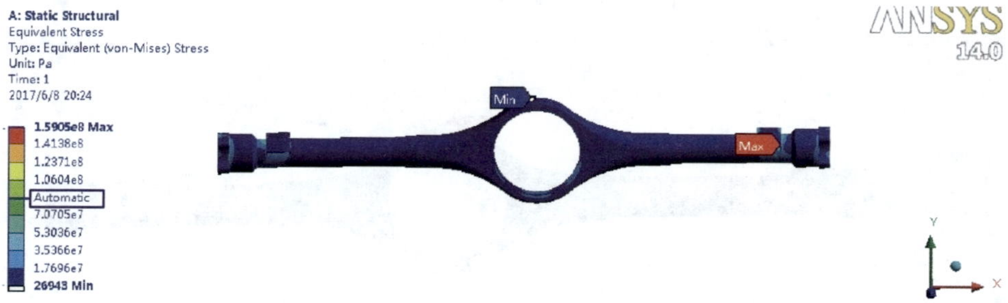

图 6.112　最大制动力工况下的桥壳应力图

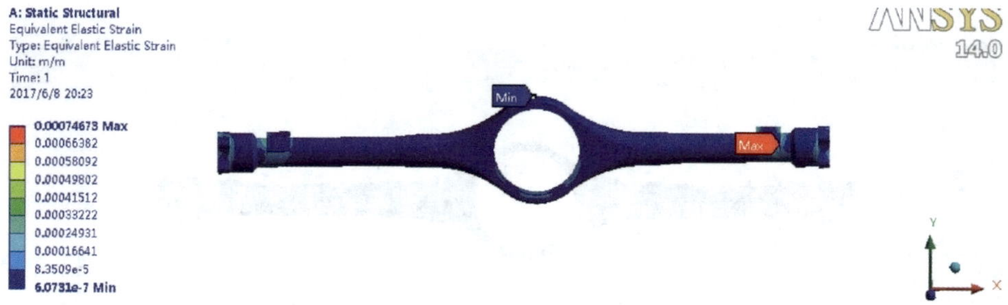

图 6.113　最大制动力工况下的桥壳应变图

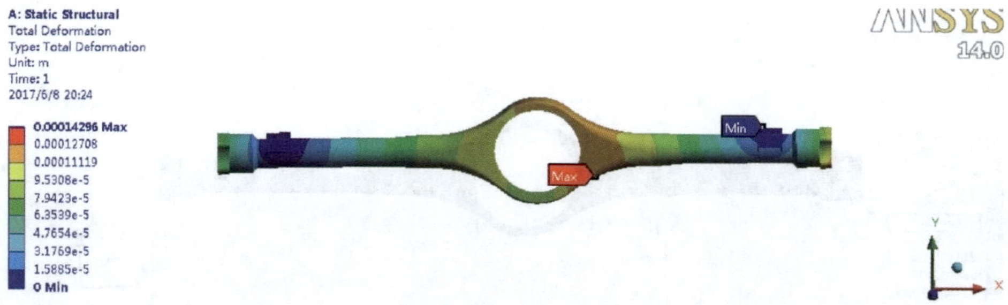

图 6.114　最大制动力工况下的桥壳总变形图

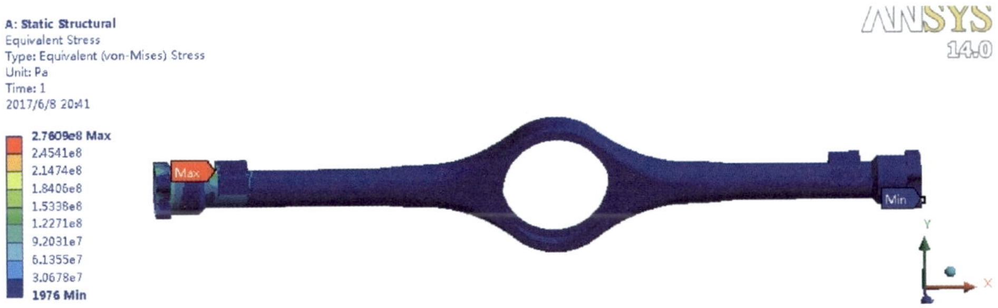

图 6.116 最大侧向力工况下的桥壳应力图

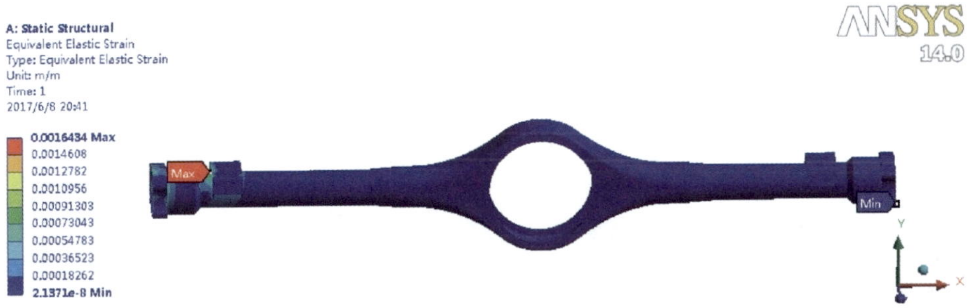

图 6.117 最大侧向力工况下的桥壳应变图

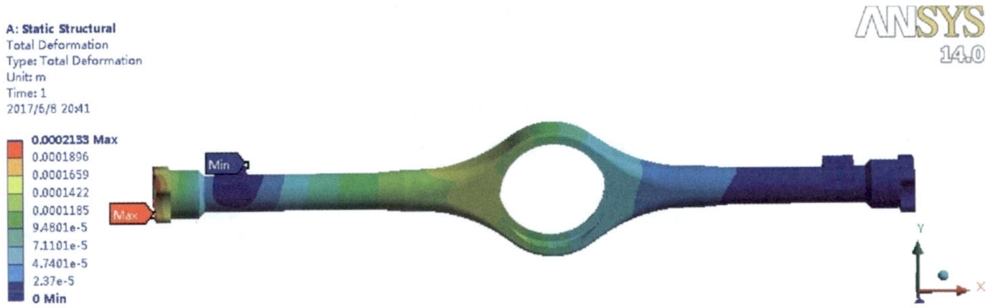

图 6.118 最大侧向力工况下的桥壳总变形图

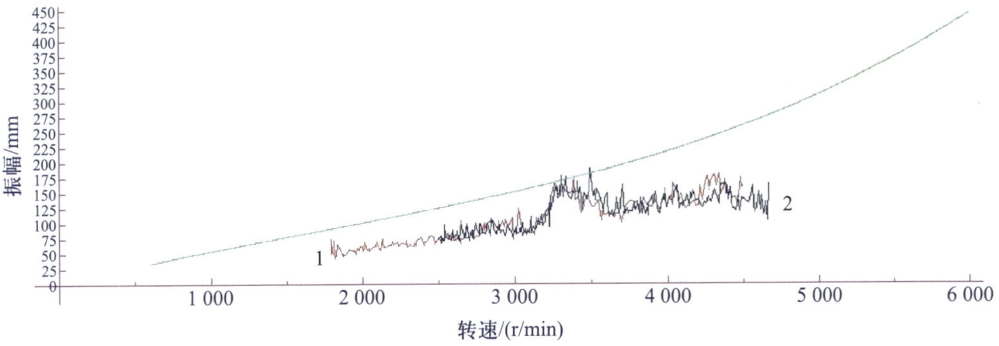

图 7.24 主减速器 A 的垂直振动曲线

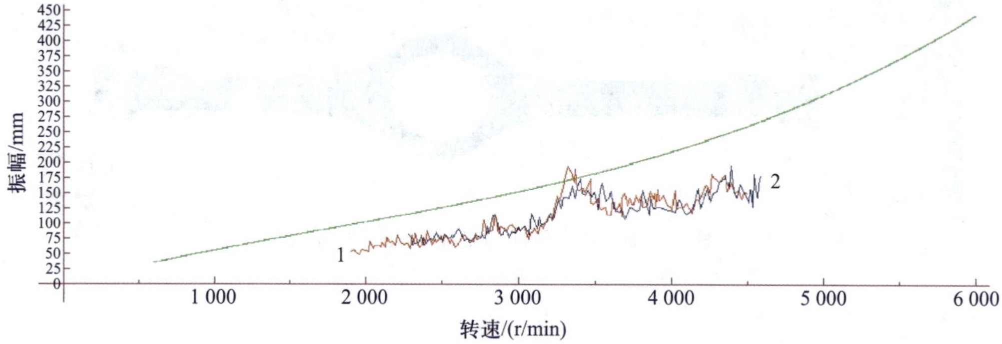

图 7.25　主减速器 A 的轴向振动曲线

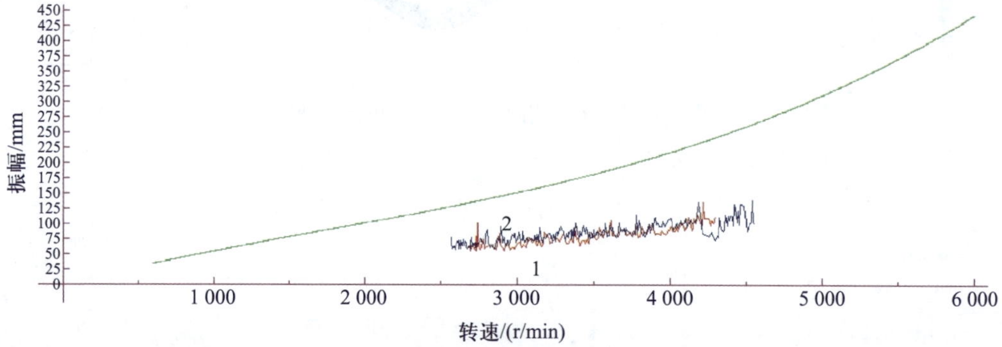

图 7.26　主减速器 B 的垂直振动曲线

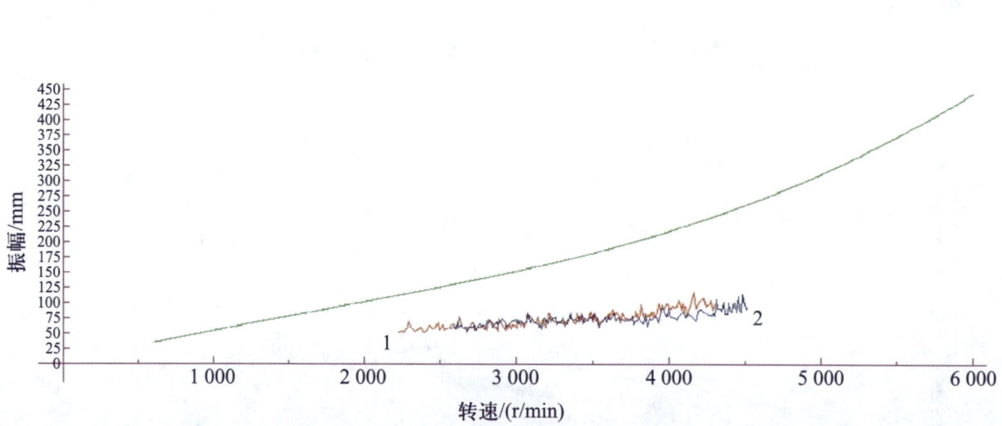

图 7.27　主减速器 B 的轴向振动曲线

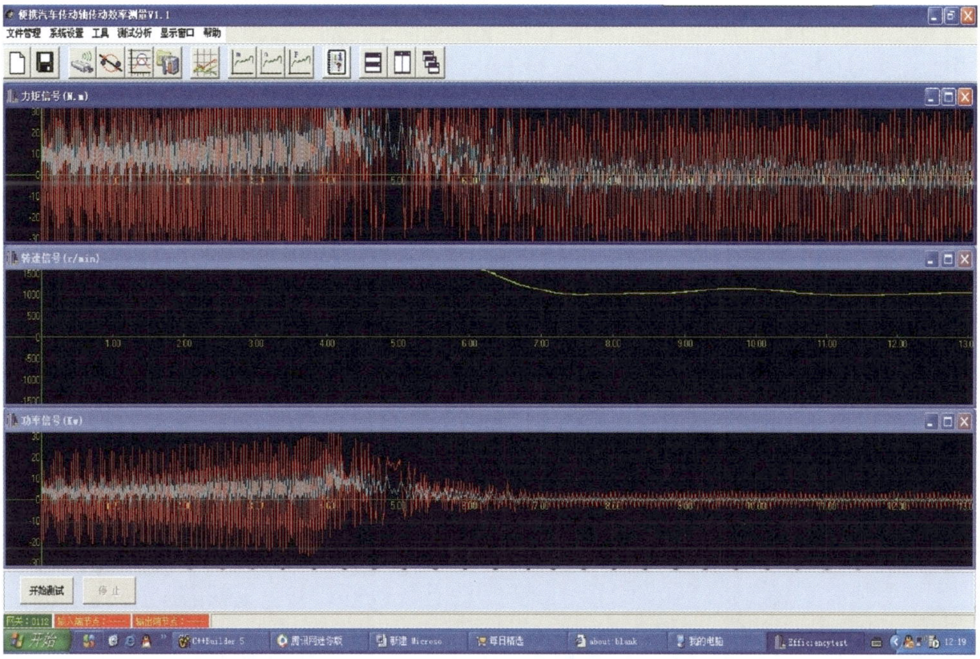

图 7.47 打开测试数据后的显示界面

HEP 机械工程前沿著作系列
MEF HEP Series in Mechanical Engineering Frontiers

已出书目

- 现代机构学进展（第 1 卷）
  邹慧君　高峰　主编
- 现代机构学进展（第 2 卷）
  邹慧君　高峰　主编
- TRIZ 及应用——技术创新过程与方法
  檀润华　编著
- 相控阵超声成像检测
  施克仁　郭寓岷　主编
- 颅内压无创检测方法与实现
  季忠　编著
- 精密工程发展论
  Chris Evans　著，蒋向前　译
- 磁力机械学
  赵韩　田杰　著
- 微流动及其元器件
  计光华　计洪苗　编著
- 机械创新设计理论与方法
  邹慧君　颜鸿森　著
- 润滑数值计算方法
  黄平　著
- 无损检测新技术及应用
  丁守宝　刘富君　主编
- 理想化六西格玛原理与应用
  ——产品制造过程创新方法
  陈子顺　檀润华　著
- 车辆动力学控制与人体脊椎振动分析
  郭立新　著
- 连杆机构现代综合理论与方法
  ——解析理论、解域方法及软件系统
  韩建友　杨通　尹来容　钱卫香　著
- 液压伺服与比例控制
  宋锦春　陈建文　编著
- 生物机械电子工程
  王宏　李春胜　刘冲　编著
- 现代机构学理论与应用研究进展
  李瑞琴　郭为忠　主编
- 误差分析导论——物理测量中的不确定度
  John R. Taylor　著，王中宇等　译
- 齿轮箱早期故障精细诊断技术
  ——分数阶傅里叶变换原理及应用
  梅检民　肖云魁　编著
- 基于 TRIZ 的机械系统失效分析
  许波　檀润华　著
- 功能设计原理及应用
  曹国忠　檀润华　著
- 基于 MATLAB 的机械故障诊断技术案例教程
  张玲玲　肖静　编著
- 机构自由度计算——原理和方法
  黄真　曾达幸　著
- 全断面隧道掘进机刀盘系统现代设计理论及方法
  霍军周　孙伟　马跃　郭莉　李震　张旭　著
- 系统化设计的理论和方法
  闻邦椿　刘树英　郑玲　著
- 专利规避设计方法
  李辉　檀润华　著
- 柔性设计——柔性机构的分析与综合
  于靖军　毕树生　裴旭　赵宏哲　宗光华　著
- 机械创新设计理论与方法（第二版）
  邹慧君　颜鸿森　著
- MEMS 技术及应用
  蒋庄德 等 著
- 倒装芯片缺陷无损检测技术
  廖广兰　史铁林　汤自荣　著
- C-TRIZ 及应用——发明过程解决理论
  檀润华　著
- 机电系统动力学控制理论
  ——U-K 动力学理论的拓展与应用
  赵韩　甄圣超　孙浩　著